本书为著者主持的国家社科基金一般项目"马克思主义在中国的早期传播与伟大建党精神起源研究"（22BDJ062）的阶段性成果。

Karl Marx

MAKESI ZHUYI ZAI SHANGHAI DE
ZAOQI CHUANBO YANJIU

马克思主义在上海的早期传播研究

（1899—1927）

孙　珊◎著

人民出版社

序　言

　　马克思主义在中国的早期传播为中国共产党的创建奠定了思想基础,对于回溯中国共产党百年奋斗的思想文化起点和实践探索源头、展现中国共产党人选择和信仰马克思主义、坚持和发展马克思主义的艰辛历程、探究中国共产主义运动和马克思主义中国化源头等一系列问题具有重要意义。上海是马克思主义在中国最早传播的地区之一,是中国共产党的诞生地、初心使命的始发地和伟大建党精神的孕育地,是马克思主义理论宣传、阐释和研究的重镇,是中共一大、二大、四大的召开地,在推动马克思主义中国化时代化进程中具有举足轻重的地位,全面客观地对马克思主义在上海的早期传播研究是马克思主义传播史和中国共产党创建史研究的重要课题。

　　孙珊在其博士学位论文基础上修改完善的书稿——《马克思主义在上海的早期传播研究(1899—1927)》,以马克思主义在上海的早期传播为研究对象,从历史背景、传播进程、传播主体、传播载体途径、传播内容、总体评价、现实启示等方面进行了细致且深入的研究,较好地展示了马克思主义在上海早期传播的历史进程,梳理总结了马克思主义在上海早期传播的成果和经验,探讨了马克思主义在上海早期传播与中国革命以及马克思主义早期中国化之间的关系,进一步丰富了马克思主义传播史以及马克思主义中国化历史进程研究。研究中将文献资料搜集与现实问题回应相统一,注重打造中国化的马克思主义话语体系和学术体系,为马克思主义中国化的理论探索和实践沿革提供更为扎实的支撑,对于推进新时代马克思主义中国化时代化大众化具有重要的现实意义。

　　本书至少有两个方面的特点。其一,注重跨学科研究,将传播学与社会史、思想史的研究结合起来,以社会史与思想史的互动为主线,在把握马克思主义在上海早期传播的历史脉络基础上,将现实与历史紧密粘连,以过去何以生成、过去如何启示现在的问题意识为出发点,把握人物、载体、途径、事件等关键性要素,探究上海地区马克思主义早期传播的复杂面向,为学术研究开拓了新的生长点。其二,论文聚焦上海这一特定区域,秉承"深入区域又跳出区域"的理念,运用"史论结合、论从史出"的方法,将史实描述与理论分析相结合,探究马克思主义在上海早期传播与中国共产党人初心使命以及伟大建党精神的孕育生成之间的逻辑关联,凸显了上海在马克思主义在中国早期传播、中国共产党创建、伟大建党精神孕育等方面的地位与作用。总的说来,本书观点鲜明、材料翔实、论证充分、行文流畅,有较强的问题意识,是一部对推进马克思主义传播史研究具有重要作用的研究著作。

孙珊是我的硕士研究生和博士研究生,她学习认真、善于思考、努力勤奋,于博士毕业后被上海工程技术大学引进,从事思想政治理论课的教学与研究工作。在博士学位论文研究的基础上,她进一步探讨马克思主义在中国的早期传播与伟大建党精神起源问题,先后发表了《马克思主义早期传播与伟大建党精神起源的整体性逻辑》(《思想理论教育》2023 年第 7 期)、《五四时期"主义"传播与中国式现代化道路的开启》(《云南社会科学》2023 年第 2 期)等研究成果,并将五四时期社会改造语境下马克思主义早期中国化问题作为进一步研究的方向。希望她能将对马克思主义早期传播的文本研究与对习近平新时代中国特色社会主义思想的阐释研究相结合,在学术研究道路上继续前进。

在学生著作即将出版之际,写下以上言语,是为序。

曹景文

2024 年 5 月于华东师范大学

目　录

绪　论

近代中国危机呼唤新的思想力量

研究缘起及意义

中国共产党的历史是一部不断推进马克思主义中国化的历史。习近平总书记在党的二十大报告中指出，"实践告诉我们，中国共产党为什么能，中国特色社会主义为什么好，归根结底是马克思主义行，是中国化时代化的马克思主义行。"①马克思主义早期传播是马克思主义中国化时代化的前提和基础，而马克思主义中国化时代化是马克思主义早期传播的逻辑旨归，二者在马克思主义发展史中互以为缘、相互依存。自传入中国以来，马克思主义凭借自身理论的彻底性和先进性，抓住中国向何处去的现实问题，在论战中彰显了颠扑不破的理论魅力，在传播中显示了坚不可摧的真理力量。加强对马克思主义在中国早期传播的研究，在体现马克思主义整体性要求的前提下，进一步丰富马克思主义发展史，为当代马克思主义中国化时代化进程提供学理支持和历史支撑。

习近平总书记在党的十九大报告中提出了"不忘初心、牢记使命"的重要命题，要求全党"一切向前走，都不能忘记走过的路；走得再远、走到再光辉的未来，也不能忘记走过的过去，不能忘记为什么出发。"②上海是马克思主义在中国传播的起点，为早期先进知识分子提供了救国救民的思想武器，促进了中国共产党诞生，为马克思主义中国化奠定了基础，在中国马克思主义传播史以及中国共产党历史发展进程中占据着重要地位。近年来，随着马克思主义在中国的传播

① 习近平：《高举中国特色社会主义伟大旗帜　为全面建设社会主义现代化国家而团结奋斗——在中国共产党第二十次全国代表大会上的报告》，人民出版社 2022 年版，第 16 页。

② 《习近平谈治国理政》第 2 卷，外文出版社 2017 年版，第 32—33 页。

研究日益走向深入和细化,越来越多的学者开始加强对马克思主义地区性传播的研究,如四川、浙江、广东、河南、湖南和湖北等地区的区域性研究,展现了丰富的研究内容与视角。纵观马克思主义在中国的发展史,马克思主义在上海的早期传播是中国社会主义革命和建设的起点,在马克思主义中国化曲折又辉煌的进程中占据相当重要的地位,使得中国革命道路与中国共产党初心均始发于上海。因此,从出发之地的历史源头,探究马克思主义传播的合理性、必然性和规律性,为坚持和巩固以马克思主义为指导的主流意识形态提供历史依据、理论支撑和实践确证,是继承与坚持中国特色社会主义道路、在新时代推进马克思主义中国化时代化路径探索征程中不可或缺的精神财富。

上海是马克思主义在中国早期传播历史进程中始终走在全国前列的地区之一,为中国革命、建设以及中国特色社会主义作出了不可磨灭的贡献,其作为中国共产党诞生地、工人阶级发祥地、共产党人初心始发地和伟大建党精神孕育地具有重要的代表性意义。早在19世纪末20世纪初,上海便成为马克思主义传入中国的窗口,且马克思主义在中国传播史上诸多"第一次"都发生在上海,使之成为马克思主义在中国早期传播的重镇。十月革命和五四运动的爆发,更是促使上海成为马克思主义在中国的传播中心。因此,马克思主义在上海早期传播是马克思主义在中国传播史上的重要构成,深入研究马克思主义在上海的早期传播的历史缘起、理论发展与实践进程,通过对上海这一典型区域研究反映马克思主义在中国早期传播的逻辑进程,对于进一步探究总结早期传播的经验和启示,阐述上海在传播进程中的地位影响及其对中国革命的巨大推动作用,具有重要的价值意义和现实借鉴。

每个民族只有在充分把握自身历史发展规律上,方才有可能"深刻了解现在以及正确的未来走向"[①]。历史地分析,马克思主义传入上海并非偶然,而是在诸多因素综合作用下的结果。马克思主义为什么率先在上海登场? 马克思主义为什么能从诸多思潮中崭露头角并占据主流意识形态的支配地位,进而引领中国社会变革与文化重构? 为什么中国早期共产党组织率先在上海成立? 为什么中共一大在上海召开? 上海是如何利用天时、地利、人和的有利条件优先传播马克思主义进而向周边地区乃至全国辐射? 马克思主义是如何感召上海先进知识分子并为革命与解放提供了答案? 早期共产党人何以确立"为中国人民谋幸福,为中华民族谋复兴"的初心使命? 伟大建党精神何以孕育并成为中国共产

---

① 曲青山:《正确学习和认识党的历史》,《解放日报》2015年5月7日。

党人精神谱系之源？要回答好这一系列问题,还是要到历史中去寻找答案,回到
马克思主义在上海的早期传播基源探求历史支撑。从现有研究成果看,关于
"马克思主义在上海的传播"已取得一定的奠基性成果,但从整体性角度进行的
研究成果比较鲜见。本书的主要任务是:试图突破局部的、片段式研究,从系统
性的整体角度出发,按照思想史、社会史双重发展轨迹,考察马克思主义在上海
的早期传播进程、内容、特征、影响、经验及启示等,对上海早期马克思主义传播
者在应对中国问题的立场与态度及其处理理论与现实问题进行历史分析与解
释,勾勒马克思主义在上海早期传播的总体面貌,阐明马克思主义在上海传播与
共产党人的初心使命、伟大建党精神的逻辑关联,从马克思主义在上海早期传播
的一个面向透视折射更宽广的问题。具体来说,本书选取马克思主义在上海的
早期传播作为考察对象主要基于如下几点考虑:

其一,走进历史深处,认识初心使命。上海乃是马克思主义传入时间最早、
传播影响最大的地区,考察马克思主义在上海的早期传播进程,有助于探寻先进
的中国人如何在艰难中探寻救国救民真理以及选择马克思主义、传播马克思主
义、实践马克思主义的初心,有助于更加全面把握马克思主义中国化的时代背
景,厘清中国化马克思主义的理论来源和思想特质,凸显马克思主义在上海传播
这一历史进程在马克思主义早期中国化中的功能、地位与作用。同时,有助于从
问题意识出发,坚持历史与逻辑相统一,丰富历史内容,明晰历史起点,探寻一般
规律,探讨马克思主义在上海早期传播与马克思主义早期中国化之间的关系,进
而充实和深化马克思主义在中国的传播史研究。

其二,回归历史现场,彰显理论魅力。作为马克思主义与中国革命结合最早
的地区之一,上海积累了丰富的学习、传播、运用和发展马克思主义的经验。研
究马克思主义在上海的早期传播,不仅可以坚定马克思主义的理想信念、探索新
时代条件下传播、运用和发展马克思主义的历史经验,有助于从源头与初心上阐
释和解答马克思主义中国化"何以生成"、"何以必要"、"何以可能"等基础性、
前提性问题,深化对上海早期传播者选择马克思主义的深层原因以及对他们在
理论与实践互动中心路历程转变原因的研究。此外,面对一些现实质疑,单单从
理论本身进行回应还远远不够,要回归到实践活动和历史现场,以研究成果作出
更加科学客观的回答,彰显马克思主义理论的真理魅力。

其三,探索历史事实,应对历史虚无。上海早期马克思主义者在传播马克思
主义的过程中,采取多种方式对民众进行政治启蒙,对民众输入经济、阶级斗争、
劳动价值、工人解放、妇女解放等思想,在具体研究中结合社会史"自下而上"的

眼光,加深学术界对上海早期马克思主义者和底层民众互动启蒙过程的认识,进一步深化包括在上海的外国人群体、留学生群体、报刊人群体、教师群体等在内的民众对于马克思主义在上海传播内容与作用的研究,尽可能反映马克思主义在上海早期传播的历史全貌,并用历史事实说话,积极应对历史虚无主义等,有助于强化学术界对一些基本判断的再认识。

其四,回望历史进程,观照当代中国。上海作为改革开放的先行者和排头兵,是马克思主义中国化的成功实践案例,在全国具有典型的示范意义。加强对上海地区马克思主义的早期传播研究,回溯近代以来马克思主义在上海早期传播的历程,并对其加以客观的历史梳理和学理分析,汲取马克思主义在上海早期传播的历史经验,有助于为当下中国的马克思主义传播提供有益借鉴和有力支持,进而发展和推进马克思主义中国化、时代化和大众化研究。就研究对象、主题、视角、方法来说,在马克思主义中国化时代化大众化这一大的框架下作出新的学术尝试,以求在新的时代坐标体系中为这一研究添砖加瓦,从而更好发挥以马克思主义在引领中国社会发展、建设社会主义现代化强国中的作用。

其五,汲取历史经验,提供多重借鉴。马克思主义在上海早期传播方式多元且成效突出,为当下习近平新时代中国特色社会主义思想的传播提供了经验借鉴。回顾马克思主义在上海早期传播历史进程,汲取其间通俗化、多样化等传播经验,对于推动当代中国马克思主义大众化、助力新时代条件下人民群众更好接受和认同中国化马克思主义理论具有诸多有益启示,有利于增强马克思主义主流意识形态的吸引力和凝聚力,弘扬伟大建党精神,为实现民族复兴凝聚思想共识和力量。

研 究 回 顾

迄今为止,国内外学者以马克思主义早期传播研究作为中国近现代史、中共党史、中国意识形态起源等问题研究的重要切口,取得了丰富的研究成果。从当前研究成果来看,国内学者大致围绕马克思主义传播的历史进程、马克思主义传播与中国共产党成立、先进分子接受马克思主义及其思想转变等问题展开了丰富的研究。国外学者则重点对先进的中国人接受并传播马克思主义的原因进行考察、对先进分子的思想转变历程及其相互间思想进行分析比较,推进了马克思主义在中国传播问题的研究,对本研究的开展具有重要的参考与借鉴价值。现从国内和国外两个角度对已有研究成果作如下梳理：

一、国内研究现状

从国内研究成果来看，现有理论成果主要集中在历史资料、著述专著和期刊论文等三个方面。截至目前，围绕"马克思主义在上海传播"这一研究主题的公开出版的专著仅有周子东、傅绍昌等主编的《马克思主义在上海的传播（1898—1949）》，该书主要内容在于从历史的维度梳理了整个民主革命时期马克思主义在上海的传播历程与内容。此外，其他关于马克思主义在上海的传播主要聚焦在以陈独秀、瞿秋白、李达、施存统、俞秀松等为代表的一批在上海从事革命活动的人物和以《民国日报》、《新青年》、《劳动界》和《建设》为代表的一批在上海出版的报纸期刊等为研究对象，取得了较为丰硕的研究成果，奠定了厚实的研究基础。

1.史料方面

随着中共对党史研究的日渐重视，有关马克思主义早期传播文献资料的整理和诠释方面的研究得到了加强，如《新青年》、《劳动界》等原始期刊的影印版面世，《五四时期期刊介绍》①以及相关党史资料汇编等研究性资料的出版等。《五四时期期刊介绍》分为三集六册，收录了150余种期刊，涵盖了重要言论、政治倾向的分析、发刊词等内容，为研究新文化运动和马克思主义的传播提供了较为权威的资料，对上海《民国日报》副刊《觉悟》为代表的部分期刊展开了较为细致的分析，并对期刊的历史贡献给予了评价。但由于历史环境和学术氛围等原因，对有关历史人物以及期刊的评价则存在一定的局限性。《维经斯基在中国的有关资料》②收录有关维经斯基与中国革命的文章，附录"维经斯基著作（外文）目录"提供了维经斯基在《新远东》、《新东方》、《真理报》等报刊发表的文章标题。除此之外，《联共（布）、共产国际与中国国民革命运动》③、《共产国际、联共（布）与中国革命文献资料选辑》④等为研究马克思主义早期传播提供了珍贵

---

① 中共中央马克思、恩格斯、列宁、斯大林著作编译局研究室：《五四时期期刊介绍》，生活·读书·新知三联书店1959年版。

② 中国现代革命史资料丛刊：《维经斯基在中国的有关资料》，中国社会科学出版社1982年版。

③ 中共中央党史研究室第一研究部：《联共（布）、共产国际与中国国民革命运动（1920—1925）》第1卷，北京图书馆出版社1997年版。

④ 中共中央党史研究室第一研究部：《共产国际、联共（布）与中国革命文献资料选辑（1917—1925）》第2卷，北京图书馆出版社1997年版。

的档案资料。

《五四时期马克思主义与反马克思主义三次论战资料选编》①重点收集了传播史上三次论战的资料。《五四时期的社团》②四册详细介绍了23个典型社团，辑录了社团的章程、宣言及其相关出版物的发刊词等重要史料，附录了部分社团参加者的回忆录。第四册则重点介绍了由复旦大学师生"编辑和出版《平民》周刊"③，为宣传社会改造发声。在周刊190期之前，除了第1期至第4期少量篇幅以劳动者为主题，第5期至第190期始终是在中国宣传合作主义。然而从第191期开始，随着马克思主义的传播以及革命形势的发展，其内容日趋倾向革命，即"誓为工人农民——社会的柱石——的喉舌"④。《五四运动文选》⑤选辑了五四期间李大钊等人的代表作，较为全面地反映了社会各阶层知识分子的政治主张和学术观点，为马克思主义早期传播的研究提供了文本参考。

值得强调的是，张浩然主编的《五四新文化运动研究资料汇编》⑥，新增了包括《新人》和《上海潮》等在内的近50种影印版期刊是研究五四运动的重要史料，反映了五四新文化运动在北京、上海、天津等多个地区的传播状况，为研究提供了新的史料支撑。由李强主编的《五四时期重要期刊汇编》⑦收录了《曙光》在内的20余种重要期刊，同样提供了重要的史料支持。由吕延勤主编的《马克思主义在中国早期传播史料长编》⑧，以1917年至1927年为时间节点，涵括了较多早期传播马克思主义的代表人物，列举大量著作文本，应该说资料搜集较为丰富且很有价值。《马克思主义在中国早期传播著作选集》⑨搜集了1920年至1927年间马克思主义经典作家在中国流传的著作文本，丰富了研究的资料基

---

① 华东师范大学政治教育系、中共党史教研组资料室合编:《五四时期马克思主义与反马克思主义三次论战资料选编》，华东师范大学出版社1962年版。

② 张允侯、殷叙彝、洪清祥、王云开:《五四时期的社团》第1—4册，生活·读书·新知三联书店1979年版。

③ 张允侯、殷叙彝、洪清祥、王云开:《五四时期的社团》第4册，生活·读书·新知三联书店1979年版，第10—12页。

④ 《今后的〈平民〉》，《平民周报》第1期，1924年3月15日。

⑤ 中国社会科学院近代史研究所编:《五四运动文选》，生活·读书·新知三联书店1979年版。

⑥ 张浩然主编:《五四新文化运动研究资料汇编》(全48册)，广陵书局2019年版。

⑦ 李强主编:《五四时期重要期刊汇编》，国家图书馆出版社2012年版。

⑧ 吕延勤主编:《马克思主义在中国早期传播史料长编(1917—1927)》，长江出版社2016年版。

⑨ 田子渝:《马克思主义在中国早期传播著作选集(1920—1927)》，湖北人民出版社2018年版。

础。北京大学编著的《马藏》第一部第1—5卷①编撰了有关马克思主义发展史
文献,所收录的著作、译著类文献等史料将有助于研究的开展。此外,有关早期
传播者的早期文集和相关"早期传播"的资料汇编,均为本研究的开展提供了史
料支持。

　　此外,部分地方性史料为聚焦在上海地区的深入研究奠定较好基础,如刘惠
吾主编的《上海近代史》(上、下册)②以及《中共上海党史大事记(1919—
1949)》③在部分章节涉猎有关马克思主义在上海传播内容。陈绍康编著的《上
海共产主义小组》④综述了上海共产党早期组织产生的历史背景、社会环境、成
员状况和主要活动等情况,从历史背景、陈望道等人有关上海共产党早期组织
成立的回忆录、上海共产党早期组织领导下的工人运动、马克思列宁主义在上
海传播、创建社会主义青年团及外国语学社、农民工作等六个方面收集整理了
丰富的史料,对本研究大有裨益。《上海革命史研究资料》⑤收集部分学者研
究建党时期的论文,选辑中共一大前后相关文献资料与回忆录。《一大回忆
录》⑥收集11篇有关中共一大回忆性文字或谈话,成为记述中共创建史实的一
手资料。

　　2. 著述类专著方面

　　马克思主义早期传播著述类专著大致分为:历程与内容的总结性探索类、从
宏观上对整体概况的研究性梳理类、哲学等马克思主义的具体组成部分在中国
的传播类、马克思主义传播与社会思潮关系研究类、马克思主义在中国各省市区
域传播类等。

　　有关传播历程与传播内容的总结性探索是国内学界对马克思主义传播研究
的重要关注点之一。主要代表作有:丁守和、殷叙彝著的《从五四启蒙运动到马
克思主义的传播》⑦,分析和研究了马克思主义传播以及其他社会思潮的情况,

---

　　①　北京大学《马藏》编纂与研究中心:《马藏》第1—5卷,科学出版社2018年版。

　　②　刘惠吾主编:《上海近代史》(上、下册),华东师范大学出版社1987年版。

　　③　中共上海市委党史资料征集委员会主编:《中共上海党史大事记(1919.5—1949.5)》,知识
出版社1988年版。

　　④　陈绍康编著:《上海共产主义小组》,知识出版社1988年版。

　　⑤　上海革命历史博物馆(筹)编:《上海革命史研究资料》,上海三联书店1991年版。

　　⑥　知识出版社编:《一大回忆录》,知识出版社1980年版。

　　⑦　丁守和、殷叙彝:《从五四启蒙运动到马克思主义的传播》,生活·读书·新知三联书店
1979年版。

阐述了五四运动的详细过程。丁守和著的《十月革命对中国的影响》①、黎澍著的《马克思主义与中国革命》②探讨了十月革命以及马克思主义传播对中国社会带来的影响。林代昭、潘国华编著的《马克思主义在中国——从影响的传入到传播》③从19世纪末20世纪初、民国初年、五四时期、建党时期等四个时间段阐述了马克思主义从传入及传播的历程，其附录中有关马克思主义论著目录索引于马克思主义的传播研究具有重要的工具价值。李新、陈铁健主编的《伟大的开端》④在第一章第七节、第八节较为详细考察了马克思主义的传播历程。彭明著的《五四运动史》⑤细致梳理了五四运动历史过程，阐述其发生的历史、社会及思想条件，介绍了马克思主义学说从传入中国至十月革命后在中国的传播状况。高军等翔实梳理了五四运动前后有关马克思主义传播文献，清晰呈现1899—1923年有关马克思主义传播的相关论文和著作。⑥

改革开放以来，诸多学者尝试从宏观层面对马克思主义早期传播进行整体性研究。由陈汉楚编著的《社会主义在中国的传播和实践》⑦，对近代中国接触社会主义并走上社会主义道路的曲折征程进行宏大叙事的概述。林茂生则在《马克思主义在中国的传播》⑧中简要梳理传播历程，并对选择马克思主义作为拯救中国的思想理论武器的必然性以及马克思主义指导中国走上解放、富强的道路进行了有力论证。唐宝林主编的《马克思主义在中国100年》⑨史料翔实，细致论述了马克思传入中国后浩瀚的百年发展历程。钟家栋等主编的《20世纪：马克思主义在中国》⑩论述了马克思主义与中国实际相结合的三个历史阶段，揭示了马克思主义在中国百年发展历程。《马克思主义在中国初期传播史》⑪以

---

① 丁守和：《十月革命对中国的影响》，人民出版社1957年版。

② 黎澍：《马克思主义与中国革命》，人民出版社1963年版。

③ 林代昭、潘国华编：《马克思主义在中国：从影响的传入到传播》，清华大学出版社1983年版。

④ 李新、陈铁健主编：《伟大的开端》，中国社会科学出版社1983年版。

⑤ 彭明：《五四运动史》，人民出版社1984年版。

⑥ 高军、王桧林、杨树标：《五四运动前马克思主义在中国的介绍与传播》，湖南人民出版社1986年版。

⑦ 陈汉楚编著：《社会主义在中国的传播和实践》，中国青年出版社1984年版。

⑧ 林茂生：《马克思主义在中国的传播》，书目文献出版社1984年版。

⑨ 唐宝林主编：《马克思主义在中国100年》，安徽人民出版社1997年版。

⑩ 钟家栋、王世根主编：《20世纪：马克思主义在中国》，上海人民出版社1998年版。

⑪ 田子渝、蔡丽、徐方平、李良明：《马克思主义在中国初期传播史（1918—1922）》，学习出版社2012年版。

翔实史料为基础,在尊重历史事实前提下,全景式扫描了马克思主义在中国的早期传播景象,充分肯定了先进分子传播马克思主义的丰功伟绩,实事求是地评价了国民党人以及共产国际在传播进程中发挥的作用,对《新青年》、《建设》和《劳动界》等一批在上海出版的报刊对马克思主义传播作出的贡献给予客观公正的评价。彭继红梳理了 1899 年至 1921 年马克思主义在中国的传播图景,分析不同渠道马克思主义的传入状况。① 徐素华从文本学理论出发,审视马克思恩格斯著作在中国传播状况。② 方红著的《马克思主义在中国的早期翻译与传播》在遵循历史逻辑的基础上,分析不同阶段显现的翻译特征,揭示了早期翻译传播中显现的内在规律。③ 王刚立足"语境"视角,从宏观和微观层面探究不同语境下马克思主义中国化的生成逻辑。④

　　基于马克思主义思想理论体系丰富庞大,部分学者从哲学、政治经济学、科学社会主义的角度分别展开研究。比较有代表性的有,庄福龄主编的《中国马克思主义哲学传播史》⑤、利兴民主编的《马克思主义哲学在中国的传播和发展》⑥等,专门梳理了马克思主义哲学的传播与发展。谈敏在《马克思主义经济学在中国的传播启蒙》⑦一书中,全景揭示了马克思主义经济学在十月革命和五四运动两个重要时间时期传播的思想背景、典型资料、代表人物等。高军等主编的《中国现代政治思想评要》⑧用一整章篇幅论述了马克思主义在中国的传播图景,丰富了研究者的角度。姜义华编的《社会主义学说在中国的初期传播》⑨集中选编了 1873—1908 年的 70 余篇文献,为研究者提供了重要文本参照。

　　关于马克思主义传播与社会思潮关系的研究,主要代表作有皮明庥所著的

---

　　① 彭继红:《传播与选择——马克思主义中国化的历程(1899—1921 年)》,湖南师范大学出版社 2001 年版。

　　② 徐素华:《马克思恩格斯著作在中国的传播:MEGA² 视野下的文本、文献、语义学研究》,中国社会科学出版社 2013 年版。

　　③ 方红:《马克思主义在中国的早期翻译与传播》,上海三联书店 2016 年版。

　　④ 王刚:《马克思主义中国化的起源语境研究》,人民出版社 2011 年版。

　　⑤ 庄福龄主编:《中国马克思主义哲学传播史》,中国人民大学出版社 1988 年版。

　　⑥ 利兴民主编:《马克思主义哲学在中国的传播和发展》,广东高等教育出版社 1988 年版。

　　⑦ 谈敏:《1917—1919:马克思主义经济学在中国的传播启蒙》,上海财经大学出版社 2017 年版。

　　⑧ 高军、王桧林、杨树标主编:《中国现代政治思想评要》,华夏出版社 1990 年版。

　　⑨ 姜义华编:《社会主义学说在中国的初期传播》,复旦大学出版社 1984 年版。

《近代中国社会主义思潮觅踪》①，运用翔实史料清晰勾勒了社会主义思想传入中国的来龙去脉，一定程度上推进了社会主义思想传播问题的研究进展。杨奎松等为读者了解近代中国社会主义思潮提供基本线索，详细叙述了多种社会主义思潮对近代中国的影响。② 程伟礼等运用心态史的方法，研究了陈独秀、李大钊等早期马克思主义者思想演化进路，勾勒了他们认识接受马克思主义并投身无产阶级革命事业的心路历程。③

近年来，马克思主义区域性传播的研究逐渐引起学者的兴趣和重视。闫化川考察了马克思主义在山东落地与传播的历史，归纳了传播过程与现实价值。④ 成龙等通过对马克思主义在广东的历史、理论和实践的整体考察，探索了马克思主义在广东始终能够领先发展的原因、特点和经验，阐述其对未来发展的意义。⑤ 黄进华在传播学理论视域下，依托史学方法探索了东北地区马克思主义传播状况。⑥ 概而言之，区域性研究彰显了马克思主义传播的地方性特色，进一步深化了马克思主义传播史。

3. 期刊论文方面

概括起来，现有成果集中体现在"传播原因与内容"、"传播视角与特征"、"传播途径与区域"、"传播人物与群体"、"传播载体与方式"、"传播影响与贡献"、"传播经验与启示"等维度，简要归纳如下：

（1）关于传播原因与内容的研究。马克思主义传入中国之后得以传播的原因及传播内容是研究马克思主义早期传播的重要问题之一。张洪波、葛善泽分析了"五四"前后马克思主义在中国迅速传播的原因，剖析了马克思主义理论传播和融合的主体性内在机制。⑦ 蔡乐苏着眼于整体的世界性眼光，探究了中国思想界受西方文化带来的影响，分析了中国先进知识分子是如何实现马

---

① 皮明庥：《近代中国社会主义思潮觅踪》，吉林文史出版社 1991 年版。

② 杨奎松、董士伟：《中国近代社会主义思潮研究》，上海人民出版社 1991 年版。

③ 程伟礼、张生泉、吴小龙：《先知的足迹：中国早期马克思主义者的心路历程》，河南人民出版社 1996 年版。

④ 闫化川：《马克思主义是怎样生根中国的：马克思主义在山东早期传播研究》，方志出版社 2017 年版。

⑤ 成龙、郭丽兰、张伟东：《马克思主义中国化在广东》，北京大学出版社 2012 年版。

⑥ 黄进华：《马克思主义在中国东北的传播（1900—1931）：基于历史学和传播学的视角》，中国社会科学出版社 2012 年版。

⑦ 张洪波、葛善泽：《"五四"前后马克思为什么能在中国迅速传播？》，《当代世界与社会主义》2004 年第 4 期。

克思主义的转向。① 与宏观研究方式不同，部分学者整理和阐释了马克思主义是如何被中国人接受、传播、改造、运用的逻辑进程及特征，为早期传播研究打开另一种思路。譬如，唯物史观作为马克思主义重要组成部分是早期传播重要内容。冯天瑜分析了中国早期传播唯物史观的特点，总结了唯物史观在中国传播和运用的历史经验。② 蔺淑英阐释了中国先进分子选择唯物史观的现实原因在于唯物史观契合当时中国社会发展主题、适应近代中国史学领域范式变革需求、获得中国先进分子社会文化心理认同等。③ 陈峰梳理了"唯物史观"在近代中国的流变历程，呈现了中国人民认识和运用唯物史观的动态过程。④

（2）关于传播视角与特征的研究。随着研究的扩展深入，学者们逐渐尝试从不同视角研究早期传播问题。凯声立足于文化传播学视角，从理论上阐述了文化传播与接受的一般规律，分析了马克思主义在中国得以广泛传播并发生重大影响的历史与文化必然性。⑤ 程勤华从接受群体视角探析了底层社会民众、学术界知识分子、少数社会精英和中国共产党等不同群体分别在对马克思主义的认同与接受、马克思主义传播、马克思主义的信仰与推进以及催生了马克思主义中国化的历史选择中所形成的历史合力，提出在特定历史条件下"马克思主义中国化"诞生的必然性。⑥ 姜喜咏则对马克思主义在中国早期传播进程中的"反转"现象进行论述与阐释，透过"反转现象"认识到早期传播的阶段性，标志着旧传播阶段的结束和新传播阶段的开启，表明了马克思主义中国化体现在政治性与文化性层面的不平衡常态，以及文化认同与政治认同的分裂和悖论。⑦ 邢科以扩散理论为基础，以左翼人际传播网为个案，归纳出马克思主义史学早期

---

① 蔡乐苏：《西方文化危机的影响与马克思主义传入中国》，《清华大学学报（哲学社会科学版）》1988 年第 2 期。

② 冯天瑜：《唯物史观在中国的早期传播及其遭遇》，《中国社会科学》2008 年第 1 期。

③ 蔺淑英：《"五四"前后中国先进分子选择唯物史观探源》，《中共党史研究》2009 年第 11 期。

④ 陈峰：《"唯物史观"在近代中国的流变》，《近代史研究》2018 年第 5 期。

⑤ 凯声：《马克思主义在中国的传播及中国化的文化阐释——兼论文化传播与接受的一般规律》，《中州学刊》1992 年第 4 期。

⑥ 程勤华：《马克思主义在中国的早期传播——基于"接受群体"之成因及导向的探析》，《云南大学学报（社会科学版）》2013 年第 2 期。

⑦ 姜喜咏：《马克思主义在中国早期传播中"反转"现象研究》，《安徽师范大学学报（人文社会科学版）》2017 年第 4 期。

传播的特征。①

部分学者对马克思主义在中国早期传播特征予以关注研究。譬如，陈留根梳理了马君武、朱执信、孙中山、江亢虎等人十月革命前传播概况并总结传播特点。② 许门友认为早期介绍和传播主体组成多元、动机复杂，对马克思主义认识浮于表面。③ 胡为雄提出中国人在接触认知、翻译传播时历经了由浅入深、由片面到全面的过程，实现了由单纯新闻眼光对待，发展为视作救世良方进而作为思想武器改造中国的过程。④ 郑秀芝、侯建明则从传播阶段入手，从主体、内容等方面归纳早期传播的诸多特征。⑤ 综上，学者们从不同阶段的传播实际出发，细致梳理了马克思主义早期传播的特点。

（3）关于传播途径与区域的研究。学者吴汉全认为，十月革命前后的马克思主义的引入主要靠留学生和海外资产阶级先进分子群体。⑥ 陈金龙选取了马克思主义经典作家纪念这一独特视角，认为从 20 世纪 20 年代开始，经典作家的纪念活动是马克思主义在中国传播的重要载体。⑦ 杨芳、邝奕轩从历史逻辑的角度，介绍了民主革命时期的传播路径，分别为"借力共产国际以推动经典著作走向世界、中国共产党强化国际宣传、西方记者帮助宣传"，剖析了马克思主义中国化理论对外传播的困境，就此问题提出了"掌握意识形态话语权、加强跨文化分众传播、创建立体国际传播机制"等实践路径。⑧ 蔡凯文、王刚认为五四时期呈现"主义热"、"社团热"、"刊物热"的景象，从主义、社团、刊物等角度剖析马克思主义在五四时期的传播理路，认为"主义是旗帜、社团是载体、刊物是阵

---

① 邢科：《左翼人际传播网与马克思主义史学的扩散——以 20 世纪二三十年代的上海为中心》，《北京师范大学学报（社会科学版）》2018 年第 1 期。

② 陈留根：《十月革命前马克思主义在中国的传播及其特点》，《湖北行政学院学报》2009 年第 1 期。

③ 许门友：《19 世纪末 20 世纪初：马克思主义在中国的介绍、传播及其特点》，《西北大学学报（哲学社会科学版）》2010 年第 5 期。

④ 胡为雄：《马克思主义及其哲学在中国最初传播的特点》，《当代马克思主义研究》2011 年第 2 期。

⑤ 郑秀芝、侯建明：《中国早期介绍和传播马克思主义学说路径及特征分析》，《中共福建省委党校学报》2016 年第 3 期。

⑥ 吴汉全：《留学生与马克思主义在中国的传播》，《徐州师范大学学报》2001 年第 1 期。

⑦ 陈金龙：《经典作家纪念与马克思主义在中国的传播》，《求索》2017 年第 9 期。

⑧ 杨芳、邝奕轩：《中国化马克思主义对外传播的现实困境和路径探索》，《马克思主义研究》2018 年第 1 期。

地,且三者相互配合"①。

　　相比于过往学术界宏观角度研究,一些学者开始注重个案区域传播研究,成为早期传播研究的新领域。譬如,付春以留日学者王右木为个案,研究其对四川地区马克思主义传播的贡献。② 何扬鸣论述了浙江地区报刊传播马克思主义过程,及其在巩固浙江新文化运动成果、促进浙江近代报刊体系发展等方面所发挥的重要作用。③ 郭渊剖析了布尔什维克党传播马克思主义的条件和特点,研究归纳了马克思主义在哈尔滨传播的途径及其深远影响。④ 周行、田子渝认为武汉地区传播马克思主义的影响力仅次于上海和北京,乃是第三个传播主阵地,并在此基础上归纳了武汉地区早期传播特点。⑤ 刘芳细致论述了建党前后马克思主义在湖南的传播状况,论证了马克思主义在湖南扎根与发展的具体路径。⑥ 古丽孜拉等将马克思主义在新疆的早期传播分为三个阶段,论述了不同阶段马克思主义传播的过程与特征。⑦ 全家悦、杨志和则以陕西地区为研究中心,总结了马克思主义传播过程、特征和经验,归纳了马克思主义传播需注重的原则和方法。⑧

　　此外,部分学者或借助报刊、人物,或依托社会学等理论探讨了马克思主义在区域的早期传播状况。黄丽喜从创办报刊、成立社团等角度论述了新民学会宣传十月革命和马克思主义的具体路径。⑨ 梁严冰立足社会和文化视角分析了五四时期马克思主义在陕北地区的传播原因和成效。⑩ 黄进华以近代中国为历史大背景,从"场域理论"视角论述马克思主义传播与中东铁路之间的必然联

---

　　① 蔡凯文、王刚:《五四时期马克思主义在中国的传播理路》,《思想理论研究》2019 年第 6 期。

　　② 付春:《王右木:四川早期马克思主义传播和研究的先驱者》,《毛泽东思想研究》2011 年第 6 期。

　　③ 何扬鸣:《试论浙江早期传播马克思主义的报刊》,《浙江大学学报》2001 年第 5 期。

　　④ 郭渊:《19 世纪末—20 世纪初布尔什维克与马克思主义在哈尔滨的传播》,《北方文物》2007 年第 4 期。

　　⑤ 周行、田子渝:《马克思主义在武汉地区的早期传播》,《湖北大学学报(哲学社会科学版)》2009 年第 6 期。

　　⑥ 刘芳:《二十世纪初期湖南马克思主义传播研究》,《求索》2013 年第 10 期。

　　⑦ 古丽孜拉、胡阿提、欧阳山:《马克思主义在新疆的早期传播》,《西域研究》2015 年第 1 期。

　　⑧ 全家悦、杨志和:《马克思主义在陕西的早期传播研究》,《中国延安干部学院学报》2018 年第 2 期。

　　⑨ 黄丽喜:《新民学会与马克思主义在湖南的传播》,《湖南教育学院学报》1998 年第 4 期。

　　⑩ 梁严冰:《马克思主义在陕北的早期传播及其党团组织的建立》,《延安大学学报(社会科学版)》2007 年第 3 期。

系。① 周向军、闫化川梳理了马克思主义在山东早期传播的实践进程,对山东地区由隐蔽到公开、由零散到组织、由涣散到集中等特点予以归纳。② 黄正林以《共进》期刊为个案,探究了其从传播新文化向传播马克思主义的转变、从普通社团的共进社向关心青年且具有远大政治理想团体的转变,归纳了"共进"群体在陕西传播马克思主义过程中所作出的贡献。③ 魏法谱依托《广东群报》,研究了马克思主义在广东的传播情况及其历史地位。④

概括来说,区域层面的马克思主义传播研究相比于其他研究成果而言并不算丰富,且现有研究成果大多集中在早期传播阶段,对于其他阶段尤其是新中国成立之后乃至改革开放以来的关注较少。由此可见,彰显"地方化"的区域性传播研究是今后研究中可以探索的生长点。正如美国学者柯文认为,中国区域性和地方性变异幅度大,对整体轮廓和特点产生更加深入突出的理解,则需要"标出变异的内容和程度"⑤。简而言之,作为整体的中国社会乃是由多个具有不同特征的地方性区域的集合体,且不同地域之间相互联系。因此,在考察具体地方性区域的历史脉络时,不能将研究宏观大历史的框架直接生搬硬套,而尽可能提出不同于"宏大叙事"的问题与解释。

因此,从上海这一地方性区域出发,理解马克思主义在中国传播的历史与现实,从微观、中观的视角具体入微地考察马克思主义传播的历史进程,有助于了解掌握马克思主义传播在不同区域的"变异度",从而深化马克思主义在中国整体传播史的研究,为透视中共早期革命的复杂性和艰难性提供历史的个案支撑。

（4）关于传播人物与群体研究。人物群体作为传播进程中重要主体,是马克思主义早期传播研究的热点与重点。就传播主体而言,则有个人和群体之分。新中国成立以来尤其是改革开放以来有一大批学者对此问题初步厘清,其中大多数学者都将传播主体归纳为中国早期精英分子、国民党人及其经典著述等方面,尤其是对李大钊、陈独秀、瞿秋白、李达等人的研究最为丰富,取得了丰厚的

---

① 黄进华:《中东铁路与马克思主义在黑龙江的传播》,《学术交流》2010 年第 9 期。

② 周向军、闫化川:《马克思主义早期的传播实践及其现实启示——以山东为例》,《理论月刊》2014 年第 2 期。

③ 黄正林:《〈共进〉、共进社与马克思主义在陕西的传播》,《中共党史研究》2019 年第 2 期。

④ 魏法谱:《马克思主义早期传播的地方性样本研究——〈广东群报〉与马克思主义在广东的早期传播》,《贵州社会科学》2019 年第 6 期。

⑤ 〔美〕柯文:《在中国发现历史——中国中心观在美国的兴起》,林同奇译,中华书局 1989 年版,第 142—143 页。

研究成果。田子渝等人对陈独秀早期传播的杰出贡献作了叙事性记录。① 王学明探究了陈独秀在推进马克思主义在中国早期传播的多重路径并肯定其积极作用。② 周一平等人归纳总结了瞿秋白传播马克思主义的特征,肯定了瞿秋白对马克思主义中国化大众化的贡献,体现在"翻译编写通俗读物,浅显简明地介绍马克思主义"等方面。③ 窦春芳爬梳了瞿秋白于中共成立前后传播马克思主义的具体实践。④ 胡为雄细致研究了瞿秋白在传播马克思主义哲学方面的贡献,具体表现在辩证唯物主义基本问题方面的阐释、对自然和社会现象认识的因果律等方面。⑤ 路宽以瞿秋白所著《现代社会学》为文本中心,通过对文本内容、译介特点、文本贡献等细致解读和考察,深化了对马克思主义早期传播史的认识。⑥ 薛志清论证了恽代英在引领青年明确马克思主义的界限以及如何在中国运用马克思主义等方面作出的历史贡献。⑦ 邹谨以刊物为视角,考察了恽代英的主要办刊实践,论述了其在搭建马克思主义传播平台等方面作出的贡献。⑧ 陈胜等人以李大钊为个案,研究了其传播动因、方式及其贡献,强调了其传播活动扩大了马克思主义的影响,推动了知识分子融入工人阶级中去,提升了民众觉悟。⑨ 沈志刚基于大量史料探讨了杨匏安在马克思主义传播史上的地位,认为杨匏安以生献于主义、以死殉于高节,其历史地位并不需要借助他人彰显。⑩

除了李大钊、陈独秀、瞿秋白、李达等热门人物外,学者们日趋开始关注对马克思主义在中国早期传播作出贡献但现有研究成果并不多的人物,如杨明斋等

①　田子渝、于丽:《陈独秀对马克思主义在我国早期传播的杰出贡献》,《湖北大学学报(哲学社会科学版)》2011 年第 4 期。

②　王学明:《陈独秀推进马克思主义在中国早期传播的路径探析》,《湖北社会科学》2014 年第 4 期。

③　周一平、林祖华:《瞿秋白传播马克思主义的两大特色》,《毛泽东邓小平理论研究》2008 年第 4 期。

④　窦春芳:《中共成立前后瞿秋白与马克思主义在中国的传播》,《广西社会科学》2009 年第 4 期。

⑤　胡为雄:《瞿秋白传播马克思主义哲学的贡献》,《中共中央党校学报》2010 年第 6 期。

⑥　路宽:《瞿秋白的〈现代社会学〉:马克思主义早期传播的典范之作》,《理论学刊》2015 年12 月。

⑦　薛志清:《恽代英与马克思主义在中国的早期传播》,《湖北社会科学》2012 年第 5 期。

⑧　邹谨:《恽代英的办刊实践与马克思主义在中国的传播》,《重庆邮电大学学报(社会科学版)》2016 年第 5 期。

⑨　陈胜、武建奎、李国昌:《早期中国共产党人对马克思主义的学习与传播——以李大钊为例》,《南京政治学院学报》2013 年第 3 期。

⑩　沈志刚:《杨匏安在马克思主义传播史上的地位再探讨》,《党史研究与教学》2018 年第 6 期。

人。主要代表作有：黄广友以华岗为考察个案，论述了其学术事业与革命活动与马克思主义传播的紧密关联，归纳其在马克思主义大众化中所作的贡献。① 张秀文以华南地区传播先驱杨匏安为个案，梳理了其在宣传探索马克思主义在中华大地开花结果的具体实践。② 张江芬探讨了杨明斋对马克思主义在中国传播的历史贡献，具体包括宣传苏俄革命建设、开启青年觉悟以及推动马克思主义与工农运动结合等方面。③ 刘芹以著述为中心，考察了西北地区传播马克思主义第一人——魏野畴对马克思主义唯物史观、阶级斗争理论、群众观等理论的体认过程，揭示了其由青年知识分子转变为共产主义者的历程以及早期马克思主义在中国传播的谱系图。④ 曾庆桃考察梳理了陈潭秋对马克思主义早期传播的探索与实践，认为陈潭秋注重利用多种方式传播马克思主义，参与创建武汉共产党早期组织等，为中共创建和湖北地区共产主义事业发展作出重要贡献。⑤

　　部分学者对群体传播马克思主义的内容、途径和作用等进行研究。沈传亮考察了《建设》等国民党人创办的报刊在马克思主义传播方面的努力，客观评价了国民党人在其中的历史作用。⑥ 李玉敏概括了中国近代知识分子引介与宣传马克思主义的内容，阐明其传播目的与局限。⑦ 陈文联归纳考察了留学生群体传播马克思主义妇女观的主要内容及其作用。⑧ 周棉梳理了留学生对马克思文艺理论进行传播的过程，阐述这一过程对于中国现代历史以及新文学发展的意义并归纳其不足和局限。⑨ 孙建华论证了陈独秀等早期共产党人认同并接受唯物史观的过程，认为其"堪称中国近代思想史上伟大飞跃"⑩。王刚总结了中国早期知识精英选择性传播马克思主义概况，论述了选择性传播对马克思主义中国化所产生的影响，并在此基础上深化了对以孙中山、朱执信、胡汉民、戴季

① 黄广友：《华岗与马克思主义在中国的传播》，《当代世界社会主义问题》2013 年第 3 期。

② 张秀文：《华南传播马克思主义第一人——杨匏安》，《兰台世界》2014 年第 10 期。

③ 张江芬：《杨明斋对马克思主义在中国传播的历史贡献》，《中共党史研究》2015 年第 7 期。

④ 刘芹：《魏野畴对马克思主义的体认——以其著述为例》，《党史研究与教学》2016 年第 5 期。

⑤ 曾庆桃：《陈潭秋对马克思主义早期传播的探索与实践》，《理论月刊》2018 年 12 期。

⑥ 沈传亮：《五四时期国民党人与马克思主义传播》，《党史教学》2002 年第 8 期。

⑦ 李玉敏：《近代知识分子群体与马克思主义在中国的早期传播》，《理论学刊》2011 年第 11 期。

⑧ 陈文联：《留学生与马克思主义妇女观在中国的传播》，《湖南大学学报（社会科学版）》2008 年第 6 期。

⑨ 周棉：《留学生与马克思主义文艺理论在中国的传播》，《江苏社会科学》2010 年第 3 期。

⑩ 孙建华：《论马克思主义在中国的早期传播及其中国化的基础——从进化论"道"之裂变到唯物史观的确立》，《河南社会科学》2010 年第 1 期。

陶等为代表的资产阶级革命派选择性传播的研究,剖析了政治立场差别是资产阶级革命派由"盗火者"转向反对者的根本原因。① 杨鹏则认为留日学生通过创办报刊、组建学会、译介书籍等方式传播马克思主义的社会影响深远,正因为留日学生的宣传和介绍,马克思主义才得以在中国生根发芽并进入国人的思想。②

除了对人物及群体研究外,有学者对以上海大学为代表的学校马克思主义传播进行研究。周良书分析比较了北京大学、上海大学和广州大学传播马克思主义的途径,论述了其在马克思主义大众化中所发挥的作用。③ 王君峰探究了上海大学在面向工人和学生传播马克思主义的途径,包括建立平民学校、创办工人夜校等。④ 就传播主体而言,学界对精英分子研究较多,对普通民众研究显得薄弱,而马克思主义史学方法论中讲求"精英史观和民众史观两个都讲全"⑤,因此需挖掘更多有关普通民众的史料,加大对底层人士在马克思主义早期传播进程中作用与贡献的探索,以此丰富和深化对马克思主义在上海早期传播的主体研究。

(5)关于传播载体与方式的研究。传播载体和方式是马克思主义早期传播中必不可少的要素,报刊是马克思主义早期传播的重要载体,在理论宣传、政治动员、教育引导等方面发挥了巨大作用。学者们在《新青年》、《东方杂志》、《民国日报》、《劳动界》和《共产党》等有关马克思主义传播的报刊与著作研究中倾注了不少精力,主要围绕文本内容进行阐释,重点探究了报刊著作在马克思主义在中国传播进程中的作用和贡献,取得了诸多值得借鉴的理论成果。此外,学界对马克思主义早期传播方式也给予关注,学者们以史料为基概括总结了马克思主义早期传播的方式,为研究奠定了基础。

就报刊传播内容与特征研究而言,取得了较为丰富的研究成果。比如,《新青年》是学者们关注最为广泛的五四时期代表性期刊。有学者立足《新青年》文本,细致性论述了马克思主义的传播主体、客体、内容、途径,呈现早期马克思主

---

① 王刚:《论中国早期知识精英对马克思主义的选择性传播》,《中共党史研究》2009 年第 8 期。

② 杨鹏:《留日学生与马克思主义在中国的早期传播》,《社会科学家》2019 年第 3 期。

③ 周良书:《高等学校与中国早期马克思主义大众化——以北京大学、上海大学和广州大学为例》,《马克思主义研究》2012 年第 2 期。

④ 王君峰:《1920 年代上海大学的马克思主义传播阵地——以平民学校与工人夜校为视角》,《黑龙江史志》2013 年第 4 期。

⑤ 张静如:《精英史观和民众史观两个都讲全》,《党史研究与教学》2010 年第 4 期。

义者对马克思主义以及中国实际问题的思考。① 杨荣、程甜以《新青年》为例，梳理了日本、苏俄、欧洲等三个马克思主义传入中国渠道的历史脉络，指出传播渠道转换与传播内容递进契合了中国革命的需要。② 闫艳红等人以《新青年》为中心，探究了其传播马克思主义的实践、作用与启示。③ 殷文探讨了《申报》在1919 年至 1937 年间传播马克思主义状况及其转变情况，以关键词方式细致梳理了《申报》消息和报道的来源、主题等变化，对其在市民阶层中传播马克思主义情况进行了评价。④ 学者蒋海文在爬梳史料的基础上归纳了《创造月刊》在传播马克思主义文艺理论中呈现的鲜明特点。⑤ 赵付科、季正聚立足中共早期报刊，梳理了具体传播路径，肯定了其对当代中国马克思主义大众化提供的借鉴意义。⑥

就报刊对马克思主义在中国传播的贡献而言，葛振国、邢云文以《新青年》、《共产党》、《劳动界》等杂志，以及上海外国语学社等为例，论述了其在拓展马克思主义宣传新阵地以及培养马克思主义者中所发挥的作用。⑦ 岳远尊考察了《东方杂志》传播马克思主义概况、内容、历史作用，认为其为马克思主义传播搭建了话语平台。⑧ 武端利探讨了《民国日报》对马克思主义传播的贡献与价值，概括其早期传播内容，论述其利用自身影响力积极宣传介绍马克思主义的意义。⑨ 杨宏雨探究《星期评论》对社会主义的认知与宣传，评价其对各种社会主义思潮的态度及其对早期先进分子选择社会主义道路所发挥的积极作用。⑩ 张忠山、费迅以《星期评论》为考察样本，论述刊物在宣介马克思主义方面的做法，

---

① 周凯：《马克思主义在中国早期传播的主要特点——以〈新青年〉月刊为主的文本分析》，《中共党史研究》2013 年第 4 期。

② 杨荣、程甜：《精神的"日出"——〈新青年〉与马克思主义早期传播渠道研究》，《湖北大学学报（哲学社会科学版）》2016 年第 6 期。

③ 闫艳红、段治文：《〈新青年〉对马克思主义传播及其启示》，《中国出版》2012 年第 24 期。

④ 殷文：《扩散与反转：马克思主义在市民阶层的传播——以〈申报〉为中心的内容分析（1919—1937）》，《新闻与传播评论》2019 年第 3 期。

⑤ 蒋海文：《革命信仰的书写与文学价值的重塑——〈创造月刊〉传播马克思主义文艺理论的历史透视与特点阐释》，《湘潭大学学报（哲学社会科学版）》2017 年第 6 期。

⑥ 赵付科、季正聚：《中共早期报刊视域下马克思主义的传播路径及启示》，《社会主义研究》2013 年第 2 期。

⑦ 葛振国、邢云文：《"五四"前后学生社团传播马克思主义的经验与启示》，《理论探索》2011 年第 3 期。

⑧ 岳远尊：《〈东方杂志〉传播马克思主义的特点及影响》，《党的文献》2011 年第 3 期。

⑨ 武端利：《〈民国日报〉与早期的马克思主义传播》，《兰台世界》2010 年 17 期。

⑩ 杨宏雨：《〈星期评论〉对社会主义的认知与宣传》，《学术界》2022 年第 10 期。

肯定其在聚集先进分子、助力中国共产党成立等方面的历史贡献。① 江巍以《新青年》《星期评论》为例展开比较研究,提出后者在传播马克思主义、提升马克思主义影响力以及共产党组织的成立等方面并不逊色于《新青年》。②

译著亦是马克思主义早期传播载体之一。关于早期著作出版方面研究,主要代表有:郭丽兰研究了朱执信翻译与传播马克思主义著述情况,从马克思的生平介绍、马克思主义是科学的社会主义、阶级和阶级斗争、社会革命和政治革命、无产阶级和人民大众的力量以及对列宁和十月革命的认识等六个方面展开考察。③ 刘宁等人以马克思主义著作翻译出版为视角,概括了早期马克思主义著作传播的特点、影响及其历史局限性。④ 王海军论述了中共在民主革命时期编译马克思主义经典著作所产生的历史影响。⑤ 张琳依托马克思主义著作文本角度,分析归纳了其在早期传播中情况和特点。⑥ 应该说,学者们从译著的视角进一步深化了早期传播的研究。

以上研究成果,无论是学者以在上海出版的报纸书刊为中心的具体研究,还是从整体上对中共早期报刊的全景式扫描,均为研究上海的报刊传播马克思主义研究提供了重要借鉴和参考。同时,学界对《新青年》等报刊虽有一定研究,但是在今后研究中可加强对报刊登载的原初文本及其所关联和依据底本的关注,以此还原和彰显报刊在早期传播中的作用和地位。

有学者关注了对马克思主义早期传播方式的研究。郭燕来在考察《共产党宣言》早期传播特点基础上,在传播话语、手段、对象等方面探究了当代中国马克思主义大众化传播方式。⑦ 王良青论述了早期马克思主义者通过创办报刊在

---

① 张忠山、费迅:《〈星期评论〉与五四时期的马克思主义传播》,《扬州大学学报(人文社会科学版)》2011 年第 1 期。

② 江巍:《中共创建时期传播马克思主义主要刊物的比较——以〈新青年〉和〈星期评论〉为中心》,《现代哲学》2016 年第 3 期。

③ 郭丽兰:《朱执信对马克思主义著述的翻译与传播——以〈共产党宣言〉〈资本论〉为例》,《中共中央党校学报》2011 年第 2 期。

④ 刘宁、王新旺、白森文:《十月革命前马克思主义著作在中国的传播状态》,《出版发行研究》2014 年第 1 期。

⑤ 王海军:《民主革命时期中共经典著作编译与传播对马克思主义中国化影响探析》,《理论学刊》2015 年第 12 期。

⑥ 张琳:《马克思主义在中国早期传播过程中的文本问题》,《毛泽东邓小平理论研究》2009 年第 5 期。

⑦ 郭燕来:《当代中国马克思主义大众化传播方式新探——基于〈共产党宣言〉早期传播特点的历史启示》,《理论月刊》2010 年第 8 期。

宣传马克思主义方面的实践。① 吕延勤从"先进分子翻译经典著作和新闻报道进行传播、中共创建之后组织化推进传播、学校传播平台、'三次论战'和深入基层"等方面归纳了早期传播途径。②

此外，随着近年来构建中国话语体系话题的热门，有学者开始关注马克思主义早期传播进程中的话语问题研究。刘小红等认为早期马克思主义者对中国社会主义话语体系形成作出积极贡献，归纳了形成话语符号、创建学术话语、立足实践、重视受众等早期话语建构的经验。③ 金蕾蕾等探讨了瞿秋白传播马克思主义过程中出现的两种话语系统，并分析其深层次原因。④ 简言之，以上诸多成果为研究马克思主义大众化话语体系构建提供了借鉴。

（6）关于传播经验、价值与启示的研究。李田贵、赵学琳论述了国民党人在探索宣传社会主义进程及其影响，如"对中国人民推翻帝国主义和封建军阀的激励、建立理想社会而奋斗的鼓舞、为国民党与中国共产党进行合作奠定基础等"⑤。李百玲论述了翻译作为马克思主义传播的初始环节在早期传播中所发挥的重要作用。⑥ 张春丽概括了五四青年传播马克思主义的原因和特点，论述了这一过程对青年自身以及中国社会的重要影响。⑦ 张顺洪则在研究中强调了马克思主义传播所带来的持久的启蒙意义，不仅体现在促进中华民族意识的觉醒，彰显了中外文明交流与对接，为先进分子和人民群众培育了"世界胸怀"。⑧ 陈明吾以资产阶级革命派为考察中心，论述了革命派在传播马克思主义的贡献，助力了早期马克思主义者思想火花的产生，在理论上助力国共合作局面的形成。⑨

① 王良青：《早期马克思主义者传播马克思主义的重要载体》，《兰台世界》2014年31期。
② 吕延勤：《马克思主义在中国早期传播的方式及其启示》，《学校党建与思想教育》2017年22期。
③ 刘小红、马启民：《马克思主义知识分子对中国社会主义话语体系早期传播的贡献》，《毛泽东邓小平理论研究》2016年第7期。
④ 金蕾蕾、董贵成：《遮蔽与祛魅——瞿秋白传播马克思主义之双重话语现象探究》，《学术论坛》2014年第2期。
⑤ 李田贵、赵学琳：《二十年代国民党人对马克思主义的传播》，《当代世界社会主义问题》2003年第4期。
⑥ 李百玲：《马克思主义在中国的早期翻译及传播》，《江苏行政学院学报》2008年第5期。
⑦ 张春丽：《五四青年传播马克思主义的原因、特点及影响》，《中国青年政治学院学报》2012年第3期。
⑧ 张顺洪：《马克思主义在中国的传播和发展：中国历史上最伟大的启蒙运动》，《马克思主义研究》2013年第11期。
⑨ 陈明吾：《资产阶级革命派对马克思主义在中国早期传播的历史作用》，《湖北社会科学》2010年第8期。

申海龙则以陈独秀为考察个案,论述早期共产党人传播马克思主义的不足与局限。①

吴艳东、李强在研究中认为,改进传播方式、注重思潮较量在推动马克思主义大众化进程中具有重要作用。② 贺艳秋分别从宗旨目标、主体、客体以及载体上探究了马克思主义中国化理论成果传播的历史经验。③ 沈江平梳理归纳了马克思主义在中国青年群体中传播的整体状况、方式载体,从纳入时代境况、彰显实践意蕴、凸显文化内涵和紧扣客体特质等维度为马克思主义在当代青年中的传播提供经验启示。④ 刘东建、雷朋回顾了马克思主义在中国百年传播的历史与实践,总结了以科学的态度对待科学的理论、发挥人民主体性作用、创新马克思主义的传播方式等传播经验。⑤

综上所述,国内学界立足不同视角、采取不同方法,所开展的马克思主义早期传播研究史料扎实,成果丰富,较为清晰地梳理了马克思主义在中国的早期传播概况和历程,较为全面地总结了经验与启示。研究视角由宏大叙事向个案研究拓展,朝着更加注重缩小视阈的实证性研究发展,推进了马克思主义早期传播的个人与群体等传播主体、期刊与社团等传播载体研究。但在归纳传播规律、多学科交叉研究、传播内容路径的比较性研究等学理性问题层面尚有较大探索空间。

二、国外研究现状

国外学术界主要从中国近代思想演变视角,将马克思主义传播渗透融入中国近现代史以及中共党史研究中,尤其对中共成立前后马克思主义在中国的传播、中国早期马克思主义者群、中共重要代表人物思想及其与马克思列宁主义的关系等展开系统深入的研究,取得了一定的成果。对马克思主义在上海传播本身的相关专著并不多见,研究成果散见于相关著作中,即在俄国、美国、英国、韩国、日本等国家的海外学者研究马克思主义在中国过程中涉

---

① 申海龙:《论中国共产党人早期传播马克思主义理论的历史局限——以陈独秀为例》,《学校党建与思想教育》2014 年第 7 期。

② 吴艳东、李强:《马克思主义在中国的早期传播与大众化》,《湖北大学学报(哲学社会科学版)》2008 年第 5 期。

③ 贺艳秋:《马克思主义中国化理论成果传播的历史经验》,《郑州大学学报(哲学社会科学版)》2008 年第 5 期。

④ 沈江平:《马克思主义在中国青年中的早期传播及其启示》,《湖南社会科学》2019 年第 3 期。

⑤ 刘东建、雷朋:《马克思主义及其哲学在中国最初传播的特点》,《新视野》2019 年第 7 期。

及些许马克思主义在上海传播的内容。拟从以下几个角度对现有研究进行总结：

1. 从思想史角度对中国马克思主义起源和传播的研究

这方面的主要代表著作有：英国学者迈克尔·卢克的《中国布尔什维主义的起源》对五四运动为马列主义在中国生根并提供土壤的原因分析以及马克思主义对中国革命的影响进行了考察，提出了毛泽东思想带有俄国布尔什维克的痕迹同时亦形成了自己的理论特色。[①] 美国学者费正清主编的《剑桥中华民国史》的部分章节对马克思主义传入中国等内容具有较为深刻的论述。[②] 日本学者石川祯浩的《中国共产党成立史》一书，依托高畠素之和山川均等大量社会主义文献，从马克思主义在中国传播方式出发，研究了中国早期共产党组织的特点，考察了五四时期马克思主义从日本渠道传入中国情形及其对中国的影响，且此书提出了"日本是马克思主义传入中国的主要来源地"的说法，引起了学界的讨论。[③] 概而言之，以上国外学者从不同角度研究了中国共产主义运动起源以及马克思主义传播问题，对马克思主义传入中国的方式、特点以及俄国、日本语境的马克思主义对中国革命产生重要影响等方面进行考证并论述，对于马克思主义在上海早期传播的研究具有一定的启发作用。

2. 对 20 世纪 20—30 年代中国社会思想斗争的研究

学者蔺淑英认为，俄国克雷莫夫著的《中国的社会思想和意识形态斗争》，聚焦 1917—1927 年中国社会思想斗争，结合史料基础上重点论述中国先进知识分子的思想论战。[④] 杰留辛亦对 20 年代有关社会主义的论战展开研究，阐述了论战的意义在于对"马克思主义是否适应于中国"、"社会主义制度可否带领中国走进世界先进国家行列"等问题进行系统回答。[⑤] 美国学者阿里夫·德里克考察了 20 世纪 20—30 年代的中国社会史论战，阐述时人在运用马克思主义理论特别是唯物史观分析处理历史与理论问题的方式，剖析了马克思主义史学在

---

① 梁怡、李向前主编：《国外中共党史研究述评》，中共党史出版社 2005 年版，第 371—372 页。

② ［美］费正清：《剑桥中华民国史（1912—1949）》上卷，杨品泉等译，中国社会科学出版社 1994 年版。

③ ［日］石川祯浩：《中国共产党成立史》，袁广泉译，中国社会科学出版社 2006 年版。

④ 蔺淑英：《国外有关马克思主义在近代中国传播研究述略》，《党史研究与教学》2010 年第 6 期。

⑤ ［俄］杰留辛：《关于社会主义的争论——20 年代初中国社会政治思想史略》，莫斯科，1970 年。

中国的起源。① 本杰明·史华慈的《五四运动的反思：专题论文集》一书，集中论述了五四时期在知识分子中所讨论的主要议题及其观点，当中包括了马列主义传入中国、问题与主义、科学与人生等内容。② 综上，以上学者的研究话题主要集中在 20 世纪 20—30 年代中国社会思想论争状况，论述了选择马克思主义的先进分子与无政府主义等非马克思主义者辩驳交锋的过程。在学者看来，当时的知识分子在运用马克思主义概念显得有些粗糙，但是不可否认的是，多次论战为中国此后政治活动性质奠定了基础。

3. 对中国早期马克思主义者思想与实践的研究

国外学者对中国早期马克思主义者的研究主要聚焦在李大钊、陈独秀、瞿秋白、毛泽东等重点人物，主要代表著作有日本丸山松幸著的《李大钊的思想及其背景》、美国莫里斯·迈斯纳著的《李大钊与中国马克思主义的起源》等。其中，迈斯纳在书中分析比较了李大钊、陈独秀、毛泽东思想的区别及联系，涉猎"马克思主义理论在中国早期传播和接受"③的研究。日本学者后藤延子在《中国接受马克思主义（1983 年）》中分析比较了李大钊、陈独秀等人在对马克思主义理解等问题上的不同。有关瞿秋白研究的代表作主要有苏联学者施奈德的《瞿秋白——革命家、作家、斗士》、科瓦廖夫的《共产党人、国际主义者瞿秋白》等，学者们对瞿秋白在传播马克思主义方面的贡献高度认可。20 世纪 60 年代中期到 80 年代上半期，苏联史学界对张太雷、蔡和森等人在中国革命中的贡献展开研究。日本石川忠雄著的《中国共产党史研究》、姬田光义著的《瞿秋白研究》等围绕瞿秋白著作进行研究，前者分析比较了瞿秋白与毛泽东思想路线的不同，后者探究了瞿秋白思想理论体系的特点。

4. 其他有关思潮和主义的研究

美国学者伯纳尔基于翔实史料，比较系统地考察了先进中国人接触社会主义思想的历史过程。④ 德国学者李博立足汉语的视角，考察了诸多马克思主义

---

① ［美］阿里夫·德里克：《革命与历史：中国马克思主义历史学的起源（1919—1937）》，翁贺凯译，江苏人民出版社 2005 年版。

② Benjamin I. Schwartz, *Reflections on the May Fourth Movement: A Symposium*, Harvard University Press, 1972.

③ ［美］莫里斯·迈斯纳：《李大钊与中国马克思主义的起源》，中共北京市委党史研究室编译组译，中共党史资料出版社 1989 年版，第 1 页。

④ ［美］伯纳尔：《1907 年以前中国的社会主义思潮》，丘权政、符志兴、范道丰、陈昌光译，福建人民出版社 1985 年版。

术语的起源及其作用。① 阿里夫·德里克著的《中国共产主义运动的起源》对十月革命至中国共产党成立这一期间马克思主义在中国被接受的曲折历程进行了考察论证，论述了五四运动在中国共产主义运动起源中所发挥的作用。② 此外，阿里夫·德里克历史性考察了无政府主义在中国从传入至消亡的历史轨迹，选取了江亢虎、戴季陶、刘师复等早期革命家并论述其受无政府主义影响情况，一定程度上填补了中华民国史研究的空白。③ 周策纵在《五四运动：现代中国的思想革命》中论述了马克思主义在中国传播的时代背景和思想基础，为研究提供了帮助。④ 石约翰著的《中共革命的历史透视》着眼于中国近现代革命问题的深沉思考，阐释了中国社会的内部演变，提出了一系列独到的见解，虽内容上有不准确之处，但研究视角具有参考价值。⑤ 此外，费正清《伟大的中国革命（1800—1985）》、本杰明·史华慈《中国共产主义和毛泽东的崛起》和《共产主义和中国：变动中的意识形态》等专著均涉及马克思主义在中国早期传播研究部分内容。韩国学者宋荣培从"摆脱儒家化"和"马克思主义中国化"两个层面理解中国革命，将中国近现代革命与传统思想相联系的考察方法贯穿其中，为中国思想史研究开辟了独到的研究路径。⑥

综上可知，海外学者采用不同方法与视角对中国早期马克思主义者、中共成立前后马克思主义在中国的传播及影响等内容作出深入研究，但对马克思主义在中国传播的专门性、直接性研究并不多见，且涉及马克思主义传播大多从整个中国宏观角度，专门针对某个地区传播问题研究则非常罕见。即便如此，海外学者的探索提供了可资借鉴的资料和独到的见解，有利于拓宽研究思路与视野。

---

① ［德］李博：《汉语中的马克思主义术语的起源与作用：从词汇——概念角度看日本和中国对马克思主义的接受》，赵倩等译，中国社会科学出版社 2003 年版。

② ［USA］Arif Dirlik：*The Origins of Chinese Communism*，Oxford University Press，1989.

③ ［美］阿里夫·德里克：《中国革命中的无政府主义》，孙宜学译，广西师范大学出版社 2006 年版。

④ ［美］周策纵：《五四运动：现代中国的思想革命》，周子平等译，江苏人民出版社 1996 年版。

⑤ ［美］石约翰：《中共革命的历史透视》，王国良译，上海东方出版中心 1998 年版。

⑥ ［韩］宋荣培：《中国社会思想史：儒家思想、儒家式社会与马克思主义的中国化》，大象出版社 2016 年版。

三、现有成果述评

鉴于马克思主义早期传播具有使中国仁人志士"用马克思主义观察国家命运"①等伟大历史意义,成为中外学者比较关注的研究对象。当前,史料发掘、过程梳理、经验总结以及作用探析均取得重要进展。相比较而言,国外学者更注重史料考证、过程研究和原因分析等,而国内学者注重剖析马克思主义传播与中共成立及其与马克思主义中国化之间的关系等,两者之间既有联系亦有区别。

在国内,马克思主义早期传播作为学界关注并研究的热点和重点,总体而言出现过两次研究热潮。第一次以1981年建党60周年和1983年马克思逝世100周年为契机,有关马克思主义早期传播史料及其研究性著作的出版为研究奠定基础。第二次以2005年国务院和教育部发布的《关于调整增设马克思主义理论一级学科及所属二级学科的通知》为契机,学界掀起有关早期传播研究的新热潮并持续至今,取得一批可供借鉴的有关马克思主义传播的宏观性、通论性研究成果。

当前,学界对马克思主义在中国早期传播的研究业已取得比较扎实、丰硕的成果,且研究成果在一定意义上对马克思主义在上海传播的部分历史事实进行了厘清,对马克思主义早期传播的特点与贡献进行了总结和归纳,研究深度不断拓展,学术分量日益增长。梳理和检视以往研究成果,马克思主义在上海地区传播虽已引起部分学者关注,但对部分历史事实尚需进一步整理、挖掘和阐释,需结合社会史方法探讨马克思主义与上海地域文化碰撞交融的过程以及如何冲击和影响包括在上海知识分子在内的各个阶层思想、观念以及生活。要进一步探究在上海早期马克思主义者如何借用或突破亲缘、地缘、组织等因素传播马克思主义,进而透过他们思想洞察其背后的组织生态系统。因此,对马克思主义在上海传播的"地方化"特质的研究还需进一步彰显,整体性研究还需进一步推进。

基于观念史研究方法,探析考察马克思主义的基本观念范畴在上海的流传及演变,关注革命、阶级等重要观念术语在上海经历的变化及其原因,由此探究马克思主义与其他思想观念的对话与交锋,凸显马克思主义传播过程的艰难与曲折,进一步丰富和充实上海早期传播的内容。要利用新出版的资料汇编中报刊文章、译著等文本史料,尤其是五四时期在上海出版的各式报刊,进一步加强马克思主义论述本身的文本解读。通过把握在上海出版的不同版本的马克思主

---

① 胡绳:《从鸦片战争到五四运动》下册,人民出版社1981年版。

义译著,展现马克思主义不同传播群体思想与信仰背后的复杂面向,分析其聚散离合的根源及其日后的思想走向。

此外,要将思想史与社会史研究结合起来,增进上海的精英个体与广大民众思想互动研究,"既要研究个体独特贡献,又要研究群体作用"①,继而探析上海早期传播群体从个体观念转化为群体思想的过程。早期传播源起于上海知识精英层面,具有实践性、斗争性和人民性等鲜明风格的马克思主义影响了一大批上海知识精英并引领其深入工人阶级中传播和实践马克思主义,这一过程也是马克思主义大众化、中国化的过程。讲坛演讲、创办刊物、译书著说等更多关乎知识精英的努力,应挖掘和利用档案材料、报刊记载、日记和回忆录等史料,加强知识精英与民众群体互动研究,以及对民众在马克思主义影响下转变思想观念的研究,加大对精英个体传播研究基础上,凸显上海民众群体在传播中发挥的合力作用。

概括来说,马克思主义在上海的传播在马克思主义发展史上居于重要地位,且现有相关研究呈现一定的碎片化特征,故而以"马克思主义在上海的早期传播"为研究选题,具有一定的研究价值和挖掘空间。具体研究中试图从总体性角度探索"有似绳索贯穿钱物"②的内核,更为正确地理解和把握马克思主义在上海的早期传播的总体史,从学理层面把握这一传播进程在早期共产党人"初心使命"和伟大建党精神孕育生成中发挥作用的内在机理,继而立体呈现历史的复杂面相。

概 念 界 定

一、马克思主义

在马克思主义早期传播研究中,首先要清晰界定"马克思主义"的概念。马克思在世时,人们以"新唯物主义"、"科学社会主义"、"共产主义"等概念统称马克思与恩格斯共同创立的理论。俄国无政府主义者巴枯宁使用"马克思主义"、"马克思主义者"统称马克思恩格斯所创立的理论及其追随者,但对其持以贬义的态度。法国社会主义者"马克思派"在著作中严重歪曲马克思、恩格斯观

① 张静如:《个体的独特作用和群体的合力作用》,《党史研究与教学》2010 年第 4 期。
② 陈旭麓:《关于中国近代史线索的思考》,《历史研究》1988 年第 3 期。

点并自诩为马克思主义者,以至马克思自嘲说:"我只知道我自己不是马克思主义者。"①然而恩格斯于 1886 年强调,"理论用马克思的名字命名是理所当然的"②,可见恩格斯对马克思主义认可及其对理论坚决自信的态度。马克思主义创立后传入世界多个国家,形成了不同语境下的马克思主义:社会主义的马克思主义、西方马克思主义,以及东欧、俄罗斯马克思主义等,其内涵不断发展丰富。在此基础上,列宁认为马克思主义是"马克思观点和学说的体系"③,从哲学等维度对马克思主义加以阐释,彰显了列宁对马克思主义的深刻理解。

在国内学界,有学者对马克思主义定义进行梳理,认为可从三个角度理解马克思主义,如"原生态马克思主义、'广义和狭义'的马克思主义、马克思主义说"④。以上说法得到国内大多数学者认可,即从狭义层面而言,马克思主义乃是"有关无产阶级和全人类解放的科学"⑤;就广义层面来说,不仅包括马克思、恩格斯所创立的理论体系,还包括其他无产阶级革命领袖继承和发展马克思主义所产生的理论成果。总之,本研究视域属于广义层面,不仅涵括马克思、恩格斯所创立的理论体系,还涵盖之后多国马克思主义者对经典作家创立学说体系研究、阐释和发展等所形成的理论内容。

二、早期传播

当前,学界有关"早期传播"概念并未有确切说法,大多数情况下结合实际研究需求,根据研究内容需要作出划分、界定和解释。在"传入"与"传播"概念以及"时限"与"阶段"划分等方面存在争议,具体表现如下:

首先是有关"传入"与"传播"的区分。"马克思主义在中国传播"的词条被《中国大百科全书》⑥收录,介绍了李大钊、陈独秀等先进知识分子在中国传播马克思主义过程。林代昭、潘国华以五四运动为界,将五四运动前定义为"介绍",

---

①　《马克思恩格斯文集》第 10 卷,人民出版社 2009 年版,第 586 页。

②　《马克思恩格斯文集》第 4 卷,人民出版社 2009 年版,第 297 页。

③　《列宁专题文集:论马克思主义》,人民出版社 2009 年版,第 1 页。

④　王刚:《马克思主义中国化的起源语境研究》,人民出版社 2011 年版,第 23—24 页。

⑤　高放、李景治、蒲国良主编:《科学社会主义理论与实践》,中国人民大学出版社 2006 年版,第 1 页。工具书中对马克思主义的定义:"马克思主义,马克思和恩格斯创立的学说,包括科学世界观、社会历史发展学说、无产阶级革命理论以及社会主义和共产主义建设理论在内的科学理论体系,它是工人阶级政党的理论基础和指导思想。"(《马克思主义百科要览》上卷,人民日报出版社 1993 年版,第 3 页)

⑥　《中国大百科全书(历史卷)》,中国大百科全书出版社 1992 年版,第 638—639 页。

五四运动后则称为"传播"①；唐宝林则将 1898—1919 年定义为"进入"时期，将 1919—1927 年称为"传播"时期②；田子渝等对"传入"与"传播"进行严格区分，在时间划分上将早期定为"1919—1922 年"。③ 综合学者观点并根据研究需要，"马克思主义在上海的早期传播"依据时间维度将十月革命之前界定为传入上海阶段，十月革命之后视为在上海传播阶段。因此，将研究中的"早期"界定为 19 世纪末 20 世纪初直至 1927 年大革命失败这一重要的时间段。

其次是"早期传播"时限问题，即有关"早期传播"时段上限与下限的界定。参照中国近代历史发展脉络和马克思主义在中国实际传播历程，将研究时限划定于从 1899 年在上海出版的《万国公报》最早提及马克思至 1927 年大革命失败为止这一历史断限，重点则聚焦于 1912 年中华民国建立到 1927 年大革命失败的历史时期。具体研究中将早期传播分为传入和传播两大阶段，根据研究需要分为引入介绍、广泛传播和深入传播等具体时段，以更好地阐述不同时段的特点。就研究时限上限来说，1899 年上海《万国公报》最早出现马克思、恩格斯名字是马克思主义在中国传播的历史起点，亦是马克思主义在上海地区传播研究的起点。就研究时限下限来说，结合国内外历史学界有关历史分期的一般性划分方法，普遍性认为第一时期中国共产主义运动"结束于 1927 年"④，因此确定研究时限下限为 1927 年大革命失败这一时间节点，或许可以有效避免对中共创建和大革命时期马克思主义传播连续性的割裂。因此，以近代中国成为半殖民地半封建性质社会的大历史视野为背景，研究马克思主义在上海早期传播的聚焦时段从 1899 年马克思在上海书刊的最早出现到 1927 年大革命失败这一时期。

基本分析框架、思路与方法

本书以马克思主义在上海的早期传播为选题，整理和爬梳上海地区的第一手报纸、杂志等文献资料，从思想史、社会史等视角对马克思主义在上海地区早

---

① 林代昭、潘国华编：《马克思主义在中国：从影响的传入到传播》，清华大学出版社 1983 年版。
② 唐宝林主编：《马克思主义在中国 100 年》，安徽人民出版社 1997 年版。
③ 田子渝：《马克思列宁主义在中国早期传播研究综述》，《马克思主义研究》2001 年第 3 期。
④ [美]莫里斯·迈斯纳：《李大钊与中国马克思主义的起源》，中共北京市委党史研究室编译组译，中共党史资料出版社 1986 年版，第 1 页。

期传播的时代背景、历史进程、总体评价、现实启示等进行系统考察,归纳和总结马克思主义在上海早期传播的特点与经验,为推进新时代马克思主义中国化时代化提供启示与借鉴。一是以社会史与思想史的互动为主线,厘清马克思主义在契合上海特定的政治文化条件下的内在理路,探索上海马克思主义传播背后政治力量与思想文化之间的复杂关联。二是以早期传播者撰写的历史文本为基础,细致挖掘早期在上海传播马克思主义的群体及其各自的依据,探究不同路径下的理论形态对不同群体思想转变的作用及其对中国社会的影响。此外,传播马克思主义关系到中国社会发展道路的抉择,研究马克思主义在上海的早期传播在于争取对中国历史发展尤其是近代中国历史发展的解释,尽可能从思想衍化和社会演进的双重逻辑论述马克思主义在上海得以传播的必然性,进而为中国共产党率先在上海诞生的原因、中国共产党人初心使命和伟大建党精神何以生成等一系列问题提供学理阐释和历史支撑。

一、基本分析框架

马克思主义在中国传播是西学东渐大潮和中国社会历史发展共同作用的产物,亦是中西方文化交流史上颇为重要的思想革命。本书选取"马克思主义在上海的早期传播"为研究对象,侧重考察其在 1899 年至 1927 年马克思主义传播的时空语境、基本进程、传播内容,并在此基础上探索对马克思主义在上海早期传播的总体评价以及新时代条件下对马克思主义中国化时代化大众化的价值启示等。

在具体研究中,将主要依托社会、思想、传播和上海等四个视点所产生的问题意识进行分析和探讨。首先是社会,一种"主义"能否传播以及传播到何种程度,取决于社会需要的程度及社会所提供的条件业已达致的程度,即:社会需要什么? 社会为"主义"的传播提供了何种条件? 这是马克思主义社会史观研究问题的出发点。其次是思想,一种"主义"能否传播以及传播至何种程度,取决于"主义"本身的正确性和思想性。只有正确且具有科学内涵的"主义",才能最大可能地得以传播并具有长久不衰的优势,否则即便在一定条件下的"轰轰烈烈"也终究将转化成昙花一现,即:"主义"衍化中为什么会聚焦马克思主义? 再次是传播,即:"主义"的传播过程中有哪些环节,有着怎样的思想逻辑和传播机制? 传播体系又是如何? 即使是任何正确的"主义",在传播过程中若缺失人的主观努力,传播效果也难以达致。故而,亦要考虑"主义"传播中人的因素、作用及其对规律的把握,毕竟人是第一要素和根本性存在。最后是上海。研究过程中要充分挖掘上海这一区域有利于"主义"率先传播的独特优势,即在马克思主义在上海的传播研究中凸显上海的特色之处。基于以上问题意识,本书的研究内容主要集中在:马克思主义在上海早期传播的历史背景、传播进程、传播主体、传播载体路径、传播内容以及传播的总体评价和现实启示等。

为此,研究中遵循"先行性研究—主体性研究—结论性研究"的维度展开论述。首先,在先行性研究中通过分析马克思主义在上海早期传播的时空语境,从中分析探讨马克思主义在上海传播的必然性;其次,在主体性研究中重点考察马克思主义在上海早期传播的实践进程、传播主体、载体路径和传播内容等;最后,在结论性研究中对马克思主义在上海的早期传播予以总体性评价并结合新时代实际提出现实启示。(如下图所示)

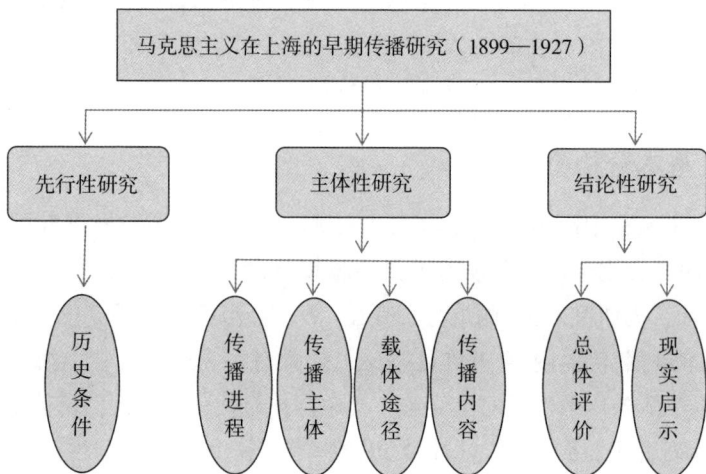

二、基本思路

绪论部分作为本书的导语,主要介绍选题旨趣、研究回顾、概念界定、研究思路、研究方法、研究资料来源等内容。

第一章分五节考察马克思主义在上海早期传播的理论溯源和历史背景。对马克思主义在上海早期传播的理论依据、历史时间与空间特质进行分析,探索1899 年至 1927 年间马克思主义在上海传播的具体背景,主要从五个层面进行展开:一是理论前提。从马克思主义国际化品质、马克思主义政治传播理论、列宁灌输理论以及中国传统文化等内容与马克思主义在上海早期传播相契合的价值元素进行理论分析,探索学理层面的支撑。二是独特的政治经济环境。处于世纪之交变迁与转型中迷茫的上海,在北洋军阀统治下社会矛盾日益加剧,资产阶级革命运动、地方自治运动、人民群众自发斗争的多重因素促进了上海革命形势的发展，"一战"后西方国家的分裂凸显了资本主义的矛盾、辛亥革命失败造成的冲击以及租界空间下提供了众多"缝隙"和"避难所"成为上海总体的政治环境特征。经济发展方面，上海近代工业的进步使得资产阶级力量发展的同时，工人阶级的队伍日渐壮大，推动上海成为中国产业工人最为集中的城市之一。民族经济的发展促进上海文教、新闻出版等行业的发展，为理论的传播奠定了物质基础。三是交织的思想文化生态。上海是帝国主义文化侵略的据点和新文化运动的发源地，同时其殖民地半殖民地化的城市特征，使得上海更多接触西方文化并形成开通争先的社会风气，进而逐渐形成自己的城市文化性格。开放包容的"移民"城市特征吸引了新型知识分子在上海的汇集，推动了马克思主义传播主体在上海的形成。四是广泛的阶级基础。上海工人阶级力量壮大、多重压迫下悲惨境遇及其变革社会的迫切诉求等独特优势，为马克思主义传播提供了工人阶级"物质承担者"。五是复杂的民众心理。具体围绕上海民众反帝反封建的双重诉求、救国救亡呼声的高涨以及多重思潮激荡下"趋新求变"的心态等进行论述。由此推断，马克思主义在上海的早期传播满足了社会发展对理论的需求，成为特定历史条件下的必然存在。

第二章分三节梳理和考察马克思主义在上海早期传播的历史轨迹和实践进程，主要从时间维度将 1899 年至 1927 年时段马克思主义在上海的早期传播分为三个部分。

一是马克思主义作为异质的"新学说"在上海的引入介绍阶段（1899—1916）。从 1899 年上海出版的《万国公报》首次出现马克思恩格斯及其言论到俄国十月革命爆发之前这一时间段，着重考察马克思主义从日本、苏俄和欧美等地传入上海的概况，并以上海出版的《东方杂志》、《新世界》、《神舟日报》和《民声丛报》等报刊为考察中心，概括上海在辛亥革命时期对马克思主义的介绍以及十月革命前早期引介的内容、态势及其特点。

二是马克思主义作为解决问题的"新思潮"在上海的广泛传播阶段（1917—1921.6）。此部分研究聚焦于十月革命爆发到中共在上海正式成立前这一时间段，具体从十月革命对马克思主义在上海传播道路的开启、五四运动推动了上海成为马克思主义传播中心、社团兴起和"主义"崛起与马克思主义在上海的流行、思想"论战"与马克思主义在上海树立话语权势等四个方面展开论述。首先是"十月革命与马克思主义在上海传播道路的开启"部分，以上海《民国日报》、《申报》和《劳动》等报刊为中心，介绍上海宣传十月革命的主要内容及特征；其次论述五四运动与上海成为马克思主义传播中心概况，即"三罢"斗争将五四运动在上海推向高潮、上海共产党早期组织开启了马克思主义与中国革命实际结合的实践之路、上海成为马克思主义传播中心的表征；再次，重点阐述上海社团兴起、"主义"崛起以及马克思主义如何在上海扎根等内容，并以社会主义青年团、外国语学社、马克思主义研究会等社团为中心进行考察马克思主义如何在推求比较中日渐在上海流行；最后，通过对马克思主义与其他社会思潮激辩与争鸣的研究，论述了马克思主义如何在上海树立话语权势的过程。

三是马克思主义作为变革社会的"新主义"在上海的深入传播阶段（1921.7—1927.7）。这一阶段时间聚焦于中共正式成立至大革命失败期间，分别从中国共产党创立与马克思主义传播、国共合作局面与马克思主义传播、国民革命与马克思主义传播的推进、马克思主义传播在革命斗争中扩展等方面进行阐述。首先是中国共产党的创立与马克思主义传播，着重结合史料从"中共一大与工人运动的发展"、"人民出版社、新时代丛书社的建立促进马克思主义著作的编译和出版"、"中共对中国革命问题的初步探索"等三个方面对1921—1927年这一阶段马克思主义在上海传播的基本进程进行详细论述；其次以上海书店、上海大学为典型个案，重点考察国共合作期间马克思主义传播情形，并以《向导》、《民国日报》副刊《觉悟》和《中国青年》等期刊为中心，对国民革命运动是如何扩展马克思主义在上海的传播进行了讨论；最后重点对马克思主义传播在斗争中扩展进行论述。

第三章分三节归纳了马克思主义在上海早期传播的主体力量。就传播主体而言，大致分为资产阶级传播群体、新生代思想群体和国际人士等三个主要群体。分析不同群体为推动上海成为马克思主义传播中心和前沿阵地所作出的贡献，探究上海这一区域所形成的不同于其他国家和地区马克思主义传播主体的独特景象。

第四章分四节探讨了马克思主义在上海早期传播的丰富载体和多面途径。就传播载体途径而言，分别就报纸杂志与马克思主义"群集性"传播，经典著作与马克思主义"系统化"传播，学校、工会与马克思主义"组织化"传播以及纪念活动与马克思主义"仪式化"传播等方面进行细致探讨。

第五章分五节梳理了马克思主义在上海早期传播的主要内容。在中国面临的历史条件和救亡图存历史任务的双重影响下，马克思主义在上海早期传播的主要内容是与彼时现实需要以及革命实践活动联系密切，集中对唯物史观、剩余价值论、阶级斗争理论、苏俄革命建设、列宁主义、国际共产主义运动以及中国革命路线方针策略等内容进行了翔实的归纳与总结。

第六章分三节论述了马克思主义在上海早期传播形成总体评价及现实启示。本章主要从传播特征、效果、局限等方面对马克思主义在上海早期传播进行全方位的评价,进而在此基础上阐述了现实启示。马克思主义在上海早期传播呈现了与不同于其他地区的特征,如传播主体开创性与多元性并进、传入渠道多面性与差异性并发、传播内容实用性与选择性并举、传播途径多样性与互动性并存、传播过程演进性与辐射性并向等;就马克思主义在上海早期传播的效果而言,主要体现在激发了工人阶级政治意识觉醒、培养了一批马克思主义者、推动了党团组织的创建以及对全国其他地区的引领带动等。诚然,马克思主义在上海早期传播存在着一定的局限,如对马克思主义理论缺乏全面的了解、对中国国情和中国革命规律缺乏系统的研究以及早期马克思主义者的分化与聚合等。

在总结凝练了影响、特征、效果以及局限的基础上,提炼并阐述了马克思主义在上海早期传播的现实启示。着重聚焦"人"、"实践"、"思想"、"规律"等关键词,探寻马克思主义在上海早期传播对于当下的现实启示。首先,"人是根本性的存在",从重视传播主体、贴近受众需求、关注青年群体等层面凸显人的力量,在恪守主义的信仰中彰显理论魅力;其次,"实践是检验真理的唯一标准",马克思主义传播过程要重视因材施教、实事求是、知行合一,在满足社会需要中强化实践的功用;再次,"坚持马克思主义意识形态领域指导地位",通过确立话语权势、加强话语创新、构建话语体系,以话语为核心凸显思想的力量;最后,"顺应时代潮流",洞察社会问题,把握时代脉搏,在传播和运用马克思主义的先进理论时要努力做到尊重历史规律、切合社会需要、强化媒介功用、完善传播体系等,以凸显规律的力量。

结语部分旨在概括全文、关切现实并升华主题,从历史逻辑、理论逻辑、实践逻辑三重角度强化马克思主义早期传播彰显历史维度逻辑必然、理论维度涵养中国共产党初心使命和伟大建党精神、实践维度引发政党诞生和道路抉择等核心观点,进一步凸显马克思主义在上海早期传播的卓越贡献,进而指出马克思主义中国化时代化大众化在新时代中国的现实意义。

三、研究方法

本研究涉及了社会学、史学、哲学、文化学、经济学、传播学、文献学、新闻学、翻译学、语言学等多个学科,研究中需对文献研究法、区域史研究法、个案分析法、阶级分析法、归纳法、演绎法以及比较研究法等加以综合运用。在实际研究中并非将各种方法单独运用，而是在马克思主义理论框架下，对各种方法加以综合交织运用，以推动研究的深化与拓展。

第一，文献学研究方法。充分查阅一手史料，有效运用现有文献，包括政府档案、个人档案、地方志、报纸刊物、个人自传、个人日记、私人收藏、回忆录等，精当使用相关国内外著作，细致查阅文献数据并对之分析辨识，力争使论述有根有据，客观详尽。

第二，区域史研究方法。由于同一国家的不同区域在经济发展程度、思想文化生态、地理人文环境等方面均有所不同，因此在区域史研究方法中应深入剖析区域范围内的经济、政治、文化、语言、地理等结构性要素，从整体上对"特定区域的因素及其产生的原因、共性特征"①等方面进行研究。此方法强调立足具体的区域，尝试性关注社会变迁所带来的个体命运的起伏，从社会史的角度考察马克思主义在上海这一具象空间的传播进程中对底层民众的影响与作用。

第三，传播学研究方法。运用传播学的研究方法阐释马克思主义在上海的传播进程，不仅易于贴近历史真实情况，且有助于厘清研究者的研究理路。尝试运用传播学当中有关政治传播理论分析马克思主义在上海的早期传播历程，对于当下的马克思主义传播实践具有一定的指导意义。

第四，多学科交叉研究方法。运用马克思主义理论、中共党史、历史学、社会学、传播学等多学科优势，尝试使用跨学科的理论、方法与话语，彰显跨学科的研究张力。尝试运用观念史的研究方法，探析革命、阶级等诸多基本观念的演变，并关注其背后的历史语境，由此探究部分马克思主义基本观念与中国传统思想观念的争鸣与交锋，彰显马克思主义在上海生根发芽过程的曲折性和艰巨性。

第五，历史与逻辑相统一研究方法。结合马克思主义在上海的早期传播进程，注重时间的一维推进和空间的多维展开，在爬梳史料的基础上进行逻辑分析，即置逻辑分析于历史发展基础之上，用逻辑关系串联历史事实的描述，深层探析马克思主义在上海早期传播的内涵特征及其与早期马克思主义中国化之间的内在联系，进而对照社会现实揭示历史经验与现实启示。

第六，阶级分析法。注重运用马克思主义阶级和阶级斗争理论观察和认识马克思主义传播现象及主体。从阶级立场出发，将上海早期马克思主义传播主体划分为多个群体，探讨不同群体在传播中的行动及贡献，对于探究马克思主义作为先进的社会思潮所产生的深刻影响具有重要价值。

---

① 王先明：《"区域化"取向与近代史研究》，《学术月刊》2006 年第 3 期。

第 一 章

马克思主义在上海早期传播
理论溯源和历史背景

　　法国历史学家马克·布洛赫曾说:"无论什么性质的社会,一切事物都是互相制约、互相联系的。"①任何事物产生与发展都有其内外因素,科学把握具体时代背景对于分析历史事件的前因后果尤为重要,马克思主义在上海早期传播作为重要的历史性存在亦不曾例外。马克思主义作为一种理论体系在上海的早期传播,究其实质乃是在不同文化场域间的跨越,具有理论自身内在的适应性和客观环境需要的吸取性等特征,需要追溯考察其"得以发生"的理论基础和历史背景。鸦片战争失败后签署的《南京条约》翻开中国近代史的屈辱篇章,在帝国主义欺凌侵略以及腐朽的封建统治下,近代中国逐渐陷入半殖民地半封建深渊,处于危机与革新交错的十字路口,由此带来多种意识形态交织并形成错综复杂的社会衍化图景,塑造着特定的社会精神环境并折射出不同阶级、力量的态度与立场,而作为重要通商口岸的上海亦由此改变此后的百年命运并在近代中国具有重要的典型意义。马克思强调,历史在唤醒世代相传愚昧中的人民之前,似乎首先选择"麻醉这个国家的人民"②,这在近代上海尤为突出。面对国家与道德双重危机、过去与当下鲜明差别,诸多仁人志士集结在上海并率先觉醒爱国救亡思想,主动探索将国家和人民从苦难中解救出来的道路和武器。作为当时中国最发达和开放的城市,上海具有独特的政治与文化生态,拥有人才荟萃、交通发达、信息灵通等显著区域优势,成为新思想的重镇和革命志士的集结地,为马克思主义在上海早期传播创造了条件。因此,马克思主义在上海得以率先传播绝非偶然,应剖析

---

　　① [法]马克·布洛赫:《历史学家的技艺》,张和声、程郁译,上海社会科学院出版社1992年版,第180页。

　　② 《马克思恩格斯文集》第2卷,人民出版社2009年版,第608页。

上海经济政治、思想文化、民众心理和区位优势等要素,分析"不同要素之间存在着相互作用"①,借以在诸多因素综合作用中回答马克思主义在上海传播"何以可能"之问,即在整体性视阈下将问题放置特定历史条件中进行分析和考察。

第一节　马克思主义在上海早期
传播的理论依据

马克思主义认为,任务本身的产生取决于"解决它的物质条件已经存在或者至少是在生成过程中的时候"②。就上海而言,马克思主义早期传播并非空穴来风,而是具有深厚的理论渊源,探寻 1899—1927 年马克思主义在上海早期传播的理论基础,需从马克思、恩格斯、列宁的经典论述及其思想体系本身加以追溯。具体来说,马克思主义在上海的早期传播体现马克思主义国际化品质的内在要求;马克思主义政治传播理论为早期传播提供范式指引;列宁的灌输理论为早期传播提供方法论启示;中国传统文化的思想内核及其变革性内涵为早期传播提供价值契合点,以上诸多要素的综合作用为"马克思主义在上海的早期传播"这一历史性的存在提供理论支撑。

一、"物质承担者"满足马克思主义国际化品质要求

马克思主义国际化品质决定了马克思主义将在世界范围内得以广泛传播,并被全世界无产阶级掌握和运用,且"很容易在具有不同民族文化背景的广大人民中得到认同"③。马克思主义一经诞生便站在全世界无产阶级立场,并随着工人运动和社会主义发展不断实现地域突进和空间延伸,成为全世界无产阶级争取解放的思想武器和行动指南,亦成为社会主义国家建设的指导思想。其一,马克思主义理论本身乃是国际化产物,批判性吸收了人类一切文明成果,借鉴了人类思想文化精华,是"德国哲学、英国政治经济学和法国社会主义"④的继承者,推动了社会主义从空想走向科学、从理论转向实践。其二,无产阶级运动本身是一项国际性事业,获取自身彻底解放需要各国无产阶级以联合方式对抗资

---

① 《马克思恩格斯选集》第 2 卷,人民出版社 2012 年版,第 699 页。
② 《马克思恩格斯选集》第 2 卷,人民出版社 2012 年版,第 3 页。
③ 陈先达:《论马克思主义与中国传统文化》,《中国特色社会主义研究》2010 年第 6 期。
④ 《列宁专题文集:论马克思主义》,人民出版社 1999 年版,第 67 页。

产阶级。其三,马克思主义关注全人类的命运福祉,具有深刻的国际化视野,着眼于人类解放的目标,且关注到包括中国在内的各个民族、国家在世界历史视域下的发展,故而围绕古代中国发表一系列论述,提出古代中国在不久的将来便迎来"中华共和国"①的曙光,且就实现人类自由与解放问题发出"全世界无产者,联合起来"②的呐喊。以上有关马克思主义国际化品质的论述决定了马克思主义本身需要且能够在世界范围内传播并实现大众化的逻辑旨归。

　　事实正是,马克思主义从西欧发源地向全世界进行传播,历经了包括欧洲、俄国和亚非拉等世界不同国家和地区的传播和检验,且与不同地域工人运动和民族解放运动相结合进而落地生根、开花结果,实现了在传播中结合、在结合中实践、在实践中发展的往复局面并由此形成了传播空间的延伸,这一方面推动了马克思主义理论形态的日渐完善,另一方面充分彰显了理论本身的国际化品质。基于工人阶级壮大和时代问题的现实需要,马克思主义的步履走向世界范围内多个国家,并取得良好的传播效果。在西欧,马克思主义率先获得了胜利,并且"广泛地传播开来"③。在俄国,普列汉诺夫翻译了大量有关马克思、恩格斯的经典著作,出版了多部阐释性书籍,促进了马克思主义在俄国的传播;列宁创办工人阶级解放斗争协会,向工人阶级群体传播与灌输马克思主义,领导创建"共产国际"组织,在推动马克思主义传播以及国际工人运动方面发挥重要作用,创建了全世界首个无产阶级政权,助力多国共产党的诞生和发展,将马克思主义基本原理与俄国具体实际相结合继而推动了马克思主义发展,并形成列宁主义的理论成果。第二次世界大战以后,随着国际共产主义运动高潮的兴起,世界上建立了更多的社会主义国家,不同国家的马克思主义继承者积极探索理论与本国具体实际的结合,进而产生新的理论成果。例如,在中国形成了毛泽东思想、在越南形成了胡志明思想、在老挝形成了"革新开放"政策等,丰富并完善了马克思主义理论形态,推动了马克思主义在世界范围内的民族化、本土化发展。简言之,马克思主义的国际化品质本身要求马克思主义需在世界范围内寻找理论的"物质承担者"即工人阶级群体,而上海作为中国工人阶级最为集中的区域,率先具备了提供工人阶级这一"物质承担者"的条件,因此优先成为马克思主义在中国早期传播的重镇。

---

　　①　《马克思恩格斯论中国》,人民出版社 2018 年版,第 134 页。
　　②　《马克思恩格斯选集》第 1 卷,人民出版社 2012 年版,第 393 页。
　　③　《列宁全集》第 33 卷,人民出版社 1957 年版,第 409 页。

二、"报刊优势"提供马克思主义政治传播的可靠平台

马克思主义有关政治传播的论述是将政治与传播相汇合的理论,对马克思主义在上海早期传播实践具有深刻的理论阐释功用。马克思、恩格斯论述了政治传播在政党活动中实现的功能,阐发了新闻报刊等媒介在无产阶级革命以及夺取政权中所发挥的作用,为马克思主义在上海早期传播实践提供理论指南。大体来看,马克思主义政治传播思想是有关人民报刊、无产阶级党报和政治宣传方面理论的集合。就人民报刊思想而言,马克思恩格斯在《莫泽尔记者的辩护》、《报刊的意见和人民的意见》等著作中多有专门论述。马克思主义认为,为人民大众创办的报刊能反映出人民的所想所急,亦能对人民的生存境遇予以"真诚地同情"①,故而作为人民大众的报刊,其使命任务应该密切联系民众生活以获取民众"贫困状况的直接印象"②,在恪守"自由报刊的人民性"③基础上,捍卫社会大众的公共利益,并勇于揭露政府的不法行为等。质言之,人民报刊乃是可以自由反映民众心声状况,致力于捍卫人民利益、解放人民的报刊。无产阶级党报思想则是马克思恩格斯在唯物史观指导下,为了无产阶级解放事业进行政治传播的理论准备。马克思主义创始人借鉴资产阶级用机关报传播自身意识形态以塑造和巩固统治阶级合法性的经验,提出了无产阶级必须依托报刊以反对资产阶级意识形态的传播,资产阶级创办政党报刊的实践与经验为无产阶级的政党报刊事业提供了"现实借鉴"④。而就马克思恩格斯的政治宣传思想而言,其方法和目标是加强共产主义基本原理的阐述,尤其向那些致力于共产主义运动却又缺乏科学理论知识的革命者提供必要的"知识基础和理论指南"⑤,强调在政治思想宣传中科学的理论是工作的前提,应在宣传实践中把握时机并注意方式方法。

马克思主义政治传播理论阐释了马克思主义政党报刊的规律性和人民性等党性原则,规制了马克思主义在上海早期传播的主体、载体、方式等,为上海报刊进行马克思主义传播明确了基本理念和策略,体现了马克思主义在上海早期传播在根本上乃是政治传播的过程,正如马克思在《莱茵报》中认为,服务大众的

---

① 《马克思恩格斯全集》第1卷,人民出版社1995年版,第352页。
② 《马克思恩格斯全集》第1卷,人民出版社1995年版,第358页。
③ 《马克思恩格斯全集》第1卷,人民出版社1995年版,第153页。
④ 张昆:《中外新闻传播思想史导论》,复旦大学出版社2006年版,第219页。
⑤ 《马克思恩格斯全集》第27卷,人民出版社1972年版,第18页。

报刊应充分感受到人民的脉搏,关注并记录人民的"希望和恐惧、爱和恨、欢愉与痛苦"①,可见报刊作为公开的存在应着眼于人民的思考和感受。近代上海现代化进程推动出版等行业的迅速发展,一大批报刊的创办为民众提供思想理论的交流学习空间,亦为马克思主义传播提供了平台和载体。就事实而言,上海早期马克思主义者以及共产党人的政治传播是领导工人运动以及无产阶级革命的工具,形成了以报刊为主要载体的传播网络,促进了马克思主义在中国"从边缘到中心的反转"②。综上,马克思主义在上海早期传播乃是科学的政治宣传理论和实践,为工人运动开展提供指南,推动马克思主义理论从上海辐射至全国并从一种学说发展至指导革命运动的理论,助力中国共产党在上海的诞生乃至在全国取得无产阶级革命的累累硕果。

三、"主客体兼具"创设了列宁灌输理论的实现条件

列宁的灌输理论具有深厚的科学内涵,注重在实践中将理论武装群众,有效提升马克思主义在群众中的知晓率与影响力,丰富了马克思主义发展史以及国际共产主义运动史内容,为马克思主义在上海的早期传播提供了方法论指导。如何在工人阶级革命实践中将马克思主义科学精神内化为无产阶级自觉精神是列宁主义的根本命题之一。就此问题,列宁提出从实际出发,由党对工人阶级进行科学理论灌输,以此实现工人阶级觉悟的最初启发,经由实践使之形成系统完善的灌输理论。事实上,灌输理论最早由马克思恩格斯提出,在《哥达纲领批判》等文章和书信中就已初步提出"共产党必须加强对工人阶级的思想理论灌输"等独到观点,表明马克思恩格斯在这一时期已对科学社会主义理论灌输的重要性予以注意,为列宁灌输理论的形成提供了思想源头。伴随国际共产主义运动发展,考茨基在已有论述基础上结合工人运动实践对灌输理论的雏形加以完善。接着,列宁在《怎么办?》中极大地发展和完善了灌输理论,从重要性、对象、主体和方法等方面深刻地论述了灌输理论的重要思想。列宁认为,既然工人阶级是阶级斗争主体和无产阶级运动主力军,要推动工人运动由自发转变为自觉,应"从经济斗争外面,从工人同厂主的关系范围外面灌输给工人"③,即从外部将社会主义意识形态灌输至工人阶级,用马克思主义理论武装工人阶级头脑。

---

① 《马克思恩格斯全集》第 1 卷,人民出版社 1995 年版,第 52 页。
② 邓斌:《论马克思恩格斯的政治传播思想》,《教学与研究》2018 年第 9 期。
③ 《列宁选集》第 1 卷,人民出版社 2012 年版,第 363 页。

综上可知，列宁对马克思、恩格斯、考茨基等人有关"灌输"论述的系统化、理论化阐述并在此基础上形成新的思想创造，直至发展为马克思主义重要原理，为马克思主义在上海的早期传播提供方法论指引。

"谁来灌输"、"灌输给谁"、"如何灌输"即"传播主体"、"传播客体"和"传播方法"等问题是马克思主义在上海早期传播活动的关键性问题。就马克思主义在上海早期传播而言，其目的在于用马克思主义理论武装形成无产阶级的革命洪流，而"灌输理论"的意义在于其为工人运动和无产阶级革命提供宏观理论指引和微观方法指导，如"共产党一分钟也不忽视教育工人"①等方法论要求。马克思主义作为解放人类的理论体系被传入上海，需要传播并灌输到工人阶级当中去，方可被工人阶级所掌握，进而以之为思想理论武器取得工人运动以及无产阶级革命的胜利。就此问题，列宁给出具体解决方案。他鼓励共产党人结合不同场合的需求，以宣传员、鼓动员、理论家以及活动组织者等多重身份，积极主动开展理论宣传与灌输工作，尽可能使得理论传播深入"到居民的一切阶级中去"②，提升理论武装效果。以上解决方案对灌输主体的能力素质提出了要求，如要具备扎实的理论知识、较强的文字能力、流利的口才以及较强的统筹组织能力等。就传播客体而言，列宁主张在理论灌输过程中要把握阶级特点，分门别类对知识分子、工人、农民予以灌输以提升效果。比如，列宁认为工会组织是对工人开展共产主义教育的平台，使工人在工会组织中学习共产主义；针对农民群体，列宁提出了要结合农村实际状况，如物质文化条件的落后和农民文化水平低下等因素，尝试先行开展无神论宣传等，待其文化水平及认知提升后方可开展共产主义理论灌输；对于资产阶级旧知识分子的教育，则帮助启发他们用科学服务全体劳动群众的意识，并以此作为崇高任务之一。而就灌输方法问题，列宁坚持将理论教育寓于斗争实践和现实生活之中，通过说服、感化等多种手段进行，一面同错误思想进行斗争，一面同民众切身利益相结合，即不能生搬硬套，而要"摆事实、讲道理"③。恰逢其时，传播主体、传播客体等因素在上海兼而有之，为灌输理论的实现提供了重要"主客"条件。因此，灌输理论对于深刻认识马克思主义在上海早期传播活动的必然性以及深化对传播主客体和传播方式效果等问题具有重要的理论价值参照。

① 《马克思恩格斯选集》第4卷，人民出版社2012年版，第2页。
② 《列宁选集》第1卷，人民出版社2012年版，第307页。
③ 曹景文：《大众化视阈下的思想政治工作史研究》，光明日报出版社2010年版，第6页。

四、中国传统文化的契合特征及变革性内涵

中国传统文化历史悠久、源远流长,是中华民族思想观念和文化体系在历经五千年的淬炼与发展后的总体表征,具有中华民族独特的文化气质和精神特质,在塑造中华民族精神和中国人民信仰中发挥了重要作用,其中充盈的"民本思想"、"大同社会理想"、"经世致用"等因素为先进分子接受并认识马克思主义提供了思想层面的助力和铺垫,进而使得马克思主义"易于在中国土壤生根"①。习近平就马克思主义与中华优秀传统文化的契合性问题指出:"中华优秀传统文化源远流长、博大精深,是中华文明的智慧结晶,其中蕴含的天下为公、民为邦本、为政以德、革故鼎新、任人唯贤、天人合一、自强不息、厚德载物、讲信修睦、亲仁善邻等,是中国人民在长期生产生活中积累的宇宙观、天下观、社会观、道德观的重要体现,同科学社会主义价值观主张具有高度契合性。"②在中国传统文化观念的滋养浸润下,先进知识分子催生了救国救民的抱负,积极投身民众解放的道路。以陈独秀为代表的上海先进知识分子作为早期传播的重要主体,接受较为系统的传统文化熏陶训练,尤其是儒家思想等传统文化的典型特质对其产生了根深蒂固且内化于心的影响,承载着中华优秀传统文化的价值内涵,为马克思主义在上海早期传播奠定了主体心理基础。

首先,马克思主义谋求人类解放的理论本质是人民群众用于改造世界的理论武器,与中华优秀传统文化存在共同的利益诉求。马克思主义在马克思、恩格斯所创建的理论基础上,经过多国马克思主义者的理论创新和实践发展,具有显著的普遍性、开放性和包容性,其中共产主义理想与中国传统文化中"大同"社会理想的相近性、马克思主义阶级斗争学说与中国人民抵抗剥削与压迫传统的相似性等,使得早期知识分子容易对马克思主义产生"似曾相识"③的感受。因此,中国传统文化和马克思主义两者之间存在相似的价值追求和共同的理论品质,在叙事逻辑层面具有一定的内在契合性,为马克思主义早期传播提供适宜土壤并奠定文化根据,使得马克思主义理论易于深入人心进而迸发出强大能量。

其次,中国传统文化中的民本思想蕴含浓厚的爱民重民富民的价值追求,经

---

① 张岱年、程宜山:《中国文化与文化论争》,中国人民大学出版社 1990 年版,第 186 页。

② 习近平:《高举中国特色社会主义伟大旗帜　为全面建设社会主义现代化国家而团结奋斗——在中国共产党第二十次全国代表大会上的报告》,人民出版社 2022 年版,第 18 页。

③ 王刚、范琳:《正面与负面:民本思想对中国早期知识分子接受马克思主义的影响》,《马克思主义与现实》2021 年第 1 期。

过历史的积淀浸润后内化至中华民族的文化心理之中并对中国人民影响深远，其与马克思主义有关群众史观、以人为本思想等具有内在契合性和精神相洽性，成为早期先进分子对马克思主义产生认同感过程中最为深厚的"思想基础和历史传统"①。中华优秀传统文化中具有民本思想的典型表述，如《尚书五子之歌》记载的"民惟邦本，本固邦宁"②，《史记·殷本纪》记载了"人视水见形，视民知治不"③等经典语句，反映了视百姓为国家根本的思想。在春秋战国诸子中，孔子极力倡导爱民为大的思想并对民持以同情、关爱和保护的态度，孟子将有关重民理念概括为"民为贵，社稷次之，君为轻"④的"民贵君轻"思想，应该说中国传统知识分子的思想体系中均显现了重视人民群众的元素，包括以民为本、注重人民主体地位等在内的思想在中国传统文化的发展脉络中自成体系并一脉相承。马克思恩格斯正是立足现实的人及其本质论证考察了历史的创造者这一命题，将人民群众置于社会发展进步过程中的重要地位进而强调了人民群众的决定性作用，即人民群众在解决社会基本矛盾的过程中能顺应生产力发展要求，是可以变革旧的社会制度、旧的思想观念以及旧的生产关系的社会力量，其意愿和实践代表并决定了历史发展的方向。以上例证表明，中国传统文化中有关爱民重民的民本思想与马克思主义唯物史观视域中有关人民是历史创造者等思想具有内在价值理念的契合性，在依靠民众、为了民众、顺应民众等价值取向上具有相通性和一致性，体现了对人民群众需求和力量的重视。

再次，大同社会理想在中国传统文化政治思想体系中居于最高地位，成为中国政治思想的主流传统，与马克思主义致力于人类解放、建立共产主义社会的理念具有一定的契合点，"都包含着对理想社会的诉求，而且在理想社会的原型上具有某种同构性"⑤，自古以来得到诸多思想家的体认。中国传统文化视域中有关未来社会的设想，大体概括为"社会财产公有、各尽所能"的大同社会，而马克思主义的社会理想则是建立"消灭私有制、消灭剥削，实现人的全面而自由发展"的共产主义社会，两者之间具有价值目标的契合性。孔子在《礼记·礼运》中描述了"大道之行也，天下为公"的和谐景象和小康时代"谋用是作而兵由此

---

① 万斌、诸凤娟：《论民本思想对中国民主进程的影响》，《学术界》2004 年第 3 期。

② 《尚书·夏书·五子之歌》，陈剑宁，梁振中编著：《中国历代治国思想经典注译》上册，华夏出版社 2008 年版，第 311 页。

③ 《史记·殷本纪》，《二十四史鉴赏辞典》上册，上海辞书出版社 2017 年版，第 17 页。

④ 《孟子·尽心下》，方勇、高正伟著：《孟子鉴赏辞典》，上海辞书出版社 2017 年版，第 253 页。

⑤ 何中华：《马克思与孔夫子：一个历史的相遇》，中国人民大学出版社 2021 年版，第 270 页。

起,禹汤文武周公,由此其选也"①等场景,与马克思主义语境中有关共产主义社会设想具有异曲同工之处,如"在共产主义社会高级阶段,在迫使个人奴隶般地服从分工的情形已经消失……社会才能在自己的旗帜上写上:各尽所能,按需分配!"②康有为亦描绘大同社会面貌,阐释大同之道内涵,如"至平也,至公也,至仁也,治之至也"③。梁启超在介绍马克思主义学说时,将科学社会主义与井田制相比较,认为二者处于"同一立脚点"④。资产阶级革命派在介绍社会主义学说过程中,汲取了中国古代大同社会思想资源,如孙中山认为,民生主义与社会主义、共产主义在本质上是一致的,将社会主义称为"大同主义"⑤,亦即孔子思想中有关大同世界的构想。国民党史学家冯自由宣称,孙中山创立三民主义之前已经提倡"大同主义"⑥。社会主义讲习会创立者刘师培更是将《礼运》篇作为"中国早期共产主义的范例"⑦。中国社会党负责人江亢虎在演说中认为,"社会主义便是大同主义"⑧。辛亥革命后,同盟会会员黄介民在日本成立了大同党,主张四海皆同胞的思想。五四运动爆发后,黄介民重点在上海学界、工界活动,使得大同党在上海发展迅速,其党员"吸收了约3000人"⑨,甚至被苏俄以及共产国际使者认作是中国的共产主义组织。不难看出,中国传统文化中大同思想的传承与发展一脉相承,其与马克思主义的相似性为先进的中国人认同共产主义理想奠定心理基础,正如习近平总书记所强调:"马克思主义和中华优秀传统文化来源不同,但彼此存在高度的契合性。比如,天下为公、讲信修睦的社会追求与共产主义、社会主义的理想信念相同,民为邦本、为政以德的治理思想与人民至上的政治观念相融。"⑩这表征了二者均谋求人类幸福的逻辑旨归,既强调生产力发展和物质的丰富,又重视社会安定和谐以及人的精神境界的提升,可见在社会理想维度价值理念的契合。因此,大同社会的美好诉求与共产主义

①　《礼记·礼运》,朱彬撰:《礼记训纂》,中华书局1996年版,第331页。

②　《马克思恩格斯选集》第3卷,人民出版社2012年版,第364—365页。

③　康有为:《大同书》,中州古籍出版社1998年版,第39页。

④　梁启超:《中国之社会主义》,《新民丛报》第46、47、48号合刊,1904年2月。

⑤　《孙中山选集》,人民出版社1981年版,第802页。

⑥　冯自由:《革命逸史》第3集,中华书局1981年版,第216页。

⑦　《衡报》第2期,1908年5月8日。

⑧　[美]伯纳尔:《1907年以前中国的社会主义思潮》,丘权政、符致兴、范道丰、陈昌光译,福建人民出版社1985年版,第19—20页。

⑨　张军锋:《中国早期"共产党"组织》,《炎黄春秋》2018年第7期。

⑩　习近平:《在文化传承发展座谈会上的讲话》,《求是》2023年第17期。

社会的价值契合为马克思主义的传播提供适宜的文化土壤,亦将促进此后马克思主义与中华优秀传统文化的结合与融通。

最后,传统文化中的知行观是中国古代哲学史研究中的重要命题,与马克思主义实践性品格具有内在契合性,昭示了中华优秀传统文化与马克思主义在"实践"层面一致的价值追求。中国传统哲学倡导以"知行合一"为核心内容的实践观,如王夫之《四书训义》所言"知而不行,犹无知也"①,而实践性正是马克思主义哲学区别于一切旧哲学最根本的标志,为两者之间的对话与融通提供了可能。从陆游在《冬夜读书示子聿》提出的"绝知此事要躬行",到荀子提倡的"行高于知,知明而行",以及王阳明倡导的"知行合一"②,以上思想内核均凸显了实践的重要性,强调知与行的统一,可见中国传统文化中相当部分内容植根于人民群众的生活生产,具有突出的实用理性特征,体现了经世致用的功能。马克思从实践出发分析了社会生活的本质以及人的本质,指出"全部社会生活在本质上是实践的。凡是把理论引向神秘主义的神秘东西,都能在人的实践中以及对这种实践的理解中得到合理的解决。"③马克思主义理论正是凭借改造世界的实践品格在回应现实关切中不断拓展理论空间。因此不难理解,当社会主义传入中国之后,早期先进知识分子便以直接或间接的方式,自觉将马克思主义与中国传统思想文化相联系,有效帮助民众接受并理解马克思主义,且在对待马克思主义问题上亦注重鲜明的实践导向,即注重用马克思主义指导中国实际问题的解决,正如早期马克思主义者李达所言:"社会主义是解决社会问题的"④。

第二节 马克思主义在上海早期
传播的政治经济环境

社会是由生产力与生产关系所构成并具有复杂关系的结构,而政治经济乃是社会的基本结构状况,是社会得以继续衍化的基础,这是按照马克思主义唯物史观关于生产力与生产关系理论所得出的必然结论。英国学者齐曼斯基认为,

---

① （清）王夫之:《船山全书》第 7 册,岳麓书社 1991 年版,第 408 页。

② 程伟礼:《道德革命引发的哲学理论思考——纪念五四新文化运动 100 周年》,《观察与思考》2019 年第 5 期。

③ 《马克思恩格斯选集》第 1 卷,人民出版社 2012 年版,第 135—136 页。

④ 《李达文集》第 1 卷,人民出版社 1980 年版,第 40 页。

马克思主义理论并非按照任何固有的逻辑以一种机械的方式发展的,"它的发展在本质上表现了它所在的社会的历史脉搏"①。马克思主义在上海的传播作为思想文化变动的重大现象,与近代以来上海所形成的政治经济环境紧密关联,即上海的政治经济环境乃是马克思主义在上海早期传播的社会根基。就近代而言,上海迅速发展不仅成为中国经济活跃区域和社会现代化的重要基地,对"全国的城乡有强烈的辐射作用"②,还是晚清以来中国各种政团竞相活动的政治舞台,与其举足轻重的政治地位和独特的区位优势联系密切,这就为成为马克思主义早期传播重镇提供了得天独厚的政治经济条件。

一、政治斗争传统与政党活动中心的生成

近代上海是各种政治力量的必争之地,是名副其实的中国政治大舞台,在近代中国政治史上居于重要位置并具有政治变动路向标的典型意义。分析马克思主义在上海传播的政治经济环境,需要从"政治舞台"视域揭示其政治底蕴,借以窥探政治变动给予思想文化的影响,进而观照"马克思主义在上海早期传播"的政治条件。戊戌之后,自立会、光复会、同盟会等一系列组织在上海的相继成立,使得城市政治色彩愈发浓厚。同盟会中部总会亦设立在上海,担任领导长江流域反清起义的指挥机关。民国初年,林林总总的党派团体在上海竞相成立,共和统一会、自由党、上海公民会、少年中国党、中国社会党、女子同盟会等三十余个代表不同阶层、群体、派别利益的政治组织在上海发展成员并争取力量,浓厚了上海的政治意蕴,即便不同组织与个人同时处于聚合分化之中。1900 年以后,上海的革命风潮开始高涨。资产阶级力量最为集中的上海亦成为资产阶级立宪派的活动中心,此时成立的预备立宪公会规模大、影响广。1902 年教育会的成立以及南洋公学学潮等事件的发生,有力地推动了上海的革命风潮,吸引了更多爱国人士汇集到黄浦江畔加入革命行列。从小刀会起义所在地到辛亥革命战略重地,滋养了上海反帝反封建的革命传统,无论是"小刀会"领导人刘丽川积极响应太平天国,还是领导辛亥革命的孙中山,均在上海留有革命印记。资产阶级革命运动兴起后,革命派选择上海作为宣传中心和集散地。对近现代中国政治影响最大的两个政党——中国国民党和中国共产党先后在上海的创立,并

---

① ［英］阿·齐曼斯基:《关于马克思主义理论发展中一些现象的思考》,李惠斌译,载杨金海主编:《马克思主义研究资料》第 35 卷,中央编译出版社 2015 年版,第 488 页。

② 张仲礼主编:《近代上海城市研究(1840—1949)》,上海人民出版社 2014 年版,第 30 页。

选择上海作为政党活动中心，彰显了上海优良的政治传统，在近代中国政治变革历史上具有更为丰富的思想内涵。

政治因素渗透到思想文化之中乃是政治与思想互动关系的重要表征，而上海作为近代中国重要政治舞台引发了思想文化的重要转变。最为显见的特色是，随着西方文化的传入与引进，包括马克思主义在内的西方思潮一并传入上海，使得开埠后的上海成为中西文化交融的先行者和大本营，成为近代中国思想活跃、价值多元的重要区域。各类政治派别纷纷利用优越的区域条件和租界特殊的环境，选择上海作为政治活动的中心或基地。此后一系列重大政治事件和运动在上海的相继发生，极大提升了上海的政治地位及其在近代中国政治变迁中的影响力。1911 年 11 月，上海反清起义的成功，成为清政府统治上海结束的标志，上海的政治地位由此得以提升。为此，孙中山强调武昌起义拉开辛亥革命的帷幕后，"响应之最有力而影响于全国最大者，厥为上海"①。纵观近代中国政治变迁历程，从革命思想的萌发到中华民国的建立，再到中国共产党的成立，上海乃是各式思想的宣传中心以及革命党人、先进分子的主要集散地，发挥了中国其他区域所无法替代的重要作用，其所具有的政治基因为马克思主义在上海早期传播以及中国共产党创立奠定了良好的政治基础。

二、近代工业崛起与思想舆论重镇的塑造

上海在近代中国经济中心地位源自近代工业的崛起，且与其开埠后的历史进程紧密联系在一起。开埠以后，上海从一个东南沿海的普通县城发展为远东第一通商巨埠、交通运输枢纽、对外贸易以及国内商业中心，迅速成为近代以来崛起的中国新兴城市。在西方工业革命以及人们认识世界方式改变等多种因素的综合作用下，上海应用吸收西方工业发明成果，其城市化进程和现代化程度不断提升，产业日趋齐备发达，迅速成为近代中国工业的摇篮，具备国内其他地区无法比拟的工业发展环境。简而言之，先进的出版条件、便捷的通讯、发达的交通，为新思想、新思潮的迅速传播创造了条件，一度使上海成为近代中国思想舆论传播的重镇，共产国际将上海视作东方共产主义运动中心。

上海近代工业化道路是在特殊的状态下开启的。《马关条约》之后，上海成为帝国主义国家竞相资本输出的理想之地。西方列强在扩大对上海的掠夺版图

---

① 《孙中山全集》第 6 卷，中华书局 1981 年版，第 244 页。

的同时,在客观上刺激了上海经济的发展,尽管这并非西方列强的初衷,但也在某种程度上提高了上海的国际地位。辛亥革命促进了民族工业发展,使上海工厂数量从辛亥革命到五四运动期间逐年上升,"从 1912 年 28 家增加至 1919 年 67 家"①,积聚了相当数量的产业工人。第一次世界大战爆发后,帝国主义列强忙于争斗而无暇东顾,上海的工业以此为契机取得飞速发展,纺织、面粉、卷烟、化妆品、机器等行业发展尤为迅猛,一时间工业产值占全国 60% 以上,金融占 80% 左右,且发展势头一直在延续,成为连接国内外贸易的中介点。因此,上海作为中国的经济中心,其雄厚的经济实力成为文化繁荣、社会进步的重要基础,为马克思主义在上海的早期传播提供丰厚的物质条件。

经济的发展带来上海早期工业化向文化领域的渗透,成就了城市文化以发达出版业为代表的"工业化"道路强劲的发展势头,由此迅速提升了上海的舆论中心和文化中心的地位。上海具有发达的报刊出版业,具有新型报刊成百上千种,形成庞大的报人群体,成为上海思想界舞台上活跃的群体,在客观上"扩大了上海人的认识空间"②,被称作"中国共产主义出版事业的主要中心"③。据统计,从 1899 年至 1911 年间在中国出版的近 170 种报刊中,上海出版了 69 种,占比超过 40%。上海的出版机构名目繁多,早在辛亥革命之前业已拥有了商务印书馆、作新社、广智书局等在内的近 50 种出版机构,商务印书馆更是早在清末便在国内外设有齐备的销售发行网点,从中透视出上海浓厚的出版文化氛围,为有关各种新思想新学说书籍的出版创造了条件。自清末以来,上海业已拥有强大的新文化内容、市场与氛围,由上海商务印书馆创办的《东方杂志》和中华书局创办的《中华妇女界》等一大批杂志,正是基于文化"工业化"背景下开启其历程的,在传播新文化中发挥了重要作用。中华民国建立之后,商务印书馆、中华书局等一批中国一流出版社的崛起更加凸显了上海的出版地位,而报刊书籍在"将知识分子介绍给人民大众"④的过程中拔得头筹,发挥了举足轻重的作用。因此,《刘谦向俄共(布)阿穆尔省委的报告》中显示,上海担当了中国社会主义者活动中心,具备公开从事宣传活动的条件,集中着较多社会主义性质的组织和

---

① 熊月之主编:《上海通史》第 8 卷,上海人民出版社 1999 年版,第 37 页。

② 张仲礼主编:《近代上海城市研究(1840—1949)》,上海人民出版社 2014 年版,第 692 页。

③ 中共中央党史研究室第一研究部:《联共(布)、共产国际与中国国民革命运动(1920—1925)》,北京图书馆出版社 1997 年版,第 41 页。

④ [美]周策纵:《五四运动:现代中国的思想革命》,周子平等译,江苏人民出版社 1996 年版,第 249 页。

社会主义色彩的出版物,进而得出了"南方容易传播共产主义思想"①的结论。很显见的事实是,上海早期工业化对于传播媒介的发展有着极大支撑,由此产生文化传播样式的重大革新,对于马克思主义早期传播起到了至关重要的推动作用。此外,上海早期工业化对于文化进步的贡献度乃不断提升,各类学校、补习班、读书会、讲座等为马克思主义早期传播提供了便利的载体和平台。因而,上海经济状况对于文化事业巨大影响在此可见其一斑,先进的出版业为马克思主义的文本传播铺就了道路并提供了受众群体。

除了出版传媒等行业发展迅速之外,上海的贸易发展还带动了交通运输、邮电通讯等行业进步,为马克思主义早期传播提供更为丰厚的物质基础和条件保障。处于南北海岸线中点的上海,海陆交通运输线密集发达,早在19世纪中期以后便相继开辟了连接与欧美、东南亚等地区航线,与国内外的联系往来较为便捷,地理条件的优越使其成为"中国和西方接触的要冲"②。作为亚洲重要的航运中心和中国最大的港口城市,上海是中国人走向世界的码头,也是外国人走进中国的港口,成为先进中国人"走进走出"的首选通道。清末民初业已建立起与世界连接的通讯网络和覆盖全国的知识传播网络,使得上海成为实至名归的信息集散地和新学枢纽地。上海的邮电通信事业起步早、发展快,乃是中国最早兴办的城市之一。自清光绪年间电报总局移设至上海后,便成为全国电报业和邮差线的中心,与国内国外相连相通,被称赞为世界上为数不多的"便利畅通的城市"③。1882年,丹麦商人在上海外滩安装了电话交换所,为市内信息的传送提供了极大便利。截至1895年,上海已与国内外建立了通信网络,国际上与海参崴、伦敦、新加坡等国家和地区通报联结,国内与北京、天津、香港、广州、南京、汉口等城市开通电报线路,国内外新闻可迅速从上海传入传出,使得上海民众较中国其他地区民众接受更为丰富广泛的信息。由此可见,上海在近代成为中国与世界联通的重要窗口,四通八达的通信系统使其历史地成为汲取外来思想文化的通道以及向全国输送信息、扩散理念的重要基地,其世界性视域和开放包容的气度对于上海区域率先在全国范围内形成新生态思想文化及其运行态势有着重

---

① 中共中央党史研究室第一研究部:《联共(布)、共产国际与中国国民革命运动(1920—1925)》,北京图书馆出版社1997年版,第45页。

② [英]墨菲:《上海——现代中国的钥匙》,上海社会科学院历史研究所编译,上海人民出版社1986年版,第1页。

③ 徐雪筠等译编,张仲礼校订:《上海近代社会经济发展概况(1882—1931)——〈海关十年报告〉译编》,上海社会科学院出版社1985年版,第286页。

要影响。

综上所述,早期工业化发展成就了上海在经济上的独特地位并有力支撑上海思想文化的运行。事实也是,位于长江口的上海拥有得天独厚的交通通信条件,无论是上海的电车、火车、航运等便利的交通,还是电话、电报、邮政等便捷的通信,加强了上海与内地以及海外的联系,推动经济、政治、文化等各项事业发展,并因此而引领全国社会生活各个方面。尤其是上海作为中国报业重镇,出版体系齐整完备,为各种新思潮、新学说传入上海创造了重要条件。概而言之,上海得益于出版、邮递、书店等多重因素的综合作用,便捷的交通使得报刊、书籍迅速得以行销传播,思想理念也随之涌向全国各地社会民众,为马克思主义在上海早期传播活动创造不可多得的有利条件。

三、租界"缝隙"与新思想传播空间的开拓

在考察上海经济政治状况时,需关注租界的独特性空间,因为它的存在确实使得上海社会生活显示出一定的非常态性。租界是西方列强进行政治控制、经济掠夺、文化渗透的基地,其具有的殖民地性色彩不容小觑,亦成为中国丧失主权的重要体现。从经济视域来看,租界推进了中国传统经济的解体,提供了有利于近代工商业发展的相关条件,最突出方面之一乃是使上海逐渐成为近代中国的经济和贸易中心。在这个意义上说,近代上海取得了国内其他城市无法企及的政治、经济、文化地位,与上海所具有的租界及其引发的政治格局密切相关。特殊的社会历史条件下,上海由公共租界、法租界和华界三个部分组成,形成"一市三治"的市政格局,而"三个力量达成的均衡,造成了历史的丰富多彩"①,尤其是西方列强的"各自为政"②使得行政管理体系各有不同,提供了相对比较宽松的政治环境,推动上海民众"近代市民意识不断增强"③,为先进知识分子开展政治活动提供了相对安全的"缝隙"与便利。同时,租界所实施的政治制度与上海地区自身制度之间存在的差异性,亦成为上海城市历史衍化中的重要特征,对近代上海的社会变迁尤其是文化传播产生巨大影响,为区域的政治斗争以及马克思主义的传播创造了其他地区所不具备的诸多条件。

租界特殊的"缝隙"成为封建统治的薄弱区域,为马克思主义传播增添了一

---

① [英]库寿龄:《上海史》第2卷,朱华译,上海书店出版社2020年版,第5页。

② 张云:《初创诞生于斯,成长完善于斯》,《解放日报》2021年2月2日。

③ 张仲礼主编:《近代上海城市研究(1840—1949)》,上海人民出版社2014年版,第704页。

定的可能性，并因这种可能性而在相关条件下转化为现实性。租界的存在以及华洋杂居的格局，使得上海拥有相对自由的空间，因此为革命者提供了适宜的地点选择，为"主义"的宣传提供了可能，即使"缝隙"提供的所谓自由和空间乃是相对的、局部的、暂时的，亦形成了且相对宽松且与北京不同的政治环境。一段时期内，上海一方面接受国内的反动统治，另一方面因"租界"的存在而接受帝国主义的统治。帝国主义和国内反动派在对付革命的人民方面，有互相勾结、共同镇压的地方，并且这也是最为主要的方面；但由于不同帝国主义国家在上海的管辖有一定的范围，且帝国主义之间还存在相互矛盾及相互竞争的状况，由此带来租界中的某些"缝隙"，为马克思主义在上海传播提供了某些条件或机会。从政治统治和治理方式来看，租界虽为中国领土但又不受中国政府管制，亦即对中国来说乃是"法外之地"，这对于"主权"拥有而言乃是极大的伤害，为持有不同政治立场的人提供相对安全且可在一定范围内活动的空间。就是说，在近代中国上海区域内，法租界、公共租界以及华界当局作为三个不同的行政机构，对思想文化具有不同的禁忌，采取的措施与行动也不尽相同，为持有不同思想文化的人提供了相对包容宽阔的活动空间。譬如，法租界和公共租界在当时明确对外标榜民众具有政治言论自由，提出了中国警察不得擅自进入逮捕华人等规定，一方面使上海在政治管控方面出现了"制度落差与管理缝隙"[1]，另一方面为不同政治立场的意见表达提供了"比较合适的空间"[2]。因此，虽然租界作为近代中国国家主权丧失的典型是自不待言的事实，但又在很大程度上提供了中国学习西方工业文明的"缝隙"，甚至成为先进知识分子藏身之地和中华民族抗争之地。在这里，外国人将西方的物质文化、制度文化、生活文化和价值观念引入租界中各种生活圈，逐渐在上海被接受和模仿并逐步采用，进而形成彼此理解认同的区域性文化。

考察租界状况时不难发现，作为移民社会的上海，租界的思想文化有着动态衍化的图景，并显示出驳杂而多样并存、流动而相互作用的显著特色。具有不同文化背景的国内外移民聚集在上海租界，异域思想的交流与碰撞、不同理念的交汇与启发形成了特殊的思想场域和精神面貌。在此意义上，租界的存在为马克思主义在上海的早期传播提供了便利条件和适宜的活动场所。

---

① 吕延勤、赵金飞主编：《红船精神》，中共党史出版社 2017 年版，第 42 页。

② 熊月之、高俊：《历史记忆——中共"一大"的历史空间》，北京师范大学出版社 2013 年版，第 83 页。

第三节　马克思主义在上海早期
传播的思想文化生态

英国历史学家彼得·伯克强调了微观视域历史研究中的注意点,认为研究者应关注更大范围的文化,从而尽可能"展示小社区和大历史趋势之间的关联"①,这就要求在近代中国思想文化变迁的整体框架下,考察马克思主义在上海早期传播的思想文化生态。近代上海社会的思想文化生态为马克思主义这一异质文化的传入和扎根创造了有利条件,为马克思主义早期传播提供了适宜土壤。19世纪中叶,西方国家对中国经济、政治轮番侵略的同时,还带来宗教信仰的传布和文化方面的渗透,出现宗教传入中国后比商品传播得更远更广泛的状况,如"深入穷乡僻壤"②等,可见思想文化的渗透作用不容忽视。伴随着近代中国政治文化双重危机的加深,集聚在上海的有识之士在救亡图存道路探索中逐渐认识到西方在器物、文化等方面的优点,掀起了学习西方的浪潮,且这一现象引起近代中国社会的深刻变化,而在思想文化层面的变化更为显著。就上海而言,在近代中国业已成为半殖民地半封建社会的语境下,与国内其他城市或区域相比,除具有相对发达的生产力,还具备相对领先的思想文化,吸引着众多新型文化人的集聚,在开放视域及追赶时代潮流方面走在了全国前列。

一、新文化运动与思想解放潮流的掀起

上海成为新文化运动发源地渊源有自,与其整体的社会思潮状况具有直接联系。辛亥革命之后,孔教会、寰球尊孔总教会等多个组织在上海诞生,依托《孔教论》、《不忍》等杂志鼓吹尊孔复古的理念和复辟清王朝的声音,由此凸显了上海地区思想启蒙的迫切性。随着上海地区新的社会经济发展和政治力量增长,反映在观念形态上的新文化应运而生。突出的表现是,新型知识分子面对辛亥革命的失败、尊孔复古的逆流、封建复辟的思潮等多重恶浪进行了深刻反思,掀起了以民主主义思想为武器,向封建专制猛烈攻击以唤起民众觉醒的新文化运动。五四运动之后的时势发生了"北紧南松"的变化,这就使得与北京相比,

①　[英]彼得·伯克:《历史学与社会理论》,姚朋等译,上海人民出版社2001年版,第51页。
②　陈旭麓:《近代中国社会的新陈代谢》,生活·读书·新知三联书店2017年版,第140页。

上海的氛围更为包容开放,譬如鲁迅曾就北京的思想文化氛围发表观点,提出由于《新青年》等报刊的南下,作为五四运动策源地的北京呈现出"寂寞荒凉古战场"①的萧条景象。与其相比,上海因其多元、宽松的文化氛围以及特殊地理位置吸引诸多先进分子的云集,掀起了思想解放的浪潮,继而成为新文化运动的重要集聚地。

上海作为新文化运动大本营被全国思想界所瞩目,名副其实地成为向全国各地输出新思想的策源地。1915 年 9 月,陈独秀在上海创办了《青年杂志》②,高举"民主与科学"的思想解放旗帜,吹响了思想解放运动的号角,成为新文化运动兴起的标志,在近代史上具有划时代的意义。《新青年》在上海的创刊,将抨击封建专制思想和宣传西方新思想作为主要任务,成为中国新思想界的一面旗帜。陈独秀开明宗义地指出,必须在政治上取缔数千年来流传的封建官僚式个人专制,采取民众自治的方式发挥人民的能动性,"自觉其居于主人的主动的地位"③,方可实现个性解放及民主自由的权力。就此问题,"马克思主义的播火者"④李大钊积极表达态度,在《新青年》发表了主张将复辟专制一律视为"国家之叛逆、国民之公敌"⑤的文章,号召青年成为宣扬民主自由的先行者,从而为创建"青春之国家"而努力奋斗。1918 年 11 月,《新青年》第 5 卷第 5 号刊载了李大钊《Bolshevism 的胜利》和《庶民的胜利》两篇政论类文章,讴歌了俄国十月革命和社会主义学说,增强了十月革命的影响力。由是观之,在上海创办《新青年》而兴起的新文化运动,正是为了有效地应对民国以后封建主义思想抬头、民主共和思想受到严重挑战的危机,使得思想界人士在思想意识的深层更加注重"民主"、"科学"的价值意蕴及其思想启蒙的作用,有效地发挥上海在宣传新思想、引领全国思想界的区位优势。

新文化运动得以成功攻击封建专制主义,"涤荡封建制度下的污泥浊水"⑥,积极倡导民主和科学的思想,为马克思主义传播提供思想氛围和舆论环境,与上

---

① 《鲁迅全集》第 6 卷,人民文学出版社 1981 年版,第 245 页。

② 《青年杂志》自第 2 卷第 1 号改称为《新青年》。

③ 《吾人最后之觉悟》,《陈独秀文章选编》上册,生活·读书·新知三联书店 1984 年版,第 107 页。

④ 张甲秀:《从"播火"到"点种":李大钊在译介传播马克思主义理论方面的特色及重要贡献》,《马克思主义与现实》2023 年第 3 期。

⑤ 李大钊:《民彝与政治》,《李大钊文集》上册,人民出版社 1984 年版,第 175 页。

⑥ [美]费正清:《剑桥中华民国史(1912—1949)》上卷,杨品泉等译,中国社会科学出版社 1994 年版,第 315 页。

海地区的城市开阔包容、思想多元互动、封建主义思想处于衰退等多重因素有所关联。新文化运动的倡导者们积极撰文，痛斥孔教"不减于洪水猛兽"①，批判落后的封建礼教已无法适应现代社会，必须将之彻底打碎。与此同时，他们亦特别强调科学的重要性，提出认识人类客观世界的方法必须"以科学为正轨"②，提倡以科学替代宗教迷信，揭露封建统治阶级神化孔子的骗局，强调客观世界并非受到神秘的主宰，乃是一种真实的存在。此外，胡适、陈独秀倡导新文化运动向文学领域延伸，发表了以《文学革命论》等为代表的文章，突出表现为以白话文运动为中心的文学革命，反对伦理的古典的旧文学，倡导彻底打碎"满纸之乎者矣焉哉"③的八股文，从而建设起"平易的、抒情的国民文学"④，以摆脱艰深晦涩的旧式文言文体，建立通俗明了的白话文体。相比较而言，新文化运动所提倡的白话文体主张推动了文学的平民化转向，为日后马克思主义理论的文本传播创造了文字上的便利。不难看出，新文化运动倡导者深刻批判了旧礼教、旧道德维护封建专制的劣根性，主张引进并发扬西方民主、科学精神，破除了根深蒂固的封建迷信思想，与上海地区思想文化状况和区位优势密切相关，在很大程度上为马克思主义传播扫除思想文化领域的障碍。

新文化运动在上海的兴起及其蓬勃之势成为近代中国伟大的思想启蒙运动，对上海思想状况改变产生了深刻影响。在《新青年》杂志创刊前后，以介绍西方文化为宗旨的一批学术团体和刊物在上海诞生，成为新文化运动中的关键力量。在学术团体和刊物的引领下，民主精神、科学态度等有关西方现代文化的精华被引入上海，从此中西古今文化展开前所未有的交流碰撞。1915 年 1 月，留美学生在美国发起成立的中国科学社，在上海寰球中国学生会出版发行了《科学》，除了登载科普类文章和自然科学论文外，鼓吹科学救国思想，尖锐批评了中国士大夫轻视科学的积习，宣扬了科学的重要性。1917 年 3 月，《太平洋》在上海创刊，以留英学生为代表的知识分子鼓吹英式宪政，弘扬"调和"理念以维持资产阶级政权，设有"海外大事评林"栏目，加强了中外关系和国际形势的研究，推动了西方文化的传播。1918 年 3 月，《时事新报》副刊《学灯》以研究系机关报的身份在上海创立，刊物主张尊重旧文化、输入新文化，由于其大力宣扬

---

① 吴虞：《家族制度为专制主义之根据论》，《新青年》第 2 卷第 6 号，1917 年 2 月 1 日。

② 《再论孔教问题》，《陈独秀文章选编》上册，生活·读书·新知三联书店 1984 年版，第 166 页。

③ 陈独秀：《独秀文存（论文）》上册，首都经济贸易大学出版社 2018 年版，第 80 页。

④ 陈独秀：《文学革命论》，《新青年》第 2 卷第 6 号，1917 年 2 月 1 日。

新文化受到一批青年学生的追捧与欢迎。除此之外，上海电影事业的兴起与发展亦助力了新文化的传播。比如，1917年上海商务印书馆拍摄了一系列风景、时事、教育短片，介绍了自然景观、人文建筑、民风民情和科教文卫等丰富内容，并呈现了帝国主义侵略中国的恶劣行径，激发了民众的爱国卫国意识，客观上推动了新思想、新文化的传播。由此可见，上海思想状况在新文化运动影响下的改观，乃是上海思想界进一步前进的基础，自然为此后马克思主义在上海的传播创造了思想条件。

从历史衍化的角度看，新文化运动率先在上海兴起并得以具体落实，乃是近代中国思想演进的必然产物，适应于近代中国变迁的需要，自然归因于其所具有的突出优势。因此，这里必然性与现实性的转换及其实现、历史的总体趋势与历史的具体呈现，乃是学术考察的重要视点。在上海兴起的新文化运动对封建传统思想文化的猛烈攻击，破除了对自由探索的桎梏，对于上海区域的思想革新、文化输入、反帝救亡运动均产生深刻影响，推动了全国性社会意识形态的大转变和大发展，在中华民族发展史上形成了空前的全民族思想解放运动，而正是"借助于黄金思想时代，马克思主义得以迅速传播"[1]。客观而言，新文化运动在上海的兴起，使得民众在思想文化层面亦受到重大启蒙，民主主义觉悟和社会变革的意识得到极大提升，进步青年冲破封建的思想桎梏后激发了探求真理、追求解放的意识，从而更新了心理状态、思想观念、话语系统和行为模式。就此而言，起源于上海的新文化运动所掀起的思想解放潮流，"积蓄了相当雄厚的力量"[2]，有力提升了上海民众的政治意识并推动了国民的觉醒，为马克思主义的传播奠定了思想文化基础。

二、"移民"城市与思想自由生态的形成

分析上海的思想文化状态，必须重视上海作为典型移民城市情况，借以揭示区域性社会的独特样态。就社会衍化的区域性来看，人类按照不同地域形成一定的社会结构，形成特定的文化乃至独特的思想文化传统，从而使区域性成为思想文化演进中的鲜明表征。作为近代中外关系中的独特地带，上海区域性社会形态特征鲜明，刻印着历史进程中诸多的事实而形成，其复杂多元的思想基础反映在人们社会生活的方方面面，同时亦与外部环境的影响有着密切关联。至19

---

① 罗荣渠：《现代化新论》，华东师范大学出版社2013年版，第77页。

② 张仲礼主编：《近代上海城市研究(1840—1949)》，上海人民出版社2014年版，第789页。

世纪末 20 世纪初,作为通商口岸的上海,世界文化思潮以多种形式传入并影响中国,传教士以及留学生成为推动中外文化交融的重要群体。在中西方文化的碰撞与交融下,上海成为当时中国接触西方国家最多、接受西方世界影响最大的开放型城市,从器物到精神、从行为到观念皆受到西方广泛而深刻的影响,由此体现区域性社会的鲜明特征更为显著。

上海的区域性特征是在移民浪潮中逐步形成的,外来移民扮演了重要角色并发挥了重要功用。从历史演进的角度看,上海租界历时长达 98 年,面积达48653 亩,为当时全国租界之最。在不平等条件的规制下,众多外国侨民在上海兴办实业、传教办学、行医从商、筑路盖房等,同时将其母国的物质文明、精神文明和制度文明等移植到上海,一定程度上加快了上海文化现代性步伐以及城市包容性特征的养成,尽管这种现代化存在半殖民地色彩。就租界的地位及影响范围来说,租界在大部分时间里均为上海城市主体部分,外侨参与了近代上海的政治、军事、外交、经济、社会、文化等众多活动,在其中占据极为重要的位置且拥有相当大的话语权势,如租界中部分区域出现限制华人[1]的告示,折射出华人的低下地位,在很大程度上表征出外国人所拥有独享性地位。此外,众多外侨在上海创办学校、出版报刊书籍,在进行文化渗透的同时,也曾自觉与不自觉地宣传了西方各式政治学说,客观上推动了新文化的传播。正如马克思强调,虽然英国在对殖民地国家的侵略中犯下了罪行,但其终究催化了革命的爆发,故而“充当了历史的不自觉的工具”[2]。简言之,租界的设立开辟了洋人统治的新局面,改变了长期以来的封建政权模式的瓦解,加速了上海政治制度近代化的进程,推动了包括马克思主义在内的西方各种思想在上海的传播和影响。众多外国人在上海开办书店和出版机构,销售发行包括马克思主义著作在内的大量书籍报刊,便于国人了解马克思主义理论和国外马克思主义传播动态。实质上说,近代外来文化尤其是欧美文化,已然成为上海城市文化有机组成部分,这固然有多重因素的交互作用,但租界所起的关键性作用不可小觑。

上海移民社会的演进尚需注意“移民”的国内因素,这是体现上海社会内生性增长态势的关键,且上海文化发展与“庞大移民消费群体”[3]的因素密切关联。上海自开埠之后一直吸引着国内其他地区人士,此情形在辛亥革命前后更为突

---

[1]　苏智良:《上海:城市变迁、文明演进与现代性》,上海人民出版社 2011 年版,第 94 页。

[2]　《马克思恩格斯选集》第 1 卷,人民出版社 2012 年版,第 854 页。

[3]　忻平:《从上海发现历史——现代化进程中的上海人及其社会生活(1927—1937)》,上海大学出版社 2009 年版,第 46 页。

出。文化繁荣与思想自由的上海成为新型知识分子的向往之地，而由新型知识分子牵头创办的期刊也充当了政治、文化宣传的重要角色，对上海思想文化生态的形成有着极为重要的影响。可以说，上海在历史的机遇中成为中西方文化交流碰撞的重要阵地，在新型知识分子的移动中塑造了其在思想界的地位。首先，"移民"社会的特征繁荣了上海的城市文化。众多的国内外移民汇聚在上海，促进了不同地区的文化交流与融合，密切了上海与国内外的联系，进一步促进了思想的自由和文化的繁荣。上海既受到西方思潮的影响冲击，也将自身思想能量向中国的其他地区辐射，如来自四面八方的国内移民通过老乡会等多种方式将新思想、新文化从上海向全国推广。其次，思想自由特征吸引新型知识分子在上海的集聚。新型知识分子接受的是现代知识和现代工业文明，在思想上更为敏感，故而观念上求新的特色非常显著，对自身居处环境要求高。浙江绍兴的邵力子由上海赴日留学，学成归来后返上海主编《民国日报》，将上海视作其活动的中心地带。1920 年 3 月，追求进步的施存统带着失望之意离开了北京参加工农互助团后，产生了"投靠军队，不如投身工厂"[1]的想法后留居上海，从而改变了去福建漳州投奔"社会主义将军"陈炯明的计划。新型知识分子大多崇尚思想自由，祈求经由文化创造而实现思想创造，故而上海对这一群体具有较大的吸引力。于是乎，文化繁荣的上海聚集了大批知识分子，由此诞生一批期刊致力于文化传播，如上海的《新青年》、《东方杂志》等期刊久负盛名。彼时上海的文化基础为马克思主义在上海的传播提供思想自由的氛围，为日后担当马克思主义宣传阵地奠定了基础。

不仅如此，上海还是近代中国对外交往的重要窗口，中外思想文化交流程度较高，思想价值观的外向性特征较为显著。外国学者和文化人士频频对上海的访问，促进了中国文化与世界文化的互动交流。1919 年 4 月，正值新文化运动宣传科学和主义之时，美国教育家杜威应邀访问了上海，就"实验主义"的思想核心发表演说，"一时青年思想颇受其影响"[2]。次年 10 月，英国哲学家罗素应邀在上海发表了有关中国问题的演说，赢得上海许多知识分子的欢迎。除此之外，爱因斯坦等名人亦访问过上海，有效促进了中国文化与世界文化的互动交流。因此，上海作为近代中国的文化交流重镇，在国内思想演进中具有独特而又

---

① 中共一大会址纪念馆编：《中国共产党创建史研究文集（1990—2002）》，上海人民出版社2003 年版，第 408 页。

② 上海通社编：《上海研究资料》续集，上海书店 1984 年版，第 673 页。

不可替代的地位。

综上所述,上海在近代历程中不仅成就了经济上的独特地位,而且在思想文化上亦有国内其他城市所无法比拟的"文化身份"。事实上,在近代中国社会变迁中,传统与现代、东方与西方、持守与变革、民族主义与共产主义等多元观念、思潮、文化在上海的出场,并在一个过渡时期达成文化的交锋、包容和融合,逐渐使得上海形成"海纳百川,兼容并包"的"海派文化"性格,催生了奋斗进取、自由对话、崇尚创造、兼容并包的思想文化生态,为马克思主义传播营造了开放包容的思想文化环境。

三、新型知识分子与传播群英的荟集

上海独特的经济状况、政治状况、文化教育以及区位优势成就了其他地区无法比拟的人才优势,成为近代以来新兴知识分子的集聚地,吸引众多要求思想解放的青年不约而同地汇集到上海寻找救国救民的良策和社会改造的方法。从地域版图来看,自开埠以来,上海周边省份皆受到了上海的辐射与影响,吸引了各地先进知识分子向上海的集聚。作为长江入海口,长江流域中上游的湖南、湖北等省份人才亦向上海流动,形成了人才大移动的演进态势。就经济、政治及文化教育来看,上海乃是近代中国早期现代化区域,在全国亦居于先进行列,具有吸引人才的各项条件。在此情形下,上海成为人才集聚地乃是必然的,而新型知识分子的会集客观上推动群体素质的更大提升,集体性表现为视野开阔、信息灵通、知识谱系更新快且与中国各地联系紧密等显著特点。

新型知识分子是中国最先觉醒的群体,而上海正是新型知识分子最为集中的地方,而稳定的群体一经形成则会产生群体效应,甚至保守分子在群体影响之下日趋激进。正如"启蒙者总是最先受启蒙的"[1],蔡元培、陈独秀等一批新文化运动代表人物均在上海这一"新知新学"的枢纽之地接受启蒙。与同时期中国其他地区知识分子相比,上海新型知识分子数量更为庞大、区位更为集中、理念更为先进,具有强烈的创新意识、创造意识和奋斗精神,梦想精神和家国情怀也尤为突出,如 1920 年 4 月共产国际远东局维经斯基向陈独秀提出与中国先进分子进行交流继而更多了解中国情况时,陈独秀便回答道:"吴先生想和中国先进分子取得广泛联系,到上海是最适合的地点。这里集合了各个学派和社团的各

---

① 上海中西哲学与文化交流中心编:《时代与思潮 1:五四反思》,华东师范大学出版社 1989 年版,第 20 页。

种各样的人物。"①先进知识分子思维活跃、思想开放、视野宽阔、学识渊博，基本都接受过新式学校和传统文化的双重教育，不少人具有留学经历，乐于接受新事物和新理论，能够结合中国的实际把握世界先进文化前进的方向与潮流，成为一个以"生产传播文化产品为经济立足点和影响社会手段的社会基层"②。同时，新型知识分子具备强烈的爱国主义精神和较强的政治参与意识，在救国救民和"睁眼看世界"的时代语境下，纷纷踏上了追求真理的征程。在当时社会流行的各种思潮中，上海的先进知识分子乃是重要的传播力量，尤其是五四运动对新型知识分子在中国社会生活中地位的提升，空前提高了知识分子的社会影响力。相对稳定的知识分子群体所产生的群体效应则会使个体受到一定的影响，如陈独秀等一批上海先进分子在经过对各种"新思潮"的反复推求比较中，走上了激进主义道路，最终选择了马克思主义作为指导革命的理论和带领劳苦大众走出悲惨境况的"金钥匙"。

上海作为名副其实的留学生"中转站"培育了一批新型知识分子，其成为推动马克思主义早期传播主体，并为推动成为"全国文化中心"③发挥了重要作用，对于上海地区的思想文化演变有着重要意义。世界文化思潮以多种形式传入并影响中国，与19世纪后期中国留学生制度不无关联。晚清以来，一批又一批的学生从上海的汇山码头、黄浦码头或吴淞口登船，奔赴美国、日本和欧洲等地区留学。学成归来之后，留学生们乘船回到上海，抑或以上海为中转地奔赴其他地区，将有关西方文化知识译本传入国内，并将新文化、新知识、新思想传播至全国。仅在1919年3月，就有第一批89名学生乘"因幡丸"邮轮从上海赴法国留学。从1919年3月到1920年底，先后有1600名左右学生从上海启程渡洋求学，其中包括陈延年、陈乔年、邓小平、周恩来④等一批进步青年，如周恩来亦参加华法教育会第十五届赴法勤工俭学活动，其"先后到法国、英国、德国等地，涉猎各种思潮学说，考察分析各国社会实况，比较不同国家改造社会的途径"⑤。留学生源源不断地从上海出发或归来，成为上海城市文化发展的风景线，促进了社会结构的重大变化，推动了上海城市发展的现代化进程。需要说明的是，留学

---

①　朱洪：《陈独秀传》，安徽人民出版社2003年版，第141页。

②　张德旺：《道路与选择》，天地出版社2019年版，第6页。

③　张仲礼主编：《近代上海城市研究（1840—1949）》，上海人民出版社2014年版，第770页。

④　此行除了周恩来，还包括陈延年、陈乔年、邓小平、王若飞、刘伯坚、陈毅、李维汉、李富春、蔡和森、向警予、李立三、聂荣臻、徐特立等一批人员。

⑤　孙珊：《五四运动中的周恩来》，《党的文献》2019年第2期。

生当中大批进步青年学成归来后,也有不少人留居上海从事思想文化工作,在思想上完成由民主主义者向马克思主义者的转变,并成为马克思主义传播的主体力量。值得注意的是,一些早期先进知识分子更是在上海确立了共产主义信仰,当中部分人甚至成长为中共早期领导者。

马克思主义认为,人民是创造历史的主体和变革社会的决定性力量,社会现象的演变乃是人的历史性活动的结果。上海地区以其优越的条件,吸引了各地先进知识分子的会集,使得人才优势成为上海的显著特色,为马克思主义的传播提供了主体力量。恩格斯概括了在社会历史领域活动群体的特征,突出表现为"具有意识的、经过思虑或凭激情行动的、追求某种目的"[①],上海先进知识分子正是致力于马克思主义早期传播活动的主要群体。简言之,马克思主义传播事业在上海的展开正是在人才集聚的基础上才得以波澜壮阔地前进。

第四节　马克思主义在上海早期
传播的阶级基础

马克思主义是解放无产阶级的理论武器,正所谓"一定时代的革命思想的存在是以革命阶级的存在为前提的"[②],马克思主义在上海早期传播乃是价值观念和阶级意识的传播,体现了阶级政治诉求的表达和期待,故而在研究中须考量上海的工人阶级基础。事实上,上海乃是近代中国工业发源地以及工人阶级从自在阶级转向自为阶级的发祥地,自古以来被称赞为"江海之通津,东南之都会"[③]。开埠之后,上海民族资本主义工商业得到蓬勃发展,各类制造业、商业、银行业等陆续登场,使上海日渐成为近代中国工业发展集中地和对外贸易中心,由此带来工人数量的激增。西方国家第一次世界大战期间无暇东顾,为中国的民族工商业发展带来了机遇。在此契机下,上海的民族工商业更是得到长足发展,成长为全国最大的工商业区,工人阶级日益成长壮大,具有"50万以上的产业工人"[④]。在马克思主义等新思潮的影响下,日益壮大的工人阶级群体引发日

----

① 《马克思恩格斯选集》第 4 卷,人民出版社 2012 年版,第 253 页。
② 《马克思恩格斯选集》第 1 卷,人民出版社 2012 年版,第 179 页。
③ 上海市地方志办公室主编:《上海六千年:千年之城》,上海人民出版社 2018 年版,第 143 页。
④ 《上海区委通告:关于发展上海民众运动(1926 年 10 月 19 日)》,中央档案馆、上海市档案馆:《上海革命历史文件汇集:中共上海区委文件(1925—1926)》,1986 年 4 月,第 430 页。

渐增多的反抗斗争,工人阶级政治觉悟和斗争水平日渐提高,在上海工人阶级中出现新型工会组织的萌芽,涌现出大批投身革命的先驱者,为马克思主义早期传播奠定了阶级基础。

一、工人阶级力量壮大及独特优势

阶级思想意识和觉悟程度是以阶级的存在和发展状况为前提的。上海作为中国第一大城市,不仅有大批进步的、革命的知识分子在此集聚,工人阶级也最为集中,为马克思主义早期传播提供了人才储备和受众力量。鸦片战争以后,西方列强纷纷在上海开设工厂,如船厂、螺丝厂、烟厂、纱厂等,在全国率先产生一批产业工人。与此同时,在外资的刺激下民族工业亦取得初步发展,迅速使得上海成为中国近代工业发源地和产业工人集中地。西方列强于第一次世界大战期间减少了对中国的商品输出,上海民族工商业以此为契机取得新的发展。据统计,上海的工人总数于 1919 年前后,"约占全市人口四分之一"[①]。五四运动期间,工人业已成为上海最大的市民群体,且集中性与革命性较高,被认为在参与政治行动中具有果敢坚决的特点,即"只要他们认为是对的事情,他们马上就会干起来"[②]。就此意义上说,上海乃是名副其实的"工人城市",为理论的传播奠定了阶级准备。

上海地区的工人阶级力量集结,组织程度高,具有易动员、战斗力和革命性强等鲜明特点。作为当时全国工人最为集中的地区,上海工人群体主要集合在大型企业,如"江南造船所"[③]等所雇用的工人数量均在千人以上,集中程度远远高于全国平均水平,如 1919 年的上海,70% 工人集中在 500 人以上的工厂。1919 年前后,上海工人数量和比例均居于中国最高,累计"各类工厂 2291 家"[④]。据统计,"一战前的 38 年,上海开设工厂 153 家,1914 至 1928 年达 1229 家"[⑤],工厂的扩充带来工人数量的激增。据 1920 年北京政府农商部不完全统计,在同时期中国产业工人总数为 194.6 万人,占全国人口总数的 0.5%。在此对比中可见,上海产业工人数量占据人口比例之程度排在了全国前列,具有明显

---

① 上海社会科学院历史研究所编:《五四运动在上海史料选辑》,上海人民出版社 1980 年版,第 11—15 页。

② 《字林西报》,1919 年 6 月 12 日。参见刘明逵、唐玉良主编:《中国工人运动史(1919.5—1923.12)》第 2 卷,广东人民出版社 1998 年版,第 80 页。

③ 当时的大型企业还包括求新机器造船长、耶松船厂、祥生船厂、内外棉纱厂等。

④ 周子东、傅绍昌、杨雪芳、都培炎:《马克思主义在上海的传播(1898—1949)》,上海社会科学出版社 1994 年版,第 41 页。

⑤ 罗志如:《统计表中之上海》,国立中央研究院社会科学研究所集刊 1932 年版,第 63 页。

的阶级优势。就产业结构而言,上海的产业工人集中在纺织、造船、航运、烟厂等大型企业,集中程度高,革命意识强烈,易于团结和号召,为早期马克思主义者在工人中传播马克思主义创造了条件,为马克思主义在上海早期传播提供了受众保证和依靠力量。

二、工人阶级悲惨境遇与变革社会诉求

阶级意识的增长源自阶级的成长,而对历史使命的认知和生存状况的态度乃是阶级意识的重要表征。在上海,外国资本、民族资本以及军阀政府控制着大多数工厂,因此工人阶级遭受多重压迫且生存状况极为悲惨。上海工人阶级处于社会最底层的地位,劳动条件恶劣且工资低廉,政治权利和社会权利均被剥夺,在身体和心理上双重忍受中外资本家和工头的欺凌剥削,具有强烈的变革社会诉求,成为全国工人生存状况的典型缩影。

首先,上海工人劳动时间长。20 世纪初,上海工厂普遍实行 12—14 小时工作制,如 1920 年的上海工厂每日工作时间为:"机械工人 8—16 小时,手工业工人 10—15 小时,交通工人 6—16 小时,服务性工人 9—18 小时"①,可见工人劳动时间之长、被压迫时间之久。其次,上海工人工资待遇菲薄。在上海,大多数工人工资为每天两角五分至三角左右,童工的工资则更低,如"在纱厂工作的童工在工作 9—10 小时情况下,每日只有 0.1—0.2 元的工钱"②,还要受到中外资本家和封建把头的克扣,可谓"其工价之廉,尤为世界各国之所无"③。当时流行的《劳动歌》描述了工人受苦受累一天只得两角钱的悲惨状况,"买得柴来难买米,可怜怎样度长年"④。再次,上海工人劳动条件恶劣。利欲熏心的各类资本家为了降低生产成本,所提供的工作环境和条件极其简陋,缺乏安全保障和必要的劳动保护,工人如同牛马一般且毫无政治权利可言。更有甚者,在督工制、养成工制、包身工制多重压迫下,工人被随意打骂体罚,在棍棒的监督下劳动,完全没有人身自由,甚至生命都得不到保障,"实与身囚牢狱无异"⑤。上海植树工人

---

① 上海社会科学院历史研究所编:《五四运动在上海史料选辑》,上海人民出版社 1980 年版,第 14 页。

② 上海社会科学院历史研究所编:《五四运动在上海史料选辑》,上海人民出版社 1980 年版,第 15 页。

③ 愈之:《外人在华投资之利益》,《东方杂志》第 15 卷第 1 号,1918 年 1 月。

④ 为人:《劳动歌》,《劳动周刊》第 12 号,1921 年 11 月 5 日。

⑤ 上海市静安区文物史料馆、上海社会科学院历史研究所现代史研究室编:《上海工运历史研究第一辑:红映浦江》,上海书店出版社 2020 年版,第 30 页。

刘朗山撰稿诉说了当时工人的悲惨状况，"所居者破屋茅蓬，所穿者仅可遮羞"①。以上诸多惨烈的事实说明，在帝国主义、资本主义和封建主义的多重压迫下，上海地区工人阶级被激发出更为坚定而彻底的革命态度，为日后斗争觉悟的提升和革命力量的集聚播下了种子。

三、工人阶级意识增长及其政治斗争

马克思主义认为，阶级只有在革命中才能现实地成为革命性阶级，因为革命对于进行革命的阶级而言乃是不可或缺的政治实践活动。随着民族资本主义发展，工人阶级作为现代生产力的代表者，其思想觉悟和斗争水平不断提升。为了摆脱残酷的经济剥削与政治压迫，提高生存境遇，争做社会主人，上海工人阶级多次自发组织反抗斗争，激烈了丰富的斗争经验。早在1859年，上海码头工人与西方海盗的抗争业已拉开上海地区工人斗争的帷幕。随着工人斗争意识觉醒，1879—1919年，上海工人罢工次数和人数规模不断扩大，其诉求大致主要以争取经济利益为主。1895年以后，随着工人素质提高和工人数量增加，斗争水平较之前有了大幅提升，逐渐由分散作战转向联合斗争，斗争次数在全国工人斗争总数的占比日益增长，斗争激烈程度亦明显提高。

五四时期，上海工人阶级在全国率先"轩然起了罢工大波"②，大肆鼓吹劳工神圣，鼓励工人群体"万不可自弃其价值"③，首次以独立力量出现在中国政治舞台，在全国产生了重要影响并在工运史上留下了深刻印记。五四运动中，上海工人纷纷响应并掀起罢工，公开提出罢工目的，即为了不让中国成为"朝鲜第二"④，"格政府之心，救灭亡之祸"⑤，代表数十万工人群体的政治诉求与担当，"愿牺牲生命，为学界商界后援，与野蛮的强权战"⑥。1919年7月，上海公共体育场召开的十万人大会上，工界代表严厉谴责了卖国政府的恶劣做法，提出救国

---

① 刘朗山：《火车北站职工》，《新青年》第7卷第6号，1920年5月1日。

② 玄庐：《上海罢工的将来》，《星期评论》第2号，1919年6月15日。

③ 《上海罢市救亡史（1919年7月）》，中国科学院历史研究所第三所近代史资料编辑组编辑：《五四爱国运动资料》，科学出版社1959年版，第601页。

④ 《留学生来函》，《字林西报》1919年6月11日。参见参见上海社会科学院历史研究所编：《五四运动在上海史料选辑》，上海人民出版社1980年版，第309页。

⑤ 中国社会科学院近代史研究所近代史资料编辑组编：《五四爱国运动》下册，中国社会科学出版社1979年版，第530页。

⑥ 中国科学院历史研究所第三所近代史资料编辑组编：《五四爱国运动资料》，科学出版社1959年版，第459页。

的根本路径在于"推翻卖国政府"①，显现了上海工人革命觉悟的提升。震惊全国的"三罢"斗争史空前彰显了上海工人阶级所蕴含的巨大能量，将工人阶级斗争水平推向新的高度，凸显了以工人阶级为主体的上海民众高度的政治责任感，迅速推动上海成为五四运动的中心。

据统计，仅在 1914—1919 年，上海产业工人组织罢工运动 80 余次，且同期"全国为 100 余次"②，其中不乏上海搬运工人、人力车夫以及上海三新纱厂等规模大、影响广的罢工运动。相比之下，北京与上海的反应则有较大不同，陈独秀便在为北京市民未能有觉醒之势感到担忧，认为北京仅有学生运动，"其力实嫌薄弱"③。由此来看，上海反帝反压迫的爱国运动基础更为坚实，覆盖面更为广阔。与此同时，以三罢斗争为代表的上海无产阶级的斗争使得早期先进分子对工人阶级以及工人运动等问题认识的深化。为此，李汉俊撰写了评论工潮的文章，从工厂主对工人的压迫、工人罢工的矛盾集中在经济待遇、工人团体的权利等方面概述了上海近来罢工事件的特质，启发了工人觉悟，进一步凝聚斗争力量，并发出从思想上打破知识分子群体的束缚，力求"'脑力劳动者'与'体力劳动者'的一致团结"④的号召，由此看出上海早期马克思主义者对工人运动认识的深化，并日益意识到将马克思主义理论与工人运动相结合的可能与必要性。

上海工人阶级意识的不断提升，得益于早期先进知识分子的宣传与鼓动。在先进知识分子的宣传下，上海工人阶级愈发意识到自身阶级的力量及工人运动在社会改造中所能发挥的作用，将工人阶级与未来的"新中国"的蓝图直接联系，动员工人阶级为"工人中国"的诞生而努力。上海进步工人代表李中表达了对工人运动的期盼以及未来中国的向往，认为由工人当家作主的俄国业已成为现实，且十月革命的潮流已传入中国，中国工人应以主人翁身份争相向俄国工人学习，努力实现"工人的中国"⑤。换而言之，在十月革命影响下，以李中为代表的上海工人阶级，逐渐认识工人运动的重要性，看清了十月革命在实现"工人俄国"进程中的客观成就，认为中国要"以俄为师"而进行苏俄式工人运动，中国工人应成为"潮流的主人翁"，进而产生"工人的中国"。以上叙述充分说明，俄国

① 萧三等：《青年运动回忆录——五四运动专集》第 2 集，中国青年出版社 1979 年版，第 260 页。

② 张仲礼主编：《近代上海城市研究(1840—1949)》，上海人民出版社 2014 年版，第 523 页。

③ 沈寂主编：《陈独秀研究》第 3 辑，安徽大学出版社 2007 年版，第 404 页。

④ 先进：《最近上海的罢工风潮》，《星期评论》第 21 号，1919 年 10 月 26 日。

⑤ 李中：《一个工人的宣言》，《劳动界》第 7 册，1920 年 9 月 26 日。

十月革命尽管首先在先进知识分子层面产生作用，但在经过先进知识分子传播以后，对广大工人阶级的意识提升亦产生极为重要的影响。抑或由于阶级意识的增长，工人阶级表现出强烈地反对"阶级调和"、反对"劳资调和"等主张，一定意义上表征出工人阶级意识的深化和觉悟。因此，上海工人阶级意识的提升，为马克思主义在上海的传播进一步创造了条件。

从工人阶级斗争形式与内容看，上海工人阶级的意识觉悟和斗争水平日渐提高，革命萌芽逐渐在自发斗争中予以显露，被恽代英感叹为："产业工人简直是一个火药库啊！"[1]而火药库正是由资产阶级自身制成，且工人的力量或将使之轰然爆裂。具体而言，上海工人阶级斗争呈现了如下特点：首先是斗争人数多、频率繁、规模大，其声势与规模在全国领先。其次是联合罢工和斗争次数日趋增多，充分表征工人阶级的革命性特点。在实践中，上海工人阶级采取共同反抗的斗争方式对付强大的敌人，将斗争水平提升至新的高度。譬如，1912年2万多上海人力车夫的联合罢工、10余万人的"三罢"斗争等均为突出的典型案例。最后是打破了封建社会的行帮界限，工会组织初步酝酿，比如诞生了银楼业组织饰业团、江南造船所制造工人同盟会、中华民国机器公会等；又如，1914年至1916年间，上海海员生火工人成立"焱盈社"、商务印书馆工人成立"集成同志社"、上海水手成立"均安公所"等组织。以上例证表明，上海的部分工人已意识到本阶级的利益以及对建立组织的迫切需求，预示着上海工会组织的萌芽以及工人阶级群体即将走上政治舞台。

第五节　马克思主义在上海早期
传播的民众心理

近代上海独特的区位优势和思想文化生态，为马克思主义在上海早期传播奠定了民众心理基础。毛泽东一针见血地指明近代中国落伍的本质，完全在于"帝国主义和本国反动政府所压迫和剥削的结果"[2]。事实上正是如此，鸦片战争后帝国主义列强的侵入致使中国陷入空前的民族危机，其对中国从政治、经济、文化展开全方位的侵略破坏了中国社会的发展进程，并由此造成中国的社会

---

① 恽代英：《上海日纱厂罢工中所得的教训》，《中国青年》第70期，1925年3月14日。
② 《毛泽东文集》第5卷，人民出版社1996年版，第344页。

矛盾、阶级关系的变化，继而使中国逐渐沦为半殖民地半封建国家。由于民族矛盾的聚焦、落伍带来的现实失落以及对重新站立的迫切期待，"中国人民就开始了不屈不挠地反抗外国侵略者和本国封建势力的斗争"①。而上海作为帝国主义对华侵略的重地，其民众反帝反封建的诉求和救国救民的呼声日益高涨，工人阶级日渐成为"心理上是不妥协的革命者，客观上富有革命的力量"②。上海作为新型知识分子集中地，在多重思潮的激荡冲击等因素影响下，这种探求被压迫民族和人民的彻底解放，对自新图强的斗争实践和真理的呼唤，走上了"寻找主义与组织"的激进道路，深刻地影响着广大民众，反帝反封建的政治诉求日益凸显。简言之，上海不仅具备吸收和传播马克思主义的思想环境，而且形成了马克思主义早期传播的民众心理基础。

一、反帝反封建的双重诉求

上海工人阶级反帝反封建的诉求与近代中国人民抗争心理的背景乃是紧密联系的。列宁分析了鸦片战争后的中国人民所遭受的压迫状况，如"被武力压制一切自由愿望"、"侵入资本"③等，而以上例证在上海尤为显著，使得上海成为"帝国主义者在华势力集中的地方，也是中国资产阶级最发达的地方"④。围绕这一问题，美国学者费正清将中国革命的任务精准地表述为以下两点，即"清除国内军阀统治，废除外国特权"⑤的双重斗争。可见，反帝反封建乃是近代中国民众的普遍性诉求，而上海作为中国最先觉醒的区域以及工人阶级最有力量的地区，广大民众反帝反封建的心理诉求必然更加高涨。

相比于同期国内其他城市，上海社会反帝运动的基础更为坚实。早在北洋军阀统治时期，民众的思想意识就表现出了积极反抗的特点。袁世凯政府统治时期，为了加强对民众的思想控制，"尊孔复古"的逆流盛行，孔教会、孔道会、尊崇孔道会、读经会等"尊孔复古"的组织纷纷成立。康有为对辛亥革命提出的废除尊孔要求尤为反抗并为此发起请愿运动，要求政府将礼教视为国教。一时间，

---

①　谢晓娟、宋悦萌:《马克思主义在中国的早期传播及其当代启示》,《东岳论丛》2023 年第 4 期。

②　陈独秀:《中国国民革命运动中工人的力量》,《向导》第 101 期,1925 年 2 月 7 日。

③　《列宁选集》第 1 卷,人民出版社 2012 年版,第 282 页。

④　独秀:《中国民族运动中之资产阶级》,《向导》第 136 期,1925 年 11 月 21 日。

⑤　[美]费正清:《伟大的中国革命(1800—1985)》,刘尊棋译,世界知识出版社 2000 年版,第 247 页。

进步期刊被取缔，进步记者被打压，唯有"充斥复古逆流的刊物得以继续营业"①。在此情形下，觉悟的上海民众以各种形式抗拒了复辟活动，尤其是新文化运动在上海兴起之后，民众争取民主自由的意识空前高涨，反封建专制的意识与反帝国主义的意识同步增长，其在五四运动中的表现即是最好的例证。

上海人民具有不畏强暴、敢于斗争的优良传统，铸就了敢为天下先的优秀品格，在近代历史条件下彰显了中华民族反抗压迫和剥削的斗争精神。可以说，就近代中国整个历程来说，诸多重大反抗斗争皆与上海有关。从鸦片战争伊始，上海民众以反帝反封建为主题的斗争便绵延不绝，从小刀会起义、四明公所事件、苏报案等，到辛亥起义、"三罢"斗争、五卅运动、三次武装起义等，无不彰显着上海人民反帝反封建的强烈诉求和英勇顽强的斗争精神。可见，上海具有其他城市难以比拟的反帝反封建热情，为具有斗争精神的马克思主义传播乃至革命活动的掀起奠定了民众心理基础。

二、"以俄为师"的心理趋向

上海作为近代中国新思想的策源地和马克思主义传入的最早窗口，接受十月革命的影响具有其内在的必然性。近代上海的广大民众显现出诸多的心理趋向，如追求民主政治、趋新求变、冒险创新、联合团结以及急公好义等心理。习近平指出，"在旧式的农民战争走到尽头，不触动封建根基的自强运动和改良主义屡屡碰壁，资产阶级革命派领导的革命和西方资本主义的其他种种方案纷纷破产的情况下，十月革命一声炮响，为中国送来了马克思列宁主义，给苦苦探寻救亡图存的中国人民指明了前进方向、提供了全新选择。"②俄国十月革命在世界上建成了首个无产阶级专政国家，使得马克思主义有关科学社会主义的理论从书本走向了现实，开启了世界无产阶级革命的时代，推进了知识分子增进了对马克思主义的理解与认同，尤其是部分激进分子从表面的接触了解转向至内在思想层面的接受信仰，使得民众受到了极大鼓舞，重见民族解放的希望，并由此产生对社会主义国家的向往，为中国革命带来了新的曙光，即"以俄为师"道路的显现。上海云集数量众多的先进知识分子和庞大的工人阶级队伍，因此十月革命给上海带来的影响十分强烈，可以说历经十月革命洗礼之后"以俄为师"

---

① 李侃、李时岳、李德征、杨策、龚书铎：《中国近代史（1840—1919）》，中华书局1994年版，第481页。

② 习近平：《论中国共产党历史》，中央文献出版社2021年版，第201页。

乃是上海民众最为鲜明突出的政治心理趋向。

上海民众受十月革命的影响最为迅速而显著,率先形成"以俄为师"的心理趋向,这得益于上海发达的报刊传媒系统。以上海《时事新报》、《民国日报》为代表的报刊,及时发布有关消息和文章,帮助广大民众了解十月革命。上海《民国日报》于十月革命爆发后第三天便发布题为《突如其来之俄国大政变》的报道,介绍了俄国十月革命领导者列宁,并发布了列宁在第二次全俄苏维埃代表大会上的演说内容。与此同时,《东方杂志》、《申报》、《时报》、《太平洋》、《中华新报》等报刊积极加入报道行列,详细报道了列宁大会演说状况及其主张。此后,上海诸多报刊开辟了"国外大事"、"欧洲电讯"等栏目,关注报道苏俄革命消息,介绍苏维埃政府的内外政策,分析俄国革命发生的原因等。同盟会成员谭平山在上海创办了政治刊物《政衡》,主张"根本的革新"[1],所发表文章虽无明显的"以俄为师"专门话语,但字里行间表露了对俄国高度赞赏,并向其虚心学习、积极借鉴的态度。广州共产党早期组织创建者谭植棠在《政衡》发表有针对性的时评,称赞了苏俄恪守国际和平,主张中国与俄国发展友好的外交关系等政策,建议"可以保存两国间的友谊"[2]。简言之,创办于中共孕育时期的《政衡》具有强烈的政论性,其对中俄外交关系的主张从侧面反映了刊物对苏俄革命的拥护和欢迎。

诚然,在北洋军阀政府和帝国主义的控制干扰下,反动统治阶级视社会主义思想为洪水猛兽,封锁一切有关苏维埃消息,最初报道来源于帝国主义国家报纸和通讯,故而显得混乱,部分舆论影响了民众对十月革命的认知和评价。当时,中国的舆论界不乏以布尔什维克"专制"为由而采取反对和抵制的态度,甚至把十月革命看作为"大敌"。基于此,施存统以《我们底大敌,究竟是谁呢?》为题,公开站在拥护十月革命的立场上发表文章,为苏俄的布尔什维克和劳农专政辩护,阐明了劳农专政的合理性和必然性,并帮助读者对布尔什维克的"专制"加以区分,辨清绅士阶级专制与劳动阶级专制的关系,且"在这革命进行之中,除了劳农专制之外,还可以和绅士妥协吗?"[3]施存统反对社会上把布尔什维克和马克思主义说成"大敌",认为资本主义才是真正的"大敌",这对中国新知识界关于社会改造道路的抉择有着积极影响。显而易见,马克思主义真理的力量无

---

① 谭平山:《中国政党问题及今后组织政党的方针》,《政衡》第 1 卷第 2 号,1920 年 3 月 30 日。

② 谭植棠:《关于我国承认新俄罗斯的商榷》,《政衡》第 1 卷第 2 号,1920 年 4 月 1 日。

③ 存统:《我们的大敌,究竟是谁呢?》,上海《民国日报》副刊《觉悟》,1920 年 9 月 28 日。

可阻挡,反动派对十月革命的抵制心劳力绌。上海报刊对十月革命的及时报道,推动先进知识分子和工人阶级等普通民众逐渐转向"以俄为师"的认知,为马克思主义在上海早期传播奠定了心理基础。

十月革命所彰显的马克思主义实践品格对中国的先进分子和广大民众皆有很大吸引力,事实上促进了中国广大民众从辛亥革命失败以来的沉寂中苏醒,而对于上海民众的影响则更为深刻。辛亥革命后的政治现实使得知识分子倍感挫折,多次的抗争、抵制与求索均未能找到救国救民的道路,因此引发了彻底改变现状的强烈诉求。十月革命正是马克思主义理论指导下的一场伟大的革命实践,冲破了帝国主义阵线且旗帜鲜明地反对帝国主义,这使得饱受凌辱的中国人民对俄国道路倍感亲切,对马克思主义实践品格和真理力量有了更为深刻的认识。俄国曾同为落后的封建专制国家,与中国国情有许多相似之处,吸引国人对十月革命以及俄国道路的兴趣。十月革命发生之前,早期先进知识分子对社会主义的认识较为模糊,认为社会主义的目标过于宏大高远,且社会主义学派甚为复杂,认为"社会主义,理想甚高,学派亦甚复杂。惟是说之兴,中国似可缓于欧洲。"①然而,随着十月革命对马克思主义的加速传播,思想界有关社会主义的认识发生了转换,尤其是早期马克思主义者认识到社会主义革命并非只属于俄国,而是"世界的自然趋势"②,并认为中国与俄国国情相似,中国革命可以效仿选择俄国的道路,毕竟"物质文明不高,不足阻社会主义之进行"③。此外,苏维埃政府的两次对华宣言,得到中国各界人士的盛赞,"的确是自有人类以来空前的美举"④,且愿与俄国人民携手,共同为消灭国际压迫和国内专制而奋斗。与此形成强烈对比的是,巴黎和会上中国主权和利益被列强出卖之时,陈独秀深刻领悟了"公理战胜强权"⑤这一表述的空洞,为此他坚定表态,巴黎和会上的公理、永久和平以及十四条宣言都是"一文不值的空话"⑥。相比之下,苏俄的友好态度则进一步推动国人对俄国道路和社会主义的认同与接受,有力推动了马克思主义的进一步传播。

---

① 《答褚葆衡(社会主义)》,《陈独秀文章选编》上册,生活·读书·新知三联书店1984年版,第170页。
② 《毛泽东书信选集》,人民出版社2003年版,第5—6页。
③ 《新民学会会务报告》第2号,《新民学会文献汇编》,湖南人民出版社1980年版,第142页。
④ 季陶:《俄国劳农政府通告的真意义》,《星期评论》第45号,1920年4月11日。
⑤ 陈独秀:《独秀文存》(随感录),首都经济贸易大学出版社2018年版,第21页。
⑥ 中国社会科学院近代史研究所编:《五四运动文选》,生活·读书·新知三联书店1959年版,第259页。

综上,俄国十月革命为在黑暗中探索救国救民出路的上海先进知识分子和以工人阶级为代表的广大民众带来了曙光,成为早期先进知识分子和广大民众心理转变的重要因素之一。上海的新闻界高度重视并由此引发上海《民国日报》、《时事新报》、《申报》和《东方杂志》等报刊的争相报道,引起各阶层民众的广泛关注以及先进知识分子对国家未来思考的转变。西方资本主义国家陷入危机和国际共产主义运动蓬勃发展的鲜明事实对比,民众在对西方资本主义文明失望的同时,从俄国十月革命中看到了民族解放的希望,也使得先进分子以及广大民众对十月革命有了更为直观的感受,对马克思主义产生了更为深刻的理解,并由此将目光和希望从欧美的资本主义转向俄国的社会主义。因此,上海先进分子以及进步民众"以俄为师"道路的转向,成为现实中必然的选择。

三、"趋新求变"的改造心态

上海作为新文化窗口,各种思潮争先涌动,与风起云涌的爱国反帝斗争交相辉映。五四运动以后,各种新刊物在上海争相出版,广大民众在复杂思想文化氛围中受到多重思潮的激荡冲击。第一次世界大战引起了中国人的西方信仰危机,而马克思主义、无政府主义等思潮的输入使得新文化运动发生了转折与分化。政党、革命、主义、阶级、改造、进化等各种社会思潮中核心观念的普及,为马克思主义在上海早期传播以及民众对马克思主义的接受提供了前提条件,在一定程度上奠定了民众"趋新求变"的改造心态。

20 世纪初的上海,各式宣扬不同思潮的刊物以介绍新思想、探索社会改造方法为宗旨竞相出版,可谓"精彩纷呈,冠于域中"①,各种新思想相互交流碰撞、渗透影响,为民众营造了百家争鸣的思想文化氛围。仅在五四运动后的一年内,《觉悟》、《南洋》、《建设》、《星期评论》、《平民周刊》和《解放画报》等一大批报刊在上海创办,成为担当全国文化中心的重要标志。1919 年 4 月,美国实用主义哲学家杜威在上海宣扬社会改良主义,讲稿被刊登在《新青年》、《觉悟》和《学灯》等多个刊物,产生了积极的社会影响;同年 7 月,杜威的学生胡适亦发表文章宣传改良主义,呼吁舆论界人士多加研究实际问题的解决。杜威和胡适所宣扬的改良主义主张受到上海资产阶级知识分子的欢迎,成为当时比较流行的社会思潮。此外,上海作为无政府主义的发源地之一,掀起宣扬无政府主义的热潮,譬如 1905 年《东方杂志》对无政府主义的初步介绍;1914 年无政府共产主义

---

① 张仲礼主编:《近代上海城市研究(1840—1949)》,上海人民出版社 2014 年版,第 778 页。

同志社的成立，刘师复尝试将思潮由宣传推向实践；1918 年上海南洋公学教员吴稚晖创办了《劳动》杂志对无政府主义的宣扬；1919 年《自由》等无政府主义刊物的创办等，从以上例证可见无政府主义思潮在上海的一度盛行。除此之外，新村主义、工读主义、合作主义等号称社会主义流派的思潮风行一时，在上海亦有一定的市场。形形色色的思潮路向不同且生命周期短，但在促进民众观念的转变、救国道路的探索等方面所发挥的积极作用不容忽视，也正是这些"主义"在五四运动之前先植入了民众头脑，提前向民众灌输新思想，使民众可以接受和掌握一些基本观念继而将不同思潮进行对比实践，民众方才更易接受马克思主义。

诚然，上海存在着多重思潮激荡冲击的局面，不仅表现出各种思想的交错与斗争，也使得此后马克思主义在上海的传播面临较大的挑战。应该说，上海思想界亦存在着阶级调和的思想，这对于马克思主义阶级斗争理论的输入形成了一定的阻力。譬如，《解放与改造》乃是上海五四时期影响力较大的刊物，尽管以社会主义相标榜而获得宣传社会主义的声名，但实际上否认了阶级斗争是社会发展动力，并将"社会主义"与"阶级斗争"完全对立起来，认为社会主义不应包括阶级斗争。该刊有文章认为，不仅阶级的利益将促成社会进化，亦存在其他的动机，诸如智力、道德层面的因素，在此基础上提出了"阶级运动反乎社会主义，社会主义运动当是全社会的"①的说法。这里的逻辑是，"社会主义的运动"是面向"全社会"利益的，而"阶级的运动"则是面向社会中单一阶级利益的；既然社会改造乃是面向"全社会"的行动，故而认为"阶级的运动是反乎社会主义的"，意思即选择主张社会主义就不得主张"阶级的运动"。又如，上海《平民导报》发表了《国家主义和世界主义》，尽管文章在理论上探讨"国家主义"和"世界主义"的联系区别，但也是为了能够躲避社会上阶级斗争的现实，强调一切主义均历经理想、奋斗和成功等三个时期，进而提出"在理想的某主义没有到奋斗时期以前，吾们不能将现行制度废止了"②。再如，上海《时事新报》副刊《工商之友》发表文章表达了惧怕并排斥由工人管理生产的想法，力图把劳动运动限制在增加工人知识的范围内，认为宣扬由工人管理生产，只是以劳工领袖的名义代替了资本家对劳工的利用，届时的劳工领袖将成为"变形的政客"③。概言之，

---

① 公展：《社会主义的误解》，《解放与改造》第 2 卷第 2 期，1920 年 1 月 15 日。
② 中共中央马克思、恩格斯、列宁、斯大林著作编译局研究室：《五四时期期刊介绍》（第三集上册），生活·读书·新知三联书店 1959 年版，第 120 页。
③ 柯一岑：《一年来之回顾》，《工商之友》1921 年 1 月 1 日。

以上三则例证显示了持有阶级调和态度的群体对阶级斗争学说的否定,可见其对马克思主义理解的片面与偏颇。正是因为上海的思想界中存在着惧怕阶级斗争的心理,故而在社会中也就有人想着如何预防社会革命、如何防范阶级斗争等问题,因而上海思想界的复杂性在此可见一斑。

综上所述,马克思主义在上海早期传播的历史背景乃是在近代中国社会变迁中形成,需在近代中国历史语境中加以认识,应充分注意到各种历史要素的变动性及相互间的联系性。恩格斯认为,自然界和人类历史活动一直处于运动变化的过程,指出在对具体事物考察时要"从它们的特性、它们的特殊的原因和结果等等方面来分别加以研究"①。上海不仅是地理和贸易的码头,也是新思想和新文化的"码头",这基于先进中国人的主观努力并追寻世界潮流的结果。《南京条约》对五个通商口岸的规定,成为西方殖民者在上海开辟租界的重要依据,而租界的开设则对上海的经济、政治、文化、城市结构等均产生深远影响,成为近代中国殖民地区域的代表性缩影,因此考察马克思主义在上海的早期传播,须对其经济、政治、文化等方面进行细致分析。总体说来,作为连接中国与世界的枢纽型城市,新知识、新思想、新文化首先在上海得以落户,然后经由上海向外传播进而席卷全国。开埠后的上海在其曲折而又辉煌的发展历程中,以其先进发达的经济基础、华洋杂居的租界格局、成熟齐备的报刊传媒、便利完善的交通设施等诸多因素,成就了独特的区域优势,为马克思主义在上海早期传播创造了有利条件。

---

① 《马克思恩格斯选集》第 3 卷,人民出版社 2012 年版,第 395 页。

第 二 章

马克思主义在上海早期传播的
历史轨迹与实践进程

马克思主义在上海的早期传播乃是对"西学东渐"进程中中西二元文化的突破与重构,体现了近代中国社会变革的迫切需要,其辉煌曲折的过程深刻影响着近代中国社会的历史走向。鸦片战争以后,在洋务运动和维新运动的推进下,西方社会的有关民主科学的新思潮、新学说涌向了东方。伴随东西文化交流的大潮,马克思主义亦被传入了上海,并历经广泛而深刻的传播后给中国社会带来了广泛而深远的影响。先进的中国人为了改变近代中国积贫积弱的状况,在世界范围内寻找可以带领中国驶向康庄大道的先进理论。经历种种失败之后,将目光锁定在马克思主义,就此问题孙中山坦言,对社会主义的主张和提倡,"实为子孙造福计也"①。上海地区因其占据得天独厚的政治、经济、文化、社会和区位优势,成为突出反映马克思主义在中国传播历史轨迹的典型代表地区,其传播的逻辑谱系表现出明显的阶段性特征。根据马克思主义在这一时期的发展状况及传播特点,将 1899—1927 年马克思主义在上海的早期传播划分为三个阶段:一是作为异质文化的"新学说"的引入介绍阶段,从上海《万国公报》首次提及马克思至十月革命爆发前夕;二是作为解决问题的"新思潮"的广泛传播阶段,从 1917 年十月革命爆发至中共成立前;三是作为指导革命的"新主义"的深入传播阶段,即从 1921 年 7 月中共召开一大至第一次大革命失败。

---

① 《在上海中国社会党的演说》,《孙中山全集》第 2 卷,中华书局 1982 年版,第 522—523 页。

第一节　作为异质文化"新学说"的
引入介绍(1899—1916)

马克思主义在欧洲文化土壤孕育,相对于具有悠久传统的中国文化而言是"异质文化",但其作为人类文明发展最先进的成果,开启了世界文化发展的新道路,对中国文化的转型与发展有着思想上的引领和文化上的领导作用。1848年,马克思、恩格斯发表了《共产党宣言》,向全世界宣告了马克思主义的诞生。此后的马克思主义在世界各国广泛传播,并与革命实践结合,取得一个又一个伟大胜利。上海以其优越的地理位置,于开埠后不久便成为中国近代经济中心和文化中心,传教士在引入西方文化的同时介绍了马克思及其学说。租界华洋杂居的特殊格局使上海受到中西文化的交流碰撞,向西方学习成为上海先进知识分子的普遍向往。简言之,在人才汇聚、学术繁荣、出版业发达等因素的综合作用下,上海一跃成为中国的西学传播中心和马克思主义传入的窗口,在近代中国思想史和社会史发展中均产生了深远影响。

一、马克思主义在上海的"登场"

上海作为是新学说新思潮传播的重镇,"西学东渐"的浪潮此起彼伏。先进的知识分子开眼向世界,积极关注世界局势的走向和思想的变动。在近代中国社会的土壤中,《万国公报》等重要报刊在引进马克思主义方面发挥了重要作用。蔡元培概括了社会主义思想传入中国的不同渠道,首先是留日学生日本渠道的传入,其次是留法学生法国渠道的输入,再次是俄国渠道的输入,认为俄国多数派即布尔什维克党成立之后,"介绍马克斯学说的人多起来了"①。从蔡氏的概括中不难发现,日本、苏俄和欧美是马克思主义传入中国的主要路径,为中国思想界引入了新元素,极大地改变着近代中国思想界的走向。

第一,上海《万国公报》对马克思及其学说的率先提及。据考证,马克思主义在上海的登陆始于1899年。作为传教士在中国传播西学的重要刊物,由上海广学会创办的《万国公报》在第121期刊载了英国社会学家本杰明·颉德所著的《社会进化论》。传教士李提摩太以《大同学》为名翻译了书稿,文中便对马克

---

① 蔡元培:《克卡朴氏社会主义史序》,《新青年》第8卷第1号,1920年9月1日。

思及其学说有所提及,对《资本论》略加介绍,将社会主义称为"安民新学",将马克思称为"百工领袖著名者"①。这是目前所知最早提及马克思名字及其学说的国内刊物。

作为异质文化的马克思主义进入中国,其中自然离不开中国传统基本条件。博大精深的中国传统文化为马克思主义的传播提供了文化土壤。据《礼记·礼运》记载:"故外户而不闭,是谓大同。"②前面提及的《社会进化论》译本《大同学》的书名则体现了国人以中国传统的"大同"思想理解和界定西方社会主义学说的认知态度。马克思主义一开始进入中国土壤,离不开中国文化所提供的条件,其中中国传统文化的"大同理想"乃是极为重要的因素。马克思主义建立了没有压迫和剥削、人人平等的共产主义理想社会的愿景,这对于素有"大同理想"的中国知识分子来说,很容易引起高度的关注,尽管"共产主义"与"大同理想"有着本质区别。就近代中国历史来看,洪秀全、康有为、孙中山以及后来转变为马克思主义者的李大钊等,内心深处皆具有比较浓厚的"大同"思想。故而,马克思主义的共产主义理想,对于近代中国救国救民的先进知识分子有着极大的吸引力。换言之,中国传统文化中的大同理想为马克思主义传入中国提供了一定的条件。就当时传播的具体情形而论,虽然李提摩太和蔡尔康的译文对颉德的原文作出了提纲挈领的择要转述,和原文存在一些差异,且仅仅将马克思主义当作普通的救世学说,并未引起太多国人的关注。纵然如此,马克思的学说被引入近代中国文化语境的事实不容忽视,虽只是对马克思主义只言片语式的介绍,在事实上为处于迷茫状态的中国人寻找救国救民真理提供了一束光芒,在很大程度上打开了人们的认识视野,由此拉开马克思主义在中国早期传播的序幕。

第二,日本语境下马克思主义的传入。日本作为中国近邻乃是近代中国历史变迁中的客观存在,研究近代中国思想的变动,梳理马克思主义在上海的早期传播轨迹,需对邻国日本向中国传入马克思主义展开研究。在十月革命前,日本是马克思主义传入中国的重要渠道。甲午战争给中华民族以极大震撼,使得亡国灭种成为当时中国迫在眉睫的现实威胁。基于此,学习日本成为甲午战败后中国进步知识分子的普遍共识,效仿日本富国强兵之道成为国人自强变革的自

---

① 李提摩太节译,蔡尔康笔述:《大同学》,《万国公报》第 121 期,1899 年 2 月。《大同学》第一章误将马克思称呼为英人,后从第三章开始改正。

② 《礼记·礼运》,(清)朱彬撰:《礼记训纂》,中华书局 1996 年版,第 331 页。

觉反应,"振兴中华"成为众多仁人志士高呼的时代强音。受到甲午战争失败的刺激,近代中国留学运动发生了历史性转向,作为战败国的中国青年纷纷东渡留学,企图汲取日本富国强兵的经验,一时间出现了前所未有的留日热潮。据统计,"仅 1896 年中国官派留日学生有 13 人,1899 年 200 人,1902 年 500 人左右,1903 年涨至 1000 人,1906 年高达 8000 人左右"①,可见其日益增长的态势。张之洞在分析留学日本热潮原因时认为中国和日本有着相近的风俗,故日本的"变法自强革故鼎新之迹尚可追寻"②。基于日本于十月革命前已有比较广泛的社会主义运动,马克思主义学说已在日本得到一定程度的传播。留学生在日本学习西方现代文明的同时,不可避免地接触了马克思主义。此外,包括留学生在内的旅日人士,日渐加强与日本社会主义运动的联系,为马克思主义从日本传入中国创造了条件,而最为突出的乃是为日后在上海传播马克思主义培植了传播主体力量。随着中国留日学生迅猛增加以及受当时日本社会主义热潮的影响,留日学生通过创办报刊、译介书籍等方式积极向中国传入马克思主义,加快国人对马克思主义的了解,其所造成的社会影响则是十分深远的。

日本成为向中国传入马克思主义的重要通道,成为东亚地区社会主义的传播源,与近代以来日本社会变革具有重要联系。日本通过明治维新后脱亚入欧,走上了学习西方的资本主义发展道路,社会主义运动逐渐兴起,成为最先迎接来自欧洲社会主义新潮流的东方国家。1898 年,日本基督教社会主义者村井知至等人组建了"社会主义研究会",为研究社会主义学说提供组织保证。1901 年 5 月,片山潜等人创立了社会民主党,虽然首个社会主义政党虽很快被取缔,但是社会主义"却开始被广泛地宣传"③。随着《共产党宣言》日译本的出版,以及十月革命给日本社会主义运动带来的触动,堺利彦等人创办的《新社会》杂志于1917 至 1918 年间,加大发表了社会主义的介绍性文章,使得马克思主义得到日本社会越来越多年轻人的青睐,至 1919 年发行量高达 31.5 万份以上。河上肇创办了《社会问题研究》,以诠释马克思主义学术著称,第 1、第 2 册分别创造 12 万份、8 万份的高发行量,可见社会主义在当时日本社会的欢迎。在这一时期,还有以《资本论解说》、《唯物史观解说》、《历史唯物主义研究》、《马克思学说体

① ［日］实藤惠秀:《中国人留学日本史》,谭汝谦、林启彦译,北京大学出版社 2012 年版,第 1 页;方汉奇:《中国近代报刊史》下册,山西教育出版社 2012 年版,第 357 页。在这两本书中,实藤惠秀认为 1906 年为 8000 人左右,方汉奇认为有 13000 人左右。

② (清)张之洞:《张文襄公全集》第 4 册,中国书店 1990 年版,第 569 页。

③ 钟家栋、王世根主编:《20 世纪马克思主义在中国》,上海人民出版社 1998 年版,第 20 页。

系》、《雇佣劳动与资本》和《工资价格和利润》等为代表的一批马克思主义原著日文译本以及日本学者撰写的阐释类宣传论著得以出版。由此可见,日本于19 世纪末 20 世纪初已比较广泛地传播了马克思主义,日本的舆论界"差不多可以说是马克思的时代"①。总之,日本学者的马克思主义研究促进了日本社会主义运动发展,为中国赴日留学生等群体将马克思主义传入上海提供了日文文本。

　　20 世纪初叶,中国进步知识分子积极关注日本思想界的变动,主动迎受日本思想界的新思想。就传播史来看,翻译马克思主义日文著作是早期传入上海的重要途径,曾在留日学生中掀起了译介日文著作的热潮,使得一批马克思主义日文著作的中译本在上海出版,为上海的思想界注入新的思想理论。据不完全统计,上海的作新社、广智书局等机构仅在 1903 年"日文著作的中译本就高达187 种之多"②。1902 年,日本村井知至著的《社会主义》由上海《翻译世界》编译、广智书局出版,介绍马克思生平和剩余价值学说,成为中国首部有关马克思生平学说的译著,且由于作者村井知至自身是一名基督教徒,因此为这部文献增添了基督教社会主义色彩。1902 年 11 月,幸德秋水宣传社会主义读物《广长舌》出版,从社会主义之实质、社会主义之理想、社会主义之急要、社会主义之适用等方面进行论述,中文本随即于同月在上海商务印书馆出版。1903 年,上海广智书局出版了周子高译的《社会党》和赵必振译的《二十世纪之怪物——帝国主义》,前者是简要介绍欧洲各国社会党的小册子,体现了一定的议会主义倾向,由西川光次郎著;后者成为中文世界第一次对帝国主义进行分析批判的著作,由幸德秋水著。1903 年 2 月,上海《新世界学报》连载了《近世社会主义评论》,日本作者久松义典在书中对欧洲社会主义流派细致了介绍,宣传了傅立叶、欧文和马克思的学说,指出了科学社会主义和空想社会主义的区别,认为近代有关社会主义学说,"自塞西门贫笃西孟阐明之,而显彰于考鲁玛克斯。"③与此同时,上海广智书局出版了《近世社会主义》,作者日本福井準造在书中高度赞扬了马克思主义,梳理了马克思、恩格斯的理论贡献,细致阐述了剩余价值学说、唯物史观和科学社会主义,介绍了不同流派社会主义的观点以及世界各国社

　　① 《日本之马克思研究热》,《晨报》1919 年 4 月 24 日。

　　② ［美］伯纳尔:《1907 年以前中国的社会主义思潮》,丘权政、符致兴、范道丰、陈昌光译,福建人民出版社 1985 年版,第 83 页。

　　③ 杜士珍:《近世社会主义评论》,《新世界学报》,1903 年 2 月。其中,塞西门贫笃西孟指的是圣西门,考鲁玛克斯指的是马克思。

会党状况,强调社会党历史并非与社会主义史一致,成为其时日本第一部系统介绍社会主义来龙去脉及在各国发展线索的经典著作,译者赵必振被认为给纷繁复杂的中国思想界带来了"一股清新空气"①。

综上而看,中国留日学生竞相将日本各种社会主义书刊翻译成中文文本传入中国,加快了国人对马克思主义的了解,而翻译者中大多为上海地区早期的先进分子。考察翻译情形,大致有以下几种:一是取自日文版的马克思主义经典著作,如陈望道从日文本转译的《共产主义宣言》,乃是中国首部中文译本;二是来自欧美国家有关马克思主义的阐释本,主要从日本转译或参考了日文本翻译而成的,如李汉俊翻译的《马格斯资本论入门》则由日本学者远藤无水日译本转译而来;三是日本社会主义者对马克思主义的"诠释类著作",如以李达翻译、日本山川均著的《从科学的社会主义到行动的社会主义》等为代表,对上海早期的先进知识分子产生较大的影响。1903 年 7 月,商务印书馆出版了《社会主义神髓》,作者幸德秋水依据《共产党宣言》等马克思主义文本阐述了科学社会主义理论,叙述了社会主义从乌托邦走向现实、从狂热走向科学的必由之路,对马克思唯物史观的基本认知以及《资本论》中的剩余价值学说都有涉猎阐解,进而将马克思从"百工领袖著名者"确立为科学社会主义创始人,成为日本明治时代优秀的社会主义理论著作。仅仅时隔三个月,此书的中译本即在上海诞生,体现了早期先进知识分子对社会主义学说的欢迎态度以及寻求救国救民理论的迫切愿望。此外,日本人堺利彦的著作对中国知识界影响亦较大,如 1906 年 3 月,在其主编的《社会主义研究》刊登了《共产党宣言》,并使之全文予以流传,为后来陈望道翻译中文译本提日译本的重要参考。从以上例证可以看出,日本社会主义者及其著作对先进分子产生较为深刻的影响,为马克思主义在上海传播提供日文的文本。

报刊业已成为 20 世纪初叶以后日本渠道向上海传入马克思主义的重要载体。留日知识分子乃是接受现代知识教育的知识分子,有着强烈的救亡图存意识,意识到报刊是介绍传播思想、学说、信息的有效载体,故而在日本东京、横滨等地创办报刊,积极传播新思想、介绍新学说,在思想界有着较大影响。据记载,留日学生早于 1901 年,便在《译书汇编》刊载了日本有贺长雄著的《近世政治史》,"社会主义"一词首次出现,介绍了马克思创办的"国际工人联合会"②的历

①　鲜明:《〈近世社会主义〉对马克思主义学说译介的贡献》,《社会科学论坛》2015 年第 4 期。
②　国际工人联合会简称为"第一国际"。

史及其"宗旨、规约、组织机构和斗争纲领"①等内容。旅居日本时，刘师培等人受到无政府主义思潮的影响，组织了"社会主义讲习会"，大肆宣讲无政府主义，其中亦涉及了马克思主义的部分内容。同年 6 月，他们在日本东京创办了《天义报》，译介与传播马克思主义有关学说，推崇《共产党宣言》中有关阶级斗争学说的理论价值，为《天义报》染上了一抹马克思主义色彩，尽管他们在思想深处并未理解马克思主义的真实要义。刘师培在"编者按"中推介了《共产党宣言》当中提及的阶级斗争学说，提出"欲研究社会主义发达之历史者，均当从此入门"②。应当说，刘师培对马克思主义学说的研究与宣传，在当时的留学生中产生很大影响。

此外，《译书汇编》、《民报》、《新世界学报》和《时务报》等报刊于 1905 年至 1907 年间相继刊登了有关马克思及其学说的译文，如《论社会革命与政治革命并行》等，这些译文在一定程度上为马克思主义在上海传播营造了追寻新思想的氛围。留日学生群体正是有了报刊作为传播马克思主义的载体，积极发表有关马克思主义论著和译著，向国内介绍来自日本的社会主义学说，日渐成长为新生代知识分子，在思想界的影响与作用与日俱增。陈独秀、李汉俊、施存统、李达、戴季陶、朱执信、胡汉民等具有留日或旅日经历的知识分子，在日本期间学习和了解日文版马克思主义著述，接触到日本语境下的马克思主义理论，成为宣传马克思主义的知识分子群体。譬如，被誉为"马克思主义在中国传播的拓荒者"③的朱执信于 1906 年在《民报》发表文章，翻译《共产党宣言》以及《资本论》部分篇章，介绍了马克思恩格斯生平，赞扬"马尔克之谓资本基于掠夺，以论今之资本，真无毫发之不当也"④，对马克思主义与空想社会主义作了区分。此外，还阐释科学社会主义"渐趋实行"⑤的内涵，可见其对社会主义研究的热衷。朱执信称颂了马克思关于阶级斗争和雇佣劳动的理论，认为马克思所倡导的科学社会主义超越之前各种社会主义学说，其被战友何香凝回忆时称作为"真正研究马克思主义的人"⑥。

---

① 林代昭、潘国华编：《马克思主义在中国：从影响的传入到传播》，清华大学出版社 1983 年版，第 4 页。

② 陈奇：《刘师培年谱长编》，贵州人民出版社 2007 年版，第 235—236 页。

③ 《中共党史文摘年刊》，浙江人民出版社 1982 年版，第 78 页。

④ 朱执信：《德意志社会革命家小传》，《民报》第 2 号，1906 年 1 月。第 2 号标题中的"小"在第 3 号为"列"；此处的马尔克指的是马克思。

⑤ 朱执信：《论社会革命当与政治革命并行》，《民报》第 5 号，1906 年 6 月。

⑥ 何香凝：《回忆孙中山和廖仲恺》，中国青年出版社 1957 年版，第 2 页。

综上,上海是最早从日本传入马克思主义的重要口岸,在中国马克思主义传播史上有着独特的地位。就中国现代化区域而论,上海乃是近代以来中国开放的前沿阵地,是多元文化的交汇地带,与日本的联系尤为紧密,不少青年学生赴日留学皆是从上海启程。日本的思想界对马克思主义、社会主义的介绍与研究,对马克思主义在上海乃至全国的传播产生了重要影响。与马克思、恩格斯创立马克思主义学说从哲学角度出发点不同,日本的马克思主义传介则以科学社会主义理论为起点。经由日本渠道,中国人对马克思及其学说产生较为初步的认识,"社会主义"、"唯物史观"、"阶级斗争"等一系列马克思主义基本概念开始被中国人熟悉并沿用至今。正如阿里夫·德里克所言,在马克思主义与中国知识分子之间,"日本作者发挥着中介作用"①。由上观之,正是由于留日学生以及旅日知识分子的宣传和介绍,马克思主义才得以在上海生根发芽,并深刻改变了上海思想界进而辐射全国。

第三,《新民丛报》、《政艺通报》等早期报刊对马克思主义的介绍。20 世纪初,中国的资产阶级各政派和先进知识分子在上海积极宣扬民主主义思想,多种新式报刊竞相在上海创办。新式报刊在宣传资产阶级学说的同时,译介了国外有关社会主义的著作,刊载评述有关社会主义内容并为其所用,在客观上推动了国人对马克思学说的了解。

资产阶级改良派以报刊为阵地,率先引介了马克思及其学说。1901 年以后,《新民丛报》等改良派主办的报刊陆续发表有关社会主义的文章,认为社会主义"为今日世界一最大难题"②。1902 年,留日归来的梁启超在《大同学》发表三年后,在《新民丛报》发表文章介绍马克思主义,从进化论角度分析马克思主义应运而生的原因,盛赞马克思为"社会主义之泰斗"③,强调马克思主义的科学社会主义乃是当时德国影响较大的思想理论,这是中国本土作者首次谈到马克思并使之进入了中国知识分子的叙述系统。梁启超在这里提及的"麦喀士"即马克思,认为马克思主义是当时德国最具影响的两个学派之一。此外,他还发表了以《中国之社会主义》、《俄国社会党》、《俄罗斯革命之影响》、《社会主义论》、《社会主义论序》、《二十世纪之巨灵托拉斯》和《新大陆游记》等为代表的一批有关研究社会主义的文章,引用了马克思的相关论述,开始思考社会主义在中国

---

① ［美］阿里夫·德里克:《革命与历史:中国马克思主义历史学的起源(1919—1937)》,翁贺凯译,江苏人民出版社 2005 年版,第 19 页。

② 梁启超:《新大陆游记》,《饮冰室合集》第 5 册,中华书局 1936 年版,第 149 页。

③ 梁启超:《进化论革命者颉德之学说》,《新民丛报》第 18 号,1902 年 9 月 15 日。

实现的可能。然而,资产阶级改良派对马克思主义的介绍仅作为西方政治学说的一种,彰显了零碎片面的特点,甚至部分内容按照自身立场主张加以歪曲和篡改,认为社会主义乃是坚持的极端道路,提出"微特今日之中国不可行,即欧美亦不可行"①。由此可见,资产阶级改良派是基于宣传自身改良的主张,在言及欧洲社会主义革命现状中提及了社会主义学说,以此来震慑清政府接受其改良主张,故而并非基于主观信仰角度介绍并推广的马克思主义。

20世纪初叶的上海,还有不少报刊言及并宣传马克思及其学说。创刊于1902年的《政艺通报》以开启民智民力、普及政治理论、实现救国救民为办刊理念,较早介绍了有关社会主义学说,称赞社会主义"如春花之含苞,嫣然欲吐"②,一定程度上表明了对社会主义的称颂态度。创办于1911年的《大陆报》乃是上海最早的美式排版报纸,亦在刊载的文章中盛赞社会主义为"大至正、尽善尽美、天经地义、万世不易之道"③,认为社会主义由空想走向了现实。资产阶级革命派创办的《俄事警闻》,主要报道了沙俄侵占东三省消息,在其刊载的文章中也提及了马克思。1904年1月发表了《告保皇会》一文,高度赞赏马克思的奋斗精神,称马克思是"社会党巨子",为改造社会而"倡新义",即使"受大难"、"冒大险",也"九死不悔"。④ 在《告农》和《告小工》等文章中,主张将生产资料私有制转换为公有制,表现出对社会主义公有制的期待。致力于翻译社会科学专注的综合刊物《翻译世界》创刊于1902年,翻译了日本早稻田大学哲学、社会主义、经济学等讲义并作为国内大学的教材,在讲义中简要介绍了西方的学说与思想,对立地看待社会主义与私有制之间关系,认为社会主义是对"私有资本"的超越。譬如,在《社会主义》讲义中,认为社会主义是"矫正不平之策,在废私有资本以为共有资本"⑤。而在《最新经济学》的讲义中,又将马克思归入反亚当·斯密派的社会主义一派中,同时将托马斯、欧文等空想主义者划为共产主义派,将圣西门、傅立叶划为社会主义派,这说明作者并未明晰科学社会主义与空想社会主义的关系,故而对于两者的界限混淆不清。

---

① 林代昭、潘国华编:《马克思主义在中国:从影响的传入到传播》上册,清华大学出版社1983年版,第119页。

② 邓实:《论社会主义》,《政艺通报》第2号,1903年2月27日。

③ 《敬告中国之新民》,《大陆报》第6期,1903年5月6日。

④ 《告保皇会》,《俄事警闻》第30号,1904年1月13日。

⑤ 参见周子东、傅绍昌等:《民主革命时期马克思主义在上海的传播(1898—1949)》,上海社会科学院出版社1994年版,第16页。

总体而言,20世纪初叶乃是上海思想界的重要转折期。当时的思想界主流是资产阶级民主主义,其中所介绍的马克思主义也只是在这个语境之中的潜流,但对于资产阶级民主主义却起着支撑作用,尽管马克思主义与资产阶级民主主义是两种不同性质的思想体系。总体说来,马克思主义作为中国思想界的新要素,在当时有着新的认知:一是马克思主义有着新世纪前进方向的底色,乃是新世纪的曙光和引领世纪前进的力量;二是马克思主义与私有财产制度乃是对立的,具有破除私有制的性质,这就为人们思想的进步提供了新的理想;三是马克思主义具有社会变革的指导意义,并且具有激进的、打破既有社会的性质。在资产阶级民主主义的语境之中,上海早期的爱国报刊不乏对马克思及其社会主义学说的称赞,但部分内容对于马克思主义的解释中存在着明显的错误,甚至也有内容对马克思主义持否定或批评的态度。纵然如此,作为国内最早介绍马克思及其学说的上海报刊,其在马克思主义在中国的传播中所发挥的先导性作用,则是应给予肯定的。

二、辛亥革命时期马克思主义学说在上海的介绍

辛亥革命既是资产阶级的政治革命,也是伟大的思想启蒙运动,瓦解了以儒学为核心的政治权利基础,开创了中国资产阶级性质思想解放的新潮流,由此被列宁称为"极大的世界风暴的新的发源地已在亚洲出现"[①]。在资产阶级革命的话语之中,民主思潮日益高涨,民主共和思想深入人心,所开创的思想潮流为包括社会主义思想在内的新文化的传入提供了外在条件。在当时历史条件下,革命派、改良派以及无政府主义者均立足自身的角度,宣扬各自对社会主义的理解与认识,使得国人于十月革命之前业已"了解马克思主义学说以及其他社会主义流派"[②]。在辛亥革命的影响和民国建立的形势下,社会主义思想以及马克思主义学说引起了更多人的注意,由此推动马克思主义在上海的早期介绍亦进入新的局面。此时,无论是资产阶级革命派还是改良派,尽管皆是基于资产阶级"举政治革命,社会革命毕其功于一役"[③]的立场来对待马克思主义,但很显然的是,他们皆对马克思主义表现出较为热烈的欢迎态度,由此在思想界形成了有助于马克思主义在上海传播的良好舆论氛围。

---

① 《列宁选集》第2卷,人民出版社2012年版,第307页。

② 王明生:《论十月革命前社会主义思潮在华传播的特征》,《江海学刊》2002年第6期。

③ 《〈民报〉发刊词》,《孙中山全集》第2卷,中华书局1982年版,第254页。

第一，资产阶级革命派对社会主义和马克思主义学说的介绍。在近代中国社会演进的历程中，资产阶级革命派是较早觉醒并致力于学习西方的进步群体。资产阶级革命团体主张通过革命的办法来建立资产阶级共和国，但他们在研究西方资本主义国家时，业已觉察到西方资本主义国家存在的严重问题，故而在宣传资产阶级共和理念的同时，亦开始部分地介绍社会主义学说以及马克思主义理论。为此，孙中山曾表达自己观点，认为欧美国家表面看似强大，其民众实际处于贫困局面，且当前中国虽未出现资本主义的各式弊端，但需"防微杜渐注意卫生之道"①。换言之，孙中山认为克服资本主义弊端的方法在于实现社会主义。那么，何谓社会主义呢？孙中山作出了自己的回答，认为社会主义可谓"卫生之方法"、"疾病之药石"②。不难发现，基于时代等因素的限制，孙中山对社会主义的理解并非十分清晰。纵然如此，从总体上来说，以孙中山为代表的资产阶级革命派正是抱以同情与赞扬的态度来介绍社会主义和马克思主义学说。

马君武作为资产阶级革命派代表，率先向国人介绍了马克思主义。早在1903年2月，他在《译书汇编》发表文章介绍了马克思唯物史观的意义，"马氏尝谓阶级斗争谓历史之钥"③，高度赞颂了马克思主义以及科学社会主义的学说。这里，马氏将"主互助"的社会主义看作对"主竞争"进化论的必要补充，最早提及了《共产党宣言》内容，文后首次附录了《资本论》等马克思主义著作清单，为后来者学习研究马克思主义提供了线索。此外，马君武还撰写了《圣西门之生活及其学说》、《佛礼儿学说》等文章，评介了不同流派的社会主义学说，成为在中国较为系统评介社会主义学说的先行者。

就资产阶级的思想衍化史来看，中国同盟会的成立助力了革命派对马克思主义的宣传。这其中具有代表性的是，同盟会在日本东京创办了机关刊物《民报》，在发刊词中介绍了同盟会的纲领，将之简要概括为"民族、民权、民生"④三个方面，陆续登载了一批有关马克思主义的介绍类文章。资产阶级民主革命理论家代表朱执信担任了《民报》主要撰稿人，发表文章介绍了马克思主义，解释了社会主义学说在全世界流行的原因，强调"主要功劳在于马克思"⑤，视马克思为首位革命家，并重点将马克思的科学社会主义学说与此前的空想社会主义学

---

① 《〈民报〉发刊词》，《孙中山全集》第2卷，中华书局1982年版，第254页。
② 《在上海中国社会党的演说》，《孙中山全集》第2卷，中华书局1982年版，第509页。
③ 马君武：《社会主义与进化论比较》，《译书汇编》第2卷第11期，1903年2月15日。
④ 孙中山：《〈民报〉发刊词》，《民报》第1号，1905年11月26日。
⑤ 朱执信：《社会主义大家马儿克之学说》，《新世界》第2期，1912年6月。

说进行对比性评述,介绍了《共产党宣言》和《资本论》的基本内容和核心观点,认为在马克思之前已有思想家攻击批判资本主义,产生了一定的影响。从以上例证可见,《民报》在社会主义和马克思主义的相关介绍方面发挥了特有的作用。

值得注意的是,《民报》对于马克思及其学说的介绍,大多以日本出版界的书籍及报刊文章为蓝本的。例如,1906 年 5 月,《民报》发表了民报社员译自日本巡耕社的《欧洲社会革命运动之种类及评论》,作者在对欧洲革命运动进行梳理的情况下,赞扬马克思和恩格斯的理论贡献,肯定了马克思主义在社会革命中的指导作用。同年 6 月,刊登了宋教仁译的《万国社会党略史》,此文乃是参照日本《社会主义研究》的部分内容转译而来,论述了《共产党宣言》对国际共产主义运动所产生的影响。需要说明的是,《民报》对于马克思主义的介绍,还能注意辨析当时思想界的错误认知。例如,发表了署名为梦蝶生的《无政府党与革命党之说明》的文章,尽管对于"无政府党"与"革命党"的认知尚未清晰,但在文章中一方面列举摘译了《共产党宣言》的纲领,另一方面驳斥了社会上将马克思主义看作乌托邦等说法,颇有为马克思主义"正名"的意图。例如,廖仲恺译的《社会主义史大纲》亦在《民报》发表,反对将马克思主义与无政府主义混为一谈并着重对之加以区别,提升了马克思主义的影响力。简而言之,《民报》有关社会主义的宣传,一定程度上消解了改良派的影响,吹响了革命斗争的号角,反映了革命派对马克思主义问题的认知水平。

第二,孙中山对马克思主义的涉猎与推介。鉴于孙中山思想体系在近代中国思想史上有着独特性影响,在考察马克思主义早期传播时,需重点分析孙中山与马克思主义的关系。资产阶级革命派领袖孙中山是较早接触马克思学说、最早读过《共产党宣言》的中国人之一,这亦是其作为学习西方先进人物代表的重要表征。1896 年广州起义失败后,孙中山奔赴英国,这一经历对他的思想演进产生了重要影响。在英国时,他经常造访大英博物馆,广泛涉猎经济、政治、外交等多个学科,研究各类欧洲政治思想书籍,接触了马克思主义理论,尤其是马克思著作给其留下深刻印象。旅欧期间,他注重考察欧洲社会政治状况,其中欧洲大陆国家富强、民权发达却具有极其严重的社会贫富两极分化的现实带给孙中山以巨大冲击。经过反复思考研究后,孙中山认为,只有社会主义国家的建成,乃能助力"人民幸福,痛苦减轻"[①]目标的实现。为此,孙中山广泛阅读包括马克

①　《孙中山全集》第 2 卷,人民出版社 2015 年版,第 98 页。

思主义在内的社会主义著作,并表示自己在欧洲接触了社会主义各派领袖及其理论,可谓"汲取精华,并倾及中国实际"①,强调其三民主义理论体系亦汲取了社会主义思想精华。因此不难发现,对于孙中山而言,其关注并研究社会主义以及马克思主义的目的,在于更好地服务三民主义思想的形成。

事实上,孙中山对于社会主义的认知处于不断探索、不断提升的过程。在日本,孙中山与社会民主党幸德秋水等人探讨社会主义问题。随着对社会主义思想认识的深化,孙中山积极向共产国际靠拢,于 1905 年初以"中国的社会主义者"身份赴布鲁塞尔第二国际书记处拜访。孙中山在《民报》创刊时便指出,"共产主义是民生的理想,民生主义是共产主义的实行"②,认为二者本质上是一致的,可见其对社会主义的认识,也不乏对社会主义、民生主义以及共产主义概念的模糊。纵然如此,鉴于孙中山对社会主义的同情与主张,提升了社会主义在中国的影响力。宋庆龄在回忆中指出,孙中山在海外时即了解马克思和恩格斯,耳闻并关注了苏俄革命和列宁主义的消息,且在那时"社会主义就对他产生了吸引力"③。由此看来,孙中山对社会主义的兴趣和认知可见一斑。

1911 年辛亥革命的爆发,使得资产阶级革命派加强了对社会主义的介绍和传播,而孙中山在其中的鼓动和号召作用更为突出。就当时上海的思想界来看,类似孙中山式"社会主义"思想有着较大的话语权势。作为其革命生涯重要城市之一,孙中山在上海频频发表演讲,宣传革命道理,介绍社会主义学说,汲取社会主义思想应用于三民主义思想体系。在上海,应中国社会党的邀请,孙中山与上海本部部长江亢虎围绕社会主义的话题展开交流。此行,孙中山结合中国国情,主张大力宣传社会主义,力求"使理论普及全国人心目中"④,并将《社会主义概论》、《社会主义之理论于实行》、《社会主义发达史》和《地税原论》等理论书籍赠予中国社会党,希望社会党组织精通英文的知识分子进行翻译出版,从而作为社会主义"鼓吹之材料"⑤,可见孙中山对社会主义宣传的重视与期待。上海的《民立报》鼓吹民族民主革命,为推翻封建专制呼号,介绍了孙中山的各式演说内容,强调中国革命乃是实现救国救民目标的革命,而"拥护国利民福者,

---

① 陈旭麓、郝盛潮主编:《孙中山集外集》,上海人民出版社 1990 年版,第 245 页。
② 孙中山研究会编:《孙中山文集》,团结出版社 1997 年版,第 42 页。
③ 《宋庆龄选集》,人民出版社 1992 年版,第 537 页。
④ 林代昭、潘国华编:《马克思主义在中国:从影响的传入到传播》上册,清华大学出版社 1983 年版,第 308 页。
⑤ 《与江亢虎的谈话》,《孙中山全集》第 1 卷,中华书局 1982 年版,第 579—580 页。

实社会主义"①,从中可见孙中山对中国革命以及社会主义的态度。1912 年 4 月,孙中山接受上海《文汇报》的采访时表态,今后将"竭力从事于社会革命"②,表明改造社会的立场。此外,孙中山在上海南京路同盟会发表演说,亦解释了"民生主义者,即国家社会主义也"③的道理。在当月 17 日演讲中,孙中山阐述了发展实业的重要性,介绍了实行民生主义的主张,强调以"社会主义为归宿"④。故而,在孙中山的思想视域以及革命目标中,所要实现的民生主义就是社会主义,"社会主义"在当时社会舆论界颇具有资产阶级革命的象征性意义。

中华民国建立后,孙中山对于理想中"社会主义"的宣传可谓不遗余力,试图将社会主义纳入其思想体系之中。譬如,1912 年 10 月,孙中山应邀请在上海中华大戏院发表演讲,对马克思的《资本论》大加赞赏,肯定其举毕生之力研究资本问题,正可谓"发阐真理,不遗余力"⑤,此后演讲内容以《孙中山先生社会主义谈》为名,在上海的《新世界》杂志刊载,扩大了马克思及其《资本论》的影响。又如,孙中山对马克思主义和社会主义持赞同态度,认为中国历史具有主张社会主义的传统、中国人民蕴蓄着社会主义精神,如"'井田'之制,即均产主义之滥觞;而累世同居,又共产主义之嚆矢。"⑥再如,孙中山同情工人阶级和劳苦大众,认为世界的产物是工人血汗的结晶,故工人者即"人类世界之功臣也"⑦。孙中山认为,马克思主义宣扬的资本公有是社会主义的精髓,将土地和资本公有即生产资料公有是可能避免两极分化的方法。资产阶级政权的建立可以视作社会主义的开端,继而在资产阶级政府的领导下通过和平改革之后建立社会主义经济制度。由此可见,孙中山虽然对社会主义以及马克思主义学说抱以同情和赞美的态度,但是介绍社会主义乃是站在资产阶级民主主义的立场,其倡导社会主义的出发点是为了预防和纠正资本主义的弊端与不足,在实际宣传中抨击了帝国主义却未摒弃资本主义,故而没有也不可能真正地接受并认同马克思主义阶级斗争等核心观点。

---

① 《在武昌十三团体联合欢迎会的演说》,《孙中山全集》第 2 卷,中华书局 1982 年版,第 333 页。

② 《在上海答〈文汇报〉记者问》,《孙中山全集》第 2 卷,中华书局 1982 年版,第 332 页。

③ 孟庆鹏编:《孙中山文集》上册,团结出版社 2016 年版,第 12 页。

④ 《在上海中华实业联合会欢迎会的演说》,《孙中山全集》第 2 卷,中华书局 1982 年版,第 332—340 页。

⑤ 《在上海中国社会党的演说》,《孙中山全集》第 2 卷,中华书局 1982 年版,第 519 页。

⑥ 《在上海中国社会党的演说》,《孙中山全集》第 2 卷,中华书局 1982 年版,第 506—507 页。

⑦ 《在上海中国社会党的演说》,《孙中山全集》第 2 卷,中华书局 1982 年版,第 509 页。

事实上，孙中山举其全力提倡三民主义作为救国良药，因此对于马克思主义学说和一些社会主义的思想认知尤显驳杂，也只是基于资产阶级的思想体系，因而对马克思主义的误读、误解方面也不在少数。纵然如此，孙中山终究肯定了马克思主义的科学性，称赞马克思是科学社会主义的伟人，认为马克思对社会问题的研究具有科学性，其发明的学说和所著的书，乃是"几千年来人类思想的集大成"①。总而言之，孙中山有关马克思主义、社会主义的论述和研究在 20 世纪中国思想理论界产生了巨大的波澜并提供了极为深刻的启示，在一定程度上对马克思主义的广泛传播起到了铺垫作用。对于资产阶级革命派在马克思主义早期介绍传播历程中的地位，应在近代中国的社会道路"择抉"的历史进程中加以考量。正所谓有比较才有鉴别，相比资产阶级改良派对社会主义学说的零星提及，资产阶级革命派对马克思主义的介绍更加频繁和主动，所产生的社会影响也较大，尤其是对于思想界的引领作用也更为显著。在近代中国思想演进的历程中，"资本主义"不仅是现实中的本然存在和思想上的追寻对象，而且也是历史变迁中社会发展道路选择所不得不面对的目标，这就使得重大思想在近代中国的引进和介绍，须在厘清其与"资本主义"的关系中而开启其发展道路。

综上所述，辛亥革命时期的资产阶级民主革命者是中国资产阶级革命的领导者和倡导者，在中国道路的认知中对马克思主义采取欣赏、赞扬、同情和接纳的态度，不仅尖锐地揭露了欧洲资本主义制度存在的问题和矛盾，提出避免中国重蹈西方资本主义的覆辙等主张，而且倡导吸取马克思主义理论中的有用成分来发展中国的资本主义，进而在中国发扬西方资本主义之长、规避西方资本主义之短，同时还针对改良派对社会主义的歪曲而展开辩论，力图将社会主义视作富国强民、抵抗侵略的革命手段。但是，资产阶级革命派对马克思主义的理解和阐释存在不深刻、不清晰的问题，他们所主张的社会主义和社会革命并不能与马克思视域下的社会主义和革命画上等号，应该说二者之间相差甚矣。而仅仅试图用马克思所提倡方法与手段来消除社会的弊端，且"毫不伤及资本和利润"②，表露其维护资产阶级利益的本质，显然只能成为资产阶级以及小资产阶级的幻想而已。然而毋庸置疑的是，资产阶级革命派对于马克思主义给予热情的介绍和宣传，亦增进了上海民众对社会主义和马克思主义学说的了解和认识，为马克思主义日后被更多国人所认知和接受奠定了一定的心理基础，并在相当程度上发

① 《孙中山全集》第 1 卷，人民出版社 2015 年版，第 479 页。
② 《马克思恩格斯选集》第 1 卷，人民出版社 2012 年版，第 392 页。

挥了积极作用。

第三,中国社会党对马克思主义的介绍。伴随着民主精神的高涨和社会主义学说的风靡,自我标榜为社会主义政治团体的中国社会党在上海诞生。中国社会党的前身乃由江亢虎于1911年在上海张园发起社会主义研究会,在成立宣言中明确表示"社会主义者,正大光明的主义"①。与此同时,创办了《社会星》杂志加强了对社会主义的宣传,在发刊词中宣扬了社会主义乃是"二十世纪最流行之主义也"②。研究会于当年11月被改组为中国社会党,开启了在上海鼓吹社会主义的历程。

改组后的中国社会党乃是标榜"社会主义"而具有政党性质的政治组织,制定了组织宣言,号称在不伤及国家的前提下,主张"纯粹社会主义"③,表明其作为政治组织的特征。中国社会党制定了赞同共和、专政地税、限制军备等为主要内容的八条党纲,而在这八条党纲之中,上海本部部长江亢虎强调废除世袭遗产制度是实现社会主义的核心任务,并提出了"此实人世间一切罪恶之源泉也"④,还阐发了社会主义的概念,将社会主义单一地理解为地税归公,倡导"产仍属本人,税则纳诸公用"⑤。事实上,江亢虎介绍社会主义的实质在于鼓吹亨利·乔治⑥的思想,而并非马克思主义的科学社会主义,即乔治提倡的单税社会主义,认为亨利的学说和马克思主义虽在表面上有所异同,但可以互为补充,在根本上有利于资本主义的发展,而其标榜的社会主义既反映资产阶级的思想,也夹带着封建主义的色彩,与马克思主义学说的实质大相径庭、相去甚远。此外,以江亢虎为代表的中国社会党,虽公开表明了"遗产归公、教育平等"⑦的纲领,实际却以宣传社会主义为幌子,从而在根本上代表了资产阶级利益。江亢虎还在上海成立了自救团,以宣扬"新民主主义、新社会主义"⑧的名义吸引不少青年加入。

---

① 江亢虎:《社会主义研究会宣言》,《社会星》第1期,1911年7月9日。

② 江亢虎:《〈社会星〉发刊词》,《社会星》第1期,1911年7月9日。

③ 上海市嘉定区地方志办公室编:《嘉定县简志》,方志出版社2008年版,第31页。

④ 《中国社会党纲领》,《社会党月刊》第4期,1912年11月。

⑤ 亢文:《介绍地税归公之学说》,《社会星》第2期,1911年8月。

⑥ 亨利·乔治是美国19世纪末期的知名社会活动家和经济学家。他认为土地占有是不平等的主要根源,提倡征收单一地价税的主张,曾经在欧美一些国家盛行一时,颇有影响。他主张土地国有,征收地价税归公共所有,废除一切其他税收,使社会财富趋于平均。

⑦ 汪佩伟:《江亢虎研究》,武汉出版社1998年版,第98页。

⑧ 《团上海地委报告第三号——关于五月份代表大会情形》,1924年5月24日,中央档案馆、上海市档案馆:《上海革命历史文件汇集:青年团上海地委文件(1922年7月—1927年1月)》,1987年9月,第57页。

故而,早期马克思主义者李达就此撰文,明确江亢虎所领导的社会党人并非马克思主义视域下的社会主义者,且"所提倡的社会主义并不是社会主义"①,以上论述点明了江亢虎所鼓吹的"社会主义"实质之所在。

江亢虎领导的中国社会党标榜"社会主义",客观上对于社会主义在上海的传播发挥了一定的作用,即便这种作用在中国社会主义传播史上极为有限。中国社会党在各地建立分部,出版《社会党周刊》和《新世界》等刊物,在一定程度上介绍了马克思恩格斯生平及其学说。中国社会党吸纳党员时具有一定的随意性,党章对吸纳党员的规定门槛低、要求低,因此招收了大量素质参差不齐的党员。在上海成立后,迅速在江浙和南方各省设支部,吸引了"知识分子、工商业者、破产农民等各类群体加入"②,其中包括后成为中共创始人之一的李大钊担任了天津支部干事,陈翼龙担任苏州支部总务干事等人。此外,中国社会党在上海创办的《社会党》、《良心》、《新世界》等政治评论性刊物,均不同程度地介绍了社会主义纲要和马克思主义译文等内容。以煮尘创办的《新世界》为例,刊载了《社会主义大家马儿克之学说》等译文,引述了《共产党宣言》、《资本论》等经典著作中的重要观点,概略性介绍了马克思生平。煮尘在此文绪论的言辞之间表露了对马克思的"敬仰"之情,号召同胞"知所信从而知所则效焉"③,即提倡相信并实行马克思主义。由此可见,马克思主义的介绍宣传对部分社会党人产生了影响,取得了一些效果。但是他们尚未划清科学社会主义与无政府主义之间的界限,因而并未从根本上理解和认知科学社会主义,甚至只是将"社会主义"作为标签粘贴在自身的主张上。以上情形,观之于中国社会党的活动及其思想言说,大致也是不可否认的事实。

总体看来,中国社会党所宣扬的社会主义,乃是改头换面的资产阶级思想体系,与马克思主义科学社会主义具有本质区别。就中国社会党创始人江亢虎而言,思想活跃多变的他于早年曾一度自称确立社会主义信仰,并以倡导实行社会主义为"唯一天职"④。而就中国社会党而言,由于其成员鱼龙混杂且参差不齐,对社会主义的认识模糊不清,很快便走向了分裂,后于1913年在袁世凯的命令下遭到解散。综观资产阶级知识分子视阈下马克思主义的传播是基于辅助传播资产阶级理论或主张而早期输入的,且由于阶级立场和历史地位的限制,这种介

① 李达:《社会主义与江亢虎》,《大公报》1923年8月14日。

② 《中国社会党传单》,第二历史档案馆收藏。

③ 朱执信:《社会主义大家马尔克之学说》,《新世界》第2期,1912年6月2日。

④ 江亢虎:《洪水集》,上海社会星出版社1913年版,第21页。

绍往往抱有偏见,具有片面性或错误性,甚至存在被歪曲的现象。

第四,报刊对马克思及其学说的介绍。辛亥革命时期是中国报刊史发展的重要阶段,《新世界》、《神州日报》、《民声丛报》和《东方杂志》等一批上海的报刊,对社会主义和马克思及其学说进行了相关的介绍,其中以《东方杂志》最为典型。大体说来,不同期刊的介绍各有喜好和偏颇,究其实质则基本表现为依据自身立场和利益进行一定程度的"选择性传播"。

创刊于 1907 年的《新世界》曾发表《论世界三大思想之流行》一文,介绍了欧洲近百年来产生较大影响的三种思想,分别是国家主义、国家社会主义、无政府主义等;在《江督至竞摧残实业乎》一文中,提及社会主义具有抑富扶惰的特征,认为社会主义不适合在中国实行。1910 年 5 月在上海创刊《民声丛报》以"坚持革命才能救中国"①为方向,在《生计学沿革小史》一文中介绍了社会主义和共产主义,介绍了德国新兴的社会主义学派,强调其以国家之力"改良生计制度、矫正贫富悬隔、平均社会之财产"②等特点。简言之,《新世界》和《民声丛报》对社会主义的介绍是模糊片面的,且部分内容是不准确的,但同时也在客观上说明了社会主义思想已引起了人们的关注。

1904 年 3 月创刊于上海的《东方杂志》作为中国近代史上首屈一指的综合性杂志,所刊载的内容包罗万象,在辛亥革命时期有着重要的社会影响,刊译了有关社会主义和马克思主义学说的文章,成为最早传播社会主义思潮和马克思主义学说的媒介之一,为马克思主义在上海的广泛传播奠定了基础。比如,在《社会主义与社会政策》一文中,介绍了马克思生平以及《资本论》主要观点,提出社会主义的核心在于"集土地、资本于社会,以经营共和的生产实业"③。又如,发表文章指出社会主义存在空想与科学之分,视《资本论》为"社会主义者之圣书",指出无政府主义为'个人万能主义',认为"科学的社会主义者,以历史事实为立论之根据……此种学说,以马克斯为其中枢,犹指此也。"④与同时期其他杂志相比较而言,《东方杂志》在民国初年对社会主义及马克思主义的介绍更加深刻具体,除了在内容上更加丰富之外,还对社会主义进行空想和科学的区分,因此较之前的相关介绍,在思想认识的水平上有了提高,其社会影响特别是对年轻一代知识分子的影响也更大。

---

① 李松林主编:《中国国民党史大辞典》,安徽人民出版社 1998 年版,第 570 页。
② 丁守和主编:《辛亥革命时期期刊介绍》第 2 集,人民出版社 1982 年版,第 649 页。
③ 钱智修:《社会主义与社会政策》,《东方杂志》第 8 卷第 6 号,1910 年 8 月 19 日。
④ 晓洲:《挽近社会主义之派别与宗旨》,《东方杂志》第 12 卷第 4 号,1915 年 4 月 1 日。

值得注意的是,《东方杂志》连载了《社会主义神髓》,全面翔实地介绍了马克思及其学说,阐述了科学社会主义的主要观点,引述说明了唯物史观基本原理和剩余价值学说,认为剩余价值是"科学的社会主义之神髓也"①,在当时产生了一定的影响。作者幸德秋水在文中明确将马克思科学社会主义与欧文、圣西门、傅立叶以及魏特林等人鼓吹的社会主义加以区分,认为后者并未能阐明科学基础,乃是一种乌托邦式空想,而马克思恩格斯提倡的"社会主义大革命"则是"科学之所命令,历史之所要求"②。《社会主义神髓》在当时是一部介绍马克思主义的优秀作品,为上海乃至中国的知识分子了解和认识马克思主义学说提供了重要帮助,即使至五四时期,不少先进知识分子也深受此著的影响。1923年8月,《东方杂志》还刊载了瞿秋白的《国法学与劳农政府》,从唯物史观的角度阐述了国家学说以及国家的体制演变历程。简言之,《东方杂志》介绍了马克思主义基本原理和苏俄革命建设情况,在马克思主义在上海的传播中发挥了力所能及的作用。

由上观之,以《东方杂志》《新世界》和《民声丛报》等为代表的报刊介绍了社会主义以及马克思主义,一定程度上增进了民众对马克思主义的认知。诚然,由于办刊宗旨、政治立场等因素影响,不同报刊在传播马克思主义过程中显现出一定的保守或反对倾向,在客观上则不利于马克思主义的传播。

三、十月革命前马克思主义引介的内容及特征

19世纪末至十月革命前是马克思主义在上海引介的重要历史阶段。从近代中国社会变迁来说,救亡图存和向西方学习乃是相互联系、互动共进的存在,汲取域外新知、引介马克思主义成为解决救亡问题的重要方略,这使得中国人向西方学习发生了质的飞跃,亦推动了救亡图存事业迈入新的天地。先进知识分子在西学东渐的浪潮中迈向"追求新知识、追求真理"③征程,引介了马克思主义,发挥了报纸、刊物、译著等传播媒介的作用。在上海,资产阶级改良派、革命派亦纷纷出场,加入引介马克思主义的历史洪流之中,渐次形成了上海近代史上思想变迁的图景。在回顾马克思主义在上海早期引介历程的基础上,以下试就十月革命前马克思主义引介上海的内容及特征,作出简要梳理:

---

① ［日］幸德秋水:《社会主义神髓》,杜亚泉译,《东方杂志》第8卷第11号,1912年5月1日。
② ［日］幸德秋水:《社会主义神髓》,杜亚泉译,《东方杂志》第9卷第3号,1912年9月。
③ 丁守和、殷叙彝:《从五四启蒙运动到马克思主义的传播》,生活·读书·新知三联书店1979年版,第12页。

首先,马克思主义在上海早期引介的内容。在 19 世纪末至十月革命爆发前的上海,传教士、资产阶级思想家以及其他先进知识分子从自身立场出发,初步引介、宣传社会主义和马克思主义学说,发挥了各自的作用并作出了不同的贡献。就其内容而言,主要涉及社会主义思潮以及马克思主义学说产生原因、马克思的生平和业绩、唯物史观和剩余价值学说、马克思主义原著的部分内容等。

一是阐明社会主义思潮以及马克思主义学说产生的原因。马克思主义在上海的早期引介在介绍社会主义思潮之中开启了道路,故而社会主义思潮的介绍成为早期介绍马克思主义过程中的一大亮点。尽管当时的思想界对于何谓社会主义,并未有十分清楚的界定,但业已对社会主义与资本主义的对立关系产生一定的认识,即马克思学说隶属于庞大的社会主义思想体系,因而表现出在社会主义思潮之中认识马克思主义的路线。1902 年,上海广智书局出版的《社会主义》一书指出,欧洲的学者和思想家正是为了应对资本主义制度的弊端和问题,倡导社会主义,"独此社会主义者计图社会之根本的革新"[1]。孙中山《在上海中国社会党的演说》中深刻阐释了资本家对工人的压迫实质及其后果,对"社会主义遂放大光明于世界也"[2]持以积极的态度。在早期引介马克思主义的过程中,不仅有着马克思是社会主义鼻祖的认知,而且就社会主义与资本主义之间的对立加以评析,认为社会主义学说的诞生是资本主义制度所引发的矛盾和问题发展的必然结果,社会主义必然将代替资本主义,为上海思想界此后认识马克思主义与社会主义的关系提供了基础。

二是介绍马克思的生平和业绩。在上海,十月革命前的思想界在引介马克思主义的过程中,注重马克思生平和事略的介绍,马克思主义基本内容的呈现也是与马克思生平介绍联系在一起的。当时的情形是,马克思的生平和业绩是大多数介绍者、传播者基本都涉及的内容,并推进到对马克思主义具体理论的解读。上海广智书局出版的《近世社会主义》,介绍了马克思生平伟绩,赞赏马克思理论成果的丰硕,且"其议论之精致,为天下所认识"[3]。《新世界》杂志亦介绍马克思生平,提及《共产党宣言》和《资本论》等马克思主义代表作,称颂了马克思的丰功伟绩,认为马克思的社会主义学说具有凝聚全世界被压迫阶级的功

---

① 高军等主编:《五四运动前马克思主义在中国的介绍与传播》,湖南人民出版社 1986 年版,第 49 页。

② 孙中山:《在上海中国社会党的演说》,《孙中山全集》第 2 卷,中华书局 1982 年版,第 512 页。

③ [日]福井准造:《近世社会主义》,赵必振译,广智书局 1903 年版,第 108 页。

能，即"全世界大多数之人类均栖息于是旗帜之下"①。从马克思主义初步介绍的状况来看，上海的先进分子对马克思历史功绩及马克思主义真理力量有了一定的认识，从而使马克思的"社会主义家"形象在思想界得以树立。

三是译介了马克思主义原著，初步介绍马克思主义唯物史观和剩余价值学说。尽管19世纪末20世纪初对于马克思主义的早期引介存在诸多不足，如引介内容比较零碎，思想介绍片段式比较突出，思想解读中有不少误解的方面，但引介马克思主义的活动仍是不断推进的，最为突出的即是将介绍马克思的个人生平推进到对马克思主义原著的译介，从而使马克思主义引介工作在较高层次得以发展。譬如，上海广智书局出版的《社会主义》，文中引证了由马克思撰写的《国际工人协会共同章程》中的部分内容。《社会主义大家马儿克之学说》论述了贯穿于《共产党宣言》中的阶级斗争理论，阐释了马克思有关阶级斗争的立场，提升了上海思想界对阶级斗争理论的认知水平，渐次认识到在马克思主义的视野中，阶级斗争可作为最高形式的暴力革命用以推翻资本主义时代资产阶级的统治，进而求得人类的解放。在《东方杂志》连载的日本幸德秋水著的《社会主义神髓》一书中，大篇幅从唯物史观角度论述了人类社会的发展规律，阐明资本主义因其自身生产方式的矛盾必将被社会主义所取代等基本原理。除此之外，这一阶段马克思主义译著和文章还关乎社会政治、经济学说，高度评价了剩余价值学说，以通俗的语言介绍了劳动价值论的基本内容。简而言之，虽早期的译著所介绍的内容较为浅显和初步，但在当时确实开阔了人们的视野，且因其呼应当时中国社会现实，因此更易被传播者和受众者所关注，这为此后马克思主义在上海的传播奠定了基础。

其次，马克思主义早期引介的特征。十月革命前有关社会主义和马克思主义学说在上海的引入介绍，逐渐清晰了马克思及其学说在中国的形象。由于传播主体、传播手段等因素的限制，传入的内容是零散的、浅显的甚至曲解的，传入的影响也是微乎其微，但是引入介绍时期所彰显的"先行"作用和"拓荒"贡献是无法磨灭的。

其一，引入介绍马克思主义学说的群体构成和渠道相对多元。这一时期，外国传教士、资产阶级和小资产阶级思想家以及其他先进知识分子从各自代表的利益和立场出发，选择马克思主义不同内容并进行不同程度的介绍。就传入渠道而言，《万国公报》登载的《大同学》使得英国成为马克思主义学说传入上海的

---

① 朱执信：《社会主义大家马尔克之学说》，《新世界》第2期，1912年6月2日。

最早渠道。20 世纪初,随着日本社会主义运动的发展以及日本学者、思想家对社会主义的研究,在留日学生以及旅日知识分子的积极行动下,上海于 1902 年至 1904 年间出版了一批由日本人撰写介绍社会主义以及马克思主义学说著作的中译本,为马克思主义在上海的传播提供了早期文本。因此,这一时期日本成为社会主义和马克思主义学说在上海引入介绍的主要渠道。

其二,所介绍的马克思主义内容较为浅显,在内容阐释上仍不够系统和成熟。譬如传教士仅在传教过程中对马克思主义予以零星提及,而资产阶级和小资产阶级思想家亦零散片面地介绍了马克思主义,属于浅显式的片段介绍,未能着眼整个马克思主义科学理论体系。在态度和目的上,由于立场和利益所需,资产阶级思想家等群体在介绍时存在片面、曲解甚至错误的倾向,对待马克思主义学说的态度有所不同,认为中国的社会情形与欧美国家相去甚远,故认为"社会主义不合用"①。他们出于宣传自身主张的需要来介绍马克思主义,而并未从信仰的高度接受和运用马克思主义。在介绍效果和影响上,这一时期对马克思主义学说的引入介绍并未在人民群众中掀起波澜,仅仅局限在传播者自身范围内。正因如此,理论与实际脱钩、理论与人民脱节等注定了思想运动难以掀起波澜,这与十月革命之后马克思主义在上海的广泛传播形成强烈的对比。

其三,引介工作所发生的影响在范围上还较小,对社会变迁所起的作用并非十分显著。马克思主义作为吸取人类文明先进成果的科学理论,乃是变革社会的思想武器。在半殖民地半封建社会的情形下,先进分子为了救亡图存而引进了马克思主义,理应立即发挥马克思主义对于社会变革的指导价值,并使马克思主义迅即成为推进中国社会变革的指导思想。综观十月革命前马克思主义在上海的早期引介,所发生的影响主要集中在思想领域,对社会政治变动的影响还较为鲜见,而且受影响的大多为先进知识分子。事实上,对于社会上的一般知识分子和人数广泛的普通民众而言,马克思主义所产生的影响还尚不显著。考其原因,主要还是因为当时上海乃处于资产阶级上升时期,广大工人阶级尚未有革命的意识,马克思主义视域下社会革命的条件仍然缺乏,故而此时马克思主义在中国社会所发生的影响甚微。这也说明,19 世纪末 20 世纪初的马克思主义引介工作还处于初步阶段,需要依托近代中国社会变迁而不断向更高层次推进。

对于马克思主义在上海的早期引介工作,需要作出客观如实的评价,既要注意早期引介的弱点不足所在,还要认清早期引介工作所提供的基础及其所表征

---

① 钱智修:《社会主义与社会政策》,《东方杂志》第 8 卷第 6 号,1911 年 8 月 19 日。

出的发展趋势。20 世纪初，上海地区的资产阶级思想家尚处于成长阶段，思想界未遭受十月革命所带来的思想冲击，只能对马克思主义学说作初步的译介，这是由当时历史条件所决定的。然而，早期引介马克思主义尽管还不够全面和深刻，却业已形成以上海为窗口向国内其他地区传播的态势，这为上海乃至中国的思想理论界打开一扇新的窗户，透进了马克思科学社会主义的光芒，为此后马克思主义在上海的传播作出了重要积累，并"创造了思想上的条件"①。由于时代制约和传播者自身局限等因素，19 世纪末 20 世纪初马克思主义传入上海并未受到广泛关注，马克思主义传入上海的起点尚处于解释世界的启蒙阶段，局限在少数知识分子在文本层面的引介与解读，诉诸改变世界的革命实践尚未正式打开，理论层面、实践层面的大众化更是无从谈起。然而毋庸置疑的是，马克思主义学说在时代新旧交替的转折关口传入了上海，为苦难的中国在改良主义语境中播下了一颗革命的火种，并且这颗火种不久之后便燃成了燎原之势。

第二节 作为解决问题"新思潮"的广泛传播（1917—1921.6）

马克思主义在上海实现由"早期介绍"到"广泛传播"的历史性转变，正是以十月革命的巨大影响为显著标识的。1917 年俄国十月革命取得巨大成功，列宁领导的布尔什维克党率先于全世界建立第一个社会主义国家，成为世界无产阶级革命的肇始，这一胜利将马克思列宁主义作为革命理论武器送往中国。就马克思主义的发展进程而言，十月革命不仅使得马克思主义在世界范围内得以第一次的成功实践，而且极大地振奋了中国思想界、鼓舞了先进知识分子，推动了国人对社会主义的追求与向往。在十月革命和世界革命高潮的影响下，越来越多的上海先进分子精神面貌发生显著变化，愈发相信马克思主义能将中国从现时的困境中解救出来，能够给中华民族的独立和解放带来希望，民族自信意识空前提高，且升华了对马克思主义的认识，对帝国主义的认识由感性阶段进至理性阶段，"以俄为师"成为必然选择，即"走俄国人的路——这就是结论"②。以陈

---

① 丁守和、殷叙彝：《从五四启蒙运动到马克思主义的传播》，生活·读书·新知三联书店 1979 年版，第 12 页。

② 《毛泽东选集》第 4 卷，人民出版社 1991 年版，第 1471 页。

独秀等人为代表的先进分子,高举社会主义革命旗帜,经过马克思主义的理论洗礼以及上海工人运动的实践锤炼,逐渐向早期马克思主义者转变,由此更加热衷于传播马克思主义尤其是科学社会主义思想,借以推进中国的社会变革。五四运动后,马克思主义由思想领域扩展到社会生活的各领域,引领五四时期"社会改造"思潮向着激进化、革命化方向迈进,并凭借其强烈的现实性与斗争性而迅速与上海工人运动相结合,催生了中国共产党。至此,马克思主义这一先进理论开始在上海广泛传播,乃至扩散到中国大地生根发芽,进而枝繁叶茂并开花结果。

一、十月革命与马克思主义在上海传播道路的开启

上海作为马克思主义传入中国的重要窗口,集聚全国最多的先进知识分子和工人阶级群体,为马克思主义与工人运动的结合创造了主客条件并奠定了思想和阶级基础。俄国十月革命的实践为苦苦追寻救亡出路的中国人民提供了新的选择,马克思主义由此受到更为热烈的欢迎和重视,故而在上海开启了马克思主义的传播道路,突出表现为以陈独秀为代表的一批上海先进分子,从学习西方转至学习东方,选择用马克思主义方法为指导思考民族和国家的解放问题,并逐渐从资产阶级民主主义者转向马克思主义者。与此同时,近代中国以来的留学运动亦发生了历史性转向,先进知识分子和进步青年对社会主义俄国心驰神往,纷纷选择赴俄留学,寻求苏俄十月革命的经验和马克思列宁主义理论,为从苏俄向中国传入马克思列宁主义开辟了重要途径,对此后中国社会变革和中华民族走向产生了最为直接和巨大的影响。与十月革命之前零星介绍马克思主义不同,这一时期大篇幅发行或发表马克思主义经典著作的译本和文章,迅速形成马克思主义在上海的传播热潮。简而言之,俄国十月革命在上海产生了极大反响,引起先进知识分子对于苏俄的普遍关注,瞿秋白将此情形描述为:"听着俄国旧社会崩裂的声浪,真是空谷足音,不由得不动心。因此,大家都要来讨论研究中国"①,推动先进分子更加重视指导俄国十月革命取得胜利的马克思主义,并以俄国为参照着手研究中国问题,进而开启了马克思主义在上海的传播道路。

其一,上海报刊对十月革命的介绍与宣传。经过新文化运动的洗礼,先进知识分子在救亡图存目标引领下努力追寻域外新知,对世界形势变动和格局转换

---

① 《〈俄罗斯名家短篇小说〉序》,《瞿秋白文集·文学编》第2卷,人民文学出版社1986年版,第248页。

的关注度亦在普遍提升。正是如此，十月革命爆发后，上海多家报刊敏锐捕捉历史时机，对苏俄革命积极予以关注报道，迅速掀起宣传十月革命的高潮。报道伊始，出现内容尚显混乱和言论不实等状况。随着俄国革命局势的稳定，上海《民国日报》、《劳动》、《申报》、《太平洋》和《东方杂志》等报刊，成为这一时期宣传有关苏俄革命以及列宁生平业绩的报刊代表，舆论报道渐趋明晰，逐渐对十月革命持以赞扬和同情的态度，并进行广泛宣传和介绍，报刊的思想面貌、精神状态也为之一变。

上海《民国日报》乃是报道十月革命的先行者，较好地发挥了带头作用。《民国日报》率先以《俄国大政变之情形》、《俄国大政变之混乱》、《俄国大局之混乱》、《突如其来之俄国之政变》等为标题，连续多日刊登有关十月革命报道；宣传了列宁在全俄苏维埃代表大会的演说中"解决经济困难"等三大主张；赞赏了十月革命并揭示其本质，介绍了苏维埃政府的各项政策措施，指出中国应客观公正地看待俄国的劳农政府，不应学英美和军阀对其谩骂和仇视，而要"细心去考究"，然后才可以"下一个公正的批评"①。就学习俄国问题，上海《民国日报》明确表态，认为和平之放任主义乃是巩固俄国政府的核心，故"中国似宜取以为法"②。综合而言，上海《民国日报》在介绍十月革命状况的同时，预测了世界形势的走向，还向国人发出了向俄国学习的鲜明号召，较此前对十月革命的宣传在思想态度上更为明晰，在理解程度和认识水平上亦有所提高。

《劳动》作为无政府主义者在上海创办的刊物，一度认为十月革命的胜利代表无政府主义者的胜利，并因此对十月革命而大力赞扬。从1918年4月20日第2号起，《劳动》接续刊载了有关俄国十月革命的文章，富有特色地以漫画形式加以宣传，在其发表的《俄国过激派施行之政略》的报道中，对解散立宪会议、组织红军、提倡世界革命等布尔什维克的举措大加同情与赞赏；而在《俄罗斯社会革命之先锋李宁事略》中，则对列宁领导革命的实践活动及其历史贡献予以介绍，提出让人惧怕的社会革命，乃是"世界的自然趋势"③。《劳动》还发表文章如此形容俄国人，譬如"他们头脑子，没有法律二字"④，显现出一定的主观臆断。由此来看，无政府主义者是拥护俄国革命的，但同时又在很大程度上曲解了

---

① 《劳农政府治下之俄国——实行社会共产主义之俄国真相》，上海《民国日报》1917年4月12日。

② 中共一大会址纪念馆编：《中国共产党创建史研究》，上海人民出版社2012年版，第120页。

③ 持平：《俄罗斯社会革命之先锋李宁事略》，《劳动》第1卷第2号，1918年4月20日。

④ 一纯：《俄国过激派施行之政略》，《劳动》第1卷第2号，1918年4月20日。

十月革命的性质和意义。《劳动》第 3 号登载的《李宁之解剖俄国革命之真象》是具有代表性的作品之一,鉴于时人对于无政府主义与马克思主义的态度表现为"两派攸分,混为一谈"①,故而此文尝试分清两者的界限,强调其虽都主张改革却毫厘千里。以上例证说明,《劳动》杂志所发表的文章,在一定程度上披露了"俄国革命之真象",揭示了俄国"社会革命"的思想内涵,帮助国人增进了对俄国十月革命的了解,因而在当时思想界产生了一定的影响。

此外,《申报》、《太平洋》和《东方杂志》等上海一批期刊对俄国十月革命予以不同程度的关注与宣传。譬如,《申报》转载了英国伦敦对十月革命的短幅报道,还刊载了苏维埃政府有关废除不平等条约的内容,及时向读者传达了苏俄情况。又如,专注时事评论的上海《时报》亦关注苏俄革命与建设情况,设立"俄国革命"专栏,刊载了苏俄政府的各类政策主张等内容。再如,《太平洋》杂志发表《革命后之俄罗斯政变》一文,认为社会阶级矛盾激化成为俄国革命发生的主要原因,这就由于俄国民众遭受贵族专制压迫已久,因此阶级嫉视的观念较深,而"嫉忌之观念蕴蓄益深,其破裂之势必愈烈"②。《太平洋》还登载了《马克思学说评》一文,分析了马克思及其学说的优缺点,归纳了马克思派之社会主义主要观点,如"世界与历史之演进均为物质的、用辩证的方法以推究社会之现象"③等内容。再如,1918 年 3 月《东方杂志》刊登了列宁照片及其生平事迹,指出俄国革命运动的发生乃"李宁为之主动"④,在革命胜利之后组建劳农政府,陆续公布各式革命措施,成为上海及国内介绍列宁生平事迹的开山之作。与此同时,上海的反动统治阶级在《民国日报》、《时事新报》等报刊登载文章以防范或抵制进步思潮,如在《所谓俄人来华的传闻》中写道:"近过激派欲传播其思想,故聚中国同志尽使归国"⑤,"凡遇俄人到埠,须妥为诘询护照及住所等情随时报告"⑥等,从以上例证可见反动阶级对俄国人传播社会主义的警备。简言之,从反动统治阶级的报道中亦可看出,俄国十月革命在上海产生了很大影响,吸引了不少人对其理论与实践的认同,故而引起了反动阶级的警觉和恐慌。

---

① 劳人:《李宁之解剖　俄国革命之真象》,《劳动》第 1 卷第 3 号,1918 年 5 月 20 日。

② 沧海:《革命后之俄罗斯政变》,《太平洋》第 1 卷第 8 号,1917 年 11 月 15 日。

③ 杨端六:《马克思学说评》,《太平洋》第 2 卷第 7 号,1920 年 11 月 5 日。

④ 《述俄国过激派领袖李宁》,《东方杂志》第 15 卷第 3 号,1918 年 3 月。

⑤ 《所谓俄人来华的传闻》,上海《民国日报》1919 年 3 月 29 日。

⑥ 上海社会科学院历史研究所编:《五四运动在上海史料选辑》,上海人民出版社 1980 年版,第 117 页。

其二，十月革命后马克思主义俄国渠道的传入。十月革命在中国培植了思想群体，且进一步拓宽了马克思主义的传入渠道。就传播渠道而言，十月革命后带来显著的变化即开辟了马克思主义传播的俄国通道，赴俄留学生继而成为俄国渠道传入马克思主义的积极力量。1920 年秋，为了增进对苏俄革命以及俄国国家的了解，北京《晨报》和上海《时事新报》共同派驻记者，赴英、法、美、德、俄等国家学习先进思想。以瞿秋白为代表的赴俄记者，加强马克思主义理论学习和俄国社会的考察，逐渐接受马克思主义世界观，对列宁领导的俄国革命有了更加深入的了解，同时更为系统地学习了马列主义，发回上海大量有关苏俄的通讯报道。瞿秋白赴俄期间撰写的《饿乡纪程》、《赤都心史》等散文集，成为当时从苏俄渠道用俄语直接翻译介绍马克思主义和苏俄情况的优秀代表作品，尤其是《饿乡纪程》记录了北京到莫斯科沿途风光与见闻的同时，还载述了苏俄的经济、政治、文化等，成为在中国最早有关"十月革命后苏俄状况"[①]的报告文学，产生了不小影响。在俄期间，他担任中共驻苏俄代表团翻译，兼任了东方大学[②]中国班教师，学会了俄文版《国际歌》，并于 1922 年底回国后重译《国际歌》。在 1923 年中共三大闭幕之时，瞿秋白指挥的《国际歌》在会场得到雄壮有力的演唱，并由此在中国大地传唱，激励了一代又一代中国人为无产阶级解放事业奉献力量。

留俄群体的形成及马克思主义传入上海的俄国渠道的成功开辟，得益于苏联和共产国际的帮助。1921 年，东方大学作为招收党政干部的国际性学校，特地设立了中国班，招收了来自上海外国语学社的第一批学员。罗亦农、刘少奇、王一飞、任弼时等近四十人在东方大学学习之后，提升了马克思主义理论的专业素养，回国之后即投入马克思主义著作的编译，如《共产主义 ABC》、《共产国际党纲草案》、《政治经济学浅说》和《列宁主义入门》以及有关工会的一批论著，译者当中的一批人成为早期马克思主义者。由此看来，留学生成为俄国渠道的主要中介，尤其是在将俄国实践与中国实际结合基础上，在撰写大量文章以及填补马克思列宁主义著作中译本空缺方面作出了积极贡献。十月革命后建立了"旅俄华工联合会"，为旅俄华工活动提供组织支持，创办《华工》和《旅俄华工大同报》等报刊，使得介绍华工消息更加便捷，同时为向国内民众介绍马克思列宁主

---

① 吕延勤主编：《马克思主义在中国早期传播史料长编（1917—1927）》中卷，长江出版社 2016 年版，第 234 页。

② 东方大学即东方劳动者共产主义大学的简称。

义搭建了平台,产生了一定的影响。《旅俄华工大同报》利用华工回国的机会,组织开展马克思列宁主义主题活动,在中国民众或军队开展"布尔什维克主义宣传"①。《华工》周报编辑张玉川由于其在宣传苏俄革命以及列宁主义的突出贡献,故而被誉为"中国鼓吹广义派主义即布尔什维克主义之首领"②,由此可见,华侨在马克思列宁主义传播中亦发挥了一定的作用。

综上,在共产国际指导、中共早期组织领导下,苏俄渠道逐渐成为马克思主义传入的主渠道。共产国际和苏俄派驻代表以及各种机构在上海的设置,这使得马克思列宁主义在上海传播更加频繁和深入。这一时期,宣传内容主要以列宁主义和苏俄革命与建设情况为主,宣传方式也逐渐由单一的理论宣传转换为宣传理论与运动实践的初步结合。这一阶段的传播载体、传播力量以及传播形式等,皆具有显著的优势和鲜明的特色,于是马克思主义在上海进入了"广泛传播"阶段,而上海在马克思主义传播进程中的地位亦显得更为重要和突出。

其三,上海介绍宣传十月革命的主要内容及特征。上海是近代中国现代化的重要区域,在观念转变、思想交流、经济变革、文化创造等方面皆有显著优势和特色,在近代中国历史进程中有着独特而重要的地位。综观俄国十月革命到五四运动爆发前,上海介绍宣传十月革命的内容集中在十月革命的性质意义、列宁生平与功绩以及苏维埃政府的政策措施等方面。

第一,简要阐释了十月革命性质和意义。就十月革命的性质问题,君实在其翻译的日文文章中比较了俄国革命与法国革命,区别性指出"俄国革命是社会革命,苏维埃政府代表下层人民之利益"③;高劳以《续纪俄国之近状》为题,撰写文章描述了十月革命所具有的"社会主义之色彩"④;亦有文章认为俄国属于"社会共产主义的政治"⑤。在论及十月革命的意义时,君实在译文中认为法国革命的伟大意义在于孕育了 19 世纪的文化与文明,而俄国革命的意义在于"将转移二十世纪之世局"⑥,亦即开启世界无产阶级革命时代,将俄国革命置于世

---

① 任贵祥等:《我党了解马克思主义的渠道和历史》,《北京日报》2007 年 6 月 28 日。

② 李永昌:《旅俄华工与十月革命》,河北教育出版社 1988 年版,第 256 页。

③ 君实:《俄国社会主义运动之变迁》,《东方杂志》第 15 卷第 4 号,1918 年 4 月。

④ 高劳:《续纪俄国之近状》,《东方杂志》第 15 卷第 1 号,1918 年 1 月。

⑤ 《劳农政府治下之俄国——实行社会共产主义之俄国真相》,《晨报》1919 年 4 月 10 日。

⑥ 中共中央马克思、恩格斯、列宁、斯大林著作编译局研究室:《五四时期期刊介绍》(第二集上册),生活·读书·新知三联书店 1959 年版,第 170 页。

界历史进程的重要地位,可见其对俄国革命的赞赏程度。此外,洪象秀在《俄国形势之概要》中将俄国革命与法国革命相比较,认为俄国的"政治社会势力之影响于世界甚巨也"①。以上论述初步介绍了俄国十月革命的性质和意义,提升了上海的民众对十月革命的认识和理解。

第二,简明介绍了列宁的生平事迹与历史功绩。署名善斋的《述俄国过激派领袖李宁》文章认为,俄国十月革命乃是由列宁主动领导推进的,称赞其"神妙不可思议"②。就此问题,亦有作者强调列宁出类拔萃,且"非暴烈蛮愚者可比"③,抑或夸赞其将理论变成现实,即"总算得一个知行合一的人了"④。持平发表的《俄罗斯社会革命之先锋李宁事略》,将列宁的历史功绩概括为"适合了物理人情"⑤,认为列宁所抱主义讲求世界男女一样、贫富一齐,强调除俄国之外的其余各国均违背了这条原则,以此彰显社会主义的先进性。以上所发表的文章,较为客观公正地评价了列宁,对反动派诋毁列宁的言论进行有力反击,有助于帮助民众对列宁主义树立正确的认识。

第三,宣传有关同情和称赞苏维埃政府的政策措施。比如,《劳农政府治下之俄国》细致介绍了苏维埃政府的各种政略,对其实行的生产资料社会公有等符合人民根本利益制度大加赞赏,认为宣扬土地、工场和银行国有的三架大炮不仅粉碎了资产阶级,"简直是把地球都打个大震动了",且"他们的选举制,可取材的很多,希望大家留心看看"⑥,介绍了部分值得学习借鉴的制度。《俄国过激派施行之政略》以称赞的态度对布尔什维克实行的各项政略予以介绍,还介绍了苏维埃大会关于民族自决以及和平问题的决议,被上海《民国日报》评价为:"决无侵略主义参杂于其间。"⑦十月革命在上海的介绍与宣传受到国人的热烈欢迎,为此上海舆论界对俄国革命甚为期待,因此尤其关注俄罗斯发来的电报,如"过激党传的消息,格外得人欢迎"⑧,体现了民众对平等

① 洪象秀:《俄国形势之概要》,《东方杂志》第15卷第5号,1918年5月。

② 善斋:《述俄国过激派领袖李宁》,《东方杂志》第15卷第3号,1918年3月。

③ 谢英白:《俄法革命异同论》,《东方杂志》第15卷第8号,1918年8月。

④ 《劳农政府治下之俄国——实行社会共产主义之俄国真相》,上海《民国日报》1919年4月12日。

⑤ 持平:《俄罗斯社会革命之先锋李宁事略》,《劳动》第2号,1918年4月20日。

⑥ 《劳农政府治下之俄国——实行社会共产主义之俄国真相》,上海《民国日报》1919年4月12—28日。

⑦ 《社论》,上海《民国日报》1918年5月27日。

⑧ 一纯:《俄国过激派施行之政略》,《劳动》第1卷第2号,1918年4月20日。

自由新政府的憧憬。但也有反对过激主义者撰文动员同胞关注俄国十月革命,"醒!醒!醒!同胞呵!潮流滚过来了呵!……这个东西是很厉害的。"①文章中所提及的潮流乃是社会主义潮流,由此可见十月革命在上海的反响十分激烈。

概而言之,俄国十月革命在上海的介绍与宣传,使上海先进分子对苏俄和社会主义产生好感,帮助先进分子树立了落后国家可通过社会主义实现独立与解放的思想,为此后五四运动和马克思主义传播开辟了道理并奠定了一定的思想基础。倘若将十月革命前马克思主义在上海的传播视作一种自发的、片段的、旧文体的传播,那么十月革命后马克思主义在上海的翻译、研究和传播则进入了自主的、新文体传播这一新的阶段。总之,以陈独秀为代表的一批在沪有识之士把马克思主义作为一种重新观察中国与世界的思想武器,由自发翻译介绍转变为自觉翻译研究,从片段转变为完整著作译介,从文言文翻译转向白话文翻译,上海的马克思主义传播由此掀开了崭新一页。

二、五四运动与上海马克思主义传播中心地位的形成

五四运动是近代中国社会变迁中的政治爱国运动、思想启蒙运动和文化革新运动,在中华民族伟大复兴征程中有着全民族政治动员、全民族空前觉醒及开启历史发展新天地的意义。五四运动在北京爆发后,具有革命斗争传统的上海人民奋起响应、英勇战斗,率先对北京方面作出响应。历经五四运动这一政治实践的洗礼,在上海形成了宣传和传播马克思主义的强大力量,思想界对马克思主义的认识极大提升,以《新青年》、《星期评论》、《解放与改造》和《建设》等为代表的一批期刊成为五四时期上海宣传和传播马克思主义的重要阵地,因而宣传与研究马克思主义在政治运动的推动下逐渐成为上海进步思想界的主流,彰显出思想演进与政治实践活动之间互动共进的关系及其衍化态势。五四运动发挥了政治动员和舆论宣传的功用,使宣传新文化、新思想走向了高潮,有力地推动了社会各界对马克思主义的了解和认知,并表征出将马克思主义理论与救国救亡运动相结合的突出特点。随着马克思主义的广泛传播和上海工人运动的高涨,促成了上海共产党早期组织的成立,推动了中国共产主义运动的兴起。陈望道高度肯定五四运动对于提升先进分子以及民众的思想认识所发挥的作用,认为五四运动之后对新主张、新刊物有了更高的判别标准,而这准绳便是

---

① 一岑:《社会主义与中国》,《时事新报》副刊《学灯》,1919 年 4 月 1—2 日。

"马克思主义"①,高度认可了马克思主义科学方法和正确立场,因此可以更加精确地辨别而不再混称新旧。应该讲,五四运动在上海的发展乃是民族主义引领下的政治实践,且是全国革命运动的重要组成部分,有力促进上海马克思主义传播中心地位的形成,推动了新文化运动由民主与科学启蒙向马克思主义启蒙的升级与转变,成为"近代中国社会思潮第二波转向的历史标识"②,具体体现在以下方面:

其一,"三罢"斗争将五四运动在上海推向高潮。五四运动在上海的发展标志着中国的五四运动进入崭新阶段,为马克思主义传播转向更大范围创造了条件。上海民众始于1919年5月6日投入五四运动,从发表通电到集会声讨,从示威游行到抵制日货,有力打击了帝国主义和军阀的士气。随着斗争日趋激烈,上海爱国学生群体集会要求工商界罢工罢市的场面宏大激烈,诚如《英文沪报》所报道的场面:"雇员数千,皆游行于马路间。"③"六三"事件激发了全国人民的愤怒,上海的工人、学生、商界为此英勇举行"三罢"斗争,甚至使"整个城市因三罢而瘫痪"④。简言之,上海工人政治大罢工对全国的革命斗争予以配合和呼应,从而使爱国运动主力由学生转向工人,并由此推向新的高潮,以工人阶级为代表的上海人民在五四运动进程中贡献卓越。

中国工人阶级以独立姿态登上历史舞台发端于上海工人联合罢工,载入了中国工人运动的光辉史和中华民族英勇不屈的抗争史。1919年6月5日,五千余名上海沪西内外棉厂的工人率先罢工,高呼"万众一心,罢工救国"⑤的口号,认为同属工人阶级决不可对之漠视忽略,即"同此热血,同此天良,际此时期,奚能坐视"⑥,用行动支持并声援北京学生的爱国运动。上海棉厂工人的罢工不久便扩散机器、海员、铁路等工人群体,在较短时间内波及了近七万名上海产业工人,充分展现了上海工人阶级的联合力量。为此,上海中华工党面向产业工人发

①《谈马克思列宁主义在中国的胜利》,《陈望道文集》第1卷,浙江大学出版社2011年版,第284页。

② 齐卫平:《理解五四运动历史意义的四个向度》,《人民论坛·学术前沿》2019年第8期。

③ 上海社会科学院历史研究所编:《五四运动在上海史料选辑》,上海人民出版社1980年版,第296页。

④ [法]白吉尔:《上海史——走向现代之路》,王菊、赵念国译,上海社会科学院出版社2014年版,第131页。

⑤ 唐振常主编:《上海史》,上海人民出版社1989年版,第566页。

⑥ 中共上海市委党史研究室编:《中国共产党在上海(1921—1991)》,上海人民出版社1991年版,第6页。

出联合斗争的号召,倡议小工团主动向大工团联合,发表宣言分三个步骤实施计划,分别为:首先开展工人的游行示威活动,其次动员工界大罢工,再次便是"与野蛮的强权战"①,以上内容表明了上海工人阶级已从觉醒中奋起,初步拥有了摆脱资产阶级束缚、依靠自己意志与力量争取民族解放的意识。1919 年 7 月 1日,上海国民大会就解决救国问题展开讨论,诸多工界代表在现场建言献策,提出根本办法在于推翻旧的卖国政府,进而"另起炉灶,组织新政府"②,由此可见工人阶级觉悟的显著提升。持续近一周的罢工斗争,吸引了包括手工业工人、市政工人和店员在内近十万上海工人阶级的参与,促成了盛大且影响力广泛的上海"三罢"斗争的形成,表征中国工人阶级的独立姿态,在中国工人运动史上留下浓墨重彩的一笔。上海《字林西报》亦对此关注,报道了鼓动"出现于工人之中"③,表明上海工人阶级的觉悟和先锋意识显著提升。与此同时,"三罢"斗争亦使得工人阶级蕴藏的巨大力量首次得以凸显,由此吸引了上海初具共产主义思想先进分子的关注,逐渐产生将马克思主义与上海工人运动相结合的意识,进而抱以更大热情宣传马克思主义。

五四运动在上海的发展彰显了全民族的伟大力量,促进了思想界的进步。上海大中小学生罢课、商界罢市以及工人罢工形成了抗争合力,影响并汇聚至全国五四运动的强大革命洪流中,显著扩展成为以上海工人阶级、民族资产阶级以及广大民众共同参与的全国性革命运动。上海工商学报各界团体就反对签署和约发出通电,各界群众召开万人大会,高呼给北洋军阀政府施加压力的标语,为五四运动的胜利作出了贡献。马克思主义认为,"一定时代革命思想的存在是以革命阶级存在为前提的。"④根据马克思的这一论述,所达成的认知可作如下表达:五四运动在上海的发展提升了人民大众救国救民的觉悟,促使大众进一步认清了帝国主义的侵略本质,更大范围内动员更多革命力量,为马克思主义在上海传播汇聚更坚实的阶级基础。与此同时,上海工人阶级爱国主义热情和革命主力军作用的空前发挥,推动了马克思主义与工人运动的开拓性结合。

其二,上海共产党早期组织开启马克思主义与上海工人运动结合的实践之

---

① 上海社会科学院历史研究所编:《五四运动在上海史料选辑》,上海人民出版社 1980 年版,第 643 页。

② 《时事新报》,1919 年 7 月 2 日。参见沙健孙主编:《中国共产党史稿(1921—1949)》,中央文献出版社 2006 年版,第 185 页。

③ 彭明:《五四运动史》,人民出版社 1984 年版,第 331 页。

④ 《马克思恩格斯选集》第 1 卷,人民出版社 2012 年版,第 179 页。

路。五四时期，政治组织意识的普遍增长得益于五四运动的有力促进，更得益于马克思主义的思想指导以及马克思主义传播所造成的思想解放氛围，自然也是以中国工人阶级意识提升为前提的。受马克思主义的理论感召，陈独秀、李大钊萌生成立无产阶级政党的想法，于 1920 年 2 月讨论并着手开展建党的筹备工作。同年 3 月，共产国际代表维经斯基等人来中国，在上海与新青年社、星期评论社等代表座谈讨论建党问题。1920 年 8 月，在共产国际的推动下，陈独秀等人牵头成立了中国最早的共产主义组织——上海共产党早期组织，确立了"劳工专政、生产合作"①的简单纲领和行动方向，并指定《新青年》为机关刊物。上海共产党早期组织成立后，积极以报刊为载体宣传马克思主义，在知识分子与工人阶级、马克思主义与工人运动结合方面作出了积极探索，领导工会活动并组织工人运动，在马克思主义传播方面做了大量工作并产生积极影响，还通过写信、派专人指导以及具体组织等方式推动了其他地区共产党早期组织的成立，并促进建立全国性共产党组织条件的成熟，加速了中国共产党在上海的创建。

首先，依托《新青年》等报刊，加强马克思主义和苏俄革命宣传。一是改组《新青年》为机关刊物，积极打造宣传主阵地。1920 年 9 月，上海共产党早期组织成立后，《新青年》便被改组为机关刊物，刊载了列宁生平情况及其著作译文，向国人介绍列宁相关思想；设置"俄罗斯研究"专栏，发挥"树旗帜"②的作用，报道苏俄和十月革命情况，并在封面呈现地球图案，一方面表达遭受压迫的中国人民与苏俄人民联合的意思，另一方面彰显"全世界无产阶级的团结联合"③的意蕴，划清了刊物与资产阶级民主主义的界限，成为投身马克思主义事业的重要标志；还结合形势需要，开设了"关于社会主义的讨论"专栏，对无政府主义、基尔特社会主义等伪马克思主义加以驳斥与批判。据统计，从 1920 年 9 月至 1921 年 7 月间，《新青年》累计刊载了三十余篇讨论宣传马克思主义和社会主义的文章，提升了马克思主义的影响力。二是创办《共产党》月刊。为了丰富宣传载体，上海共产党早期组织利用俄国十月革命三周年纪念日的契机，于 1920 年 11 月 7 日创办了秘密发行的《共产党》月刊，发表《短言》传达办刊理念，向社会民

① 共青团中央青运史档案馆编：《中国青年运动纪事长编(1919—1949)》第 1 卷上册，中国青年出版社 2019 年版，第 31 页。
② 宁树藩、丁淦林：《关于上海马克思主义研究会活动的回忆——陈望道同志生前谈话记录》，《复旦大学学报》（社会科学版）1980 年第 3 期。
③ 《茅盾回忆录》（四），《新文学史料》第 4 辑，1979 年。

众宣扬"一切权都归劳动者执掌"①的主张,宣传列宁著作、共产党组织业务知识和苏俄建设经验等内容。李达担任了《共产党》月刊主编,集中力量批判思想界关于中国"无阶级"的观点,强调中国不仅存在着国际资产阶级和本土资产阶级,还存在着地主阶级和农民阶级的事实。以上例证通过论证中国阶级的存在及阶级斗争的严重性,正是为了说明中国的"社会改造"将采用革命手段的必然性和重要性。需要说明的是,批判无政府主义思想乃是《共产党》月刊的又一重要任务。为此,刊物专门发表了社论性《短言》阐述无政府主义思潮的漏洞与缺点,发表《无政府主义的解剖》等一批批驳文章,目的便是"针对无政府主义而发"②,其中有文章指出共产党主张劳农专政,乃是"实实在在从实际方面想出来的"③,奉劝无政府主义者切不可做无产阶级的敌人而做资产阶级的恩人,一定程度上提升了马克思主义影响力。三是创办《劳动界》。为了面向工人开展马克思主义宣传教育,上海共产党早期组织创办了《劳动界》周刊,号召工人团结起来作斗争。此外,上海《民国日报》副刊《觉悟》经由早期组织成员邵力子的努力,亦成为宣传马克思主义的又一阵地。在上海,在马克思主义先进理论的熏陶和指引下,早期组织领导改组了上海机器工会、印刷工会等新兴工会组织,为维护工人阶级利益以及拓展马克思主义宣传提供了新的平台。

其次,翻译出版《共产党宣言》等马克思列宁主义著作,起草制定了《中国共产党宣言》。就当时实际情况来说,一方面,五四运动加速了马克思主义的传播,但是到这一时期为止尚未有马克思主义著作的中文译本;另一方面,在宣传马克思主义实践以及筹办共产党早期组织过程中确实显现了马克思主义中译本匮乏的问题。为此,翻译出版马克思主义理论著作成为早期组织的重要工作之一。譬如,出版了一批马克思主义经典著作和译述类书籍,尤其是陈望道的《共产党宣言》中文全译本具有里程碑的意义,成为国人学习马克思主义的入门之作,在共产党员、知识分子以及进步青年中产生极大影响并发挥了引领性作用。又如,为了解决共产党员思想意识的统一等问题,草拟了《中国共产党宣言》,围绕铲除剥削制度、废除资产阶级政权、无产阶级专政的建立等多项目标愿景,而参照的样本便是《共产党宣言》。所制定的宣言,简明扼要阐述了马克思主义国家学说和无产阶级革命理论,明确提出要向工人阶级宣传马克思主义思想,依靠

---

① 《短言》,《共产党》第 1 号,1920 年 11 月 7 日。

② 中共中央马克思、恩格斯、列宁、斯大林著作编译局研究室:《五四时期期刊介绍》(第二集上册),生活·读书·新知三联书店 1959 年版,第 8 页。

③ 无懈:《夺取政权》,《共产党》第 5 号,1921 年 6 月 7 日。

工农群众进行无产阶级革命,开辟革命阵地进而建立无产阶级专政,强调要"组织一个无产阶级政党——共产党"①,且首次将《共产党宣言》与中国革命实际相结合,阐发了共产主义者的任务以及无产阶级专政的意义,第一次以文本的形式表达了中国共产党人的主张和目标。遗憾的是,这份内容言简意赅、通俗易懂的宣言并未公开发表,仅仅作为内部接纳党员的标准,某种意义上来说发挥了临时党纲的作用,但是亦作出了贡献,具体表现在"从思想上、理论上武装了各地小组成员"②,在早期党组织的活动宣传动员和自身组织建设等方面发挥了一定的功用。

再次,成立社会主义青年团和外国语学社,积极为革命工作培育骨干力量。首先,随着上海社会主义思想氛围的日益浓厚,以陈独秀、邵力子为代表的初具共产主义思想的先进分子,因倡导反对封建、拥抱新思潮吸引了众多进步青年向其靠拢。为了积极引导进步青年寻求真理,上海社会主义青年团于1920年8月成立,帮助和吸引更多进步青年投身社会革命事业。诚然,社会主义青年团成立初期的成员构成极其复杂,可谓是"马克思主义者也有、无政府主义者也有……莫名其妙的也有"③,并且团员思想的多元带来了意见上的诸多分歧,为日后的路径分化埋下了伏笔。其次,同年9月,在上海渔阳里6号创办了外国语学社,吸纳了由全国各地革命团体选派的近六十名进步学员前来学习,成为最早培养共产主义干部的培训班。根据统一安排,学员们在外国语学社学习语言和政治理论,在党的早期组织领导下参加工人运动和社会活动,协助开展纪念三八妇女节活动、协助华俄通讯社的收发校对工作等。随后不久,外国语学社推荐包括刘少奇在内的三十余名进步青年奔赴莫斯科,前往东方大学学习马克思列宁主义理论,为党组织培养了一批干部。简言之,在早期组织领导下,外国语学社、社会主义青年团等团体组织以多种方式培养了一批早期马克思主义者,为马克思主义传播事业培养了新生力量。

最后,指导中国其他地区建立共产党早期组织。在发起者上海共产主义早期组织的联络、指导和推动之下,北京、武汉等多个地区早期组织相继成立。陈独秀与李大钊、王乐平等人频繁通信,就北京、济南成立早期组织进行商讨。1920年秋,陈独秀委派李汉俊、刘伯垂赴武汉,指导成立了武汉共产党早期组

---

① 中共上海市委党史研究室编:《中国共产党在上海(1921—1991)》,上海人民出版社1991年版,第11页。

② 陈绍康编著:《上海共产主义小组》,知识出版社1988年版,第23—24页。

③ 共青团上海市委青运史研究组编印:《上海青运史资料》第1辑,1982年版,第8页。

织;1920 年底,陈独秀委托毛泽东从上海赴长沙,指导成立湖南共产党早期组织;与此同时,陈独秀亲自指导成立了广州共产党早期组织。与此相呼应的是,进步的海外留学生亦成立了共产党组织。在法国,陈独秀委托赵世炎、张申府在巴黎建立共产党组织,发展了周恩来、刘清扬等人入党,于 1921 年春组建巴黎共产主义小组;施存统等人建立了旅日共产党早期组织,他们亦是上海共产党早期组织成员。综观海内外早期共产党组织的建立,上海共产党早期组织不仅与之有千丝万缕的联系,且"在中国共产党的成立过程中起到不可替代的作用"①,推进了中国其他地区早期党组织的诞生以及全国性共产党组织成立条件的成熟。

每一次历史担当的背后承载着必然的因果关系,体现着历史演进的内在逻辑。五四运动的开展和马克思主义在上海的初步传播,为探索救国救民和改造社会的先进分子提供了观察社会的新武器。上海不仅集结了数量众多、革命性和战斗力强的工人阶级群体,还云集了初具共产主义思想且其他地区所不具备的知识分子群体,在中国共产党筹备时期提供了重要条件并发挥了极为重要的作用,担任了指导全国建立早期共产党组织的中心。在上海等各地共产党早期组织的共同努力之下,经由理论的奠基、信念的支撑、共产国际的催化等一系列过程,全国性共产党组织的成立条件日渐成熟,催化了中共一大于 1921 年 7 月在上海的召开,马克思主义传播由此进入崭新阶段,上海工人运动以及中国革命面貌亦迈向了新的进程。

其三,上海成为马克思主义传播中心的表征。上海因其具有最为集中的工人阶级、先进分子宣传群体、丰富的宣传阵地等因素,有效推动并初步实现了马克思主义与工人运动的结合,一举成为马克思主义在中国的传播中心。简言之,五四运动在上海的发展占据了开创性地位并作出了独特性贡献,因此上海成为五四时期马克思主义在中国传播中心有其历史的必然性,并突出表现为以下特征:

首先,上海工人阶级主体意识率先彰显。上海是近代以来中国工业化最早的区域,是工人阶级最为集中的地方,"在革命斗争中具有坚强的战斗力"②。就近代中国阶级结构而言,代表先进生产力的工人阶级是最为先进的阶级,亦是推动中国社会进步最有希望、最有前途的阶级,对于中华民族的伟大复兴有着天然

---

① 熊月之主编:《上海通史》第 7 卷,上海人民出版社 1999 年版,第 143 页。
② 丁守和、殷叙彝:《从五四启蒙运动到马克思主义的传播》,生活·读书·新知三联书店 1979 年版,第 13 页。

的责任和担当。五四运动期间，上海的工人阶级表现出强烈的爱国热情，发起了中国历史上首次政治大罢工，率先发挥了革命主力军作用，彰显了工人阶级主体意识。经过实践的洗礼，工人阶级进一步认清帝国主义及其军阀走狗的压迫本质，感受到自身联合斗争的力量，激发并提升了斗争意识和政治觉悟，迫切要求统一斗争以及统一思想的武器。与此同时，在斗争觉悟不断提升的前提下，上海的工会组织密集出现，联合斗争的罢工次数日益增多、规模扩大，导致工人阶级的政治意识日渐增强。

其次，上海马克思主义宣传群体初步形成。在马克思主义得以在中国广泛传播的背景下，马克思主义宣传群体处于成长之中，而在上海作为工人阶级最为集中的区域则更为显著。在上海，先进知识分子历经五四运动的洗礼，在马克思主义理论以及上海工人罢工盛大场面的感召下，从工人阶级身上看到了巨大革命力量，逐步提高了思想认识，实现由民主主义者向共产主义者的转变，日渐汇聚成一支马克思主义宣传的知识分子群体。他们当中比较有代表性的有，陈独秀于 1920 年 2 月秘密抵达上海，在工界、学界、文化界开展了一系列活动，调研工人阶级状况，积极开展革命宣传组织工作，发表了以《劳动者底觉悟》和《谈政治》为代表的一批文章，旗帜鲜明地加大马克思主义宣传。李汉俊、李达、陈望道等在日本学习研究过马克思主义的留学生陆续回到上海，开始从事马克思主义宣传工作。在日本，他们接触并研究了马克思主义，并在日本社会主义者的影响下逐步开始认同马克思主义，留学归国后译介一批马克思主义文章，为马克思主义的传播作出积极贡献，并成为上海地区早期马克思主义者。

再次，上海马克思主义宣传阵地不断扩大。马克思主义宣传阵地是在宣传马克思主义的过程中形成和发展起来的，同时又成为进一步传播马克思主义的重要阵地，这可见宣传阵地在马克思主义传播中有着不可或缺的位置。"五四"之后，一批宣传新思潮、新文化的杂志在上海创办，其中部分不乏具有宣传马克思主义的倾向，在宣传马克思主义方面发挥很大作用。譬如，随着陈独秀思想的转变，《新青年》自 1920 年之后成为上海宣传马克思主义的头号阵地。上海《民国日报》副刊《觉悟》译载了日本社会主义者的著作，介绍了十月革命后苏俄建设情况以及各式政略制度，登载了大量有关社会改造、社会主义、无产阶级专政等主题文章，成为宣传马克思主义的重要载体。国民党还指导创办了《星期评论》、《建设》杂志，亦刊登了宣传介绍马克思主义的文章，其中《星期评论》发布介绍研究社会主义和劳工运动方面的文章或介绍欧美、日本劳工运动的资料，而《建设》作为国民党的理论刊物在致力于宣传三民主义之时，刊登了马克思主义经济学说和唯物史观等方面的译文和阐释类文章,作为马克思主义传播的载体补充。除此之外,研究系的《时事新报》副刊《学灯》在宣传改良主义主张的同时,亦登载部分有关马克思主义文章,如《雇佣劳动与资本》、《马克思的唯物史观》等,在客观上为马克思主义传播起到推波助澜的作用。为此,瞿秋白描述上海的报刊在五四运动之后所发生的变化,认为当时与新文化有关联的报纸杂志,《新青年》和《星期评论》等大多刊登马克思主义以及无政府主义内容,且"用特别多篇幅讨论社会主义问题"①。因此,上海地区马克思主义宣传阵地的扩大,为进一步推进马克思主义在上海地区的传播以及使马克思主义在中国社会中具有话语权势创造了条件。

最后,马克思主义与上海工人运动的初步结合。上海之所以成为中国的马克思主义传播中心,固然是有着思想传播所需要的相关条件,但从根本上说乃是因为上海有着强大的工人阶级力量支撑,最早推进了马克思主义与工人运动的结合,使马克思主义在中国的工人阶级中生根发展,这同时又是马克思主义传播达到新一级阶段的显著标识。历经五四运动的实践洗礼,上海早期马克思主义者强烈意识到工人阶级所蕴藏的力量,开始了深入工厂、深入劳苦大众宣传马克思主义的尝试,提升工人觉悟,强化阶级意识,主动将马克思主义与工人运动相结合,这是上海成为马克思主义传播中心的重要表征。在陈独秀主持下,《新青年》第 7 卷第 6 号设置《劳动纪念号》,邀请蔡元培为之题名"劳工神圣",刊登工人劳动状况照片,积极关注劳工问题现状及走向。除了发表理论文章,陈独秀参与工人庆祝五一节筹备工作,担任上海中华工业协会牵头组织的"世界劳动节纪念大会"的顾问,并就"劳动者觉悟"主题发表讲演,对上海工人阶级提升阶级意识产生较大作用。李大钊发表文章向工人介绍五一劳动节以及欧美国家工人开展劳动节纪念活动情况,鼓舞工人士气,提升工人觉悟。陈独秀结合上海厚生纱厂实际,向工人通俗解释唯物史观和无产阶级专政理论,并运用剩余价值阐释了工人被剥削的根源,深化了工人对马克思主义理论的认识。值得强调的是,《觉悟》、《星期评论》等报刊皆开设了"劳动节纪念号",呼应配合《新青年》,形成报刊群集性宣传的阵势。1920 年 5 月 1 日,上海工人代表筹备五一节庆祝大会并发表了《上海工人宣言》,大肆宣扬"劳工神圣万岁"口号,提出了"三八制"

① 《社会主义运动在中国(1921 年)》,《瞿秋白文集·政治理论编》第 1 卷,人民出版社 2013 年版,第 289—290 页。

要求，鼓舞工人联合起来"一致努力团结，为制造幸福而奋斗"①，成为马克思主义与工人运动初步尝试的探索。简而言之，在陈独秀等人指导下，上海工人第一次组织纪念五一劳动节活动，成为早期马克思主义者将马克思主义理论与上海工人运动相结合的发端。

三、社团兴起、主义崛起与马克思主义在上海的流行

五四运动使中国迎来"社会改造"的时代，在此条件下为适应改造社会需求的各种社团应运而生，这在上海地区尤为显著。在"社会改造"语境下，社团的兴起、"主义"的崛起推动了马克思主义在上海的流行，即一方面社团的兴起为马克思主义在上海的流行培育了传播力量和受众群体；而另一方面"主义"的崛起为马克思主义在上海流行奠定了行进方向。时人周佛海为此发表看法："譬如社会主义，近来似觉成了一种口头禅；杂志报章，鼓吹不遗余力"②，描述了当时出版物谈论社会主义的状况，可见有关"主义"的讨论在上海已成为不可逆转的潮流。

首先，社团的兴起培育了传播力量和受众群体。组织社团不仅是新文化运动思想启蒙载体，也成为五四运动政治实践的重要平台。近代以来，上海与全国其他地区相比，因其特殊的地理位置优势最早受到西方民主、自由、平等观念的冲击，由此使其表现出较为明显的市民社会雏形，而上海的市民社会则成为组织培育社团的沃土，一时间具有上海特色的会馆公所、经济社团、政治社团、文化社团、群众社团、公益社团等社会组织发展尤为发达，上海因此成为近代中国主要政治组织的诞生和活动舞台。恰如时人所描述，大多数情况下工人的集聚引发了社团组织的诞生，如"有工人的地方如上海等处也添了许多中华协会、中华工会总会等种种机关"③，为工人运动的发展创造了条件。

五四时期的上海，林林总总的社团因"主义"的选择而分化，不同阶层、派别、群体站在不同的立场发动群众、争取力量进而发展为社团。一些进步社团将思想启蒙与政治实践相结合，努力传播马克思主义，凝聚一大批先进知识分子、进步青年和工人大众，形成一批具有共产主义觉悟的早期马克思主义者，为马克思主义在上海的流行培育了传播者和受众。在"劳工神圣"的感召下，宣扬工读

---

① 《上海工人宣言》，上海《民国日报》1920 年 5 月 3 日。
② 周佛海：《实现社会主义和发展实业》，《新青年》第 8 卷第 5 号，1921 年 1 月 1 日。
③ 罗家伦：《一年来我们学生运动底成功失败和将来应取的方针》，《新潮》第 2 卷第 4 号，1920 年 5 月。

互助、合作主义、基尔特社会主义、马克思主义等各类社团竞相在上海成立,如上海工读互助团、上海女子工读互助团、平民周刊社和沪滨伙友工读互助团等。最具代表性的是,新青年社创办的《新青年》成为上海共产党早期组织理论刊物产生了深远影响,其对民众的警醒作用得到毛泽东的充分肯定,在1945年中共七大预备会议上作《"七大"工作方针》报告时强调了《新青年》所发挥的重要作用:"被这个杂志和五四运动警醒起来的人,后头有一部分进了共产党"①,认为其突出地表现为帮助进步人士确立马克思主义信仰,为党组织的成立奠定了基础。李汉俊、李达、陈望道、俞秀松、施存统等期刊编辑及撰稿人成为中国共产主义运动的重要领军人物以及马克思主义在上海流行的重要推进主体。由此看来,在五四运动引领推动下,上海部分社团日益发展成为宣传马克思主义和培养马克思主义者的新平台。

报刊作为社团活动的重要舆论阵地,其主要撰稿人作为马克思主义传播者较早接受了马克思主义理论的灌输和洗礼,率先从民主主义者转变为具有共产主义信仰的马克思主义者,成为推动马克思主义在上海流行的重要力量。1920年3月,共产国际代表维经斯基在上海就中国的社会主义和社会改造问题,与新青年社、《星期评论》社、《时事新报》等负责人或撰稿人座谈讨论,参与其中的不少人士在后来均发展成为马克思主义的传播力量。应该说,社团的兴起为上海马克思主义的流行培育了传播主体和骨干力量,且大批读者在报刊的影响下逐渐认同接受马克思主义,成为共产主义的拥护者和追随者。历经五四运动政治实践的洗礼,一些先进的知识分子在马克思主义理论以及上海工人罢工的盛大场面的感召下,从工人阶级身上看到了巨大的革命力量,逐步改变了思想方向,实现由民主主义者向共产主义者的转变,日渐汇聚成一支致力于马克思主义宣传的知识分子群体,推动了马克思主义在上海的流行。以陈独秀为例,他牵头在上海成立马克思主义研究会,在上海工界、学界以及文化界开展调研活动,掌握工人、学生、知识分子等阶级状况,发表了《五四运动的精神是什么》《劳动者底觉悟》等文章,旗帜鲜明地宣传马克思主义,激发阶级觉悟,尤其是《谈政治》的发表,更是成为陈独秀从民主主义者转向马克思主义者的标志。为此,毛泽东充分肯定知识分子为马克思主义奔走呼号所作出的贡献,他强调在五四运动中,"起领导作用的是一些进步的知识分子"②。此外,李汉俊、李达、陈望道等留学

---

① 《毛泽东文集》第3卷,人民出版社1996年版,第294页。
② 《毛泽东文集》第2卷,人民出版社1993年版,第403页。

生陆续回到上海后,亦积极从事马克思主义宣传工作。总之,各类报刊介绍和传播马克思主义,成为启蒙教育和动员号召进步青年参与社会改造的重要阵地,影响并培养了一大批用马克思主义武装头脑的进步青年,为马克思主义在上海的流行增强了受众力量。以上简略的分析表明,社团及其创办的期刊是五四时期思想启蒙和政治实践的重要阵地,成为马克思主义在上海早期传播的重要载体,培养了一批社团领导者和期刊撰稿人,且他们当中的部分人从民主主义者转变为马克思主义者,为马克思主义在上海的流行培育了传播群体和受众力量。

其次,"主义"崛起为马克思主义在上海的流行奠定了行进方向。"主义"的流行和崛起是五四时期中国社会的显著特征,而近代上海是各种"主义"的集聚地和传播地,此类现象则尤为突出。"各色各样的'主义'蜂拥而入中国……化为众多中国人的言谈和文章"①,如杜威的"实验主义"、巴枯宁的"团体无政府主义"、罗素的"改良主义"、杜里舒的"新康德主义"、蒲鲁东的"社会无政府主义"和柯尔等人的"基尔特社会主义"等为代表的学说悉数登场、云涌纷争,可谓各有拥趸、竞相争鸣,吸引众多知识精英分子为之奔走相告,并在一定范围内相继自我实践。就此问题,曾参与新文化运动的周德之认为,自从各式主义来到了中国,中国人便纷纷沉迷其中,呈现出"眼前的中国,是充满'主义'的中国;眼前的中国民,是迷信'主义'的中国民"②的景象。在包容开放、知识分子集聚的上海,不同"主义"更是得以热烈讨论与宣扬,先进分子为此笔耕不辍,马克思主义在此氛围中得到了传播和推介。

诚然,五四时期上海诸多有识之士致力于"主义"的宣传呐喊,从形式上予以热情探讨,但是不乏一些人士缺少深入理解、探讨与研究,空谈、盲目、从众等特征比较显著,即"他们热烈地讨论主义和理想,却不曾仔细地作过研究。一般说来他们的概念都是粗浅而混乱。"③为此,瞿秋白认为,虽然当时社会的思想界抑或进步民众对社会主义产生兴趣并展开了热烈讨论,"社会主义的讨论,常常引起我们无限的兴味,然而社会主义流派,社会主义意义,都是纷乱,不是十分清晰的。"④《政衡》发表《防止过激派》的文章表达了对俄国过激派的防范态度,认为政府不应采取查禁书报的方式禁止布尔什维主义在中国的传播,否则等同于

---

① 陈旭麓:《近代中国社会的新陈代谢》,生活·读书·新知三联书店 2017 年版,第 399 页。
② 周德之:《为迷信"主义"者进一言》,《晨报副刊》1926 年 11 月 4 日。
③ [美]周策纵:《五四运动史》,陈永明等译,岳麓书社 1999 年版,第 323 页。
④ 《饿乡纪程》,《瞿秋白文集·文学篇》第 1 卷,人民文学出版社 1986 年版,第 34 页。

"适足以表扬他们的宗旨,和为他招广告有甚么分别?"①可见,针对当时的马克思主义传播氛围而言,"主义"的讨论与宣扬活跃了思想氛围,解放了人们眼界和思想,其允许赞成和支持的态度,也允许反对和批评的意见,还存在介绍模糊混乱的情形,不仅体现了上海思想自由的办刊理念和社会氛围,亦为马克思主义的讨论与宣扬创设了可能性空间,为马克思主义在上海的流行提供了重要前提。

五四时期,"中国处于此起彼伏的'社会改造'思潮之中,随之而起的五四运动开启了中国人对社会改造的认知与实践"②,包括马克思主义在内的各类社会主义学说在上海广泛传播,而先进知识分子对"主义"的认知解读,一开始"便与'社会改造'紧密联系在一起。"③无论是主张劳资调和基尔特社会主义,还是强调个人绝对自由、主张取消私有制、废除国家的无政府主义,抑或是平民合作主义等形形色色的主义派别,以寻求社会改造路径为旨归的"新思潮"、"新思想"、"新主义"的方式陆续登场,即"各种社会思潮传入中国,试图从开启民智出发引导传统中国学习西方进而寻求现代性这一新的价值观"④。学校、社团、学术团体大都有自身坚持的主义和立场,"谈主义的人,算是满坑满谷。没论你到什么学校,什么学术团体,和一切的社团,他们都有以主张什么派的主义"⑤,深刻影响着先进知识分子和广大民众。自然,"主义"在上海的传播并非一帆风顺,围绕是否需要"主义"、需要什么"主义"等问题历经了激烈交锋的过程,也正是在交锋中促进"主义"的流行与传播。无论如何,正是由于整个社会都沉浸在热情讨论"主义"的氛围中,一方面增进广大民众接触了解"主义"有关知识,另一方面推进激进分子在思想深处确立信仰,因此这种具有浓厚"主义"的社会环境便成为民众的文化底色,且"对日常生活起着'解释和操作'的作用"⑥。这种特殊状况下所普遍讨论和宣扬主义的社会文化底色,为马克思主义传播奠定了有效的思想土壤和文化语境。因此,马克思主义早期传播丰富了五四时期的"主义"内容,提升了"主义"内在质素,而"主义"在当时思想界崛起及其所造就的信仰意识和思想解放氛围也促进了马克思主义传播,二者双向互动、相互作用并共同

---

① 仙槎:《防止过激派》,《政衡》第 2 号,1920 年 4 月 1 日。

② 孙珊、曹景文:《五四时期"社会改造"思潮与中国共产党上海早期组织创建》,《江西社会科学》2021 年第 4 期。

③ 吴汉全:《五四时期"社会改造"话语与"主义"的崛起——纪念五四运动 100 周年》,《党史研究与教学》2019 年第 5 期。

④ 孙珊:《五四时期"主义"传播与中国式现代化道路的开启》,《云南社会科学》2023 年第 3 期。

⑤ 陆杰夫:《主义与人格》,《蜀评》第 2 期,1925 年 1 月 1 日。

⑥ 葛兆光:《中国思想史》上册,复旦大学出版社 2009 年版,第 14 页。

促进,构成了五四时期上海"主义"竞争的局面。

马克思主义在上海早期传播呈现了显著特色,即不断推进马克思主义"本土化"进程。可以说,马克思主义在推求比较中扎根,有力地促进了马克思主义在上海的传播并形成引领性的思想力量,成为当时上海思想衍化中最为重要的趋势,这自然离不开上海地区早期马克思主义者的主体性努力。以陈独秀为例,他历史地分析中国社会需要马克思主义的深层原因,一针见血地指出"我们士大夫阶级断然是没有革新希望的,生产劳动者又受了世界上无比的压迫,所以有输入马格斯社会主义底需要"①,阐发了马克思主义对于现实中国的重要性。事实证明,上海的思想界在经历"主义"的交锋与空谈之后,越来越多的进步人士认为改造中国不能游离社会主义之外,为此先进知识分子发出主义抉择的感慨,"我近对各种社会主义综合审谛,觉社会主义真为改造现世界对症之方。中国也不能外此"②,意识到"主义"诉诸实践与行动的重要性,还兴起了深入民间、深入工农群众,以"进行社会调查,从事实际运动"③的热潮。因而,马克思主义传入上海后与不同社会思潮的激荡交锋中,逐步彰显其思想伟力和真理魅力,并日益被更多进步人士接受认同,进而成为上海工人运动以及变革中国社会的指导思想。

在五四时期的上海思想界,不同理论的碰撞辩难成为考验其生命力的重要方式,同时也标志着思想文化领域中各种救国救民方案的不同选择,实际上也是关于先进知识分子关于中国社会道路的抉择。诸多思潮或在冲突碰撞中销声匿迹,或在思想斗争中凯歌行进,并在思想界形成其话语权势。马克思主义具有科学性和革命性,它是与各种思潮的互相辩论、争鸣,首先发生在各种思想集散地的上海。上海具有初步共产主义信仰的先进人士,经过反复比较和不断考量的过程,才最终选择了马克思主义,选择了科学社会主义,使马克思主义在推求比较中扎根于中华大地,进而为上海共产党早期组织的创立以及日后中共一大在上海的召开提供了思想基础。"主义"的崛起与马克思主义在上海的流行态势充分证明,社会的客观需要和个人的主体性努力,有机地统一在社会历史衍化的内在逻辑之中,进而使历史活动的创造彰显了一定的复杂性和生动性。

---

① 《陈独秀文集》第 2 卷,人民出版社 2013 年版,第 52 页。

② 中共中央文献研究室、中央档案馆编:《建党以来重要文献选编(1921—1949)》第 1 册,中央文献出版社 2011 年版,第 448 页。

③ 彭明:《五四运动史》,人民出版社 1984 年版,第 551 页。

四、思想界"论战"与马克思主义在上海话语权势的建立

列宁指出,马克思主义学说的诞生直接为教育和组织现代社会的先进阶级提供了服务,即"这一学说在其生命的途程中每走一步都得经过战斗"①,以上论述马克思主义自身发展的艰难性和曲折性,在上海思想界有关"主义"的论战中表现尤为明显。五四运动至中国共产党成立前这一时期的上海社会中,不仅各种"新思潮"的竞起,不同思路的思想流派亦自由争鸣、激烈论战,形成了思想竞争的多元互动局面。与当时其他思想流派相比,马克思主义的科学意识更加自觉、思想内涵更加深刻。在上海,一方面先进分子在介绍宣传马克思主义理论的同时,结合中国社会状况和中国革命的实际需要,表达了有关中国政治经济、改造社会的见解与主张;另一方面则是不同政党、不同派别、不同阶级的人士亦在思想界纷纷出场,基于自身立场而对马克思主义、社会主义作出不同的认知、解读和阐释,根据自身的需要表达各自不同的思想诉求、政治理想。因此,马克思主义在上海的早期传播并非一片坦途,其进程中遭遇各种反马克思主义思潮挑战,始终伴随着与改良主义、无政府主义等思潮的交锋辩驳。由于论争的主战场在上海,意味着马克思主义四面出击驳斥的主体性力量主要来自上海。上海地区的思想论争引起了思想界的交流与碰撞,并在中国思想界产生积极而强烈的反响,而"每次论战都有一方明显获胜,并在经过逐渐进步的过程,最后到达马克思主义的胜利"②。简言之,思想界的一系列论战使得上海早期马克思主义者积极行动起来,运用科学的思想和方法对反马克思主义思潮进行批驳和反击,提升了马克思主义优势并逐步确立马克思主义在上海思想界主导地位,树立马克思主义话语权势,有力促进了马克思主义在上海的广泛传播。

首先,问题与主义之争成为"点滴改良"与"根本革命"的斗争较量。五四运动的深入开展使得各类社会主义思潮成为热门话题,马克思主义在中国的影响迅速扩大,由此受到以胡适为代表的资产阶级改良派所提倡的实用主义的批判与攻击。1919 年 7 月,《每周评论》发表了胡适的《多研究些问题,少谈些主义》,率先拉开"问题与主义"的论争序幕。胡适立场鲜明地反对高谈主义,主张以研究具体问题为方法,提倡用改良主义取代马克思主义提倡的革命,认为"空

---

① 《列宁选集》第 2 卷,人民出版社 1955 年版,第 1 页。

② ［美］费正清:《剑桥中华民国史(1912—1949)》上卷,杨品泉等译,中国社会科学出版社 1994 年版,第 423 页。

谈好听的'主义'，是极容易的事，是阿猫阿狗都能做的事"①，发出解决问题的号召，"不要高谈这种主义如何新奇，那种主义如何奥妙"②，奉劝思想界不要花太多精力高谈、空谈主义，强调解决问题的重要性。胡适的文章发表后，李大钊立即发表《再论问题与主义》进行反击，运用唯物史观基本原理捍卫马克思主义，与胡适展开学理之辩，展开马克思主义在中国传播过程中与改良主义的思想交锋。李大钊在回应"空谈主义"如是说，"一个社会主义者，为使他的主义在世界上发生一些影响，必须研究怎么可以把他的理想尽量应用于环绕着他的实境"③，强调具有实践性的马克思主义应是革命行动的指南以及将主义付诸实践的重要性。而针对胡适反对社会革命的态度，李大钊阐释了主义指导与问题解决之间的关系，即社会问题的解决必然需要主义的正确指导，还取决于大多数人旨向共同目标的行动，而宣扬主义的意义正是在于动员和号召大多数人统一思想，向着共同目标而努力。可见，李大钊坚定主张以革命的方式实现问题的"根本解决"，重申中国社会唯有先解决最基础的经济问题，并以此作为解决其他问题的前提。

随着论战的展开，胡适此后围绕"问题与主义"主题陆续发表辩护文章《三论问题与主义》、《四论问题与主义》，以反对迷信盲从、提倡独立思考为由，不赞成马克思主义的社会革命，主张对中国社会实行改良主义。接连发表的论战文章进一步证明胡适的真正意图并非满足于对何种主义的引进，而是以何种主义为信仰。在当时条件下，胡适所倡导的改良主张受到不少青年的青睐，一时成立了各式各样的"问题研究会"，同时期的杜威访华更是让实验主义盛极一时，受到部分人士的追捧。1919年底，李大钊撰写了《由经济上解释中国近代思想变动的原因》一文，立场鲜明地提出新思想产生的原因正是在于中国社会经济状况发生变化，由此进一步证明符合时代需求是马克思主义传播进程不可忽视的因素。

这场"问题与主义"之争的实质在于新文化阵营内不同派别对中国社会改造方法的讨论，厘清了马克思主义视域下的"革命"与资产阶级视域下的"改良"之间的本质区别。论战在进一步明确双方选择主义和立场的同时，反而促使越来越多的先进分子选择了马克思主义，同时引起了早期马克思主义者对调查中

---

① 胡适：《多研究些问题，少谈些主义》，《每周评论》第31号，1919年7月20日。

② 中共中央党史研究室：《中国共产党历史（1921—1949）》第一卷上册，中共党史出版社2011年版，第51—52页。

③ 李大钊：《再论问题与主义》，《每周评论》第35号，1919年8月7日。

国实际问题的重视,引领他们更加注重理想与现实的结合。马克思主义在论战中展示的雄辩学理,焕发出真理本身旺盛的生命力特征。尽管这种关于"问题与主义"的论战不是发生在上海,但关于"主义"的认知在上海有很重要的体现,且上海地区先进知识分子对于"问题与主义"的争论给予了积极回应。上海的知识界此时业已关注"主义"与"时代"的关系。以邵力子为例,他认为每一种主义都是时代的产物,"凡提倡某种主义,或为某种主义鼓吹,而能使社会蒙其影响的,必此主义能适应时代底潮流"①。需要注意的是,此时在上海的沈玄庐业已接受马克思主义基本观点,于1919年9月在《民国日报》副刊《觉悟》发表《主义与时代》一文,揭示了"主义"对于解决问题具有优先地位的事实,认为问题研究的前提要以学理作为根据,故而"在各种问题研究的前头,须为各种主义的研究"②,开列了"十个主义"③作为必须注重研究的主义,可见"主义"研究所处的优先地位。更为重要的是,在共产党早期组织起草的《中国共产党宣言》中,阐述了实现中国革命成功的目标,提出了唯有向"工人、农民、士兵、水手、学生宣传共产主义思想、目的、任务"④的路径,可见"主义"宣传的至关重要性以及对宣传工作的重视程度。需要指出的是,上海早期马克思主义者吸收了反对派观点中的正确和有益成分,在日后的马克思主义宣传、研究与实践中更加注意与实际问题的结合,为马克思主义更广泛的传播奠定基础。

其次,科学社会主义与基尔特社会主义之间有关"社会革命"和"社会主义"的何以可能之争。发生在上海的"社会主义论战",乃是"五四"后中国思想界的重要现象,有着特定的思想背景。十月革命的胜利不仅打开了国人的眼界,还使得"社会主义"成为当时的时髦话题。但是,有关社会主义是否适合中国国情的土壤,成为当时人们关注的重要问题之一。发端于1920年的社会主义论战是在真伪马克思主义者之间的论战,尤其是进入实践阶段后,马克思主义在上海的传播遭遇到基尔特社会主义的阻碍。所谓基尔特主义,即一种主张劳资合作的资产阶级改良主义学说,其本质是鼓吹改良的社会主义。随着上海等地共产党早期组织相继酝酿成立,以张东荪、梁启超为代表的基尔特社会主义者以《解放与

① 邵力子:《主义与时代》,上海《民国日报》副刊《觉悟》,1920年12月21日。
② 陶水木编:《沈定一集》上卷,国家图书馆出版社2010年版,第147页。
③ 十个主义分别为:哲学上之主义;伦理上之主义;教育上之主义;宗教上之主义;文学上之主义;美术上之主义;政治上之主义;经济上之主义;法律上之主义;科学上之规律主义。
④ 《中国共产党宣言》,中央档案馆编:《中国共产党第一次代表大会档案资料》,人民出版社1982年版,第1页。

改造》为阵地,大力宣传基尔特社会主义,反对无产阶级专政,由此掀起了一场有关社会主义的论争。

以张东荪为代表的研究系①鼓吹劳资调和的基尔特社会主义,公开宣传发展实业乃是中国当务之急,创办了《社会主义研究》期刊,以上海出版的《时事新报》和《改造》期刊为阵地专门用以宣传基尔特社会主义。张东荪发表《我们为什么讲社会主义》和《为促进工界自觉者进一言》等文章,宣传基尔特社会主义"渐进改革而非主张革命"的思想。梁启超、张东荪反对在中国建立工人阶级政党,在《时事新报》和《改造》等报刊发表文章,以鼓吹"资本主义必倒,社会主义必兴"②为幌子,强调社会主义不适合中国国情,主张中国的出路为资本主义。为了加大罗素社会改良论的宣传,在上海积极参与五四运动的张东荪于1920年11月在《时事新报》发表了《由内地旅行而得之又一教训》一文,主张选择改良主义道路,宣传罗素的"中国除开发实业以外无以自立"③等主张,对阶级斗争学说提出批评和反对的态度,认为欧美现成的社会主义不适合中国国情。随后,又以《现在与将来》为题,阐述了基尔特社会主义的主要观点,进一步论证改良主义思想,鼓吹改良主义道路。就此问题,梁启超发表《复张东荪书论社会主义运动》表达支持张东荪改良主义思想的态度。梁启超、张东荪等改良主义者认为当时的中国过于落后并未有真正意义上的劳动者,建设劳动阶级的国家无从谈起,因此在中国"真的劳农革命决不会发生"④,而要实现资本主义必倒而社会主义必兴的愿景,则需要依靠发展实业进而发展资本主义。由此看出,基尔特社会主义者打着社会主义旗号,主张在中国发展教育和实业,其实质乃是发展改良的资本主义。

面对基尔特色社会主义的强势来袭,以陈独秀、李达、邵力子、陈望道为代表的上海共产党早期组织成员纷纷在《新青年》、《共产党》等刊物发表文章予以反击和批判,逐一批驳张东荪、梁启超等人反社会主义的观点和言论。其中较为典

---

① 研究系是以梁启超为首的一个政派,其前身是袁世凯执政时的进步党。成员主要是清末的立宪派分子,一贯执行改良主义政策,实际上起了维护北洋军阀统治的作用。在五四运动以后,这一派中的一部分人开始假借社会主义之名来反对社会主义,以后便发展成张君劢、张东荪为首的"国家社会党"即"民社党"。

② 中共一大会址纪念馆编:《中共一大代表早期文稿选编(1917年11月—1923年7月)》下册,上海人民出版社2011年版,第1487页。

③ 中共上海市委党史研究室编:《中国共产党上海史》(1920—1949),上海人民出版社1999年版,第55页。

④ 东荪:《现在与将来》,《改造》第3卷第4号,1920年12月15日。

型的是,李汉俊发表长篇论文《浑朴的社会主义底特别的劳动意见》对反社会主义观点予以反击,成为马克思主义与基尔特社会主义论战的发端。随后,陈独秀的《社会主义批评》、李达的《讨论社会主义并质梁任公》、施存统的《马克思底共产主义》以及蔡和森的《马克思学说与中国无产阶级》等一系列反驳文章将这场论争推向高潮。早期马克思主义者大多认为,中国虽经济落后,但是无产阶级及其遭受压迫是客观存在的事实,必须通过组织革命团体等方式进行挽救,并明确表明中国的出路则在于放弃资本主义而选择社会主义,提倡联合人民大众,进行社会革命。此后,陈独秀以"关于社会主义的讨论"为专题在《新青年》集中刊登论战文章,进一步扩大了社会主义在民众中的影响。简言之,以陈独秀为代表的早期马克思主义者坚持科学社会主义道路,认为改良之路不适合中国国情,强调要建立无产阶级政党,并通过阶级斗争的手段获取无产阶级政权,进而逐步解决中国社会的贫穷落后等问题。

这场有关"社会主义"的论战可谓又一次"思想大碰撞和大清洗"①,关乎资本主义和社会主义、改良道路和革命道路抉择的思想争锋。双方的分歧在于讨论中国是否有实行社会主义的阶级基础、究竟是通过社会主义还是资本主义发展实业以及以何种态度对待资本家等问题。上海早期马克思主义者对基尔特社会主义者的主张逐一驳斥并指出:一是在不改变旧经济、旧政治制度的情况下,采用社会改良的方式复兴国家只是空想,中国要在社会主义制度下有组织、有秩序地发展实业;二是中国虽然经济落后,但无产阶级的客观存在是不争的事实,要坚决以革命手段推翻资产阶级。总体来看,通过这场有关"社会主义"的论战,进一步明晰了科学社会主义与资产阶级伪社会主义的界限,推动了马克思主义科学社会主义在上海进步思想界的主流地位。随着论战的结束,基尔特社会主义逐渐淡出人们的视野,并被埋没于历史长河之中,社会主义日渐在思想界占有话语权势。譬如,这场论战的主要人物张东荪尽管在思想深处并不信仰科学社会主义,而是信仰基尔特社会主义,但其论战结束后于1922年发表的《社会改造与政治势力》一文彰显他态度的转变,在"社会改造"视域中认知社会主义,将社会主义与社会制度变革等方面联系起来,认为"相信惟有革命,社会主义才能达到"②,提出反对革命即反对社会主义的实现,将革命置于首要地位。纵观张

① 唐宝林主编:《马克思主义在中国100年》,安徽人民出版社1997年版,第120页。
② 张东荪:《社会改造与政治势力》,《时事新报》副刊《社会主义研究》第12号,1922年1月6日。

东荪对社会主义的态度,有着从反对"破坏现在的制度"到主张通过革命手段借以取代现有的"私有制度、资本制度"的言说变化,这显然是与社会主义在当时所形成的话语权势有关。总体说来关于"社会主义"的论争极大地提升了马克思主义的影响力。

最后,马克思主义与无政府主义的论争成为无产阶级专政学说的取舍捍卫之争。五四时期的上海地区是各种思想交汇之地,尤其是无政府主义思潮在上海传入时间早于马克思主义,因其代表被压迫小资产阶级的要求受人追捧且有着较大市场,并一度在反封建和反军阀斗争中起到积极作用继而得到快速发展,亦成为马克思主义早期传播进程中的主要思想障碍。无政府主义者反对国家权威和暴力革命,推崇个人主义与绝对自由,在生产方式上主张自由联合,在分配方式上主张各取所需,并将无产阶级专政视为个人独裁。在上海,以黄凌霜、区声白、郑宗贤、郑太朴等为代表的无政府主义者,相继发表《我们反对布尔扎维克》、《为什么反对布尔扎维克》等文章攻击马克思列宁主义,产生了负面作用和恶劣影响,阻碍了马克思主义的传播。

无产阶级专政理论是马克思主义科学社会主义的核心内容,并且也是判断五四时期进步知识分子是否是"早期马克思主义者"的重要依据。[①] 面对无政府主义者的进攻,上海早期马克思主义者以无产阶级专政思想批驳无政府主义的反动观点,与无政府主义者展开了激烈论争。1920 年 9 月,陈独秀在《新青年》发表《谈政治》一文,运用唯物史观阐释马克思主义国家学说,批评了无政府主义者反对国家、反对政治、反对强权的极端态度,批判了无政府主义纲领,揭露了无政府主义庇护资产阶级的事实,"天天不要国家、政治、法律,天天空想自由组织的出现,就是再过一万年,那被压迫的劳动阶级也没有翻身的机会"[②],强调强力革命和阶级斗争对于中国社会的重要性。1921 年 9 月,《新青年》9 卷 4 号"无政府主义讨论"专辑,刊载陈独秀与无政府主义者论战的往来长函,论及了无政府主义者是资产阶级利益代表的实质。遗憾的是,由于处于马克思主义传播初期,陈独秀等人对马克思主义理论的掌握不可避免地存在一定程度的欠缺,论战中的部分言论经常性沦为一些形式上的烦琐议论,甚至其中不乏混杂资产阶级民主主义的观点,但论战在一定程度上提升了马克思主义的影响力乃是不

[①] 中国学术界研究五四时期"早期马克思主义者"这个范畴过程中业已形成基本共识,认为只有承认阶级斗争并主张无产阶级专政的,才能归类到"早期马克思主义者"的范畴。因此,"主张无产阶级专政"与否成为判别是否是"早期马克思主义者"的重要依据。

[②] 陈独秀:《谈政治》,《新青年》第 8 卷第 1 号,1920 年 9 月 1 日。

可否认的事实。

　　在马克思主义者与无政府主义者的论争中,双方主要围绕无产阶级专政、组织纪律、生产分配方式、斗争手段以及建党等一系列问题展开激辩。李达、施存统等上海早期马克思主义者,以《新青年》和《共产党》月刊为阵地发表文章,对无政府主义者进行反击,阐释马克思主义国家学说和阶级斗争学说,强调建立国家的意义并非在于树立无产阶级特权,而在于"拿国家废除一切阶级"①,从不同维度对无政府主义倡导的空谈自由平等、否认无产阶级专政等谬论进行批判,指出无产阶级专政是"人类生产力发达到一定程度,被掠夺的生产者从资产阶级的高压中解放出来的唯一必然手段"②,以此阐述彰显马克思主义科学社会主义的优越性。就此问题,陈独秀亦阐述了建立无产阶级政党的重要性,认为社会革命中"非有一个强大的共产党做无产阶级的先锋队与指导者不可"③,指明共产党在无产阶级革命中的领导作用。此外,上海早期马克思主义者撰写文章对无政府主义理论的根源进行剖析,揭露无政府主义的实质即为个人主义,如认为基于协调统治被支配阶级的情况下,资产阶级和无产阶级均有自身的"德谟克拉西"④,阐明无产阶级专政即对敌人专政、对本阶级民主的实际状况,进一步在读者中明晰了无产阶级专政学说的实质。

　　从实际看论战方两侧便可以发现,一边是无政府主义者反对强权,主张个人绝对自由,提倡按需分配,体现一种小资产阶级的理想主义思想;一边是马克思主义者坚持通过无产阶级专政保护劳苦大众利益,坚持按劳分配,认为个人的绝对自由根本不存在。中国共产党的创建前期,无政府主义者是党的统战盟友。苏俄、共产国际最早也将无政府主义者视为合作对象,俄共(布)党员斯托扬诺维奇与无政府主义者联系,参加中共早期组织的工作。随着论争的加剧,无政府主义者与马克思主义者之间的分歧显见端倪,如李达认为应将无政府主义者视作朋友而非同志,这是由于"无政府党要推倒资本主义,所以是我们的朋友。无政府党虽然要想绝灭资本主义,可是没有手段,而且反不免有姑息的地方,所以不是我们的同志。"⑤总之,通过论战进一步明晰了马克思主义与无政府主义的思想差别,部分工人逐渐对无政府主义失去热情和兴趣,部分激进的民主主义者

---

① 施存统:《我们要怎样干社会革命》,《共产党》第 5 号,1921 年 5 月。
② 《〈共产党宣言〉的后序》,《先驱》第 3 期,1922 年 2 月 15 日。
③ 《无产阶级专政》,《新青年》第 9 卷第 6 号,1922 年 3 月。
④ 新凯:《再论社会主义与基尔特社会主义》,《新青年》第 9 卷第 6 号,1922 年 7 月 1 日。
⑤ 江春:《无政府主义之解剖》,《共产党》第 4 号,1921 年 5 月 7 日。

以及受到无政府主义影响的革命者开始与无政府主义划清界限，部分人士陆续转向并集结在马克思主义旗帜下。这场发生在中国共产党成立之前的重要论战，宣传和捍卫了科学社会主义，推动部分革命民主主义者向马克思主义者的转变，一定程度上纯洁了共产党人的革命队伍，进一步为中国共产党的成立扫除思想和理论上的障碍。随着马克思主义在上海的传播以及进入反帝反封建的实践领域，无政府主义的空想性逐渐显露，甚至出现几乎没有无政府主义团体可以继续维持的局面。

关于上海地区马克思主义与无政府主义之间的斗争，还可以上海《民国日报》副刊《觉悟》作个案说明。《觉悟》于1920年掀起有关"强权卫公理"的讨论，成为早期马克思主义者与无政府主义者的一次较量。同年5月23日，《觉悟》发表了题为《不要再做强国梦》一文，认为平民政治应作为社会主义盛行的结果，事实上劳农政府所实行的政策举措如同军国主义，站在无政府主义立场否认一切强权并指出："社会主义盛行，平民政治自兴，劳农政府底行为目的，何尝是军国主义？然而所向无敌，四方响应，世界各国，也不能不承认他。究竟是强权呢？还是公理？"[1]此文一经发表，立即引起诸多读者不满，随即于5月25日发表《强国的解释》，对否认"强权"的观点进行反驳，认为俄国正是用"强权"来捍卫公理，提出布尔什维克拒绝苦战必将被别国其他武力消灭，故而"假如他们不去苦战，布尔什维克就要被别国的武力扑灭。他们有作战的强权，布尔什维克才能实现于俄国"[2]。由此，在《觉悟》兴起关于"强权是否必要"的讨论。其后，亦有《我的"拥护公理"观》、《怎样拥护公理？强国应否提倡》和《怎样拥护公理？强国应否提倡》等相关文章[3]发表以继续这场讨论。争论的一方是从人道主义与和平主义的观点来理解"强权"，认为一切"强权"皆是坏的，公理只能以公理来捍卫；另一方则强调"强权"是一种实力、一种物质性的力量，所谓"强权卫公理"是说公理需要有物质性力量去维护，并不是迷信武力。"这一场论战，谁是谁非，没有得出明确的结论，但可以看出，主张后一种见解的人在对'强权'

---

① 曹乾元：《不要再做强国梦》，上海《民国日报》副刊《觉悟》，1920年5月23日。

② 天放：《"强国"的解释（怎样能拥护公理？）——天放致力子》，上海《民国日报》副刊《觉悟》，1920年5月25日。

③ 《"提倡强国"的反对声：李绰致天放》（李绰，《觉悟》1920年5月28日）、《"强国"应否提倡的辩论（一）》（李绰、天放，《觉悟》1920年6月2日）、《"强国"应否提倡的辩论（二）》（翠英、天放，《觉悟》1920年6月2日）、《"强权卫公理"的解释（一）》（天放致李绰，《觉悟》1920年6月5日）、《"强权卫公理"的解释（二）》（天放致翠英，《觉悟》1920年6月5日）、《强权卫公理的辩论》（李绰致天放，《觉悟》1920年6月9日）等文章。

的看法上,是唯物主义的,比起前一派人的无政府主义的片面的高调来,更为切合实际,也就更有说服力。"①

在 1921 年间,上海《民国日报》副刊《觉悟》对无政府主义进行批判,不仅使无产阶级国家与资产阶级国家得以区分,而且也坚定了民众追求无产阶级专政的信念。事情的起因是,提倡"中国式的无政府主义"的郑太朴在《觉悟》上发表文章,认为"中国人天性上对于政治无兴味,不觉得有政治的必要"②,故而不能依据马克思主义在中国行使中央集权建立劳农专政。于是,一场关于建立无产阶级专政的辩论拉开帷幕。而赞成无产阶级专政一方的观点认为,"政治的独裁,是无产阶级为贯彻阶级斗争,消灭一切阶级起见,自己起来组成一个阶级,用团体的利压伏反对阶级的意思。"③为此,施存统发表文章再次宣布,自己所信仰的马克思主义即为布尔什维克主义,阐发了最终目的和近期手段分别为"共产社会和劳农专政"④。不难看出,上海地区早期马克思主义者在反击无政府主义者的斗争中,有着正本清源的思想诉求,并表现出一定的思想坚决性以及果敢勇猛的精神。

反对无政府主义的斗争具有五四时期思想衍化的必然性,而上海地区早期马克思主义者的出击正是顺应了思想发展的潮流。就思想类别来说,无政府主义在五四时期是广义社会主义阵营内对抗马克思主义的一支劲旅,反对无政府主义成为推进马克思主义科学社会主义思想发展的重要任务。无政府主义者基于否认"一切强权"的理念,对于运用阶级斗争手段来夺取政权借以达致"社会改造"的路径未表现出任何兴趣,相反却对工团主义所倡导的总同盟罢工,表示出十足的信心,号召全国各业劳动者要联合起来,向着罢工的目标一致行动,"那时的资本制度,马上就要瓦解"⑤,认为工人农民等群体届时可自由生产、自由分配。这说明,无政府主义者在有关"革命"的问题上,业已成为马克思主义者所必须反对的对象,否则就不可能在上海乃至中国形成科学社会主义的话语权势。在上海早期马克思主义者中,不少人早年曾是无政府主义者,大致反映五四时期"先进知识分子"的最初状态,然而经历了思想论争后不断巩固了马克思

---

① 中共中央马克思、恩格斯、列宁、斯大林著作编译局研究室:《五四时期期刊介绍》(第一集上册),生活·读书·新知三联书店 1959 年版,第 191 页。
② 太朴:《太朴答存统底信》,上海《民国日报》副刊《觉悟》,1921 年 5 月 18 日。
③ 施存统:《第四阶级独裁政治底研究》,上海《民国日报》副刊《觉悟》,1921 年 7 月 21 日。
④ 光亮:《再与太朴论主义底选择》,上海《民国日报》副刊《觉悟》,1921 年 7 月 31 日。
⑤ 初:《罢工的意义》,《劳动者》第 6 号,1920 年 12 月 5 日。

主义思想阵营。

诚然，事物的两面性特征要求一分为二地看待问题和分析问题，因此对于五四时期三次重要的思想论争，须在马克思主义辩证唯物主义框架下加以评析。上海早期马克思主义者在与非马克思主义者的激战交锋中，以唯物史观、剩余价值学说、无产阶级专政等内容为理论武器，极大地捍卫并传播了马克思主义，亦即"主义"的交锋为马克思主义的传播带来了曲解、阻碍与曲折，同时也推动了进步知识分子队伍的分裂，促进了进步分子在对"主义"的推求比较中选择了马克思主义，进而对马克思主义持以坚定的信仰态度。历经五四运动的洗礼，宣传与研究社会主义逐渐成为上海进步思想界的主流。以上海早期马克思主义者为主要参与队伍的三次论争，主要集中在"要不要主义"、"要不要社会革命"、"要不要无产阶级专政"等三个命题进行思想竞争，促使马克思主义在与形形色色思想流派的论争激战中不断阐发真理的要义，在论争中得到广泛传播，在竞争中得以迅速发展。激烈的论争基本在以下问题中达成了共识：一是要解决中国问题，离不开马克思列宁主义的指导；二是选择俄国十月革命夺取政权是中国的根本出路；三是必须通过无产阶级专政，建立无产阶级政党，且中国业已具备成立无产阶级政党的条件。不可否认的是，"改良"的基尔特主义、"互助"的无政府主义、"革命"的马克思主义之间的论争体现了时人在理论上一定程度的"幼稚"，具体则表现为对理论把握的浅显、对中国实际状况掌握的欠缺。纵然如此，论战所受到的欢迎需归功于上海先进知识分子对马克思主义这一救亡图存的思想武器所产生的普遍兴趣，在此基础上通过激烈的论战将兴趣进一步强化，进而促进马克思主义在斗争中取得新的进展并在中国不断走向深远，印证了"正确的东西总是在同错误的东西作斗争的过程中发展起来"①的道理。

概而言之，马克思主义传播中心的地位得益于上海地区所具备的独特性条件，实际上乃是近代以来中国社会演进内在逻辑的突出表征，这其中彰显着特定的思想传播规律。从1920年初至1921年7月中共一大召开前，上海早期马克思主义者激发了对新的理念下中国革命问题的议论思考，初步尝试和探索马克思主义与工人运动的结合实践，坚毅果敢地与各种反马克思主义观点进行对抗和激战，并积极筹备建立上海共产党早期组织，为中共一大的召开奠定了思想基础和理论准备，在理论和实践的双重逻辑中丰富了伟大建党精神的内涵。

---

① 《毛泽东文集》第7卷，人民出版社1999年版，第230页。

第三节　作为变革社会"新主义"的深入
传播(1921.7—1927.7)

恩格斯深刻指出无产阶级组建政党的重要性,认为"无产阶级要在决定关头强大到足以取得胜利,就必须组成一个不同于其他所有政党并与它们对立的特殊政党,一个自觉的阶级政党"[①]。十月革命和五四运动促进了马克思主义在上海的广泛传播,并推进了马克思主义理论与工人运动的初步结合,尤其是一大批先进知识分子在马克思主义传播过程中不断改造和提升自己,经过理论的熏陶以及重大论战的洗礼,逐步确立了共产主义信仰,为中国共产党在上海的诞生提供了思想基础、人才条件和组织准备。马克思主义所具有鲜明的革命性和实践性品格,将马克思理论与工人运动实践相结合成为这一阶段传播工作的重要特征。上海早期马克思主义者用马克思主义立场、观点、方法解剖国情、探索革命实践,虽对马克思主义理论的把握尚未精准到位,甚至还会出现浅显粗糙的情形,但是他们始终坚持共产主义立场,代表五四运动的前进方向,开创了马克思主义传播新局面,推动中国共产党的成立以及中共一大的召开。中国共产党在上海成立以后,马克思主义被有组织有计划地进行广泛宣传,不仅彰显出马克思主义的革命精神和实践本质,扩大了马克思主义在上海思想界中的地位,提升了马克思主义对中国社会运行状况的诠释能力,马克思主义"革命话语"在上海乃至中国得以巩固和发展,使马克思主义赢得越来越多民众的支持并在民众思想意识中的地位与日俱增,这就为马克思主义与中国革命实践的结合打下了基础,并促使都市的红色革命传播如火如荼地开展,推动革命的洪流不断冲破历史的桎梏。

一、中国共产党创立与马克思主义的宣传

习近平总书记在浦东开发开放 30 周年庆祝大会讲话中指出,"上海是中国共产党诞生地"[②]。究其本源,中国共产党在上海的成立并非偶然,与马克思主义在上海得以广泛而深入的传播紧密关联,与马克思主义与上海工人运动的结合密切相关,在中国乃至世界历史上写下了开天辟地和浓墨重彩的篇章。中国

---

① 《马克思恩格斯选集》第 4 卷,人民出版社 2012 年版,第 592 页。
② 习近平:《在浦东开发开放 30 周年庆祝大会上的讲话》,《人民日报》2020 年 11 月 13 日。

共产党第一次全国代表大会于 1921 年 7 月 23 日在上海的树德里庄严开幕,以列宁创建的布尔什维克党为榜样建立了中国共产党,此举印证了列宁的预言:"由于在中国将出现许多个上海,无产阶级将日益成长起来。它一定会建立这样或那样的中国社会民主工党。"①由此,在近代中国革命进程中,以马克思主义为思想和行动指南的无产阶级政党诞生,揭开马克思主义在上海的传播进入崭新阶段的序幕,中国革命也由此迈入新的起点并成就其新的历史方位。质言之,自中国共产党成立以后,在共产国际的指导帮助下,中国共产党担负起推进马克思主义在中国传播的使命,通过有计划地成立宣传机构、出版马克思主义书籍、加强马克思主义及苏俄革命与建设经验与理论的学习,有效推动马克思主义理论与上海工人运动实践的结合,开启马克思主义在上海的系统化、组织化传播,使得革命中心上海呈现出马克思主义传播的崭新局面。

其一,拓展红色书籍出版。推进马克思主义在中国的广泛传播乃是由中国共产党性质和努力目标所决定的。中国共产党在上海成立后,立即组建出版机构作为推进马克思主义传播的重要举措。为了增强马克思主义理论的宣传力度,人民出版社、新时代丛书社等出版机构陆续在上海创办,制定了较为详细的马克思主义著作编译和出版计划,如"在明年七月以前,必须出书(关于纯粹的共产主义者)二十种以上"②等内容,为推动全党学习和研究马克思主义理论以及系统化推进马克思主义的传播铺设了前提,扩大马克思主义在中国思想界的影响力。

人民出版社是中国共产党成立后创办的第一个出版社。随着革命形势的发展,且"近年来新主义和新学说盛行,研究的人渐渐多了"③,由此带来更大的理论阅读需求。中共在上海创办了人民出版社,启动马克思主义著作出版工作,为理论的系统传播提供文本支撑。人民出版社制定了出版发行马克思主义理论著作和翻译著作计划,包括 15 种"马克思全书"④、14 种"列宁全书"⑤、11 种"康民

① 《列宁选集》第 2 卷,人民出版社 1972 年版,第 428 页。

② 《党史资料丛刊》第 1 辑,上海人民出版社 1980 年版,第 11 页。

③ 《人民出版社通告》,《新青年》第 9 卷第 5 号,1921 年 9 月 1 日。

④ "马克思主义全书"15 种包括:《马克思传》、《工钱劳动与资本》、《价值价格与利润》、《哥达纲领批评》、《共产党宣言》、《法兰西内乱》、《资本论》、《剩余价值论》、《经济学批评》、《革命与反革命》、《自由贸易论》、《神圣家族》、《哲学之贫困》、《犹太人问题》和《历史法学派之哲学的宣言》。

⑤ "列宁全书"14 种,包括:《列宁传》、《国家与革命》、《劳农会之建设》、《无产阶级革命》、《现在的重要工作》、《劳工专政与宪法会议选举》、《讨论进行计划书》、《写给美国工人的一封信》、《劳农政府之效果和困难》、《共产主义左派的幼稚病》、《帝国主义、资本主义的末局》、《第二国际之崩坏》、《共产党星期六》和《列宁文集》。

尼斯特(共产主义者)丛书"①以及 9 种"其他理论书籍"②等。其中,"马克思全书"计划对马克思主义哲学、政治经济学、科学社会主义等基本内容进行介绍,便于读者了解马克思主义产生和发展全貌以及马克思主义理论体系的基本概况;"列宁全书"便于读者了解马克思主义在俄国的发展,以及列宁是如何在新的历史条件下运用和发展马克思主义等情况。然而,因受到反动势力统治下环境和条件等种种因素制约,人民出版社未完成其出版计划,总共出版 16 种书籍。首先,"马克思全书"实际出版《共产党宣言》、《工钱劳动与资本》和《马克思资本论入门》等三本书籍,其中《共产党宣言》是重印陈望道 1920 年的译本,译者署名更改为陈佛突,《工钱劳动与资本》是袁让(即袁湘)根据恩格斯校订的 1891 年马克思的《雇佣劳动与资本》翻译本,成为此作在中国出版的第一个单行本,《马克思资本论入门》是由李汉俊翻译了日本马尔西著的小册子;其次,出版了 5 种"列宁全书",除了《列宁传》之外,其中《劳农会之建设》和《共产党礼拜六》③等著作首个中译单行本;最后,出版了"康民尼斯特丛书",如《共产党底计划》、《俄国共产党党纲》、《国际劳动运动中之重要时事问题》、《第三国际议案及宣言》等以及《李卜克内西纪念》、《两个工人谈话》、《俄国革命纪实》和《太平洋会议与吾人之态度》等其他编著。应该说,人民出版社率先对马克思主义经典著作的集中出版发行,较好地满足了先进分子的阅读需要,促进了马克思主义经典文本在上海的传播。

除此之外,人民出版社还印发了马克思诞辰纪念和声援工人斗争的传单和纪念品,加深了民众对马克思及其主义的了解与认知,在一定程度上助力了马克思主义影响力的提升。虽未完成既定的出版任务,但这是当时中国在国内首次系统传播马克思列宁主义的出版计划,所编译出版的丛书改变了缺少马克思列宁主义著作的状况,为知识分子和进步人士学习研究马克思列宁主义提供了基

---

① "康民尼斯特(共产主义者)丛书"11 种,包括:《共产党计划》、《俄国共产党党纲》、《共产主义与无政府主义》、《世界革命计划》、《共产主义入门》、《共产主义》、《创造的革命》、《到权力之路》、《第三国际议案及宣言》、《共产主义与恐怖主义》和《国际劳动运动中重要时事问题》。

② "其他"理论书籍 9 种,包括:《马克斯学说理论的体系》、《空想的与科学的社会主义》、《伦理与唯物史观》、《简易经济学》、《多数党的理论》、《俄国革命纪实》、《多数党与世界和平》、《马克思经济学》和《家庭之起源》。

③ 《劳农会之建设》即《苏维埃政权的当前任务》,由李立(即李达)译;《讨论进行计划书》包括《论无产阶级在这次革命中的任务》和《论策略书》,由成则人(即沈泽民)翻译;《共产党礼拜六》即《伟大的创举》,由王静译;《劳农政府之成功与困难》即《苏维埃政权的成就和困难》,由李墨耕译。

础文本,在推进马克思列宁主义基本理论以及经典作家著作在上海乃至中国的系统化传播中发挥了重要作用,亦对中国现代革命出版事业产生了很大影响。此外,上海共产党早期组织成员联合文化界知名人士共同发起创办了"新时代丛书社",为出版马克思主义译著作出了贡献。据统计,从1922年初至1923年底,累计出版了以李达译的《女性中心说》、施存统译的《马克思学说概要》、《马克思主义和达尔文主义》、祁森焕译的《妇人和社会主义》以及夏丏尊和李继桢译的《社会主义与进化论》等为代表的有关马克思主义译著。丛书采用与《新青年》杂志一致的封面,象征世界无产阶级的团结一致,折射出丛书的出版宗旨和思想精神与《新青年》的一致性。由于沈雁冰、李汉俊同时在上海商务印书馆编译所任职,因此所出版的丛书统一由商务印书馆发行。另外,商务印书馆还于1922年10月出版了《价值价格及利润》一书,时任校阅者的陶孟和认为当时马克思主义书籍拥有诸多读者并且在知识分子中有极大影响,国内众多报纸杂志均展开马克思主义学说的研究,"讨论马克斯的学说或他种社会主义差不多已经变为一种时髦的标志"①。由上述例证可见,当时马克思主义在上海的传播已成为一种不可抗拒的时代潮流。

综上,中国共产党领导下成立的人民出版社以及"新时代丛书社",服务中国共产党变革中国社会的政治使命,不仅改变了过去传播工作的零碎性及规模化不足等问题,还积累了领导出版工作和文化建设工作的相关经验,加强了马克思主义宣传与传播的组织和领导,为组织化、系统化推进马克思主义的传播作出重大贡献,在马克思主义传播史中写下光辉篇章。

其二,拓展马克思主义传播阵地。中国共产党在上海成立后将巩固拓展马克思主义传播阵地作为推进马克思主义传播又一重要工作。针对上海地区思想活跃、传媒业发达、文化需求广泛等特点,进一步发挥上海报刊、出版业发达,工人阶级集中程度高等有利因素,积极拓展马克思主义传播阵地。总的来说,在拓展马克思主义传播阵地方面,主要表现为以下方面:

一是升级《新青年》为中共中央理论刊物,面向知识分子、理论界拓展宣传阵地。为了加大马克思主义宣传,中共一经成立便大力提升《新青年》地位,将之确立为中共中央理论刊物,使得有关马克思主义理论的介绍与宣传占据期刊的重要地位。在1922年7月休刊前,《新青年》陆续发表一批有关马克思列宁主义文章,如《新青年》第9卷第4号发表了蔡和森与陈独秀的通信《马克思学

---

① 徐素华:《马克思恩格斯著作在中国的传播》,中国社会科学出版社2013年版,第266页。

说与中国无产阶级》、施存统《马克思共产主义》等阐发马克思主义的文章。1922 年 7 月 1 日，陈独秀在《新青年》发表《马克思学说》一文，引用《共产党宣言》、《法兰西内战》和《哥达纲领批判》等内容，介绍《资本论》、《哲学的贫困》等著作中的主要观点，论述了剩余价值含义、如何产生及如何实现和分配等问题，阐释了唯物史观的核心要义在于"说明人类文化之变动、说明社会制度之变动"①。同期还登载了日本学者河上肇著、光亮译的《马克思主义上所谓"过渡期"》以及布哈林著、雁冰译的《俄国新经济政策》等文章，有力推进了马克思主义以及苏俄革命建设情况的深入介绍。

二是成立中国劳动组合书记部并创办《劳动周刊》，面向工人阶级拓展宣传阵地。中国共产党一经成立，便向工人群众宣传马克思主义并动员组织工人阶级开展工人运动，在党的一大会议专门形成"组织工会和教育工人"②的决议。为此，中国劳动组合书记部在中共领导下在上海成立并创办了《劳动周刊》，旗帜鲜明地表态所创办的刊物坚持代表劳动者利益并为劳动者说话，希望广大工人共同"维护这个唯一的言论机关，扩大解放全人类的声浪，促进解放全人类的事业实现"③。上海早期共产党人以《劳动周刊》为阵地，积极向工人阶级传播马克思主义，宣传和指导工人运动，介绍世界工人运动状况，激发工人为争取解放而联合斗争的意识，为推动工人运动走向第一次高潮奠定了思想准备。简言之，中国劳动组合书记部创办的《劳动周刊》助力了马克思主义的宣传以及革命道理的扩散，工人夜校、工会组织纷纷涌现，工人阶级思想觉悟提升并踊跃加入工会参与斗争。

三是创办上海平民女校和《妇女声》半月刊，面向妇女群体拓展宣传阵地。上海地区新思想的盛行不仅吸引了诸多进步女青年追寻真理，还激发了受压迫女工参加工人运动的意识与热情。1921 年 10 月，为了更好指导开展妇女运动，培养妇女骨干，早期共产党人在上海创办平民女校，任命李达担任教务主任，其夫人王会悟亦负责具体事务。在上海平民女校，陈独秀、陈望道、沈雁冰等早期马克思主义者为学生通俗讲授马克思主义理论，且"各教师所选的教本，都是适应新思潮，又合乎平民的"④，部分女学员经受平民女校的培养之后，觉悟有了很

① 陈独秀：《马克思学说》，《新青年》第 9 卷第 6 号，1922 年 7 月 1 日。
② 中共中央党史研究室一室编著：《中国共产党历史》（上卷注释集），中共党史出版社 1991 年版，第 58—59 页。
③ 《劳动周刊》发刊词，《共产党》第 6 号，1921 年 7 月 7 日。
④ 王会悟：《入平民女学上课第一星期之感想》，《妇女声》第 6 期，1922 年 3 月 5 日。

大提升,活跃在诸多党团组织活动中。为了更好地宣传无产阶级解放事业并"促醒女子加入劳动运动"①,由王会悟等人编辑的《妇女声》半月刊于1921年12月在上海创办,面向妇女群体宣传马克思主义理论,鼓励受压迫妇女选择无产阶级革命道路争取自身解放,为指引妇女运动方向、宣传妇女解放理论建立新的平台。在《社会主义与女子底命运》一文中,阐述了资本主义与妇女解放的关系,认为资本主义发展越发达,女子所处环境越恶劣、地位越低下,社会主义方可为女子带来光明,"资本主义发达与女子的恶环境发达是平行的,社会主义的完成期就是女子得到光明的纪念日"②,唯有建成马克思主义指导的共产主义社会,妇女方可实现真正的自我解放。简言之,《妇女声》成为中共成立初期面向妇女群体开展理论宣传的重要阵地,在提升妇女觉悟、动员号召妇女为争取自身解放斗争中发挥了积极作用。

四是整顿社会主义青年团并创办《先驱》半月刊,面向进步青年拓展宣传阵地。上海社会主义青年团于1920年8月成立,因其成立伊始对成员思想把关不严,所加入的团员思想复杂,一度陷入停顿状态。1921年11月,中国共产党和共产国际委托张太雷牵头对社会主义青年团加以整顿恢复,重视团员思想建设,重新修订团的章程,明晰共青团组织"研究马克思主义、实行社会改造及拥护青年权利"③的宗旨,规定其为信奉马克思主义的团体。1922年1月,在北京创办出版的《先驱》半月刊,从第四期起转至上海出版,由施存统、蔡和森等担任编辑,陈独秀、李达等人为之积极撰稿。《先驱》在发刊词中明确了唤醒国民觉悟自觉、研究中国实际状况、寻求解决问题方案并介绍俄国等社会主义运动的成绩和经验等内容为办刊目的,强调"特别注意的是俄国革命的状况和革命以后的建设"④的宣传,以供中国社会主义运动的参考。从发刊词可以看出,年轻的中国共产党人已认识到将马克思主义理论具体运用到中国革命的问题中是一个需要探索的过程,应考虑到中国国情和中国革命的实际情形。在短时间内,《先驱》大力宣传马克思主义,发表了以凯旋著的《资本主义与共产主义》、邓中夏的《共产主义与无政府主义》、励冰的《〈共产党宣言〉的后序》、《马克思诞辰百零五周年纪念日敬告中国青年》为代表的一批文章,帮助思想界增进马克思主义的深入了解。《先驱》注重介绍十月革命后苏联和国际共产主义运动情况,宣传

---

① 《〈妇女声〉介绍》,上海《民国日报》副刊《妇女评论》第22号,1921年12月28日。
② 毓本:《社会主义与女子底命运》,《妇女声》第7期,1922年。
③ 《中国社会主义青年团临时章程》,《先驱》第5号,1922年4月1日。
④ 《〈先驱〉发刊词》,《先驱》创刊号,1922年1月15日。

列宁有关民族和殖民地的理论,摘译了列宁的《民族殖民地问题提纲(初稿)》,设立"苏维埃俄罗斯五周纪念号",转载《远东各国共产党及民众革命团体第一次大会宣言》,动员"全世界无产阶级和被压迫的民族要加强联合"①。此外,开设"少年共产主义国际专号",译载有关少年共产国际和世界青年运动的文章,对鼓舞更多青年投身革命以及引领中国青年运动具有重要价值。

五是开辟《民国日报》副刊《觉悟》园地,面向广大群众中拓展马克思主义宣传阵地。由于主编邵力子等原因,上海共产党早期组织成立以后,以《觉悟》为阵地,登载一批介绍马克思主义的译文和有关马克思主义的著述性论文,积极传播马克思主义。登载的主要译文有:山川均著的《劳动组合运动和阶级斗争》、《资本制度解说》;河上肇著的《马克斯主义上所谓"过渡期"》、《俄罗斯革命和唯物史观》;考茨基著的《改良与革命》、《伦理学与唯物史观》等。所发表的主要论文有:李大钊的《由平民政治到工人政治》、《今与古》、《马克斯底经济学说》、《社会问题与政治》;施存统的《马克斯主义底特色》;李汉俊的《研究马克思学说的必要及我们现在入手的方法》、《中国底乱源及其归宿》;邵力子的《社会主义与"公妻"》;李达的《李卜克内西传》等,细致介绍了马克思主义的内容、研究方法及其对中国问题的分析等。事实上,作为国民党人创办的《觉悟》,显然并非仅传播马克思主义的专门刊物,除了刊载马克思主义文章之外,还刊载了宣传旧民主主义、唯心主义的文章,如杜威和罗素在中国的讲演稿、德国唯心主义哲学家杜里舒的讲演等,但在主张劳动解放、民众运动等有关马克思主义的宣传中依旧发挥了作用。

六是大力举办相关纪念活动,面向重要时间节点拓展马克思主义宣传阵地。为了纪念马克思诞辰 104 周年,早期共产党人在全国掀起了纪念马克思的活动。中国劳动组合书记部在上海牵头组织纪念会,编印并散发《马克思纪念册》,其中收录了《马克思诞生 104 周年纪念敬告工人与学生》,戴季陶节译、德国威廉·李卜克内西著的《马克思传》以及陈独秀著的《马克思学说》三篇文章,详细介绍了马克思为无产阶级革命事业的奋斗轨迹及其业绩贡献,对剩余价值、唯物史观、阶级斗争等理论作简要介绍,号召工人和学生学习马克思主义理论。据记载,"5 月 5 日全国共产党所在地都召开马克思纪念会,分散马克思纪念册两万册"②。

---

① 《远东各国共产党及民众革命团体第一次大会宣言》,《先驱》第 10 号,1922 年 8 月 10 日。

② 中共中央马克思、恩格斯、列宁、斯大林著作编译局马恩室编:《马克思恩格斯著作在中国的传播》,人民出版社 1983 年版,第 264 页。

上海临时中央局在广州举行了中国社会主义青年团第一次全国代表大会开幕式兼马克思诞生纪念大会。大会提出，虽然马克思主义在中国历史很短，但在帝国主义压迫、苏俄革命影响、马克思主义宣传等内外因素的综合作用下，"竟使马克思主义能在最短期间发达起来"①，推动马克思主义的信仰者日益增多。以上例证充分表明，上海地区纪念马克思的活动规模大、范围广，成为在上海工人群众中规模较大的马克思主义普及性宣传活动，推动马克思主义在上海的传播形成不可阻挡的潮流。

七是及时发布有关中国革命问题纲领或文章，与时俱进地宣传中国共产党政治主张，努力发挥宣传阵地在传播马克思主义方面的作用。《先驱》发表了《关于中国少年运动的纲要》，阐述了中国现实情况对阶级斗争产生的影响，提出中国革命两步走计划，"第一段是有产阶级起来推倒封建主义的战争，第二段是无产阶级起来推倒有产阶级的战争"②，即首先由资产阶级推翻封建统治获取独立，其次依托无产阶级革命消除资本主义制度并在此基础上建立无产阶级政权。1922年5月登载《中国社会主义青年团纲领》，在深刻分析国内外形势基础上，号召劳苦大众反抗封建专制，拥护并积极援助革命斗争，并强调无产阶级革命目的在于"这种革命之目的是采用劳农制度，即是将政权归诸无产阶级"③，深化了中国革命分两步走的思想。在1922年6月15日发布的《中国共产党对于时局的主张》的声明中则以列宁的民族和殖民地理论为指导，明确中国为半独立的封建国家，提出联络民主派一同革命以覆灭封建军阀统治和列强压迫应为无产阶级当前工作任务。这里需要指出的是，中共二大发布了《中国共产党第二次全国大会宣言》，将大会制定的民主主义革命纲领作为宣传的主要方面。1922年7月16—23日，在上海召开的中共二大对中国现实国情以及革命问题探索的初步成果进行了总结，分析了中国的政治经济处于帝国主义殖民和封建军阀统治双重压迫的境遇之下，并依此明确提出了民主主义革命纲领，即无产阶级政党首先采取阶级斗争的手段建立劳农专政，进而消灭私有制并"渐次达到一个共产主义社会"④。因而，为了实现打倒军阀和帝国主义的现实目标，建立民主主义的联合战线最为迫切。为此，陈独秀在《东方杂志》发表《对于现在中

---

① 《中国社会主义青年团第一次全国大会》，《先驱》第8号，1922年5月15日。
② 《关于中国少年运动的纲要》，《先驱》第5号，1922年4月1日。
③ 《中国社会主义青年团纲领》，《先驱》第8号，1922年5月15日。
④ 《中国共产党第二次全国大会宣言》，中央档案馆编：《中共中央文件选集（1921—1925）》第1册，中共中央党校出版社1989年版，第115页。

国政治问题的我见》,就中国革命的阶段性问题发表看法,将中国革命划分为"民主主义"和"社会主义"革命两个阶段,认为民主主义革命为中国当前最为急切重要的工作,即"对内倾覆封建的军阀,建设民主政治的全国统一的政府;对外反抗国际帝国主义,使中国成为真正的独立国家"①,强调了第一阶段民主主义革命的重要性,即一方面可充分发展资本主义,另一方面成为带领无产阶级从幼稚走向强壮的唯一道路,从而实现建设全国统一政府并将中国建设成为独立国家的目标。

八是利用高校讲坛向青年学生传播马克思主义。这其中最具有代表性的是,早期共产党人在改组后的上海大学创办了社会学系,向青年学生传播马克思主义,并培养马克思主义研究专门人才。李大钊多次应邀到上海大学授课,相继作了"演化与进步"、"社会主义释疑"、"史学概论"以及"劳动问题的祸源"等多次演讲,开阔了师生的理论视野,提升了听众对马克思主义理论的认识,在当时产生重要的社会影响。李大钊不仅多次在上海大学演讲,而且对于上海大学社会学系的发展提出了许多积极建议。在李大钊建议下,上海大学聘请了中共党员邓中夏担任教务长、邀请瞿秋白到校任教,为上海大学社会学系的发展出谋划策,尤其是对"马克思主义社会学教育的开展有着重要影响"②。恽代英亦受邀于1923年到上海大学任教,并于次年在上海大学召开的黄仁烈士追悼大会上,与瞿秋白等人共同发表演讲,集中抗议国民党右派的罪行。瞿秋白教授"现代社会学"、"社会学概论"等课程,受到学生的欢迎。据杨之华回忆,瞿秋白在上海大学担任社会学系主任期间,社会学概论和社会哲学课程受到大家的热烈欢迎,"除了本班学生,还有中、英文系学生,其他大学党团员或积极分子,甚至好教师恽代英等同志都来听"③。蔡和森在上海大学社会学系主讲"社会进化史"课程,细致阐述了马克思恩格斯经典著作,其在讲授马克思主义理论时旁征博引、深入浅出,通俗易懂地讲解了社会进化史等内容,"不但教室人满,连窗子外面都挤满了旁听同学"④。蔡和森的讲稿《社会进化史》于1924年8月由上海民智书局出版,在学术界产生重要影响。总之,上海作为当时是思想活跃、文化多元的城市,在全国范围内吸引了不少马克思主义学者来上海高校讲学,在马克思主义在高校的传播中发挥了作用。

① 陈独秀:《对于现在中国政治问题的我见》,《东方杂志》第19卷15号,1922年8月10日。
② 吴汉全:《中国马克思主义学术史》第2卷,人民出版社2019年版,第433页。
③ 黄美真、石源华、张云编:《上海大学史料》,复旦大学出版社1984年版,第88页。
④ 黄美真、石源华、张云编:《上海大学史料》,复旦大学出版社1984年版,第89页。

概而言之,马克思主义作为社会革命的思想武器,亦是变革社会的意识形态,只有在指导革命的实践中才能传播和发展。上文仅就中国共产党成立后在上海拓展宣传阵地方面所做的努力,在总体上作了简单梳理,可能挂一漏万。但也不难看出,上海地区不仅为马克思主义传播提供了最适宜的"土壤",马克思主义的广泛传播亦加快了中国共产党在上海成立的步伐,而中国共产党在上海诞生后又从组织领导层面加快了马克思主义传播,可见二者互为影响、互相促进,使马克思主义的传播出现了蓬勃发展的势头。中国共产党将拓展马克思主义宣传阵地作为重要任务来实施,所取得的成绩十分显著,对于马克思主义的广泛传播和推进马克思主义与中国实际状况的结合有着极为重要的意义。总体说来,中国共产党自成立至中共二大召开这一时期,早期共产党人加快拓展马克思主义传播阵地的步伐,分门别类地针对不同受众群体进行马克思主义宣传,通过创办期刊、开办学校、举办纪念活动等多种方式,提出中国革命分两步走的纲领,推动马克思主义理论与工人运动的结合,为早期共产党人运用马克思主义研究国情、组织革命力量、探索中国革命道路奠定了基础。随着上海革命运动的开展,马克思主义在斗争中得以深入传播,并在上海工人运动以及中国革命实践中发挥其理论的指导作用。

二、国共合作局面与马克思主义传播的扩展

实现国共合作是中国革命发展的应然要求,有着内在的演进逻辑,其自身对推进马克思主义在中国的传播及扩大马克思主义对中国政治的影响力也是必然的。国共合作在马克思主义早期传播史上有着极为重要的地位,它不仅扩大了马克思主义传播的范围,而且也为马克思主义从传播阶段介入政治实践阶段提供了相关条件,从而有力地发挥了马克思主义对于政治变革实践的引领作用。[①]从学理上说,作为政治实践的国共合作和作为思想宣传的马克思主义传播活动,乃是相互联系、相互作用而共生发展的,并且都发生在近代以来中国社会变迁的基础上,其间的相互关系源自思想与政治的内在统一性,源自社会变迁中的内在历史逻辑。质言之,国共合作推动了马克思主义的传播,其在上海的表现尤为显

---

① 既有关于国共合作的研究很少注意其对于马克思主义传播的独特性意义,而关于马克思主义传播史的研究也很少涉及国共合作问题,这可能源于将政治史与思想史视为分立的两个领域。其实,思想依托政治活动而传播和发展乃是思想史上的重要表征,而政治活动在思想引领性中而行进又是政治史上的重要特征。因此,关于"国共合作"与"马克思主义传播"关系的认识,可以在思想史和政治史相统一的视域中加以考量。

著,因此需就"国共合作与马克思主义的传播"问题作出探索,借以说明国共合作在马克思主义早期传播史上的地位。

第一,国共合作视域中报纸杂志思想宣传的扩展。马克思主义传播于五四运动后,在中国革命洪流的推动下,有着不断扩展范围、发展壮大、增进影响的澎湃之势。为了积极宣传执行中共二大的决议,中共中央在上海以《向导》、《新青年》、《民国日报》为宣传主阵地,积极推动马克思主义传播,不同报刊各司其职,《向导》偏向发表政治评论性文章,《新青年》偏向理论性研究文章,《前锋》则偏向于经济理论,所发布内容互为补充、相得益彰,取得良好的传播效果。

首先,《向导》期刊着重刊发有关中国革命问题等政治评论性文章,发挥中共的喉舌作用。《向导》于1922年9月13日在上海创刊,成为中共中央第一个全国性政治评论类刊物,专门介绍了马克思列宁有关中国革命问题的论述以及列宁的民族与殖民地理论等内容,成为国共合作时期中国共产党的喉舌,且贯穿第一次大革命的历史过程。《向导》陆续刊载了瞿秋白的《中国之革命的五月与马克思主义》、张太雷的《列宁与义和团》,郑超麟的《列宁主义——指导中国民族革命的理论》等文章,出版"十月革命特刊",称颂十月革命的同时介绍了世界无产阶级革命和东方殖民地半殖民地国家民族民主革命运动经验,给中国人民进行民族民主革命以极大的鼓舞。《向导》以马克思列宁主义为指导,探讨中国国情实际以及中国革命问题,着重对中共二大通过的民主革命纲领以及联合战线进行了阐发,发表中共有关时局的宣言及其政治主张以及探讨中国革命问题的论著,如陈独秀的《造国论》、蔡和森的《中国革命运动与国际之关系》、瞿秋白的《中国之地方政治与封建制度》、毛泽东的《湖南农民运动考察报告》。显而易见,此时早期共产党人有关中国革命的著述文章已注重将理论与实际相结合,较之前单一的理论介绍有了较大的进步。简言之,在宣传马克思主义过程中,《向导》注重结合中国革命形势和时局的变化,坚持用马克思主义阐发中国共产党的立场主张,对于启发人民群众的政治觉悟产生了重要作用,成为中共早期最有影响的报刊之一。《向导》因其突出的贡献曾在党的四大通过的"对于宣传工作之议决案"中被作出如下评价:"因为我党的宣传工作之努力在全民族革命运动中,我们党的机关报《向导》竟得立在舆论的指导地位。"[①]

其次,《新青年》季刊系统介绍了列宁主义以及国际共产主义运动史,阐发

①　《对于宣传工作之议决案》,中央档案馆编:《中共中央文件选集(1921—1925)》第1册,中共中央党校出版社1989年版,第374页。

了中共在民主革命中的纲领策略。1923 年 6 月，一度停刊的《新青年》作为中共中央理论性刊物以季刊形式出版，发布宣言指明要以正确的思想为指导中国社会服务，即"《新青年》曾为中国真革命思想的先驱，今更为中国无产阶级革命的罗针"①，表明《新青年》已完全成为宣传马克思主义的刊物。季刊创刊号设立"共产国际号"，刊登《世界的社会改造与共产国际》等文章以及由瞿秋白翻译的《国际歌》，向读者介绍了共产国际发展史以及党纲和策略。在"列宁纪念专号"刊载了斯大林著的《论列宁主义基础》以及中共四大纪念列宁逝世一周年宣言，提升了列宁主义的影响力。概而言之，《新青年》勇挑使命，在特殊条件下坚持对列宁主义、俄国无产阶级革命经验以及国际无产阶级运动等内容进行较为系统的介绍，提升了理论影响力并鼓舞了革命民众。

为了配合革命的需要，《新青年》着重宣传了早期共产党人有关民主革命的纲领策略、民族统一战线方针以及国民革命运动等内容，陈独秀、瞿秋白等人积极撰文予以论述。瞿秋白在《自民治主义至社会主义》一文中，结合马克思、恩格斯于 1848 年德法两国资产阶级革命中的策略思想和列宁在《两个策略》的重要论述，指出无产阶级在中国民权革命中的地位，称之为"独有无产阶级能为直接行动，能彻底革命"②，强调国民革命需实行劳工阶级方法，进而在此基础上建立平民革命的民主独裁制的政权，以此汇入世界革命洪流而实现中国的社会主义。随后，瞿秋白撰写了《中国革命中之武装斗争问题》一文中强调国民革命对革命正式军队的极端需要性，分析了来自工人农民的民间武力不足为需的事实，认为国民革命若仅仅依靠工人和农民，只能得到局部胜利而不能获取持久而全面的胜利。因此，他主张革命的民众担任政治层面的主体，而正式的革命军担任军事层面的主体，通过共同合作获取革命的胜利，进而建成"真正民权的独立国的政府"③，由此看出瞿秋白为代表的早期马克思主义者思想的日益丰富以及马克思主义在中国革命问题运用中的日益成熟。《新青年》刊载了一批有关马克思唯物史观以及辩证唯物主义的文章，加大了马克思主义的宣传力度。譬如，刊载了普列汉诺夫的《辩证法与逻辑》、蒋光慈的《经济形式与社会关系之变迁》等文章，加强对马克思主义唯物史观和辩证唯物主义的介绍宣传。《新青年》还发表了对唯意志论、不可知论、实用主义等思潮的批判性文章，主要代表作有陈独

---

① 《新青年的新宣言》，《新青年》季刊第 1 期，1923 年 6 月 15 日。
② 瞿秋白：《自民治主义至社会主义》，《新青年》季刊第 2 期，1923 年 9 月 23 日。
③ 瞿秋白：《中国革命中之武装斗争问题——革命战争的意义和种种革命斗争的方式》，《新青年》季刊第 4 期，1926 年 5 月 25 日。

秀的《科学与人生观序》、瞿秋白的《评罗素之社会主义观》等文章,亦在客观上
提升了马克思主义的影响。

再次,创刊于上海的《中国青年》周刊作为团中央机关刊物,以"为革命的青
年作革命的指导"①为宗旨,系统介绍了科学社会主义和青年运动,在思想上引
导组织青年参加反帝反封建斗争和革命活动,引导青年加强社会科学研究,在宣
传介绍马克思列宁主义基本观点及其"指导中国革命发挥了重要作用"②。《中
国青年》出版了"苏联革命纪念"、"十月革命号"等专号特刊,系统介绍列宁主
义,发表斯大林的《列宁主义的理论和实践》、陈独秀的《列宁之死》、仲英的《列
宁之思想》、敬云的《列宁的政治主张》、邓中夏的《列宁年谱》、恽代英的《列宁
与中国革命》和《苏俄与世界革命》、任弼时的《马克思主义概略》等文章,助力广
大读者对马克思主义科学认识的形成,成为大革命时期最受青年欢迎的报刊之
一。刊物还注重引导青年运用马克思列宁主义基本原理分析和认识中国社会现
实和革命实际,发表了邓中夏的《论工人运动》、毛泽东的《中国社会各阶级的分
析》等文章,注重培养青年革命观,结合青年实际传播马克思主义,给青年提供
一种"忠实的友谊刊物"③。

最后,上海《民国日报》副刊《觉悟》成为革命统一战线的重要宣传阵地。国
共合作局面形成之后,国民党上海执行部机关报《觉悟》译载马克思主义经典著
作并发表相关文章,成为宣传革命统一战线的重要阵地。譬如,译载马克思主义
的经典著作,发表了瞿秋白、恽代英、邓中夏、萧楚女等早期共产党人的文章,刊
载了由柯柏年节译的列宁著作《帝国主义》以及恩格斯著作《社会主义从空想到
科学的发展》等。此外,张太雷节译了列宁的《国家与革命》、郑超麟节译了列宁
的《托尔斯泰与当代工人运动》,成为列宁理论较早的汉译文章。列宁逝世之
后,《觉悟》出版了"上海追悼列宁大会特刊"和纪念列宁逝世周年的"列宁号特
刊"。在"上海追悼列宁大会特刊"中,发表了以恽代英著的《列宁与新经济政
策》,施存统著的《马克思主义者——列宁》,瞿秋白著的《历史的工具——列
宁》,张太雷的《列宁底死》,赵世炎的《列宁》、《世界与列宁及列宁主义》、《列宁
与孙中山》等为代表的一批文章,称颂列宁在革命中作出的贡献尤其是在武装
历史中的作用,而这副武装即为马克思主义的科学社会主义,乃是"历史的最高

---

① 《一百期以后的办刊》,《中国青年》第 101 期,1925 年 11 月 7 日。
② 任弼时:《纪念〈中国青年〉创刊二十七周年》,《中国青年》第 50 期,1950 年。
③ 恽代英:《发刊词》,《中国青年》第 1 期,1923 年 1 月。

文化和武器"①，进一步扩散了列宁思想并加深民众对列宁主义的理解。遗憾的是，随着 1925 年五卅运动之后国民党右派势力的抬头，《觉悟》便不再登载马克思列宁主义文章，其进步作用亦逐渐消失。

此外，为了加强对中国革命问题研究，由瞿秋白担任主编的理论刊物《前锋》月刊于 1923 年 7 月在上海出版，重点宣传中共各项方针政策。譬如创刊伊始，在题为《中国的唯一出路——国民革命》的发刊词中大肆宣扬国民运动的重要性，认为"中国国家生命之救星，备受压迫过困苦生活的全中国人民之救星"②。《前锋》发表了陈独秀的《中国国民革命与社会各阶级》、瞿秋白的《中国之资产阶级的发展》和《帝国主义侵略中国的各种方式》、恽代英的《革命政府与关税问题》、马林的《中国国民运动的过去及将来》等文章，加大对中国国民革命的宣传，为进一步浓厚国民革命的氛围发挥了作用。遗憾的是，《前锋》只出版了三期，于 1924 年 2 月 1 日停刊。

第二，国共合作视阈中上海地区革命运动的发展。在国共合作背景下成立国民党上海执行部，借以推动民众运动发展，成为推进国共合作以及革命发展的重要方略。在共产国际和中国共产党的推动下，国民党一大标志着第一次国共合作的正式建立，国民党一届一中全会成立上海执行部的决定，为中国共产党公开组织和领导民众运动创造了有利条件。换而言之，国共合作背景下国民党上海执行部的成立，成为推进国共合作以及革命发展的重要方略，推动了上海民众运动的发展。从此，中国共产党通过上海执行部，加强了对群众运动的领导，使上海的民众运动得到迅速发展，并成立妇女运动委员会和青年委员会，担当上海妇女运动、学生运动和青年运动的重要指挥机关。

国民党上海执行部作为改组后的国民党地方组织，在上海地区的革命斗争中发挥了重要作用，成为国共合作的典型写照。譬如，1924 年 10 月，为了纪念辛亥革命 13 周年，上海各团体在天后宫召开国民大会。会上，国民党右派分子童理璋、喻育之阻拦上海大学学生在现场发表反帝反封建的演讲，雇用流氓大打出手，使用暴力将上海大学学生黄仁从高台推下并致其死亡，这一惨案发生后引起上海各界关注。为了反对国民党右派的暴力行为，在上海大学工作的瞿秋白组织"行动委员会"，积极发动上海民众联合抗议法西斯暴行。在社会舆论的压力下，国民党上海执行部将此事报告给广州国民党中央，开会形成"抚恤已故黄

---

① 《赵世炎选集》，四川人民出版社 1984 年版，第 92 页。
② 《发刊词》，《中国的唯一出路——国民革命》，《前锋》第 1 期，1923 年 7 月 1 日。

仁"的决议,并将肇事者童理璋、喻育之予以开除国民党党籍的惩罚,打击了国民党右派的反动气焰,提升了共产党人的影响力。

国民党上海执行部注重国共两党合作,为上海地区中共组织发展和思想宣传上提供了条件,在推进反帝反封建的革命斗争中发挥了重要作用。为了提高工人觉悟,上海执行部的共产党员代表与国民党左派组织人员深入上海的小沙渡、杨树浦、吴淞等工人集聚地,利用工人集中的优势宣传反帝反封建的革命主张,拓展共产党和共青团组织力量,为上海工人运动的复苏和高涨奠定基础。执行部联合上海大学师生一并到工人学校开展工作,深入工人中间宣传党的方针政策,指导工人创办并维护好工会组织,激发了工人的觉悟,为工人运动培养了骨干力量。以上海大学附中学生刘华为例,他曾担任沪西工友俱乐部的秘书,日后成长为上海总工会的主要负责人。值得注意的是,在孙中山北上等工作方面,国民党上海执行部亦积极有为。1924 年 11 月,孙中山在中共支持下发表了《北上宣言》,发出国民会议的提议,坚决申明反帝反封建的主张。上海执行部积极响应中共中央支持孙中山北上的通告,派遣有共产党员参与的宣传队分赴浙赣等地演讲,对国民会议的重要意义予以宣传和普及。同年 12 月,妇女运动领袖向警予、杨之华等人牵头成立上海女界国民会议促成会,为动员妇女力量、宣传国民革命提供了组织保障。随后,经由社会各界的努力,由共产党人恽代英、韩觉民担任领导的上海国民会议促成会成立,为开展国民革命创造了组织条件。简言之,在上海执行部的努力下,国民会议的舆论氛围进一步浓厚,一系列为废除不平等条约的群众运动颇有声势地展开,促成了"马克思主义与中国革命实践相结合"①的初步尝试。

以上,仅在事实层面梳理国共合作和马克思主义传播之间的关系。不难看出,国共合作和马克思主义传播有着相互支撑、相互促进、共同发展的关系:一方面,马克思主义的宣传及广泛传播提升了中国共产党人的政治影响,扩大了马克思主义在上海乃至中国思想界的影响,这对于国共合作局面的到来及国共合作的开展有着重要的历史作用;另一方面,国共合作的开展不仅营造了马克思主义在上海进一步传播的政治条件和思想氛围,而且早期共产党员和马克思主义者得以公开身份从事革命活动及宣传马克思主义,因而对于马克思主义的广泛传播也有着重要意义。从思想逻辑和政治逻辑的演进及其关系来看,马克思主义传播中的思想演进逻辑和国共合作进程中政治发展逻辑之间的相互关系,在反

---

①　唐宝林主编:《马克思主义在中国 100 年》,合肥人民出版社 1998 年版,第 127 页。

帝反封建的新民主主义革命实践中有机地统一起来，并迎来了国民革命高潮的到来。

三、国民革命与马克思主义传播的推进

随着国共合作的建立和国民革命运动的发展，马克思主义的宣传阵地日渐扩展，革命者以及进步青年学习、研究马克思主义的热情日益高涨，这在上海地区表现尤为显著。曾有读者致信《向导》周报，希望"对马克思列宁等学说的书，重新翻译，以应宣传"，并期待有更多介绍"马克思、列宁及其他革命者，苏俄的新经济的组织及帝国主义的侵略压迫等书籍"①。以上两位读者分别来自四川和广东，虽距离相隔遥远，却作为表达了渴求马克思主义的呼声的代表，由此也可以看出上海报刊传播马克思主义的影响力以及中国革命民众对马克思主义学习研究的需求。经历大革命的实践洗礼，众多先进分子更加深切地体会到，"马克思列宁主义并没有给予现成的启示，但只要革命的进程在向前发展，仍然把莫斯科奉为深远有效的智慧源泉"②。由此可见，国民革命推动了马克思主义传播进程驶入新的局面，先进分子对马克思列宁主义的理解更加深入。

首先，出版发行马克思主义著述类书籍。中共成立至大革命失败前这一时期，随着革命实践的深入以及宣传马克思主义阵地的扩大，报刊已不能满足宣传马克思主义的需求，在上海出版了一批中国作者有关马克思主义的著述类书籍。李大钊是在中国传播马克思主义的先驱，较早系统介绍马克思主义唯物史观，在将唯物史观运用到中国历史研究中颇有建树。他曾于 1923 年在上海大学和复旦大学发表"史学与哲学"、"演化与进步"、"史学概论"等演讲，引起热烈反响。为此，上海商务印书馆于 1924 年以"百科小丛书"名义出版了李大钊的《史学要论》专著，成为中国第一部马克思主义历史学概论。李大钊结合中国历史研究以阐发马克思主义唯物史观，认为唯物史观学说发明了历史的真正意义，阐释了马克思从经济角度考察社会变革的主张，认为经济关系如同自然科学一样具有因果律，"遂把历史学提到科学的地位"③。应该说，李大钊系统论述了马克思主义的史学理论体系和史学研究的方法，使唯物史观获得在历史研究中方法论的意义，扩大了马克思主义唯物史观的影响力，为中国的马克思主义史学的建立作

---

① 《介绍马克思主义著作之重要》，《向导》第 161 期，1926 年 6 月。

② ［美］费正清：《剑桥中华民国史（1912—1949）》上卷，杨品泉等译，中国社会科学出版社 1994 年版，第 436 页。

③ 李大钊年谱编写组：《李大钊年谱》，甘肃人民出版社 1984 年版，第 191 页。

出巨大贡献。

除了李大钊的《史学要论》，同为早期马克思主义者的瞿秋白对社会学研究造诣颇深，积极发表文章明晰社会学概念，阐释了社会学广泛的研究外延。瞿秋白两部代表性著作《现代社会学》和《社会科学概论》以上海大学授课讲稿为基础汇编而成，运用历史唯物主义原理和观点分析社会问题，尤其对生产力和生产关系、经济基础和上层建筑关系、阶级与国家、政党与领袖等问题进行较为全面而系统地论述，因而是宣传马克思主义哲学的重要著作。在唯物史观指导下，蔡和森撰写了《社会进化史》，结合达尔文进化论阐发了社会进化历程，阐明社会历史的发展规律，论述了家庭、财产、国家的起源与进化。而李达在《现代社会学》中从理论上阐述了历史唯物主义，在批判资产阶级学说的基础上充分肯定科学社会主义，对社会变革问题进行学理层面的探讨，为先进分子理论与革命的结合提供了参考。要而言之，以上代表性专著从不同角度对马克思主义进行宣传和阐发，深化了马克思主义在上海的系统传播。

其次，发表马克思主义基本原理的阐发类文章。随着中国革命实践的深入以及一批留学苏联的中国马克思主义者的归来，马克思主义理论宣传更加深入，其中加强马克思辩证唯物主义的介绍和宣传成为这一阶段的重要表征。譬如，任弼时在1925年5月发表《马克思主义概略》，系统地介绍了阶级斗争、剩余价值和无产阶级专政等马克思主义基本原理，表达了对马克思主义的认可与推崇，如"只有用马克思主义宇宙观去研究一切学问，方可得到正确的解答"[1]，可见其对马克思主义世界观的重视以及认识的深刻。1926年7月，瞿秋白发表《马克思主义之概念》，文章在辩证唯物主义框架下，对宇宙、自然界、人类社会三者统一的观点和方法进行阐述，并以宇宙类比社会现象，"宇宙间一切现象，既然是永久的动，互相联系着，社会现象当然亦是如此"[2]。不难看出，瞿秋白在宣传马克思主义之时注重将唯物史观与唯物辩证法的结合，改变和突破了过去单一宣传唯物史观的弊端，有助于读者更系统全面了解把握马克思主义宇宙观和社会历史观。

再次，掀起列宁主义宣传热潮。十月革命的胜利使列宁思想得以"光辉地实现"[3]，由此带来上海思想界对于列宁的认知处于不断提升的局面，进而主动宣传列宁的革命思想，兴起了宣传列宁主义的热潮。从当时社会变革的进程来

---

[1]　任弼时：《马克思主义概略》，《中国青年》第77、78合期，1925年5月2日。
[2]　《社会哲学概论》，《瞿秋白文集·政治理论编》第2卷，人民出版社2013年版，第348页。
[3]　丁守和、殷叙彝：《从五四启蒙运动到马克思主义的传播》，生活·读书·新知三联书店1979年版，第161页。

看,这大致有两方面的原因:一方面,国共合作之后革命形势的发展催发了列宁主义在中国的传播;另一方面,上海地区日益高涨的革命运动对列宁主义的需求不断增长,借以在"以俄为师"道路上继续前进。上海思想界自十月革命后率先关注俄国的状况,重视对列宁思想的研究和宣传。自 1922 年 7 月中国共产党提出"打倒帝国主义"口号之后,列宁的帝国主义理论就开始被早期马克思主义者所重点宣传,争相在上海报刊发表文章予以阐述,译载并出版了列宁的《帝国主义是资本主义的最高阶段》等内容。1924 年,无产阶级伟大革命导师列宁逝世,上海地区更是掀起了纪念列宁、宣传列宁主义的热潮。譬如,邵力子、胡汉民等人发起成立"上海各团体追悼列宁大会筹备处",先后有三十余个团体加入纪念活动中来。在纪念活动中,举办了列宁追悼大会,先进分子报告列宁生平并发表有关列宁主义演说,印制发行《上海追悼列宁大会特刊》,在《向导》《中国青年》等报刊发表纪念性文章以及列宁著作中译本,向广大民众普及列宁生平以及列宁主义。再如,上海《民国日报》副刊《觉悟》登载了介绍列宁著作及苏俄的译文,刊载了《俄国革命是失败吗?》、《列宁与孙中山》、《列宁底死》、《世界与列宁及列宁主义》、《非社会主义者的"列宁"观》、《我对于列宁先生生死的感想》、《列宁是世界无产阶级不死的首领》、《列宁》、《列宁底最后的政治教训》、《过渡时期底特质》和《1924 年的俄罗斯》等文章。就当时上海思想界的情况来看,宣传列宁主义的重点体现在围绕列宁生平业绩以及帝国主义理论等方面,产生较大的社会影响。

列宁的民族殖民地理论是上海大革命时期宣传介绍马克思列宁主义的重要内容之一,其中工农联盟、新经济政策、被压迫民族的联合斗争等一系列具体思想均被广泛传播,充分彰显了列宁主义在帝国主义以及无产阶级革命时代的重要地位。《向导》周报就曾指出,民族问题是中国革命中最重要的问题之一,而马克思主义对民族问题有着深刻的论述且列宁在俄国的实践使得这一问题的理论得以丰富和发展,故而马克思列宁主义关于民族问题和殖民地运动方面论文的翻译出版"在中国目前自然是很重要的"①。在 1925 年 1 月发布的《中共第四次大会对于列宁逝世一周年纪念宣言》中,向进步民众发出学习列宁主义的号召,指出劳苦大众应将列宁主义视作"解放自己的唯一武器"②。由此可见,上海这一时期对列宁主义的宣传尤为重视并产生强烈的反响,以五卅运动为标志的

---

① 《向导》第 188 期,1927 年 2 月 16 日。
② 《中共第四次大会对于列宁逝世一周(年)纪念宣言》,本书编委会主编:《中国共产党历届代表大会记录"一大"到"十七大"》,中共党史出版社 2007 年版,第 121 页。

大革命高潮的到来,更是与列宁主义的宣传密切相关。

最后,初步提出民主革命基本路线。早期共产党人在介绍和宣传列宁主义时发现,列宁之所以能够成为马克思主义的伟大继承者,主要是因为列宁并未将马克思主义理论当作一种教条,而是把它作为革命的行动指南;列宁能够运用马克思主义的基本理论来考察俄国的国际,并由此创造出崭新的理论,因而指导俄国革命取得了胜利,进而对列宁主义注重对实际社会调研以及符合国情等一系列特点作出了赞赏,即列宁思想乃是"最尊重事实的,他的一切改造社会理论都是由考察俄国实际社会情形,所得来的必然结论"①。以上论述表明列宁主义并非来源于书本,其最重要的特征在于来源于实际情形、适合国情的需要且便于实施。随着革命运动的发展,上海工人运动以及中国革命实际等现实斗争提出的问题迫切需要理论的回答。为此,瞿秋白等人表达了"革命的理论永不能和革命的实践相离"②等观点,凸显了理论与实践相结合的重要性。随着大革命进程的加快,早期共产党人在马克思主义阶级分析方法指导下,初步尝试性提出党在民主革命中应采取的基本路线。面对究竟何种阶级担任中国革命领导阶级的问题,陈独秀、邓中夏等人则表达了不同意见。1925 年 1 月,在上海召开的中共四大就民族革命运动发布议决案,在分析无产阶级最具革命性原因的基础上,提出了获取民族革命运动胜利的途径,"必须最革命的无产阶级有力的参加,并且取得领导地位"③,为民族革命运动的开展指明方向。应该说,中共四大的决议着重强调了无产阶级的领导地位,对于马克思主义在上海传播获取重要进展具有重要的历史意义。

随着以五卅运动为标志的大革命高潮的到来,有关中国革命无产阶级与资产阶级领导权问题的讨论刻不容缓。上海学术团体对外联合会《公理日报》的创办,为五卅运动的宣传以及革命道理的传播增添了载体,郑振铎、叶圣陶、胡愈之等人竞相担任编辑。借助《公理日报》,瞿秋白、毛泽东等人撰文阐发无产阶级领导中国革命的必要性。瞿秋白认为有两种方式进行国民革命,"一是由资产阶级来指导,一是由无产阶级来领导"④,但是考虑到无产阶级革命乃是民主

---

① 仲英:《列宁之思想》,《中国青年》第 16 期,1924 年 2 月 2 日。

② 《瞿秋白选集》,人民出版社 1985 年版,第 312 页。

③ 《对于民族革命运动之议决案》,李忠杰、段东升主编:《中国共产党第四次全国代表大会档案文献选编》,中共党史出版社 2014 年版,第 7—8 页。

④ 《国民革命运动中之阶级分化》(1926 年 1 月),《瞿秋白文集·政治理论编》第 3 卷,人民出版社 2013 年版,第 460 页。

革命取得成功后的必然行动,因此"国民革命的联合战线里无产阶级的领袖地位和政治指导"①乃是十分必要的。就此问题,他以俄国为例强调了无产阶级的领导地位,认为"资产阶级革命的完成与农民问题的解决,始终是俄国无产阶级所领导的"②,对中国的现时革命具有重要的参照价值。此外,毛泽东的代表作之一《中国社会各阶级的分析》在《中国青年》发表后引起热烈较大反响,在马克思主义指导下运用阶级分析方法剖析了中国社会实际阶级状况,并成为此文的显著特色。文中,毛泽东认为工业无产阶级集中程度高,经济地位低下且战斗力强,指出"一切半无产阶级、小资产阶级,是我们最接近的朋友"③,而他的又一代表作《湖南农民运动考察报告》,重点阐发了农民在革命中的显著作用,进一步凸显了农民地位,在《向导》发表后亦产生影响。至此,由无产阶级掌握中国革命领导权的民主革命路线被初步提出,成为早期共产党人用阶级分析方法剖析中国革命实际的成功性尝试。

大革命时期马克思主义在中国的传播是在国共合作和国民革命运动发展的新形势下,有着中国革命的迫切需要和国民革命这种政治实践的有力支撑,在中国南方的广大区域有着宣传马克思主义的政治合法性,同时也是中国共产党人和广大马克思主义者主观努力的结果。就马克思主义传播的广度和深度而言,一方面是马克思主义为广大民众所接受,另一方面则促成了马克思主义与中国革命的结合达到前所未有的高度,这反映中国社会的整体面貌业已发生深刻的变化。就思想演进逻辑与中国革命逻辑的关系来看,此时马克思主义的深入传播对于大革命凯歌行进的发展态势发挥了重要的思想引领作用,有助于进一步推进马克思主义与中国实际的结合,进而巩固马克思主义在中国革命进程中的指导地位。

四、哲学论争与马克思主义的捍卫

马克思主义在五四时期的传播以唯物史观为重要内容,唯物史观由此成为上海早期马克思主义者的重要宣传对象。大革命时期,早期共产党人有组织有计划地推进马克思主义传播,使得马克思主义愈发深入人心,唯物史观在与中国革命斗争的结合中显示出巨大的理论指导意义。与此同时,各种唯心主义以及

---

① 瞿秋白:《国民会议与五卅运动》,《新青年》季刊第3期,1926年3月25日。
② 《俄国资产阶级革命与农民问题》,《瞿秋白文集·政治理论编》第4卷,人民出版社2013年版,第612页。
③ 《毛泽东选集》第1卷,人民出版社1991年版,第9页。

反动观念此消彼长，争相与马克思主义唯物史观展开论争。在上海的早期共产党人以马克思主义基本观点为武器，对科学与人生观论战、国家主义以及戴季陶主义进行批判，解决了诸多分歧和矛盾，维护了马克思主义的权威，扩大了马克思主义唯物史观和阶级斗争理论的宣传。

第一，科学与玄学论战进一步彰显唯物史观指导意义。五四运动以后发生的科学与玄学的论战是中国资产阶级思想阵营内部的争论，但在一定程度上扩大了马克思主义唯物史观的社会影响。科学与玄学的论战始于北京大学张君劢在"人生观"演讲中提出的反对科学支配人生观。随即，丁文江发表名为《玄学与科学》对张君劢观点进行猛烈批评，明确主张科学可以解决人生问题。张君劢继而发表题为《再论人生观与科学并答》一文予以反驳，一场围绕科学与玄学之间的论争、"自由意志"和"自然主义"的人生观的较量就此开启，引起梁启超、胡适等众多思想界人士加入了论争。上海亚东图书馆、泰东图书局分别以《科学与人生观》和《人生观之论战》为名，出版了论战的大致内容，提升了马克思主义影响力。

在这一场科学与玄学论战中，一派主张"自由意志"的人生观与另一派主张"自然主义"的人生观进行较量。随着论战的进行，双方的弱点日渐暴露，均陷入唯心主义的境地。陈独秀、瞿秋白、邓中夏等早期共产党人在马克思主义唯物史观理论视域下批判与驳斥了论战双方的唯心主义观点。陈独秀强调要用唯物的历史观来建立科学的人生观，在此基础上主张客观的物质是改变社会、解释历史、支配人生的根本原因，此客观的物质原因即"唯物的历史观"①。邓中夏从论战的背景出发，强调要对历史的进化规律加以重视，介绍了社会进化和思想进化的原则，即"封建思想必被资产阶级思想征服，资产阶级思想必被无产阶级思想征服"②。就此问题，瞿秋白切中要害地指出了论战的中心问题，在于如何处理"自由"与"必然"的关系问题，即"承认社会现象有因果律否，承认意志自由与否"③。早期共产党人正是以唯物史观为遵循，通过阐述自然界以及人类社会发展具有其自身的客观规律、社会存在决定社会意识且人的意识受因果规律支配、生产力是社会发展的根本原因以及人类在社会进程中认识和利用规律等问题，深刻批判论战双方的唯心主义立场与观点。与此同时，论战使得马克思主义唯

---

① 陈独秀:《科学与人生观序》,《前锋》1923 年 12 月 1 日。
② 邓中夏:《中国现在的思想界》,《中国青年》第 6 期,1923 年 11 月。
③ 瞿秋白:《自由世界与必然世界》,《中国青年》第 6 期,1923 年 11 月。

物史观在上海乃至全国得到更为广泛的传播并得到更多人的认同接受。

　　此外，上海早期马克思主义者在五四运动以后对胡适等人实验主义的批判，揭露其唯心主义本质，彰显了马克思主义哲学的科学指导意义。以胡适为代表的实验主义哲学曾在五四期间冲击了封建主义思想体系，积极宣传科学精神，当时不失为"历史推进的先锋"①，后因马克思主义的传播引起了"问题与主义"之争。无独有偶，在"科学与玄学"的论战中，胡适等人继续以"科学"之名，大肆宣扬实验主义乃是社会变革之路。为此，瞿秋白于1924年在《新青年》季刊发表《实验主义与革命哲学》一文，从马克思主义哲学角度对实验主义进行批判，认为实验主义未能基于客观现实，"其结果完全是唯心论的宇宙观，它的真理便成了主观的"②。应该说，瞿秋白揭示了马克思主义与实验主义的本质区别，阐明了实验主义主观唯心主义的实质，指出只有马克思主义才是指导无产阶级革命斗争的科学真理，因而从根本上划清马克思主义与实验主义的界限。从中国现代思想演进历程来看，尽管胡适等人的实验主义还有较大的市场，但很显然是居于次要的地位，其在思想界的影响力处于衰退状态。

　　第二，反击国家主义派，维护国家学说。在五四时期成长起来的上海早期马克思主义者，在后五四时期成为马克思主义传播的新生力量，并与各种反马克思主义思想进行了坚决斗争，与国家主义派的斗争则是显例之一。1923年，留学法国的曾琦、李璜等人在巴黎秘密成立了"中国青年党"，其对外号称"中国国家主义青年团"，以反对马克思列宁主义、反对中国共产党、反对人民革命运动为目的，回到上海后创办了《醒狮》周报，大肆攻击马克思主义。为此，以恽代英、萧楚女为代表的早期共产党人以《向导》、《中国青年》等报刊为阵地，与国家主义派代表展开激烈的辩驳和斗争。国家主义派认为阶级和阶级斗争并非客观存在，高调宣扬"唯国家主义，可以救中国"③。因此，国家主义派突出地反对阶级斗争理论和国家学说，反对马克思主义关于国家是阶级斗争不可调和的产物等论断。就此问题，恽代英、萧楚女等人以马克思主义唯物史观为武器，逐一批判国家主义派观点，从根本上揭示其唯心主义本质。恽代英更是旗帜鲜明地赞成国家和政府的存在，认为国家的存在正是为了抵御资本主义的压迫，政府的存在正是为了保障广大无产阶级的利益，主张解放人数众多且最受压迫的工农阶级

---

① 艾思奇：《廿二年来之中国哲学思潮》，《中华月报》第2卷第1期，1934年1月。
② 瞿秋白：《实验主义与革命哲学》，《新青年》季刊第3期，1924年8月1日。
③ 《国家主义与中国青年》，上海醒狮周报社编：《国家主义讲演集》第1集第3版，1926年4月。

是取得民族解放的关键,极力反对"拿爱国的空话欺骗无产阶级,妨害无产阶级解放的斗争"①,认为国家主义派的主张妨碍了无产阶级解放斗争的实行。针对国家主义派对共产主义、国共合作以及国民革命一系列问题的状况,上海早期共产党人代表及时揭露了国家主义派的反动实质,认为其是"最反动势力的结晶"②,减轻了进步民众所受国家主义派的影响,同时扩大了马克思列宁主义在中国的传播。

第三,揭露戴季陶主义反动本质,捍卫阶级斗争学说。戴季陶在五四时期曾一度成为宣传社会主义以及马克思主义的先行者,其对于增进人们对马克思主义的了解发挥了一定的作用。然而,戴季陶在当时介绍马克思主义的出发点仅仅是服务三民主义宣传,而非真正信仰马克思主义,尤其不赞成马克思主义阶级斗争学说。事实上,戴季陶十分惧怕俄国式革命,他在《星期评论》发表文章指出,中国不能宣传俄国的布尔什维主义,原因在于中国问题只是失业过多的问题,劳动人民与剥削者的矛盾并非极其强烈,布尔什维主义的宣传将会被"无业游民"和"兵匪阶级"所接受和利用,即挂以布尔什维克的假面从事野蛮掠夺的勾当,将会推动比俄国更加危险的境象发生,届时"中华民国的国运,恐怕也就从此告终呵!"③这里,戴季陶虽是说布尔什维主义被"无业游民"和"兵匪阶级"利用的情况,但所描绘出的景象也是十分惨烈的。他把"社会革命"说成是洪水猛兽,不仅因为这"主义"的输入而破坏了中国正常的"生产机能",并且外国人的入侵亦会造成民国国运的结束,可谓罪莫大焉。可见,戴季陶尽管口头上承认马克思主义,并且确实也说过社会主义的一些"好话",但在思想深处并不赞同中国走社会革命道路的。

孙中山逝世后,戴季陶打着宣传"孙文主义"的旗号,在上海《民国日报》发表《孙文主义之哲学的基础》等文章,其内容不仅篡改了孙中山所提倡的三民主义,还带有明显的反对马克思主义色彩,被印制成小册子广为散发,造成极大的负面影响。戴季陶专门宣扬孙中山早年思想中落后的方面,其实质就是反对马克思主义唯物史观和阶级斗争学说。他一方面指责早期共产党人信奉马克思主义是盲目媚外的做法,且"争得一个唯物史观,打破一个国民革命"④,高呼中国

---

① 恽代英:《答〈醒狮周报〉三十二期的质难》,《中国青年》第 97 期,1925 年 7 月 18 日。

② 《醒狮派——最反动势力的结晶》,《中国青年》第 97 期,1925 年 7 月 18 日。

③ 戴季陶:《对付"布尔色维克"的方法》,《星期评论》第 3 号,1919 年 6 月 22 日。

④ 戴季陶:《国民革命与中国国民党》,《中国近代哲学史资料选编》第 4 卷,上海社会科学院出版社 1989 年版,第 696 页。

政治应"完全掌握在信奉三民主义的中国青年手里"①的立场,进而更好地巩固三民主义;另一方面大肆宣传共产党与国民党之间没有"共信"和"互信"的基础和原因,公开地破坏国共合作统一战线,分化和瓦解业已形成的革命阵营。应该说,戴季陶所宣扬的主张,与孙中山晚年思想和国民党一大确立的纲领完全背离,为国民党一党占领国民革命领导权提供理论准备和政策依据,产生很大反响后促使国民党内反共分子迅速集结。

针对戴季陶主义的抬头,以瞿秋白、陈独秀、恽代英等为代表的早期共产党人在《向导》等期刊发表文章,坚决有力地与戴季陶主义进行交锋和斗争。瞿秋白发表了《中国国民革命与戴季陶主义》一文,明确批评戴季陶歪曲了三民主义,一针见血地指出戴氏唯心主义的道统说,认为其表面上主张资产阶级的仁慈主义,而在实际中散布《国民革命与中国国民党》以"实行思想上的阶级斗争"②,究其实质乃是资产阶级压迫无产阶级的一种斗争。就此问题,陈独秀也批判了戴季陶用民族斗争否定阶级斗争的错误,明确提出不能否认业已存在的阶级争斗的两件事实,乃为"中国现社会已经有比前代更剧烈的阶级争斗的事实,中国民族争斗中需要发展阶级争斗矛盾的事实"③。虽然早期共产党人在当时与戴季陶主义进行了斗争和辩驳,但由于中国共产党尚处幼年时期,对马克思主义理论缺乏全面深刻的了解,对中国国情以及革命规律把握尚显不足,对国民党右派势力的抬头缺乏必要的警惕,因此在大革命后期犯下右倾错误,并成为大革命失败的重要主观原因之一。由此也说明,随着革命活动的深入,年轻的共产党人迫切需要马克思主义更加深入地传播和研究。大革命失败后的上海遭受更为严峻的白色恐怖与文化围剿,马克思主义以论战等方式逐渐深入到哲学、文学等其他领域,为马克思主义与中国革命的结合作出重要的理论准备。

上海作为中西文化交汇大本营,作为中国现代化的最早区域之一,自然成为马克思主义传入中国的主要窗口,在全国开创了传播马克思主义的风气之先,并在这一历史进程中发挥了重要的作用。马克思主义在上海地区得以正式传播并产生广泛影响,是与世界思潮转变和近代中国社会变革相联系的。在俄国十月革命爆发之前,马克思主义仅作为一种观念被引入介绍,尚未上升到真正意义上

---

① 戴季陶:《孙文主义之哲学的基础》,《中国近代哲学史资料选编》第 4 卷,上海社会科学院出版社 1989 年版,第 672 页。

② 瞿秋白:《中国的国民革命与戴季陶主义》,《向导》第 128 期,1925 年 9 月。

③ 陈独秀:《给戴季陶的一封信》,《向导》第 128 期,1925 年 9 月。

的理论传播层面,并未取得较大传播效果。直至十月革命和五四运动之后,马克思主义日渐占据新思潮的主流地位,初具共产主义思想的先进分子转变为早期马克思主义者,上海由此成为"传播马克思主义的中心"①。早期马克思主义者利用上海庞大工人阶级队伍的优势,推动马克思主义与工人运动的初步结合,并在此基础上发起成立了中国共产党,使上海迅速成为马克思主义在中国的传播中心。20世纪20—30年代,马克思主义与各式各样非马克思主义思潮反复论争,而上海作为论争的主战场,初步将马克思主义深入到文学等多个领域并有效扩大了传播阵地,为推动马克思主义与中国革命实践的结合,以及马克思主义早期初步中国化作出了重要的理论准备和思想基础。诚然,马克思主义在上海的早期传播乃是连续不断的发展过程,不同时期相对于整体进程都具有"阶段性"特征,只有建立在整体性的思考路径之上去把握这一历史进程,才能不断深化对传播事件主流和本质的认识。

综上所述,马克思主义在上海的早期传播推动了革命洪流的涌动。毛泽东曾解释马克思列宁主义在中国发生作用的原因:"因为中国的社会条件有了这种需要,因为同中国人民的实践发生了联系,因为被中国人民所掌握了。"②作为中国重要的经济、文化中心城市,上海的马克思主义传播有效提升了民众的思想觉悟,推动了工人运动等革命洪流的涌动,并使其成为无产阶级和革命群众开展革命斗争的主要阵地。在复杂的传播环境下,中国共产党在上海成立以后,毅然加大宣传马克思主义方面书籍报刊的出版,对实验主义、基尔特社会主义、无政府主义等进行了批判和揭露,极大地推动了马克思主义的广泛传播,并使马克思主义进入到有组织的传播阶段。中国共产党早期多次重要会议均在上海召开,如中共一大宣告正式成立中国共产党、中共二大反帝反封建民主革命纲领的宣布、中共四大掀起了大革命高潮等,这并非历史演进中的某种巧合,而是有其内在的必然性依据,足以确证上海在中国共产党历史和马克思主义在中国传播史上的重要地位。简言之,马克思主义在上海的早期传播从零散引介至系统宣传,从理论宣传、文本传播走向革命实践,在与工人运动、国共合作等具体革命实践的结合中取得重要的进展,并使马克思主义在中国的传播迈入崭新的组织化、系统化阶段。大革命失败后尤其是1927年国民党政权成立后,国民党查禁进步书刊,对马克思主义在上海以及中国的传播进行残酷镇压。但是,高举真理之火的

---

① 刘惠吾主编:《上海近代史》下册,华东师范大学出版社1987年版,第67页。
② 《毛泽东选集》第4卷,人民出版社1991年版,第1515页。

早期共产党人勇敢走向农村包围城市、武装夺取政权的道路。此后的上海，尽管处在国民党反动派的白色恐怖之下，但坚定不屈的共产党人和革命的知识分子以超然的革命勇气，通过各种途径和办法继续传播马克思主义，反击国民党的文化"围剿"，马克思主义在艰难的环境中仍然顽强地传播并发展。

第 三 章

马克思主义在上海早期
传播的主体力量

传播主体作为传播活动中的关键性能动要素,乃是传播活动得以持续推进的基本要件。马克思恩格斯在《神圣家族》中指出,"历史不过是追求着自己目的的人的活动而已"[①]。作为历史性过程的存在,马克思主义在上海的早期传播乃是人的活动的结果,须以作为实践主体的人的驱动为前提,方可推动马克思主义的落地生根。从信息论角度而言,传播是指传播主体在一定的传播环境中,通过传播中介抑或传播载体而对传播客体作用的过程,即通过传播中介而实施信息的传递、流动、衍化的过程,可见传播主体在传播过程中所处的地位。马克思主义内在的思想性、凝聚力使其在中国具有强烈的感染力和影响力,吸引多种类型知识分子从分化走向聚合,有学者坦言,"激进主义使得五四时期及之后的知识分子极易为马列主义魅力所惑"[②]。上海优越的地理位置、包容开放的文化以及相对宽松的政治氛围,吸引了海内外先进知识分子齐聚上海,成就了上海人才高地的地位,为马克思主义早期传播者队伍形成创造了优势。就马克思主义在上海的早期传播来看,传播主体的构成极为复杂,突出表现为由不同学习背景、不同政治立场、不同派别等知识分子组成的动态性传播群体,且不同传播群体立足各自立场,主动或被动传播、诠释马克思主义,较好地发挥了群体合力,致力于"为担负改造中国的历史使命在寻求和掌握革命的科学理论"[③]。简言之,资产阶级先进分子、无政府主义者、早期马克思主义者以及国际人士等群体构成了马

---

① 《马克思恩格斯文集》第 1 卷,人民出版社 2009 年版,第 295 页。

② 张灏:《再论中国共产主义思想的起源》,余英时等编著:《中国历史转型时期的知识分子》,台湾联经出版事业公司 1992 年版,第 59 页。

③ 中共中央党史研究室:《中国共产党历史(1921—1949)》第 1 卷上册,中共党史出版社 2011 年版,第 48—49 页。

克思主义在上海早期传播的主体性力量，为推动上海成为马克思主义传播中心和前沿阵地作出重要贡献，形成了不同于其他国家和地区马克思主义传播主体的独特景象，描绘了马克思主义在上海早期传播的多面图景。

第一节　资产阶级群体

思想传播者以具体的思想主张而呈现，同时以其阶级的属性而分野，从而形成思想衍化的复杂图景。在上海马克思主义早期传播进程中，客观地存在着一支资产阶级传播群体的重要力量，且在"资产阶级传播群体"中，因为对待马克思主义的认知及态度的不同，有"资产阶级改良派"与"资产阶级革命派"之分，从而在介绍和传播马克思主义中表现出很大的差异性。尽管资产阶级传播群体在阶级性质上从属于资产阶级，且在价值理念和思想认识上并不认同马克思主义，但在客观上对马克思主义在上海早期传播发挥了很大作用，加以考察论述。

一、资产阶级改良派

马克思主义在上海的早期传播可以上溯到资产阶级改良派这个群体，以梁启超为代表的资产阶级维新志士最早"接触到欧洲社会主义思潮"[1]并主动译介了马克思恩格斯著作。他们在维新变法时积极向西方学习，介绍西方科学技术的同时，还宣传了包括社会主义思潮在内的西方先进思想文化。当时，产生了《大同学》、《大同书》、邓实的《论社会主义》、杜士珍译撰的《近世社会主义评论》等一批有关社会主义思想的著作。资产阶级改良派梁启超是最早在个人著作中介绍马克思的中国人。为此，下文以梁启超为考察中心，介绍资产阶级改良派在上海传播马克思主义相关情况。

梁启超作为资产阶级改良派代表，对包括马克思主义在内的欧美新思想采取了积极关注的态度。梁启超早在游历北美时，发表了《二十世纪之巨灵：托辣斯》、《社会主义与中国》、《社会主义论序》等一系列文章，当中部分内容引用了马克思的相关论述，开启了社会主义形象的描述以及思考社会主义在中国实现可能性问题的历程。20 世纪初年，梁启超开始注意马克思主义，并结合自己理解加以阐释，对马克思主义有关社会发展规律的论述予以肯定，对社会主义代替

---

① 陈汉楚：《社会主义在中国的传播及其存在的问题》，《社会科学》1980 年第 6 期。

资本主义的必然趋势表示认同。1902 年,他在《新民丛报》发表《进化论革命者
颉德之学说》,宣介了马克思有关社会之弊的主要观点,介绍了"麦喀士之社会
主义和尼志埃之个人主义"①等两种在德国影响势力较大的思想,从进化论角度
阐释了马克思主义应运而生的原因,成为梁启超本人最早发表有关马克思见解
的文章。而后,梁启超细致阐述了"何为社会主义"等问题,认为土地和资本的
归公乃是社会主义的核心要义和本质所在,阐明劳动力价值源泉作用对于社会
主义的重要性,提出了社会主义代替资本主义的经济层面根源在于财产分配和
自由竞争的问题,并断定"社会主义其必将磅礴于二十世纪"②,表明其对社会主
义的信心与憧憬。除此之外,梁启超在《二十世纪之巨灵:托辣斯》一文中调查
研究资本主义贫富不均现象,撰写了《社会主义论序》,从经济角度批判资本主
义的弊端,肯定了社会主义代替资本主义的历史必然。

　　梁启超深受其师康有为大同思想的影响,认为社会主义有关未来社会的设
想和中国传统文化大同社会理想具有契合共通之处,亦即在某种意义上来说,近
世社会主义与大同社会的井田制内核占据了"同一立脚点"③。然而,对于中国
是否要实行社会主义的问题,梁启超则持以反对态度,认为中国实行社会主义的
经济、政治、阶级以及社会等条件尚未完备,提出由于中国缺乏工业基础而不能
将社会主义照搬照抄,"流弊有无且不必管,却最苦的是搔不着痒处"④。因此,
梁启超认为社会主义并非适用于当时的中国,而对于中国而言社会主义乃是
"将来必至"⑤的事实,因而可将发展资本主义作为未来实行社会主义的过渡期,
西方虽然已经相当发达,"然已将趋末路,且其积重难返,不能挽救,势必破
裂"⑥。在这里,梁启超对社会主义有一定的认识,尤其是对于社会主义在将来
取代资本主义的历史必然性有较好的认识,而对于中国是否实行社会主义道路
则持以否定的态度。

　　梁启超是资产阶级改良派的重要代表,其言说代表着中国资产阶级立宪派
的主张,服务于建立君主立宪制的政治目标。应该说,以梁启超为代表的资产阶
级改良派对马克思的生平进行了介绍,对社会主义的概念以及社会主义所需要

①　梁启超:《进化论革命者颉德之学说》,《新民丛报》第 18 号,1902 年 10 月 6 日。
②　梁启超:《饮冰室自由书》,《新民丛报》第 17 号,1902 年 10 月 2 日。
③　梁启超:《欧游心影录:新大陆游记》,东方出版社 2006 年版,第 49 页。
④　梁启超:《欧游心影录:新大陆游记》,东方出版社 2006 年版,第 51 页。
⑤　《梁启超全集》第 3 册,北京出版社 1999 年版,第 1336 页。
⑥　丁文江、赵丰田:《梁启超年谱长编》,上海人民出版社 1983 年,第 901 页。

的条件进行了解读,这说明梁启超对于世界形势的发展走向乃是极端关注的,在思想上有着开放的世界视域,故而也是近代以来中国先进知识分子"开眼向世界"的重要代表之一;梁启超对社会主义本身给予研究,认为当时中国是否可以实行社会主义需要以其是否具备相关的条件为依据,并最终对中国是否实行社会主义持以否定的态度,这表明其在社会变革上缓进的政治立场,但在一定程度上又显现其有关"社会主义与中国"问题的研究思路。梁启超认为,五四时期的中国没有阶级和劳动阶级是社会主义在中国不能实现的重要原因,亦即"其总原因在于无劳动阶级"①,故而,其对待马克思主义的态度,在当时曾影响了相当一部分人走向资产阶级的改良主义道路。说到底,由于梁启超在当时的历史条件下,对于社会主义的认识尚处于比较浅显的阶段,并且对社会主义怀有惧怕的态度,甚至认为社会主义乃是一种迷信,即"天下惟迷信力为最强,社会主义之蔓延于全世界也,亦宜"②。因此,资产阶级改良派对社会主义持以"迷信"的态度,这就决定了他们不可能从内心真正接受、信仰马克思主义,而是在 19 世纪末 20 世纪初西学东渐以及社会主义成为世界潮流的大背景下,只是在为了寻求救国真理目标下的一种应景性的自发选择。以上重点介绍了梁启超介绍马克思主义情况,一方面由于 20 世纪初年梁启超在思想界有着很大的影响,另一方面因为梁启超在五四时期思想界有一定的号召力,其对马克思主义的态度影响不少人。

总之,五四时期奉行资产阶级改良主义而对待马克思主义的群体,从思想源头上说大致皆沿着梁启超的路线衍化的。上海《解放与改造》杂志的主编俞颂华认为,革命是社会演进中反常病理现象,且这些现象对于社会的前途具有众多危机,因而希望"支配阶级"从防止"革命"的角度,能够依据反抗者的要求适当地"修正其制度",推进社会"改革"以维护"社会的常态",否则反抗者一旦选择暴力推翻旧的制度,所形成的后果乃是"直接的,卤莽的,而不经反想的,表现低级文化的特质"③,甚至会出现社会被大权独裁者控制等问题。五四时期惧怕革命的社会心理,也使得一些不主张革命的刊物,有时也不得不举起"革命"的旗帜作为掩护。在上海出版的《伙友》刊物尽管也曾发表过宣传阶级和阶级斗争的文章,但其主流表现为对革命的惧怕,抑或是在"革命"的面具下宣传阶级调

---

① 梁启超:《复张东荪论社会主义运动》,《改造》第 3 卷第 6 号,1921 年 1 月 19 日。
② 梁启超:《欧游心影录·新大陆游记》,东方出版社 2006 年版,第 300 页。
③ 俞颂华:《述爱尔和特氏论社会常态的与变态的改革之大意》,《解放与改造》第 2 卷第 5 号,1920 年 3 月 1 日。

和的思想。该刊在第 11 期进一步说明其办刊旨趣及其所经历的两个时期，"第一时期，就是要在这不自然的社会制度下，唤醒昏沉的同侪，共向资本家方面去讲公理，以期改轻牛马式的待遇，恢复一些做人的生趣。本时期，是为用柔和手段的时期。第二时期，是推翻社会一切不自然的制度，扫灭资本主义的流毒，产生和衷共济的社会。"①这表明，在当时的历史条件下，梁启超一系的改良主义思想在上海思想界产生了很大影响。

综上，资产阶级改良派对于传播马克思主义的态度乃是有原因的。从资产阶级改良派的政治立场和动机来看，民族资产阶级一面遭受帝国主义和封建主义的压迫，一面无力与外国资本以及封建官僚资本抗衡，他们希望在国家的庇护下求得资本主义工商业的发展。资产阶级改良派反对革命道路，其仅借社会主义之势给清政府施压，从而为实现其改良的主张扫清障碍。但是，资产阶级改良派对马克思生平以及社会主义的介绍，为上海民众初识马克思主义及社会主义学说作出一定贡献。

二、资产阶级革命派

就"传播群体"而言，在上海早期马克思主义传播过程中除了资产阶级改良派群体外，资产阶级革命派也是一支重要力量。孙中山、朱执信、胡汉民、戴季陶等资产阶级革命派传播马克思主义的重要代表人物，在建构完善三民主义理论体系的同时传播了马克思主义，为在中国建立资产阶级共和国寻求理论层面的依据，且由于他们大多有留学日本经历，因此所接触的社会主义受日本影响较大。五四运动的发展更为启发了孙中山及其领导的国民党人对传播马克思主义的重视，尤其是"孙逸仙及其最亲密的追随者从十月革命以后，对列宁关于政党组建的理论，对军事权力的布尔什维克的规定，表示出迫切而强烈的关注"②。资产阶级革命派在宣传马克思主义的问题上，相比于资产阶级改良派要更为激进，对于变革社会的"革命"手段有着较高的认同度，亦即既要建立资产阶级共和国，又能防止资本主义弊端的出现，故而是在一种极为矛盾的心态中理解和宣传马克思主义学说的。

资产阶级革命派领袖孙中山是较早接触马克思学说的中国人，亦是近代中

---

① 开先:《本会的两个时期》,《伙友》第 11 册,1921 年 1 月 16 日。

② [美]费正清:《剑桥中华民国史(1912—1949)》上卷,杨品泉等译,中国社会科学出版社1994 年版,第 419—420 页。

国"开眼向世界"的杰出代表,特别关注西方发展的动态及社会主义运动的趋向,注重用社会主义来解决中国的现实问题。早于1896年在英国伦敦期间,孙中山在大英博物馆研读西方政治思想,接触并推崇马克思的学说,尤其对"对社会主义运动和土地国有化运动感到兴趣"①。孙中山旅居日本期间关注社会主义学说,与日本平民社幸德秋水就社会主义问题而"交换意见"②。辛亥革命爆发后成立了南京临时政府,孙中山主要在上海就社会主义问题、马克思主义发表多次演讲,表明自身"提倡社会主义"的态度。比如1912年4月,孙中山发表演说,宣扬"提倡实业,实行民生主义,而以社会主义为归宿"③等主张,将民生主义等同于社会主义,体现对社会主义认识的模糊。同年10月,在上海中华大戏院围绕社会主义发表为期三天的演说,热情赞扬科学社会主义以及马克思研究资本问题的贡献,介绍了社会主义历史,当时的报纸将会场盛况形容为"无隙可容"④,可见其受欢迎程度。概言之,孙中山在介绍社会主义的同时,宣传了马克思及其学说,扩大了马克思及其学说在上海的影响力。

孙中山主观上热烈同情并向往社会主义,将民生主义等同于社会主义,率先研习社会主义,较早表达国共合作意愿,开展有关国共合作筹备活动,为社会主义的宣传贡献了力量。在孙中山的影响和带领下,其身边的诸多助手和战友都开始研究社会主义,如同为国民党成员的马君武发表了《社会主义与进化论比较》一文,将"主互助"的社会主义看作对"主竞争"的进化论的必要补充,并在文中提及《共产党宣言》内容,附录了《资本论》等马克思著作清单。孙中山对十月革命持以同情和欢迎的态度并于1918年致电列宁,代表中国革命党向列宁领导的革命党致以敬意,希望中俄两国革命党"团结一致,共同奋斗"⑤。1920年11月,孙中山在会见共产国际代表维经斯基时详细询问俄国革命问题,并提出了与苏俄建立电台请求,便于加强苏俄两国的联系。1923年1月,孙中山在上海寓所会见了苏俄代表越飞,发表了《孙中山与越飞会谈纪要》,成为联俄政策确立的标志。显而易见,孙中山对马克思主义以及苏俄革命持以欢迎态度。1922年

---

① ［美］伯纳尔:《1907年以前中国的社会主义思潮》,丘权政、符志兴、范道丰、陈昌光译,福建人民出版社1985年版,第39页。

② 《孙中山年谱》,中华书局1980年版,第59页。

③ 《在上海中华实业联合会欢迎会的演说》,《孙中山全集》第2卷,中华书局2006年版,第340页。

④ 刘廷玉:《中山人在上海》,广东人民出版社2010年版,第9页。

⑤ 《孙中山全集》第4卷,中华书局1985年版,第500页。

6月,孙中山遭遇陈炯明叛变后备受打击,暂时避居上海痛切反思。他深感革命欲取成功,须找寻新的同盟者,由此将目光投向了新近成立的中国共产党。1922年8月,李大钊来沪专门拜访孙中山,表达合作共同革命的意愿,谈论"振兴国民党以振兴中国之问题"①。同月,共产国际代表马林来到上海,在孙中山寓所与孙中山会谈,围绕中国革命现状,就国民党改组、国共合作、联合苏俄等问题进行了商讨,建议以上海为基地开展群众性宣传运动。鉴于"国民党正在堕落中死亡,因此要救治它,就需要新血液"②等状况,孙中山于1923年在上海发表《中国国民党宣言》,提出革命必须依靠民众的建议,并接受了中国共产党关于反帝的主张。至此,孙中山的社会主义思想发生历史性的飞跃,究其原因在于其把握时代发展潮流,同时也受到共产国际和中国共产党的积极影响,与孙中山早年研习社会主义的经历分不开。总之,孙中山的社会主义思想并非马克思主义视域下的社会主义,而是站在资产阶级民主主义的立场,对马克思主义抱以同情和理解,因而难免会出现误解和偏差的状况。纵然如此,作为介绍社会主义的先驱,孙中山在介绍马克思及其学说中发挥的作用是难以否认的,且作为资产阶级革命派的领袖,在群体中发挥了领导和号召作用,对社会主义、马克思及其学说的欣赏态度也深刻地影响着其他资产阶级革命者。

资产阶级革命派理论家朱执信被称为资产阶级革命家中"真正研究马克思主义的人"③。朱执信撰写的《德意志社会革命家小传》等重要代表作比较详尽地介绍马克思恩格斯生平、革命活动以及理论学说,摘译《共产党宣言》部分内容以及剩余价值学说要点,称颂马克思学说"奇肆酣畅,风动一时"④。他还积极宣传马克思主义剩余价值学说、阶级斗争理论等,并运用理论分析中国实际。譬如,他运用剩余价值学说分析中国的劳动者状况,认为当时中国虽无雄厚的资本家,但是小资本家获取剩余价值甚为厉害,中国劳动者在此条件下遭受更为痛苦的压迫,没有斗争能力的劳苦大众成为最要紧的问题,因此"应该扶助他,替他想解决的办法"⑤。毋庸赘言,朱执信对阶级和阶级斗争理论的理解较为深刻,注重运用阶级斗争观点分析国际国内时政,力图在变革中国的问题上找到新的手段。结合朱执信介绍宣传马克思主义的出发点来看,时值梁启超等资产阶级

① 《李大钊全集》第4卷,河北教育出版社1999年版,第715页。

② 《儒教与现代中国》,《宋庆龄选集》,人民出版社1992年版,第109页。

③ 何香凝:《回忆孙中山和廖仲恺》,中国青年出版社1957年版,第12页。

④ 姜义华编:《社会主义学说在中国的初期传播》,复旦大学出版社1984年版,第353页。

⑤ 朱执信:《野心家与劳动阶级》,《建设》第2卷第2号,1920年3月。

改良派大肆反对社会革命，朱执信正是基于革命派与改良派相互交锋论争背景下，发表有关马克思主义的文章，用以论证孙中山提出的资产阶级革命派的政治主张。同时也要说明的是，朱执信于未满 19 岁之时东渡日本留学，他所接触的社会主义学说均为日本社会主义者有关马克思主义的论著，并非马克思主义第一手资料，因而在将马克思主义学说介绍给国人的时候，难免出现内容上曲解、片面甚至零碎化等问题。但是，无论是在马克思主义视域下与改良派有关社会革命的论争，还是运用马克思主义基本原理分析中国实际，朱执信皆在其中发挥一定的作用，故而在上海早期马克思主义传播史上亦有一席之地。

资产阶级革命派重要成员胡汉民在马克思主义研究方面成果颇丰，一定程度上代表五四时期资产阶级革命派研究马克思主义的水平，尤其是"唯物史观在中国的启蒙做出了重大贡献"[1]。据统计，胡汉民从 1919 年 8 月至次年 4 月担任《建设》主编期间，刊载二十余篇有关马克思主义文章，"占全部篇目的 15%—20%"[2]，可见其对马克思主义的重视程度。在宣介马克思主义时，胡汉民高度评价马克思主义唯物史观并加以侧重介绍，在其发表的《唯物史观批评之批评》一文中，阐述了唯物史观的内涵以及发展历程，盛赞了唯物史观使社会学、历史学、经济学等发生极大的变革，乃至"差不多划一个新纪元"[3]。胡汉民译介经典著作方面亦有所行动，他节译了《神圣家族》、《哲学的贫困》、《共产党宣言》和《资本论》等有关唯物史观的马克思主义著作，由此阐明唯物史观的内涵，在唯物史观指导下分析现实和历史问题，为知识分子学习研究唯物史观原著提供系统全面的资料，吸收唯物史观的内容发展孙中山三民主义思想，在缓和阶级矛盾以及维护资产阶级革命派统治地位方面发挥了一定的作用。然而，胡汉民站在资产阶级立场上对于马克思主义介绍和阐释存在一定的局限性和片面性，其日后对马克思主义的背离也就不足为奇。但在资产阶级革命派中对于马克思主义的原著还是相当熟悉的，其学理性自然也比一般的资产阶级理论家更为深刻，在当时思想界中产生了较大影响。

与资产阶级革命派中的其他人有所不同的是，戴季陶比较注重对马克思主义经济学说、劳动问题等内容进行介绍宣传，在《建设》、《新青年》和《星期评论》等报刊发表文章，着重阐述了马克思主义经济学原理并视之为科学社会主

---

① 唐宝林主编：《马克思主义在中国 100 年》，安徽人民出版社 1998 年版，第 94—95 页。
② 唐宝林主编：《马克思主义在中国 100 年》，安徽人民出版社 1998 年版，第 92 页。
③ 胡汉民：《唯物史观批评之批评》，《建设》第 1 卷第 5 号，1919 年 12 月。

义的核心,鼓励研究"以马克斯经济学为骨干的科学社会主义"①,其重要代表作有《革命! 何故? 为何?》、《经济之历史的发展》、《从经济上观察中国的乱源》等,参与创办的《星期评论》亦被誉为"舆论界中最亮的两颗明星"②,受到当时进步人士的欢迎,在思想界产生较大影响。值得注意的是,戴季陶在《星期评论》"劳动运动纪念号"专刊发表《文化运动和劳动运动》一文,运用唯物史观分析了劳动运动与文化运动的因果关系,阐明文化运动目的应为创造世界财富的无产阶级服务,号召从事文化的知识分子,要切实为"无产阶级新文化"③而努力。在此基础上,还发表文章号召爱国学生与劳动者联合,即"联合全世界被掠夺阶级"以"推翻强盗阶级"④。这说明,戴季陶在主办《星期评论》时期在思想上有着一定的激进性,对于马克思主义抱有好感,故而能够对马克思主义的相关观点给予诠释性介绍和认可。俞秀松回忆了在上海期间认识了戴季陶、沈玄庐等人,说道:"他们多方面帮助我了解马克思主义和革命运动,其中包括十月革命。"⑤由此可见,戴季陶等人在宣传马克思主义中产生了积极影响。针对社会上批评马克思主义翻译和研究的现象,戴季陶激烈表示,"翻译马克司著作和研究马克司、批评马克司著作,岂是可禁止的吗? 又岂是能禁止的吗"⑥,从中可见他对马克思主义的态度。诚然,戴季陶在这一时期的思想具有相当的不稳定性,主要倾向于从新思想介绍的角度出发,对马克思主义持以参考借鉴的态度,而未曾在思想上信仰马克思主义,为日后与马克思主义分道扬镳埋下了伏笔。

　　综上可知,孙中山、朱执信、胡汉民、戴季陶等资产阶级革命派在留日之际或在日本从事革命活动时接触、学习并研究了马克思主义,而此时正值日本社会主义运动的高潮阶段,这一背景为他们介绍宣传马克思主义提供了有利条件。同时,他们作为新兴资产阶级知识分子的代表,开放的思想和活跃的思维使得他们能够较为积极地选择新理论来解释和改造社会,故而能够涉及马克思主义这种新的理论。但是,从资产阶级革命派群体来看,即便同在一个政党或组织之内,也因个人旨趣、研究方向、政治立场、思想动机等不同而对马克思主义进行内容上的"选择性传播",可谓各有侧重、各有偏颇、各有选择,相互间在传播内容上

① 唐文权、桑兵:《戴季陶集》,华中师范大学出版社 1990 年版,第 1240 页。
② 《书刊介绍》,《教育潮》第 5 期,1919 年 11 月。
③ 戴季陶:《文化运动与劳动运动》,《星期评论》"劳动纪念号",1920 年 5 月 1 日。
④ 沈仲九:《学生运动的过去和将来》,《星期评论》第 46 号,1920 年 4 月 18 日。
⑤ 中共浙江省委党史研究室编纂:《俞秀松纪念文集》,当代中国出版社 1999 年版,第 230 页。
⑥ 季陶:《可怜的"他"》,《每周评论》第 14 号,1919 年 9 月 7 日。

的差异性也非常显著。譬如孙中山偏向科学社会主义,朱执信侧重介绍马克思主义阶级斗争学说,胡汉民偏重于介绍唯物史观并运用唯物史观阐释中国历史、哲学、伦理等问题,戴季陶偏重于介绍马克思主义经济学说等。诚然,资产阶级革命派由于阶级立场以及历史的局限,他们传播介绍马克思主义并非由于信仰马克思主义,而只是为了自身的革命主张去寻找理论依据,因而对于马克思主义的理解呈现出片面性、片段性以及怀疑性特征,与"马克思主义有相当距离"①。甚至他们当中的胡汉民、戴季陶等人,既是传播马克思主义的先行者,又是反对者和背叛者,究其根本皆为政治立场之所致,皆是因为未能建立起真正的马克思主义信仰。这也说明,在马克思主义传播的道路中,政治立场和思想信仰乃是极端重要的关键因素,决定着能否把马克思主义传播事业向前继续推进。纵然如此,资产阶级革命派在马克思主义传播方面早于中国共产党人乃是无法忽视的事实,且在上海创办期刊并对马克思恩格斯生平、唯物史观、阶级斗争学说等表现出浓烈的兴趣。正是他们的宣传与中国共产党人的努力相汇聚之后,方才形成了强大的舆论声势,其对马克思主义宣传介绍所作出的贡献乃是不可磨灭的,应该确认其是马克思主义在上海早期传播的重要力量之一。

三、资产阶级传播群体的共性因素

上文在马克思主义传播主体视域中,综合分析了资产阶级改良派和资产阶级革命派所起的作用。应该说明的是,在马克思主义在上海早期传播过程中,资产阶级改良派和资产阶级革命派作为传播主体的重要构成,作为思想演进中的整体性的"资产阶级群体"具有某种共同性因素:

其一,他们皆具资产阶级的阶级性,即都是为了在中国建立资产阶级统治,尽管他们的政治理想存有资产阶级君主立宪制和资产阶级共和制的区别,但在维护资产阶级的利益上是一致的,故而从本质上说他们的政治意识形态与马克思主义是格格不入的,这当然也不排除他们的努力与实践在一定的条件下对于马克思主义传播产生过一定的作用。因此,无论是资产阶级改良派还是革命派,他们并非在马克思主义信仰的驱动下从事马克思主义传播,而是对民主革命理论的补充,具有浓厚的实用主义色彩。

其二,资产阶级群体对于马克思主义传播主要是把马克思主义作为一种"新思想"来对待,因而在思想界中所起的作用是比较有限的,所影响的范围大

---

① 唐宝林主编:《马克思主义在中国 100 年》,安徽人民出版社 1998 年版,第 95 页。

致在知识分子阶层中的一部分,并且他们对待马克思主义的态度还有较大差异,如资产阶级改良派传播马克思主义是为了在中国防止社会革命的爆发,而资产阶级革命派则是为了服务于三民主义的宣传等,故而作为整体性的"资产阶级群体"在传播马克思主义进程中的历史作用受到很大限制。例如,1919 年《神州日报》发表《过激派主义之现状》一文,宣传俄国过激党鼓吹主义、召集华工、选举代表、公产公物等情况,认为俄国过激党"其意盖欲传播其毒,以酿成全世界之革命也"①,字里行间表明了作者对夸大与抵制俄国革命的态度。文章认为,自俄国过激党得势以来,国事日非、紊乱日甚、良士云亡、暴徒纷起、民间事业废弛已极。而民智发达的国家对此能斥其谬妄,深恶而痛绝之,只有在教育不普及、民智不发达的国家,很难保证过激党主义不会乘虚而入,并强调中国虽为古文明之邦,士大夫不会中此流毒,但是地广人众的中国未受教育者多,易受似是而非的谬说所鼓动。不难看出,以《民国日报》为代表的国民党创办的报刊,以"过激主义"、"过激派"形容俄国,其宣传苏俄革命或马克思主义是站在自身立场上反对马克思主义的,而并非真正地认同和信仰马克思主义,而是有选择性地为宣传和完善"三民主义"体系所服务,进而服务于实现资产阶级共和国的任务。

其三,"资产阶级群体"作为传播群体具有松散性特征。无论是资产阶级改良派群体还是资产阶级革命派群体,其内在的凝聚力和聚合度不强,在传播马克思主义方面大体上是各自为战、不相统属,故而对于马克思主义的传播缺乏体系性、系统性、长期性,很难使马克思主义传播工作有效地推进并产生很大的冲击作用。

其四,在传播马克思主义内容上尽管涉及唯物史观、社会革命、剩余价值等内容,但总体上是零碎的、片段的且不成体系的,故而也就不能呈现马克思主义学说的全貌,甚至在不少地方对马克思主义学说存在误读和曲解的方面。由此可见,持有不同立场的传播主体所希望的要求不同,故而"拥有不同传播内容及传播侧重点"②。尽管如此,作为整体性的"资产阶级群体"在传播马克思主义历史上有一定地位,而最突出方面乃是使中国思想界输入新的思想元素,使马克思主义在一定范围内得到认知和传播,因此给中国思想界带来了清新的思想风气,并促进了思想界朝着革命化的方向衍化。

---

① 《过激派主义之现状》,《神州日报》1919 年 1 月 25 日。

② 李春会:《传播视域下的马克思主义大众化》,人民出版社 2013 年版,第 105 页。

第二节　新生代思想群体

　　"传播主体"是传播活动的重要构成因素，其作为客观存在乃是变动的、衍化的、发展的，并随着时代的转换和社会的变革而表现出新的样式、新的面貌。如前所述，"资产阶级群体"在马克思主义传播过程中乃是重要的传播主体，这大体上自 20 世纪初年就已存在，并在中国思想界发生较大作用。当历史的车轮行进到五四时期，在辛亥革命和民国建立的政治生态中，在新文化运动思想解放浪潮强有力地推动之下，马克思主义在上海的传播进程发生了历史性的变革。作为"传播主体"之一的"资产阶级群体"尽管还发挥着作用，但在十月革命语境之下发生很大的变化，尤其是随着对苏俄道路的认同，上海先进知识分子对马克思主义的关注和研究日益升温，而最突出的表征乃是形成了"新生代思想群体"。以下，试就五四时期传播马克思主义的"新生代思想群体"略作说明，借以窥见其一斑。

一、无政府主义者群体

　　20 世纪初传入上海的无政府主义乃是一种"小资产阶级社会政治思潮"[①]，对上海地区思想面貌的塑造产生了重要影响。上海广智书局出版发行了马君武翻译的《俄罗斯大风潮》、上海商务印书馆发行了《社会主义广长舌》、上海东大陆图书译印局出版了《近代无政府主义》等一批书籍推动了无政府主义宣传浪潮的产生。无政府主义者站在自身立场介绍主张的同时，推崇社会主义并介绍马克思主义学说。在上海，主要有三方面力量宣传无政府主义：一是以刘师培为代表的留日学生群体，通过介绍马克思主义为宣传无政府主义服务，尤其注目于阶级斗争学说的宣传；二是以江亢虎、煮尘、沙淦等人为代表的中国社会党人，以《社会星》、《社会世界》和《新世界》等刊物作为阵地，宣传介绍马克思主义学说；三是以黄凌霜等人为代表的群体，打着社会主义旗号，与早期共产主义者展开论战。综合来看，无政府主义者在马克思主义宣传当中，大力宣传与无政府主义观点一致的部分，极力阻止与无政府主义相违背的观点，可见其主要目的是证明无政府主义优越性，从而加大宣传无政府主义。甚至无政府主义者对社会主

[①]　钟家栋、王世根：《20 世纪：马克思主义在中国》，上海人民出版社 1998 年版，第 27—28 页。

义的认知存在混乱歪曲的情形,将宣介马克思主义理论当作服务无政府主义的工具,这也意味着无政府主义者不可能准确地传播社会主义。纵然如此,无政府主义者对于马克思主义的宣传亦发挥了作用。

1907年8月,刘师培在日本牵头成立了"社会主义讲习会",出版了《天义报》半月刊以宣扬无政府主义,适当介绍马克思主义为宣传无政府主义主张服务,此同人群体亦被称作"天义派"。作为讲习会核心成员,刘师培在《欧洲社会主义与无政府主义异同考》的文章中梳理了社会主义漫长的发展脉络,从古希腊追溯社会主义的源头,论述了宗教共产主义、空想社会主义和科学社会主义,并认定马克思为科学社会主义的重要代表。但作者在文中混淆了社会主义与无政府主义的界限,认定"谁主义必有趋向无政府主义之一日"[①],模糊了社会主义的概念,同时也显现其宣扬无政府主义的本质。此外,以《天义报》为载体,介绍了《共产党宣言》、《家庭、私有制和国家的起源》和英国社会党领袖哈因秃曼的《社会经济论》等内容,在马克思主义宣传中亦发挥了一定作用。

刘师培肯定马克思主义唯物史观的贡献,高度评价阶级斗争学说,在其多篇文章中均有显现。譬如,1908年1月,《天义报》刊登了恩格斯著、民鸣译的《共产党宣言英文版序言》,刘师培在译文的《跋》中对阶级斗争学说予以推介和肯定,指出研究社会主义的发达历史,"均当从此入门"[②],其中"此"便为阶级斗争,一定程度上体现了刘师培对马克思主义阶级意识的认同。再如,刘师培在为《共产党宣言》日译本作序时,较为系统地介绍了第一共产国际历史和《共产党宣言》的发表过程,称赞马克思对于史学"发明之功甚巨"的基础上介绍了"马氏学说之弊"[③],强调"讲无政府主义,正达到极热度"[④],由此可见刘师培介绍无政府主义的真实目的以及对马克思主义的真实态度。简言之,在日本社会主义运动的影响下,以刘师培为代表的"天义派"无政府主义者介绍了阶级斗争学说,尝试用阶级斗争理论对问题进行说明阐释,在鼓吹无政府主义的同时对马克思主义予以宣传,一定程度上扩大了马克思主义的影响力并启蒙了之后马克思主义的传播,在当时条件下实属难能可贵。

江亢虎曾于1907年和1909年游历日本和欧洲,其间受到无政府主义和社会主义的影响,于1911年回国后开始鼓吹在中国实行社会主义,并利用革命形

---

① 申叔:《欧洲社会主义与无政府主义异同考》,《天义报》第6卷,1907年9月。

② 《社会主义讲习会广告》,《天义报》第15卷,1908年1月15日。

③ 申叔:《共产党宣言》序,《天义报》第16—19册合刊,1908年春季增刊。

④ 景梅九:《罪案》,《无政府主义思想资料选》下册,北京大学出版社1984年版,第910页。

势的有利条件,在上海成立了"社会主义研究会",以"研究广义的社会主义"①
为宗旨,积极宣传其学说。后在"社会主义研究会"基础上改组成为中国社会
党,通过发表论著、开展演讲活动以及成立组织等方式,宣传了包括马克思主义
在内的社会主义。1912 年 4 月,中国社会党沙淦等人在上海创办《社会世界》,
以"促进革新事业,鼓吹实行共产,提倡无治主义"②等为主旨,发表有关社会主
义的文章。沙淦在文章中对狭义社会主义与广义社会主义作区分,认为广义和
狭义社会主义分别属于改良和革命主义的不同范畴,分别是世界社会主义和国
家社会主义,并认定"狭义的是真社会主义,广义的是伪社会主义"③。此外,孙
中山应邀参加中国社会党在上海举办的宣传活动,在题为《社会主义之派别与
批评》的演说中真切表达了社会主义在中国一直存在的主张,宣扬社会主义具
有集产与共产之分且共产社会主义为上乘,但是当前由于国民道德低下等原因
尚无法实现共产社会主义,提出了实行集产社会主义乃为"今日唯一之要图"④。
应该说,在当时历史条件下,江亢虎在上海领导的中国社会党推动了社会主义以
及马克思主义学说的宣传。

　　中国社会党绍兴支部亦于 1912 年 5 月在上海创办了《新世界》半月刊,大
肆宣传无政府主义主张,发表了多篇马克思恩格斯著作的译文,成为这一时期无
政府主义者介绍马克思主义的主要刊物,在宣传马克思主义学说方面作出一定
贡献。例如,发表了国民党人朱执信有关社会主义的译述文章,介绍了马克思生
平及《共产党宣言》等内容;以"理想社会主义和实行社会主义"为题连载恩格斯
著的《社会主义从空想到科学的发展》部分内容,译者施仁荣将马克思主义作为
众多社会主义思想的一种进行引介;刊载《社会主义演说词》一文,阐述社会主
义动机、社会主义与社会学关系、社会主义与宗教关系、中国提倡社会主义的原
因等内容。江亢虎简要地将社会主义的核心要义归结为遗产归公和征收地税,
认为实行地税法即为在中国实现了社会主义,片面地将二者画上等号,如其所
言:"社会主义与共和政体,谊实相成。"⑤同为中国社会党骨干分子的煮尘,在民
国初年的马克思主义介绍中表现尤为突出,对江亢虎持以类似态度,认为马克思

---

① 方平:《晚清上海的公共领域》(1895—1911),上海人民出版社 2007 年版,第 154 页。
② 王章、惠中主编:《中国近现代社会思潮辞典》,南京大学出版社 1996 年版,第 489 页。
③ 沙淦:《狭义社会主义与广义社会主义》,《社会世界》第 1 期,1912 年 4 月。
④ 《孙中山全集》第 2 卷,中华书局 1982 年版,第 492 页。
⑤ 江亢虎:《江亢虎致袁世凯信》,《社会世界》第 2 期,1912 年 5 月 15 日。

主义与无政府主义"未尝不相通也"①，其《社会主义大家马儿克之学说》成为介绍马克思主义的重要文章。然而，"社会主义研究会"在上海成立伊始，江亢虎便明确提出组织成立仅为了鼓吹社会主义，而并非真正实行社会主义。不难看出，以江亢虎、煮尘为代表的无政府主义者对马克思主义的介绍是有选择性的，在其中糅合大量个人主观色彩，对马克思主义理解还处于模糊与肤浅的状态。但不可否认的是，在当时的历史条件下，无政府主义者代表对马克思主义经典著作的引介，在促进民众对马克思主义了解与认知方面亦发挥了突出作用。

　　无政府主义者对世界形势变动给予很大关注，其思想变动幅度也较大，与世界上其他思想的联系较为密切。五四时期无政府主义者发表《李宁之解剖》等文章积极介绍列宁及其学说，颂扬俄国十月革命的贡献，"已经光明正大的做那贫富一般齐的社会革命"②，以此强调社会革命实为世界自然趋势。在共产国际代表维经斯基的推动下，上海早期马克思主义者与无政府主义者举行联合会议，组成社会主义者同盟，可见无政府主义者对苏俄亦持以友善的态度。以黄凌霜、区声白为代表的无政府主义者在马克思主义观点学说庇护下，大肆宣扬克鲁泡特金的"无政府共产主义"，与李达等人展开有关社会主义的论战。譬如，黄凌霜在《马克思学说的批评》一文中认为，无政府主义与马克思主义派争论的焦点在于"'各尽所能'的劳动原则和'各取所需'的分配原则"③，故而提出马克思所提倡的社会主义即为当下的集产主义的观点。不难看出，无政府主义者与社会主义的关联，在一定程度上促进了马克思主义的宣传。

　　综上可见，"无政府主义者"作为传播主体之一发挥较大作用且在上海产生影响。从思想上来分析，无政府主义者对现行制度严重不满，甚至痛恨一切权力、国家，其批判性、破坏性色彩特别显著，具有强烈反封建性的特征，这就使无政府主义在一定程度上认同马克思主义的"社会革命"形式，故而无政府主义者在五四时期充当传播马克思主义的角色也就比较容易理解。再者，从中国社会本身来分析，中国是小生产者大国，资本主义发展程度不高，近代以来受到帝国主义、封建主义的严重束缚，这也使得中国有无政府主义存在的市场，故而无政府主义在20世纪初叶以后即盛极一时，此种状况必定在马克思主义传播大潮中有所反映，进而将无政府主义与马克思主义有所关联。无政府主义与马克思主

---

① 煮尘：《社会主义与社会政策》，《新世界》第7期，1912年8月14日。

② 劳人：《李宁之解剖》，《劳动》第3号，1918年5月20日。

③ 凌霜：《马克思学说的批评》，《新青年》第6卷第5号，1919年5月1日。

义乃为不同的思想体系，相互间更多的是矛盾、冲突和较量，但在特定的历史阶段以及特别的话语环境中，无政府主义也有可能成为马克思主义者变革社会的历史进程中的"同路人"。这看似历史演进中的偶然甚至是"巧合"，但这种"巧合"之中又有某种必然性，同时这种"偶然"之中又表征一定的丰富性和曲折性。在马克思主义在上海传播的历史中，无政府主义者曾自觉不自觉地介入历史的活动中担负着特殊角色，这亦体现出历史演进的丰富性和复杂性。

二、早期马克思主义者群体

"早期马克思主义者群体"乃是马克思主义传播过程中新生代的主体力量，由具有初具共产主义思想的知识分子构成。在上海，以陈独秀、瞿秋白、李达、李汉俊、蔡和森、陈望道、沈玄庐、俞秀松等为代表的一批早期马克思主义者，以马克思列宁主义为主题，积极翻译著作并在报刊发表文章，向无产阶级知识分子以及广大工人农民中的进步分子宣传介绍，初步运用马克思主义探索社会根本改造的方向和路径，在中共成立以后提倡"共产党员人人都应是一个宣传者"[①]，为马克思主义在上海的早期传播作出极大贡献。总体而言，上海早期马克思主义者在多元话语体系的博弈挑战中，主动开展马克思列宁主义的传播实践并形成强烈的革命性特色，有力推动了上海革命洪流的形成。

陈独秀作为在上海传播马克思主义的重要代表人物，乃是早期马克思主义者群体中的领袖，被称赞为"天才的政论家和善于发动群众的宣传员"[②]。陈独秀率先突破传统思维框架的束缚，在上海发起新文化运动，旗帜鲜明主张吸纳西洋文明并创办《新青年》杂志挑战封建旧文化，在其主持下的《新青年》成为传播马克思主义的先行期刊，在中国思想界由新文化运动转向马克思主义传播运动中发挥了开拓引领性作用。他以《新青年》等期刊为阵地，着重介绍了马克思主义唯物史观、阶级斗争、无产阶级革命、劳工专政等内容，对当时的中国人认识理解马克思主义起了重要的启蒙作用。发表《马克思学说》，对马克思主义原理中的核心概念进行解释，并成为日后长期被沿用的经典阐释，提升了国人对马克思主义的了解与认知；精当概括了唯物史观基本观点和阶级斗争的核心要义，认为唯物史观是研究过去历史之经济的说明，指出了改造中国社会的革命路径，即

---

① 《教育宣传问题议决案》，中央档案馆编：《中共中央文件选集（1921—1925）》第 1 册，中共中央党校出版社 1989 年版，第 206 页。

② 中共中央党史研究室第一研究部：《联共（布）、共产国际与中国国民革命运动（1920—1925）》第 1 辑，北京图书馆出版社 1997 年版，第 59 页。

"主张革命是我们创造将来历史之最努力最有效的方法"①;引用《共产党宣言》等著作中经典论述,从学理上阐述实施无产阶级专政的历史必然性,论述了劳工专政作为从资本主义社会至社会主义社会的政治过渡,亦是"指向共产主义的必由之路"②,为中国革命提供指导;阐发了建立共产党组织的相关主张,肯定无产阶级所具有的强大战斗力和组织力等优势,认为这一优势乃是开展无产阶级革命、实施无产阶级专政的必备条件,强调成立共产党的重要性,提出"非有一个强大的共产党做无产阶级底先锋队与指导员不可"③的观点。应该说,陈独秀发表的有关马克思主义宣传文章,有效地传播了唯物史观、阶级斗争等核心思想,在提升民众对马克思主义认识、引发思想界用马克思主义对中国革命的思考等发挥了重要作用。

　　陈独秀注重理论与实践相结合,经常性发表主题演讲,有效启蒙民众觉悟,为革命凝聚民众力量。譬如,陈独秀应邀在上海船务栈房工界联合会,发表主题演讲,为现场工人阐释了劳工神圣的道理,阐发了劳动者的地位,如"若是没做工的人,我们便没有衣、食、住和交通,我们便不能生存"④,强调劳动运动要分为"改良待遇"、"要求管理权"两步走,倡导工人阶级提升觉悟进而担任统治阶级,其慷慨激昂的演讲引起现场阵阵掌声。1920 年 4 月,他在吴淞中国公学发表《"五四"运动的精神是什么?》和《马克思学说》的主题演讲,向师生阐发马克思主义理论以及五四运动的价值意义。随后在上海中华工业协会等团体筹备的劳动节大会上,围绕劳工问题发表演说,受到现场工界团体的拥戴与欢迎。在陈独秀的理解中,马克思主义具有"实际研究"和"实际行动"的双重特质,勉励进步青年要结合中国现实社会经济政治情况研究马克思主义,而不能满足于"单单研究马克思的学理"⑤。但是,陈独秀未能将此思想在实践中得以实现,其在实际境况中教条化应对马克思主义唯物史观,尤其是对于异质的马克思主义对中国革命实际的说明与解释缺乏深刻的认识。此外,陈独秀多次主导了针对马克思主义的论争,在《新青年》开设"关于社会主义的讨论"专栏并汇编《社会主义讨论集》,牵头创办新青年社、社会主义研究社、上海马克思主义研究会、人民出

　　①　独秀:《答蔡和森》,《新青年》第 9 卷第 4 号,1921 年 8 月 1 日。

　　②　陈独秀:《马克思学说》,《新青年》第 9 卷第 6 号,1922 年 7 月 1 日。

　　③　陈独秀:《关于无产阶级专政问题答黄凌霜》,《新青年》第 9 卷第 6 号,1922 年 7 月 1 日。

　　④　陈独秀:《劳动者底觉悟——在上海船务、上海栈房工界联合会演说》,《新青年》第 7 卷第 6 号,1920 年 5 月 1 日。

　　⑤　陈独秀:《马克思的两大精神》,《广东群报》1922 年 5 月 23 日。

版社等机构,与李大钊等商讨建党事宜,带头组建上海共产党早期组织并担任书记,在中共一大被选为中央局书记,参与领导了上海五卅运动,组织了上海工人第三次武装起义等,在马克思主义的早期传播与应用实践中作出开拓性贡献,被毛泽东赞为"他之影响也许比任何人还大"①。

李达是比较全面了解马克思主义的早期马克思主义者之一,曾师从日本著名社会主义学者河上肇教授。1920年春,他从日本完成学业后回到上海,通过发表文章、翻译著作、参加论战等方式投身马克思主义宣传事业,并勇于同非马克思主义思潮作斗争,积极参与上海共产党早期组织筹建工作。李达在上海期间笔耕不辍,发表一系列马克思主义文章。譬如,在《什么叫社会主义》一文中阐释了社会主义概念,论述社会主义、无政府主义与共产主义三者之间的区别,聚焦科学社会主义探讨研究中国社会问题;在《社会主义的目的》中归纳了社会主义的鲜明特征,突出表现为"救济经济上的不平均和恢复人类真正平等的状态"②;在《马克思还原》一文中盛赞列宁对马克思主义的发扬光大,并大声疾呼"马克思还原"③,帮助民众了解真正的马克思,为马克思主义的宣传作出了积极贡献。

李达在上海主编《共产党》月刊,积极参与创办人民出版社,主持出版马克思主义丛书,担任了上海共产党早期组织代理书记,参与中共一大筹备工作并当选为中央局宣传主任,成为中共宣传工作的开拓者。学校教育方面,他担任上海平民女校负责人,为妇女运动培养人才;在上海大学任教期间,开拓学生马克思主义视野,积极培养革命力量。积极投身1920年思想界有关社会主义论战中,以深厚的马克思主义素养,对打着各种旗号的社会主义进行辩驳和批判,有效地传播了科学社会主义。譬如,在与以张东荪为代表的研究系主张基尔特社会主义的论战中,李达发表了《张东荪现原形》、《论社会主义并质问梁公》等文章,阐述了社会主义道路适用于中国的必然性以及实现这一道路须依托社会革命的道理;在与黄凌霜等为代表主张无政府主义的论战中,发表了《无政府主义之剖析》等文章,批判了不同类别无政府主义的不足与漏洞。他认为,施蒂纳的无政府主义属于极端个人主义,巴枯宁的无政府主义是自相矛盾的,而克鲁泡特金的无政府主义则在现实中根本无法实现。应该说,李达在与各种反马克思主义思

---

① ［美］埃德加·斯诺:《西行漫记》,董乐山译,生活·读书·新知三联书店1979年版,第130页。

② 李达:《社会主义的目的》,上海《民国日报》副刊《觉悟》,1919年6月19日。

③ 李达:《马克思还原》,《新青年》第8卷第5号,1921年1月1日。

想的论战实践中，宣传并捍卫了马克思科学社会主义理论，使马克思主义在中国散发了真理魅力。

在马克思主义早期传播史中，学术界用"三李带回马克思"概括了马克思主义传入中国之景象，即李大钊、李汉俊、李达"三李并称，各有千秋"①。就各自特点而言，李大钊在唯物史观的介绍方面有所侧重，李达在科学社会主义宣传上投以诸多笔墨，而李汉俊在了解马克思主义理论体系基础上，更加偏向对马克思主义经济学说的介绍与宣传，较为代表性的成果是翻译了《马克思资本论入门》、《〈资本论〉序言》等马克思主义著作。李汉俊于 1902 年东渡日本留学，留日期间便十分关注日本社会主义运动的开展情况，阅读研究日本有关社会主义刊物，撰写宣传马克思主义的文章。1918 年回到上海后，他迅速融入进步青年群体之中，并推荐马克思主义书籍，担任《星期评论》、《新青年》编辑以及《劳动界》主编，主持出版马克思主义理论著作，向进步知识分子系统宣传马克思主义理论，向工人大众通俗平实地宣传革命道理。此外，他担任上海共产党早期组织代理书记，投身中共一大会议的筹备并作为上海地区代表出席，为早期党的创建工作贡献了力量，后于 1926 年赴上海大学任教。

李汉俊重视宣传工作，主动发表系列文章以阐明自身马克思列宁主义的立场与主张。在面对日本进步文学家芥川龙之介与《大阪每日新闻》记者村田孜郎于中共一大召开之前就寻求中国社会解救道路的访问时，李汉俊认为共和与复辟的政治改革解决不了中国的问题，坚定认为"我们应该努力去作的唯有社会革命一条路"，且"要搞社会革命，便不得不依靠宣传"②，可见其对理论宣传工作的重视。就此问题，李汉俊在上海《星期评论》等报刊撰译并发表文章，加强理论的动员与宣传，在《金钱与劳动》一文中使用通俗易懂的语言以及一针见血的论述，如"有钱的人把工人劳力做出来的钱拿走了，来压制我们"③等，将理论转化为工人听得懂的语言，对于工人觉悟提升具有极大帮助。此外，其代表作《世界思潮之方向》、《改造要全部改造》等一批文章，增进了思想界以及广大读者对马克思主义的科学认识。

在译介马克思主义经典著作方面，李汉俊亦有积极表现。为了使读者更好地理解《资本论》，他以《马格斯资本论入门》为名，翻译了日本远藤无水的《通俗

---

① 丁晓强、李立志：《李达学术思想评传》，北京图书馆出版社 1999 年版，第 7 页。

② 中共一大会址纪念馆、上海革命历史博物馆筹备处编：《上海革命史资料与研究》第 8 辑，上海古籍出版社 2008 年版，第 133 页。

③ 李汉俊：《金钱与劳动》，《劳动界》第 2 册，1920 年 8 月 22 日。

马克思资本论》，对马克思主义经济学作普及性论述，指出劳动者要以产业为基础联合起来，提出废除工银奴隶制，扩大了马克思主义政治经济学的传播与影响。1922 年，李汉俊在上海《民国日报》副刊《觉悟》发表《中国底乱源及其归宿》一文，运用马克思唯物史观和列宁东方革命理论认识中国国情，初显马克思主义早期中国化的端倪；就马克思主义的研究方法问题，李汉俊专门撰写《研究马克思学说的必要及我们现在入手的方法》，阐明了要研究和改造中国社会须从研究马克思学说入手的道理，并在文末附上马克思主义书籍清单；在《唯物史观不是什么？》一文中，重点阐释唯物史观是"辩证法的思索法和唯物论的观察法的巧妙结合"①，对各种歪曲、误解唯物史观的观点予以辩驳，区别澄清了唯物史观、诡辩唯物论、机械唯物论等不同观点，对世界是不断矛盾运动的辩证法则进行了细致阐发，为读者进一步明晰唯物史观的内涵提供了参考。总而言之，李汉俊作为早期马克思主义理论家和共产党组织创建的重要参与者，对马克思主义尤其是唯物史观的传播方面作出积极贡献。

对社会主义产生"无限的兴味"②的瞿秋白亦对马克思主义颇有研究，在马克思辩证唯物主义方面的宣传成为其突出贡献之一。他深刻阐发了唯物主义内涵，认为"唯物论与互辩法的综合，而且是这两种学说最发达的最进化的结论"③。与其他人介绍马克思主义哲学时偏重唯物史观不同，瞿秋白率先向中国人民介绍了马克思辩证唯物主义，简明扼要地阐述了唯物辩证法的三条"公律"。此外，他阐释了历史唯物主义的功用，对生产力决定生产关系和上层建筑对经济基础具有反作用等观点持以高度肯定的态度，故而"生产力的状况变，经济关系也就变；经济关系变更，社会制度也就变更"④，由此看出瞿秋白对唯物主义的深入研究及其在唯物主义普及方面的贡献。中共三大之后，瞿秋白负责编辑《新青年》季刊，牵头译介列宁著作，刊设列宁纪念专号，发表大量文章热情传播列宁主义，对列宁主义的宣传可谓功不可没。

瞿秋白在上海担任《新青年》、《前锋》主编以及《向导》兼职编辑，担任上海大学社会学系主任，主编《社会科学讲义》并负责撰写其中《社会科学概论》、《现代社会学》两部分内容，后于 1924 年在上海书店出版发行，被认为 20 世纪 20 年代马克思主义哲学教科书的代表作。他在《社会科学概论》一书中将唯物史观

---

① 李汉俊：《唯物史观不是什么？》，上海《民国日报》副刊《觉悟》，1922 年 1 月 23 日。
② 《饿乡纪程》，《瞿秋白文集·文学篇》第 1 卷，人民文学出版社 1986 年版，第 34 页。
③ 《瞿秋白论文集》，重庆出版社 1995 年版，第 951 页。
④ 黄美真、石源华、张云编：《上海大学史料》，复旦大学出版社 1984 年版，第 459 页。

与阶级斗争学说内在地统一起来,认为阶级斗争学说是唯物史观的组成部分,具体从经济、政治、法律、道德、宗教、风俗等多个方面介绍了社会的构成因素及其发展趋势,以及这些因素作用之下的生产力状态、经济关系、社会制度、社会思想和社会心理等社会层面所形成的社会系统,阐述了阶级和阶级斗争以及经济基础在社会现象中的根本性地位等观点,阐明了共产主义社会是人类社会的未来和方向。与李大钊、陈独秀、李达等人更多受日本社会主义影响不同,瞿秋白接受的马克思主义主要来源于苏俄,曾以北京《晨报》和上海《时事新报》记者的身份考察俄国,主要借助俄文资料学习马克思主义著作,更早接触到《关于费尔巴哈的提纲》、《反杜林论》等马克思恩格斯经典著作,撰写和出版了《饿乡纪程》、《赤都心史》两部旅俄报告文学,详细记述了旅俄的见闻,并迅速成长为早期马克思主义者,引领中国人民对俄国十月革命后政治、经济、文化和社会生活以及革命建设等方面有了进一步的了解。以上事实在读者回忆瞿秋白撰写的报道时也有所体现,读者们认为报道充满热情和同情,使他们对社会主义国家产生了"无限向往之情"①。

瞿秋白在探索社会改造问题的同时,还积极关注妇女解放问题,翻译了托尔斯泰的《告妇女》、德国马克思主义者倍倍尔的《无产阶级运动中之妇女》等有关妇女问题文章,揭示中国妇女的悲惨命运,阐述了英美国家妇女的选举权,彰显了瞿秋白研究妇女问题所体现的世界眼光。他以马克思主义为指导,所撰写有关妇女问题文章发表后,助力了马克思主义妇女观的传播,这在随后的中共有关妇女问题的政策方针上有所体现。例如,1922 年 7 月召开的中共二大通过了《关于妇女运动的决议》,揭露了资本主义剥削和压迫妇女的本质,指出无产阶级获得政权是妇女解放的根本出路,为妇女解放运动指明正确方向,有针对性地提出了"帮助妇女获取选举权等其他政治权利与自由"②等奋斗目标。虽然内容不够具体细致并存在一定的历史局限性,但是与资产阶级性质的妇女运动划清界限,是上海早期共产党人在遵循马克思主义经典作家妇女解放思想的基础上,用马克思主义妇女观分析中国妇女问题的重要探索。1927 年初,瞿秋白将自己的文章整理汇编成《瞿秋白论文集》,重点梳理"自己去想一切'治国平天下'的大问题"③,收录自己在《新青年》、《前锋》和《向导》等报刊发表的主要文章,归

————————

　　① 郑振铎:《记瞿秋白同志早年的二三事》,《新观察》1955 年第 12 期。

　　② 中华全国妇女联合会妇女运动历史研究室编:《中国妇女运动历史资料(1921—1927)》,人民出版社 1986 年版,第 30 页。

　　③ 《瞿秋白文集·政治理论编》第 4 卷,人民出版社 2013 年版,第 705 页。

结为"中国国民革命的问题"、"国民会议与五卅运动"、"马克思列宁主义的理论问题"等篇章,初步彰显了早期马克思主义者"应用革命理论于革命实践的成绩"①。综观瞿秋白的一生,他笔耕不辍并贡献了高达 500 余万字的著作和文章,以一己之力助推了马克思列宁主义的传播。

经过新文化运动的洗礼,恽代英亦积极关注马克思主义,通过翻译经典著作、创办马克思主义类报刊、发表马克思主义演讲等途径传播马克思主义,注重引导教育进步青年坚持正确的马克思主义观、凝聚吸引更多进步人士确立马克思主义的信仰。他翻译的《阶级争斗》成为中国第一部专门介绍阶级斗争理论的中译本,被李汉俊推荐为学习了解阶级斗争理论的指导性著作,被毛泽东称为帮助其树立马克思主义信仰的三本书之一,引领诸多激进民主主义者向马克思主义者转化,具有开拓性意义。对于阶级斗争思想,他在明确阶级存在及阶级斗争必要的基础上,阐释了国民革命过程并认为其实质在于团结组织各阶级为民族解放利益而奋斗,因此需要做好民众的宣传与组织工作。恽代英对阶级斗争等思想的传播,引领了后来者们用马克思主义先进理论武装自己头脑,并迅速成长为革命力量。为此,《新青年》重视强调阶级斗争的重要性,专门刊登"新青年丛书出版广告"对恽代英的书进行介绍推广,称赞此书"在我们这智识荒的中国,要算是重要的粮食了"②等推介语,吸引进步人士学习关注阶级斗争理论。

恽代英作为社会主义青年团机关刊物《中国青年》的首任主编,撰写大量有关宣传列宁主义、苏俄革命与建设方面的文章,集中对列宁的东方革命理论、改造社会的道路规律、阶级斗争对国民革命的作用等内容进行宣扬。据统计,恽代英在《中国青年》发表了 200 余篇文章,指引进步青年和民众寻求救亡道路,表示:"爱读《中国青年》的人,多半是在校的学生,若是大家能拿学生一份子的资格,去努力于学生运动,这一定是很容易有功效的事。"③《中国青年》创建伊始,恽代英呼吁青年学生"多做事、多研究、多存心为社会谋福利"④,为学生运动树立旗帜、明确口号。他在《中国青年》第一期发表题为《对于有志者的三个要求》的文章,指出"要改造社会,不顺着个人或群众的心理法则,是不能成功的"⑤。除了积极翻译马克思主义经典著作传播马克思主义外,恽代英还发表了宣传列

① 《瞿秋白文集·政治理论编》第 4 卷,人民出版社 2013 年版,第 408 页。
② 《新青年丛书出版广告》,《新青年》第 9 卷第 4 号,1921 年 8 月 1 日。
③ 恽代英:《学生运动》,《中国青年》第 48 期,1924 年 10 月 11 日。
④ 恽代英:《怎样才是好人》,《中国青年》第 1 期,1923 年 10 月 20 日。
⑤ 恽代英:《对于有志者的三个要求》,《中国青年》第 1 期,1923 年 10 月 20 日。

宁主义的文章,感召和影响了一大批民众特别是青年学生集结在马克思列宁主义的旗帜之下,为充实中国革命的基本力量作出贡献。

恽代英注重宣传介绍列宁东方革命理论以及民族与殖民地问题理论,为寻求救国真理的国人介绍推翻压迫阶级的思想武器和方法论。1922年4月,在上海的人民出版社出版第三国际著、沈泽民译的《第三国际议案及宣言》,较为全面介绍了民族与殖民地理论,介绍列宁的东方革命理论。恽代英有效理解吸收列宁这一文本,评价列宁"从唯物史观得着了俄国革命成功的关键",即"最注意的是俄国实际情形"、"发明了新经济政策"①等,且"伟大的列宁,已经亲身给了我们许多好的暗示了"②,呼吁进步人士学习列宁主义,在中国如何进行社会主义革命以及产业落后国家如何进行苏维埃政权建设等方面给时人带来了启示,并得出要想解决中国的问题,需根据中国实际情形,采取适合中国的办法等结论。在恽代英的影响下,一大批《中国青年》的忠实读者加深对"苏俄实况"的了解,将目光聚焦到俄国苏维埃革命和建设之中,效仿苏俄革命经验,逐渐产生革命觉悟进而走上了无产阶级的革命道路。

此外,恽代英积极关注妇女解放问题。1923年,恽代英在上海《民国日报》副刊《妇女周报》发表《妇女解放运动的由来和其影响》,剖析妇女解放运动的原因,指出妇女解放的关键方法便是联合起来实行经济组织的根本性改良,并强调"只有这才是合理的,最终的解决"③。担任《中国青年》主编期间,恽代英关注重视女青年关心的问题,开设栏目开展妇女问题的讨论。他在《妇女运动》一文中诚恳呼吁妇女运动家引导女学生、女工人参加民族解放运动和社会改造运动,达成"为全人类解放而赞助全妇女解放"④的目标,动员妇女加入革命队伍。简言之,恽代英在传播马克思主义过程中,注重结合中国实际情形且善于研究群众心理,为马克思主义早期中国化奠定了方法论前提和思想基础。曾赴日本留学的郭沫若充分肯定了恽代英在青年中的引领作用,认为同时期思想进步人士皆受过恽代英的影响,"凡是稍微有些进步思想的,不知道恽代英,没有受过他的

---

①　代英:《列宁与中国的革命》,《中国青年》第1卷第16号,1924年2月2日。

②　恽代英:《列宁与新经济政策》,《上海追悼列宁大会特刊》,1924年3月9日。参见李良明、钟德涛主编:《恽代英年谱》,华中师范大学出版社2006年版,第240页。

③　恽代英:《妇女解放运动的由来和其影响》,上海《民国日报》副刊《妇女周报》国庆日增刊,1923年10月10日。

④　恽代英:《妇女运动》,《中国青年》第69期,1925年3月7日。

影响的人，可以说没有。"①

在日本留学期间接触了马克思主义的陈望道，于回国后历经五四运动的洗礼，日渐加深对马克思主义的理解，由此加入了马克思主义传播队伍行列。陈望道尤为擅长翻译马克思主义经典著作，率先完成了《共产党宣言》中译本，在上海又新出版社出版发行，改变了一批进步青年的思想观念并引导他们积极加入革命队伍中，帮助不少进步志士确立共产主义信仰，让苦苦思索救国救民出路的知识分子感受马克思主义真理力量。他在翻译《共产党宣言》之后方才改名为"望道"，以此表明自己坚定的共产主义信仰，热切期盼新的中国革命道路，主张不能武断地肯定或否定新旧，而要依据更高的判别准绳，这一准绳"便是马克思主义"②。再如，他翻译了日本社会主义者河上肇著的《马克斯底唯物史观》，在文中阐述了马克思主义社会进化理论，论述了生产力和生产关系的辩证关系，给读者以极大的启发。应该说，陈望道在早期马克思主义著作翻译中发挥了重要作用，为推动马克思主义理论系统化传播亦作出积极贡献。

在上海，陈望道编辑报刊传播马克思主义，探索马克思主义理论与中国革命实践的结合，为其投身革命事业、参与创建上海共产党早期组织为准备。他担任《民国日报》、《觉悟》等报刊编辑，积极为促成《觉悟》成为马克思主义舆论阵地贡献力量。以《新青年》等杂志为阵地，陈望道发表《评东苏君底〈又一教训〉》等文章，积极参加与非马克思主义思潮的论争，为有力击退各种反马克思主义思潮进攻贡献了自身力量。在理论宣传基础上，他还推动马克思主义向上海工人阶级群体的渗透，参与筹建上海印刷工会、上海纺织工会、上海邮电工会等新型工会组织，助力在工人中的理论宣传和革命动员。参与创办上海工人半日学校，在平民女校担任教员，提升工人文化水平，激发工人政治觉悟，促进了上海工人运动的发展。除此之外，还积极参与推动各类组织的筹备工作，参与发起上海马克思主义研究会，且上海共产党早期组织以及社会主义青年团等组织亦有其积极参与的身影，担任中共上海地方委员会书记等职务。简言之，陈望道致力于马克思主义著作的翻译与传播，将马克思主义同工人阶级以及中国革命相结合，成长为马克思主义在上海的宣传者和践行者。

施存统思想中马克思主义素养之形成与其早期活动轨迹密切相关。1920年前后，日本社会主义运动逐渐复苏，对许多留日学生产生很大影响，而施存统

---

① 郭沫若：《纪念人民英雄恽代英》，《中国青年》第 38 期，1950 年。
② 《五四运动和文化运动》，《陈望道语文论集》，上海教育出版社 1980 年版，第 581 页。

正是诸多留日学生之一。施存统到日本后,和日本社会主义者广泛交往,如"高津正道、宫崎龙介、山川均"①等人,深受他们的触动。在日本社会主义者带动影响下,施存统日益摆脱了无政府主义的藩篱,逐渐转变成为马克思主义者。他积极翻译了在日本传播的有关马克思主义文章,将宣传马克思主义的作品翻译介绍到中国,并与周佛海共同组建旅日共产党早期组织,为中共创建时期的理论宣传贡献力量。回国后的1922年,施存统被委以重任,参与上海马克思主义研究会等组织的筹建,负责青年团临时中央局工作,吸引更多上海的团员青年学习和宣传马克思主义,凝聚青年展开反对帝国主义斗争。在开展青年工作的同时,他还积极推动其他各地青年团组织的创立发展,仅短短不到半年就在北京、武昌、长沙等地推动建立社会主义青年团组织并吸纳团员总数约五千人。施存统还与陈独秀一道参加上海工人第一次纪念劳动节大会,在《先驱》发表宣言声援全国各界援助上海日资纱厂工人罢工斗争,以社会主义青年团名义发动青年募捐,提升青年反对帝国主义侵略的觉悟,引导青年用马克思主义武装工人头脑,为革命凝聚青年力量。

施存统翻译日本社会主义者撰写的马克思主义著作,担任《先驱》主编及主要撰稿人和《新青年》和《星期评论》等报刊编辑,发表宣传和介绍马克思主义的理论文章,积极参加与非马克思主义思潮的论战。他注重探索马克思主义基本原理在中国的应用,较早认识到应正确对待马克思主义,发表《唯物史观在中国底应用》一文,精当阐述马克思主义唯物史观,提出"在中国主张马克思主义……乃正是马克思主义精髓底应用"②。他还节译了日本高畠素之著的《马克斯学说概要》,介绍了部分唯物论和辩证法内容,解释了唯物史观在分析人类社会进化问题的作用,以及在"各种制度底进化之中"③所产生的效用,为初步研究马克思主义的读者提供入门之径和通俗解释。面对无政府主义的强力攻击,施存统在马克思主义框架下,以阶级斗争理论和国家学说为辩驳武器,坚决对无政府主义"绝对自由论"持以批判态度,发表《无产阶级专政与领袖变节》等文章予以反击。施存统注重运用马克思主义探讨中国革命问题,发表《我们要怎么样干社会革命?》一文,阐发改造中国的难处、实行共产主义的条件、中国社会革命的方法以及无产阶级先掌握政权的好处等内容,从理论上明晰中国革命方向。

---

① ［日］石川祯浩:《中国共产党成立史》,袁广泉译,中国社会科学出版社2006年版,第370页。
② 施存统:《唯物史观在中国底应用》,上海《民国日报》副刊《觉悟》,1921年9月8日。
③ ［日］高畠素之:《马克斯学说概要》,施存统译,商务印书馆1922年版,第19—20页。

在文中,他明确指出在阶级尚未消灭之前主张建立国家的目的,正是在于以无产阶级专政的国家来废除阶级,强调须形成"由无产阶级、兵士、学生三角联盟成的直接行动"①的社会革命,所提出的一系列革命理论为中国革命的开展提供了理论指导。概言之,施存统有关马克思主义的宣传、研究和实践,丰富和深化了马克思主义理论在上海早期传播的内容,一定程度上提升了先进分子对马克思主义的认知和研究水平。

俞秀松同施存统一道参加了北京工读互助团。在互助团解散后,经由李大钊介绍,同施存统一同来到上海《星期评论》期刊社工作。五四运动后,有关社会主义的介绍和劳工运动的宣传受到更多关注,在上海颇有影响的《星期评论》在此方面表现尤为突出,且"在当时进步知识分子中影响很大"②。俞秀松深受《星期评论》影响,思想迅速转变并开始重新思索社会改造途径,进而开启追寻马克思主义的步伐。在上海,他坚持深入工厂宣讲革命道理,据其日记记载:"上午先读英文,后看书报,下午作四小时工,再预备每夜的教材。"③俞秀松参与发起上海共产党早期组织,担任培养青年干部"外国语学社"秘书,参与创建社会主义青年团并担任书记,作为中国社会主义青年团代表出席青年共产国际二大,进入莫斯科东方大学,扎实学习马克思列宁主义理论,将马克思主义运用至青年运动实践中去。

加强马克思主义宣传、指导推动工人运动开展是中共建党初期的中心工作。为此,俞秀松密切配合党的中心工作,以协助创办报刊、撰书译文、参与指导工人运动等方式热情传播马克思主义,不断扩大中国共产党组织的影响。他担任面向工人启蒙马克思主义教育的《劳动界》编辑,报道传达国内外工人运动状况,将生涩的理论语言转换为通俗易懂的宣传语言,以此启发工人觉悟。为了提升上海店员觉悟,俞秀松与李汉俊、陈独秀等人联名致信上海工商友谊会,洽谈筹办《上海店员周刊》,提议对产业工人加强理论教育,并提出了办刊宗旨。在俞秀松的指导下,《上海店员周刊》更名为《上海伙友》,培养了信仰马克思主义的编辑人员,用马克思主义凝聚教育一批店员,深受读者欢迎。此外,还参与了《共产党宣言》出版工作,参与指导上海职工运动委员会工作,积极传播马克思主义思想。从以上例证中看出,俞秀松不同时期均为马克思主义的传播作

---

① 施存统:《我们要怎么样干社会革命?》,《共产党》月刊第 5 号,1921 年 6 月 7 日。
② 李新、陈铁健:《伟大的开端》,中国社会科学出版社 1983 年版,第 324 页。
③ 中国博物馆协会纪念馆专业委员会编:《中国纪念馆珍贵文物故事》,中共党史出版社2018 年版,第 69 页。

出贡献。

在赴法勤工俭学期间,出生于上海的蔡和森接触了马克思主义,研读马克思主义著作,对马克思主义哲学、经济学以及无产阶级专政思想等都有深入了解,并通过书信向国内传播马克思主义。归国后,他担负马克思主义的宣传重任,着力介绍和阐发马克思主义私有制思想、阶级斗争理论以及国家学说等内容。上海《申报》曾刊登广告称:"蔡先生为上海大学社会学系教授,于社会科学研究有素。"①该广告提及的《社会进化史》一书是蔡和森在上海大学任教期间留下的珍贵著作,书中贯穿了有关恩格斯"两种生产力论"的中心思想,认为家庭的进化、私有制以及国家的产生,皆归因于社会生产即一切生活手段的生产和人类自身的生产。蔡和森从唯物主义入手,论述了国家与阶级的关系,认为阶级的产生与消亡关系到国家的存在与消失,阐发了资本主义发展所带来的双刃剑,即一方面为共产主义准备了物质基础和经济条件,另一方面产生了无产阶级这一猛烈的对抗力量。随着无产阶级队伍的壮大以及受教育程度的提高和知识的丰富,势必造成一个独立的革命政党的诞生,而无产阶级革命政党一经成立,将担负着"建设将来既没有私产又没有阶级和国家的共产主义社会"②的责任。较为显见的是,蔡和森在《社会进化史》一书中有关人类发展规律的过程演绎以及规律阐释,推动了唯物史观在上海进步群体中的传播,亦为中国革命指明了方向。

此外,蔡和森担任了《先驱》杂志主要负责人,编辑大量传播马克思主义文章,一度使《先驱》成为宣传马克思主义的主力期刊。这一期间,蔡和森以《先驱》为主阵地,撰写一批宣传党团主张的文章,以此指导各地党团组织宣传教育活动。他发表了《中国劳动运动应取的方针》等运用马克思列宁主义分析中国革命的文章,指出只有通过社会革命才能实现劳动人民彻底解放,对进步青年产生深刻的影响。蔡和森在担任上海《向导》周报主编及主要撰稿人期间,刊载了早期共产党人对中国革命问题的实践探索与理论成果,阐释党的民主革命纲领政策,剖析中国社会性质和革命特征,明确中国革命对象和动力,强调群众性革命政党对于中国社会的重要性,进而在国民革命视域下提出加大对国民党改造的建议,提出民主革命分子应"集合在民主革命的中国国民党"③,使之成为可以打倒军阀的坚强有力的革命党。应该说,在蔡和森的主持下,一批理论性文章在

---

① 《上海大学丛书之一·蔡和森先生著〈社会进化史〉》,《申报》1924 年 11 月 2 日。
② 蔡和森:《社会进化史》,东方出版社 2012 年版,第 220 页。
③ 陈独秀:《怎样打倒军阀》,《向导》第 21 期,1923 年 4 月 18 日。

《向导》的发表，对国民革命起到重要的理论推动作用，使得《向导》最大化实现报刊的政治功能，成为大革命时期上海乃至全国的报刊界影响较大的刊物之一。此外，在无政府主义、戴季陶主义等各种思潮对马克思主义形成极大冲击时，蔡和森果敢坚毅地对之严词批判，揭露各种主义的错误倾向，有力捍卫马克思主义的真理性并扩大了传播影响。可见，蔡和森是上海早期马克思主义者的重要代表，也是中共党史研究的开拓者，在马克思主义理论的宣传普及以及运用马克思主义原理分析探讨中国革命实际问题等方面作出了突出贡献。

除了以上重要代表人物外，还有为数众多的共产党组织中层与基层党员群体热心从事马克思主义传播和实践活动，成为马克思主义在上海早期传播不可或缺的力量之一。比如，致力于翻译出版马克思主义经典著作的翻译家和革命家柯柏年，曾因参加学生运动和翻译列宁《帝国主义论》被沪江大学开除，后在瞿秋白和张太雷的建议下进入上海大学社会学系学习并加入了中国共产党。他认同马克思主义理论，自主翻译《哥达纲领批判》并自费在上海解放丛书社出版。又如，任弼时从苏联回国后代理了团中央总书记，大力推进团组织的建设与发展，吸引并发动青年学生加入反帝斗争行列中来，在其撰写的《列宁与十月革命》、《苏俄与青年》等文章中介绍苏俄革命及建设、青年运动概况，为列宁主义在上海的传播贡献了一己之力。再如，郭沫若在上海制定了翻译《资本论》的"五年计划"，后因出版社方面缘故未能实现计划。据其女郭平英在回忆父亲得知日本一位先生花了将近十年时间翻译《资本论》后不久便去世的消息时说道，"如果说为了翻译《资本论》而死的话，那也是死得光荣的"①，可见其对马克思主义的热衷与厚爱。但是，郭沫若在20世纪30年代对于《德意志意识形态》、《神圣家族》等经典著作的翻译，一定程度上推动了马克思主义唯物史观和辩证法的传播。

董亦湘、蒋光慈等人是基层从事马克思主义传播的杰出代表。譬如，董亦湘担任上海地执委下设国民运动委员会委员一职，其在商务印书馆工作期间便翻译了考茨基著的《伦理与唯物史观》一书，并在上海《民国日报》副刊《觉悟》连载"二十余期"②，帮助思想界以及进步民众加深对唯物史观的理解。1924年，他应邀在上海大学夏令讲学会发表演说，细致讲解了唯物史观的深层含义，在上

---

① 《思想的历程》创作组：《思想的历程：马克思主义在中国的百年传播》，中央编译出版社2012年版，第70页。

② ［德］考茨基：《伦理学与唯物史观》，上海《民国日报》副刊《觉悟》，1922年10月1、2、3、5、6、8、9、10、13、15、16、17、19、20、23、24、26、27、29、30、31日，11月2、3、5日等。

海新文化书社出版《伦理与唯物史观》单行本,一经出版后便受到进步青年的追捧与欢迎,并于 1927 年 3 月再版。简言之,董亦湘积极传播马克思主义,影响和带动了一批进步青年向马克思主义靠拢,介绍了陈云、张闻天等人加入中国共产党,引导管文蔚等人"走上革命道路"①,在基层单位为中国共产党革命队伍的壮大立下了功劳。又如,加入上海社会主义青年团的蒋光慈,从莫斯科学成归国之后,在上海大学社会学系任教。他积极从事马克思主义宣传工作,以倡导无产阶级革命文学著称,发表了以《无产阶级革命与文化》、《经济形式与社会关系之变迁》、《唯物史观对于人类社会历史发展的解释》②为代表的一批文章,论述了唯物史观、无产阶级革命等马克思主义基本原理;翻译撰写了《民族与殖民地问题》和《列宁年谱》等多篇列宁主义文献,为列宁主义的宣传贡献了力量。此外,蒋光慈还是大声疾呼无产阶级革命文学的典范之一,成为较早以文学形式宣传马克思主义的先驱。他组织文学社并撰写一大批革命文学作品,在读者中引起很大反响,如《十月革命纪念》、《莫斯科吟》和《十月革命的婴儿》等作品饱含革命激情并呈现了文学的阶级性,描述了工人阶级的英雄气概和革命精神,以无产阶级革命文学感染青年,吸引进步青年加入革命队伍。因此,读者纷纷盛赞蒋光慈作品"冲破黑暗,发出了号召的号角,鼓舞了来者"③,引领众多青年坚定地迈出了革命步伐。

南方铁路工人运动领袖孙津川是上海宝山地区传播实践马克思主义的重要代表人物,其在吴淞机厂工作时便开始"接受马列主义启蒙,积极投入工人运动"④,为上海工人运动和武装斗争作出贡献。上海松江进步青年侯绍裘等人在松江地区通过办学校、演讲、办刊、发展进步组织等多种方式宣传革命真理。在接办景贤女中时,对办学方针、教学内容、教育方法等进行系统改革,尤其注重对学生进行思想教育,在女生中提倡妇女解放和婚姻自由,批判封建道德观念。侯绍裘以景贤女中为阵地,举办暑期讲习会,宣传社会主义,有效推进松江的国民革命运动发展。1919 年至 1923 年间,他组织联络志同道合的进步青年先后编

---

① 中华人民共和国民政部编:《中华著名烈士》第 18 卷,中央文献出版社 2002 年版,第 613 页。

② 《无产阶级革命与文化》、《经济形式与社会关系之变迁》、《唯物史观对于人类社会历史发展的解释》等文章分别发表在《新青年》第 10 卷第 3 号(1924 年 8 月 1 日)、《新青年》第 10 卷第 2 号(1923 年 12 月)、《新青年》第 10 卷第 3 号(1924 年 8 月 1 日)。

③ 《蒋光慈选集》,人民文学出版社 1960 年版,第 1 页。

④ 中共上海市宝山区委党史研究室等编:《红色足迹　不朽丰碑:上海市宝山区党史资料汇编(1921—1949)》,中共党史出版社 2016 年版,第 46 页。

辑发行《劳动界》、《问题周刊》和《松江评论》等进步报刊，组织"松江回籍学生联合会"、"松江救国同志会"、"新松江社"等社团组织，创办南洋义务学校、接办景贤女中等，赴渔阳里听施存统有关社会主义的宣讲，发起暑期学术演讲会，参加"少年中国学会"、"马克思主义研究会"，在松江地区乃至上海均产生了较大影响，为传播新思想、新理论、新文化作出了积极贡献。

侯绍裘积极尝试在基层将马克思主义理论运用于革命实践。1923年6月，由侯绍裘在上海松江醉白池发起成立"松江救国同志会"，发布了反对和消灭封建军阀和帝国主义、瓦解封建官僚政治等信条，以此来反对北洋军阀，宣传国民革命，被《申报》及时予以登载，"松江救国同志会于二十三日下午四时在醉白池开选举大会，出席者三十人，公推翟健雄为临时主席。"①同月，与沈联璧创办了"新松江社"，组织开展反帝反封建的群众游行、集会等政治活动。与此同时，他以办学和开展国民革命活动为掩护，秘密从事共产党和共青团的发展工作。此外，侯绍裘在五卅运动中担任了学生队伍指挥，牵头起草制作游行队伍所使用的传单，与董亦湘等人共同筹备上海教职员救国同志会，组建宣讲团深入上海的学校、工厂以及沪宁铁路沿线城市开展宣讲活动，大力开展反对帝国主义的救国宣传，推动了理论在基层的认同与扎根。1926年中共在松江成立党支部之后，侯绍裘一面加强与国民党各区党部的联络，一面指导松江地区的学联和商伙工人联合会工作，调研松江地区手工从业者以及农民的生存状况，为革命活动的开展提供一手资料。概而言之，以侯绍裘为代表的基层进步分子积极投身马克思主义理论的地方性宣传与实践，为马克思主义向基层的延伸作出了大量努力。

上文粗略概述了上海早期马克思主义者群体的代表性人物，借以表征新生代中早期马克思主义者"传播主体"面貌及其传播马克思主义的主要活动。从群体的角度看，上海早期马克思主义者群体的特征是非常显著的：一是在思想上、价值观层面上信仰马克思主义。"早期马克思主义者群体"不同于前述的"资产阶级群体"，也不同于无政府主义者，他们在思想上信仰马克思主义，不仅视马克思主义为新知识，还将马克思主义作为新的价值观，故而能够相对全面系统地传播马克思主义，尽可能呈现出马克思主义的原本面貌。二是具有强烈的传播马克思主义意识。正是由于"早期马克思主义者群体"在思想上信仰马克思主义，群体中的成员坚定不移地传播马克思主义，批判和驳斥各种反马克思主

---

① 《中国共产党松江历史图志》，上海辞书出版社2011年版，第5页。

义言论,捍卫马克思主义的科学性、实践性和革命性,这在五四时期相关的思想论战中即有充分的体现。三是具有较好的内在凝聚力和团结协作精神。早期马克思主义者群体正是基于价值观上坚持马克思主义、信奉马克思主义的力量,或侧重于理论宣传教育,或侧重于工人运动实践,抑或二者兼而有之,在思想上、行动上有着基本的马克思主义共识,故而能够葆有组织性,大多以相关刊物及社团作为依托而团结合作,从事马克思主义在上海传播的工作,使马克思主义在五四时期具有相当大的话语权和号召力,从而从根本上改变了中国思想界的面貌。四是将马克思主义作为变革中国社会的思想武器。上海早期马克思主义者群体不仅在思想理论上介绍基本观点,还注重以马克思主义立场观点和方法观照中国社会、分析研究中国国情、探索中国社会变革道路及未来发展方向,应该说业已拉开了马克思主义理论与中国实际结合的帷幕,初步开启了马克思主义中国化道路,作出了前述其他群体即资产阶级改良派、资产阶级革命派、无政府主义者等未曾作出的历史性贡献,使得自身不仅成为传播马克思主义的重要主体,同时成为推动马克思主义与工人运动相结合的主体,还成为发起和创建早期共产党组织的主体。

第三节　国际人士和组织

国际人士亦为马克思主义在上海早期传播的重要力量,良好传播效果的取得与国际人士以及共产国际组织的努力不无关联。上海地区的马克思主义最初传入便得益于传教士的引介。19世纪60年代之后,随着洋务运动的开展,作为重要通商口岸的上海吸引越来越多的外国人从事西学传播活动,并成为传教士的云集之地。传教士们在传播西学的同时,将马克思主义作为其中一种介绍至中国。这在俄罗斯国家社会历史档案馆中有所记载,即上海作为俄共(布)西伯利亚局东方民族部远东工作临时中心,其中央委员会"派出的全权代表通过上海处与中央保持联系,并通过该处领受中央委员会指令"①,由此可见上海的中心地位。基于上海蕴藏巨大的反帝热情,列宁及其领导创建的共产国际选择上海作为创建中国共产党的中心,派遣共产国际代表进驻上海并设立各种机构宣

---

① 中共一大会址纪念馆编:《中共首次亮相国际政治舞台》,上海人民出版社2016年版,第17页。

传苏俄革命和列宁主义，催化了中国共产党在上海的诞生。应该说，包括传教士、共产国际在内的国际人士群体在上海对马克思列宁主义的介绍与宣传，成为中国人民理解认同马克思列宁主义的重要途径。

一、传教士群体

上海地区马克思主义的最初传入得益于传教士的引介。近代史上，西方诸多传教士来到中国从事传教活动，而交通发达的上海是他们的首选之地，在开埠之后"逐渐成为基督教在中国最大的传教中心"①。传教士将马克思主义作为救世学说的一种介绍到中国并首先传入上海。李提摩太是近代西方来华的著名传教士之一，于1870年以英国浸礼会传教士的身份来到中国，加强与中国高层官员和知识分子的交往，在资产阶级维新派中产生较大影响。据现有记载，他于1899年2月出版的《万国公报》中发表了《大同学》，在其中提及马克思名字，如"德国之马客偲，主于资本者也"②等。虽然零碎的译介未能引起大的波澜，尚未引起国人重视，但埋下了马克思主义传播的种子，为日后的开花结果奠定了基础。当时由于在维新变法改良主义思潮的语境下，传教士将马克思主义作为一种救世学说介绍至中国，其核心目的是传教，即在给所传播的基督教披上社会主义的外衣，且仅仅是提及马克思和恩格斯，只是有关马克思及其学说的零星知识，而未对学说进行具体介绍，在思想界并未产生太大影响。

二、共产国际组织

马克思主义认为，无产阶级革命作为一项国际性事业需要全世界无产阶级广泛团结和联合支持。为了更好地团结无产阶级力量，列宁领导了布尔什维克党于1919年3月在莫斯科发起成立了共产国际组织，其基本任务是在世界各国推广马克思列宁主义理论，"执行和实现马克思主义的训戒"③，进而"促进并加速共产主义革命在全世界的胜利"④，被毛泽东褒奖为"为全世界工人阶级谋解

---

① 叶再生：《中国近代现代出版通史》第1卷，华文出版社2002年版，第84页。

② 李提摩太节译，蔡尔康笔述：《大同学》，《万国公报》第121期，1899年2月。

③ 《列宁选集》第3卷，人民出版社1995年版，第790页。

④ 《共产国际宣言——告全世界无产者（1919年3月6日）》，中共中央党史研究室第一研究部：《共产国际、联共（布）与中国革命文献资料选辑（1917—1925）》第2卷，北京图书馆出版社1997年版，第64页。

放"①。上海作为工人阶级集中地、帝国主义侵华中心地以及新文化运动重镇，显然蕴藏巨大的反帝热情，被共产国际认定为"最工业化的地区，有比中国任何地方都多的工人"②，且具备理论传播的物质承担者——工人阶级，是"共产国际在华推动建党工作的桥头堡"③。伴随着马克思主义理论传入中国，共产国际选择在上海派驻顾问代表、设立机构，建立共产国际东方支部，指导中共报刊宣传，并在理论、实践、经费等方面给予支持。简言之，共产国际外部力量的推动促进了马克思主义在上海的广泛传播，极大地提升了上海在马克思主义传播历程中的地位，并产生了极为重要的影响，催化了中国共产党在上海的创建。

第一，宣传苏俄革命，助力中国共产党在上海的创建。上海相比于中国其他地区而言，具备数量较大的工人阶级、强烈的民众反帝心理、宣扬社会主义新思想的先进知识分子群体以及发达的宣传网络等诸多区域优势，这就使得共产国际选择在上海传播运用马克思列宁主义将之作为中国建党中心成为历史和逻辑的必然。共产国际组织认定以上海地区为代表的中国无产阶级已具备建立共产党的基本条件，因此选择了上海作为中国建党中心。十月革命后，苏俄和共产国际派遣霍多洛夫、波塔波夫、奥格列夫、考夫曼、维经斯基等代表陆续进驻中国，开展马克思列宁主义宣传和建党等活动。所派遣代表们主要以上海为活动据点，与中国激进知识分子建立联系，帮助组织"共产主义倾向的团体"④。譬如，波塔波夫在上海秘密收集中国有关共产主义情报，在进步人士中宣传苏俄革命，引起了日本驻上海谍报机关的注意，被他们自身的报告记载为"作为当地的过激共产党人，正在开展活动"⑤。又如，共产国际二大召开后，在上海的韩人社会党成为共产国际的一个支部，朴镇淳当选共产国际执行委员会委员，在上海支持黄介民等人组织的大同党活动并赞助经费。又如，为了加强同中国社会主义的团体联系，帮助中国建立共产党组织并指导中国工人运动，共产国际派遣代表赴中国，考察建立"共产国际东亚书记处"⑥。共产国际代表维经斯基一行在李大

①　《毛泽东文集》第3卷，人民出版社1996年版，第19页。

②　马贵凡：《中国共产党历史概述》，《中共党史资料》第81辑，2002年版。

③　杨俊：《共产国际确定上海为中国共产党建党首选之地的原因探析》，《毛泽东邓小平理论研究》2020年第5期。

④　［俄］索特尼科娃：《共产国际与中国共产主义运动的开端》，《党的文献》2011年第4期。

⑤　［日］石川祯浩：《中国共产党成立史》，袁广泉译，中国社会科学出版社2006年版，第79页。

⑥　中国社会科学院现代史研究室、中国革命博物馆党史研究室选编：《"一大"前后——中国共产党第一次代表大会前后资料选编》(三)，人民出版社1984年版，第155页。

钊引荐下抵达上海，牵头组织召开"中国积极分子"会议，与陈独秀、戴季陶、张东荪等人讨论中国的革命和建党等问题，如"宣传共产主义，宣传组织共产党"①等，商讨成立"社会主义同盟"，通过座谈会、演讲会等形式宣传苏俄革命，有力推动马克思列宁主义传播，亦使得筹备建立中国共产党事宜取得很大进展。在共产国际帮助下，上海共产党早期组织率先建立，随后上海早期组织发挥引领功能，指导北京、湖南、广东等地共产党早期组织陆续成立。再如，维经斯基回国后，马林被派至上海接替其工作，协助筹备召开中共一大，俄共（布）党员尼克尔斯基在中共一大发表讲话，指导中国革命。1923 年，派遣共产国际代表鲍罗廷至上海指导中共革命，在指导中共事务过程中犯下不少错误，但是客观上在推动国共合作等方面发挥了作用。1927 年 2 月，联共（布）中央派遣米夫参加中共五大，后又参加了中共六大。直至 1927 年 7 月，共产国际派遣驻华代表罗明纳兹接任鲍罗廷等人工作，推动一系列革命政策的制定，清算了大革命后期的右倾机会主义错误。

第二，宣传列宁主义，成立组织指导中国革命。首先，为了加大列宁主义宣传以及更好地指导中国革命，共产国际在上海成立第三国际东亚书记处、华俄通讯社等机构，建立了"俄国民主俱乐部"、"俄侨事务局"、"上海生活报"等团体和组织，创办了《上海生活报》、《新中国》、《社会日报》和《周报》等报刊，及时宣传报道有关共产国际的消息和苏俄领导人著作，推动马克思列宁主义在工人阶级中的扩散与传播，其中《上海生活报》成为布尔什维克在中国的重要宣传喉舌。其次，第三国际东亚书记处积极指导和帮助中国、日本、朝鲜等东亚国家建立革命组织，在上海专门设立了"中国科"并明确工作纲要，倡导在部分学生和工人组织中成立共产党基层组织，使得在中国进行党的建设工作成为重要任务之一，并主张将很大注意力"放到了报刊宣传工作上"②，出版《俄国共产党纲领》和《劳动法令》等书籍和小册子，强化了理论宣传和舆论营造。1920 年 7 月，"旅俄华工联合会"会长刘绍周在共产国际二大围绕上海工人运动以及马克思主义传播情况进行发言，介绍了上海工人在五四时期阶级意识的萌发与觉醒状况，强调工人阶级在上海发生的一系列罢工中的英勇表现，形成了"不仅工业无

---

① 中国社会科学院现代史研究室、中国革命博物馆党史研究室选编：《"一大"前后—中国共产党第一次代表大会前后资料选编》（二），人民出版社 1980 年版，第 472 页。

② 中共中央党史研究室第一研究部：《联共（布）、共产国际与中国国民革命运动（1920—1925）》第 1 卷，北京图书馆出版社 1997 年版，第 39—40 页。

产阶级,而且连手工业者都开始组织起来"①的局面,首次在国际场合展示了当时上海的革命场景。

第三,创办出版机构,强化理论宣传。共产国际利用上海出版重镇的优势,高度重视理论宣传工作,开设马克思列宁主义出版社,以《上海生活》《周报》、《社会日报》和《新中国》等诸多报刊为载体,大力宣传马克思列宁主义以及革命理论。维经斯基表示,其在上海工作期间成立了"革命局并下设出版处、情报煽动处、组织处"②等部门,为宣传马克思主义和革命理论提供组织保证。他在《劳动界》发表了《中国劳动者与劳农主义的俄国》一文,号召工人和农民要强化联系,共同学习"俄国劳工农民所作的事"③,积极向中国民众宣传俄国十月革命的道路。上海革命局出版部出版了马克思主义著作和期刊,如"印刷了陈望道翻译的《共产党宣言》单行本以及《共产党》、《新青年》等宣传马克思主义的期刊"④,助力上海地区的理论宣传。1921年3月,张太雷向远东书记处汇报工作,介绍了上海革命局在理论宣传方面的做法,如"发行宣传书籍'袖珍本社会主义者丛书',其中包括《共产党宣言》、中共中央机关刊物《共产党》以及将《资本论》翻译成中文的工作等内容"⑤。上海革命局重视向工人阶级灌输马克思主义理论,有针对性地发行小册子、宣传单等,宣传《一个士兵讲他为什么要打仗》等文章,注重推进社会主义运动与工人运动的结合。

第四,指导上海共产党早期组织创办华俄通讯社,介绍苏俄革命经验。经由共产国际指导"华俄通讯社"⑥创办于上海霞飞路渔阳里6号,由杨明斋担任社长,介绍苏俄革命的做法和经验,翻译和报道俄国和共产国际的新闻,稿源大部分来自赤塔、海参崴以及莫斯科等地,内容包括政治、经济、文教、战事、工运、妇运等,以及俄国组织机构介绍、革命领袖评价等,成为中国较为及时反映十月革

---

① 中共一大会址纪念馆编:《中共首次亮相国际政治舞台》,上海人民出版社2016年版,第25页。

② 《关于俄共(布)中央西伯利亚局东方民族处的机构和工作问题给共产国际执委会的报告(1920年12月21日伊尔库茨克)》,[日]石川祯浩:《中国共产党成立史》,袁广泉译,中国社会科学出版社2006年版,第100页。

③ 吴廷康(即维经斯基):《中国劳动者与劳农主义的俄国》,《劳动界》第13期,1920年11月7日。

④ 中共中央党史研究室第一研究部:《联共(布)、共产国际与中国国民革命运动(1920—1925)》,北京图书馆出版社1997年版,第111页。

⑤ 中共中央党史研究室第一研究部:《联共(布)、共产国际与中国国民革命运动(1920—1925)》,北京图书馆出版社1997年版,第97—98页。

⑥ 华俄通讯社起初名为中俄通讯社,由上海共产党早期组织在共产国际的帮助下创办。

命后俄国真实情况的媒体,结束了以前中国媒体的新闻主要转自巴黎、日本等通讯社的局面。华俄通讯社还在中国报刊发表大量文章,从 1921 年 1 月起陆续在《民国日报》发表了《列宁小史》和《新俄国组织汇记》等文章,全文刊用苏俄日历上的《十月革命带来了什么?》等文章,澄清了对俄国革命的误解和污蔑,向民众客观介绍苏俄革命。在《民国日报》分十余次刊载《劳动家的社会主义谈》的文章,发布大量来自赤塔、海参崴等苏俄远东各地及工人运动方面的新闻并送往全国各地三十多家报刊,有力加强了对苏俄革命及马克思主义的宣传,为中国共产党成立准备舆论条件。据统计,截至 1920 年 8 月,"为中国的 31 家报刊提供信息,刊用了《十月革命带来了什么》等苏俄日历的文章"①。概而言之,共产国际在依托马克思列宁主义建党理论,借鉴布尔什维克党的实践经验,在上海展开的一系列理论传播的举措,尤其在宣传苏俄革命、列宁主义方面发挥了重要作用,并在"帮助中国无产阶级创造了中国共产党,有过很大的功劳"②,助推了马克思主义在上海的传播更加有计划、有组织地展开。

综上所述,任何一种主义、学说或理论的传播,都是在一定的社会环境和思想文化条件下孕育而出,而传播主体掌握着一定的传播工具和载体,有选择和取舍传播内容的主动权,因此"其本身的特点会对传播效果产生重要影响"③。马克思主义作为一种异质学说传入上海并被广泛传播,得益于传播主体所作出的开疆拓土的努力和筚路蓝缕般的贡献,客观上开启了"资产阶级革命派—资产阶级改良派—无政府主义者—早期马克思主义者—国际人士"等群体构成的多重主体传播格局。在十月革命之前,资产阶级和小资产阶级思想家为马克思主义的传介发挥了作用,此后则是早期马克思主义者群体发挥了主导作用。上海的传播主体尽管有改良与革命之分、激进与缓进之别,但总体上呈现以下显著特点:一是他们皆具强烈的爱国主义意识。早期传播者在当时大多为血气方刚的年轻人,目睹并身临近代中国积贫积弱状况之中,积极探寻救国救民道路的需要尤为迫切,且爱国主义意识尤为强烈,故而在致力于民族复兴大业以及学习西方的道路上不断前行,在爱国主义意识的引领下宣传介绍马克思主义。二是他们皆具变革社会的意识。为了改变中国半殖民地半封建社会处境,上海早期仁人志士具有深厚的忧国忧民情怀,有着变革社会的强烈愿望,尽管在变革的途径上

---

① 中共中央党史研究室第一研究部:《联共(布)、共产国际与中国国民革命运动(1920—1925)》,北京图书馆出版社 1997 年版,第 31—32 页。

② 《毛泽东文集》第 3 卷,人民出版社 1996 年版,第 418 页。

③ 李敬煊、金姣:《马克思主义在中国的早期传播》,《学习与实践》2020 年第 5 期。

有激进和缓进的区别,但改造现行社会是一致的主张。正是具有强烈的改革意识,所以能不断地探寻新知、了解世界大势,从而在西方世界中发现了马克思主义,进而在传播马克思主义的道路上努力贡献自己的智慧,成就了马克思主义传播者在中国的地位。三是他们具有现代知识学基础。他们中尽管多数人士在国内接受过传统文化教育,但又经历了"欧风美雨"的洗礼以及具有域外留学的相关经历,接受了西方近代的文化和现代知识。这对于他们认识马克思主义、在中外文化的比较视域中研究阐释马克思主义有着极为重要的作用,从而充当了引进马克思主义这一先进文化的主体。四是他们具有比较宽广的世界视域。他们之中的大多数人士由于有着留学的经历及其现代知识学基础,因而具有比较宽广的世界视域,能够积极关注并了解世界形势的变动,并与时俱进地研究马克思主义,成为马克思主义传播者乃是处于情理之中。正是因为有这些突出之处,传播主体在马克思主义的早期传播中,能够担负传播任务、发挥传播的作用也就不是偶然的。总而言之,通过对马克思主义在上海的传播主体的考察,不难发现这样的事实,即上海的马克思主义传播主体尽管以不同群体的形式存在,尽管同一群体中成员在传播马克思主义过程中或站在不同立场、持有不同目的,但皆为马克思主义在上海的早期传播作出了贡献,在马克思主义传播运动中担负着各自角色并发挥各自作用,形成了强大声势和深度传播合力,成就了马克思主义在上海早期传播的壮丽图景。

第 四 章

马克思主义在上海早期
传播的载体和途径

载体和途径是联结传播主体与客体的中介,是联系马克思主义与民众的桥梁。任何理论要流布于社会、彰显其价值、发挥其影响,总是通过一定的载体或途径方能传播,进而真正深入民众之中并为其所掌握。有学者认为,多元渠道是马克思主义在中国传播的重要特征,且"同一时期各个渠道的作用亦不孤立,往往交叉配合,互为补充"①。这里的传播渠道意即载体和路径,在上海的传播亦如此,即多重传播载体路径的综合作用下所形成的磅礴之势,成就了马克思主义在上海传播的壮丽景象。在传播"载体途径"的语境之中,马克思主义在上海的早期传播呈现出独特的方式,集中体现为以书面形态的文本传播,即主要以报刊、书籍、书信等载体的宣传来实现,还包括以活动形态的实践传播,即主要以社团、工会、学校、纪念活动等为途径展开。总体而言,马克思主义理论在上海传播的载体丰富、途径多面,在与各种思潮的竞争中率先走在全国前列,呈现出强劲的传播态势和演进前景,并对其他思潮起到了巨大的引领性作用,为早期先进分子的政治实践提供"粮食供给"②,从而为马克思主义在思想界指导地位的确立及马克思主义早期中国化事业作出重要贡献。

---

① 田子渝、蔡丽、徐方平、李良明:《马克思主义在中国初期传播史》(1918—1922),学习出版社 2012 年版,第 104 页。

② 李珹:《"星火此间著":上海老渔阳里 2 号与马克思主义的传播》,《毛泽东邓小平理论研究》2020 年第 10 期。

第一节　报纸杂志与马克思主义
"群集化"传播

任何思想理论的传播皆离不开物质性载体,而近代以来报纸杂志在上海地区马克思主义传播过程中发挥了重要的载体性功用,推动了马克思主义知识更新与供给,增进了新的知识在社会改造、价值整合等问题中的规范力,成为马克思主义在上海传播的重要途径。在五四运动的推动下,全国进步社团蓬勃发展,上海因先进知识分子的集聚而组建了以马克思主义研究会、上海工读互助团为代表的一批进步社团。正是在社团兴起情形之下,马克思主义进入进步知识分子视线,并出版社团刊物以及开展社团活动,在马克思主义传播及其与工人运动以及革命实践相结合的进程中发挥了重要作用。马克思主义之所以在上海广泛深入传播,除了理论本身具有真理性、科学性等优势,契合彼时中国社会变革之需,还在很大程度上与近代上海独特的区域优势有关,与其具备发达的报刊等大众传播体系密切相连,且发达的交通、先进的作者群、稳定的读者群以及相对成熟的出版业等多重因素均迅速促使上海成为全国报纸杂志的重镇。相比较全国而言,作为报刊重镇的上海,大众传播体系发达,借助时效性强、作者群稳定、受众面广以及出版业先进等诸多条件,迅速成为"宣传新文化和马克思主义的主阵地"①。在辛亥革命爆发之前,上海《新世界》和《东方杂志》等报刊率先对社会主义学说以及马克思主义进行初步介绍。五四时期的上海,各式新刊物如雨后春笋般涌现,《新青年》、《共产党》、《劳动界》和《向导》等一批更为激进的报刊在上海出版发行,促进了马克思主义传播中心的南移。无疑,报纸杂志对马克思主义在上海的早期传播发挥了重要作用,成为介绍新思想、传播马克思主义和社会主义学说的重要载体和途径,助力先进分子从马克思主义真理中看到中华民族救亡图存的希望,明晰无产阶级"去认识他们所担负的先进的革命任务"②。诚如学者所言,近代西学传播中"很多内容都是由上海报刊完成的,而且具有开创意义的不在少数"③,甚至"五四后宣传工作一般通过报

---

① 田子渝、蔡丽、徐方平、李良明:《马克思主义在中国初期传播史(1918—1922)》,学习出版社 2012 年版,第 34 页。

② 《列宁选集》第 1 卷,人民出版社 1995 年版,第 703 页。

③ 张仲礼主编:《近代上海城市研究(1840—1949)》,上海人民出版社 2014 年版,第 692 页。

刊来进行"①，可见上海报刊在"主义"传播中发挥了举足轻重的作用。

上海地区的报刊群起呼应、精彩纷呈，成为其担当全国文化中心的标志之一。在上海有类似思想诉求或共同价值追求的知识分子，集聚在报刊周围并形成报刊同人群体，如《新青年》派等。他们大多数人身兼数职，既担任社长主编，又担任撰稿人；或翻译马克思主义经典著作，或撰写、转载各种文章；或以报刊为阵地与非马克思主义进行论战，通过报刊在上海播撒马克思主义这一先进思想文化的火种，推动了"以俄为师"氛围的形成。综观上海地区马克思主义传播，以报刊为中心的报人群体在传播事业中贡献巨大，且不同报刊互动共进、相互补充，群集效应尤为显著。本节重点探讨五四时期在上海创办、编辑、印刷、发行的报刊及其对马克思主义的介绍传播情况。②

一、早期马克思主义者及早期共产党人以报刊为载体的宣传

列宁高度肯定了报刊功能及其在宣传、动员和组织活动中所发挥的作用，"报纸不仅是集体的宣传员和集体的鼓动员，而且是集体的组织者"③，因此在创建布尔什维克党以及建立苏维埃政权的实践中重视报刊宣传。早期马克思主义者以及中国共产党人创办的报刊，政治立场鲜明，办刊特点突出，刊物功能明确，着重于马克思主义理论的介绍与研究、中国革命主张政略的宣传教育，以及对理论与具体革命活动相结合的阐发，在理论宣传和思想启蒙方面发挥了重要作用。在上海，除了著名的《新青年》杂志，又于不同时间节点创办《劳动界》、《共产党》和《向导》等报刊，如1920年8月创办国内首个面向工人宣传马克思主义的刊物《劳动界》、同年11月创办党内机关刊物《共产党》月刊、1922年9月创办《向导》等期刊，担负宣传普及马克思主义、提高民众思想觉悟等任务成为以上刊物共同的价值取向，在先进分子思想精神的启蒙凝聚、民智的开启中发挥重要作用，为马克思主义在上海乃至全国的传播作出了重大贡献。

第一，《新青年》开创先河，率先点燃马克思主义传播火炬。陈独秀创办的《新青年》杂志横跨了旧民主主义革命和新民主主义革命时代，见证了五四时期

① 陈望道：《党成立时期的一些情况》，《党史资料丛刊》编辑部编：《党史资料丛刊》1980年第1辑，上海人民出版社1980年版，第27页。

② 鉴于清末以来第一批介绍传播马克思主义的理论刊物如《译书汇编》（1900.12—1903.11）、《新民丛报》（1902.2—1907.7）、《天义》（1907.6—1908）在前面已有提及，且均创刊、编辑、印刷于日本，在此不作赘述。

③ 《列宁选集》第1卷，人民出版社1995年版，第441页。

思想文化运动和马克思主义在上海从传播并演变为思想运动主流的过程,既担任过新文化运动先锋,又伴随革命形势率先转为共产党早期组织机关刊物,是近代中国革命史上最重要的杂志之一,开创了马克思主义在上海的传播先河。毛泽东甚至认为,五四时期诸多团体皆是在"《新青年》的影响下组织起来的"①,可见《新青年》在当时所产生的积极影响。民国思想家郭湛波肯定了《新青年》对于中国介绍马克思主义的影响,尤其是"马克思号"所刊载的文章,如"顾兆熊的《马克思学说》、李大钊的《我的马克思主义观》,陈独秀的《马克思学说》"②等,据此可见《新青年》在当时思想界的影响力以及在马克思主义传播史中的突出地位。就此问题,胡适强调了《新青年》所具有的传播马克思主义的鲜明色彩,故而已成苏俄 Sovietr Russia 杂志的汉译本,并直言"北京同人抹淡的功夫决赶不上上海同人染浓的手段之神速"③。据统计,《新青年》从五四运动到中国共产党在上海成立之前,发表有关马克思主义和苏俄革命的文章多达 130 余篇,指引先进知识分子和进步人士学习马克思主义,并引导他们积极深入工人群众,参加革命斗争实践,锻造为无产阶级先锋战士。正如恽代英所言,看了《新青年》之后越发醒悟,"真是像在黑暗的地方见了曙光一样"④。

《新青年》专门设立了"马克思研究"、"劳动纪念"、"俄罗斯研究"等专号以及"关于社会主义的讨论"专栏,宣传马克思主义唯物史观、劳工神圣等思想,并与非马克思主义思潮展开激烈的思想论争,在报刊的马克思主义宣传中"功居首位"⑤。"马克思研究专号"⑥中《马克思学说》、《马克思的唯物史观与贞操问题》和《我的马克思主义观》等一批文章的发表,提升了马克思主义在上海的知名度,进一步深化了读者对马克思主义的认识。陈独秀主持开设"劳动纪念号"专栏,登载李大钊《"五一"May day 运动史》文章,介绍了"五一"运动的由来,梳理了美国、俄国、芝加哥、法国等多个国家五一节纪念状况,宣传劳工神圣思想,介绍了苏俄及中国工人阶级状况,号召并推动国内的五一节从"笔墨纪念化为

---

① 《毛泽东自传》,解放军文艺出版社 2001 年版,第 30 页。
② 郭湛波:《近三十年中国思想史》,北平大北书局 1935 年版,第 331 页。
③ 张静庐:《关于〈新青年〉问题的几封信》(之二),《中国现代出版史料》(甲编),中华书局 1954 年版,第 8 页。
④ 恽代英:《欢迎"新声"》,《新青年》第 6 卷第 3 号,1919 年 3 月 15 日。
⑤ 张静如:《〈新青年〉对传播马克思主义的贡献》,《齐鲁学刊》1983 年第 2 期。
⑥ 据杨琥考证,该号实际出版时间是 1919 年 9 月。参见杨琥:《李大钊〈我的马克思主义观〉一文若干问题的探讨——兼论〈新青年〉"马克思研究"专号的编辑和印行》,牛大勇、欧阳哲生主编:《五四的历史与历史中的五四》,北京大学出版社 2010 年版,第 318—340 页。

现实群众运动"①。自第 8 卷第 1 号起,《新青年》成为上海共产党早期组织的机关刊物,开设"俄罗斯研究""关于社会主义的讨论""讨论无政府主义"等专栏,登载有关苏俄革命与建设的文章,发表《社会主义批判》等批判资产阶级改良主义的文章,以通信形式发表区声白和陈独秀关于无政府主义的论争,刊载了蔡和森从法国寄给陈独秀的信《马克思学说与中国无产阶级》。总的来说,《新青年》在与基尔特社会主义、无政府主义的论争中坚定了马克思主义立场,逐渐转向宣传马克思列宁主义的专门刊物,用马克思主义凝聚革命知识分子,为中国共产党的成立作出思想准备。

《新青年》季刊担任中共中央机关刊物,并明确刊物职志在于切实研究中国政治经济状况,开阔中国社会的世界观,力争成为"中国无产阶级革命的'罗针'等"②,积极宣传党在革命迅速开展时期的路线和策略,首先大力介绍马克思列宁主义思想和国际工人运动经验,深刻批判了在当时思想界影响较大的实用主义,为建立马克思主义在思想界的话语权势作出了重要贡献。其次,介绍共产国际以及列宁、斯大林的著作,宣扬苏俄革命及列宁主义,如瞿秋白在主编"共产国际号"时登载了《俄罗斯革命的五年》、《列宁主义概论》和《列宁主义与中国国民革命》等文章,向民众大力宣传列宁主义。季刊还出版"纪念列宁同志"专号,发表了《俄罗斯革命之五年》和《革命后的中国》等多篇有关列宁主义的文章。最后,开展马克思主义辩证唯物主义和历史唯物主义的宣传。陈独秀在马克思历史唯物主义理论指导下,发表《科学与人生观序》等文章解释论证中的问题。为了揭露实用主义的唯心主义本质,瞿秋白在《实验主义与革命哲学》一文中对辩证唯物主义和实用主义进行学理层面的对比,突出马克思主义和实用主义在实际应用中"革命"与"妥协"的不同指向。经过陈独秀、李达、瞿秋白等主撰人的努力,季刊在介绍唯物史观、无产阶级专政、经济论、辩证唯物主义、历史唯物主义等内容方面有所贡献,主张用社会科学方法解剖中国实际,强调解决现实社会问题是研究社会科学的真谛,引领早期马克思主义者尝试马克思主义理论与中国革命实践的结合,以此促进马克思主义理论在中国革命实践中的运用并注重实际问题的解决。

以上论述表明,从 1915 年开始出版至 1926 年停刊的《新青年》伴随着中国革命从旧民主主义到新民主主义的进程,成为这十年思想运动的中心报刊和中

---

① 李大钊:《"五一"May Day 运动史》,《新青年》第 7 卷第 6 号,1920 年 5 月 1 日。

② 《〈新青年〉之新宣言》,《新青年》季刊第 1 卷第 1 号,1923 年 6 月 15 日。

国革命史上最重要的杂志之一。首先,《新青年》所具有的"新白话"、"新文化"、"新思想"等浓厚特征引领中国期刊的出版呈现了崭新面貌,开辟了现代中国杂志发展的先河;其次,作为马克思主义广泛传播的主阵地,《新青年》为马克思主义传入中国并逐渐演变为思想运动的主流作出巨大贡献,促进了上海地区马克思主义广泛传播以及工人运动浪潮的涌动;最后,《新青年》宣传了马克思主义经典理论,推动了理论与上海工人运动以及中国革命实践的结合,为无产阶级政党诞生准备了思想条件,有效助力中国无产阶级政党诞生进程。其重要创始人及主撰人陈独秀、李大钊、瞿秋白等,不仅是上海早期马克思主义者的主要代表,还成为中国共产党的早期领导人,故而在理论、干部准备等方面为中国共产党成立奠定了基础。

第二,《劳动界》和《劳动周刊》等报刊深入工人阶级群体,面向基层大众开展通俗化宣传。上海共产党早期组织以"改良劳动阶级境遇"[1]为目标,于1920年8月创办的第一本向工人进行马克思主义启蒙教育的刊物——《劳动界》,由陈独秀、李达、李汉俊、沈玄庐、陈望道等担任主要撰稿人。刊物出版时间较长且影响较大,设有演说、时事、调查等专栏,以生动朴素的语言向工人传播劳动价值理论、剩余价值学说等内容,介绍和推广工人运动经验,启发工人阶级觉悟。简言之,《劳动界》作为通俗类报刊,发挥了马克思主义对工人的教育和引领作用,推进了马克思主义在社会底层群体中的普及,为马克思主义大众化作出了重要尝试。

面向工人宣传社会主义的《劳动界》,坚定宣扬社会主义才是工人和劳动人民摆脱压迫和剥削的唯一道路,广泛动员劳动者信奉社会主义并实行社会革命,进而"把资本家完全铲除不可"[2]。在《1920年上海底劳动运动大事记》一文中,以工人熟悉的事实和浅显的道理揭露资本家剥削工人的本质,阐发剩余价值学说,用事实和具体事例说话,揭露工人被剥削的实质,告诫工人"要知道我们这样受苦,都是资本家陷害和虐待我们的"[3],因此提出了劳动者群体最为急切的行动乃是"努力组织真正的团体"[4],激发工人觉悟亦为工人劳动运动指明方向。另外,《劳动界》宣传唯物史观,阐述社会主义取代资本主义的社会进化客观规律,动员工人积极联合起来,打倒旧的社会制度。譬如有文章指出,北方的俄罗

---

[1] 《〈劳动界〉出版告白》,上海《民国日报》,1920年8月17日。
[2] 李达:《劳动者与社会主义》,《劳动界》第16册,1920年11月28日。
[3] 陈为人:《劳工要有两种心》,《劳动界》第18册,1920年12月12日。
[4] 《1920年上海底劳动运动大事记》,《劳动界》第22册,1921年1月9日。

斯已经成为由穷人当家作主的地方，应该成为中国人学习的榜样，且动员中国广大工人农民加强联合，并与世界上其他国家加强联络，"一齐作俄国劳工农民所作的事"①，鼓励广大民众向俄罗斯学习并走十月革命的道路。应该说，《劳动界》在启迪劳动者的阶级觉悟方面发挥了重要作用，有力地推进了马克思主义在劳动者中的传播，彰显了其办报主旨"教工人晓得他们应该晓得的事情"②。

《劳动界》秉承"改良劳工阶级境遇的，尽力调查记载工人境况"③的宗旨，注重与读者受众的互动反馈，因其语言通俗易懂而受到工人阶级欢迎。譬如，在《两个工人的疑问》一文中，介绍"劳动"和"劳动力"的基本概念，即"劳动就是做工；劳动者就是做工的人；劳动力就是人工"④，用通俗易懂语言揭示了马克思主义群众史观，阐明工人的劳动在社会变革中的极端重要性。在《价值与公道》一文中则用言简意赅的话语介绍马克思的劳动价值论，揭示了资本家剥削的秘密，启发工人的阶级觉悟。《劳动界》尤为强调"劳动"在社会演进中的作用，借以说明劳动者在社会中的基础性地位，使"劳动"和"劳动者"在社会演进中统一起来，如"为什么米、布、砖头、瓦片会值钱呢？因为是人工做出来的。"⑤自然，《劳动界》中所宣传的劳动和劳动者有着明确的政治导向，这就反映劳动者的生存状况并致力于改善劳动者的待遇，从而在启发劳动者阶级觉悟的基础上进一步彰显劳动者在社会变革中的作用。杂志还专门开辟了"读书投稿"专栏，着眼于工人的实际心声和问题，加强与广大读者的互动交流，更好地与工人群众建立直接联系，形成了先进知识分子与下层民众之间思想认同、互动共进的模式，受到了读者认可。譬如，杨树浦电灯厂工人代表在致信陈独秀时表示，"我们的同伴工人多喜欢你们所办的《劳动界》"⑥；湖南工人量澄在读者来信中写道，"人格底觉悟，待遇上的觉悟，团体上底觉悟"⑦。从工人代表致信陈独秀及《劳动界》所表达的思想诉求可见，彼时先进知识分子与社会下层普通劳动者之间的亲密关系以及《劳动界》本身注重贴近大众的社会生活，密切关注工人群众实际

---

① 张赤：《打破现状才有进步》，《劳动界》第 6 册，1920 年 9 月 19 日。
② 汉俊：《为什么要印这个报？》，《劳动界》第 1 册，1920 年 8 月 15 日。
③ 《本报欢迎工人投稿》启事，《劳动界》第 2 册，1920 年 8 月 22 日。
④ 陈独秀：《两个工人的疑问》，《劳动界》第 1 册，1920 年 8 月 15 日。
⑤ 沈玄庐：《价值与公道》，《劳动界》第 7 册，1920 年 9 月。
⑥ 陈文焕：《通信》，《劳动界》第 5 册，1920 年 9 月。
⑦ 量澄：《工人应该觉悟的地方》，《劳动界》第 16 册，1920 年 11 月 28 日。

问题的鲜明特色,因此被誉为工人群众的"喉舌和明星"①。

马克思主义在上海的早期传播形成巨大浪潮,推动马克思主义深入到广大劳动者之中。在上海,不仅《劳动界》深入工人之中宣传马克思主义,创办于1921年《劳动周刊》,在宣传马克思主义方面作出重要贡献,并有其鲜明的特色。《共产党》月刊曾登载了《劳动周刊》的发刊词,阐明了周刊的性质与作用,强调其不同于有产阶级注重金钱而非重视公道正义,而是代表中国全体劳动者的言论机关,"为劳动者说话,并鼓吹劳动组合主义"②,希望工人积极投稿,借助这一言论机关促进人类解放事业。为了及时发布劳动工人的现状,《劳动周刊》设立了"工会消息"、"劳动界消息"等栏目,以简明扼要的内容及时报道各地区工会活动以及工人罢工情况,醒目登载"世界工人们联合起来啊!"③的斗争口号,向广大读者揭示工人所遭受的压迫及其生存现状,以符合工人群众的文化水平和实际需要,激发劳动者的自觉意识。主要负责人李启汉重视《劳动周刊》出版工作,带头撰写《工友们,我们为什么要分帮?》等通俗文章,启发和号召工人联合起来斗争。无产阶级革命家项英曾表示,自从阅读了《劳动周刊》,便明白了组织团体的重要性,并表态"自从读了《劳动周刊》,知道中国工人也要组织起来,也有工人自己的团体,我愿意从这方面来努力"④,可见其给读者带来的影响及其思想的转变。

《劳动周刊》聚焦中国工人运动的状况,报道劳工悲惨的生产生活现状,为劳动组合书记部指导建立工会组织以及领导工人罢工营造了舆论氛围。例如,发表了以《我们工人就活该死么》、《反正是工人倒霉》等生动鲜活的文章,揭发资本家掠夺工人剩余价值真相,报道工会组织与活动,深受广大工人的热烈欢迎。又如,专门设立"工会消息"栏目,关注上海印刷工人工会和上海机器工会活动情况,指导工人通过斗争改善劳动条件,登载了《上海印刷工人会(铅石印组合)筹备大会》和《上海机器工会的奋兴》等文章。再如,揭露了部分招牌工会在应对劳资斗争问题时袒护资方利益的行为,并代表工人群体向资本家提出有关劳动保障方面的具体建议。概而言之,《劳动周刊》作为代表上海乃至全国工

---

① 中共中央党史资料征集委员会编:《共产主义小组》上册,中共党史资料出版社1987年版,第37—38页。

② 《〈劳动周刊〉发刊词》,《共产党》第6号,1921年7月7日。

③ 中华全国总工会中国职工运动史研究室:《中国工运史料》第2期,工人出版社1958年版,第84页。

④ 《包惠僧回忆录》,人民出版社1983年版,第91页。

人阶级的言论机关,在深受工人阶级欢迎的同时亦产生积极影响,较好地宣传了劳动运动并指导了工人运动,有力推进马克思主义对工人阶级的武装以及与工人运动的结合,被称赞为"教育训练劳工们最好的机关报"[1],在马克思主义传播史上有着重要的地位。

第三,《共产党》月刊高举旗帜,有计划有组织地传播马克思主义,为建立共产党组织提供舆论准备和思想基础。时值俄国十月革命三周年纪念日,由李达担任主编的《共产党》月刊于 1920 年 11 月在上海创办,这意味着早期共产党人旗帜鲜明地以马克思主义为指导,研究中国社会性质和中国革命等实际问题。刊物一经创立,围绕建党原因、党的任务等问题,阐明中国共产党人的基本政治主张,划清与其他党派的区别,以满足从思想上指导并整合全国各地共产党早期组织的需要,为建立党的正式组织做好理论准备,成为中国共产党的第一份党刊。

其一,《共产党》创刊号开门见山地阐述了建立中国共产党的政治主张,主张用俄国革命的手段改造中国社会,用大量篇幅介绍马列主义建党学说和德国、英国、法国、美国、波兰等多国共产主义运动情况和经验,及时报道宣传中国各地工人运动状况,译载有关列宁在俄共九大的演说等重要内容,所发表文章深刻论述了马克思列宁主义对中国革命的重要指导意义,为建立全国统一的政党凝聚共识并做好理论准备。

其二,《共产党》月刊有力推动了马克思主义与工人运动的结合,发表了陈独秀的《告劳动》、施存统的《我们要怎么样干社会革命》、沈雁冰译的《共产主义是什么意思》、袁振英译的《共产党未来的责任》等一批文章,将社会革命与无产阶级专政有机统一,强调依靠阶级斗争以夺取无产阶级政权的重要性,进而通过无产阶级专政方式实现社会主义,"没有无产阶级底专政,就一定没有实现社会主义的希望"[2],在筹建中国共产党过程中发挥了重要的理论指导作用,被毛泽东称为"旗帜鲜明"[3]。

其三,《共产党》月刊具有深刻的批判精神,对非马克思主义和反马克思主义的批驳,突出介绍列宁及其思想成为其重要特色之一。《共产党》月刊第一号发表短言辨析批判了无政府主义提倡的自由观,并作出反驳:"请你们不要将可

---

① 《〈劳动周刊〉发刊词》,《共产党》第 6 号,1921 年 7 月 7 日。
② 无懈:《俄国共产政府成立三周年纪念》,《共产党》第 1 号,1920 年 11 月 7 日。
③ 胡长水等:《毛泽东之路》第 1 卷,中共党史出版社 2003 年版,第 153 页。

宝贵的自由滥给资本阶级"①,强调了提出阶级斗争对于社会革命的极端重要性,申明若使用革命手段,"非采用权力集中的战术从事阶级斗争不可"②。就此问题,李达亦发表《社会革命底商榷》一文明晰无政府主义的偏颇及错误所在,向民众宣传阐释"用光明正大的态度……当担这改造政治,改造中国底责任"③的道理,从理论层面阐明马克思主义和无政府主义的根本区别。工人运动领导人李立三肯定了《共产党》在中国新民主主义革命历程中的地位,认为"这个刊物有很大影响,出版到第六期,主要内容是共产主义思想运动"④。在介绍列宁思想方面,则发表《列宁的历史》、《为列宁》、《列宁的著作一览表》和《国家与生命》等文章,介绍列宁生平著作,进一步明确马克思主义传播方向以及"以俄为师"的道路。应该说,《共产党》月刊作为在上海传播马克思主义的重要期刊之一,为筹建中国各地早期共产党组织提供科学的思想武器,帮助投身建党的先进知识分子加深对共产党纲领性质等问题的了解,在思想上对于推进共产党组织建立所起的引领作用则更为突出。在中共一大召开之前,《共产党》月刊共出版6期,于1921年秋停刊,完成了推动中国共产党成立的使命。

第四,中国共产党成立后,以马克思主义为指导创办革命刊物成为党的一项重要任务,《先驱》、《中国青年》和《向导》等报刊群策群力,引领探索中国革命道路,反映了早期共产党人在推进马克思主义传播中的组织领导作用,且在事实上更有力推进了马克思主义在上海乃至全国的传播。

中国社会主义青年团机关报《先驱》创办于1922年1月,从第4期起迁至上海,由施存统担任主编,聚集了陈独秀、邓中夏、施存统等文化精英为其撰稿,其使命在于研究中国实际并寻求解决中国问题方案,以"唤醒国民自觉,培育反抗的创造的精神"⑤。《先驱》发行之时恰逢《新青年》休刊且《向导》尚未发行,这就使其成为宣传马克思主义的重要媒介。鉴于无政府主义、基尔特社会主义、基督教游说等对青年团员思想产生影响,《先驱》发表以《革命与社会主义》为代表的系列文章,帮助团员青年坚定马克思主义信仰等问题。

《先驱》设立各式专号,集中宣传有关青年运动以及革命纲领。在上海,出

---

① 《短言》,《共产党》第1号,1920年11月7日。

② 《短言》,《共产党》第3号,1921年4月7日。

③ 《短言》,《共产党》第5号,1921年6月7日。

④ 李立三:《党史报告(1925年底1926年初)》节录,中共中央党史研究室、中央档案馆编:《中国共产党第一次全国代表大会档案文献选编》,中共党史出版社2015年版,第50页。

⑤ 《发刊词》,《先驱》第1号,1922年1月15日。

版了"国际青年运动"、"五一纪念"等专号,向民众介绍了五一节历史和各国青年运动情况,在团结教育青年参加反帝国主义和封建军阀的斗争等方面起到一定作用,在批判错误思潮、探索社会主义青年团建设路径以及找寻解决中国革命实际问题方案等方面亦产生了较大影响,进而在思想上、组织上为中国社会主义青年团作出一定的准备。在专号出版方面,设立"非基督教学生同盟号",发表《基督教与共产主义》等文章,揭露帝国主义与基督教会关系的本质;出版"国际青年运动"专号,结合中国革命实际状况对青年运动予以指导,认为青年运动应与中国革命相呼应,且要取得事业的胜利应分两步去做:"第一步是完全倾覆封建主义,促成中国真正独立;第二步是推翻有产阶级的政治,把政权掌在自己手中。"①此外,为了建立劳动阶级解放策源地,在全国第一次劳动大会上提出了建立全国劳动大同盟等建议,提案被大会接受并列入劳动法大纲,虽未得到北洋军阀通过,但在指导工人罢工斗争中仍发挥了纲领性作用。

中共中央第一份政治机关报《向导》周报以更好地宣传党的纲领和路线为使命,于1922年9月在上海应运而生,设有时事短评、通信、读者之声、各地通讯等多个栏目,向民众宣传阐释中国共产党的主张,在马克思主义早期传播进程中发挥积极作用,被读者誉为"黑暗的中国社会的一盏明灯"②。陈独秀、李大钊、瞿秋白、罗章龙、张国焘等参加编撰工作,发表文章呼吁打倒帝国主义及其走狗军阀,鲜明提出了阻碍中华民族和平发展的因素不外乎封建军阀内乱和帝国主义外患两点,即"军阀内乱是和平统一与自由之最大障碍,而国际帝国主义外患,是钳制中华民族不能自由发展的恶魔"③,由此提出了国民革命的重要性和迫切性,"国民革命乃是目前至急的要求,并且是社会革命之间所必经的过程"④,阐释了民主革命与社会革命的关系,强调中国共产党是当时唯一具有革命性的马克思主义政党,且"仅仅中国共产党才能代表中国的马克思主义的发展"⑤,动员号召真实的马克思主义者都应跟随中国共产党投身国民革命。在革命对象与动力问题方面,《向导》表达出坚决明朗的态度,认为依附于封建军阀和帝国主义的官僚买办资产阶级理应成为革命对象,无产阶级、小资产阶级以及

---

① 《关于中国少年运动的纲要》,《先驱》第5号,1922年4月1日。

② 雅零:《安福政府查禁本报的反响:雅零致向导报记者》,《向导》第104期,1925年2月28日。

③ 《本报宣言》,《向导》第1期,1922年9月13日。

④ 《邓世悲来信及〈向导〉记者的答复》,《向导》第15期,1923年8月1日。

⑤ 田诚:《"今日"派之所谓马克思主义》,《向导》第15期,1923年8月1日。

农民等群体应为革命基本动力。此外,《向导》还发表了《国民党改造与中国革命运动》等文章,就武装斗争、建立统一战线、农民革命斗争等问题进行探索,大力宣传建立反对帝国主义和封建军阀的统一战线。

《向导》贴合"全国真正的民意及政治经济的事实所要求"①,抨击帝国主义和封建军阀压迫统治,积极阐发马克思列宁主义基本理论,宣传中国共产党的革命主张,为早期共产党人探索革命道路准备思想材料。刊载了政论类文章,猛烈抨击当时军阀统治,揭露其出卖民族利益的罪恶活动,如《孙传芳之残暴及其末路》、《国人应当共弃的陈炯明》和《武力统一与联省自治——军阀专政与军阀割据》等,指出中国统一目的须"建筑在最大多数贫苦群众的幸福和全国被压迫民族的对外独立之上"②,还发表了以田诚撰写的《"今日"派之所谓马克思主义》、瞿秋白撰写的《中国之革命的五月与马克思主义》等一批宣传马克思主义文章,扩大了马克思主义的知晓度。《向导》用大量篇幅揭露帝国主义控制中国政局、操纵国家经济命脉、压榨中国劳动人民的罪恶行径,如《请看国际帝国主义怎样宰制中东路》、《中国已脱离了国际侵略的危险么?》等文章,细致报道了诸多国内外政治形势及革命运动,如《苏俄在欧洲国际低温之复振》、《第三国际与远东民族问题》、《一九二二印度国民运动的分析》、《湖南农民运动考察报告》和《日本惨杀长沙同胞》等,对列宁的东方理论和远东实况作进一步的诠释,并对于当时一些错误思潮进行严厉的批驳,使中国人民认清了民族革命的道路,极大地促进了大革命运动的开展。总之,《向导》积极宣传中国革命道路途径和党的民主革命纲领,"记录了中国共产党在建党之初和大革命时期传播马克思列宁主义、上下求索探寻中国革命道路的历史轨迹"③,尤其是结合工农运动传播马克思主义理论,推动了革命进程,提升了早期共产党人的理论水平,为在黑暗中摸索的革命人士指明了前进方向,在推动马克思主义在上海的传播迈入崭新阶段方面作出积极贡献。

于 1923 年 10 月在上海创刊的《中国青年》标志着团中央机关刊物的诞生,注重运用马克思主义观点和方法,分析和研究中国实际问题,刊载了大量探讨中国社会和中国革命实际问题的文章,引领不少进步青年投身革命洪流。其创刊词中大声疾呼,"许多人都相信中国惟一的希望,便要靠这些还勃勃有生

---

① 《本报宣言》,《向导》第 1 期,1922 年 9 月 13 日。
② 和森:《武力统一与联省自治——军阀专政与军阀割据》,《向导》第 2 期,1922 年 9 月 20 日。
③ 梁大伟、茹亚辉:《〈向导〉周报与马克思主义在中国的早期传播》,《党的文献》2023 年第 2 期。

气的青年"①；组织发表了众多文章与错误思潮进行坚决斗争，批判了"国家主义"思潮，帮助青年辨明是非，出版青年团代表大会专号，指导全国青年团工作。《中国青年》提倡革命文学，译载列宁、高尔基等苏俄革命领袖和作家的作品，登载国内作家的进步文学作品，试图通过革命的文艺思想，引导青年关心社会现实，投身革命斗争。毛泽东、邓中夏、恽代英、瞿秋白等共产党人皆在《中国青年》发表文章，如毛泽东于大革命时期发表的《中国社会各阶级的分析》，深刻分析社会阶级状况，鼓舞广大青年认清革命形势，积极投身中国革命。据统计，从1923年10月到1927年10月，《中国青年》共出刊170期，从印发3000册陆续增加到3万多册，成为当时发行最多的革命刊物。据邓拓回忆，"《中国青年》、《新青年》、《向导》成为革命的群众、进步的学生、教职员等群体所热烈追求的读物。"②

从以上简要介绍《先驱》、《中国青年》和《向导》周报对马克思主义传播情况来看，尽管三种刊物各有特色、各有侧重，但在传播马克思主义方面有着共同方面：一是坚持马克思主义的指导地位，比较全面地传播马克思主义的基本观点，使马克思主义在上海的传播推进到崭新的高度。二是宣传并维护中国共产党的政治权威，不仅表明了中国共产党坚持马克思主义的指导地位，还积极宣传了中国共产党有关民主革命的基本方略，为在思想上树立中国共产党的政治核心地位开辟了道路。三是在马克思主义与中国实际相结合的视域中集中阐明中国革命的方略，创造性地展示早期马克思主义者和共产党人关于革命的主张，在理论与实践相结合方面作出了有效的尝试。四是在探索"以俄为师"道路中推进了对俄国十月革命的理解和认同，扩大了十月革命和苏俄在中国思想界的影响，营造了马克思主义在上海传播和发展的思想舆论环境。当然，以上这三种刊物皆通俗易懂、观点鲜明，贴近民众生活的实际，这亦是显著的特色。

第五，基层党组织创办的革命刊物在马克思主义传播中亦发挥了积极作用。在上海，基层党组织创办的革命刊物为宣传马列主义、革命道理发挥了积极作用。1919年暑期，侯绍裘等人自筹资金创办《劳动界》的油印刊物，向基层工人群众宣传爱国思想和阶级觉悟思想，传播社会主义主张。发起创办的《问题周

---

① 中共上海市委党史研究室、上海市文物局编：《中国共产党早期在上海史迹》，同济大学出版社2013年版，第102页。

② 李艳主编，共青团中央青运史档案馆编：《共青团史人物传》第1辑，中国青年出版社2015年版，第148页。

刊》传播了"社会革新"理论,被家乡人民亲切地称为"耳朵报"①。1923 年 5 月,革命刊物《松江评论》正式创刊,由松江支部党员侯绍裘担任主编,以"批评地方时事,唤起革命精神,介绍新的思想,提高民众常识"②为宗旨,旗帜鲜明地宣传社会主义思想,反对帝国主义和封建主义,介绍俄国十月革命概况以及列宁的光辉事迹,批判国民党右派,努力谋求"松江之改造"③,在松江及相邻地区产生广泛影响。侯绍裘担任《松江评论》主编期间,对期刊的编辑发行做了大量工作,围绕宣传马克思主义主题撰稿多篇,如《"五九"纪念和五月中其他纪念节之关系》《荒谬绝伦之教育领袖》《什么是迷信》《释一般人对于社会主义的误解》《我们该做怎样的青年》和《列宁略传》④等文章,引起较大的社会反响。上海《民国日报》副刊《觉悟》对《松江评论》予以高度评价,认为其提倡新文化,既主持正义又不畏强御,且所撰言论为地方人民所欲言而不得。早期青年运动领导人萧楚女对《松江评论》印象深刻,曾称赞其从唯物史观角度阐发革命的风格,"以唯物的经济的背景说明革命之物理的因果性,很透彻"⑤。

　　此外,以《上海伙友》《妇女声》《前锋》《热血日报》和《布尔塞维克》等为代表的部分报刊,虽然由于种种因素很快停刊,但也为马克思主义在上海传播作出了积极努力。鉴于上海作为全国商业中心且所拥有的商店店员作为劳工队伍的重要组成等情况,上海工商友谊会在上海共产党早期组织指导帮助下,创办了通俗刊物《上海伙友》,向劳工宣介马克思主义,激发阶级身份认同,利用周刊联络店员群体中的先进分子,提升店员对马克思主义的认识并帮助其开展劳工运动。刊物发表了沈玄庐《强盗的奴隶》,文中揭露了罪恶的资本主义制度,激发上海广大店员觉悟,进而产生投身社会根本改造的自觉意识。陈独秀亦关心《上海伙友》的发展,亲自在发刊词中阐发劳动阶级的含义,认为商店伙友、工厂矿山劳动者以及交通劳动者组成的团体亦即"阶级战争底三大军团"⑥。"三大军团"主张的提出,引导工人阶级要注重自身团结意识和组织意识的提升,有效启发了上海店员的觉悟。简言之,《上海伙友》成为将马克思列宁主义理论同上

　　① 中共上海市委党史研究室、上海市档案局主编:《日出东方——中国共产党诞生地的红色记忆》上册,上海锦绣文章出版社 2014 年版,第 110 页。

　　② 唐金波:《侯绍裘烈士传》,江苏凤凰文艺出版社 2017 年版,第 52 页。

　　③ 赵祖康:《我们的第四种职责》,《松江评论》第 5 期,1923 年 6 月 5 日。

　　④ 《中国共产党松江历史图志》,上海辞书出版社 2011 年版,第 28—29 页。

　　⑤ 唐金波:《侯绍裘烈士传》,江苏凤凰文艺出版社 2017 年版,第 71 页。

　　⑥ 陈独秀:《发刊词》,《上海伙友》第 1 册,1920 年 10 月 10 日。

海工人运动实践相结合的又一尝试,成为马克思主义者参与工人运动、深入工人阶级的有效探索,培养了一批投身反帝反封建实践、逐渐转变为信仰马克思主义的编辑人员,且《上海伙友》还带动影响了北京、广东等地的共产主义者亦开始效仿出版相似刊物。此外,中国共产党创立时期,为了"宣传被压迫阶级的解放,促醒女子加入劳动运动"①,上海中华女界联合会创办了革命刊物《妇女声》,对国内外妇女运动情况以及各地女工罢工状况进行及时报道,登载文章讨论有关妇女解放问题,在提高妇女觉悟的同时助力了妇女运动的发展。

　　1923年,正值整顿恢复《新青年》季刊时期,中共中央在上海创办了由瞿秋白担任主编的《前锋》。出版三期的《前锋》富有特色,重视对实际问题的调研,擅长用调研数据辅助分析帝国主义对中国的侵略,用马克思主义观点和方法分析中国政治与经济问题,登载了讨论世界和中国政治、经济问题的长篇论文,揭露了封建军阀的专制统治,论证建立革命统一战线的必要性。为了满足民众了解五卅运动要求,瞿秋白创办并主编了《热血日报》,积极宣传马克思主义真理,专门设有"社论"栏目宣传中国共产党指导五卅运动的主张和策略,贯彻中共二大提出的反帝反封建军阀的纲领,彰显传播过程中的群众性特征;开设"新闻"栏目,关注了上海"三罢"斗争以及各地反帝反封建军阀的消息,在运动实践中向社会多个阶层传播了马克思主义。《热血日报》读者群涵盖范围广,包括知识分子、一般读者和劳苦大众等,其所产生的巨大影响引起了敌人的恐惧,在出版不到一月之时便被勒令停刊。在上海还有类似遭遇的期刊,比如《向导》在大革命失败后,因国民党白色恐怖统治而遭遇停刊,而此时的《布尔塞维克》勇担使命,继续为宣传中共理论政策服务,在理论上助力中国革命道路及其性质的探索,及时报道革命运动,专门设立"读者的回声"等多个栏目,宣传中共早期路线方针,缅怀悼念革命烈士,助力革命继续向前发展。

　　概括来说,解决中国实际问题乃是马克思主义传播的根本旨归,上海早期马克思主义者以及早期共产党人朝向这一目标奋斗不息、艰辛探索,创办了一批报刊作为主义传播的载体,在"组织讨论,论证、阐发和捍卫党的要求,批驳和推翻敌对党提出的各种要求和论断"②等方面付出了艰辛努力并取得累累硕果。质言之,在上海创办的有关早期共产党组织报刊在传达党的声音,动员人民群众方面发挥了杰出作用,在具体传播实践中注重遵守党的组织性、严密性,且分工明

---

① 《〈妇女声〉介绍》,上海《民国日报》副刊《妇女评论》,1921年12月28日。
② 《马克思恩格斯选集》第1卷,人民出版社1995年版,第199页。

确、互为补充,譬如《新青年》开创了马克思主义宣介的先河,《向导》将中共政策纲领的宣传置于重要地位,《先驱》半月刊着重对马克思列宁主义进行介绍宣传。换言之,以上诸多期刊不仅生动记录了社会有关政治状况,见证了马克思主义在上海从点滴向磅礴的汇聚进程,还记载了高举马克思主义指导思想的共产党组织在上海诞生与成长的轨迹,鼓舞了民众的革命热情,团结凝聚了诸多具有革命精神的进步民众,成为上海地区在党内外政治信息沟通交流中不可或缺的载体,助力了中国共产党早期宣传思想的形成。虽然各种报刊在发展过程中遭遇不同的挫折与阻碍,但作为传播的重要载体,在上海马克思主义传播史上描绘了浓墨重彩的篇章。

二、资产阶级革命派及国民党人①以报刊为载体的宣传

资产阶级革命派以及国民党人是较早介绍社会主义学说和马克思主义的群体,成为马克思主义在上海传播史上一道独特的风景。就马克思主义宣传而言,李达指出要主动利用资产阶级的报纸,其销量大、辐射广,读者群体涵括城市市民和偏僻地方的工农群众,因而"共产党若能利用这类报纸做宣传,效力必大"②。就上海资产阶级革命派报刊而言,《民报》率先对社会主义思想的译介,《星期评论》对工人运动的关注并积极参与上海共产党早期组织的创建,《建设》在宣传孙中山三民主义的同时对马克思主义经济学说和唯物史观的介绍,上海《民国日报》对十月革命的及时报道以及副刊《觉悟》初步用马克思主义观点对中国革命问题的探索,在上海的马克思主义早期传播进程中发挥了作用。

其一,《民报》译介社会主义文章,助力社会主义思想的早期传入。中国同盟会的机关刊物《民报》以宣传三民主义为宗旨,成为革命党人最早传播社会主义和马克思主义的刊物。自创刊起,《民报》发表译介社会主义文章,介绍科学社会主义理论和国际共产主义运动,吸收社会主义思想内容以应对当时中国的民生问题,进而为构建三民主义理论体系服务。其虽于 1905 年在日本创刊,但在创办之初就备受瞩目,首刊至少出版五千份,至第 7 期已"报事益展,销行至万千余份"③,可见其影响之大。而上海是早期革命党人的主要活动地,因此《民

---

① 为了行文便利,本节将参与马克思主义传播活动的中国同盟会、国民党、中华革命党、中国国民党组织等成员统一称为"国民党人"。

② 李达:《评第四国际》,《新青年》第 9 卷第 6 号,1922 年 7 月 1 日。

③ 《民报广告》,《复报》第 4 号,1906 年 9 月。转引自姜义华:《章炳麟评传》,南京大学出版社 2002 年版,第 100 页。

报》对马克思主义在上海的介绍宣传产生了积极影响，尤其为社会主义思想的早期传入作出了贡献，开拓了中国早期爱国仁人志士的知识视野，增进了民众对社会主义的关注度。

《民报》译介了马克思主义科学社会主义理论，较早完整地将《共产党宣言》中十条改革措施译介给中国读者，对无政府主义和社会主义进行区分，介绍了马克思主义经济学说、《资本论》以及累进税和相续税等内容，对社会主义经济问题予以关注，廓清了劳动价值理论和剩余价值理论。朱执信作为革命党人中杰出的理论家，以《民报》为阵地撰写了多篇政论，阐发了马克思主义与空想社会主义的区别，成为比较系统地介绍马克思及其学说的重要代表。在介绍国际共产主义运动史方面，《民报》记录了第一国际成立以及第二国际的重要代表大会状况，多次提及马克思及其主张，但在译介中出现部分信息错误的情况。此外，《民报》还介绍了国家社会主义、基督教社会主义、社会民主主义等其他社会主义学说，刊载了廖仲恺译的《社会主义史大纲》，对基督教社会主义与马克思主义的主张进行了区分，帮助读者进一步清晰了两者的认识。相比较而言，由于资产阶级革命党并未将社会主义作为救国救民的指导思想，因此在译介社会主义过程中存在明显的选取性、偏差性以及糅杂纷乱、重心偏移等特征。《民报》因其坚持连续发刊，较为系统地介绍了社会主义思想，且在内容介绍上相对多元丰富，因此总体说来对国人社会主义思想的启蒙以及对中国思潮发展进步的影响不可小觑，且作为思想界传播马克思主义的先声，为孙中山确立三民主义思想铺垫了理论基础，亦为此后的马克思主义传播提供了参考与借鉴。

其二，《星期评论》支持宣传马克思主义，在上海进步知识分子中产生影响。1919 年 6 月，戴季陶、沈玄庐等人创办的《星期评论》为响应五四运动和六五运动在上海应运而生，宣称要弘扬五四运动、六五运动精神，以"创造继五四、六五两大运动的人类运动"①，鼓吹新文化，宣传社会主义，关心工人运动，由戴季陶、沈玄庐、李汉俊等人担任该刊编辑。前期注重对社会现状的讨论，后期逐步倾向和宣传马克思主义，很快成为具有全国影响力的革命刊物，拉开了马克思主义在上海的传播序幕。五四运动爆发后，孙中山等国民党人被北京波澜壮阔的学生运动所震撼，看到了民众受新思想的鼓荡所激发的巨大力量，意识到思想革命高过一切的态势，倾向"表示吾党根本之主张于全国，使国民有普遍之觉悟"②作为

---

① 《星期评论半年来的努力》，《星期评论》第 26 号，1919 年 11 月 30 日。
② 《孙中山全集》第 5 卷，中华书局 1985 年版，第 66 页。

当前工作的重中之重。基于此情况，孙中山指派戴季陶等人创办时事理论性刊物《星期评论》。戴季陶、李汉俊等人在日本留学已接触社会主义，关注国际社会主义运动和工人运动问题较早，《星期评论》言论也因此表现出对苏俄革命的同情，用大量篇幅介绍世界各国工人运动、苏俄面临的国内国际情况，发表有关国内劳工状况的文章，在创刊号便征集关于"工场工人以及各处农夫生活状态"①的稿件，开设"劳动纪念号"，刊载宣传劳动运动和研究工人运动的文章。简言之，《星期评论》在创刊后的一年内，围绕中国经济、政治、社会时事、劳工问题等发表不同主题文章，其中与马克思主义相关文章 50 余篇，可见其对宣传马克思主义持以支持态度，对先进知识分子的影响呈现出日渐扩大的态势。

　　然而办刊伊始，《星期评论》对马克思主义的介绍文章数目寥寥，更多考虑的是在世界思潮震荡的形势下"如何应对共产主义煽动"②，并极力声明自身并非过激党，故而"不主张无政府主义及共产主义"③的办刊立场。随着苏俄政府对华声明的发布以及苏俄交通解封后信息的澄清，《星期评论》对苏俄革命态度渐次发生了变化，日渐表现为大加赞赏，并开始加大宣传包括唯物史观、剩余价值理论、科学社会主义在内的马克思主义理论。譬如，发表了林云陔的《唯物史观的解释》，李汉俊的《强盗阶级底成立》，戴季陶的《劳农政府治下的俄国》、《关于劳动问题杂感》、《上海的同盟罢工》，沈玄庐的《答人问〈共产党宣言〉的发行所》和《工人应有的觉悟》等一批文章。《星期评论》积极关注国际共产主义运动以及国内外工人运动，连载了《美国产业界的大恐慌》、《日本劳动运动的新机轴》和《英国的劳动运动与三角同盟》等文章，帮助读者关注了解世界各国的工人运动，向工人呼吁"只有消灭资本主义的'工银制度'，才能实现社会的公正，世界的和平"④，激发民众参与斗争的觉悟。此外，还发表《中国劳动问题的现状》、《最近上海的罢工风潮》和《上海的同盟罢工》等文章，介绍中国劳动问题、上海工人罢工以及国内工人运动状况，动员广大工人联合起来形成阶级团结的磅礴势力，进而"构成一个阶级的势力，以多数的力量，去压伏那些资本家"⑤；发表李汉俊《劳动者与"国际运动"》一文，梳理了共产国际的来龙去脉和历史经过，进一步明晰思想界对国际共产主义运动的认识。简言之，《星期评论》发表

---

① 《欢迎投稿》，《星期评论》第 1 号，1919 年 6 月 8 日。
② 季陶：《访孙先生的谈话——社会教育应该怎样做》，《星期评论》第 3 号，1919 年 6 月。
③ 《本社给李纯的信》，《星期评论》第 10 号，1919 年 8 月 10 日。
④ 季陶：《美国产业界的大恐慌》，《星期评论》第 21 号，1919 年 10 月 26 日。
⑤ 季陶：《上海的同盟罢工》，《星期评论》第 48 号，1920 年 5 月 1 日。

有关世界各国和国内工人运动的报道,有力鼓舞了国内民众,助推了马克思主义在上海乃至全国的传播。

此外,《星期评论》成员还积极参与共产党早期组织创建,为上海共产党早期组织输送人才。前面提及的俄共(布)远东局代表维经斯基初至上海与先进分子的座谈会,座谈对象当中的多数成员均为《星期评论》社成员。除陈独秀外,参加上海共产党早期组织的成员亦大多来自《星期评论》社,如沈玄庐、陈望道、邵力子、施存统、俞秀松等。不仅加入上海共产党早期组织,《星期评论》社成员沈玄庐与陈独秀重组了广州共产党早期组织;俞秀松担任了上海社会主义青年团书记;陈望道担任了中共上海地方委员会书记等,甚至吸引江浙等地不少学生慕名来上海《星期评论》社寻求指导,可见《星期评论》在培养人才方面所发挥的作用。据不完全统计,截至1920年6月6日被迫停刊为止,《星期评论》颇受进步青年欢迎,在一年内发表50余篇有关马克思主义文章,被称赞为“《星期评论》与《新青年》是五四时期最占势力的两份刊物”①。概而言之,《星期评论》组织翻译《共产党宣言》等马克思主义著作,助力了理论的文本宣传;帮助民众了解苏俄革命并态度坚决地指出其世界性特征,以诗歌的形式称颂苏俄,号召中国人学习俄文,研究俄国及其政策;宣扬劳工运动,反对基尔特社会主义等非马克思主义观点,拉开了共产主义者与基尔特社会主义者论战的帷幕;宣传了国际共产主义运动史,在传播新文化、普及马克思主义中发挥了积极作用。

其三,《建设》宣传马克思主义,意在为三民主义服务。由于孙中山在广州组织护法军政府未能得到人民支持后倍感失望,专门来到上海,潜心研究革命理论和建设新中国的方案,领导创办了中华革命党②的理论刊物《建设》,刊载孙中山实业建国方略及其有关中国革命的理论方针,“鼓吹建设之思潮,展明建设之原理”③,其中不乏蕴含孙中山建设思想的社会主义成分,介绍了以经济学说和唯物史观为主要内容的马克思主义。有学者统计,“《建设》刊载各类文章110余篇,其中宣传社会主义、马克思主义的文章有33篇,约占文章总数的30%”④,可见其所发挥的作用。

《建设》登载了戴季陶、胡汉民、林云陔、廖仲恺和朱执信等一批革命党人有

---

① 李立三:《党史报告》,《中共党史报告选编》,中共中央党校出版社1982年版,第209页。

② 中华革命党后来改组为中国国民党。

③ 孙文:《发刊词》,《建设》第1卷第1号,1919年8月。

④ 田子渝、蔡丽、徐方平、李良明:《马克思主义在中国初期传播史(1918—1922)》,学习出版社2012年版,第346页。

关社会主义和马克思主义的文章。譬如，戴季陶发表《从经济上观察中国的乱原》等文章，侧重从经济层面阐发社会现象和政治问题。胡汉民发表《中国哲学史之唯物的研究》等文章，研究唯物史观并将其运用至中国历史、伦理、道德等问题的解释，强调理论要贴近并关注社会生活，呼吁研究者加大对实际社会生活的关注，绝不能将学术研究视作"凭空天启的，或是无聊传说的"①。此外，《建设》还发表了林云陔有关阶级斗争和科学社会主义的论述性文章。诚然，戴季陶、胡汉民等并非从思想层面信仰马克思主义，而更多是将马克思主义体系加以割裂般的解释，从而为自己的论点以及理论系统的构建服务。正如胡汉民所言："想人人注意于社会生活一点，不要当学术思想是凭空天启的，或是无聊传说的，便是区区的志愿。"②从《建设》刊载的文章不难看出，孙中山等国民党左派思想在当时的动摇态度，以及国民党右派在中国革命高潮到来前的警惕态度，但客观上《建设》在对唯物史观等马克思主义基本原理的介绍中起到了积极作用。

值得说明的是，陈独秀等早期马克思主义者在"新青年社"基础上成立了马克思主义研究会，星期评论社、民国日报社等积极加入。研究会专门以学习研究马克思主义为主要内容，组织青年学生学习马克思、恩格斯的重要著作，宣传马克思主义唯物史观等内容，肩负"理论研究"③的重任，与北京、武汉、广州、济南等各地的马克思主义研究会遥相呼应，成为传播马克思主义的重要阵地之一。在此期间，毛泽东专门从北京抵沪，开展驱逐湖南军阀张敬尧的宣传，与陈独秀讨论了马克思主义经典著作的问题。此后，研究会成为上海共产党早期组织的"前身"，为全国性共产党组织的创建奠定了基础。俞秀松、施存统、沈玄庐等人在上海成立社会主义青年团，专门成立马克思学说研究社，"以研究马克思底学说"④为宗旨，团结和教育进步青年加强对马克思列宁主义的学习和宣传，动员青年积极参加革命斗争。

其四，上海《民国日报》及其副刊《觉悟》率先关注十月革命，介绍共产主义相关内容。创刊于1916年的上海《民国日报》亦关注宣传社会主义学说和马克思主义，宣传革命党人政治主张，成为国内最早报道十月革命的报纸。《民国日报》负责人邵力子不仅是国民党党员，亦加入了上海共产党早期组织，这一特殊的身份条件促成了《民国日报》为介绍十月革命、社会主义、马克思列宁主义理

---

① 胡汉民：《中国哲学史之唯物的研究》，《建设》第1卷第3号，1919年10月1日。
② 胡汉民：《中国哲学史之唯物的研究》，《建设》第1卷第3号，1919年10月1日。
③ 上海革命历史博物馆（筹）编：《上海革命史研究资料》，上海三联书店1991年版，第305页。
④ 《马克思学说研究社章程》，上海《民国日报》副刊《觉悟》"附录"，1921年4月13日。

论作出积极行动。1917 年 11 月，连续发表《突如其来之俄国之政变》、《俄国大政变之情形》、《俄国大政变之混乱》和《俄国大局之混乱》等文章，率先刊登了俄国十月革命情况，提及列宁的演说涉及俄国民治三大问题，并发表了孙中山的社论，表达其"吾人对于此近邻的大改革，不胜其希望也"①的态度。《民国日报》介绍欧美、日本等各国罢工状况，倡导中国工人运动，发表了《意工人之极端主张》、《最近日本罢工之内容》和《国际社会党新趋向》等文章，成为国内较早关注国际工人运动的报刊。国共合作后，国民党上海执行部以《民国日报》为主要阵地，积极开展革命宣传，关注上海等地工人受压迫的状况，揭露资本家剥削虐待工人的罪行，对工人罢工采取支持态度。应该说，《民国日报》作为资产阶级革命派的核心阵地，其在国内的进步形象助力了马克思主义更易被进步青年接受，同时其不遗余力的宣传使得马克思主义以崭新的救国学说进入国内民众的视线，影响了部分青年转向马克思主义立场，客观上带动更多早期马克思主义者的形成。此外，所刊发的世界工人运动和国内工人运动状况，为关注工人运动的国内知识分子提供相对丰富的资料，在舆论中对工人阶级给予的肯定，客观上有利于国内工人觉悟的提升以及工人运动的发展，为国民革命中国共合作局面的形成奠定了思想基础。

上海《民国日报》副刊《觉悟》在五四运动鼓舞下诞生，由初具共产主义思想的知识分子邵力子担任主编，李汉俊、陈望道等人参与了编辑工作。从 1919 年五四运动至 1925 年五卅运动期间，刊登有关共产主义运动的理论和实践文章，宣传社会主义学说以及马克思主义，介绍十月革命以及列宁的丰功伟业，为马克思列宁主义的传播作出积极贡献。邵力子担任主编期间，近千篇马克思主义政论性文章在《觉悟》发表，成为这段时期刊载马克思主义文章最多的报刊，以显著的篇幅优先刊载了陈独秀、恽代英、瞿秋白、邵力子、李达、李汉俊、陈望道、施存统等上海先进知识分子的文章。《觉悟》译载了部分马克思列宁主义原著，如施存统译的《见于〈共产党宣告〉中的唯物史观》、柯柏年译的《帝国主义》、张太雷译的《马克思政治学》、子敏译的《从战争到和平》等。邵力子亦发表了《提倡社会主义决不是好奇》、《马克思底思想》、《社会主义与公妻》等文章，在研究过程中亦发生思想的转变。受马克思主义的洗礼和激荡，主编邵力子的思想日渐转向了马克思主义，同时其他共产主义积极分子在其中做了大量争取工作，使得

---

① 《民国日报》1918 年 1 月 1 日。参见张杨、张建祥主编：《中国近代史》上册，陕西师范大学出版社 1987 年版，第 165 页。

《觉悟》亦参加了与无政府主义等思潮的论争,日渐成为上海共产党早期组织的重要宣传阵地。

《觉悟》初步运用马克思主义探索中国社会的基本问题,将苏俄作为实践马克思主义的示范并对其制度状况进行介绍,支持和声援了上海各式民众运动,配合《新青年》等期刊对反马克思主义思潮的批判。《觉悟》介绍了苏俄情况,译载了来自苏俄的《劳动法典》、《经济组织》等文章以及托尔斯泰、高尔基等人著的俄国进步文学作品;发表了纪念性文章和特刊,如《怎样纪念革命家》、《列宁底死》等纪念列宁的文章以及《马克思104周年纪念大会》、《北京马克思生日纪念会》等有关马克思的纪念性通讯;发行了《少年国际五周年纪念》、《李卜克内西纪念》等纪念性特刊。此外,在反映工人运动方面,《觉悟》发表文章声援上海工人罢工,出版"劳动节纪念特刊",发表李达撰写的《"五一"运动》为代表的纪念性文章,认为"'五一'运动的目标,不专在获得八小时工作的条件,乃在积极的努力准备奋斗的手段"[1],在指引工人运动方向、提升工人觉悟中发挥作用。总而言之,《觉悟》率先宣传马克思主义,关注工人运动等现实问题,虽其"兼容并包"的特征使其带有唯心主义和旧民主主义的色彩,但是其在马克思列宁主义的传播中的贡献是值得肯定的。

三、商业报刊、研究系报刊与马克思主义的介绍

商业性以及研究系立场报刊对社会主义、马克思主义的态度和认识不尽相同且前后发生明显的变化。但在对待马克思主义态度上,采取包容性态度发表介绍马克思主义和俄国十月革命的文章,在客观上助力了马克思主义的传播,扩大了马克思主义在上海的影响。下文仅以《东方杂志》作为商业类代表性报刊,以《时事新报》、《解放与改造》为研究系代表报刊,对其传播马克思主义的活动进行考察梳理,以此了解上海的商业性、研究系报刊传播马克思主义的相关状况。

第一,《东方杂志》为马克思主义传播搭建平台,推动知识分子对马克思主义认同。历史悠久、门类丰富的《东方杂志》由商务印书馆于1904年在上海创刊,所刊载文章大多倾向于改良立宪、爱国救亡、发展实业等主题,及时对当时社会的重要时事和新闻要事予以报道,率先介绍了列宁生平和苏俄情况,发表有关社会主义文章。譬如,发表钱智修的《社会主义与社会政策》,阐述有关社会主

---

[1]　江春:《"五一"运动》,上海《民国日报》副刊《觉悟》"劳动纪念号",1921年5月1日。

义观点，"近世社会主义之开山，咸推德人楷尔麦克其资本论所述"①。时人钱智修洞见了社会主义已盛行的态势，对之在中国传播蔓延表示惧怕，故而从经济学和社会学角度对之进行抨击，对社会主义持以反对态度。又如，刊物登载了早期传播者有关马克思列宁主义的译文，如恽代英以《英哲尔士论国家的起源》为名节译的恩格斯《家庭、私有制和国家的起源》，以及日本《东京日日新闻》转译的《述俄国过激派领袖李宁》，记载了列宁组织彼得堡工人阶级解放斗争协会及其领导俄国革命的英勇事迹；发表了沈雁冰翻译的《俄国人民及苏维埃政府》一文，介绍苏俄革命和无产阶级政权情况；发表了刘叔琴《唯物史观在历史哲学上的价值》，论析了马克思唯物史观与赫格尔哲学、福爱巴哈哲学的关系，认为马克思主义唯物史观探究的是"思想变化的原因"②。据不完全统计，1919—1921年，累计发表介绍马克思主义文章60余篇、介绍苏俄文章40余篇，其站在自身立场对马克思主义的介绍是丰富而多元的，为马克思主义的传播开拓了道路。简言之，《东方杂志》在马克思主义早期传播过程中发挥了自己应有的作用，推动了知识分子对马克思主义的接受与认同，加深了社会各界对苏俄革命建设及世界民族解放运动实况的了解。但是，其秉持和平改革的立场，主张以阶级调和的方式改造社会，进而达到国家富强与民族独立，对阶级斗争、暴力革命等持以否定态度，这种思想倾向对马克思主义扩散与传播则起到一定的阻碍作用。

　　第二，《时事新报》、《解放与改造》为代表的研究系期刊对马克思主义的一般性介绍。由《时事报》和《舆论日报》合并而来的《时事新报》担任了研究系在上海的机关报，在刊登马克思研究丛书广告时肯定马克思学说所占据的重要位置，提醒留意新思潮的知识分子群体予以关注和研究，"本社为此特地撰译各种研究马克思的重要著作译成丛书"③，表达其对马克思主义的态度，后于1918年创立了副刊《学灯》。主编张东荪于1919年9月起在《时事新报》开设了"社会主义研究"旬刊，为宣传基尔特社会主义服务，扩大了社会主义的影响。致力于宣传新思潮《时事新报》副刊《学灯》，在宣扬新文化新思想的同时，发表了研究社会主义和马克思主义的文章，与北京《晨报》一起派出驻苏俄记者，发回大量有关苏俄报道。以张东荪、余颂华等为代表的研究系发表诸多文章，宣传社会主义思想以及马克思主义，如《社会党泰斗马格斯 Marx 之学说》、《马克思的唯物

---

　　① 钱智修：《社会主义与社会政策》，《东方杂志》第8卷第6号，1910年8月19日。

　　② 刘叔琴：《唯物史观在历史哲学上的价值》，《东方杂志》第21卷第1号，1924年1月10日。

　　③ 参见吕延勤主编：《马克思主义在中国早期传播史料长编(1917—1927)》上卷，长江出版社2016年版，第240页。

史观》和《马克思剩余价值》等文章。此外，《学灯》还刊登了毛泽东《民众大联合》一文，所阐述的立场观点对马克思主义在上海传播产生积极作用；于1919年7月25—31日连续刊载了马克思《劳动与资本》等内容，从而看出《学灯》在介绍马克思主义方面所作出的尝试。

在社会改造的形势下，张东荪于1919年9月在北京主持创办《解放与改造》，旨在服务社会进行改良而输入新思潮、新文化，介绍社会主义思潮尤其是基尔特社会主义，意在实现"全体谐和的计划"①。同年12月，张东荪在《我们为甚么要讲社会主义》一文中解释"浑朴的社会主义"②的趋向，表征时人介绍社会主义的乱象。1920年5月，周佛海发表《社会主义的性质》，在文中区分了广义的社会主义与狭义的社会主义，阐释了社会主义的定义，认为社会主义要素包括"共有物质的生产机关"③等内容，帮助读者深化对社会主义的认识。

1920年9月，《解放与改造》迁移至上海并更名为《改造》，由梁启超、蒋百里等担任主编。自我标榜为社会主义性质的《改造》，发表介绍世界思潮的译述类文章，登载国内外重要问题，刊登宣传马克思主义以及介绍苏俄的文章，如《列宁与脱洛斯基之任务及其主义之实现》、《俄罗斯之新法令三种》、《俄罗斯苏维埃联邦共和国宪法》和《苏维埃俄罗斯之文化事业与教育》等，向国内民众介绍俄国情况，加深国人对苏俄革命建设的了解。《改造》杂志名义上标榜宣传社会主义，公开主张"竖起基尔特社会主义的旗帜"④，刊载宣传马克思主义与介绍苏俄的文章，但仅是将马克思主义作为一种新思潮加以一般性介绍，其实质的价值取向是资本主义，即在资本主义框架下，实现废除雇佣工资本制度与实行产业民主自治，与马克思科学社会主义有本质上区别。据共产国际代表马林回忆，研究系"鼓吹社会主义以争取中国青年的支持，但后来看到召集来的仅仅是改良主义者，他们便显示了真实意图，不主张社会主义，而是要资本主义。尽管如此，它仍希望以基尔特社会主义来吸引改良主义者们。"⑤值得强调的是，研究系对社会主义思想以及马克思主义的传播仅作为新思潮的一种加以一般性介绍，以

① 张东荪：《改造要全体谐和》，《解放与改造》第2卷第5号，1920年3月1日。
② 张东荪：《我们为甚么要讲社会主义》，《解放与改造》第1卷第7号，1919年12月1日。
③ 周佛海：《社会主义的性质》，《解放与改造》第2卷第10号，1920年5月15日。
④ 张东荪：《社会主义研究宣言》，《时事新报》副刊《社会主义研究》第1号，1921年9月16日。
⑤ 《中国现存政党情况（国民党除外）》，李玉贞编：《马林与第一次国共合作》，光明日报出版社1989年版，第50页。

实现宣传"世界之新潮流"①的责任，其致力于基尔特社会主义的立场则十分明确且坚定的。

除了上述期刊之外，上海《太平洋》等杂志积极投身马克思列宁主义介绍宣传的浪潮。例如，《太平洋》第 1 卷第 8 号发表《革命后之俄罗斯政变》，详细报道俄国临时政府到十月革命前的政变史，成为中国最早反映十月革命情况的期刊。1919 年 9 月，其第 1 卷第 12 号发表一湖的《社会主义论》，文章十分赞成主张改良性的社会主义，认为"如果物质的条件没有完备，即便发起革命也是无益的"②，认为近代社会主义分为空想社会主义、历史社会主义（即马克思的社会主义）、伦理社会主义并对之逐一展开比较论述，文章提及马克思的社会主义思想与空想社会主义思想为同一渊源，而马克思的见解更为彻底精透，大篇幅重点介绍了马克思主义唯物史观，阐明社会主义的客观必然性。《太平洋》第 2 卷第 8 号刊登《时代思潮的杂评》，评述社会主义思潮的民族性，明确提出社会主义并非适合中国，提出文化救国的方案，认为马克思主义唯物史观具有研究价值，应汲取其中思想精华。可见，《太平洋》对马克思主义的介绍仅作为一种思潮而进行，在理论普及层面发挥一定的作用。再如，报刊图书广告在宣传马克思列宁主义方面也发挥了作用。在上海，通过在报刊的文化广告中及时传递学会、社团、学校、报刊和出版社等信息，通过图书广告发布有关社会主义、马克思列宁主义相关书籍信息，记载上海共产党早期组织传播马克思主义的印迹。譬如，《新青年》自第 9 卷第 1 号起连续登载《共产党》月刊广告，在第 9 卷第 5 号"通告"中标明了人民出版社出版"马克思全书"、"列宁全书"等计划。《向导》专门发布广告宣传《列宁主义概论》，称赞书中文字言简意赅、道理通俗明了，读者阅读之后"对于世界共产主义之理论和实际才能有完全的概念"③。《时事新报》刊登了"最有进步的月刊《新青年》"的广告，归纳了《新青年》的特色，认为《新青年》用力花篇幅强调的问题成为社会的大问题，"马克思号"等内容颇为精彩，成为"本志力求进步的表示"④。很明显，上述例证说明了上海期刊广告在宣传马克思主义中所发挥的效用。

概括而言，上海的马克思主义传播群体利用丰富的期刊资源及其广泛的影响力对马克思主义加以介绍与宣传。于早期马克思主义者而言，将《新青年》作

① 《〈时事新报〉广告》，《改造》创刊号，1920 年 9 月 15 日。
② 一湖：《社会主义论》，《太平洋》第 1 卷第 12 号，1919 年 7 月 15 日。
③ 《列宁主义概论》广告，《向导》第 201 期，1927 年 7 月 18 日。
④ 《广告》，《时事新报》1920 年 3 月 15 日。

为上海共产党早期组织机关刊物,创办《共产党》月刊旗帜鲜明地宣传马克思主义,创办适合工人阶级阅读的通俗性刊物《劳动界》,为传播和普及理论创办了《先驱》半月刊等。传播过程中,积极以报纸杂志为载体,有效开展民众思想启蒙以及思想理论宣传,为扩大党的基础组织而凝聚了工农群众,为中国革命的发展添砖加瓦。然而北洋政府时期,即便在相对宽松的上海,社会主义、马克思主义等内容的传播还是引起统治者的查禁。譬如1920年,上海镇守以"鼓吹社会主义"为缘由查禁了《伙友》、《劳动界》和《平民报》等报刊;再如,1921年在上海法租界发行的《新安徽》也以"传播共产谬说"的理由被查禁。此外,针对未有能力创办许多对外宣传刊物的中共上海区委,则选择墙报作为对外宣传工具,墙报因其操作简单、组织简便的优势发展迅速并较易深入群众,取得良好效果,即"一方面向群众宣传,一方面吸收群众的革命分子加入我们的组织中"①。总之,近代报刊作为西学东渐和上海迈向现代化的产物,对于民智开启、思潮传播、政见发表等方面发挥重要作用,为社会改造提供了舆论支持,尤其为马克思主义在上海的传播提供了重要载体。

四、报纸杂志作为马克思主义在上海早期传播载体的表征

"载体"通常是指连接主体和客体之间的存在,被称为中介、媒介、桥梁等,而"思想载体"是载体中的特殊类型,故而在体现载体一般性的同时表征出其独特性。报纸杂志作为马克思主义在上海早期传播中的"思想载体",顺应了新文化运动的发展浪潮,构筑了公共舆论空间并为马克思主义传播整合了舆论场,助力作为西方先进文化的马克思主义得以在上海乃至中国思想界生根和发展,推动马克思主义从众多社会思潮中发展为主流社会思潮,使马克思主义成为变革中国社会的指导思想和理论武器,并成为现代中国社会中的客观存在和中国主流意识形态的理论源头。从报纸杂志的视域梳理马克思主义在上海早期传播的脉络,可见其作为"思想传播载体"大体呈现出以下主要特征:

其一是承载性。载体是当今人文社会科学运用比较普遍的范畴,尽管尚未有明确的界定,但在运用中亦出现了多样化、具体化的衍化态势,如思想载体、文化载体、学术载体等。所谓载体乃是事物发展中的联络、要素、环节,是一种具有

---

① 《上海区委宣传部关于墙报问题的通告(1925年11月26日)》,中央档案馆、上海市档案馆:《上海革命历史文件汇集:中共上海区委宣传组织部等文件(1925.8—1927.4)》,1986年4月,第81页。

特定意蕴的客观性存在,在事物的联系、发展中起着不可或缺的作用。"传播载体"具有载体的一般属性,能够承载主体的相关信息,尤其是对信息有吸收、储藏、保存等功能,并发挥着主体与客体沟通联络的作用。"思想载体"尽管有着思想性特色,但仍离不开一般载体所具有的承载性。故而,在马克思主义在上海早期传播过程中,报纸杂志承载着马克思主义基本概念、主要观点、基本原理及马克思主义在运用中的相关原则与要求。就上海而言,不同期刊的立场、宗旨、理想和愿景均有所不同,其对马克思主义理论宣介的侧重点则不同。自然,承载性在不同的报纸杂志中表现不同,承载力有强弱之差别,承载量也有大小之分,因而也就必须具体地联系某一特定的"传播载体"而加以分析。考察马克思主义传播过程中的相关"传播载体",其所具有的承载性特色乃是客观存在而不可否认的基本事实,正如日本学者石川祯浩所言,印刷传媒应被视作"承载新思潮的一定程度的物质条件即印刷传媒"①,而报纸杂志正是印刷传媒的重要组成部分,在马克思主义理论在上海的传播中居功至伟。

其二是思想性。在马克思主义早期传播中,报刊作为"传播载体"属于思想性载体,思想性乃是"传播载体"的根本属性所在。从学理上说,所谓传播载体的"思想性",就是传播载体以思想性的存在为价值目标,其中最为重要的就是传承载体的价值观。就此而言,思想只能依据思想性载体而存在,并随着载体的思想化进程而发展。就思想性"传播载体"而论,思想性乃是"传播载体"内在的基质和灵魂,亦即思想性是"传播载体"得以存立的依据所在。马克思主义是指导社会变革的世界观、价值观,只有在思想性"传播载体"中而存在并传播,并在中国革命的实践中而日益彰显其价值意蕴和思想底色:一方面在指导中国革命的实践中而不断地"中国化",另一方面又在中国革命实践中而出现"中国化理论成果",从而推进马克思主义在中国的发展。在这个过程中,实践乃是具有基础性的地位和根本性的作用,但"传播载体"也是不可或缺的关键要素,故而"传播载体"的思想性特征则十分突出。因此,认识"传播载体"的思想性意蕴,不仅有助于不断探索马克思主义传播的规律,而且也能够使这种规律在思想传播、思想发展及理论构建中发挥出一定的指导作用。

其三是选择性。马克思主义传播中的"传播载体"并不是包罗万象的杂合体,也不是多多益善的储藏间,只是对于与其意识形态相关的信息,进而在其所信奉的意识形态指导下,通过一定的路径而加以接纳和储存,这之中就表现出鲜

---

① [日]石川祯浩:《中国共产党成立史》,袁广泉译,中国社会科学出版社 2006 年版,第 4 页。

明的选择性意向。譬如,上海《共产党》月刊作为马克思主义传播中的重要载体,筛选了马克思主义主张加以宣传,对于非马克思主义采取批判的态度。换言之,唯有传播载体的选择性,才能不断清除各种非马克思主义的侵蚀,从而提升马克思主义的传播质量与效果。一般而言,马克思主义传播中"传播载体"的选择性自然有着一定的选择性标准,但根本上说乃是建立在对马克思主义的理解、认知和解读上,亦是以马克思主义学术研究为基础的,同时还伴随着与非马克思主义的论争。上海的马克思主义早期传播进程中,不同传播者因其政治背景不同,介绍了不同内容的马克思主义观点和思想,有选择性地吸收马克思主义观点和思想撰写文章在报刊发表,并借助报刊的传播将自己的主张、立场向外传达,以引起更多的认同。这里,传播载体不管其选择性形式、表现形态、选择性策略以及选择机制如何,选择性乃是客观存在的事实。

　　其四是沟通性。马克思主义在上海的民众认同和接受是基于中国实际而调整优化的传播过程。就传播体系的角度观之,传播主体和传播客体乃是通过传播载体而建立联系的,并形成"传播主体—传播载体—传播客体"的有机统一体,恰如"任何过程都由一系列的阶段或步骤组成的"①。故而,所谓"传播载体"不是孤立的社会存在,而是在社会关系体系中具有相互作用关系的社会存在体,因而有着沟通传播主体与传播客体之间关系的功能:一方面是将主体的意向传达给客体,另一方面又将客体的需求、愿望反馈给主体,从而建立相互间"输出—输入"的关系,借以保证主客关系的畅通。传播载体的沟通性表征着传播载体的能动性,说明传播载体能够能动地加诸传播客体以影响,同时亦能根据传播客体的状况而不断地再塑传播主体,使传播主体更加适合传播客体的需求。在这个过程中,无论是传播主体还是传播客体,皆在传播载体的影响下发生变化,从而使传播过程、传播机制、传播效果向着最优化方向发展。具体到马克思主义在上海早期传播而言,作为报纸、杂志等主流地位的传播载体,正是通过沟通作者和读者的关系,使得马克思主义传播者和马克思主义接受者发生重大的变化,一方面,马克思主义传播者在传播进程中提升了自身理论水平,部分进步人士成为坚定的马克思主义者;另一方面,马克思主义的接受者一方亦提升思想认识而转变成真正的马克思主义者,从而在社会变革中发挥越来越大的作用。具有代表性的事实有,《劳动界》等一批报刊设立与读者互动的栏目,及时收到

---

　　① ［美］梅尔文·德弗勒、埃弗雷特·丹尼斯:《大众传播通论》,颜建军、王怡红等译,华夏出版社1989年版,第6页。

进步青年的反馈回应,扩大了马克思主义的认同群体。《新青年》自创刊起便开设了"通信"专栏以及"读者论坛"栏目,便于读者与期刊的联系,并形成作者与读者、读者与读者的讨论空间。《向导》开辟了"读者之声"栏目,于1926年第161期发表读者海帆撰写的《介绍马克思主义著作之重要》,有效增强了马克思主义传播效果。由此看出,报刊作为传播载体在沟通传播主体和传播客体中所发挥的积极作用。

其五是稳定性。"传播载体"的稳定性决定其是否能在长时段发挥作用,影响着思想传播的效果。譬如,《新青年》作为马克思主义在上海传播过程中的重要载体,不仅存立时间长、辐射范围广,而且后期又创办了《新青年》季刊和《新青年》不定期刊,成为马克思主义传播中有巨大影响力的"传播载体",在中国马克思主义传播史上占有重要的地位。因此,"传播载体"的稳定性不仅有助于使传播主体和传播客体保持良性互动的关系,且有助于确保传播内容的体系性和整体性,因而有着比较稳定的读者群,其传播力度及影响力自然不断攀升。

"传播实践是个人的创造力与社会限制力之间相互作用的结果"①。五四时期的上海,各种流派庞杂的社会主义思潮纷至沓来,由此带来纷繁复杂的救国方案存在于不同的社团或组织之间,或存在同一社团或组织之中,因此这一时期所创办的刊物时常表征出"纷繁"的主义面向。时人在后来就此问题展开了回忆,阐发自身的印象,诚如邵力子直言"'五四'前后的马克思主义者是和无政府主义者在一起工作的,如《星期评论》既宣传马克思主义,也宣传无政府主义"②。因此,不同思想流派的交流碰撞乃是必然的存在,而进步社团通过辩论和论争则可以进一步发现真理、坚持真理、扩散真理,并经由思想的交锋和实践的比较之后,一大批立志改造中国的进步青年逐步确立社会主义信念和共产主义信仰。另外,报纸杂志在促进马克思主义传播的同时,对马克思主义传播者群体组织聚合和塑造影响产生了积极的作用。虽然此时报刊对马克思主义的传播虽未形成强大潮流,但是凝聚了一定的群众基础。尤其是上海共产党早期组织成立以后,早期马克思主义者以及共产党人将报刊作为传播马克思主义、宣传政治主张、争取进步民众以及传播马克思主义的重要载体,并充分发挥了报刊的聚合功能,实现对上海早期马克思主义者以及进步青年的塑造和凝聚。马克思主义在报刊的

---

① ［美］斯蒂芬·李特约翰、凯伦·福斯:《人类传播理论》,史安斌译,清华大学出版社2009年版,第39页。

② 中国社会科学院现代史研究室、中国革命博物馆党史研究室选编:《"一大"前后—中国共产党第一次代表大会前后资料选编》(二),人民出版社1980年版,第70页。

发行和流通,引起了上海民众对马克思主义的关注与讨论,增进了国人对这一异质思想文化的接受与认同。随着马克思主义传播日渐产生更广泛的社会影响,传播者更加注重马克思主义内容的选取与社会变革结合的现实化,而"这种认同以及革命形势的发展催生了马克思主义经典著作的出版"①,即更有计划、更大规模、更加系统的传播呼之欲出。

第二节　经典著作与马克思主义"系统化"传播

马克思主义在上海的早期传播进程中,经典著作的编译出版具有举足轻重的意义,其作为传播载体在马克思主义传播过程中发挥重要作用,帮助早期先进分子和进步青年系统学习研究马克思主义,亦提供了指导社会改造的知识体系,"带来了改造中国社会的新的思想滋养"②,作出了超越其他地区的独特贡献。学者田子渝认为:"马克思主义著述文本是马克思主义传播的最基础、最可靠的文化载体。"③在上海,先进的出版条件、宽松的社会环境、通畅的发行网络带来传媒活动的活跃,涌现出大量规模不同、定位不同的出版机构,产生了以福州路文化街区为代表的出版社和传播机构集合地,形成了相对成熟的阅读市场。据统计,"1922年上海地区的图书出版机构已超过160家,且知名出版机构的资本总额均在10万元以上,商务印书馆的资本超过了400万元。"④雄厚的出版条件推动了"以普通人为阅读主体的书籍生产空间"⑤的生成,而出版机构的书籍依靠其发达的网络迅速销行,思想也随之传播至四面八方。随着传播范围的日益广泛,知识分子、政治人物、社会团体、进步青年对马克思主义的认同逐渐增强,进步群体对马克思主义理论与现实意义的思考日益加深。一方面传播者需要借助出版等市场化手段,来传播他们对马克思主义的理解与认同,进而实现对中国

---

① 孙珊:《马克思主义在上海早期传播的历史考察及现实启示》,《思想理论教育》2021年第7期。

② 路宽:《清末民初社会主义畅销书与马克思主义在中国的早期传播》,《福建师范大学学报(哲学社会科学版)》2023年第4期。

③ 参见吕延勤主编:《马克思主义在中国早期传播史料长编(1917—1927)》上卷,长江出版社2016年版,第6页。

④ 上海通志编纂委员会编:《上海通志》第9册,上海人民出版社2005年版,第5904页。

⑤ 孟悦:《人·历史·家园:文化批评三调》,人民文学出版社2006年版,第112页。

经济、政治、文化、社会等问题的表达；另一方面，众多上海出版机构看到了社会阅读需求以及出版马克思主义书籍所蕴藏的市场价值，或为迎合市场的需求，或着眼于商业的考量，或为追求政治理想，或致力于文化的传播，纷纷开始出版马克思主义著作以占有更大的市场，马克思主义思想理论体系也因此走向民众、涌向读者。因此，作为出版重镇的上海，在先进的出版条件、发达的邮递行业、稳定的阅读群体等综合因素作用下，各种出版机构利用得天独厚的土壤，开始大量出版马克思主义著作，并以此为载体进行马克思主义的传播，并经由其强大的发行网络扩展到更为广阔的内地，带动更多各地进步青年经受马克思主义理论的洗礼，为马克思主义的系统化传播创造了条件。尽管出版的背后具有经济的、政治的、文化的、学术的等不同因素的影响，但是著作的出版发行无疑推动了马克思主义的传播，是马克思主义在上海传播的重要载体之一。

一、商业出版机构与马克思主义的传播

经典著作的出版机构是文本传播的重要主体，其价值立场和思想观念决定书籍出版方向。至 20 世纪初，随着商务印书馆等 300 多家出版机构和书店在上海的福州路聚集，有力推动了上海出版业的发展，并日益形成极富特色的上海文化街区，反映出文化繁荣的生动景象。从 1920 年代初开始，商务印书馆、中华书局等机构已开始出版马克思主义著作，并且随着读者需求的增大，马克思主义著作的出版内容不断丰富、出版数量日益增加。出版机构将马克思主义著作通过自身的发行网络传送到读者手中，推动了马克思主义的传播；同时，随着马克思主义真理被越来越多民众知晓和认同，又增加了出版社对马克思主义著作的出版数量。此外，上海发达的邮递条件，为马克思主义著作在上海以外地区的销行提供了可能，马克思主义也由此辐射到更为广阔的内地。

商务印书馆因其规模庞大、印刷技术齐全、发行网络健全等因素，是较早出版马克思主义图书的出版社之一，成为当时上海乃至全国出版业的领头羊。新文化运动席卷而来初期，商务印书馆一度曾保持置身事外的态度，与当时报刊书籍热烈讨论的气势格格不入，其也因此受到时人的猛烈批评。为此，张元济拜访陈独秀、胡适等人后着手对商务印书馆改革，重获了读者认可。1920 年 9 月，商务印书馆就共学社拟出版马克思研究丛书一事发布预告，鉴于马克思主义在近时思想界占据重要位置，故而"凡是留心世界思潮的人都该研究得"①。考虑到

---

① 陈溥贤：《马克思经济学说》，商务印书馆 1920 年版，版权页。

国内马克思主义书籍普遍较少的实际情形,商务印书馆为此拟加大出版,满足读者市场的需求。1922年6月出版了英国拉尔金著、李凤婷译的《马克斯派的社会主义》中译本,书中介绍了马克思主义经典作家代表以及唯物史观、剩余价值、新马克思派及其近来的发展等内容。同年10月,商务印书馆出版《价值价格与利润》一书,翻译者李季建议研究马克思学说以此书为起点,"颇可以略窥它的经济学的几个最重要的观念"①,并在版权页注明总发行所地址,以便读者前去购买。同年11月,商务印书馆出版论伊黎著、黄尊三译的《近世社会主义论》,剖析了社会主义本质,阐述了法兰西社会主义、日耳曼社会主义以及基督教社会主义,可谓"详细论述,比较精研"②,且商务印书馆后于1924年以"世界丛书"名义再版了此书,可见其受欢迎的程度。与此同时,还出版了美国哥伦比亚大学经济学教授塞利格曼著、陈石孚译的《经济史观》,从经济史观的历史与批评两方面论述了马克思主义唯物史观,对早期先进分子产生深刻影响。1923年2月,出版了共学社组织的"社会丛书"之Bruce Glasier著、刘建阳译的《社会主义之意义》,将欢迎社会主义者归纳为两派,一派相信社会主义是社会哲学,是社会进化继资本主义而起的要道;另一派是感到痛苦,或鸣发不平、或图利益、或为己侥幸免难,在此基础上认为前派是真正社会主义者的必由之路,希望社会主义之实现是出自全民底觉悟,而不是出自少数先知者底强制;希望"社会主义之实现是出自全民底觉悟,而不是出自少数先知者底强制;是出自全民内部发出的要求,而不是出自社会外部颁布的恩典,是出于社会进化自然的产物,而不是矫揉造作格格不入的。"③以上例证表明,商务印书馆所出版的一批书籍对于读者厘清认识、学习研究有关社会主义、马克思主义内容发挥了重要作用。

为了帮助读者用马克思主义眼光认识和理解中国社会,努力推进中国思想文化发展,商务印书馆出版了周佛海译的《马克思经济学原理》,施存统译的《马克思学说概要》、《基尔特的国家》、《基尔特社会主义》等书籍,并将所出版的有关马克思主义图书分为经济类图书和社会问题类图书。应该说,商务印书馆出版的图书多属于基础理论性读物,大多偏向对马克思主义等内容的介绍与陈述,用理论分析社会现实问题类书籍则非常罕见,由此看出其对政治所保持的中立

---

① 马克斯:《价值价格及利润》,李季译,商务印书馆1924年版,第2页。

② 参见吕延勤主编:《马克思主义在中国早期传播史料长编(1917—1927)》中卷,长江出版社2016年版,第258页。

③ 参见吕延勤主编:《马克思主义在中国早期传播史料长编(1917—1927)》中卷,长江出版社2016年版,第344页。

态度。较大的印务规模使得商务印书馆成为上海最早的产业工人集聚地之一，商务印书馆职工从五卅运动到上海工人三次武装起义，均担当了队伍中"觉悟高、文化素质好、组织纪律性强"的中坚力量。商务印书馆出版的《小说月报》主编沈雁冰，参加了上海共产党早期组织，成为中共最早党员之一和商务印书馆第一位党员。后来成为党和国家领导人的陈云在1919年来到商务印书馆工作，并于1925年组织参与了五卅运动，被推举为罢工临时委员会委员长，积极投身上海工人运动的历练。由此可见，商务印书馆虽为商业机构，但刻有浓烈且深刻的红色印记，在马克思主义在上海的传播中贡献了力量。

据不完全统计，1919年至1922年间，商务印书馆出版了20余种有关马克思主义书籍，大致分为以下三类：一是马克思主义经典著作，如李季翻译、陶孟和校对的《价值价格及利润》等；二是马克思主义诠释类书籍，如陈溥贤翻译的《马克斯经济学说》等；三是早期马克思主义者撰写的介绍类著作，如瞿秋白的《新俄国游记》等。虽然与同期商务印书馆出版总量相比，这些书籍和文章仅占极小的比例，但却是上海同期出版此类书籍最多的出版机构。此外，商务印书馆的发行网络较为成熟，除在上海拥有固定的发行所，还陆续在汉口、北京等地设立分馆或分支机构，并且开通邮递购书服务，专门制定《商务印书馆邮票购书章程》，为购书者提供较为详细的指导，以便于读者购书，并且"商务印书馆的邮售措施就已经相当完善"[1]，便捷的邮递条件使得马克思主义著作实现传播地域上的转移，延伸了马克思主义著作的传播触角。

除了具有代表性的商务印书馆外，上海广智书局、中华书局等出版机构所出版的马克思主义书籍提升了马克思主义的影响。上海广智书局先后出版几百种介绍新思想、新学术的书籍，在近代西学东渐史上具有重要地位。早在1902年4月，上海广智书局出版了系统介绍马克思主义的第一本中文译著，即日本寸井知至著、罗大维译的《社会主义》。随后于1903年出版了日本福井准造著、赵必振译的《近世社会主义》和日本西川光次郎著、周百高译的《社会党》，将马克思主义与虚无主义、基督教社会主义并称为欧洲社会主义三大流派。1921年5月，中华书局以新文化丛书名义出版了荷兰人郭泰著、李达译的《唯物史观解说》，细致阐述了唯物史观的内涵，剖析了社会主义必然实现的根源，文末还附有《马克思唯物史观要旨》，曾连续重印了14版，可见其受到民众欢迎的程度，在中华书局所出版的马克思主义著作中具有明显的代表性。1920年8月，上海

---

[1] 商务印书馆：《图书汇报》第27期，1913年9月。

群益书社出版了恩格斯著、郑次川翻译的《科学的社会主义》中译本,书中介绍了唯物史观与社会主义的关系、资本主义的生产关系及社会制度、生产力发展与阶级的关系等,阐述了"唯物史观的出发点与近世社会主义之根据、胚胎于资本主义的生产法之社会制度、贫富之消长、因于生产发展而阶级制度之废灭、平民运动之理论"[①]等内容,在广告中号召民众不仅要读马克思的书,还要读恩格斯的书,其实"马克思和恩格尔的著作,系相辅而行的"[②]。

概括地说,以上海商务印书馆、中华书局为代表的商业出版机构在包括马克思主义在内的新文化传播中发挥了重要作用,所出版的马克思主义相关图书多以兼顾文化传播和商业利益为目的,基本对政治保持中立态度以免卷入政治纷争。商业出版机构看到了五四运动带来的市场潜力,以出版行业的动员组织和文化生产方式,它们出版的通俗类读物均获得了良好的市场反响,收获了不凡的经济效益。众多图书的再版发行,显现了马克思主义受到欢迎的同时,一定程度上推动了马克思主义的传播进程。尽管部分以马克思主义之名出版的图书并非属于真正马克思主义,但是其对马克思主义知晓率的提升、马克思主义传播以及现代性与革命性的结合等方面亦作出了积极贡献。

二、上海共产党早期组织出版马克思主义著作

上海早期马克思主义者对马克思主义的了解和接受,始于对马克思主义经典著作的阅读。随着马克思主义传播的日渐成熟,大众对理论的兴趣愈发高涨,对阅读和了解马克思主义著作的需求日益提升,激发了民众"直接了解马克思著作的渴望"[③]。上海共产党早期组织一经成立,便开始启动马克思主义著作出版工作,以积极扩大宣传范围,增强宣传力量,为理论传播提供支持。利用上海的出版条件,先后成立又新印刷所、新青年社、人民出版社、上海书店、华兴书局等多家出版印刷机构。譬如,人民出版社组织出版马克思全书,上海书店出版陈望道翻译的《共产党宣言》等,华兴书局出版华岗翻译的《共产党宣言》等,承担马克思主义书籍的出版发行任务,甚至担任革命活动的联络机关,具有一定的针

---

① 参见吕延勤主编:《马克思主义在中国早期传播史料长编(1917—1927)》上卷,长江出版社 2016 年版,第 367 页。

② 《封底广告》,《社会改造原理》,1920 年 8 月。参见吕延勤主编:《马克思主义在中国早期传播史料长编(1917—1927)》上卷,长江出版社 2016 年版,第 368 页。

③ [美]阿里夫·德里克:《革命与历史:中国马克思主义历史学的起源(1919—1937)》,翁贺凯译,江苏人民出版社 2019 年版,第 39 页。

对性和革命性。

首先，又新印刷所等机构与马克思主义书籍的零星发行。上海又新印刷所由于承印了第一本《共产党宣言》的中译本被载入传播史册。为了出版革命书籍，上海共产党早期组织以"社会主义研究社"名义，于 1920 年 6 月在上海的辣斐德路成裕里 12 号建立了又新印刷所，意即"日日新又日新"，组织出版有关马克思主义著作。在特殊的革命条件下，又新印刷所乃是秘密建立，其社址和成员在当时均未公开。又新印刷所一经成立，就印刷了陈望道翻译的《共产党宣言》中文全译本，出版 1000 册迅速售罄，后加印 1000 册依旧销售一空，可见《共产党宣言》在当时受欢迎的程度。毛泽东在一次回忆中表示，他正是通过阅读《共产党宣言》而成为马克思主义者的，且阅读不少于百遍，"遇到问题，我就翻阅《共产党宣言》"[1]。此外，又新印刷所还承担《马克思资本论入门》等书籍的印刷任务，在出版层面为马克思主义传播作出支持。

位于上海法租界、由陈独秀负责的新青年社是中国共产党创建时期在上海建立的第一个公开出版发行机构，在宣传马克思主义、传播列宁东方革命理论、启发社会公众意识、指导工人运动等方面作出积极贡献。《新青年》宣布"本志自八卷一号起，由编辑部同人自行组织新青年社"[2]。组建后的新青年社出版了"新青年"丛书，如《社会主义史》、《阶级争斗》、《共产主义 ABC》和《劳动运动史》等书籍，受到进步青年欢迎并产生很大影响。其中，李季翻译了累计 22 万字的《社会主义史》，全面介绍法国社会主义、英国社会主义、俄国革命、无政府主义、工团主义和社会主义通论，在译者序中强调此书"对于各国蓬蓬勃勃的社会主义运动，当能'了如指掌'"[3]。在报刊方面，新青年社还出版了《劳动界》、《上海伙友》等，亦在马克思主义传播进程中作出积极努力。

随着革命洪流的日益高涨，印刷文件和书刊的需求愈发加大。1925 年 6月，为了满足印刷党的宣传材料的需求，中共在上海筹办第一个秘密印刷厂，对外以"国华印刷所"和"崇文堂印务局"为名。印刷所承印了《向导》、《中国青年》以及上海书店发行的部分马克思列宁主义书籍。同年 9 月，交通员在送党内文件清样至上级组织校阅的途中遭巡捕搜身，慌乱中丢弃了校样，倪忧天等人估计印刷所有被查抄的危险，即停止工作并撤离。虽然印刷所运行的时间短暂，

① 陈晋：《毛泽东读书笔记解析》，广东人民出版社 1996 年版，第 243 页。

② 《本志特别启事》，《新青年》第 8 卷第 1 号封底，1920 年 9 月 1 日。

③ 李季：《社会主义史》译序，1920 年 7 月 1 日。参见吕延勤主编：《马克思主义在中国早期传播史料长编(1917—1927)》上卷，长江出版社 2016 年版，第 401 页。

但《共产党宣言》等译本的发行，为进一步传播马克思列宁主义奠定基础，为批判反马克思主义的思潮提供思想武器。此外，在印刷厂工作的工人具有一定的文化基础，较易接受马克思主义和党的教育，因此"同时又是革命事业的传播者、宣传者"①，在马克思主义传播中发挥了双重作用。除了以上印刷机构，上海的中兴印刷所、会文堂印刷局等，虽存在时间不长，亦在艰难条件下承担了宣传刊物的印刷工作，为中国共产党在上海开展独立的宣传奠定基础。

其次，人民出版社与马克思主义著作的出版。为了宣传马克思主义和党的主张，中国共产党一经成立后便着手有计划地翻译和出版马克思主义经典著作。基于特殊的条件，中共选取了李达的上海寓所作为人民出版社地址，对外则用"广州人民出版社"之名以自我保护，由李达担任社长并负责编辑、校对、印刷、发行等具体工作。由于新学说新主义的日益盛行且研究的人日渐增多，人民出版社成立之时便向社会通告了办社宗旨："特刊行各种重要书籍，以资同志诸君之研究"②。人民出版社成立之后，提出"出版'马克思全书'15 种的重大构想，并开始有计划地印发马克思主义著作，出版理论书籍"③的计划，为理论传播提供文本，进而满足革命和社会的理论需求。李达作为负责人以其更加广阔的理论视野拟订了更为丰富的出版计划，在此基础上增加了"列宁全书"14 种、"康民尼斯特丛书（共产主义丛书）"11 种等，开创了以丛书方式在上海出版发行马列主义经典著作的做法。

人民出版社出版有关马克思、恩格斯、列宁的一批著作推动了马克思列宁主义在上海的文本传播，为思想界以及进步人士关注学习马克思主义提供了便利，包括《劳农会之建设》、《共产党底计划》、《列宁传》、《劳动运动史》、《两个工人谈话》和《俄国革命纪实》等重要著作。1922 年 5 月，出版并赠阅 2 万本《马克思纪念册》④，在纪念册登载的《马克思学说》一文中，介绍了唯物史观和剩余价值等内容。李汉俊翻译的《马格斯资本论入门》于 1922 年 9 月在人民出版社翻印出版，内容涵盖商品的价值、劳动时间、物价、利润是如何生成等，对于《资本论》的宣传与普及产生积极作用。他在序言中介绍了《资本论》对于了解马克思主

---

① 毛齐华：《峥嵘岁月——回忆上海印刷职工斗争历史》，上海市新四军历史研究会印刷印钞组编：《印刷职工运动资料》第 1 辑，《印刷职工运动资料》1984 年版，第 55 页。

② 《人民出版社通告》，《新青年》第 9 卷第 5 号，1921 年 9 月 1 日。

③ 中国社会科学院现代史研究室、中国革命博物馆党史研究室选编：《"一大"前后——中国共产党第一次代表大会前后资料选编》（三），人民出版社 1984 年版，第 161 页。

④ 上海市档案馆馆藏：《马克思纪念册》，馆藏号：D4-0-944，1922 年。

义的重要性,解释了翻译此书的原因,强调因《资本论》内容过于复杂,需提前阅读解释性著作,且这些解释性著作也并非"没有普通经济学知识者以及青年学生所能容易了解"①。据董必武回忆:"各种主义在头脑里打仗,李汉俊来了……说要搞俄国的马克思主义,介绍《马克思主义入门》,看政治经济学入门"②,此处提及的书籍便为《资本论入门》。《两个工人谈话》亦在人民出版社出版发行,其作为共产国际驻华代表开展马克思主义传播的重要代表作,是向工农大众进行宣传的通俗读本,以记载老工人与年轻工人的对话的形式向工人群众进行革命宣传。文中用通俗易懂的语言阐发了资本家剥削工人的状况,并指出工人阶级创造社会财富的真相。应该说,人民出版社全流程负责书籍的编辑、翻译、出版和发行,在马克思主义的系统性宣传中发挥了重要作用。

最后,成立上海书店并使之作为出版发行马克思主义著作的集散地。上海书店自成立伊始便担任中共最早的总发行机构,公开发布其在中国文化运动中担当组织人的愿景,"设法搜求全国出版界关于这个运动的各种出版物,以最廉价格供献于读者之前"③,并且保证不以追求利润为目标,而用最低廉的价格服务每一位读者,可见上海书店在初创之时的责任与担当。上海书店代售了上海民智书局、商务印书馆、亚东印书馆等印行的图书,且鉴于特殊条件"秘密出版经销马克思主义著作和中国共产党宣传刊物"④。基于方便流通等因素的考量,上海书店在多处设立了分销处,并在巴黎、香港、长沙、南昌等地成立代销点,形成独具特色的传播马克思主义的书刊发行网络。出版发行了马克思主义相关书籍,包括《世界劳工运动史》、《反帝国主义运动》以及瞿秋白编的《社会科学讲义》等,帮助新青年社销行存量书籍,强化了早期共产党人的宣传工作,扩大了党的影响力和号召力。

除了印刷发行《新青年》、《向导》等期刊,上海书店还销行了陈望道译的《共产党宣言》,瞿秋白著的《社会科学讲义》和《社会科学概论》,恽代英、蔡和森著的《反基督教运动》,施存统译的《资本制度浅说》等书籍。由于陈望道翻译的《共产党宣言》在当时颇受欢迎,上海书店先后以陈晓风等名义出版多种版本以

---

① ［德］马尔西:《马格斯资本论入门》,李汉俊译,新文化书社1920年版,第2页。
② 《董必武谈中国共产党第一次全国代表大会和湖北共产主义小组》(1971年8月4日),中国社会科学院现代史研究室、中国革命博物馆党史研究室选编:《"一大"前后—中国共产党第一次代表大会前后资料选编》(二),人民出版社1980年版,第369—370页。
③ 《上海书店广告》,《新青年》季刊第2期,1923年12月20日。
④ 张静庐:《中国现代出版史料(甲编)》,中华书局1954年版,第62页。

满足读者之需求。1924年3月,出版发行了印有马克思、列宁、卢森堡、李卜克内西等人照片的明信片,加强对有关共产主义运动代表人物的形象宣传。由于发展态势迅速,于1925年出版列宁著的《帝国主义浅说》中译本等书籍,以"向导丛书"①和"中国青年社丛书"②名义,出版马克思主义书籍10种。其中,《将来之妇女》论述了妇女与社会主义的关系,重点讨论了"社会主义之下妇女要做甚么工作、妇女在家庭和社会中间将站在甚么地位"③等问题,为引领妇女投身解放发挥了作用。而《马克思主义浅说》小册子简明扼要地讨论了资本、阶级和帝国主义等问题,"在九个月的时间里印行了八版,许多青年读者群里几乎人手一份"④,受到读者的欢迎。此外,出版了刘宜之著的《唯物史观浅释》,杨明斋著的《评中西文化观》,瑞典的爱伦凯著、沈泽民译的《恋爱与道德》,卓恺泽编、恽代英修改的《青年平民读本》以及恽代英编著的《反帝国主义运动》等新书。同年,李春蕃将其参照三个英文译本翻译的马克思著作《哥达纲领批判》书稿连同印刷费用寄至上海书店,书店以"解放丛书社"的名义出版发行,吸引一批读者。后于1926年,出版了《中国共产党五年来之政治主张》、《新社会观》和《共产主义的ABC问题及附注》等书籍。上海书店出版发行马克思主义书籍时期,正值五卅运动爆发、北伐战争席卷长江中下游、上海群众运动的高涨时期。应该说,一大批马克思主义书籍的出版发行,有效增进马克思主义的影响力,引领了上海新书业的发展,对于马克思主义宣传以及革命运动推动具有积极作用,为系统化传播马克思主义创建有利条件,推动了马克思主义传播的进程。

伴随着上海书店的影响力与日俱增,爱国进步青年在先进理论的指引下,在革命道路上接踵而至。然而,较强的感召力和影响力引起了军阀的恐慌,上海书店于1926年2月被上海淞沪警厅查封,《中国青年》对查封一事专门予以报道,"直系军阀孙传芳以'煽动工团,妨害治安'的罪名加之本刊,因而封闭受本刊委托代收发行兼编辑通信的上海书店"⑤,并认为军阀的打击摧残正是反映出革命运动的进展态势,并坚定高呼革命势力是无法摧毁的。继上海书店被国民党当

---

① "向导丛书"包括:《不平等条约》、《论北伐》、《中国关税问题》、《反戴季陶的国民革命观》。

② "中国青年社丛书"包括:《将来之妇女》、《唯物史观》、《马克思主义浅说》、《关税问题与特别会议》、《显微镜下的醒狮派》、《青年工人问题》。

③ 参见吕延勤主编:《马克思主义在中国早期传播史料长编(1917—1927)》下卷,长江出版社2016年版,第245页。

④ 曹子庭:《上海书店——党的早期出版发行机构》,陆坚心、完颜绍主编:《20世纪上海文史资料文库》第6辑,上海书店出版社1999年版,第263—264页。

⑤ 《告爱护中国青年诸君》,《中国青年》第115期,1926年2月7日。

局查封后,在上海宝山路开设宝山书店,并于同年 11 月在武汉设立长江书店,表明继承上海书店营业的态度,从上海运送书刊前去出售,以满足革命形势发展以及对书籍的需求。同时,华兴书局在上海的成立为宣传马克思主义和革命理论增添了平台,出版了包括《共产党宣言》、《1905 至 1907 年俄国革命史》在内的马克思列宁主义经典著作和介绍苏俄革命的书籍,还包括《满洲的农民经济》、《江苏的农民经济》等应用马克思主义理论方法分析中国社会经济问题的书籍,并通过众多的私营书店、书摊等途径向社会发行,使更多读者接触、了解到马克思主义,助力马克思主义的深入传播。

革命形势的迅猛发展在客观上推动对理论的渴求。迫于上海书店被关闭的情况,《新青年》、《向导》和《中国青年》于 1927 年 3 月联名成立了上海总发行所,随后由于革命态势发展正式更名为上海长江书店,为革命实践供给理论营养,并在上海《民国日报》刊载《上海长江书店启事》,强调了理论指导对于革命行动的重要性,表达了在革命语境下创办书店的意图,在于"没有革命的理论,便不能有革命的行动。本店愿意于这革命高潮中,供给民众以研究高深革命理论的材料。"①然而,由于四一二政变影响,上海长江书店刚一开业即被关闭,给马克思主义的传播带来损失。纵然如此,书店在较短的时间内,在马克思主义知识普及、中国共产党理论宣传等方面亦产生积极作用。

三、社会政治动员中的宣传册和传单

宣传册和传单因其短小精悍、方便携带等特征成为上海开展马克思列宁主义宣传活动的经常性载体,可谓"负使命而生",在政治动员、宣传教育、配合斗争等诸多方面发挥明显的功用。在上海,早期共产党人重视理论宣传,为了更好地提升理论宣传的成效,提出以更加丰富的方式促进理论在民众中的扩散与渗透,如通过言简意赅的小册子、通俗易懂的歌曲等形式促进民众对马克思主义以及革命主张的知晓,乃作为"文字上的宣传和鼓励的根本职任"②。譬如,1920年上海共产党早期组织印发了《俄国无产阶级的十月革命》小册子,热情歌颂十月革命,"敬祝世界无产者十月大革命旭日之光万岁"③,在上海乃至全国产生了

---

① 《上海长江书店启事》,上海《民国日报》,1927 年 3 月 31 日。

② 《宣传问题议决案》,中央档案馆编:《中共中央文件选集(1921—1925)》第 1 册,中共中央党校出版社 1982 年版,第 412 页。

③ 《俄国无产阶级的十月革命》,上海中共一大会址纪念馆藏。参见吕延勤主编:《马克思主义在中国早期传播史料长编(1917—1927)》上卷,长江出版社 2016 年版,第 508 页。

热烈影响。1924 年上海地委特地邀请了"存统、章龙、仁静、泽民等撰文"①，编辑制作了"二七"纪念册。1925 年，近百页的《资本制度浅说》小册子在上海书店出版发行，涵盖了资本主义生产、社会的生产和个人的所有的矛盾、生活的改造、社会的改造、斗争的生活等，简明扼要地叙述了资本制度的由来、本质、矛盾和趋势，作者施存统对小册子的出版寄予了厚望，"这本小册子出版以后，一定要受许多被压迫的人们底欢迎"②。1926 年中共中央在总结工作经验基础上发行了《我们今后应当怎样工作》小册子，就建立巩固群众联合战线等问题提出要求，须"在宣传上及活动上极力矫正过去的错误如左各项"③。此外，上海大学发布的《反对西山会议》、《反对日本出兵满洲》、《二七流血纪念》、《智识分子的救国论》和《谁是上海的敌人》等小册子，在宣传革命道理中发挥了重要作用，而诸如《我们的出路》、《共产党与被压迫的民众》等小册子则在民众中发挥了"普通鼓动"④的作用。

为了激发民众政治觉悟，鼓动民众革命热情，中共中央、中共上海区委利用散发宣传小册子表达自身立场，宣传党的主张，向民众宣传马克思主义的反抗理念与方法。譬如，在 1922 年 1 月 15 日李卜克内西的纪念活动中，中央局专门出版了《李卜克内西纪念》小册子⑤。又如，1926 年散发了《敬告上海市民》、《上海市民的出路》两本小册子，分别发放了"5 万份和 10 万份"⑥，可见其发行量之大、宣传面之广。在同年 7 月发布的《敬告上海市民》小册子中，描述了上海市民日渐陷入无以为生的地位，揭露其根本原因在于帝国主义及封建军阀的压迫，并指出"唯一的生路只有是奋斗"的方向，并希望"最大多数的上海市民团结奋

---

① 《上海地委兼区委特别会会议记录——关于"二七"纪念活动（1924 年 1 月 24 日下午 7 时）》，中央档案馆、上海市档案馆：《上海革命历史文件汇集：上海区委会议记录（1923.7—1926.3）》，1989 年 10 月，第 79 页。

② 施存统：《资本制度浅说》序，1923 年 11 月 7 日。参见吕延勤主编：《马克思主义在中国早期传播史料长编（1917—1927）》下卷，长江出版社 2016 年版，第 39 页。

③ 《介绍每个同志必读的小册子——〈我们今后应当怎样工作〉（1926 年 4 月）》，中央档案馆编：《中共中央文件选集（1926）》第 2 册，中共中央党校出版社 1989 年版，第 11 页。

④ 《上海区委宣传部关于沪区宣传工作的报告（1926 年 9 月）》，中央档案馆、上海市档案馆：《上海革命历史文件汇集：中共上海区委宣传组织部等文件（1925.8—1927.4）》，1986 年 4 月，第 439 页。

⑤ 此处小册子为人民出版社 1922 年 1 月出版的《李卜克内西纪念》，参见吕延勤主编：《马克思主义在中国早期传播史料长编（1917—1927）》中卷，长江出版社 2016 年版，第 143 页。

⑥ 《上海区委关于散发宣传小册子情况的总结（1926 年 10 月 25 日）》，中央档案馆、上海市档案馆：《上海革命历史文件汇集：中共上海区委文件（1925—1926）》，1986 年 4 月，第 445 页。

斗以自救"①的方式，以"鼓动上海市民对于政治的觉悟"②之目的，小册子还就发散方法、发散时间、发散对象等内容进行细致说明，发挥了指导作用。而后在同年9月散发的《上海市民的出路》小册子中，补充阐发了上海市民团结反抗的方法，认为团结的方法有三个方面："一是组织职业的团体；二是区域的联合；三是加入革命的政党，更详细的介绍c.p.于上海市民。"③小册子短小精悍易携带，作为宣传革命道理的重要载体，产生了一定的社会反响，被上海市民肯定："这本小册子说的真不差"，"照这样我们可以减少负担了，但如何办得到呢？"④不可否认的是，小册子在内容及技术上亦存在一定的缺点，如"在文字上未能充分通俗化，未将市民痛苦的情感表达到位；散发时间较长而准备时间较为仓促；小册子封面缺少解释主义的简单标语等。"⑤总之，15万份的小册子在上海市民中产生极大影响，为斗争动员了更多力量。此外，还印发传单向普通民众宣传马克思主义，呼吁号召民众凝聚革命洪流。1922年1月底，上海共产党早期组织在"新世界"开展革命宣传活动，散发了8万份传单，其内容细致丰富，"一种是新年贺卡，一面印有老套的贺词，一面印有告工人书；另一种是唤发民族感情，号召为建立统一的中国而与苏联携手战斗的呼吁书"⑥，收到良好的宣传效果。

综上所述，从对马克思主义的零星介绍，到印刷马克思主义宣传小册，再到出版马克思主义经典著作以及运用马克思主义理论方法来分析解释中国社会经济、政治等现实问题的书籍，有力促进了民众对马克思主义的了解，为马克思主义实现更广泛的传播创造了条件，且此中涵盖的一系列变化与发展背后蕴含着复杂的社会现实问题。书籍文本是马克思主义传播中最基础的文化载体，由于

---

① 《上海区委关于散发宣传小册子情况的总结（1926年10月25日）》，中央档案馆、上海市档案馆：《上海革命历史文件汇集：中共上海区委文件（1925—1926）》，1986年4月，第444页。

② 《上海区委组织部特别训令——关于分配与散发〈敬告上海市民〉小册子问题（1926年7月23日）》，中央档案馆、上海市档案馆：《上海革命历史文件汇集：中共上海区委宣传部组织部等文件（1925.8—1927.4）》，1986年4月，第313页。

③ 《上海区委关于散发宣传小册子情况的总结（1926年10月25日）》，中央档案馆、上海市档案馆：《上海革命历史文件汇集：中共上海区委文件（1925—1926）》，1986年4月，第444—445页。

④ 《上海区委关于散发宣传小册子情况的总结（1926年10月25日）》，中央档案馆、上海市档案馆：《上海革命历史文件汇集：中共上海区委文件（1925—1926）》，1986年4月，第448页。

⑤ 《上海区委关于散发宣传小册子情况的总结（1926年10月25日）》，中央档案馆、上海市档案馆：《上海革命历史文件汇集：中共上海区委文件（1925—1926）》，1986年4月，第449页。

⑥ 中共中央党史研究室第一研究部：《联共（布）、共产国际与中国国民革命运动（1920—1925）》第1卷，北京图书馆出版社1997年版，第90页。

不同时期面临着不同历史任务,不同先进知识分子阅读的文本内容、提取的理论资源均有所差别。在上海,主要出版了马克思列宁主义的经典著作、国外马克思主义者对马克思列宁主义的诠释本、上海早期马克思主义者对马克思列宁主义的解读文本等。不同出版机构出版马克思主义著作带有不同的期许与定位,反映出其对马克思主义认同的不同程度与状况,且出版机构对马克思主义著作的不同态度影响了马克思主义的传播,而这些在介绍性广告或者图书的前言中均有所体现。譬如,人民出版社发布通告表明办社宗旨,提出基于社会上研究新学说的群体庞大等原因,通过出版理论书籍帮助缺少信仰或信仰不坚定人士从根本上释疑解惑,进而"一面为信仰不坚者祛除根本上的疑惑,一面和海内外同志图谋精神上的团结"①的目标。可见,人民出版社以通告的形式向广大民众宣示了浓烈的政治意味,即出版此类图书的目的一是为了给大家提供研究新主义提供资料;二是为了统一信仰,实现团结。而商业出版社在介绍性广告中则更注重内容的陈述以及价格描述,阐述图书的阅读价值并号召读者及时购买,其对出版图书的政治立场则避而不谈。上海的出版机构对马克思主义书籍的出版,无论其对出版初衷的介绍如何不同、对马克思主义的理解正确与否,都促进了当时社会对马克思主义这一话题的讨论,引发了时人对国家前途和人民命运的思考,引导民众购买马克思主义著作,为马克思主义传播以及新的社会思想文化的形成起着推动作用。

任何思想的传播绝不仅是内容的简单传布,尚需借助一定的物质载体方可产生积极影响。欧洲文化史专家达恩顿认为应深刻认识书籍中蕴藏的价值,将"书籍理解为历史中的一股力量"②。在上海,虽不同出版机构对马克思主义类书籍有着不同表征,有的视其为思想文化的陈述与介绍,有的将其作为解决中国社会问题的钥匙,有的则视作学术研究的资料。但无论何种表征,都凸显了马克思主义于中国的重要意义,即著作本身作为马克思主义传播载体,推动了马克思主义理论的流通和传播,帮助进步民众加深对救国救民问题的思考以及对解决国家与社会问题方案的寻找,在社会思想文化变迁中发挥了重要作用。质言之,马克思主义著作在上海的出版,将马克思主义辩证唯物主义、剩余价值学说等理论以著述的名义系统阐释并传播至中国的其他区域,缓解了理论传播的不平衡

① 《人民出版社通告》,《新青年》第 9 卷第 5 号,1921 年 9 月 1 日。
② [美]罗伯特·达恩顿:《启蒙运动的生意》,叶桐、顾杭译,生活·读书·新知三联书店 2005 年版,第 2 页。

状态,从真正意义上揭开了马克思主义学说体系在中国系统传播的大幕,帮助进步分子增进对马克思主义更加全面的了解,亦为马克思主义实现更为广泛深入的传播提供了文本并创造了条件。

概而述之,商务印书馆、广智书局、又新印刷所、人民出版社、上海书店等一批出版发行机构形成了上海优越的出版条件,其所构建的立体式传播网络及其发行渠道,为马克思主义在上海乃至全国的传播提供了便利,有力帮助进步民众接触、学习、研究马克思主义,进而找到社会革命以救国救民的思想武器。正如毛泽东谈及,其马克思主义信仰的确立与《共产党宣言》《阶级斗争》和《社会主义史》等书籍的洗礼与指引密切相关,并自称"到了1920年夏,我已经在理论上和在某种程度的行动上,成为一个马克思主义者"[1],可见马克思主义书籍的思想力量及传播效果。特别在中国共产党成立后,更多的共产党人和进步人士汲取理论精髓,翻译或撰写有关马克思列宁主义著作,初步尝试用马克思列宁主义分析和解决中国实际问题,推动了马克思主义经典著作翻译的出版走向高潮,使马克思主义逐渐散发更为强大的真理力量,上海的革命运动也因此更加风起云涌。

第三节　学校、工会与马克思主义"组织化"传播

组织化传播是指"凭借组织力量开展有计划、有目的、有领导的信息传播活动"[2]。在上海,除了以进步报纸杂志、书籍为载体传播马克思主义外,创办学校、工会,举办纪念活动以及开展各式工农学运动等成为马克思主义在上海传播的重要形态。上海共产党早期组织成立以后,针对不同群体创办不同工会、学校等机构,深入民众中宣传马克思主义,启发工人觉悟,动员革命力量,培养马克思主义革命者,组织工人阶级为自身利益而斗争,在组织化传播马克思主义方面发挥了重要作用。

一、创办学校与早期马克思主义者的培养

马克思主义通过学校渠道进行宣传教育,具有计划性强、系统性突出、效果

---

[1]　[美]埃德加·斯诺:《红星照耀中国》,董乐山译,新华出版社1984年版,第135—136页。
[2]　魏永征:《关于组织传播》,《新闻大学》1997年第3期。

明显等诸多优势。上海共产党早期组织成立后,注重向被压迫民众宣传普及马克思主义,创办并参与领导了多所培养不同类型的人才学校,其中有代表性的如沪西工人半日学校、平民女校、外国语学社、上海大学等。早期马克思主义者发挥学校教育的优势,利用课堂作为掩护,在教师传授知识同时,强化马克思主义的传播和革命道理的扩散,培养了一大批马克思主义者以及工人运动领袖骨干。举办平民学校、工人夜校对工人大众进行文化普及教育,向工人大众灌输马克思主义,使科学理论在工人群众中得以宣传,提高无产阶级觉悟,激发他们与资产阶级、帝国主义和军阀的斗争的意识,"找工人的先进分子加以马克思主义的教育"①,促进马克思主义向工人运动的渗透。鉴于大多数工人文化程度低,"95%的工人没有文化,在这种情况下宣传品的效果当然很差。这就是为什么各小组的工作任务之一就是要为劳动人民及其子女办学"等情况,通过创办学校、开办讲坛将马克思主义理论与一般性知识教学相结合,一方面较为隐蔽和安全;另一方面较好地激发学生、工人等进步群体的觉悟,提升马克思主义在大众中的接受度和认可度。

其一,创办上海外国语学社,使其成为培养革命干部的第一所学校。上海外国语学社是培养青年共产主义者的重要基地之一,为中共早期队伍建设作出了贡献,由杨明斋担任社长、俞秀松任秘书。外国语学社成立后,将刘少奇等学员分三批输送至苏俄学习。为了安全起见,学员们化装成记者、裁缝、理发师、商人等,历经千难万险奔赴莫斯科"东方劳动者共产主义大学"②学习。刘少奇、俞秀松、任作民、曹靖华、蒋光慈等人分三批奔赴莫斯科,组成了中国班,成为中共第一代赴俄留学生。在俄期间,学员们在学习之余积极翻译马列主义著作,撰写著述类文章,向国内介绍马克思主义、苏俄情况以及列宁主义内容。以蒋光慈为例,他在东方大学学习期间翻译列宁、斯大林重要文章,编写《列宁年谱》,撰写唯物论以及有关革命文学的论文,先后在《新青年》《向导》等期刊发表。这批学员中的大多数人回国后,成为传播马克思主义以及中国革命的生力军。外国语学社本身重视政治学习,带领学生阅读李汉俊翻译的《马克思〈资本论〉入门》、陈望道翻译的《共产党宣言》等著作,接受马克思主义理论的熏陶和灌输。

---

① 蔡和森:《吾党产生的背景及其历史使命(1925 年底 1926 年初)》(节录),中共中央党史研究室、中央档案馆编:《中国共产党第一次全国代表大会档案文献选编》,中共党史出版社 2015 年版,第 50 页。

② 东方劳动者共产主义大学是俄共(布)创办的专门培养苏俄东部地区民族干部和东方各国共产党干部的学校,简称"东方大学"。

教师杨明斋向学员介绍十月革命和各国无产阶级的解放斗争,引导学生阅读《新青年》等进步期刊以及介绍苏联、宣传马克思主义的各种小册子,带领学生学习了解马克思列宁主义等,提升了学员的马克思主义素养。外国语学社从成立到结束仅仅历时 10 个月,但是为中国共产党干部培养作出重要贡献,是"中国共产党培养干部的第一所学校"①。

其二,创办上海平民女校,助力开展妇女运动,培养妇女干部。上海平民女校作为中国共产党人推进妇女运动的实践尝试,以"养成妇运人才,开展妇运工作"②为目标,是致力于培养妇女干部的第一所新型学校,由时任中共中央局宣传主任李达担任校务主任。1921 年 12 月,上海平民女校成立后,以陈独秀为代表的早期共产党人对之寄予厚望,纷纷在《妇女声》"平民女校特刊号"发表文章,表达对平民女校的期待与认识。陈独秀真切表达了自身想法,希望平民女校"作一个风雨晦冥的晨鸡!"③沈泽民亦发表《这不是慈善事业呢!》一文,字里行间表露出对妇女运动实现蓬勃发展的期盼,"实现我们理想中所盼望的妇女运动之花",并认为平民女校有别于贵族的地方正是在于"一是平民求学的地方;二是有平民精神的女子养成所"④,解释了何以称其为平民女校的原因。

上海平民女校注重启发学生觉悟,用马克思列宁主义武装学生。在日常的教学安排中,除了教授语文、数学、经济学、教育学、社会学等多种课程外,还聘请陈望道、李达、邵力子、沈雁冰等颇有名望的早期马克思主义者任教,邀请张太雷、刘少奇、恽代英等知名人士到校演讲,阐述革命道理,帮助学生了解俄国革命和建设情况,激发学生追求真理、启发学生革命觉悟。作为新式女校,平民女校实行半工半读,要求学生理论学习与劳动实践相结合,引领女子教育模式发展,吸引了一批致力于渴望革命真理和追求自身进步的女青年前来学习。虽然平民女校仅仅运转维持八个月,却为党和革命培养了一批妇女干部,如丁玲成为文学家、钱希均参加了长征、王一知坚守党的秘密工作多年且投身新中国教育事业。平民女校不仅成为她们学习新文化、接受马列主义的开始,也成为她们投身革命

① 中共上海市委党史资料征集委员会主编:《中共上海党史大事记(1919.5—1949.5)》,知识出版社 1988 年版,第 17 页。

② 中共上海市委党史研究室、上海市文物局编:《中国共产党早期在上海史迹》,同济大学出版社 2013 年版,第 116 页。

③ 陈独秀:《平民教育》,《妇女声》第 6 期,1922 年 3 月 5 日。

④ 沈泽民:《这不是慈善事业呢!》,《妇女声》第 6 期,1922 年 3 月 5 日。

的起点,成为中国共产党培养妇女干部的摇篮。1922年底,平民女校因办学经费不足等原因被迫停办。除了平民女校,杨树浦第一平民学校、浦东平民学校、吴淞平民学校、引翔港平民学校、丝厂女工补习学校、码头第一分会平校以及商务工人子弟学校、海员工人子弟学校,都进行了革命道理的宣传与教育,为推动马克思主义理论在妇女群体中的传播作出贡献。

其三,创办上海大学,使其成为培养革命人才的摇篮。上海大学以专门培养革命人才为使命应运而生,是一所虽由国民党出面创办,实则由共产党领导的学府,旨在"积极进行革命宣传并鼓励学生投身于组织劳工工作"①。中共二大提出了民主革命纲领之后,对革命人才的培养需求更为迫切,为此国共两党在酝酿建立统一战线的过程中,整顿了上海私立东南高等师范专科学校,并在其基础上创建了上海大学。蔡和森、恽代英、张太雷等进步和知名人士均担任过任课教师,为马克思主义的传播创造了条件并提供了师资力量。在李大钊的引荐下,邓中夏担任了学校校务长一职,将办学目标确立为"养成建国人才,促进文化建设"②,增办了社会学系,开设马克思主义理论课程,聘请了诸多先进人士担任教员,增强教学力量,提升教学效果,使上海大学成为以传授马克思主义著称的革命学府,成为"国共合作时期中共中央在上海宣传工作的训练机关"③。此外,中共上海区委亦要求上海的党团员和进步的工会活动分子在上海大学旁听马克思主义理论课程。

上海大学注重系统传播马克思主义理论,在学生中开展共产主义教育,积极培养革命干部。中共对上海大学的领导主要体现在教学改革和马克思主义理论教学中,新编教材均以马克思主义的立场观点为指导思想,广泛宣传马克思主义。譬如,蔡和森编撰主讲了"社会进化史"课程,以恩格斯的著作为蓝本,融汇了《国家与革命》等经典内容,将社会进化论与中国实际相结合,推动唯物史观更为深入人心,成为当时宣传马克思主义的代表性文本,讲稿受到欢迎被上海民智书局出版,进一步扩大了影响。又如,中共早期工人运动领导人安体诚主讲社会学、科学社会主义和现代经济学等课程,运用唯物史观阐发了人类社会发展规律性,其讲义著成《现代经济学》一书在上海书店出版并向全国发行,形成更广泛的传播效应。除了教授课程,安体诚在上海大学期间,还积极为《向导》撰稿,

① [美]费正清:《剑桥中华民国史(1912—1949)》上卷,杨品泉等译,中国社会科学出版社1994年版,第540页。

② 倪兴祥编著:《中国共产党创建史大事记》,上海人民出版社2004年版,第261页。

③ 郭廷以:《近代中国史纲》第3版,格致出版社2012年版,第361页。

热情宣传革命道理,成为学生的"革命引路人"①。再如,与燕京大学、沪江大学社会学系教授资产阶级社会学说不一样,上海大学社会学系的办学理念独具特色,由早期马克思主义者李汉俊、瞿秋白、施存统、彭述之先后担任系主任,用马克思主义理论武装学生,吸引诸多学生加入党团组织,成为上海大学学生最多、共产党员和共青团员最多的一个系。在当时的客观条件下,上海大学的教师调动尤为频繁,但是马克思主义理论和革命思想的宣传讲授从未中断,如邀请李大钊作"社会主义释疑"的专题演讲,聘请李季、萧朴生讲授政治经济学和马克思主义唯物论、辩证法等课程。在上海大学执教的共产党员教师利用课余活动对学生进行共产主义教育,如举行马克思诞辰纪念会、列宁追悼会,在《孤星》刊载了《追悼列宁专号》,由瞿秋白就有关列宁生平等内容作报告、介绍马克思学说及其革命业绩。上海大学高举马克思主义旗帜,着重培养革命人才,吸引了全国各地青年才俊慕名而来。有志青年通过各省自发、海外归国、国共两党保送、各省中共区委推荐、中共领导人介绍等多种途径,汇聚在上海大学自觉学习,提升觉悟,成长为一批国家栋梁,如王稼祥、秦邦宪、杨尚昆、丁玲、李春藩等人先后走上革命的道路。在邓中夏、瞿秋白等共产党人领导下,上海大学在短短一年时间就发展成为颇具规模的高等学府。

上海大学注重弘扬理论联系实际学风,积极组织社会实践活动,引领学生投入革命洪流。譬如,在现代政治选修课上,教师系统讲授中国政治和世界形势,引导学生在课堂进行讨论,形成秩序井然却又生动活泼的课堂气氛,帮助学生加深对世情国情的认识。又如,学校经常性举办各式星期演讲会、夏令演讲会、名家学者演讲会,邀请李大钊作"劳动问题的根源"、"社会主义释疑"讲演,瞿秋白作"苏联的新经济政策"演讲,恽代英作"中国政治经济情况"演讲,萧楚女作"中国的农民问题"演讲等,扩大学生视野,启迪学生思想、激发政治意识,培养和提升学生认识问题、分析问题的能力。再如,引导学生建立各种研究会和学术团体,成立"社会问题研究会"、"中国孤星社"、"春雷文学社"等,尤其是通过上海学联发起组织"上海夏令讲学会",宣传马克思主义以及中国革命问题。讲学会活动历时八周,其中包括瞿秋白的"新经济政策"、董亦湘的"唯物史观"、萧楚女的"中国农民问题"、施存统的"劳动问题概论"、邓中夏的"中国劳动问题"、恽代英的"中国政治经济状况"等与中国实际密切相关的内容,吸引了众多民众前

---

① 胡申生编著:《从上海大学走出来的英雄烈士(1922—1927)》,上海大学出版社2020年版,第3页。

来聆听,接受马克思主义理论的思想启蒙。思想理论的传播取得了一定的成效,上海大学师生在革命实践中加深了对社会现状的思考及其本质的认识,更加自觉投身反帝国主义和军阀统治的革命洪流中,在天后宫事件、支援二月罢工斗争、五卅运动和上海工人三次武装起义等革命活动中,均站在勇于斗争的第一线。此外,上海大学师生为黄仁烈士举行了盛大的追悼会,抗议并谴责国民党右派的倒行逆施,一批觉悟青年在其事迹的感染下加入党团组织;在顾正红惨案发生后,参加全市日人残杀同胞雪耻会并集结在南京路多处演讲示威;五卅惨案之后积极投入罢工、罢课、罢市斗争;参加由周恩来等人领导的上海工人第三次武装起义等,用坚实行动加入了革命行列。为此,上海大学校长于右任发表感慨,共产党虽为中国的新兴政党,但"吾闻共党多青年,有主张,能奋斗之士……不得不寄厚望于他们"①。

　　经过马列主义思想的洗礼与革命的实践,上海大学学生进步很快,多数学生被发展为中国共产党党员。尤其是党团组织在上海大学的成立,凝聚更多学生于大革命时期担任上海学生运动的主力军。上海大学师生中的中共党员和共青团员在上海市党团员总数占比很高,如1924年5月,上海有47名共产党员,其中上海大学有16名,占总数的34%,而五卅运动之后,一度发展党员近130人。1925年6月,上海大学的党团组织专门派出宣传队赴安庆、武汉、长沙等多地开展五卅惨案宣讲活动,唤醒了更多民众的革命意识。中共上海地委还要求上海的党团员和工会活动分子在上海大学旁听马克思主义理论课程。中国共产党和社会主义青年团组织在上海大学的建立,使得学生成为大革命时期上海学生运动的主力。此外,在全国学总、上海学联、上海妇联、上海国民会议促进会、上海工商学联合会等一批机构中,均有上海大学学生担任职务。由此可见,上海大学以马克思主义宣传为中心,注重理论学习与革命实践的结合,为中国革命培养一批力量。

　　上海大学师生等进步人士以改造社会为己任,实施平民教育,参与平民学校和工人夜校的创办,深入工人群体宣介马克思主义,启发阶级觉悟。针对"中国不识字者占80%"②的状况,由上海学联平民教育委员会组织,上海大学师生深入杨树浦、民智等平民学校,宣传马克思主义思想。1924年,上海大学创办了西摩路附设平民学校和杨树浦平民学校,招收失学劳动平民和工人为学员。杨树

---

① 于右任:《国民党与社会党》,《东方杂志》第21卷第1号,1924年1月10日。
② 《上宝平教促进会开会》,上海《民国日报》,1924年4月13日。

浦平民学校是"中国共产党在沪东创办的一所面向工人的学校"①，由上海大学学生张琴秋担任校长，招收的学生多为纱厂工人，发表特刊《平民声》，启发工人觉悟。同年 11 月，张琴秋等人负责的民智平民学校创立，"用马列主义和革命道理启发工人觉悟"②，教学员唱《国际歌》以弘扬共产主义精神，传达苏俄革命情况以激发工人革命意识。在张琴秋、杨之华等上海大学进步青年的带领下，上海多个平民学校以"除灌输普通知识外，尤致力于革命思想，促进其阶级的觉悟，反抗帝国主义的资本家及国内军阀"③，为开展上海工人运动教育团结一大批工人阶级。值得强调的是，师生们在夜校或平民学校授课时，针对工人阶级的文化水平和接受能力，深入浅出、言简意赅地讲解革命道理，注重工人的团结联合意识培养，取得了较好效果。组织者杨之华回忆了当时的场景，在平民学校授课时围绕工人的实际生活进行讲解是将理论与实际结合的重要手段，原因在于"讲工人的生活，一步一步地就感到亲切，容易理解"④。概而言之，上海大学通过创办平民学校与工人夜校，开拓了马克思主义传播的校外平台，进步师生代表运用生动活泼的授课形式以及通俗易懂的讲解方法，坚持将理论与工人运动实践相结合，帮助学员中的多数人坚定了马克思主义信仰，并积极加入上海的各式斗争运动中。

毋庸置疑，上海大学学习和传播马克思主义的革命实践引起了帝国主义以及反动派的恐惧，由此遭受了打压。上海公共租界工部局警务处认为，在 300 余名上海大学的学生中大部分乃是共产主义信徒，所受的训练将会使他们成为有智力的共产主义宣传家。为此，上海大学于 1925 年秋被迫迁至青云路 167 弄，师生们仍坚持反帝反封建斗争，"文有上大，武有黄埔"⑤的评价正是对上海大学培养一批出类拔萃人才的高度评价。1927 年，蒋介石发动四一二政变，上海大学被国民党视作宣传共产主义的集合地，以"赤色大本营，煽动工潮，破坏社会秩序的指挥机关"⑥为缘由被国民党军队武力查封。简言之，上海大学历史非常

---

① 中国共产党杨浦（沪东）编纂委员会：《中国共产党杨浦（沪东史）1921—1949》，上海人民出版社 2011 年版，第 27 页。

② 中国共产党杨浦（沪东）编纂委员会：《中国共产党杨浦（沪东史）1921—1949》，上海人民出版社 2011 年版，第 30 页。

③ 黄美真、石源华、张云编：《上海大学史料》，复旦大学出版社 1984 年版，第 22 页。

④ 王家贵、蔡锡瑶：《上海大学：1922—1927》，上海社会科学院出版社 1986 年版，第 75 页。

⑤ 张元隆：《上海大学与现代名人》，上海大学出版社 2011 年版，第 1 页。

⑥ 上海市现代上海研究中心：《口述上海：一寸丹心图报国》，上海教育出版社 2012 年版，第 29 页。

短暂,但成为国共合作时期中国共产党培养干部的重要阵地之一,为宣传马克思主义作出积极贡献,为革命培养造就了一大批人才,其社会学系教育工作以及培养的学生为中国革命和中国马克思主义社会学的发展作出奠基性贡献。

其四,创办沪西工人半日学校,以通俗的方式传播马克思列宁主义,为工人运动培养骨干。随着革命形势的发展,深入工人阶级更为广泛地传播马克思列宁主义成为早期党组织的重要工作任务。为此,上海共产党早期组织在沪西小沙渡地区,利用纱厂工人集中等优势,创办工人半日学校,由进步工人代表李启汉担任负责人。工人半日学校将教授工人文化知识与革命宣传发动工作相结合,根据工人实际工作制状况分为早晚两个班次授课,故称为"半日学校"。遗憾的是,由于经费紧张、教学条件简陋,且报名入学的工人数量尚不稳定,前来学习的工人数量较少,并未实现计划中的培训效果。

为了改善办学状况,创新学习形式,李启汉结合从事高强度工作的工人实际需求,探索将半日学校改为上海工人游艺会。在白克路上海公学举行的上海工人游艺会成立大会上,杨明斋、沈玄庐、邵力子作劳工运动主题演讲,用易于理解的语言向工人讲解马克思主义。据记载,"参加会议的会员有四百多人以及许多来宾。李启汉、杨明斋、沈玄庐、邵力子等参加了大会。该会以各种方式向工人宣传马克思主义,不断提高工人的阶级觉悟。"[1]李启汉主持成立大会,报告了开会宗旨及方针,用通俗的语言向工人呼吁:"我们想要免去困苦,大家要联合起来,讨论办法","什么金钱万能,劳工无能,我们都要改革,打破!"[2]李启汉将半日学校更名为工人游艺会之后,探索将娱乐与教育相结合,如播放留声机唱片音乐的同时与工人促膝谈心,在传授文化知识的同时讲述革命道理,取得了良好效果。鉴于工人文化水平相对较低,接受马克思主义理论有一定难度,李启汉给工人们上课时用朴素语言进行讲解,启发工人政治觉悟。譬如,李启汉通俗解释了"工人"含义,"工人两字合起来,是一个'天'字,我们工人要做天下的主人"[3],深入浅出地讲解革命知识,激发工人阶级意识和斗争觉悟。概言之,上海共产党早期组织依托工人半日学校向工人灌输马克思主义和革命理想,成为组织或参与工人运动的有效尝试,北京长辛店劳动补习学校、武汉第一纱厂、汉阳兵工厂的工人识字班、广州机器工人补习学校等都参考借鉴了上海工人半日学

①　中国社会科学院现代史研究室、中国革命博物馆党史研究室选编:《"一大"前后——中国共产党第一次代表大会前后资料选编》(三),人民出版社1984年版,第188页。

②　沈申甬:《李启汉:工运先驱　启蒙先导》,《上海工运》2019年第10期。

③　吴楚婴:《李启汉与上海工人运动》,《党史文汇》2015年第9期。

校模式,宣传马克思列宁主义。应该说,经过李启汉改办后的工人半日学校起色较大,在工人中日渐产生阶级影响,激发了工人觉悟并培养了一部分工人运动骨干分子。颇为遗憾的是,租界当局很快对之引起注意并予以关闭。

此后,随着领导工人运动的专门机构——中国劳动组合书记处在上海成立,半日学校更名为"上海第一工人补习学校"继续恢复办学。受到此前"工人半日学校"的影响,工人报名的积极性明显增加,吸引了包括二十余名女工在内的二百余名工人慕名前来接受革命道理的熏陶洗礼。在特殊的时代条件下,面向工人的补习学校拟获得长远的发展并非易事。不久,在上海的中国劳动组合书记部便被租界当局于1922年7月18日查封,随着书记部迁往北京,工人学校被迫停办。然而,正确而激烈的革命行动并不会在挫折中停滞。1922年秋,社会主义青年团上海地委指派张秋人等人借鉴半日学校的做法,在上海劳勃生路等地继续创办工人补习班,吸引不少工人前来听课,部分工人历经觉悟的提升后申请加入了中国共产党,积极参与二月大罢工、五卅运动等斗争中去,实现了理论在实践中的初步运用。在上海共产党早期组织的领导下,沪西工人半日学校等多所工人学校的创办,彰显了马克思主义与上海工人运动初步结合的态势。虽办学过程历经挫折,时间不久便遭遇停办,但向工人阶级传播的理论火种却形成了一片燎原之势,推动着马克思主义在上海传播的实践进程继续向前。

其五,上海南洋公学、同济大学以及基层进步青年创办地区性学校,亦在马克思主义宣传中发挥作用。譬如,上海南洋公学作为近代中国自己创办的大学之一,吸引了邵力子、黄炎培等众多进步青年前往学习,其学生分会所创办的《南洋》周刊刊发有关社会主义以及马克思主义经济学说等内容,在马克思主义传播中亦发挥积极作用。在马克思主义的洗礼下,侯绍裘作为上海南洋公学进步青年代表有着积极表现,担任学生会评议员,负责起草口号、宣言、文件等材料,担任上海学生联合会教育科书记等职务,积极响应北京学生总同盟罢课,联合其他进步同学组织"救国十人团",创办"九人书报贩卖处",介绍宣传《新青年》、《星期评论》等进步书刊并出售新文化书刊,在学生中具有较大的号召力和影响力。侯绍裘还创办了上海工界第一所义务学校"南洋义务学校",将义务教育与工人运动相结合,以启发民智、唤醒民众,成为宣传革命理论的固定阵地,吸引了徐家汇一代不少工人、店员、农民的参加。他与高尔松共同搜集思想进步、激发工人觉悟的百余篇短文,汇编成《国语文选》作为课本,在全国首创革新教育形式。侯绍裘坦言,实施工人义务教育的目标不仅为了普及文化知识、提高工人文化水平以及帮助工人提升谋生技能,更为重要的是要向工人大力宣传科学社会主义,灌输科学的常识并注重培养学员的健全人格,从而使工人成为"劳动运动中之中坚人物"①。1924 年 2 月 28 日,上海《民国日报》副刊《觉悟》登载了侯绍裘撰写的《南洋义务学校学制课程底我见》,提出了建立南洋义务学校要以招收成年学生为主、强化速成教育以及帮助学生树立正确的人生观等意见,"于以人生所必须的知识,养成健全的国民,并使成为社会运动的中坚人物为宗旨。"②作为上海南洋义务学校创始人,侯绍裘离校后仍关心学校的工作,主张南洋义务学校应关注社会问题和新思想,要注重宣传社会主义。应该说,侯绍裘于这一时期接触了马克思主义,尤其受到《新青年》的影响和启迪,促使其思想急剧变化,如他自己所言:"一看之后,如同'拨云见日',顿时爱不释手。"③可见,南洋公学有关传播活动的开展,提升了马克思主义在学生中的知晓率,亦为学生运动培养了骨干。

又如,1924 年 3 月,同济大学成立了国民党上海市第六区党部第三区分部,邀请恽代英、萧楚女、沈雁冰、詹大杯、汪精卫等来校演讲,帮助师生提高对国民革命和"联俄、联共、扶助农工"三大政策的认识。1924 年 4 月 20 日,同济大学医科学生何志球联合吴淞机厂技工孙津川,在木行街创办了吴淞工人学校,邀请团中央执行委员邓中夏前来发表演说。来自吴淞机厂、华丰纱厂、大中华纱厂的工人报名参加吴淞工人学校,在学习文化知识的同时接受革命道理和思想的教育熏陶。为了满足革命形势的发展,吴淞炮台的台湾洋码头亦创办了工人补习夜校,吸引了纱厂工人、铁厂工人、修路工人、黄包车夫等前来学习,团中央委员张秋人及同济大学、中国公学等学生前去担任教师。在工人补习夜校,教师在授课时深入浅出,用通俗生动的语言,结合工人们在工厂被剥削的实际案例,分析工人被剥削的根源,由此启发工人觉悟,激发工人斗争意识。

再如,在上海宝山、松江等地,进步青年积极创办学校,为工人运动储备人才力量,有效拓展了马克思主义在基层民众中的传播。在上海宝山地区,通过建立工人夜校、友谊读报室、"友谊社"工人俱乐部以及创办《工人周报》等方式传播马克思主义和革命思想等。1925 年 10 月,孙津川在工人夜校的基础上,建立了吴淞机厂铁路工人俱乐部,并联合彭干臣、王警东等人利用工人夜校传播马克思主义,使更多工人知晓并认同革命道理,为吴淞机厂工人积极参加上海工人武装

---

① 侯绍裘:《我对于南洋义务学校的一些意见》,《交通大学校史资料选编》第 1 卷,西安交通大学出版社 1986 年版,第 668 页。

② 侯绍裘:《南洋义务学校学制课程底我见》,上海《民国日报》副刊《觉悟》,1924 年 2 月 28 日。

③ 《中国共产党松江历史图志》,上海辞书出版社 2011 年版,第 5 页。

起义"作了思想和组织上的准备"①。前面提及的进步青年侯绍裘亦是早期在上海松江地区从事工人运动的积极分子，是中国共产党早期活动家和革命骨干之一。他在《我的参与学生运动的回顾》一文中坦言："惟有劳工阶级在我那时的心目中，是恳挚笃实，可与共事的。于是便想投入工厂，藉以实行宣传社会主义的夙愿。"②1921年夏天，侯绍裘与朱季恂等人接办景贤女校、创办松江初中，积极宣传革命思想，开展革命活动。1922年至1925年，景贤女校举办多场暑期学术讲习会，恽代英、萧楚女、杨贤江、沈雁冰等人先后来此演讲，传播革命理论，甚至对江浙地区亦产生影响。为了满足革命需要，推动国共合作局面的形成，中共三大作出了党团员以个人名义加入国民党的决定，侯绍裘便在此背景下于1922年秋经由朱季恂的介绍加入了国民党，此后以半公开身份在松江地区开展国民革命活动，进一步团结进步青年和民众。随着中国共产党在上海诞生，中共松江支部等党组织也陆续建立，侯绍裘等成为松江第一批共产党员，成为领导松江革命的中坚力量。在丰富的实践活动历练中，侯绍裘经过先进理论的洗礼，从一名热血青年成长为坚定的共产党员，也成为松江地区革命的第一粒"种子"。在他的带动感召下，景贤女中成为"反封建的堡垒，革命者的摇篮"③，引领了松江地区的姜兆麟、姜辉麟、姜长林兄弟、袁世钊、陆龙飞、顾桂龙等人，青浦地区的吴志喜、高尔松和高尔柏兄弟等人，嘉兴地区的沈选千等一批进步青年走上革命道路。

综上，上海外国语学社、上海大学、平民学校以及工人夜校等一批学校的创办，成为马克思主义传播中重要的组织载体，为马克思主义的"组织化"传播创建了平台。其一，学校的创办使得马克思主义传播更为系统，较好地提升了工人、学生的思想觉悟和理论素养。恰如学者认为，1923—1927年是马克思主义系统化传播时期，"就大学而言，对马克思主义基本原理的介绍更趋全面，对列宁主义的介绍显著增加"④。其二，坚持马克思主义理论与工人运动实践的结合，使得各类学校成为向工人宣传马克思主义的大课堂，成为团结动员工人以及

---

① 中共上海市宝山区委党史研究室等编：《红色足迹　不朽丰碑：上海市宝山区党史资料汇编(1921—1949)》，中共党史出版社2016年版，第34页。

② 侯绍裘：《我的参与学生运动的回顾》，1923年1月5日。张义渔主编：《上海英烈传》第1卷，百家出版社1987年版，第106页。

③ 尹军：《文化松江》，上海古籍出版社2009年版，第66页。

④ 钱聪：《论马克思主义在中国大学的早期传播及其特点(1923—1927)》，《理论观察》2013年第10期。

参与领导工人运动的重要场所。其三,在马克思主义理论熏陶洗礼下,一批得力的人才和革命干部迅速涌现成长,为马克思主义的进一步传播创造主体条件。其四,有利于马克思主义革命话语体系的建构。教员们活泼自由的授课方式、通俗易懂的讲解,便于工人大众对马克思主义理论的消化吸收,为马克思主义进一步传播及其大众化提供了经验借鉴。

二、新式工会与马克思主义在工人群众中的扎根

马克思主义的传播推动集体意识的增长,而在集体意识得到比较普遍增长的情况下,上海先进知识分子在产生创建思想性、学术性团体愿望的同时,也将这种创建团体的意识比较自觉地向普通工人传输,希望工人能够提升组织团体的认知。劳动争议、劳工运动问题必然对工会产生需求,以满足工人阶级团结起来对抗资本家的需要,而新式工会的建立正是着眼于工人的切身利益,以带领工人为取得民族独立政治以及市民权利与自由为目标,因而须"要防备非无产阶级工人们领导他们,须要无产阶级领导他们自己。"[1]在"劳工神圣"思潮的影响下,不少工会组织得以创办,但一开始却被少数政客所把握,此种现象在产业工人集聚的上海尤为显见。换言之,在当时大多数新工会、公会、公所等被下流政客和包工头控制掌握,即"像上海的工人团体,就再结一万个也都是不行的。新的工会一大半是下流政客在那里出风头,旧的公会公所一大半是店东工头在那里包办"[2]。陈独秀为此问题,在《劳动界》发表《真的工人团体》一文,强调要注重提升工人的阶级觉悟和认同感,培养工人团结联合的意识,进而凝聚有觉悟的工人组织成为真正有效的工人团体。随着革命形势的发展,为了更好地向工人介绍国际工人运动的历史,在上海的早期共产党人指导号召工人建立自己的组织,如先后建立了上海机器工会、印刷工会、纺织工会等,在工人中介绍宣传马克思主义,即"各地的共产主义小组还开始尝试建立工会,即真正工人的组织,不同于当时已有的受工厂主和秘密道会门等控制的'工会'"[3]。简言之,一批新型工会组织在上海地区的建立,有助于推动马克思主义与上海地区工人运动的结合,有助于早期马克思主义者深入工厂并在工人群众中开展理论教育并培育

---

① 《关于"工会运动与共产党"的议决案》,中央档案馆编:《中共中央文件选集(1921—1925)》第1册,中共中央党校出版社1982年版,第49页。

② 陈独秀:《真的工人团体》,《劳动界》第2册,1920年8月22日。

③ 李忠杰、段东升:《中国共产党全国第一次代表大会档案文献选编》,中共党史出版社2015年版,第205页。

阶级基础，为中国共产党在上海的成立准备了条件。

首先，创办上海机器工会，工人阶级的首个"娘家"。上海作为工人阶级的摇篮和发祥地，尤其是在 1910 年至 1920 年间取得工业的飞速发展，由此带来工厂和工人数量大幅增加，为新型工会组织的诞生创造了条件。具有一定技术性的上海机器工人在当时代表着先进生产力，不仅在经济上没有保障，政治上也无地位，建立一个代表机器工人利益并指导其斗争的工作组织迫在眉睫。随着革命形势的日渐深入，陈独秀、李汉俊、陈望道等早期马克思主义者于 1920 年在上海，开启了创办工人半日学校以启蒙工人觉悟的实践。在实践中发现，为了更好地动员有革命觉悟的工人，逐渐意识到组织真正的工人团体尤为重要，即成立新型工会组织势在必行。至此，在主客两方面因素的作用下，机器工会在上海率先诞生，并围绕马克思主义的理论与实践展开一系列行动。

第一，筹建机器工会，制定工会章程。江南造船所锻工李中①因经常阅读《新青年》和《劳动界》而迅速成长为进步工人。在陈独秀的指导启发下，工人李中接触了更多革命思想，成为热心于工人运动的知识分子。李中在江南造船所一面学习打铁，一面深入联系工人，有着扎实的群众基础。1920 年 8 月，李中受上海共产党早期组织的委托，联合一批觉悟工人，发起组织中国工人阶级第一个工会组织——上海机器工会，并在陈独秀的指导帮助下草拟了《机器工会章程》，杨树浦电灯厂工人陈文焕则根据具体的章程要求，在杨树浦电灯厂积极开展工会的筹建活动。同年 10 月 3 日，上海机器工会在渔阳里 6 号召开发起会，来自上海造船厂、杨树浦电灯厂、厚生铁厂等 70 余名工人代表参加会议。李中以临时主席的名义作报告，指出上海机器工会以谋取会员利益、消除会员痛苦为目标，要努力做到"五个不"，即"不要变为资本家利用的工会；不要变为同乡观念的工会；不要变为政客和流氓把弄的工会；不要变为不纯粹的工会；不要变为只挂招牌的工会。"②自此，上海共产党早期组织领导的中国工人第一个工会组织诞生，成为 20 世纪 20 年代中国工人运动历史上的大事件，表征了工人阶级的觉醒，尤其是开启了以近代产业工人为主力军的工人运动的兴起，拉开了中国共产党领导工会组织的序幕。

---

① 李中原名李声澥，1918 年毕业于湖南省立第一师范学校，五四运动后赴上海作帮工，成为最早的工人党员。

② 《上海机器工会发起会纪略》，《劳动界》第 9 册，1920 年 10 月 10 日。

第二,加大理论宣传,强化工会指导。上海共产党早期组织指导上海机器工会积极开展联络组织工作,围绕工人群体开展理论宣传。譬如,1920 年 12 月 2 日,上海机器工会理事会在复兴园向工界领袖报告运作情况和宗旨,得到工界人士的支持与期待。陈独秀、杨明斋、李汉俊、李启汉等上海共产党早期组织成员被推举为机器工会名誉会员,并各司其职,积极发挥作用。又如,杨明斋在发起会演讲时,运用剩余价值理论向工人阐释受剥削受压迫的根源,认为"工人受解放就得推翻这种剥削制度;而要推翻这种剥削制度,工人就得联合起来"①,强调成立工会目的在于"减轻自己的苦痛,救济自己的生活"②,使在场工人深受触动。再如,1920 年 11 月 21 日,陈独秀、孙中山亦在成立会上发表演说,高呼谋求工人解放,宣扬社会主义,取得较好的现场动员效果。总之,从发起到成立的两个月时间,会员数量便增长至 370 余人,可见在工人中产生了与日俱增的吸引力和凝聚力。

简言之,上海机器工会的成立在工人中产生极大反响,标志着上海共产党早期组织领导工人运动方面由理论付诸实践,由宣传教育阶段进入有计划的组织阶段,进一步为中国共产党诞生奠定了阶级基础,引起国内外工会组织的关注,被称赞为"很有精神很有色彩"③,收到"世界工人联合会"执行总干部罗布朗的贺信,成为中国第一个得到国际工人组织支持的工会。此外,《上海机器工会简章》是党组织领导下起草的最早工会章程,亦颇具代表性意义。简言之,机器工会在上海早期共产党人领导下,切实团结凝聚了一批觉悟工人,推动了上海工人运动的发展,是马克思主义理论与上海工人运动实践相结合的尝试与产物。

其次,筹建中国劳动组合书记部,联合劳动团体,提升斗争能力。"劳动者没有组织,或者只有公所和无意义的工会组织,自然这种团结是不能够自卫,也自然是无反抗的能力。"④为此,中国共产党在上海诞生后迅速将推进组织工会、教育工人、组织领导工人运动等作为党的中心工作之一。1921 年 8 月 11 日,为了加强对工人运动的统一领导,在上海市静安区成都北路 899 号成立由张国焘担任主任的中国劳动组合书记处,是由"中国产业中心上海的一些劳动团

①　《本埠机器工会开会记》,上海《民国日报》,1920 年 10 月 6 日。
②　《本埠机器工会开会记》,上海《民国日报》,1920 年 10 月 6 日。
③　《上海劳动界的趋势》,《共产党》第 6 号,1921 年 7 月 7 日。
④　《中国劳动组合书记部宣言》,中央档案馆编:《中共中央文件选集(1921—1925)》第 1 册,中共中央党校出版社 1982 年版,第 3 页。

体所发起,将各个劳动组合联合起来的总机关"①,在马克思主义宣传教育、工人运动的领导组织方面发挥了作用。书记部成立后,便做"共产党合法的公开的劳动运动"②。譬如,开办工人补习学校,用马克思主义学说启发工人阶级意识,所创办了《劳动周刊》且"发行最多时高达五千份,前后统计印行十六万五千张"③;又如,组织成立"上海各业工会代表团"同招牌工会展开斗争,开展了支援香港海员罢工以及追悼湖南劳工领袖等活动,表达维护工人利益的立场;再如,发起召开全国劳动大会,动员工人参加反帝反军阀斗争,有力促进工人运动实现新突破,即"由过去自发的散漫的罢工转向有领导有组织的新阶段"④。

中国劳动组合书记部投身领导工人罢工,促进理论与实践的结合,推动了工人运动的发展,成为"中华全国总工会的摇篮"⑤。譬如,中国劳动组合书记部在上海联合均安水手公所等工会组成香港海员罢工后援会,指导召开上海纺织工会浦东工会成立大会,陈独秀、李启汉等人在大会上作演讲,以香港海员罢工的胜利有力证明工人团结力量为例,鼓舞号召上海工人要加强团结。又如,1922年4月,浦东日华纱厂3800余名工人因要求增加工资而罢工,并通函全国各工会请求援助。书记部指导上海各工团组成"浦东纺织工人经济后援会",动员了众多工人、学生和妇女积极支援,还号召上海各界人士以捐款捐物的方式支援罢工工人,后于26日取得罢工的胜利。再如,1922年4月24日,上海700余名邮政信差在李启汉的领导下组织罢工,要求增加工资、减少工作时间,初步在经济上取得了胜利。5月,上海宝隆医院的中国籍护士在遭受德籍院监殴辱后引发护士的罢工抗争,中国劳动组合书记部领导了护士罢工并取得了胜利。1922年11月,上海日华纱厂全体女工举行罢工。来自上海女界联合会、女青年会、平民女校部分进步代表赴纺织工会组织演讲,并深入女工家宣传。经反复斗争,在厂主答应部分条件之后于27日复工。据统计,在一年多时间里,"发布《全国劳动

① 《中国劳动组合书记部宣言》,中央档案馆编:《中共中央文件选集(1921—1925)》第1册,中共中央党校出版社1982年版,第4页。

② 《中共中央执行委员会书记陈独秀给共产国际的报告(1922年6月30日)》,中央档案馆编:《中共中央文件选集(1921—1925)》第1册,中共中央党校出版社1989年版,第50页。

③ 《中共中央执行委员会书记陈独秀给共产国际的报告(1922年6月30日)》,中央档案馆编:《中共中央文件选集(1921—1925)》第1册,中共中央党校出版社1989年版,第50页。

④ 沈以行、姜沛南、郑庆声:《上海工人运动史》上卷,辽宁人民出版社1991年版,第98页。

⑤ 上海市静安区文物史料馆、上海社会科学院历史研究所现代史研究室编:《上海工运历史研究第一辑:红映浦江》,上海书店出版社2020年版,第1页。

大会宣言》五千份、《赤色国际工会告中国工友》二千张"①，为领导工人运动积累了经验，表征了上海工人运动的活跃，亦为其他地区提供了示范和参考。随着工人运动的火热开展，中国劳动组合书记部引起帝国主义及军阀的反感与仇视，李启汉也因此被公共租界工部局以唆使邮差罢工、发表激烈文告等罪名逮捕。1922 年 7 月，总部办事处被上海公共租界工部局查封后迁往北京，改称为中国劳动组合书记部总部，继续领导全国工人运动。

　　再次，创办上海区域行业工会，助力工人运动的拓展与延伸。建立工会组织被确立为上海共产党早期组织的工作任务之一。随着马克思主义的传播以及共产党早期组织工作的深入，上海的进步工人愈发产生成立或者加入新型工会组织的意识，对自身遭受压迫的境遇有了更为清醒的认识，由此产生了团结协作意识进而上升至阶级意识，并在阶级意识指导下朝着共同的目标组织开展相关活动。基于此，上海共产党早期组织指导改组或成立以上海金银业工人俱乐部、上海印刷工会、上海海员工会、上海烟草工人会、上海纱厂总工会和上海各业工会代表团为代表的一批工会组织，为团结凝聚工人搭建了平台。1921 年 1 月，劳动组合书记部联合上海机器工会、沪西纺织工会、中文印刷工会等团体代表举行上海工界外交大会，连日集合反对华盛顿会议以及军阀政府的卖国式外交，开展游行示威并动员民众参与反对帝国主义和军阀斗争。1921 年 7 月，李启汉领导了上海英美烟厂新、旧两厂 8000 余名工人抗议虐待的同盟罢工，取得胜利后成立了上海烟草工人会。同年，上海共产党早期组织在上海各印刷局工会组织基础上，成立了上海印刷工会并创办了《友世画报》，由中共第一位工人党员徐梅坤担任工会负责人。李启汉应邀在成立大会发表演讲，叙说了工人生存现状，鼓励工人代表积极加入工会组织并提升斗争觉悟。1921 年 11 月，上海各工团为反对日本、英国、美国召开掠夺中国的华盛顿会议，并力争参加全国"国是会议"，组织"上海各业工会代表团"，推举了中国劳动组合书记部李震瀛、上海机器工会李新旦、上海烟草工人会刘奉臣、上海纺织工会孙良惠等人参与筹备活动，李震瀛起草了以"树立上海总工会之基础"②为主要内容的宗旨。此举得到了陈独秀的肯定，在《民国日报》撰文以祝贺上海各业工会代表团的成立。

---

　　①　《中共中央执行委员会书记陈独秀给共产国际的报告（1922 年 6 月 30 日）》，中央档案馆编：《中共中央文件选集（1921—1925）》第 1 册，中共中央党校出版社 1989 年版，第 50 页。

　　②　李忠杰、段东升主编：《中国共产党第一次全国代表大会档案文献选编》，中共党史出版社 2015 年版，第 37 页。

总之，随着马克思主义传播活动的频繁与深入，上海各类代表工人利益的工会组织先后盛起，开展各种活动为工人争取利益，激发工人阶级意识。例如，1922 年 9 月，由共产党员张静泉担任主席的上海金银业工人俱乐部成立，1600余人参加了成立大会，可见其阵势之大，高君宇、俞秀松等人到会演讲，现场启发工人觉悟，动员工人参与革命斗争。为了帮助工人改善工作条件，1922 年 10 月 7 日，张静泉等人领导 800 余名上海金银业工人举行罢工活动，得到南京等地同业工人的积极声援，此次罢工不仅在经济上取得胜利，还提升了工人的思想觉悟。又如，1922 年 9 月 27 日，上海海员工会在百老汇路会所举行成立大会，香港海员大罢工领导者林伟民前来发表演讲，现身说法鼓舞上海海员工人，先后有 2 万人加入了海员工会。再如，同年还成立了浦东纺织工会、上海邮务友谊会等工会组织，领导开展了不同规模的工会活动，在工人思想觉悟提升方面亦发挥了作用。1923 年，上海地委兼区委劳动运动委员会主任王荷波兼管铁路、船厂工作，以吴淞作为活动的重点地区，建立工人夜校、筹建工会组织，影响并凝聚吴淞地区一批工人力量。同年 11 月，中国铁工厂、同济大学艺徒、吴淞机厂等近百人联合加入吴淞工会筹备会。在吴淞工会的影响下，吴淞机厂工人孙津川于 1923年下半年与负责上海劳工运动的徐梅坤建立联系，开始投身工人运动。1925 年 2 月 15 日，恽代英在上海印刷工人联合会成立大会上发表演说，强调了工会组织的重要性，"工人须有坚固组织，才能跟资本家作斗争"①。1927 年 1 月，上海先施、永安、新新、丽华等四大百货公司店员为了增加工资、减少工时、改善待遇，亦成立了维护自身利益的工会。

简言之，上海不同行业工会组织成立后，通过开办工人夜校、发行刊物和书籍、组织工人罢工等方式，对工人进行革命斗争思想启蒙以及马克思主义理论教育，在一定程度上提升了思想认识和阶级觉悟，同时有利于联合起来开展斗争，加强了上海工人斗争的组织性和斗争水平。应该说，在中国劳动组合书记部的支援领导下，在上海诞生的一批行业工会，有组织地开展了一系列反对多重压迫的罢工斗争，为上海工人阶级的解放事业作出了不朽贡献，在上海工运史上谱写了壮丽诗篇。

最后，筹办上海总工会，推动工人斗争的规模化发展。中国共产党在上海成立后，高度重视对工会组织的建设与领导，确定了"本党的基本任务是成立

---

① 上海市新闻出版局、上海商务印书馆职工运动史编写组：《上海商务印书馆职工运动史》，中共党史出版社 1991 年版，第 22 页。

产业工会"①,以及"工人们在工会里,去接受'怎样用社会主义和共产主义精神去奋斗'的教育"②等基本共识,为马克思主义传播培育实践火种,力争达成组织化传播的水平,推动马克思主义在上海工人阶级群体中的扎根。

为了组织和领导全市工人同盟大罢工,1925 年 5 月 31 日的上海各工会联席会议宣告成立了以"团结工人、图谋工人福利"③为宗旨的上海总工会,专门设立宣传科,负责宣传教育工作并指导各工会的宣传教育方针的制定与执行,创办了《上海总工会日刊》,并在杨树浦、翔港、浦东、小沙渡、曹家渡、南市等设立六个办事处,以加强各工厂区罢工领导。同年 6 月 1 日,上海总工会发布的总同盟罢工令得到积极响应,累计有 20 多万名工人罢工、5 万名学生罢课,大部分商人罢市,显示出强大的号召力。当月,上海总工会组织 200 余个团体,在闸北召开10 万人市民大会,严斥上海总商会的行为并举行示威游行。随后,刘少奇主持上海总工会代表大会,讨论了上海总商会开市等问题,提出了要坚持并扩大罢工等一系列决议。就"九七"屠杀工人事件,刘少奇在上海总工会召开紧急工人代表大会上,提出了应对该事件的具体举措,比如联合各界起来反抗、要求政府提出交涉、坚持英商工厂罢工斗争等。总的来说,上海总工会一经成立便勇担使命,凝聚上海各工团带领工人展开斗争,还牵头成立了工商学联合会,切实提升了工人的政治觉悟和斗争意识,且实现更多力量的联合。

上海总工会领导工人开展了罢工活动引起了当局的强烈反感,于 1925 年 9月被上海戒严司令部封闭。被封后,40 余名上海各区工人代表随即建立"上海工人临时代表会议"并于翌日开始工作。为此,《向导》周报发表了《中国共产党为总工会被封告工友》一文,鼓舞上海广大工人"不可因一时被封而灰心,应该万众一心,不断奋起!"④同年 10 月 18 日,中共上海区委发表《告上海市民书》,动员上海人民开展反奉斗争,上海的工商学界举行了反奉市民大会,通过了上海总工会启封恢复的要求。1926 年 6 月 26 日,上海总工会被军阀当局封闭后,上海各产业、各区工会纷纷发表声明,表示坚决拥护上海总工会及其领导。次月,

---

① 《中国共产党第一个决议》,中央档案馆编:《中共中央文件选集(1921—1925)》第 1 册,中共中央党校出版社 1989 年版,第 6 页。

② 《关于"工会运动与共产党"的议决案》,中央档案馆编:《中共中央文件选集(1921—1925)》第 1 册,中共中央党校出版社 1989 年版,第 80 页。

③ 《上海总工会简章(1925 年 6 月)》,中央档案馆、上海市档案:《上海革命历史文件汇集:上海各群众团体文件(1924—1927)》,1988 年 12 月,第 12 页。

④ 《中国共产党为总工会被封告工友》,《向导》第 131 期,1925 年 9 月 25 日。

召开了上海总工会第三次代表大会，从 20 万名有组织的工人中产生了 132 名代表前来参会，代表们结合上海工人实际，围绕经济待遇、政治权利、工作条件等提出了十余项要求，如"工资当按照物价至少每年必须增加一次；改良女工和童工之待遇；工人有集会、结社、言论、出版之自由等"①，通过了完全接受第三次全国劳动大会议决案、坚决拥护全国总工会、立即启封上海总工会会所等会议的决议，推举了上海总工会执委和候补执委，由李立三担任委员长。1927 年 2 月，上海总工会机关报《平民日报》创刊，及时报道上海工人运动各种消息，宣传上海革命思想，不久便遭到国民党当局的查封。被查封后的上海总工会遭受"官厅之压迫、长主之压迫、工会不良职员及流氓之捣乱"②等境况，可谓生存之艰难。应该说，特殊环境之下的上海总工会起起落落，发展路途中阻碍不断，但在领导上海工人运动中所发挥的突出作用值得被肯定。

工人运动作为一种实践活动，需要科学的理论加以指导，方可在斗争中不断取得发展。据资料记载，这一时期上海地区仅在罢工中建立的工会组织便有117 个，"吸纳工会会员近 20 万人"③。1925 年 6 月，中共中央就工会条例发布《为工会条例事告全国工人》，盛赞工会组织在工人罢工斗争中发挥的重要力量，并号召一切工人加入工会。中共上海区委积极开辟工人运动的理论指导路径，如创办支部训练班，规定课程内容，以实现"扩大工人团结、巩固工人团结，引导工人群众作经济的争斗，以促起其政治的觉悟"④等目标。纵观上海早期工人运动的发展历程，起先多以经济斗争为主且在物质上取得一些胜利，而自早期马克思主义者指导以及早期共产党人领导工会组织以后，尝试性运用马克思主义理论指导工人运动，分析劳苦大众遭受压迫和剥削的根源，逐步使得上海工人运动朝向更加自觉联合的政治斗争发展，推动马克思主义在上海更进一步的传播与实践。

---

① 《上海工人之总要求》，上海社会科学院"中国现代史"创新型学科团队、上海社会科学院历史研究所现代史研究室整理：《上海工人运动历史资料》第 1 辑，上海书店出版社 2016 年版，第18 页。

② 《上海总工会被封闭后之工作概况（1926 年 1 月）》，中央档案馆、上海市档案馆：《上海革命历史文件汇集：上海各群众团体文件（1924—1927）》，1988 年 12 月，第 94 页。

③ 中共上海市委党史资料征集委员会主编：《中共上海党史大事记（1919.5—1949.5）》，知识出版社 1988 年版，第 87 页。

④ 《上海区委支部训练班课程内容（1926 年 1 月 6 日）》，中央档案馆、上海市档案馆：《上海革命历史文件汇集：上海各群众团体文件（1924—1927）》，1988 年 12 月，第 119 页。

第四节　纪念活动与马克思主义
"仪式化"传播

纪念活动是指"特定的政治组织、社会团体或个人带有明确的目标和效果，以历史人物或者事件为载体，在具体的思想观念指导下策划和组织的群众性仪式"①。作为一种政治资源，纪念活动蕴含着特定的政治追求、文化意味和教育价值，具有叙述历史和激励情感等功能，对于追忆历史具有重要意义。在上海，早期共产党人重视纪念活动，围绕国际共运重要节日、国际共运和中国革命重大事件、马克思主义经典作家、重要历史人物逝世日等主题开展了形式多样、内容丰富的纪念活动。在纪念活动中，通过举行集会、演讲、散发报刊纪念专刊或者小册子、发表纪念文章等形式，对马克思主义理论以及党的政策进行传播与普及，阐述马克思主义的基本理论和观点，介绍经典作家的生平事迹和历史功绩等，促进了受压迫民众对马克思主义的认同与接受，推动了马克思主义在上海的大众化传播。就此问题，瞿秋白如是阐述："中国革命运动纪念日历史意义，处处证明马克思主义历史经济哲学及政治学说，证明马克思主义正指导着中国革命行向胜利的道理。"②应该说，纪念活动彰显了政治行为动员、政治主张表达、团结凝聚民众、启发民众觉悟等丰富功能，亦成为马克思主义在上海"仪式化"传播的重要途径。

一、马克思主义经典作家纪念活动

马克思主义经典作家纪念活动旨在树立马克思、恩格斯、列宁等经典作家的正面形象，宣传和推广经典作家的生平、业绩、贡献和地位，阐释经典作家理论来源及其对于中国的意义，在树立革命导师形象、获取民众认同、强化集体记忆等方面具有重要的政治价值。因此，经典作家纪念活动在上海的开展，推动了经典作家文献著作的出版发行，展示了经典作家理论的思想魅力和实践力量，在推进马克思主义的传播方面发挥了积极作用，为激励民众在情感上接受和认同马克

---

① 童小彪：《中国共产党纪念活动与马克思主义中国化》，中国社会科学出版社2010年版，第14—15页。

② 瞿秋白：《中国之革命的五月与马克思主义》，《向导》第151期，1926年5月1日。

思主义提供便捷之道。

1. 纪念马克思的活动

马克思的纪念活动成为宣传马克思主义的常态化活动，其重要意义在于"缅怀马克思的伟大人格和历史功绩，重温马克思的崇高精神和光辉思想"①，汲取马克思精神和思想的精髓。中国共产党自创立开始，在上海发起、组织、参与多次有关马克思的纪念活动，增进民众对马克思主义创始人生平、思想、功绩的了解和认同，深化了对马克思主义科学性、真理性的认识，对于马克思主义的宣传产生积极影响。

首先，举行纪念大会是开展马克思的纪念活动的经常性选择。譬如，中共于1922年5月5日在上海、北京、广州等地首次集中组织纪念活动，拉开了开展纪念马克思诞辰活动的序幕。据资料记载："五月五日全国共产党所在地都开马克思纪念会，分散马克思纪念册二万本。"②可见活动阵势以及马克思的影响力之大。在上海地区，中国劳动组合书记部牵头举行马克思诞生104周年纪念大会，报告了马克思生平，共产党人陈望道、沈雁冰等人发表演讲，增进民众对马克思及其主义的认识。又如，1924年5月5日，上海大学召开马克思诞辰106周年纪念大会，瞿秋白主要围绕反抗国民党右派等内容发表演说，并与任弼时在现场高唱《国际歌》以"弘扬共产主义精神"③，现场气氛极其热烈。再如，1925年5月5日，为了纪念马克思诞辰107周年，中共中央在上海大学举办纪念会，恽代英、任弼时等人相继演讲，约五六百人参加纪念大会，集体重温了马克思的思想。不难看出，主题鲜明、氛围浓厚的纪念会议成为纪念活动采取的重要方式，浓厚了纪念活动的氛围，拉开了中共纪念马克思诞辰活动的序幕。

其次，文本宣传是中共纪念马克思诞辰活动的另一重要载体，集中表现为发表有关纪念马克思诞辰的文章、出版发行纪念马克思的经典著作等。为了纪念马克思诞辰，上海的《新青年》《先驱》和《中国青年》等早期共产党人主编或参与编辑的报刊发表一批介绍马克思及其学说的文章。譬如，1919年5月的《新青年》第6卷第5号专门开设"马克思研究"专号，刊载了顾兆熊《马克思学说》、陈启修的《马克思的唯物史观与贞操问题》等文章，从原定出版时间推测来看，专号应为纪念马克思诞辰101周年所用。1922年，《新青年》发表了陈独秀《马

---

① 习近平：《论中国共产党历史》，中央文献出版社2021年版，第193页。

② 《中共中央执行委员会书记陈独秀给共产国际的报告》，中央档案馆编：《中共中央文件选集（1921—1925）》第1册，中共中央党校出版社1989年版，第49页。

③ 王铁仙：《瞿秋白传》，人民出版社2011年版，第152页。

克思的两大精神》一文,介绍马克思主义具有实际研究和实际活动的精神,呼吁青年将马克思主义当作社会革命的原动力,此文亦作为马克思纪念大会上的演讲稿。1924年,李季在《新青年》发表《马克思传及其学说自序》,介绍了马克思的生平和思想,加大了马克思的宣传。又如,为了纪念马克思诞辰105周年,《先驱》于1923年5月5日刊发《马克思诞生百零五周年纪念日敬告中国青年》,宣传并强调了马克思主义是无产阶级革命的唯一指导原理,而青年作为未来的创造者要担负起改造中国的重任,因此这一客观现实"需要青年学会用马克思主义来改造中国社会"①。再如,1925年5月5日,任弼时撰写了《马克思主义概略》在《中国青年》发表,文中介绍《共产党宣言》部分内容,阐发了马克思主义的阶级斗争学说、剩余价值学说,提倡要以马克思主义作为研究学问的工具。彭述之于1926年5月发表《五五纪念与中国:马克思主义与中国革命》一文,阐释了马克思主义与人类社会、中国革命的关系,深入浅出地解释了马克思主义作为"指南"和"武器"的功能,帮助民众对马克思主义产生更为形象的认知,强调马克思主义是"解释宇宙、改造宇宙的方法和工具以及反抗和脱离剥削阶级压迫的武器"②。与此同时,邓中夏撰写了《怎样纪念"五五"》一文,积极倡导发挥马克思诞辰日对于扩大共产主义宣传的作用,唤起全世界无产阶级的觉悟,并在此基础上开展大规模群众运动,进而唤醒工人力量为"实际革命做准备"③。

最后,编印马克思主义纪念册或书籍亦是开展纪念马克思活动的重要方式。如上文提及的1922年5月马克思诞辰104周年之际,上海地区除了举办了马克思诞辰纪念会,还专门出版发行了由中国劳动组合书记部编印的《马克思纪念册》,收录《纪念日敬告工人与学生》和《马克思传》等文章,详细介绍马克思的生平活动、人格精神及其思想价值等,是在中国出版的首个马克思纪念册;上海的人民出版社发布有关"马克思全书"、"列宁全书"、"康民尼斯特丛书"等书籍出版计划等。中共中央于1926年4月在马克思诞辰纪念日之前发表通告,试图借助马克思诞辰纪念活动,"在其出版刊物、公开或秘密集会上,努力消除各方面对马克思主义的'曲解和误会'"④。综上可见,纪念活动有效推动了马克思主

①　中国社会主义青年团:《马克思诞生百零五周年纪念日敬告中国青年》,《先驱》第17期,1923年5月5日。

②　述之:《"五五"纪念与中国》,《人民周刊》第11期,1926年5月。

③　宗侠:《怎样纪念"五五"》,《工人之路》第310期,1926年5月5日。

④　中共中央宣传部办公厅、中央档案馆编研部编:《中国共产党宣传工作文献选编(1915—1937)》,学习出版社1996年版,第715页。

义文章的发表和著作在上海的发行,运用强烈和集中的表达力量号召进步人士以及广大民众以马克思主义为武器投身自身解放事业中来,强化了民众对马克思的集体记忆与思想塑造,取得了良好的宣传教育效果。

由上观之,上海地区围绕马克思诞辰主题的系列文本在介绍马克思的生平功绩、阐释马克思主义基本理论观点以及用马克思主义理论分析中国实际等方面发挥重要作用,清晰了马克思在中国民众心目中的具体形象并使得民众对马克思有更多了解与认同。上海地区形式多样的马克思诞辰纪念活动有效推动了马克思主义的传播,帮助民众学会运用马克思主义理论作为自身解放的武器,昭示了中国共产党高扬马克思主义旗帜以及缅怀承继马克思伟大思想的坚定决心,正所谓纪念马克思便是为了"向人类历史上最伟大的思想家致敬,也是为了宣示我们对马克思主义科学真理的坚定信念"①。

2. 纪念列宁的活动

"列宁是世界革命的理论家与实行家"②,有关列宁的纪念活动有效提升列宁主义影响力。上海地区开展列宁纪念活动始于1924年1月21日列宁逝世之后,并成为中共纪念活动的重要内容。国民党为了悼念列宁,自25日起休会三天,孙中山专门发表了《列宁逝世演说》,演说中称赞列宁为革命中的圣人和最好的模范,建议要进一步巩固党的基础,建成像俄国革命党式的有组织、有力量的机关,高呼"列宁名字和对他的纪念将永世长存"③。1924年2月2日,《中国青年》出版"列宁特号",发表了陈独秀的《列宁之死》,阐释了列宁逝世与俄国革命的关系;发表了恽代英的《列宁与中国的革命》,介绍了列宁有关革命主张和经验,强调了列宁思想中无产阶级联合的重要性,即"革命的同志要集中力量,整齐步伐,而且要得着劳兵农的赞助拥护,然后才有真正的成果"④,强烈号召中国青年担负列宁的未竟之志。1924年2月,上海学界召开由"上大、复旦等单位发起"⑤

---

① 习近平:《论中国共产党历史》,中央文献出版社2021年版,第211页。
② 《上海区委宣传部关于列宁逝世二周年纪念宣传纲要(1926年1月13日)》,中央档案馆、上海市档案馆:《上海革命历史文件汇集:中共上海区委宣传组织部等文件(1925.8—1927.4)》,1986年4月,第105页。
③ 参见吕延勤主编:《马克思主义在中国早期传播史料长编(1917—1927)》中卷,长江出版社2016年版,第557页。
④ 代英:《列宁与中国的革命》,《中国青年》第16期,1924年2月2日。
⑤ 《上海地委兼区委会议记录——杭州工作报告及筹开列宁追悼会事(1924年2月21日7时)》,中央档案馆、上海市档案馆:《上海革命历史文件汇集:上海区委会议记录(1923.7—1926.3)》,1989年10月,第84页。

的列宁追悼会,加深广大学生对列宁主义的了解。同年3月9日,国民党上海执行部等三十余个团体共同举行追悼列宁大会,发行了《上海追悼列宁大会特刊》,瞿秋白、邵力子等人发表演说,重温了列宁思想及其生前革命活动。上海大学《孤星》杂志设立"追悼列宁号",歌颂十月革命和列宁。1925年1月,中共四大发布《对于列宁逝世一周年纪念宣言》中总结了列宁的贡献,肯定对其在创建俄国共产党、苏维埃联邦以及共产国际组织等事件中发挥的作用,赞扬了列宁对马克思主义的运用与发展,高呼"只有列宁主义才是我们自己解放自己的唯一武器"①。《中国青年》设立了"列宁专号",全面介绍了列宁生平思想及历史功绩,加深读者对列宁的了解以及对苏俄革命道路的认可。《向导》亦出版发行了"列宁逝世一周年纪念特刊",为在中国实行列宁主义摇旗呐喊,呼吁受压迫人民"与全世界的工农阶级联合起来去消灭世界资本帝国主义"②,同期陈独秀撰文阐释纪念列宁的意义,并告诫中国民众,纪念列宁的最好方式在于继承列宁遗训,"联合全世界被压迫者,向全世界压迫者作战,为脱离被压迫的地位而战!"③

　　中共上海区委重视列宁的纪念活动,经常性发布文件、通告,要求基层组织开展纪念列宁相关活动。譬如,专门发布了《关于纪念列宁逝世三周年征收新同志问题》的通告,介绍了突飞猛进的中国革命运动形势,强调这一新的事实体现了"列宁主义指导被压迫民族解放的胜利",且要持续保持胜利须"坚持列宁主义火炬,作我们奋斗的唯一先导"④。此外,还要求在列宁纪念周利用各种宣传机会吸收新同志,并规定宣传要点和纪念方法,即"要说明列宁主义民族问题和农民问题,这两点是列宁主义补足马克思主义不完备的地方;各地委或部委可根据当地客观事实印证说明,不要专读些抽象原理等"⑤;就纪念方法而言,则作

---

①　《中国共产党第四次大会对于列宁逝世一周年纪念宣言》,中共中央文献研究室、中央档案馆编:《建党以来重要文献选编(1921—1949)》第2册,中央文献出版社2011年版,第269页。

②　《中国共产党第四次大会对于列宁逝世一周年纪念宣言》,《向导》第99期,1925年1月21日。

③　独秀:《列宁与中国——列宁逝世周年纪念日告中国民众》,《向导》第99期,1925年1月21日。

④　《上海区委通告——关于纪念列宁逝世三周年征收新同志问题(1927年1月14日)》,中央档案馆、上海市档案馆:《上海革命历史文件汇集:中共上海区委文件(1926—1927)》,1986年6月,第146页。

⑤　《上海区委通告——关于纪念列宁逝世三周年征收新同志问题(1927年1月14日)》,中央档案馆、上海市档案馆:《上海革命历史文件汇集:中共上海区委文件(1926—1927)》,1986年6月,第146—147页。

出明确的任务分配和规定,如"区委召集各部委各党团活动分子会、部委召集活动分子会及支部书记干事联席会、支部召开支部大会做列宁纪念的报告、各部委各支部要尽量设法召集各种群众会议以纪念列宁并做许多宣传"①等;还发布了宣传列宁主义的响亮口号,如"列宁是世界革命的导师、列宁是世界工人的领袖、觉悟的工人应加入列宁的政党——共产党、学习列宁主义、拥护中国与苏俄（被压迫者）之联合"②,"列宁是全世界工人的领袖,觉悟的工人应加入列宁的政党——共产党,学习列宁主义"③等。1926 年,中国共产党、中国共产主义青年团共同发表《列宁逝世二周年纪念告被压迫的民众》,告诫民众列宁主义的伟大意义在于其乃是民众解放以及消灭压迫的武器,号召民众迅速行动,以尽快"努力了解列宁主义,实行列宁主义"④。1927 年 1 月,中国社会主义青年团发布了《中国共产主义青年团为列宁纪念周告青年》,指明青年团乃是代表中国青年利益的共产主义组织,亦是"中国青年学习列宁主义的唯一的实际教育机关"⑤,在此从列宁的纪念活动中可见早期传播者对列宁及其理论的重视。据时人统计,截至 1927 年 1 月党员实现了大发展,"党员现大发展,上礼拜计算有三千五百人,我想本周统计还可达到四千,因有列宁周。"⑥简言之,上海地区列宁纪念活动的开展,提升了列宁主义的影响力,有效壮大了共产党员的队伍。

除此之外,在上海松江、宝山等地区,进步青年在基层积极开展有关列宁逝世纪念活动,帮助基层民众了解列宁的思想。1924 年 1 月列宁逝世后,松江进步青年侯绍裘便在松江举行了列宁追悼会,和恽代英一同作演讲,并在《松江评论》发表《列宁略传》一文,介绍了俄国十月革命,缅怀和讴歌了列宁的光辉事迹。1926 年,中共上海区委发布了《关于列宁逝世二周年纪念宣传纲要》,高度

---

① 《上海区委通告——关于纪念列宁逝世三周年征收新同志问题（1927 年 1 月 14 日）》,中央档案馆、上海市档案馆:《上海革命历史文件汇集:中共上海区委文件（1926—1927）》,1986 年 6 月,第 146 页。

② 《上海区委通告——关于纪念列宁逝世三周年征收新同志问题（1927 年 1 月 14 日）》,中央档案馆、上海市档案馆:《上海革命历史文件汇集:中共上海区委文件（1926—1927）》,1986 年 6 月,第 148 页。

③ 中央档案馆、上海市档案馆:《上海革命历史文件汇集:上海区委会议记录（1926.12—1927.2）》,1990 年 3 月,第 361 页。

④ 《列宁逝世二周年纪念告被压迫的民众》,中央档案馆编:《中共中央青年运动文件选编（1921.7—1949.9）》,中国青年出版社 1988 年版,第 92 页。

⑤ 《中国共产主义青年团为列宁征集周告青年》,《中国青年》第 150 期,1927 年 1 月 15 日。

⑥ 中央档案馆、上海市档案馆:《上海革命历史文件汇集:上海区委会议记录（1926.12—1927.2）》,1990 年 3 月,第 435 页。

赞扬了列宁广阔的革命眼光,"时时注射到地球的全面积上"①,提醒广大民众将"列宁所给我们的教训与功绩深深地记起"②。正如《向导》周刊发表的《悼列宁》一文所指出的,列宁率先主张西方社会革命与东方国民革命加以联合以推翻帝国主义,乃是"为人民奋斗的共产党创始人和中兴马克思主义之唯一思想家"③。鉴于列宁在中国的重要地位,列宁的纪念活动受到中共中央以及中共上海区委的高度重视,丰富的纪念活动取得了良好效果,帮助上海的先进分子以及广大民众进一步坚定俄国革命的道路。

除了对马克思、列宁等人,上海地区组织开展李卜克内西、卢森堡等人物的纪念活动。例如,为了纪念李卜克内西等人牺牲三周年,上海区委根据中共中央关于召开李卜克内西纪念会的通知精神,组织马克思学说研究会等团体于1922年1月15日在上海的宁波会馆发起召开"德社会学者纪念会"。同时,人民出版社出版了《纪念李卜克内西与卢森堡》小册子,印有李卜克内西和卢森堡相关照片,登载了陈独秀的《发刊旨趣》、李特的《李卜克内西传》、卢淑的《卢森堡传》、沈泽民翻译的《悼李卜克内西与卢森堡》等一批文章,加大了对李卜克内西和卢森堡英勇事迹的宣传,感召更多的觉悟人士加入革命队伍。简言之,通过开展李卜克内西和卢森堡的纪念活动,宣扬李卜克内西和卢森堡为国际共产主义运动献身事迹及其奋斗精神,呼吁中国青年"快快猛省！奋起!! 联合全世界无产阶级青年和全世界有产阶级的帝国主义决斗!!!"④,动员鼓舞了进步青年和无产阶级投入反帝斗争,提升了知识分子以及无产阶级劳动大众的阶级觉悟。

二、国际共运重要事件、节庆日纪念活动

纪念活动具有政治仪式与象征等功能,借助纪念活动可以增强理论阐释的效果,为马克思主义的早期传播提供了认知基础。上海早期共产党人利用国际共运重要事件、十月革命、五一国际劳动节、三八国际妇女节等节庆日纪念活动,

---

① 《上海区委宣传部关于列宁逝世二周年纪念宣传纲要(1926年1月13日)》,中央档案馆、上海市档案馆:《上海革命历史文件汇集:中共上海区委宣传部组织部等文件(1925.8—1927.4)》,1986年4月,第105页。

② 《上海区委宣传部关于列宁逝世二周年纪念宣传纲要(1926年1月13日)》,中央档案馆、上海市档案馆:《上海革命历史文件汇集:中共上海区委宣传部组织部等文件(1925.8—1927.4)》,1986年4月,第108页。

③ 仁静:《悼列宁》,《向导》第52期,1924年1月20日。备注:此文发表时间有误,实际发行时间在1月22日之后,因列宁逝世时间为1月21日。

④ 只眼:《发刊旨趣》,《纪念李卜克内西和卢森堡》,人民出版社1922年版,第2—3页。

开展形式丰富的宣传教育活动,有效唤醒了工人阶级、妇女群体等受压迫民众的觉悟,引领进步人士从中汲取经验教训,提升了早期共产党人以国际共产主义实践为参照而应用马克思主义的能力,为上海工人运动以及中国革命实践寻求参照。

1. 十月革命纪念活动

十月革命开启了世界无产阶级革命的征程,为深陷苦难的中国人民"送来了马克思列宁主义"①,"论社会革命之著名者,称俄罗斯,所谓'模范国'是也"②,对中国革命性质、中华民族历史以及世界无产阶级解放事业均产生深远影响。基于此,十月革命纪念活动成为中国民众了解苏俄的重要载体,亦成为协调与苏俄及共产国际之间关系的重要平台。中共中央和中共上海区委高度重视十月革命系列纪念活动,发布文件和通告规定了纪念十月革命的主题和宣传要点。应该说,十月革命纪念活动的开展,有利于进行广泛的政治动员以及对中国革命问题的探索,营造了对十月革命道路的理解认同以及对苏联共产党和国家推崇的舆论氛围,加大了苏联对于国际社会贡献以及对中国革命建设援助支持等事迹的宣传,发挥了纪念活动的外交功能等,对中苏关系协调维护和中国共产党自身国际影响力的增强均具有积极意义。

首先,发表纪念类文章成为纪念十月革命的重要方式。譬如,为了纪念俄国十月革命三周年,周佛海发表《俄国共产党政府成立三周年纪念》一文,站在世界革命和社会主义前途的高度强调了纪念活动的重要性,高度赞扬了俄国十月革命的伟大意义,并在比较中俄两国国情基础上提出俄国十月革命改造社会的方法适用于中国,认为可以借鉴俄国革命战略进行中国社会的改造,并表达了"我们崇拜他们,信仰他们,为他们作纪念的精神,是至死不变的"③的心声。又如,为了纪念十月革命五周年,《先驱》第 13 号特别出版"苏维埃俄罗斯五周年纪念号"纪念特刊,发表《劳农俄国问答》和《一九一七年十一月七日》等文章,加深民众对十月革命的了解;同年 11 月,共产国际代表马林撰写了《俄国革命五周年纪念》一文在《向导》发表,文章肯定了俄国革命在近世史中的地位,认为俄国革命是关乎社会主义社会的重要步骤,社会主义的成功关系到种族不平等、战争与贫困等问题的消灭,因此呼吁"一定要庆祝俄国革命五周年纪念"④,并对中

① 《毛泽东选集》第 4 卷,人民出版社 1991 年版,第 1471 页。

② 《毛泽东早期文稿》,湖南出版社 1990 年版,第 454 页。

③ 无懈:《俄国共产党政府成立三周年纪念》,《共产党》第 1 号,1920 年 11 月 7 日。

④ 马林:《俄国革命五周年纪念》,《马林在中国的有关资料》,人民出版社 1980 年版,第 140 页。

共纪念十月革命提出要求。再如,1923 年 11 月,团上海地委就开展俄国十月革命六周年活动召开庆祝会,在《民国日报》副刊《觉悟》专设俄国革命特号,将上海分为六个区域并选择在"工人上工、放工时进行发放传单"①,以"极简单之语句,印数千小传单"②,在工厂门口散发给工人,向他们宣传十月革命。《向导》出版"十月革命特刊",号召进步人士"研究列宁主义,实行列宁主义,努力继续十月革命的工作"③。《中国青年》第 52 期设立"苏俄革命纪念特刊"、第 139 期设立"纪念十月革命号",介绍苏俄革命后的建设成就经验,阐述了列宁与中国革命的关系,通过开展纪念列宁活动以鼓舞中国青年崛起奋斗。

其次,发布各类文件通告,动员民众参与纪念十月革命活动,为学习苏俄道路凝聚力量。为了统一思想,中共中央、中共上海区委发布倡议、通告明确统一要求,动员民众积极学习苏俄。1925 年 10 月,中共中央就开展纪念十月革命活动发布通告,要求各地"尽可能的召集公开的群众集会"④,在集会上重点介绍苏俄在十月革命后帮助中国民族运动的所作所为,动员民众积极接受苏俄的帮助。中共上海区委亦发布《关于十月革命纪念、发起各团体代表大会问题》通告,对纪念活动予以指导,如"尽可能性的去召集比较人数多的会议(工人、学生、民校等),散发传单,发表文字,以代我们的宣传工作"⑤。国共合作之后,随着"联俄"政策的确定,十月革命的纪念活动更加有序。1926 年 10 月,中共中央对纪念十月革命活动进行部署,要求各地党组织在纪念日开展联合苏联的广泛宣传,向群众传达苏联的实际状况以及帮助中国的实情,揭示出"帝国主义与苏联对中国的不同点"⑥等内容,增进民众对苏联道路的认同,并且对于消除研究系以

① 《团上海地委报告第五号——庆祝俄国十月革命六周年的情况》,中央档案馆、上海市档案馆:《上海革命历史文件汇集:青年团上海地委文件(1922.7—1927.1)》,1987 年 9 月,第 21 页。

② 《上海地委兼区委第二十次会议记录——店员联合会、吴淞工人工作、俄国革命纪念日活动及编组等问题(1923 年 11 月 1 日)》,中央档案馆、上海市档案馆:《上海革命历史文件汇集:上海区委会议记录(1923.7—1926.3)》,1989 年 10 月,第 41—42 页。

③ 述之:《十月革命与列宁主义》,《向导》第 90 期,1924 年 11 月。

④ 《中央通告第六十号——声援广州政府和纪念十月革命宣传要点(1925 年 10 月 28 日)》,中央档案馆编:《中共中央文件选集(1921—1925)》第 1 册,中共中央党校出版社 1989 年版,第 3 页。

⑤ 《上海区委通告——关于十月革命纪念、发起各团体代表大会问题(1925 年 11 月 5 日)》,中央档案馆、上海市档案馆:《上海革命历史文件汇集:中共上海区委文件(1925—1926)》,1986 年 4 月,第 60 页。

⑥ 《中央通告第二十五号》,中共中央宣传部办公厅、中央档案馆编研部编:《中国共产党宣传工作文献选编》第 1 册,学习出版社 1996 年版,第 773 页。

及国家主义派反对苏联的宣传影响以及在民众中解除所谓"赤色帝国主义"的恐怖具有积极作用,增强了民众对苏联形象的进一步认同以及在建立和维护中苏关系中发挥了重要作用。为了向广大工友阐明纪念十月革命的意义,上海区委专门发布告工友书,以俄国共产党率领俄国工人打倒俄皇制度、推翻资产阶级并建立自己国家为具体案例,激励工友们联合起来,以"鼓舞精神,努力奋斗,走向俄国工人的道路"①,呼吁仿照俄国经验,组织坚强有力的工会并加入共产党,积极联合并武装起来打倒军阀、打倒帝国主义,以"在中国做一个十月革命"②。由此可见,一系列通告文件的发布,在宣传十月革命精神的同时,对上海等各地十月革命纪念活动形成有力指导,表达了中共学习苏俄的坚定态度和宣传苏俄革命的决心,以及对上海地区对十月革命纪念活动的重视。但是总体而言,上海地区开展十月革命纪念活动的范围有限,宣传和组织力量尚不够强,因此其影响程度并非很大,尚处于起步阶段。

2. 五一国际劳动节纪念活动

五一国际劳动节的设立得到各国工人的热烈响应,于全世界劳动人民而言意义非凡。作为国际性纪念节日,五一劳动节是全世界被压迫阶级和民族对"国际帝国主义示威"③的日子,亦是劳动人民为维护自身权益的民主示威活动以及对自身权益的诉求的直接表达,具有重大的世界性历史意义。近代上海作为旧中国的工商业中心,工人阶级与资产阶级比重很大,而工人队伍的急剧扩大以及工人运动的兴起带来了突出的劳资问题,"劳资纠纷如风起云涌一发而不可后遏"④,劳工神圣等口号不绝于耳。数量众多的工人深受多重压迫,生活境遇悲惨,各类为增加工资、改善待遇的罢工、冲突此起彼伏。尤其在俄国十月革命、英法美日等国罢工、印度等殖民地的民族独立运动所汇聚的世界革命洪流的影响下,广大劳动者的力量空前凸显,引起国内进步知识分子对劳工问题前所未有的关注,鼓舞了上海工人阶级等劳苦大众为改善自身处境奋力而起。因此,五四运动高潮之后,各种党派和社会团体在社会关注劳工问题的潮流下,掀起鼓吹

---

① 《上海区委告工友书——纪念十月革命节的意义》,中央档案馆、上海市档案馆:《上海革命历史文件汇集:中共上海区委文件(1926—1927)》,1986年6月,第1页。

② 《上海区委告工友书——纪念十月革命节的意义》,中央档案馆、上海市档案馆:《上海革命历史文件汇集:中共上海区委文件(1926—1927)》,1986年6月,第2页。

③ 《上海区委通告:"五一"、"五四"纪念日的工作方针(1926年4月24日)》,中央档案馆、上海市档案馆:《上海革命历史文件汇集:中共上海区委文件(1925—1926)》,1986年4月,第152页。

④ 张仲礼主编:《近代上海城市研究(1840—1949)》,上海人民出版社2014年版,第536页。

劳工运动的热潮,促使工人觉悟的觉醒与劳资问题的勃发。在上海,为了宣传和普及马克思主义基本原理,以陈独秀、邓中夏等为代表的初具共产主义思想的知识分子群体团结凝聚工人,开始深入工厂中宣传马克思主义,组织开展一系列五一劳动节纪念活动,为马克思主义理论与工人运动找到新的结合点,培育了一批新兴的传播主体,引起更多苦难民众对五一劳动节以及自身利益的关注,助力工人阶级成长为独立的政治力量。

　　五一劳动节纪念活动是上海地区宣传劳工运动的重要渠道之一。1920年劳动节出版的《新青年》"劳动节纪念号"专刊以法国雕塑家罗丹的劳工神圣纪念碑图案为封面,被看作是"'游惰神圣'的民族一声警钟"①,大幅增页后发表了近30篇有关劳动者和劳动主题的文章,且一半以上篇幅以翔实的调研资料登载了上海、北京、天津、长沙等地工人运动和劳动组织状况,介绍了俄国的《劳动法典》,文中细致的规定与中国劳工实际境遇形成强烈对比,启发读者学习俄国并为改变劳工处境而努力;还发表了《上海劳动状况》一文,刊载了上海工人阶级的实际生活和劳动情形。与此相呼应的是,《星期评论》"劳动日纪念"专号刊载了"劳动世界歌",封面采用上海美术学校学生绘制的劳工劳动图,宣扬了劳工运动。1922年1月,上海早期党组织动员党团员、工人中的积极分子等150余人,于农历大年初一走上街头散发"贺年贴",印有宣传共产主义内容的《太平歌》②歌词,揭露劳工的悲惨命运,宣传共产主义社会的公有制特征,在人员集中的上海"新世界"等游乐场所散发了2万余张传单,宣传了帝国主义和封建军阀的恶劣行径和丑恶嘴脸。1922年4月,中国劳动组合书记部在工人中发放了由施光亮编写的《劳动运动史》,介绍世界各国劳动运动的状况,指导广大工友要结合中国实际情况,选取恰当的劳动运动方式,而"不致再走别国劳工走错过的路"③。1924年5月,上海工团联合会在河南北路的天后宫举办劳动节纪念会,散发《劳动八点钟纪念歌》、《上海国民党工人部敬告工界的兄弟姐妹们》等宣传品,邀请了日本劳动总同盟会长铃木文治及会员西尾未广等人赴会演说,使广大工人阶级对劳动运动有了更进一步的了解。由此看出,随着马克思主义的传播,劳动创造生活、劳动创造价值成为上海早期传播者讴歌劳动的主题,工人阶级等劳苦大众的地位则被愈发重视,将马克思主义、社会主义与劳动者相结合的宣传

---

　　① 《本志特别预告》,《新青年》第7卷第5号,1920年4月1日。

　　② 《太平歌》歌词:天下要太平,劳工须团结。万恶财主铜钱多,都是劳工汗和血。谁也晓得:为富不仁是盗贼。谁也晓得:不做工的不该吃。有工大家做,有饭大家吃,这才是共产社会太平国。

　　③ 《劳动运动史出版广告》,《新青年》第9卷第6号,1922年7月1日。

日益增强并取得积极效应。

中国共产党重视劳动节纪念活动，将五一劳动节作为组织无产阶级劳动运动、促进劳动阶级意识觉醒的重要节日。在上海，坚持举办相应纪念活动，发挥报刊、工会组织作用，表达基层民众声音，并配合共产国际以建构国际形象。为了纪念劳动节，《新青年》《星期评论》和《建设》等报刊共同行动，发行五一国际劳动节纪念特刊，刊发了李大钊《"五一"May Day 运动史》等文章，掀起马克思列宁主义传播的热潮。1919 年，出版于上海的《劳动》月刊率先向劳动人民宣传了五一节的意义，呼吁工人团结起来以"完成那'八'小时运动的使命，更进而负起'六'小时运动的新使命来"①。同年 5 月 1 日，李大钊发表文章，作出了未来 5 月 1 日将会有更多的人注意和纪念的判断。1920 年 4 月 18 日，中华工业协会等七个团体组织召开联席会议，筹备上海首次纪念五一节活动，并一致商定取名为"世界劳动纪念大会"。陈独秀策划了《新青年》"劳动纪念号"，描述了工人阶级以及劳工运动的现状，译载苏俄劳动法典以及国内报刊就苏俄宣言的讨论。与此同时，还刊载了陈独秀在上海劳动节纪念大会筹备会上的讲演稿《劳动者的觉悟》，用马克思主义观点揭露和批判了资本主义的剥削，强调了劳动者觉悟分为两步走，即"一是待遇，二是管理权"②，号召工人阶级行动起来进行革命。经过前期准备，上海、北京、广州等地工人群众于 1920 年 5 月联袂行动，举行多城联动、声势浩大的罢工游行，成为中国历史上首个五一劳动节纪念活动，显示出马克思主义传播语境下中国工人阶级的觉醒，也标志着中国工人运动与世界工人运动联结的开始。在上海，杨树浦、厚生、恒丰等纱厂资本家慑于罢工的声势，在工人提出增加收入的需求之后，当即表示同意，甚至萤昌火柴一、二等少数工厂主动为工人增加工资以避免工人罢工的发生，以上较好地体现了"纪念劳动节后的新形势"③，即五一节纪念活动所取得明显成效。

1921 年 4 月，李启汉代表上海共产党早期组织邀请上海机器工会、中华工业协会、工商友谊会等团体，成立"纪念劳动节筹备委员会"，商讨五一节纪念活动的筹备事宜，但受到法租界巡捕房的搜查，且纪念活动的宣传品被没收，所策划的五一纪念活动遭受破坏。5 月 1 日当天，上海工人冲破租界当局和军阀政府的阻挠，在老靶子路（今武进路）举行首次五一劳动节纪念大会，大会介绍了

① 李大钊：《"五一"May day 运动史》，《新青年》第 7 卷第 6 号，1920 年 5 月 1 日。

② 陈独秀：《劳动者的觉悟》，《新青年》第 7 卷第 6 号，1920 年 5 月 1 日。

③ 沈以行、姜沛南、郑庆声：《上海工人运动史》上卷，辽宁人民出版社 1991 年版，第 70 页。

五一劳动节的意义,欢呼"劳工万岁"等口号。李启汉等人在沪西、闸北等地散发纪念五一节传单,来自各行业数百名工人参加了大会。与此同时,中华工业协会、中华工会总会、电器工界联合会、中华全国工界协进会、中华工界志诚会、船务栈房工界联合会和药业友谊会等七个团体于晚间集合召开会议,发布《上海工人宣言》和《答俄国劳农政府底通告》,进一步统一工人思想,凝聚工人力量。在七团体联席会议上被推选为顾问的陈独秀、施存统和陈望道,在上海的澄衷中学参加纪念五一节集会,宣传纪念活动的意义和目的。应该说,上海早期马克思主义者以及共产党人高度重视五一节的纪念活动,在宣传劳动运动、凝聚工人民众方面有着突出表现。

国民党人对劳动运动问题亦予以关注和研究。戴季陶、林云陔、胡汉民等人对劳工以及劳动运动问题均阐发了自己的观点,发表了《文化运动与劳动运动》和《上海的同盟罢工》等一系列文章,在客观上推动了上海劳工运动的发展。戴季陶是研究劳动运动问题的重要代表之一,发表了多篇有关劳动运动问题的文章。譬如,他在《星期评论》发表《劳动运动的发生及其归趣》一文,阐发了五四、六五运动与中国产业界的新问题,认为经历两个大运动之后,上海同盟罢工事接连发生,劳动阶级更显团结,且"直接间接的促起中国资本阶级劳动阶级两方面的阶级意识"[1]。1920年4月25日,他在《星期评论》"劳动纪念号"发表《文化运动与劳动运动》一文,提出无产阶级新文化概念,强调劳动问题渐渐成为中国的唯一重大问题,认为劳动运动的目的在于"要社会主义的、世界的、平和的",而劳动运动的手段则"要实际的、具体的、继续的、团结的、直接的、奋斗的"[2],由此看出国民党人关于劳动运动的理念及主张。为了引领劳动运动发展,上海地区于1923年设立"劳动运动委员会",制定了运动计划、进行方法以及临时应对策略等,对劳动运动委员会的议事规则作出规定,需"会同中央特派员及地方执行委员会共同商决之"[3]。在先进分子对劳动运动的强烈呼吁下,上海的工人中开始发展工会组织活动,为革命集聚更多工人力量。据统计,仅在1922年,上海新成立了中国劳工同盟会、上海职工俱乐部、湖南劳工会驻沪办事处等新型工会组织,且"总数达三十多个"[4]。

---

① 季陶:《劳动运动的发生及其归趣》,《星期评论》第41号,1920年3月14日。

② 季陶:《文化运动与劳动运动》,《星期评论》"劳动纪念号",1920年5月1日。

③ 《上海地委兼区委第一次会议记录》,中央档案馆、上海市档案馆:《上海革命历史文件汇集:上海区委会议记录(1923.7—1926.3)》,1989年10月,第5页。

④ 沈以行等编:《中国工运史论》,辽宁人民出版社1996年版,第105—106页。

劳动阶级概念的普及乃至劳动阶级身份的确认成为劳动节纪念活动的重要内容。上海《伙友》对"劳动阶级"的概念有着确切的认知和一定的阶级身份认同，"凡是被雇的月薪劳动者都属于劳动阶级"①。刊物提出了"劳动者"和"非劳动者"的范畴来区分阶级阵营，认为劳动者乃是从事生产的无产者，非劳动者是不从事生产的有产者，故而"非劳动者这个阶级叫做有产阶级，和劳动者这个无产阶级对峙着"②。基于以上认识，"劳动者"与"非劳动者"所对应着的正是"有产阶级"与"无产阶级"，这就清晰地划分出社会生活中的阶级阵营，并表征出所谓"劳动阶级"即"无产阶级"；而"有产阶级"与"无产阶级"之间互相"对峙着"，正是说明了社会中阶级间严重对立的现象，而这种阶级对立也正是"压迫者"和"被压迫者"之间的"统治"与"被统治"关系，亦即"只有少数的人在那里安安逸逸享福，多数的人只好在题目底下过枯涩的生活，听他们（按指资本家）使唤，做他们的牛马奴隶"③。以上，以陈独秀为例说明"劳动阶级"范畴问题，借以表明"劳动阶级"意义内涵及其在五四时期思想界的引领性地位。应该说，"劳动阶级"范畴在五四时期思想界使用频率较高，在上海的报刊媒体频频出现，不仅马克思主义者较为广泛地使用，在非马克思主义者的文本中亦有所体现，表征了五四时期思想演进的阶级性特征和激进化色彩。上海早期马克思主义者通过劳动节纪念活动对劳动阶级概念的宣传，较好地激发了劳动者的阶级意识，深化了对劳动运动的认识，这在中共一大所通过的第一个决议中亦有所印证，六个部分内容中有关劳工的内容占据了半壁江山，可见早期共产党人对劳工以及劳动运动的重视。

在上海，五一劳动节纪念活动对于发动民众运动、动员引导民众参加革命以及争取世界无产阶级支持亦具有重要作用。1921年5月1日，上海等多地开展了五一国际劳动节纪念活动，时任上海共产党早期组织代理书记李达以"江春"为名在《民国日报》副刊《觉悟》劳动纪念号发表《"五一"运动》一文，强调五一运动的目标，即"不专在获得八小时工作的条件，乃在积极的努力准备奋斗的手段"④。为了加强劳动运动的宣传，《新青年》和《星期评论》等报刊专门出版劳动节纪念专号，陈独秀等人联合上海机器工会等团体筹备召开劳动节纪念大会，率领工人呼喊"劳工万岁"口号。为了掌握工人思想动态，《劳动界》和《伙友》

① 陈独秀：《伙友》发刊词，《独秀文存》，安徽人民出版社1987年版，第435页。
② 玄庐：《强盗的奴隶》，《伙友》第4册，1920年10月31日。
③ 谷剑尘：《工商伙友同病相怜》，《伙友》第3册，1920年10月24日。
④ 江春：《"五一"运动》，上海《民国日报》副刊《觉悟》"劳动纪念号"，1921年5月1日。

等报刊面向工人征稿,为工人提供了表达自身境遇和思想动态的平台,发表了一批由工人阶级撰写的文章,如《工人应该觉悟的地方》、《我们流出的血汗到哪里去了》、《今日劳工的责任》等,反映工人日渐觉悟的意识以及对自己利益的积极争取,客观上彰显了马克思主义理论的传播效果。

　　1922年,中共指示各地党团组织以纪念五一国际劳动节36周年为契机,动员开展马克思主义宣传。在上海的中国劳动组合书记部等团体积极响应,举行庆祝五一纪念大会和游行活动,董锄平、张秋人等人发表有关劳动主题的演说,受到民众的欢迎。1923年5月1日,在上海各工团纪念劳动节大会上,京汉铁路工会代表受邀报告吴佩孚、肖耀南惨杀工人的情形,进步工会代表发表演说抨击军阀对工人运动的压迫,通过了机器工人俱乐部和湖南劳工会的联合提案。1924年,中共中央发布《关于"五一"、"五四"、"五五"、"五七"之纪念和宣传》的通告,对各类纪念活动予以规划和指导,要求在可能的范围及条件下,"召集工人(以工人为限)讲演会,讲演'五一'的历史等"①。1925年5月1日,中共中央发布通告,指出五一节是检阅全世界工人阶级战斗力的日子,要求以五一节为契机,通过凝聚工人、农民、学生、商人等各方民众力量,力求实现"一切劳苦平民的联合"②,进而在实践中扩展五一节的积极意义。1926年5月1日,上海总工会组织工会代表,召开纪念五一国际劳动节会议,发布了要实现八小时工作制并规定最低限度工作的决议,以保障工人的利益。中共上海区委对开展五一纪念日活动提出工作方针并发出号召:"一是在可能范围内各处召集市民大会;二是各工人区域尽量召集工人代表大会及飞行集会,举行短时讲演;三是印发传单及贴标语;四是注重报纸宣传"③等,由此看出对宣传工作的重视。1927年5月1日,中共中央发布《为"五一"节纪念告中国民众书》,高度评价了广大工人阶级的牺牲精神,强调要正确把握中国革命急剧紧张时机,要竭尽全力"保障革命的胜利和工人阶级的利益"④;还发布了《为"五一"节纪念告世界无产阶级书》,

---

　　① 《关于"五一"、"五四"、"五五"、"五七"之纪念和宣传》,共青团中央青运史研究室、中央档案馆编:《中共中央青年运动文件选编》,中国青年出版社1988年版,第29—30页。

　　② 中共中央宣传部办公厅、中央档案馆编研部编:《中国共产党宣传工作文献选编(1915—1937)》,学习出版社1996年版,第636页。

　　③ 《上海区委通告:"五一"、"五四"纪念日的工作方针(1926年4月24日)》,中央档案馆、上海市档案馆编:《上海革命历史文件汇集:中共上海区委文件(1925—1926)》,1986年4月,第153页。

　　④ 《为"五一"节纪念告中国民众书》,中共中央宣传部办公厅、中央档案馆编研部编:《中国共产党宣传工作文献选编(1915—1937)》,学习出版社1996年版,第793页。

认为中国革命是世界革命的必然组成,中国革命取得胜利必将加快世界资本主义的瓦解速度,故而向全世界发出倡议,要"全力援助中国的无产阶级"①,号召广大受压迫民众力争做"世界'五一'运动的主要队伍",以实现"中国工人及被压迫民众和世界无产阶级及被压迫民族的联合"②,营造了获取世界无产阶级对中国革命的同情与支持的舆论氛围。

3. 三八国际妇女节纪念活动

三八国际妇女节旨在纪念"世界各国妇女为争取和平、民主、解放而斗争"③而设立的节日。在上海,组织开展三八妇女节纪念活动,在动员组织妇女、鼓舞妇女参与革命斗争等方面发挥了重要作用。1921年,上海共产党早期组织举行首次三八妇女节纪念活动,邀请了陈独秀夫人高君曼"前来发表演说"④,激发妇女的阶级意识。中国共产党在上海成立后,重视妇女解放问题,并将妇女运动置于无产阶级解放事业的高度加以谋划,改组了上海女界联合会并创办了《妇女声》,有力推动了妇女运动的发展。

为了更好指导妇女运动的开展,中国共产党于1922年7月首次以政党名义发布了决议,阐明妇女解放与劳动解放之间的深层关系,明确了"只有无产阶级获得了政权,妇女们才能得到真正解放"⑤的马克思主义立场,为妇女运动提供理论指引,发挥了决议的导向作用。1923年6月,中共三大发布的《劳动运动决议案》中,要求设立妇女部并成立妇女委员会,创办可以指导妇女日常生活以及妇女运动的刊物,且强调了"中国妇女劳动运动以上海、天津等处为最盛"⑥,可见妇女运动日益兴盛的状态以及中共对妇女运动的重视程度。1924年3月8日,国共两党妇女在广州、上海组织了第一次三八国际劳动妇女节纪念活动,标志着中国妇女界统一战线的建立。上海的丝纱厂女工协会召开三八妇女节庆祝

---

① 《为"五一"节纪念告世界无产阶级书》,中共中央宣传部办公厅、中央档案馆编研部编:《中国共产党宣传工作文献选编(1915—1937)》,学习出版社1996年版,第798页。

② 《中国共产党第五次全国代表大会为"五一"节纪念告中国民众书》,中共中央文献研究室、中央档案馆编:《建党以来重要文献选编(1921—1949)》第4册,中央文献出版社2011年版,第227页。

③ 《中国妇女大百科全书》,北方妇女儿童出版社1995年版,第20页。

④ 陈绍康编著:《上海共产主义小组》,知识出版社1988年版,第236页。

⑤ 《关于妇女运动的决议》,中央档案馆:《中共中央文件选集(1921—1925)》第1册,中共中央党校出版社1989年版,第88页。

⑥ 《劳动运动议决案》,中央档案馆:《中共中央文件选集(1921—1925)》第1册,中共中央党校出版社1989年版,第150页。

大会,回顾了三八节的来历以及国际妇女运动的历史,邀请女工代表王根英等人发表"中国为什么纪念'三八'"等演说,成为上海首次公开性的妇女节纪念活动,被载入了上海的妇女运动史册。概言之,上海地区三八节纪念活动彰显了女工力量及其思想觉悟。由于妇女节纪念活动诞生在国共合作的背景之下,并非由中共独立领导,国民党方面未能真正支持中共有关工人运动的政策,故而这一阶段的妇女运动最终没有逃离遭遇阻碍与破坏的境遇。

随着马克思主义的传播以及上海妇女运动实践的发展,早期共产党人日渐深化了马克思主义妇女观以及中国妇女问题的认识。1925 年 1 月,在上海召开的中共四大通过了《对于妇女运动之议决案》,阐明了妇女受压迫、被奴役的根源在于私有制度,论述了妇女解放是劳动解放的重要构成部分,进而提出彻底解决妇女解放问题的前提在于废除私有制度,即"私有制度不废除,妇女解放永做不到彻底"①,体现中共对妇女问题认识的深化。大革命时期,中共持续开展妇女节纪念活动,扩大对妇女解放的宣传,表征出对上海妇女运动的重视。1925年,团中央发布通告要求开展三八国际妇女日纪念活动。为此,上海妇女运动委员会、平民学校、上海大学女生团等代表三十余人等积极响应,在上海大学召开"迎接三八节,筹备女国民大会事宜"②的联席会议。1926 年 3 月 8 日,上海各界妇女联合会举办三八纪念女界同乐会,早期妇女运动领导者钟复光介绍了会议的宗旨,梳理了妇女节历史,围绕妇女解放主题提出了"女子择业自由、结婚离婚自由、一夫一妻制"③等口号,早期共产党员代表施存统、杨之华、郭沫若亦在现场发表有关妇女运动问题的演说。颇为遗憾的是,在社会政治环境的影响下,此次纪念活动未能按计划如期实施,且未能举办游行示威活动,"惟华租界分贴标语及举行游行演讲于各工人区域而已"④。1927 年 2 月,为了更好地向妇女宣传动员,中共上海区委要求各地以纪念日为契机,尽可能广泛地凝聚被压迫妇女力量,努力为"上海工人第三次武装起义做准备"⑤。同年 3 月 6 日,为了统一纪念活动思想,中共上海区委亦发布了相关宣传纲要,阐释了中国妇女纪念三

① 李忠杰、段东升主编:《对于妇女运动之议决案》,《中国共产党第四次全国代表大会档案文献选编》,中共党史出版社 2014 年版,第 23 页。

② 上海女界联席会议记:《筹备上海女国民大会》,《申报》1925 年 3 月 9 日。

③ 《女界昨开三八纪念会》,《申报》1926 年 3 月 9 日。

④ 孙晓梅主编:《中国妇女运动文献资料汇编》第 28 册,线装书局 2015 年版,第 273 页。

⑤ 上海市妇女联合会:《上海妇女运动史(1919—1949)》,上海人民出版社 1989 年版,第116 页。

八节的意义，介绍了妇女节的由来，宣传了三八妇女运动的口号，包括积极参加反帝斗争争取民族独立并投身上海反帝斗争收回租界、保障妇女的政治权利和人身自由等内容，明确了上海妇女运动的主题和策略。3 月 8 日，上海各妇女团体积极响应，在各团体的联合大会上，发布了"告全国妇女宣言"和"告世界妇女书"，妇女运动领导者杨之华作为代表阐述了三八节的伟大意义，为妇女运动的开展提供了指南。令人欣喜的是，上海此次声势浩大的纪念活动声援了北伐起义，首次以三八节纪念活动为契机宣传了为夺取无产阶级政权的具体纲领和策略，较好地体现了妇女运动领导者认识层面的深化以及上海妇女运动向好的发展态势。

　　伴随着马克思主义的传播，尤其是在中国共产党成立后有计划有组织的宣传态势下，早期共产党人始终积极领导或参与筹备三八节纪念活动，指导成立了上海各界妇女联合会，动员组织包括上海大学女生团、平民学校等在内的先进妇女代表参加纪念活动，推动上海妇女运动揭开了崭新篇章。虽然国民党上海执行部配备了妇女部等机构，但实际工作则主要由早期共产党员代表负责执行。因此，在马克思主义指引下，中共领导的上海妇女节纪念活动取得较好效果并走在了全国前列，有力团结凝聚了以女工为代表的受压迫妇女群体，有效壮大了妇女团体力量，彰显了中共对国际无产阶级节日纪念活动的重视和传承，推动了上海妇女运动的发展。在早期共产党人的有序组织下，无论是五卅运动，还是上海工人第三次武装起义，上海具有觉悟的妇女成为一支重要的革命力量。据《上海妇女志》记载，至 1927 年 1 月，上海地区共发展中共党员 3630 人，其中女性党员 696 人，占比高达 19.17%，同时期全国女性党员占比不足 9%。由此看出，上海地区有关三八节一系列纪念活动的开展，有力促进了妇女思想认识的深化和妇女力量的凝聚，印证了唯有将妇女解放运动融入中国共产党领导的民族和社会解放事业中方可"实现真正解放的社会基础，最终才能实现妇女彻底解放"①的道理。

　　除了对五一国际劳动节和三八国际妇女节等重要节日进行纪念之外，上海还开展了国际青年纪念日活动，专门面向青年工人群众开展宣传，动员青年认识自身地位与责任，团结起来反对统治阶级。譬如，上海总工会于 1925 年 8 月发布《国际青年纪念日宣传大纲》，介绍了国际青年纪念日的历史及其对于中国的意义，发出"改良青年工人的生活、反对帝国主义及军阀的战争、青年工人加入

---

　　①　方翔、张玉菡：《上海妇女运动：与中国革命同进步》，《新民晚报》2018 年 3 月 8 日。

工会与成年工人共同奋斗、无产阶级解放万岁"①等口号倡议,较好地体现了对青年运动的重视。

三、近代中国重要人物、事件和节日纪念活动

纪念活动具有丰富的政治动员、表达主张、凝聚力量等功用,对于舆论宣传、统一思想等具有重要的价值。在上海,开展了纪念孙中山、纪念辛亥革命、纪念五四青年节等一批重要历史人物、事件和节日的纪念活动,表达对纪念对象的尊重与缅怀,而对其精神品格的提炼、革命遗产的总结和历史地位的评价是不可缺少的重要内容,恰如法国社会学家涂尔干所强调的,要保证集体活动的周期性开展,"定期集会,来保证集体活动的常规效力"②,以此增进纪念活动所形成的社会凝聚力。

1.纪念孙中山的活动

孙中山先生乃是"中国民族革命运动的先觉"③,在诸多仁人志士中率先发出"振兴中华"的呐喊,其领导的辛亥革命终结了几千年的封建专制统治,终其一生"以革命为己任,立志救国救民"④,致力于民族、民权、民生问题的探索,"反对帝国主义、反对军阀,为民众谋利益"⑤,所提出的三民主义纲领开创了中国政治民主化的先河,其伟大功绩彪炳史册并为中华民族和中国人民作出了巨大贡献。围绕孙中山纪念是近代中国历史人物纪念中具有代表性的活动,上海地区率先坚持开展,较好地提升了孙中山及其思想的影响,引领了先进分子以及广大民众对孙中山思想的认同与理解,为国共合作以及国民革命奠定了一定的思想基础和舆论条件。

1925年3月12日孙中山逝世以后,国内诸多党派团体、政界、知识界、出

---

① 《上海总工会关于国际青年纪念日宣传大纲(1925年8月)》,中央档案馆、上海市档案馆:《上海革命历史文件汇集:上海各群众团体文件(1924—1927)》,1988年12月,第67—68页。

② [法]爱弥尔·涂尔干:《宗教生活的基本形式》,渠东、汲喆译,上海人民出版社1999年版,第301页。

③ 《中国共产党中央执行委员会于中山先生逝世周年纪念日告中国国民党党员书(1926年3月12日)》,中央档案馆编:《中共中央文件选集(1926)》第2册,中共中央党校出版社1989年版,第74页。

④ 习近平:《在纪念孙中山先生诞辰150周年大会上的讲话》,人民出版社2016年版,第1页。

⑤ 《上海印刷总工会通告——号召工友参加孙中山逝世一周年纪念大会(1926年3月10日)》,中央档案馆、上海市档案馆:《上海革命历史文件汇集:上海各群众团体文件(1924—1927)》,1988年12月,第1页。

版界开展了各式纪念活动,并"突出强调孙中山的革命目标"①。中共立即发布了《为孙中山之死告中国民众》,告诫民众孙中山的逝世乃是"中国民族自由运动一大损失"②,提出要借助孙中山追悼会及其革命遗产积极宣传马克思列宁主义,加大中国革命的正当性、任务及道路的宣传,以获取更多民众的理解与支持,而尤其关键的则是"根据中山遗言做反帝及废约宣传"③,通过纪念活动服务中国革命的需要。同年 4 月 12 日,来自国民党上海执行部及各区分部、全国学联等 400 余个团体、学校举行孙中山追悼大会,何香凝等人在演说中充分赞赏孙中山对中华民族作出的业绩与贡献。国民党上海执行部印发了宣传大纲,要求各级党部化悲痛为力量,努力吸收新党员并扩大国民党组织,学校开设了"中山纪念课",组织了"中山主义研究社"。综上,孙中山的纪念活动在一定程度上充实了共产党以及国民党左派的力量,扩大了国民党的组织。

与此同时,上海松江等地进步青年积极开展孙中山纪念活动,在基层宣扬孙中山思想。譬如,1925 年 3 月孙中山逝世后,松江进步青年侯绍裘针对国民党右派活动猖獗的情形,先后到张堰、枫泾、练塘和丹阳等地发表演讲,揭露了右派背叛孙中山的丑恶行径,积极发展中共党员和国民党左派党员。4 月,上海大学陕西同乡会创办的《新群》杂志出版"纪念孙中山先生专号",刊载了《孙中山先生年谱》,表达对孙中山的怀念,号召更多民众了解并光大孙中山的未竟事业。1925 年 10 月,为了深入学习研究孙中山的思想理论体系,上海大学成立了"中山主义研究会",施存统等人在成立会上发表主题演讲,包括刘重民的《怎样做一个中山主义的信徒》、吴玉章的《民族问题与阶级斗争》、萧楚女的《中山先生行为的研究》以及施存统的《研究中山主义应取的方法》等内容,宣传孙中山的生平事迹,帮助民众对其思想体系的了解。同年 12 月,基于戴季陶主义的盛行,为了进一步澄清孙中山的思想,上海大学中山主义研究会出版了《中山主义》周刊,发表了瞿秋白的《国民革命与阶级斗争》、恽代英的《孙中山主义与戴季陶主义》、萧楚女的《中山主义与国家主义》、马凌山的《孙文主义学会的反动性》等文章,用鲜明观点有力批判了戴季陶主义、国家主义派对孙中山思想的曲解与误

---

① ［美］费正清:《剑桥中华民国史（1912—1949）》上卷,杨品泉等译,中国社会科学出版社1994 年版,第 539 页。

② 《中国共产党为孙中山之死告中国民众》,《向导》第 107 期,1925 年 3 月。

③ 《中央通告第十九号》,中共中央文献研究室、中央档案馆编:《建党以来重要文献选编（1921—1949）》第 2 册,中央文献出版社 2011 年版,第 301 页。

读,揭露了帝国主义和反动军阀的恶劣行径,歌颂了孙中山的丰功伟绩,产生了积极反响。

　　中共中央、中共上海区委重视开展孙中山逝世周年纪念日活动,发挥纪念日优势条件,领导工会组织积极行动,强化孙中山思想在工人中的宣传。为此,中共中央制定《中央关于孙中山先生纪念日宣传大纲》,对孙中山在缔造中华民国以及推动国民革命中的贡献予以高度评价,宣扬孙中山的逝世于"中国国民党、全中国人民、世界被压迫民族而言均乃是极大的损失"①,故而号召全国应将孙中山逝世日作为国民革命最广大的宣传日和最有利的契机。1926 年 3 月,针对国民党内部涣散分裂的实际状况,为了动员和号召全中国革命派力量的联合,中共中央发布《告中国国民党党员书》,号召"全中国的革命派结合起来",向国民党右派提出"完全继续中山先生的革命政策,而不加以怀疑和修正"②。1926年,为了履行孙中山先生遗志,扩大国民革命募集力量,上海总工会发布了《关于孙中山先生逝世纪念日宣传纲要》,要求上海各工区利用机会召集工人开会,号召围绕孙中山先生的"事略、救国办法、领导中国民众实行国民革命、'联俄'政策以及作为中国近代唯一大革命家的特性"③等思想要点向工人宣传,明确提出"孙中山精神不死、遵守并履行孙中山遗嘱、扩大国民革命、拥护孙中山的工农政策、拥护广州国民政府"④等口号。1927 年,上海各工人区域召开群众大会,以"飞行集会"⑤的形式召开短会并高呼口号,诸如"孙中山精神不死、打倒国民党右派、反对南北妥协、打倒英帝国主义、保护工农利益"⑥等。上海公共租界亦组织 600 人,在永安等地区散发宣传单,高呼"欢迎北伐军、打倒右派、拥护

---

　　①　《中央关于孙中山先生纪念日宣传大纲》,中共中央宣传部办公厅、中央档案馆编研部编:《中国共产党宣传工作文献选编(1915—1937)》,学习出版社 1996 年版,第 697 页。

　　②　《中共中央执行委员会于孙中山先生逝世周年纪念日告中国国民党党员书》,中共中央文献研究室、中央档案馆编:《建党以来重要文献选编(1921—1949)》第 3 册,中央文献出版社 2011 年版,第 119 页。

　　③　《上海总工会宣传部关于孙中山先生逝世纪念日宣传纲要(1926 年 3 月 4 日)》,中央档案馆、上海市档案馆:《上海革命历史文件汇集:上海各群众团体文件(1924—1927)》,1988 年 12 月,第 128—132 页。

　　④　《上海总工会宣传部关于孙中山先生逝世纪念日宣传纲要(1926 年 3 月 4 日)》,中央档案馆、上海市档案馆:《上海革命历史文件汇集:上海各群众团体文件(1924—1927)》,1988 年 12 月,第 132 页。

　　⑤　飞行集会指的是指能迅速集合又能迅速分散的集会游行。

　　⑥　《上海区委召开各部委书记、产总主任联席会议记录》,中央档案馆、上海市档案馆:《上海革命历史文件汇集:上海区委会议记录(1927.3—1927.5)》,1990 年 9 月,第 206—207 页。

国民政府"①等口号,实现借助孙中山纪念活动推动国民党力量的整合凝聚之目的。简言之,纪念活动成为早期共产党人在上海从事政治动员实践的有效形式,中共中央以及中共上海区委以孙中山纪念日为载体开展相关纪念活动,加大了孙中山思想的宣传,一定程度上发挥了马克思主义理论在社会力量整合和凝聚人心中的功能,在推动国民革命向前行进中发挥了积极作用。

2. 辛亥革命的纪念活动

辛亥革命纪念在民国初年曾被称为"国庆"或"双十节"纪念,被陈独秀称作是"全中国人都应觉得双十节是中国历史上唯一的纪念日"②。中国共产党成立以后重视对辛亥革命的纪念,通过纪念活动肯定辛亥革命的历史地位,阐发辛亥革命意义并借助辛亥革命协调国共关系、建构革命话语,同时随着国共关系的变化对辛亥革命历史地位的评价有所不同。中共成立前后用"盛举"、"新纪元"等词语高度评价辛亥革命。比如,陈独秀于1920年11月在《新青年》发表了《国庆纪念底价值》,肯定了辛亥革命在开创共和制度层面的历史意义,彰显了辛亥革命的历史地位。再如,1922年中共中央发布了对于时局的主张,评价了辛亥革命对于中国政治史的开拓性作用,称其"在中国政治史上算是开了一个新纪元",乃是"在历史进化上有重要意义的战争"③。

上海地区关于辛亥革命更多地体现为文字纪念,这其中有关分析辛亥革命原因和教训、阐述辛亥革命意义与地位是双十节纪念活动的重要内容之一,因此分析原因、反思教训、总结经验等纪念性文字为早期共产党人建构革命话语提供了重要资源。譬如,1924年10月《向导》"双十特刊"发表彭述之《辛亥革命的原因与结果》、陈独秀《辛亥革命与国民党》和张太雷的《辛亥革命在中国国民上之意义》等文章,肯定辛亥革命在近代中国历史进程中的重要地位,深刻剖析了其失败的教训和原因。例如,就辛亥革命失败的原因而言,可谓各抒己见。彭述之认为是"国际帝国主义的侵掠"④;陈独秀认为除了经济因素外,还将原因归结为"专力军事行动,轻视民众宣传及党的训练","误用不能贯彻革命宗旨的口号"⑤

① 《特委会议记录——市民会议名单和组织上总纠察队委员会(1927年3月11日下午2时)》,中央档案馆、上海市档案馆:《上海革命历史文件汇集:上海区委会议记录(1927.3—1927.5)》,1990年9月,第210页。

② 《国庆纪念底价值》,《陈独秀著作选》第2卷,上海人民出版社1993年版,第180页。

③ 《中国共产党对于时局的主张》,中共中央文献研究室、中央档案馆编:《建党以来重要文献选编(1921—1949)》第1册,中央文献出版社2011年版,第88—89页。

④ 彭述之:《辛亥革命的原因与结果》,《向导》第86期,1924年10月8日。

⑤ 陈独秀:《辛亥革命与国民党》,《向导》第86期,1924年10月8日。

等。值得注意的是,1924 年 10 月,恽代英在《中国青年》发表《失败的双十节》一文,认为失败的双十节并不值得纪念,而随着思想认识的深化以及革命形势的发展,在 1926 年撰写《十五年来的双十节》一文中,转而呼吁"拥护革命党人","时时预防而且纠正革命党人的错误"①,倡导借助辛亥革命纪念活动以维系国共合作关系,从中则发现其对辛亥革命纪念活动态度的改变。综上,基于辛亥革命在近代中国重要的历史地位,早期共产党人重视辛亥革命的纪念活动,使其在推动国共合作等方面发挥了积极功用。毛泽东在谈及研究中共党史时主张要研究辛亥革命,否则就"不能明了历史的发展"②。

3. 五四青年节纪念活动

为了壮大和引导青年力量,将马克思主义青年观与青年运动实践相结合,上海地区积极开展五四青年节的纪念活动。譬如,1922 年 5 月 4 日,沈雁冰受邀出席在上海交通大学举办的全市学生纪念五四讲演会,在"五四运动与青年们底思想"的演说中,阐述了五四运动的意义,鼓励上海青年发扬五四革命精神,坚持社会主义道路,现场反响热烈,赢得进步青年欢迎。又如,1924 年 5 月 4 日,上海学联在复旦中学部召开五四纪念会,共有三十余所学校团体到会,邵力子、瞿秋白、胡汉民等人到会演说,向与会者散发五四特刊发表五四纪念会宣言。再如,1926 年中共上海区委通告了在学生群众中开展五四纪念活动的中心口号,如"一是恢复'五四'运动精神,继续做民族解放工作;二是保障学生运动自由,反对诸腐败的学校教职员,尤其是上海的校长团的压迫学生运动;三是统一学生运动,以集中学生势力与反动派奋斗"③,鼓励进步学生联合起来致力于民族解放事业,集中力量抗争反动派。简言之,五四运动拉开新民主主义革命的序幕,吸引无数热血青年走上救亡图存的道路。基于五四运动重要地位,早期共产党人重视纪念活动的开展,为青年的思想统一和凝聚发挥了积极作用。

4. 五卅纪念活动

鉴于具有"使中国人民第一次向帝国主义进攻,工农商学联合起来,此为第一意义。第二意义,发展了中国民众运动"④等诸多意义,五卅运动成为

① 代英:《十五年来的双十节》,《少年先锋》第 1 卷第 5 期,1926 年 10 月 11 日。
② 《毛泽东文集》第 2 卷,人民出版社 1993 年版,第 404 页。
③ 《上海区委通告:"五一"、"五四"纪念日的工作方针(1926 年 4 月 24 日)》,中央档案馆、上海市档案馆:《上海革命历史文件汇集:中共上海区委文件(1925—1926)》,1986 年 4 月,第 153 页。
④ 中央档案馆、上海市档案馆:《上海革命历史文件汇集:上海区委会议记录(1926.12—1927. 2)》,1990 年 3 月,第 134 页。

"中国各阶级民众联合反抗帝国主义的重要纪念日"①，亦得到早期共产党人的高度重视。下文以1926年为例，对上海地区有关五卅纪念运动作简要梳理。

为了弘扬五卅运动的意义和精神，中共上海区委于1926年5月16日发布通告，要求以大规模的纪念运动为载体，面向广大民众开展集会、游行、大讲演等普遍性的宣传，通过介绍帝国主义侵略中国的种种历史事实，使广大民众了解帝国主义的恶毒行径，激发民众的革命意识和需求，进而树立"继续'五卅'精神而奋斗的决心"②，以此强调深入群众以及联合群众的重要性，并在通告中提出具体要求：一是行动不能过于左派，要鼓励各个阶级群众团结一致；二是要提出适用于能满足各个阶级利益和要求的口号，使得各阶级群众均乐于参加；三是通过纪念活动加强与各个阶级群众及其领袖的熟悉，更好地走进群众、深入群众。在五卅周年纪念活动宣传大纲中，阐述了五卅惨案的发生及其意义，强调五卅革命运动的重要性，呼吁民众铭记教训，打出"继续五卅革命精神、求十七条之总解决、收回租界、打倒奉直反动军阀、组织人民自卫军"③等宣传口号，动员民众联合起来打倒反赤运动。此外，为了加强对五卅惨案周年纪念活动的领导，中共上海区委组织了以罗亦农、贺昌、杨之华等人为代表的行动委员会，增强活动的组织力量，由上海团区委书记贺昌等人担任秘密总指挥。多个团体联合举行五卅烈士公墓奠基礼，组织了演讲和游行活动。上海多个工厂罢工、学校罢课，集合在公共体育场开追悼大会，组织工人学生至租界发表演讲，活动吸引了三万余人参加，取得较大的影响力。1926年5月30日，中共中央发表《为"五卅"周年纪念告全国民众》的通告，以"空前壮举"充分肯定五卅运动在中国历史上的地位，向全国民众表明五卅纪念活动并非垂头叹气的纪念，而应是"挺身奋起的悲愤纪念"④，鼓舞和号召各阶级的革命民众化悲愤为动力，从而"挺身奋起，恢复并

① 《上海区委通告：关于征求新党员的具体办法（1926年5月25日）》，中央档案馆、上海市档案馆：《上海革命历史文件汇集：中共上海区委文件（1925—1926）》，1986年4月，第190页。
② 《上海区委通告：关于举行大规模五卅纪念活动（1926年5月16日）》，中央档案馆、上海市档案馆：《上海革命历史文件汇集：中共上海区委文件（1925—1926）》，1986年4月，第187页。
③ 《上海区委宣传部关于五卅周年纪念的宣传大纲（1926年4月14日）》，中央档案馆、上海市档案馆：《上海革命历史文件汇集：中共上海区委宣传部组织部等文件（1925.8—1927.4）》，1986年4月，第181页。
④ 《中共中央执行委员会为"五卅"周年纪念告全国民众》，中共中央文献研究室、中央档案馆编：《建党以来重要文献选编（1921—1949）》第3册，中央文献出版社2011年版，第215页。

巩固联合战线,以实现国民会议"①。纪念活动结束后,中共上海区委细致总结运动经过和教训,客观分析不足之处,如"事前不能把客观的政治环境认识清楚、宣传工作不普遍、组织不严密、宣传技术不精妙、各机关工作太消沉"②等,为此后纪念活动的开展积累了经验。实践表明,五卅纪念活动取得了良好效果,有效鼓舞了民众反帝反压迫的热情,成为当时上海工人运动从低潮向又一高潮的转折点,亦成为上海反帝反封建的有效政治动员方式。有数据显示,"五卅周年纪念后,在最近的二十天之内,上海发生了四十次的罢工,参加罢工者三万人以上"③,从中可见这一盛况热烈的纪念活动所产生的影响。

此外,"五九"国耻日和"二七"大罢工纪念活动亦在激发民众反帝热情等方面发挥了重要作用。据上海的《新闻报》记载,青年学生积极举办"五九"国耻纪念日活动,于 1919 年前往上海浦东一带各乡镇学校进行演讲,号召坚持不用日货,消除卖国贼,参加活动的学生被乡间农民称为"好学生";闸北宝山路颐福里培本小学学生队二百余人走上街头高呼"呜呼同胞国耻纪念"④,向同胞发出勿忘国耻的警醒。上海引翔港三友实业社的工人于每晚工作之余,"专门开会以纪念国耻,讨论对日工战要旨"⑤等内容,可见工人觉悟在理论洗礼下得以提升。1924 年 5 月 7 日,《向导》发表了《国耻纪念日檄告全国同胞》一文,向民众介绍帝国主义侵华的恶劣行径。9 日,"五九"国耻纪念会上海的天后宫举行,瞿秋白、沈玄庐、邵力子等人在现场发表演说,散发了"国耻纪念日檄告全国同胞"、"国民党对外主张"等传单,共有两千余人出席了纪念会,可见其阵容之大。"二七"大罢工纪念也在一定范围内产生积极影响。如 1924 年 2 月,上海各团体和京汉铁路等外地代表二十余人,举行了京汉铁路"二七"大罢工一周年纪念大会,痛斥了军阀屠杀工人的罪行,讨论提出进一步开展工会的要求。由此看来,

---

①　《中共中央执行委员会为"五卅"周年纪念告全国民众(1926 年 5 月 30 日)》,中共中央文献研究室、中央档案馆编:《建党以来重要文献选编(1921—1949)》第 3 册,中央文献出版社 2011 年版,第 90—91 页。

②　《上海区委关于五卅周年纪念运动的经过与教训的报告(1926 年 6 月)》,中央档案馆、上海市档案馆:《上海革命历史文件汇集:中共上海区委文件(1925—1926)》,1986 年 4 月,第 229—230 页。

③　施英:《上海最近的罢工潮》,《向导》第 159 期,1926 年 6 月 19 日。

④　《新闻报》,1919 年 5 月 10 日,参见上海社会科学院历史研究所编:《五四运动在上海史料选辑》,上海人民出版社 1980 年版,第 190 页。

⑤　《时事新报》,1919 年 5 月 13 日,参见上海社会科学院历史研究所编:《五四运动在上海史料选辑》,上海人民出版社 1980 年版,第 219 页。

"二七"纪念日作为中国工人争取自由的纪念日至少具有两个方面的功能,即"一面追悼争取自由的死者,一面提出争得自由的呼声向政府严重警告"①。

5."九七"国耻纪念日

"九七"纪念活动是为了纪念"义和团反帝民族运动失败以及亡国辱种的辛丑条约成立"②而专门组织的。1925 年 9 月,上海学联等团体牵头召开"九七"国耻纪念会,吸引了约二十万民众参加,并举办了游行活动。中共上海区委发布《"九七"纪念运动宣传大纲》,细致制定宣传要点及口号,号召工人等受压迫阶级加强联合,即"工人阶级和被压迫阶级联合一致、反对一切帝国主义走狗"③,以求推动五卅运动继续发展。在此基础上,中共上海区委宣传部发布了关于"九七"纪念活动的宣传纲要,叙述了义和团运动的经过、意义以及八国联军的惨无人道,介绍了辛丑条约内容及其对中国政治经济的影响,强调"推翻辛丑条约的力量在于工人"④,号召全体被压迫阶级在打倒帝国主义及其军阀走狗中加强团结联合,突出工人阶级的联合在反帝斗争中的重要性。1926 年时值"九七"纪念二十五周年,上海区委宣传部发布纪念活动宣传大纲,详细介绍义和团运动的革命精神和经验教训,阐明了中国民族今后的出路等,号召"唤醒群众,组织有纪律有计划的革命党"⑤,以实现鼓舞民众的目标。

纪念活动表达了对历史人物、历史事件的缅怀与尊重,对于历史记忆的形成与强化,在理论传播、社会动员以及力量凝聚等方面均产生了深远影响。除了纪念性活动,组织演讲活动是上海地区开展马克思主义宣传教育活动途径的重要补充,抑或作为纪念活动中的必备环节,亦取得了良好的宣传效果。譬如,1922年 9 月 3 日,李大钊受邀在上海中华职业学校召开的"国际少年日纪念会"演说时,鲜明提出了"青年的群众运动,就是社会革命的先锋"⑥,深刻阐释了青年的

---

① 邓中夏:《劳动运动复兴期中的几个重要问题》,《中国工人》第 5 期,1925 年 5 月。

② 《上海区委宣传部关于"九七"纪念的宣传大纲(1926 年 9 月 3 日)》,中央档案馆、上海市档案馆:《上海革命历史文件汇集:中共上海区委宣传部组织部等文件(1925.8—1927.4)》,1986 年 4 月,第 387 页。

③ 《上海区委关于"九七"纪念运动的宣传大纲(1925 年 8 月 29 日)》,中央档案馆、上海市档案馆:《上海革命历史文件汇集:中共上海区委文件(1925—1926)》,1986 年 4 月,第 60 页。

④ 《上海区委宣传部关于"九七"纪念宣传纲要》,中央档案馆、上海市档案馆:《上海革命历史文件汇集:中共上海区委宣传部组织部等文件(1925.8—1927.4)》,1986 年 4 月,第 387 页。

⑤ 《上海区委宣传部关于"九七"纪念宣传纲要》,中央档案馆、上海市档案馆:《上海革命历史文件汇集:中共上海区委宣传部组织部等文件(1925.8—1927.4)》,1986 年 4 月,第 398 页。

⑥ 李大钊:《在国际少年日纪念会上的演说词》,《学生杂志》第 9 卷第 11 期,1922 年 9 月 3 日。

社会地位,号召进步青年注重参与政治斗争,其演讲稿被收录在上海《学生杂志》第 9 卷之中。又如,1923 年上海就本地区教育宣传问题制定具体办法,分门别类地从现代政治、青年运动、主义、劳动运动、妇女问题、社会思想史等不同方面选取派定负责者,如"和森、力子、仁静演讲现代政治;仁静、士奇、代英演讲青年运动;代英、秋白、存统演讲主义;荷波、章龙演讲劳动运动;警予、雁冰演讲妇女问题;存统演讲社会思想史等"①。再如,1924 年在上海举办的"二七"纪念活动,邀请"施存统以马学研究会名义演讲,荷波以劳动组合书记部名义演讲"②。1925 年,中共上海区委举办"九七"运动纪念,邀请名人作讲演,如"季陶、杏佛、子充(辛丑条约内容及其影响);李石岑、郭沫若、代英(义和团与'五卅'运动之比较)"③。应该说,演讲活动因其通俗易懂、有现场仪式感、互动性及煽动性强等优势,成为向群众宣传马克思主义以及革命道理的有效途径。

综上,中共开展的纪念活动既包括了国际国内的,也还有党内的党外的,其纪念对象和纪念方式丰富多元,体现了早期共产党人的历史胸怀和宽广格局。综观共产党组织在上海开展的各式纪念活动,形式多样且内容丰富,以发表宣言社论、发布文件通告、举办会议和游行、出版特刊文集、发行纪念册等方式,取得了良好效果。譬如,《向导》为纪念活动出版"十月革命特刊"、"上海市民纪念五卅运动特刊"、"双十特刊"、"列宁逝世一周年纪念特刊"、"孙中山特刊"、"五一特刊"、"五卅特刊"、"上海市民纪念五卅运动特刊"等,以上诸多纪念活动保存并强化了对于纪念对象的历史记忆,总结和借鉴了有利于中国革命的历史经验,同时有助于开展政治动员并表达政治主张,客观上推动了马克思主义的传播与扎根。中国共产党自 1921 年诞生即围绕国际共运重大事件、马克思主义经典作家、近代中国和中共历史重要人物、重要节日等主题,开展了形式多样、内容丰富的纪念活动,以此表明共产党人"对历史的尊重与缅怀"④,并推动纪念活动成为马克思主义在上海传播途径的重要组成部分。综上,上海地区的先进分子通过

①　《上海地委兼区委第二十一次会议记录——吴淞、高昌庙工人教育及组长会议情况(1923年 11 月 8 日)》,中央档案馆、上海市档案馆:《上海革命历史文件汇集:上海区委会议记录(1927.3—1926.3)》,1989 年 10 月,第 44 页。

②　《上海地委兼区委特别会会议记录——国民运动委员会问题及纪念"二七"活动安排(1924 年 1 月 20 日上午 9 时)》,中央档案馆、上海市档案馆:《上海革命历史文件汇集:上海区委会议记录(1923.7—1926.3)》,1989 年 10 月,第 72 页。

③　《上海区委召开"九七"运动委员会会议记录(1925 年 8 月 30 日)》,中央档案馆、上海市档案馆:《上海革命历史文件汇集:上海区委会议记录(1923.7—1926.3)》,1989 年 10 月,第 132 页。

④　陈金龙:《中国共产党纪念活动史》,社会科学文献出版社 2017 年版,第 128 页。

在纪念活动中开展演讲、集会等方式，使党员和工人阶级主体聚焦事件本身，达到马克思主义"鼓舞动员"目的，使得马克思主义深入至社会各阶层，吸引更多民众参与到革命行列中来。因此，这一时期的纪念活动在成为革命动员和形象建构载体的同时，也成为"仪式化"传播马克思主义的重要途径，更成为"必须尊重自己的历史，决不能割断历史"[1]的生动实践。概而言之，纪念、演讲活动等方式介绍宣传马克思主义，推动了上海工农学运动的蓬勃发展，有力推进了马克思主义在上海的广泛传播。

在具体分析马克思主义在上海传播进程中的各个路径之后，似乎有必要从总体上加以综合性考量，借以使研究工作从具体性上升到一般性，由特殊性的概括和提炼之中而呈现普遍性、规律性。与其他地区相比，马克思主义在上海的早期传播载体路径具有鲜明的特点。从总体角度来看，呈现出如下基本特色：

一是路径的关联性。马克思主义在上海早期传播过程中的各种载体和路径，其目的都是为推进马克思主义的扩散与宣传，亦即各种路径有着共同的目标。由此，马克思主义传播中的路径并非孤立的，而是相互联系且相互作用的，共同构成了一个有机整体和体系性的传播路径结构。譬如，日本学者石川祯浩就认为，上海的《共产党》月刊、《新青年》"俄罗斯研究"专号等不少内容均来自美国的出版物，如《共产党》月刊翻译了列宁的《国家与革命》，即转译美国的社会主义期刊《阶级斗争》等；1920 年 9 月，《新青年》第 8 卷第 1 号的封面图案模仿了美国社会党（Socialist Party of America）的党徽；共产国际代表维经斯基曾加入了美国社会党，并帮助上海共产党早期组织于 1920 年下半年从美国进口相关苏俄出版物，"要么是魏金斯基提供，要么是他帮助订购的"[2]。《新青年》从第 8 卷第 1 号开辟的"俄罗斯研究"专号，大量翻译纽约《苏维埃俄国》（Soviet Russia）周刊的文章，为此，担任《新青年》编辑的胡适曾感叹："今《新青年》差不多成了 Soviet Russia 的汉译本。"[3]基于以上例证来看，马克思主义传入上海的路径是多元的，在不同时期具有不同渠道，但是在同一个时期往往也不是一个渠道在发挥作用，而是多个渠道的配合补充。又如，纪念活动的传播方式在于唤起共同性的历史记忆，建立在对相关历史活动的理解和认知的基础上，与具有政治实

① 《毛泽东选集》第 2 卷，人民出版社 1991 年版，第 708 页。

② ［日］石川祯浩：《中国共产党成立史》，袁广泉译，中国社会科学出版社 2006 年版，第 58—60 页。

③ 《关于〈新青年〉问题的几封信》，张静庐编：《中国现代出版史料》（甲编），中华书局 1954 年版，第 10 页。

践性质的社会运动思想动员方式的特征,有着共同性的价值目标、思想基源和话语系统。故而,在马克思主义传播过程中的纪念活动方式与社会运动方式,尽管形式不同、出现的时间和地点有异,但两者具有相互联系而具有意义性的关联。考察马克思主义在上海传播过程中各种载体路径间的关联性,应该着眼于整体性的分析视角,同时还需将各种路径置于逻辑的、历史的、文化的、现实的语境之中,则各种路径之间存在逻辑的关联性、历史的关联性、文化与价值上的关联性、现实的关联性等等表现形式,于是各种路径的关联性也就能够比较全面地呈现出来。

二是路径的工具理性。马克思主义作为科学的世界观和方法论,关键在于能够在实践中加以运用,其所具有的工具理性乃是突出的优势之一,正所谓"马克思整个世界观不是教义,而是方法"①。恩格斯的论述表明,马克思主义所提供的并非现成的教条,而提供的乃是进一步研究的出发点以及供此研究所使用的方法。多重载体与路径的协同配合,在于推进马克思主义在上海的传播,并在传播基础上促进其在中国的运用和发展。因此,上海早期马克思主义传播过程中的各种路径,其本身是以致用为其鲜明特色,而这种"致用"的本性即为"工具理性"。譬如中共早期组织在上海成立以后,马克思主义在上海的传播进入组织化传播阶段,传播者们通过撰写大量文章、出版诸多著作,并在马克思主义指导下开展工人运动、融入工会工作、创办专门学校等,将马克思主义理论与解决中国社会问题的实践相结合,推动中国革命指导思想的形成。而且,所传播的马克思主义也在于发挥工具的作用,其工具理性非常突出。需要说明的是,传播路径的"工具理性"乃是以其"价值理性"为前提和条件的,以及"工具理性"和"价值理性"乃是统一的,因而也就不存在没有"价值理性"的"工具理性",同时也不存在没有"工具理性"的"价值理性"。在"工具理性"和"价值理性"相统一的视域中来认识马克思主义传播过程的"传播路径",不仅有助于推进马克思主义的传播,而且也更有利于马克思主义"价值理性"的彰显。

三是路径的变动性。对于任何客观存在着的事物,皆需要以辩证唯物主义发展的观点加以考量,马克思主义在上海传播的路径亦不例外。从实质上说,马克思主义传播过程中的各种路径皆是变动和发展的,并在变动和发展中使各种传播路径不断完善,进而形成由各种路径所构成的体系性架构,发挥路径集成的最大优势。这不仅是因为马克思主义本身是发展的、变化的,具有与时俱进的品

---

① 《马克思恩格斯选集》第4卷,人民出版社2012年版,第664页。

质，而且也因为中国社会是发展的、前进的。故而，马克思主义传播过程的各种路径，所具有的稳定性也只有相对性、暂时性的意义。譬如，社会运动这种传播马克思主义的路径具有社会实践性的本质内涵，而这种社会实践性在不同的语境之中其呈现的方式、表现的形式、需要着力解决的问题等方面，皆是随着社会运动的条件、目标、规模等要素的变化而变化，故而也就不是一成不变的。认识马克思主义传播过程中路径的变动性，有助于提升路径与传播过程的结合度，不断推进传播路径的更新、优化和发展，从而将马克思主义传播推进到更好的水平。

四是路径的层次性。马克思主义传播过程中的各种路径构成一个有机联系的整体和结构性系统，这是从事物的整体性视域来考量的。但在整体性研究视域之中，也需要具体问题具体分析，尤其是需要在对不同的传播路径的认知上，努力从一般性之中凸显其特殊性，这就是从抽象到具体的分析进路。实际情况也是，在马克思主义在上海传播视域之中，各种传播路径有着层次性特点，在传播范围、传播内容、传播效果、传播理念等方面并不是完全等同、整齐划一的。譬如，在马克思主义早期传播过程中，相对于社会运动的传播路径，纪念活动的路径属于较低层次，它有助于提升全社会对于马克思主义的认知水平，但就其社会动员范围来说，则显然没有社会运动那样的"传播路径"更为深刻、更为有力。因此，研究马克思主义传播问题，从层次性上认识具体"传播路径"，则可更为具体地考察各种路径的特殊性及其特殊性的表现形态。

第 五 章

马克思主义在上海早期
传播的主要内容

马克思主义乃是涵括了世界观、方法论、基本原理以及个别论断等内容在内的博大精深的理论体系。十月革命前,马克思主义在上海的传播尚未形成规模,影响只局限于少数资产阶级知识分子,将马克思主义当作西方社会思潮中的一种进行介绍,对马克思主义亦停留在感性认识层面。十月革命后,马克思主义作为解放被压迫被剥削人民的理论武器被早期马克思主义者和进步民众选择,在实践中得到证明并焕发出真理光芒。倾向马克思主义的进步知识分子自觉将这一理论作为指导上海工人运动以及中国革命的行动指南,推动了马克思主义传播由被动化向主动化的转向,从单纯的理论研究向与中国革命实际和建设相结合的转向。五四运动推动上海地区的新文化浪潮更加风起云涌,而马克思主义作为最进步、最激进的思想潮流,具有鲜明的反帝精神和革命精神,倍受先进分子和进步民众的关注,在思想界发挥愈发重要的影响。综观浩瀚曲折的早期传播进程,马克思主义在上海的传播内容主要集中在对马克思主义经典作家生平事迹的介绍、马克思主义基本原理的宣传与诠释、国际共产主义运动重大事件的介绍以及苏联社会主义建设成就的宣传,具体包括马克思主义唯物史观、剩余价值学说、马克思主义妇女观、国际共产主义运动史以及马克思主义经典作家生平传记等内容。

第一节 马克思主义唯物史观

唯物史观是马克思主义的哲学基础和核心要义,以"马克思学说底精髓"①

① 《唯物史观浅释广告》,《新青年》季刊第 3 期,1924 年 8 月 1 日。

的名义登场,揭示了人类社会发展的根本动力。为此,恩格斯评价马克思的所有文章均在唯物史观影响之下而创作,"几乎没有一篇不是由这个理论起了作用的"①。列宁亦称唯物史观为"唯一科学的历史观"②,高度赞赏马克思从唯物主义立场出发,将社会关系划分为物质和思想的两种社会关系,且物质社会关系对思想社会关系具有决定性作用,为认识世界和改造世界提供科学的武器。从经典作家论述中可见唯物史观在马克思主义理论体系中所占据的重要地位,其作为解释世界的全新方法论,蕴藏着改变世界的意图,给先进的中国人以巨大启蒙并提供社会改造的解决方案。以早期马克思主义者和国民党人士为代表的上海先进分子群体,重视唯物史观在马克思主义理论体系中的核心地位,立足《新青年》、《星期评论》和《建设》等刊物,撰写发表了研究宣传唯物史观的系列文章,如李大钊的《唯物史观在现代史学上的价值》、陈独秀的《谈政治》、李汉俊的《唯物史观不是什么?》、李达的《马克思还原》、施存统的《见于〈共产党宣言〉中底唯物史观》等,阐明劳动者是文明的创造者亦是解放自己的决定性力量,用唯物史观讨论指导上海工人运动、妇女解放运动等革命实际问题,对于激发劳动者觉悟、促使其投身自身的解放运动起到重要作用,唯物史观亦成为马克思主义在上海早期传播的重要内容以及改造社会中最受欢迎的理论,有学者便认为"马克思主义哲学在中国的早期传播,主要是唯物史观的传播"③。就马克思主义唯物史观在上海的早期传播而言,主要体现在以下方面:

一、唯物史观概念的解读

唯物史观是马克思两大发现之一,是马克思主义理论体系中的重要构成。唯物史观初入上海时名称杂乱,被时人称作"惟物历史观"、"历史惟物观"、"唯物的历史观"、"经济史观"、"唯物主义历史观"、"历史唯物论"等名称,且不同传播者在解释其概念时亦有所差别。譬如,马君武早在《社会主义与进化论比较》一文中介绍马克思乃是"以唯物论解历史学之人也"④,肯定马克思在唯物史观方面的卓越贡献。无政府主义代表黄凌霜对唯物史观持以肯定态度,认为"马氏历史哲学的方法和原理的发明可算是他最大创造。为学问界开一新纪

---

① 《马克思恩格斯选集》第4卷,人民出版社1995年版,第697页。

② 《列宁选集》第1卷,人民出版社1972年版,第10页。

③ 庄福龄:《中国马克思主义哲学传播史》,中国人民大学出版社1988年版,第63页。

④ 马君武:《社会主义与进化论比较》,《译书汇编》1903年2月15日。

元"①。1919年5月,渊泉在翻译日本学者河上肇著的《马克思的唯物史观》时,以《共产党宣言》和《经济学批评》为例,阐述马克思主义唯物史观的思想发源,称唯物史观为"经济史观"②。李大钊称唯物史观为历史的唯物主义,并将信奉唯物史观的人起名为"历史的唯物论者"③。国民党人胡汉民与戴季陶持类似观点,认为世界并非精神决定社会生活,而是以社会生活决定精神,即唯物史观所教导的"经济的历史观"④。由于理论把握和认知水平限制,时人对唯物史观概念的理解多偏重于"经济史观",处于简单地运用经济决定政治、文化等粗略认识层次。应当说,不同传播者因其政治立场及研究旨趣的差异,对唯物史观概念把握的侧重点有所差别。

随着革命形势的发展,唯物史观的宣传需求愈发强烈,受到上海早期传播者的重视,深化并提升了对先进分子以及广大民众对唯物史观的认识水平。同盟会成员徐苏中转译了日本学者河上肇有关《反杜林论》的节译文,系统阐述了唯物史观,以《科学的社会主义和唯物史观》为题在国民党期刊《建设》发表,成为国内《反杜林论》的首篇汉译文,引起了较大反响。徐苏中在文章中系统阐发了唯物史观的思想精髓,论述唯物史观与科学社会主义的关系,强调"成就这解放世界底事业,是近代无产者团底历史的使命"⑤,为先进中国人寻找改造社会武器提供了参考。为了加强唯物史观宣传,《新青年》自第8卷第1号登载一系列有关唯物史观的文章,如李大钊的《唯物史观在现代历史学上的价值》、施存统的《俄罗斯革命和唯物史观》等文章,对马克思主义唯物史观进行更为深入的研究,为观察中国革命提供思想工具。基于唯物史观是马克思主义的重大发现,中国青年社出版小册子《唯物史观》,以简明浅近的语言解释唯物史观的前提、唯物史观与社会组织关系、唯物史观与社会制度关系,引导读者明白"与资产阶级学者完全不同的观点,去研究一切社会科学与社会问题,根据唯物史观得到解决中国时局的唯一的正当途径"⑥,可见与资产阶级学者的研究方法有着根本性区别。

---

① 凌霜:《马克思学说批评》,《新青年》第6卷第5号,1919年5月。
② 渊泉译:《马克思的唯物史观》,《新青年》第6卷第5号,1919年5月。
③ 李大钊:《我的马克思主义观》,《新青年》第6卷第5号,1919年5月。
④ 季陶:《到湖州后的感想》,《建设》第2卷第6号,1920年7月。
⑤ 徐苏中:《科学的社会主义和唯物史观》,《建设》第3卷第1号,1920年12月。
⑥ "中国青年社丛书"第二种《唯物史观》广告,《新青年》不定期刊第1号,1925年4月22日。参见吕延勤主编:《马克思主义在中国早期传播史料长编(1917—1927)》下卷,长江出版社2016年版,第40页。

除了上文提及的先进分子发表有关唯物史观文章外,李汉俊撰写的《唯物史观不是什么?》于 1922 年 1 月在《民国日报》副刊《觉悟》发表,成为中国最早解读恩格斯《社会主义从空想到科学的发展》的代表性文章。在文中,李汉俊强调唯物史观是马克思主义的思想基础,论述了唯物史观与黑格尔辩证法、与费尔巴哈唯物论的联系与区别,在引入辩证唯物主义前提下阐释了唯物史观的本质,突出唯物史观在马克思主义理论体系中的重要性,帮助进步人士对集唯物论和辩证法为一体的唯物史观形成更为完整的认识。因此,解读唯物史观须借助于马克思主义辩证法,原因在于唯物史观在资产阶级与无产阶级之间阶级斗争中的应用,"只有借助于辩证法才有可能"①。从理论上说,唯物史观是在唯物辩证法基础上形成的,进一步解读唯物史观还需要回归到唯物辩证法。李达在上海大学教授《现代社会学》时对唯物史观大加赞赏,指出马克思所创造的唯物史观学说"在社会学上之价值,可谓空前绝后"②,强调科学社会主义的理论依据在于唯物史观,即"马克思社会主义历史观之根柢为唯物史观说"③。综上,上海早期传播者主要从经济角度阐释了唯物史观概念及内涵,符合民众从经济上获得问题解决的现实诉求,在当时具有重要的理论指导意义。

二、唯物史观基本内容和作用的阐发

马克思主义唯物史观强调了物质生产是社会发展的决定性因素,揭示了人类社会历史发展的规律,深入考察"现实的人"所从事的物质生产形式及其关系,其物质本体论为上海的先进分子寻求救国救民武器提供了可能,为中国人提供了救亡图存的科学宇宙观。故而,李大钊、陈独秀、李汉俊、李达、施存统等早期马克思主义者重视 1859 年《〈政治经济学〉序言》中所阐发的唯物史观基本原理内容,在他们的著作中反复阐述和引用,运用唯物史观基本原理剖析近代以来中国社会思想变动的社会经济根源。譬如,李大钊在《我的马克思主义观》中摘录了《序言》中的部分内容阐述了物质本体论,"不是人类的意识决定其存在,他们的社会的存在反是决定其意识的东西"④,引用马克思在《哲学的贫困》中的部分观点。李达在翻译《唯物史观解说》时,撰写《马克思唯物史观要旨》,翻译《序言》中部分内容,指出资产阶级剥削、麻痹、支配劳动者,"利用精神作为统治

---

① 《马克思恩格斯选集》第 3 卷,人民出版社 2012 年版,第 747 页。
② 《李达文集》第 1 卷,人民出版社 1980 年版,第 249 页。
③ 李达:《现代社会学》,武汉大学出版社 2007 年版,第 140 页。
④ 李大钊:《我的马克思主义观》,《新青年》第 6 卷第 6 号,1919 年 11 月 1 日。

人民的手段",而劳动者要对剥削者进行"哲学上的思想战争"①,在此基础上充分认识社会生活决定人的精神,提出了劳动者创造了世界的观点,从而揭示出唯物史观的要领与精髓。为此,施存统发出呼吁,"非但马克思主义者应该注意唯物史观,就是别的社会主义者,也非注意唯物史观不可"②,提醒关注社会主义先进分子不要忽略唯物史观,唯物史观的缺场将导致马克思主义不复存在,看出其对唯物史观的重视程度。上海大学教师蒋光慈在唯物史观指导下,剖析了人类社会历史发展进程,详细分析了生产力发展为人类社会发展的动力、生产力与生产关系以及个人在历史过程中的作用等内容,在此基础上阐释了资产阶级终将被无产阶级战胜,进而"消灭私有制度,建设共产社会"③的人类社会发展规律。

　　上海早期马克思主义者不仅介绍唯物史观基本内容,还阐发了唯物史观的作用。上海南洋公学④创办的《南洋》杂志发表文章认为,马克思主义的风行并非由于其迎合人的心理,而因为其从根本上揭露了社会罪恶的根源,提出马克思主义的核心:"全在唯物史观之历史论与解释经济论。"⑤显然,上文强调了唯物史观在马克思主义理论体系中所处的重要地位,时人对马克思主义唯物史观的重视程度可见一斑。蔡和森在参加留法勤工俭学运动期间便刻苦钻研马列主义著作,积极投身革命实践,完成从民主主义者向共产主义者的转变。回国后的他在上海大学专门讲授《社会进化史》,向学生阐释唯物史观关于阶级斗争、无产阶级专政、社会革命等内容;就中国革命问题致信毛泽东,阐发对唯物史观的认识与见解,高度赞扬了马克思对唯物史观的发现,明确指出了唯物观和唯理观是关乎社会革命和改良的根本,认为"把惟理观和惟物观分割清楚,才不至于堕入迷阵"⑥。为此,毛泽东在回信中发表自己观点,认为"唯物史观是吾党哲学的依据,这是事实"⑦,而惟理观亦即唯心主义则由于其不能被证实,使人易于动摇抑或不够坚定,体现其对唯物史观的肯定态度。

　　国民党人朱执信、胡汉民、戴季陶等人肯定唯物史观价值并为此发表一批文章,客观上为唯物史观的传播作出贡献。譬如,戴季陶便在与陈炯明的通信中明

---

①　[荷]郭泰:《唯物史观解说》,李达译,中华书局1921年版,第2页。

②　存统:《马克思的共产主义》,《新青年》第9卷第4号,1921年8月14日。

③　蒋侠僧:《唯物史观对人类社会历史发展的解释》,《新青年》季刊第3期,1924年8月1日。

④　上海南洋公学即上海交通大学前身。

⑤　蔼人:《社会改革与劳工酬报》,《南洋》第4期,1919年8月5日。

⑥　中国革命博物馆、湖南省博物馆编:《新民学会资料》,人民出版社1980年版,第153页。

⑦　李永春编:《湖南新文化运动史料》第2册,湖南人民出版社2011年版,第837页。

确表示,"我是赞同唯物史观的"①。胡汉民称赞唯物史观为"精神伟大的思想"、"差不多划一个新纪元"②,在《唯物史观批评之批评》一文中细致阐发了唯物史观的意义,认为唯物史观是以经济为中心的历史观。由上观之,上海的早期传播者大多高度认同唯物史观,将唯物史观置于极高地位,因此在传播进程伊始便选择唯物史观并于传播过程倾注较大力量,为马克思主义在上海的传播奠定了科学的方法论基础。

三、唯物史观视域下的中国实际

马克思主义唯物史观在上海的传播有效瓦解了一度在思想界流行的传统英雄史观、观念史观等唯心主义史观,为上海工人运动以及中国革命提供有力的理论武器。美国学者阿里夫·德里克认为,中国的先进分子在十月革命的唤醒下对马克思主义产生更为积极主动的关注,由于"关于历史唯物主义的出版物的大量增加依旧反映出他们新的兴趣所在"③。诚然,唯物主义是一种研究方法,而不能仅仅当作可以生搬硬套的公式。恩格斯早在 1890 年 6 月业已指出,如果把唯物主义当作一种公式来对各种历史事实进行剪裁,唯物主义将会"转变为自己的对立物"④,因此要将唯物主义方法当作研究历史的指南。随着革命形势的发展,对唯物史观概念与基本内容的介绍已不能满足社会对理论的需求。那么,依据马克思主义唯物史观基本原理,早期马克思主义者是如何运用唯物史观来分析中国实际问题的呢? 事实上,他们借助唯物史观的视角作出种种探索,以下作初步梳理。

早期马克思主义者在唯物史观指导下,尝试对中国社会实际的探索与研究。《新青年》第 6 卷第 5 号推出马克思主义研究专栏,其中李大钊的《我的马克思主义观》、陈启修的《马克思唯物史观与贞操问题》等文章初步彰显马克思主义唯物史观与中国革命具体实际结合的意蕴。譬如,施存统撰写的《马克思的共产主义》一文认为马克思主义在中国的运用和实行,抑或在表面上会有与马克思主义内容相冲突的地方,但这并非过于要紧的事情,"因为马克思主义本身,

---

① 戴季陶:《戴季陶致陈竞存论革命的信》,《建设》第 2 卷第 1 号,1920 年 2 月。

② 胡汉民:《唯物史观批评之批评》,《建设》第 1 卷第 5 号,1919 年 12 月。

③ ［美］阿里夫·德里克:《革命与历史:中国马克思主义历史学的起源(1919—1937)》,翁贺凯译,江苏人民出版社 2005 年版,第 19 页。

④ 《马克思恩格斯选集》第 4 卷,人民出版社 2012 年版,第 595 页。

并不是一个死板的模型"①。1924年3月,恽代英在《何谓国民革命》一文中,用唯物史观剖析中国革命目的以及中国革命与世界革命的关系,指出了国民革命的最终理想,提出"革命工人人数越多,国民革命的最终力量越易于实现"②的观点,鼓舞更多青年联合起来积极参与革命。上海商务印书馆于1924年6月出版杨明斋的《评中西文化观》,以唯物史观为指导研究中国社会思想、学术和文化问题,体现唯物史观视域下中国社会研究的思路。以上例证表明,早期传播者在对唯物史观的认识上,已注意到唯物史观同时以世界观和方法论的存在,并开启对中国现实展开马克思主义分析的最初尝试,这对于唯物史观传入早期实属难得,开启了运用马克思主义理论的可喜步伐。

国民党人重视用唯物史观阐释中国社会不平等的经济根源,旨在寻找和完善服务于三民主义等自身革命主张的理论支撑。戴季陶、胡汉民等人在理论层面为唯物史观的传播作出贡献,发表评介唯物史观的文章,并在唯物史观指导下分析中国哲学与道德问题,发表了《旧伦理的崩坏和新伦理的建设》、《孟子与社会主义》和《中国哲学史之唯物的研究》等一批文章。戴季陶在《旧伦理的崩坏与新伦理的建设》一文中,借助《共产党宣言》中有关唯物史观原理阐释剖析了伦理和道德,认为"个人道德心先于社会而存在"的观点是错误的,指出"道德本身不是天生的,是人为的;不是由个人孤立发生的,是社会关系发生的。"③1919年10月,胡汉民发表《中国哲学史之唯物的研究》,以唯物史观为主线阐释中国哲学史,列举中国古代诸子学说对于时代的批评,察见时人的社会生活现状,研究两千多年中国哲学的发生与演变历程,认定人类进步和思想变化皆"同是以经济的关系为主要的原因"④,梳理了运用唯物史观研究中国哲学史的要义,体现其研究中国哲学史的方法论原则。胡汉民认为,"一时代底支配思想,常只是支配阶级底思想"⑤,作为社会本能的道德与宗教、思想、舆论等一样,在阶级社会体现统治者的利益并成为统治者的武器,揭露了旧道德乃是封建阶级和资产阶级的统治武器。换而言之,以胡汉民为代表的国民党人士主张一方面破坏具有旧道德特质的经济基础和社会制度,而另一方面要建设新的道德,而建立新道

---

① 存统:《马克思底共产主义》,《新青年》第9卷第4号,1921年8月1日。

② 但一:《何谓国民革命》,《中国青年》第20期,1924年3月1日。

③ 胡汉民:《阶级与道德学说》,《建设》第1卷第6号,1920年1月。

④ 钟离蒙、杨凤麟:《中国现代哲学史资料汇编》第一集第8册,辽宁大学哲学系,1981年,第166页。

⑤ 胡汉民:《考茨基底伦理观与罗利亚底伦理观》,《建设》第2卷第6号,1920年8月。

德的前提则在于建立新的经济关系和社会制度。戴季陶在运用唯物史观分析考察伦理问题时试图从经济变化的角度阐发道德的变化,提出了包括"共做、共养、共济、共爱、共乐、共治"为主要内容的"仁爱"的新道德。总的来说,以戴季陶、胡汉民为代表的国民党人士运用马克思主义唯物史观诠释剖析了中国的伦理道德,明确道德的含义与内涵,深刻揭露旧道德是统治阶级的统治武器,且道德内涵在维护统治者需要的前提下会不断变化,进而提出建立新道德要求并勾勒新道德的大致构成。尽管胡汉民等人的文章有不成熟之处,但是其用唯物史观考察分析中国历史、伦理道德以及社会现象的方法及成果,对于同期以及后来的知识分子开展唯物史观研究具有一定启示作用,为早期共产党人传播和应用马克思主义提供了参考与借鉴。简言之,以朱执信、胡汉民、戴季陶等为代表的国民党人对唯物史观颇有研究,在肯定其社会价值的基础上,细致阐述了唯物史观的基本内涵,并以唯物史观为工具剖析了中国历史和伦理道德。虽然国民党人有自身的政治立场与考量,但为唯物史观在上海的传播所作的贡献不可否认。

概括来说,上海早期先进分子通过学习研究唯物史观,深化了对马克思主义的认识,为中国马克思主义哲学的开创与发展奠定了基础,其中部分先进分子更是进一步坚定马克思主义立场,并由己及人地在唯物史观传播过程中培育更多马克思主义者。正如施存统所确信,"忘记了唯物史观就没有了马克思主义"①。唯物史观在上海为先进分子提供了新的认识问题的方法和理论以及为探索救亡图存的道路提供了新的思路,不少先进分子正是因为研究并掌握唯物史观后才转变为坚定的马克思主义者,为日后以唯物史观为武器制定民主革命纲领等奠定思想基础。但是,受到文献资料缺乏、理论掌握不深刻等因素的影响,在传播内容上存在一些局限,如大多从经济史观角度阐述唯物史观,过于强调生产力、经济基础的决定作用,而对人的主观能动性则有弱化。同时,对唯物史观的宣传基本处于介绍层面,反映了早期传播者当时的理解水平,但对马克思主义早期中国化的研究具有重要价值。

第二节　马克思主义剩余价值论

剩余价值学说作为"两大发现"之一,是马克思主义政治经济学的基石,在

---

① 存统:《马克思的共产主义》,《新青年》第 9 卷第 4 号,1921 年 8 月 1 日。

上海地区的马克思主义早期传播中占据重要地位。剩余价值作为分析资本主义经济关系的核心概念,马克思借助其内涵揭示并解释了资本主义生产方式的基本矛盾及其生产关系的实质和运动规律,并在此基础上建立起科学完备的剩余价值理论。总体来说,上海早期传播者对剩余价值理论的传播主要从概念界定、内容阐发、产生原因及其用于中国革命的分析等方面展开,较好地帮助工人劳苦大众理解劳动创造价值的思想,认清自身遭受剥削压迫和贫困的根源,进而激发革命意识并提升革命觉悟,同时为科学社会主义的传播奠定了理论准备。

一、剩余价值概念及内容的普及

马克思在明晰了资本、利润、价格和劳动价值等概念的基础上,揭示了劳动者劳动力本身价值与其实际创造的价值之间存在着"差额",这一"差额"即为剩余价值。区域优越的上海是劳动力高度集中的地区,集聚全国最多的工人阶级群体,故而剩余价值学说成为上海早期传播者着重阐发和宣扬的重要内容,在早期宣介过程中被称为"余工余值说"、"赢余价值说"等。早期马克思主义者从概念本身入手,加强对剩余价值理论的学习研究并提出各自洞见,切实推动工人群众对资本主义生产方式的了解,并提升了自身斗争觉悟。譬如,李大钊认为,剩余价值学说是"马克思全部经济学的根本观念"[1];陈独秀指出剩余价值"成立于生产过程,实现于流通过程"[2],并就剩余价值如何产生的问题进行阐述,为民众理解剩余价值概念提供参考和指导。

鉴于剩余价值学说与国民党人所关注的社会经济生活有着密切联系,亦成为国民党人传播马克思主义的重点内容之一。在上海,国民党人积极撰写文章、翻译出版书籍,在剩余价值学说的扩散与传播亦发挥了积极作用。譬如,朱执信的《德意志社会革命家列传》一文中的有关论述体现了革命党人对剩余价值的最初认识。戴季陶对马克思有关剩余价值的发现给予了高度评价:"马克思关于商品、货币、价值、剩余价值几个问题的学说,实在是近代经济学上的极大功绩。"[3]《建设》连续 6 期刊载由戴季陶、朱执信、胡汉民、李汉俊联袂翻译了考茨基著的《马克斯资本论解说》,且上海民智书局于 1927 年出版了单行本,从商品、价格、货币等基本经济现象入手,阐述了工人是如何创造劳动力价值和剩余

① 李大钊:《我的马克思主义观》,《新青年》第 6 卷第 6 号,1919 年 11 月 1 日。

② 陈独秀:《马克思学说》,《新青年》第 9 卷第 6 号,1922 年 7 月 1 日。

③ 季陶:《经济之历史的发展》,上海《民国日报》副刊《觉悟》,1920 年 4 月 11 日。

劳动价值的道理,通俗详尽地介绍了剩余价值理论,强调所谓利息、利润、地租皆为剩余价值的"显现态",然而不可将"剩余价值与剩余价值的显现态混为一物"①,凸显劳动是衡量商品价值的尺度与根源。由上观之,剩余价值学说由于其对劳动者生存处境的理论关切而受到上海早期传播者的高度重视。

二、剩余价值学说视域下的中国问题

上海早期传播者重视运用剩余价值学说在中国实际问题中的运用,运用剩余价值理论揭露工人、农民等劳苦大众遭受压迫的根源。在上海,陈独秀等人组织五一节纪念活动,不仅在《新青年》等报刊开辟"劳动日纪念专号",还以活泼生动的语言在《劳动界》发文,向劳动大众宣传剩余价值理论,揭示工人等劳苦大众受压迫的根源,以激发其斗争意识。李汉俊翻译出版了《马格斯资本论入门》一书,通俗易懂地阐述了商品底价值、物价、工银、缩短劳动时间等内容,借鉴《资本论》中以商品为研究切入口的逻辑思路,揭示出商品背后蕴藏的人与人之间的关系,并运用劳动二重性原理,阐发工人被资本家剥削的秘密所在,进而阐述了剩余价值的由来。在书中,李汉俊探索将剩余价值学说与中国社会实际相结合,深入浅出地用马克思主义原理分析中国实际,正如他在序中所表达的,"诸君在这本《马格斯资本论入门》所得的观念必定更要明显起来"②,即读者在此书的指导帮助下阅读《资本论》时或许会减少一些障碍。无独有偶,早期马克思主义者李达对剩余价值学说有着较为深入的研究。譬如他在上海大学编撰的《现代社会学》讲义中,以《马克思社会主义》为题集中论述了剩余价值学说的实质,揭示了商品以及商品交换的本来面目,论述了劳动生产力、劳动时间和商品价值三者的关系,即"商品之价值与生产所使用之劳动时间为正比例,与劳动生产力为反比例"③,认为资本家的利润来源于剩余价值,由此提出剩余价值是阶级斗争产生的根源等观点。

国民党人戴季陶对剩余价值理论有一定研究,注重用剩余价值理论分析中国的实际问题。他在《中国劳动问题的现状》中运用剩余价值理论计算上海棉纱厂盈利数据,分析资本家对工人的剥削状况,揭露了资本家因占有剩余价值不断发展壮大以及劳动阶级因受压迫的原因,其关键在于"货价销路增加而工银

---

① ［德］考茨基:《马克斯资本论解说》(二),戴季陶等译,《建设》第 1 卷第 5 号,1919 年 12 月。

② 李汉俊:《马格斯资本论入门》序,社会主义研究社,1920 年 9 月。转引自田子渝:《中国共产党创始人李汉俊》,武汉出版社 2004 年版,第 201 页。

③ 李达:《现代社会学》,武汉大学出版社 2007 年版,第 145 页。

不增加，生产费比例缩小而工作时间不缩小"①等，以及工银制度是资本家剥削剩余价值"最刻毒的方法"②。思想一度趋于激进的戴季陶在考察分析湖州地区生产力与生产关系状况时，以社会生活决定精神的唯物史观立场，认为湖州地区尚未产生资本主义生产制度下的剩余价值，因此从近代文明史角度看，湖州与上海要"相差一百年"③。朱执信则在《野心家与劳动阶级》中认为，鉴于阶级斗争与剩余价值关系紧密，当前中国虽无雄厚的资本家，但是小资本家榨取剩余价值的情况要比欧美大资本家"凶十倍"④。简言之，国民党人对剩余价值学说持以认同的态度，在文章中使用频率较高，推动了剩余价值理论的扩散与传播，在客观上推动了剩余价值学说的普及，提升了民众对自身受压迫原因的认识以及投身革命斗争的觉悟。

此外，上海早期传播者还运用马克思主义剩余价值等基本原理，剖析妇女遭受压迫的根源，帮助广大妇女加深对其自身遭受压迫的认识。譬如，1920 年，上海厚生纱厂由于在招收湖南女工时设置极为苛刻的条件，引起以《湖南日报》为代表的报刊的关注与不满。就此问题，陈独秀在《新青年》第 7 卷第 6 号发表《上海厚生纱厂湖南女工问题》一文，细致分析纱厂招工各种问题，启发民众对女工问题的关注和讨论。在同期《我的意见》一文中，依据剩余价值学说分析并揭露资产阶级以"红利的名义"⑤抢夺女工劳动价值的罪恶本质。上海《妇女评论》在创刊宣言中指出，"女子的劳动权和生存权被夺去"⑥乃是妇女像牛马一样在经济上不得独立的根本原因。1921 年 7 月，上海商务印书馆出版日本学者山川菊荣著、李汉俊译的《妇女之过去与将来》，通篇采用白话文论述原始社会男女关系、文明社会男女关系、近代女子运动等内容并倡导妇女解放，出版后受到读者的热烈欢迎，截至 1927 年再版六次。随后，李汉俊在此书启示下撰写《男女解放》，剖析妇女在旧社会所处的地位，面对妇女在社会和家庭中遭受的身体与精神双重压迫状况，从政治、经济、法律、伦理等方面作出深刻分析后指出妇女问题产生的根本原因，即"私有制是万恶之源"⑦，在此基础上提出了妇女解放的

---

① 季陶：《中国劳动问题的现状》，《星期评论》第 35 号，1920 年 2 月 1 日。

② 季陶：《上海的同盟罢工》，《星期评论》第 48 号"劳动纪念号"，1920 年 5 月 1 日。

③ 季陶：《到湖州后的感想》，《建设》第 2 卷第 6 号，1920 年 7 月 1 日。

④ 朱执信：《野心家与劳动阶级》，《建设》第 2 卷第 2 号，1920 年 3 月。

⑤ 陈独秀：《我的意见》，《新青年》第 7 卷第 6 号，1920 年 5 月 1 日。

⑥ 中华全国妇女联合会妇女运动历史研究室编：《中国妇女运动历史资料（1921—1927）》，人民出版社 1986 年版，第 23 页。

⑦ 李人杰：《男女解放》，《星期评论》新年号第 6 版，1920 年 1 月。

根本路径则在于男女民众共同发起社会革命,联合起来推翻私有制进而获取妇女的彻底解放。

第三节　马克思主义阶级斗争理论

马克思主义认为,阶级斗争乃是推动社会发展的重要动力之一,"至今一切社会的历史都是阶级斗争的历史"①。马克思、恩格斯在《共产党宣言》、《反杜林论》和《德国的革命与反革命》等诸多著作中均有对阶级、阶级斗争和阶级分析的集中论述,如"把历史看做一系列的阶级斗争,比起把历史单纯归结为生存斗争的一些没有多大差异的阶段,内容丰富得多,而且深刻得多。"②马克思主义阶级斗争理论在上海地区的传播,不仅得益于其自身在马克思主义理论体系中的地位,还受益于上海早期传播者的重视,一方面体现于传播者对此新学理知识持之以恒的输入,另一方面表现在传播者将其与工人运动等革命实践的展开。上海先进知识分子在中国传统文化平民主义的语境中未能找到救国救民的道路,而是结合中国国情,在富于实践性理论的感召下,开始转向"激烈方法的共产主义,即所谓劳农主义,用阶级专政的方法"③。此后,上海早期马克思主义者能较好掌握马克思主义阶级和阶级斗争理论,开始不遗余力地对阶级斗争理论进行传播,重点解读阶级斗争的含义与内容,阐发阶级斗争的作用,批驳反对阶级斗争观点,自觉担负起传播阶级斗争理论的责任,极大提升了阶级斗争理论的影响力。早期共产党人在首个决议鲜明提出,"党在工会里要灌输阶级斗争的精神"④,以此武装工人阶级,充分发挥决议的指导和引领作用。直至 1925 年,"中共主张的阶级斗争理论已经在上海工人运动中占据了优势"⑤,可见对阶级斗争的重视程度以及阶级斗争在上海传播所取得的效果。简言之,在救国救民的时代语境下,阶级斗争理论的传播在阶级群体认识、社会力量整合、道路选择论证等方面发挥重要作用。

---

①　《马克思恩格斯文集》第 2 卷,人民出版社 2009 年版,第 31 页。

②　《马克思恩格斯文集》第 9 卷,人民出版社 2009 年版,第 549 页。

③　《毛泽东文集》第 1 卷,人民出版社 1993 年版,第 2 页。

④　《中国共产党第一个决议》,中央档案馆编:《中共中央文件选集(1921—1925)》第 1 册,中共中央党校出版社 1982 年版,第 7 页。

⑤　陈达:《中国劳工问题》,商务印书馆 1927 年版,第 103 页。

一、对阶级斗争学说的理解

在马克思、恩格斯有关阶级斗争理论的基础上,列宁在《卡尔·马克思》和《国家与革命》等文本中阐述了阶级和阶级斗争的含义、条件和规律。他强调,"所谓阶级,就是这样一个集团,由于它们在一定社会经济结构中所处的地位不同,其中一个集团能够占有另一个集团的劳动"①,在论述中阐发了阶级的实质在于一个集团无偿占有另一个集团的劳动,其划分标准主要为经济标准。随着从日本中转的社会主义思想在上海的传入,阶级斗争作为马克思主义理论的核心内容被早期先进分子关注,并随着革命运动发展逐渐产生越来越大的影响,如部分早期传播者开始认同日本社会主义者山川均的观点,认为"阶级斗争是社会在唯物史观基础上进化的枢纽"②。就此问题,陈独秀以阶级的观念诠释"劳动者"的概念,指出其视域中的劳动界是针对没有任何财产全仅靠劳力吃饭的人而言,并在此基础上提出了"劳动阶级"的范畴,即"就职业上说,是把那没有财产的木匠、泥水匠、漆匠……搬运工,合成一个无产的劳动阶级"③,为提升民众阶级意识发挥了作用。李达认为,阶级斗争贯穿于唯物史观、剩余价值和劳工专政学说组成的马克思主义理论体系三大原理之中,并在《现代社会学》讲义中作出重要阐述。1921 年 1 月,由考茨基著、恽代英翻译的《阶级争斗》一书经由上海新青年社出版,详细阐释阶级斗争等内容,对具有初步共产主义思想的知识分子产生很大影响。1922 年,上海商务印书馆出版了施存统翻译的《马克思主义和达尔文主义》一书,论述了阶级斗争与马克思主义、达尔文主义的关系,阐明社会主义和进化论的关系,使读者"明白社会主义底大要"④。中共在上海成立之后,重视工人阶级作为其阶级力量的基础,呼吁"快聚集在共产党旗帜之下奋斗呀!"⑤综上,早期马克思主义者重视阶级斗争理论的传播,将其作为夺取无产阶级政权的手段加以理解和阐释,取得了较好的效果。

国民党人亦关注阶级斗争学说,分析了阶级概念、阶级斗争的形成以及中国

---

① 《列宁选集》第 4 卷,人民出版社 1995 年版,第 11 页。

② ［日］山川均:《从科学的社会主义到行动的社会主义》,李达译,《新青年》第 9 卷第 1 号,1921 年 5 月 1 日。

③ 《告北京劳动界》,《陈独秀著作选》第 2 卷,上海人民出版社 1993 年版,第 49 页。

④ 参见吕延勤主编:《马克思主义在中国早期传播史料长编(1917—1927)》中卷,长江出版社 2016 年版,第 42 页。

⑤ 《中国共产党第二次全国大会宣言》,中央档案馆编:《中共中央文件选集(1921—1925)》第 1 册,中共中央党校出版社 1989 年版,第 117 页。

的阶级状况,其有关阶级及阶级斗争学说的文章不断见诸报章。国民党著名进步思想家朱执信对阶级与阶级斗争理论具有一定的研究旨趣,在《德意志社会革命家列传》中介绍阶级斗争学说是马克思主义的重要内容,如"自草昧混沌而降,至于吾今有生,所谓史者,何一非阶级争斗之陈迹乎"①,转述阐明了任何社会历史皆为阶级斗争的历史。在此研究基础上,朱执信就阶级斗争产生的原因作出解释,认为阶级斗争并非仅由单纯地煽动而发生,其关键在于资产阶级获取剩余价值以及劳动阶级本身的生存状况,即"其成不成问题,是看资本家取得剩余价值多少,和劳动者生活工作条件如何"②,通过以上论述阐发了阶级斗争由来的根源,给读者以深刻启发。国民党理论家戴季陶亦分析中国阶级与阶级斗争问题,在唯物史观视域下探讨了资产阶级与无产阶级对立的原因,认为其源于"近代产业革命后所发生的资本家生产制的结果"③。在短评《必然的恶》中,戴季陶提出了阶级斗争是阶级社会条件下的必然,避免阶级斗争的唯一方法在于废除阶级、废除阶级的压迫,"阶级存在一天,阶级的压迫继续一天,阶级斗争,就要支持一天"④。在《工读互助团与资本家的生产制》一文中,戴季陶运用马克思主义阶级斗争观点批评工读互助团的办法,认为使用工读互助的办法实现改造社会之目的显得不切实际,提出改造社会需深入苦难的工人阶级群体当中,即"投向资本家生产制下的工场去"⑤,在工场中找寻线索和力量。《建设》杂志主编胡汉民依据唯物史观分析了阶级的形成,认为人类社会职业的差别以及生活物资剩余数量的不同等原因,日渐导致了社会的不平等现象,而"其初区别甚微,日久变成有阶级的趋势"⑥,由此阐述了阶级的由来。林云陔以唯物史观为指导,在《阶级斗争之研究》一文中阐述了阶级斗争理论,强调要达到生产机关的社会化目的,首先便要开展社会主义运动,增加其实行的势力,指出"阶级争斗者起于私有财产之存在,终于私有财产之破灭"⑦,认为社会主义社会的人民可使人自食其力或得到社会供养,私有制的存在便不再有意义,阶级斗争也将随之消灭于无形之中。简而言之,国民党人对阶级、阶级斗争等问题的深刻阐述,

① 朱执信:《德意志社会革命家小传》,《民报》第 2 号,1906 年 1 月。
② 朱执信:《野心家和劳动阶级》,《建设》第 2 卷第 2 号,1920 年 3 月。
③ 戴季陶:《文化运动与劳动运动》,《星期评论》第 48 号"劳动纪念号",1920 年 5 月。
④ 唐文权、桑兵:《戴季陶集》,华中师范大学出版社 1990 年版,第 1207 页。
⑤ 戴季陶:《工读互助团与资本家的生产制》,《新青年》第 7 卷第 5 号,1920 年 4 月 1 日。
⑥ 胡汉民:《阶级与道德学说》,《建设》第 1 卷第 6 号,1920 年 1 月 1 日。
⑦ 林云陔:《阶级斗争之研究》,《建设》第 2 卷第 6 号,1920 年 8 月。

一定意义上推动了马克思主义阶级斗争理论的传播。

二、阶级斗争历史作用的阐发

阶级斗争理论作为马克思主义基本原理,乃是指导工人运动的重要思想武器以及阶级对立社会发展的直接动力,即阶级的差异导致阶级斗争的必然发生,而阶级斗争则助推了社会历史的发展。先驱者李大钊在《我的马克思主义观》一文中将马克思主义理论可以分为历史论、经济论和政策论三大部分并论述三者之间密不可分的关系,进而强调阶级斗争的作用,"阶级斗争如一条金线,把这三大原理从根本上联络起来"①,与其他人以往对马克思主义片段的、不确切的表述不同,李大钊在此文中对阶级斗争学说作了相对深入的介绍和精当的阐释。秉持同样观点的还有李汉俊,将马克思主义理论分为理论和政策两个层面,强调阶级斗争如同一条金线,"将它们根本缝起来"②。

无独有偶,陈独秀充分重视劳动阶级在社会改造中的地位,倡导通过革命手段建立起劳动阶级的国家,在此基础上创立对内对外均禁止掠夺的法律政治,乃"为现代社会第一需要"③。李达赞赏阶级斗争这一最普遍、最猛烈、最有效力的非妥协手段,呼吁"只有采用直接行动的一法"④。1920 年秋,恽代英受陈独秀及《新青年》杂志委托翻译了考茨基著的《阶级争斗》,在翻译过程中全面学习唯物史观,对自己信仰已久的无政府主义进行质疑,对其思想转变有着重要的促进作用,随后逐渐摆脱无政府主义、新村主义和工读主义的藩篱,开始赞成"流血牺牲"的阶级斗争了,在为共存社起草的宣言中表达"积极切实的预备,企求阶级争斗,劳农政治的实现,以达到圆满的人类共同的目的"⑤,与中共一大通过的纲领精神保持一致。李书渠在其回忆中也认为在翻译此书的影响下,恽代英的政治思想有了很大提高,促进了不少读者思想认识的提升,并使得更多人对"要改造中国必须进行阶级斗争,从根本上改变社会制度"⑥等内容产生更为深切的体认。毛泽东在回忆青年时代接受马克思主义时表示:自己看了《阶级斗争》、

---

① 李大钊:《我的马克思主义观》,《新青年》第 6 卷第 5 号,1919 年 5 月。
② 汉俊:《研究马克思学说的必要及我们现在入手的方法》,上海《民国日报》副刊《觉悟》,1922 年 6 月 6 日。
③ 陈独秀:《谈政治》,《新青年》第 8 卷第 1 号,1920 年 9 月 1 日。
④ 《李达文集》第 1 卷,人民出版社 1980 年版,第 72—73 页。
⑤ 中共湖北省委党史研究室:《中国共产党湖北历史(1919.5—1949.10)》,湖北人民出版社 1999 年版,第 47 页。
⑥ 田子渝、任武雄、李良明:《恽代英传记》,湖北人民出版社 1984 年版,第 47 页。

《共产党宣言》等书籍后，对阶级斗争的概念更加明晰，更为深刻地理解"人类自有史以来就有阶级斗争，阶级斗争是社会发展的原动力"①，初步掌握了马克思主义视域下认识问题的方法论，在此基础上提出了"激烈方法的共产主义，即所谓劳农主义，用阶级专政的方法，是可以预计效果的，故最宜采用"②等观点，可见阶级斗争学说给早期马克思主义者带来的影响。

国民党人林云陔于五四运动后期积极宣传马克思主义学说，论述了阶级斗争的缘起以及社会改造与阶级斗争的关系，认为阶级斗争乃是社会主义的最重要的必修课，且在社会主义建设者所认为的必要条件中处于核心地位，即"只要一可能之办法，阶级战争是也"③，并在《阶级争斗之研究》中依据马克思主义基本原理阐述了阶级斗争与社会主义的关系，盛赞阶级斗争乃是"近代社会主义之最要原理，亦最有研究之价值者也"④。同样对阶级斗争的问题敏感并有所研究的，还有国民党人朱执信。他在《新文化的危机》一文中讨论了主义与阶级斗争的关系，认为社会主义者所主张的阶级斗争并非在此前未能有阶级斗争的情况下而采取的手段，而是从历史进程来看，诸多历史事件都表现为激烈的阶级斗争，故而"现在要绝灭阶级斗争，不能不先绝灭阶级"⑤，强调须借助一个阶级的力量或者破灭阶级的势力来绝灭阶级。胡汉民也是宣传阶级斗争理论的突出代表，在《唯物史观批评之批评》一文中结合《共产党宣言》和《〈政治经济学批判〉序言》中有关阶级斗争的经典论述，阐释马克思的阶级斗争理论，表明自己对于唯物史观和阶级斗争学说的肯定态度，认为阶级斗争乃是经济过程之自然变化，最后取得阶级斗争之胜利者，"要靠作成于旧社会母胎内，使能解决敌对之必要条件"⑥。以上例证充分说明，随着马克思主义的传播，阶级及阶级斗争观点日渐被进步知识分子所接受，虽然有些传播者并非信奉马克思主义，但在思想意识深处亦受到阶级观念及阶级斗争理论的影响，甚至加入了宣传阶级斗争观点的阵营，可见阶级意识以及阶级斗争理论在当时上海社会的增长态势。

三、非阶级斗争观点的批驳

面对由于马克思阶级斗争学说的宣传促使阶级斗争产生等观点的兴起，国

---

① 《毛泽东文集》第 2 卷，人民出版社 1993 年版，第 379 页。
② 《毛泽东文集》第 1 卷，人民出版社 1993 年版，第 2 页。
③ 林云陔：《近代社会主义进行之动机》，《建设》第 2 卷第 4 号，1920 年 5 月。
④ 林云陔：《阶级争斗之研究》，《建设》第 2 卷第 6 号，1920 年 8 月。
⑤ 《新文化的危机》，《朱执信集》下册，中华书局 1979 年版，第 880 页。
⑥ 胡汉民：《唯物史观批评之批评》，《建设》第 1 卷第 5 号，1919 年 12 月。

民党理论家朱执信、戴季陶、林允陜等人积极予以反驳,论述了阶级斗争存在的客观性,指出马克思并非创造了这一现象而是揭示了这一现象的本质与规律。朱执信认为阶级斗争乃是客观的事实,在中国也不例外,为此发表《新文化的危机》一文批驳阶级斗争是野心家煽动的理论,指出了阶级斗争本是"现存的事实,不是想出来的手段"①。面对胡适对马克思阶级斗争学说的批评,试图借以互助来调和阶级斗争,戴季陶对此撰文予以反驳。他认为互助要基于平等的前提,在两个绝对不平等的阶级之中讲互助即等于笑话,强调不能将因果倒置,"不能倒果为因,说是因为马克斯主张了'阶级斗争说',于是资本、劳动两阶级,便受这个学说的影响,冲突起来。"②可见,阶级斗争观点客观存在于国民党人的讨论中,并频繁见于报章。1922 年,中国社会主义青年团机关报《青年周刊》在创刊号明确坚持阶级斗争的态度,并告诫读者,"我们所反对的就是冒着社会主义招牌,缓和阶级争斗,而使资本家间接收受利益的基尔特社会主义者"③,开宗明义地表明自身的马克思主义立场,号召大家多读点共产主义著作,生发点奋斗的精神。因此一个显见的事实是,马克思主义阶级及阶级斗争理论的传播,推动了"平民"向具有阶级意识的"群众"概念的衍化,有力促进了上海地区阶级意识的增长。

四、宣传无产阶级专政理论

无产阶级专政理论是科学社会主义的重要内容,是马克思在总结世界无产阶级革命斗争经验基础上总结而成,在国际共产主义运动的开展以及世界无产阶级革命中发挥了巨大的指导作用。无产阶级作为最先进的阶级,具有彻底的革命性,能将中国革命引向胜利,故而"无产阶级在社会关系之中,自然处于革命领袖的地位"④。上海早期传播者逐步利用马克思主义理论,阐述了自身对社会主义革命、无产阶级专政的理解与追求,并重视阶级斗争和革命组织性,将无产阶级专政从概念引向革命斗争的理论,对中国社会性质、人民社会生活产生深远的影响。

马克思主义无产阶级专政理论有着极强的穿透力与影响力,深刻地影响着五四时期上海思想界的走向。《觉悟》连载了日本山川菊荣著的《世界思潮之方

---

① 《新文化的危机》,《朱执信集》下册,中华书局 1979 年版,第 879 页。
② 季陶:《新年告商界诸君》,《星期评论》第 32 号,1920 年 1 月 11 日。
③ 杨匏安:《宣言》,《青年周刊》创刊号,1922 年 2 月 26 日。
④ 《瞿秋白文集·政治理论编》第 2 卷,人民出版社 2013 年版,第 9 页。

向》，译者李汉俊等人指明了世界的无产阶级解放道路突飞猛进的态势，受到读者欢迎并振奋了劳苦大众精神。李汉俊在译文中指出，在俄国十月革命的鼓舞下，全世界受压迫人民的阶级意识和觉悟得到大幅提升，明确表达了中国需效仿俄国建立共产党的主张，在文末写道："人家叫我做民党叫革命党。我应该在这方面有点切实的打算。"①李汉俊在此处提及的民党即为俄国共产党，由此看出他已将自己置于无产阶级一分子，表达了对于效仿俄国建立共产党的态度。最早系统提出建立中国共产党的思想理论家蔡和森认为，建立共产党是中国社会革命斗争发展的需要，阐释了革命在应对当前社会制度所不能解决之问题条件下的必然性，认为共产党是"革命运动的发动者、宣传者、先锋队、作战部"②，提出建立共产党亦是中国现实社会的需要，以确保中国的革命运动具有神经中枢，并专门就建立共产党的步骤进行阐述，明确了共产党应处于革命领导者的核心地位。在此基础上，蔡和森坚持认为无产阶级专政是社会主义革命取得胜利的保证，认为政权的缺失对于革命的保护以及反革命的防范无从谈起，而"打倒的阶级倒而复起，革命将等于零"③，阐明中国需要实施无产阶级专政的原因。此外，国民党人对社会主义无产阶级专政进行研究，如林云陔等人介绍了社会主义如何产生、未来社会主义的设想，并对马克思科学社会主义进行评价，认为"世界潮流冲动起来，社会主义应运而生"④，对无产阶级专政亦进行了阐释。

就事实而言，上海工人阶级的阶级意识随着早期马克思主义者对阶级斗争理论宣传教育以及工人运动的政治实践发展得到了普遍增长，其突出表征之一乃是上海共产党早期组织的成立。陈独秀通过对香港海员罢工等事件的分析，在当时业已看到"劳动界阶级的觉悟"的事实，认为北京长辛店、武汉铁路等工人积极支援香港海员罢工的行动，是因其认识到同属于劳动阶级的群体本应互相联合援助，而无论其何种职业抑或身居何处，此乃"劳动界阶级的觉悟"⑤。简言之，上海早期传播者宣扬阶级斗争理论，对中国社会阶级结构和阶级斗争的现状给予分析和说明，推动了上海劳苦大众阶级意识的增长，具体表征为工人阶级深化了对自身所属阶级阵营的认知以及先进分子对社会阶级状况的总体把握，

---

① 李汉俊：《世界思潮之方向》，上海《民国日报》副刊《觉悟》，1920 年 7 月，第 5 版。

② 《蔡和森文集》上册，湖南人民出版社 1979 年版，第 24 页。

③ 《蔡林彬给毛泽东》，《蔡和森文集》，人民出版社 1980 年版，第 51 页。

④ 《生活与生趣》，《陈炯明集》上卷，中山大学出版社 1998 年版，第 425 页。

⑤ "宁波水手"（1922 年 2 月），《陈独秀著作选》第 2 卷，上海人民出版社 1993 年版，第 328 页。

亦为阶级斗争理论的早期中国化展开了富有建设性的探索。

第四节　苏俄革命建设、列宁主义和 国际共产主义运动

　　俄国十月革命胜利带给中国人极大鼓舞,推动仁人志士从"以西为师"转向"以俄为师"的救亡图存道路,随之而来的即是对列宁主义的热情宣传以及对苏俄革命和建设的极大关注。共产国际维经斯基等人的中国之行,打开了苏俄与中国政治、文化的交流通道,打开马克思列宁主义理论经由苏俄传入中国的通道。早期马克思主义者将中国和俄国实情对比,提出中俄两国均以农业为主、资本主义发展不充分,无产阶级均无组织、无自觉,认为俄国用阶级斗争手段夺取资产阶级政权亦可"适用于中国的"①。与此同时,国民党人也意识到俄国革命对人类社会的巨大影响以及中俄地理位置关系的优势,便由此加强苏俄情况的研究,指出与中国关系如此密切的国家发生了亘古未有的革命,"姑无论其是非利害如何,那里可以不研究呢?"②因此在上海,不仅早期马克思主义者积极宣传列宁主义、苏俄革命建设情况,国民党人也对之密切关注,使得列宁主义得到前所未有的传播,其东方革命理论一度指导国民革命的开展,为先进分子以及广大民众认识了解马克思列宁主义开启了新的窗口。

一、对俄国十月革命的关注

　　十月革命是俄罗斯无产阶级联合农民革命的成功,是"帝国主义阵线的第一次大破坏"③,标志着世界无产阶级革命的开始。上海的报刊率先对十月革命加以关注报道,并经历了从批判怀疑到肯定赞扬的态度转变,如上海的《时事新报》分别于 1917 年 11 月 8 日、9 日用"俄京电"、"伦敦电"报道了十月革命起义准备情况,上海《民国日报》于当月 10 日发表十月革命胜利的报道。1918 年 7 月,李大钊在《法俄革命之比较观》一文高度肯定俄国革命,称赞其"足为世界和

---

① 无懈:《俄国共产政府成立三周年纪念》,《共产党》创刊号,1920 年 11 月。
② 季陶:《俄国的近况与联合国的对俄政策》,《星期评论》第 26 号,1919 年 11 月 30 日。
③ 郑超麟:《十月革命、列宁主义和弱小民族的解放运动》,《向导》第 135 期,1925 年 11 月 7 日。

平之曙光"①。陈独秀则将俄国革命与法兰西革命类比，盛赞都是"人类社会变动和进步的关键"②，强调政治史意义上的十月革命为"顶有价值的事体"③。国民党理论家胡汉民在演讲和论著中热情颂扬十月革命，认为十月革命作为二十世纪的首件大事，乃是将马克思主义理论成功付诸实践的首次尝试，即"实现马克斯主义革命成功第一幕，人类真正历史开始的第一篇"④。沈仲九在《星期评论》发表文章，赞扬苏俄政府废除侵略政策以及执行平等友好主张，褒奖苏俄的宪法精神乃是自由平等互助的精神，着眼于铲除资本主义，是真正"为谋人类全体幸福的精神"⑤。以上例证表明，上海早期传播者积极关注十月革命，并大多持以称颂赞扬的态度，在民众中营造了良好的舆论氛围，为"以俄为师"道路铺垫了一定的思想基础。

诚然，十月革命胜利后的一段时间，西方媒体垄断了苏俄信息，妖魔化地视作十月革命为"洪水猛兽"、"过激主义"，从当时宣传情况来看存在信息紊乱、不实等状况，报刊上有关俄国情况的记载和报道各持己见，"几乎使看报的人堕在五里雾中"⑥，使得民众对苏俄革命持以怀疑和批判的态度。譬如，与持赞赏态度相反的是，创刊于上海的《北华捷报》批判了俄国左派社会民主党，认为列宁领导的"社会民主工党"是俄国革命力量的"极左派"，一度夸张放大列宁的主张，指责以列宁为代表的布尔什维克"极端分子"在俄国引起的骚乱，并"确认其非法性"⑦。又如，《太平洋》杂志在《革命后之俄罗斯政变》一文中对列宁煽乱持以批评态度。然而，随着国内外形势的变化以及一批文章书籍的刊载出版，如上海泰东图书局出版了张冥飞辑译的《劳农政府与中国》、上海商务印书馆出版由李绰翻译的《俄国无产阶级的十月革命》、李达译述的《劳农俄国研究》和瞿秋白撰写的《新俄国游记》等，使得思想界以及广大民众对苏俄革命的认识日渐改变，帮助民众了解更为真实的苏俄，其中《劳农俄国研究》被称为"对于俄国革命之历史，劳农政治之特质，组织之刚要，社会文化设施的方法，解放妇女之原由等

---

① 李大钊：《法俄革命之比较观》，《言治》季刊第 3 册，1918 年 7 月 1 日。

② 陈独秀：《二十世纪俄罗斯的革命》，《每周评论》1919 年 4 月 20 日。

③ 参见康文龙主编：《列宁主义在中国早期传播史料长编（1917—1927）》上册，武汉大学出版社 2019 年版，第 120 页。

④ 胡汉民：《胡汉民先生在俄演讲录》第一集，民智书局 1927 年版，第 1 页。

⑤ 仲久：《为什么要赞同俄国劳农政府的通告？》，《星期评论》第 45 号，1920 年 4 月 11 日。

⑥ 季陶：《俄国两政府的对华政策评论》，《星期评论》第 15 号，1919 年 9 月 14 日。

⑦ "Dissension in Russia"，*North China Herald*，8 Dec.1917，p.591.

均叙述甚详"①。再如,1920 年邵力子在上海《民国日报》刊登《大陆报》有关布尔什维克的文章,阐明布尔什维克的秩序性和纪律性,发表短评提醒读者关心俄国问题并关注《大陆报》所发表的文章。1921 年 3 月,上海泰东图书馆出版孙范译述的《过激党真相》,记述布尔塞维克的起源、领袖、机关以及宣传运动等内容。1922 年 1 月,人民出版社出版了俄共(布)早期政治家托洛茨基著、周诠译的《俄国革命纪实》,对十月革命从酝酿到成功的过程进行细致叙述。1923 年 11 月,上海商务印书馆出版由朱枕薪编译的"共学社"时代丛书《俄国革命史》,详细介绍了农民革命运动、苏维埃的成立、十月革命情况、土地法、革命后之党争等内容。1925 年,陈独秀梳理并归纳了苏俄革命的内容,指出其进步性集中体现在"资产阶级被城市工人打倒;地主阶级被乡村农民打倒;俄皇及资产阶级统治被俄国境内小民族打倒;全俄人民脱离帝国主义羁绊"②,认为资产阶级和地主阶级被打倒乃属于阶级运动,而俄皇及资产阶级统治被推翻以及俄国人民摆脱帝国主义枷锁乃属于民族运动,将阶级运动与民族运动相结合乃为世界革命的开端。简言之,以上著作文章帮助读者增进对苏俄革命的了解,帮助思想界以及进步民众进一步坚定了"走俄国人的路"的信念。

《苏俄政府第一次对华宣言》宣布废除沙皇政府在中国的侵略政策,给上海人民极大鼓励,引起社会各界的高度评价,推动中国民众对苏俄革命正向态度转变走向高潮。上海各界对此热烈欢呼称颂,《上海生活报》、《新青年》、《星期评论》、《申报》、《民国日报》和《时事新报》等报刊登载宣言,盛赞此事"实足为国际史上开一新纪元,无任欣慰……从此两国国民,努力互助,以牺牲精神,使自由平等博爱主义,发挥光大"③,激发了先进分子和民众的政治热情,掀起苏俄道路讨论的新高潮,先进分子更加自然并顺理成章地确定社会主义与彻底反帝相联结,对走俄国十月革命道路的信念更加坚定。《民国日报》、《星期评论》等报刊纷纷发文表态,赞之为"世界有史以来全人类图幸福的空前创举"④,"的确是自有人类以来空前的美举"⑤,肯定苏俄正义之举。《新青年》刊载《对于俄罗斯劳农政府通告的舆论》一文,概括性介绍全国报界联合会等团体复文以及各报赞

---

① 《新俄游记》封底广告,1923 年 2 月。参见吕延勤主编:《马克思主义在中国早期传播史料长编(1917—1927)》中卷,长江出版社 2016 年版,第 208 页。

② 独秀:《十月革命与中国民族解放运动》,《向导》第 135 期,1925 年 11 月 7 日。

③ 《三团体复俄之通牒》,《时报》1920 年 4 月 13 日。

④ 《中国人与俄国劳农政府通告》,上海《民国日报》1920 年 4 月 14 日。

⑤ 季陶:《俄国劳农政府通告的真义》,《星期评论》第 45 号,1920 年 4 月 11 日。

赏宣言的言论。国民党人陈炯明在致列宁的电文里表达了中国人对苏俄的感激之情，对布尔什维主义造福人类持以更加乐观的态度，并表态"愿尽全力将布尔什维主义原则传播到全世界"①。此外，以上海《北华捷报》为代表的持以反面立场的西方报刊亦对苏俄革命予以报道，旨在配合上海工部局对布尔什维克的打压，强调俄国正是在马克思主义的影响下"走向布尔什维克主义"②。总体而言，部分中国报刊的盛赞与西方报刊的贬低形成了强烈的对比，但不可否认的是，有关十月革命的报道扩大了苏俄道路在中国的影响，增进了民众对苏俄社会主义道路的好感。

国民党人在助力民众进一步清晰对苏俄革命和建设的认识层面亦作出积极贡献，具体表现为对"过激党"、"布尔什维克"等概念的明晰以及对俄国革命发生原因的剖析。戴季陶撰文《对付布尔什维克的方法》，专门对"过激党"进行解释，分析了俄国革命发生的原因，尤其提出消除中国社会尤其是政治层面不合理的组织与压力乃是避免在中国发生革命的方法，进而使"中华民国成为真正'德谟克拉西的国家'"③，唯有使得中国人拥有安全自由且有保障的生活，方可避免在中国发生类似俄国式的革命。与此同时，还深刻剖析了欧美列强反对苏俄革命的原因：一是资本主义列强担心无产阶级革命性质的苏俄革命将布尔什维主义传布到世界各国，进而威胁到自身统治；二是苏俄政府对华宣言中有关废除侵略政策等内容，危及列强的切身利益，以上细致深入的原因分析有助于民众对真实苏俄的认识。1923 年 2 月商务印书馆出版了江亢虎撰写的《新俄游记》，详尽记录了俄国政治、经济、文化、社会等方面实况，可谓"皆极有关系文字，与寻常所见闻者迥殊"④，亦增进了民众对苏俄的了解。

妇女解放乃是无产阶级解放事业的重要构成，苏俄妇女解放成为上海宣传苏俄革命的重要方面。十月革命后，上海的报刊便开始考察妇女运动史并介绍苏俄妇女解放情况。1919 年 4 月，上海《民国日报》刊发《劳农政治治下之俄国》一文，介绍苏俄妇女在教育、婚姻、就业、参政等方面所获取的权利状况，帮助民众加深对苏俄妇女解放情况的了解。1923 年 11 月，上海民智书局出版了

---

① 《陈炯明致列宁书》，1920 年 5 月，《丛书》第 2 卷，北京图书馆出版社 1997 年版，第 88 页。

② Bolshevism in the Far East, "How China and Japan Stand", *North China Herald*, 26 Jul.1919, p.244.

③ 季陶：《对付布尔什维克的方法》，《星期评论》第 39 号，1920 年 2 月 29 日。

④ 《新俄游记》广告，《俄罗斯一瞥》书末广告，1925 年 4 月。参见吕延勤主编：《马克思主义在中国早期传播史料长编（1917—1927）》中卷，长江出版社 2016 年版，第 342 页。

朱枕薪编译的《俄罗斯之妇女》，介绍俄国妇女参与欧战的情况以及在俄国革命中涌现出的女杰，盛赞其妇女革命动机以"人类全体的幸福"[①]为目标，而并非为一己之利，以此鼓励中国人洞悉俄国妇女能力的伟大与雄厚，激发中国受压迫妇女以及民众的革命意识。

　　经历了五四运动洗礼，中国的革命热情日益高涨，革命形势日益成熟，革命团体日益成形，革命基础更加牢固。在上海，共产国际组织指导帮助上海共产党早期组织创办刊物、印刷厂和出版社，建立中俄通讯社等机构，宣传苏俄革命情况，为马克思列宁主义在上海的传播注入新的活力。在共产国际代表提交的报告中，《俄国无产阶级十月革命》、《论俄国共产主义青年运动》、《俄国共产党纲领》、《共产党纲领》和《共产党员是些什么人》等十余本小册子名列其中。据统计，仅从《新青年》第8卷1号至第9卷第6号期间，在"马克思主义宣传"、"俄罗斯研究"栏目发表文章近50篇，其中与苏俄相关文章有42篇。受到共产国际经费支持的《共产党》月刊则发表与共产国际和苏俄革命相关的文章近30篇，大约占总数54%。[②] 此外，共产国际在上海创办的英文周刊《新俄罗斯》，介绍"俄国内部情形、俄国与资本主义列强关系"[③]等内容。应该说，列宁领导下的共产国际派出了维经斯基等人到上海，对于进一步推动了苏俄革命情况向上海以及中国的传入发挥了重要作用，推动了马克思列宁主义在上海乃至中国的流行。

二、宣传苏俄建设及其成就

　　苏俄第一个社会主义国家的成立，极大振奋和鼓舞了中国人民反帝反封建斗争的信心，而苏俄建设关乎对马克思主义的创新和发展。中国共产党成立以后不久便成为共产国际的一个支部，对苏俄革命建设情况的介绍宣传和学习研究成为中共宣传工作的重点内容之一。

　　早期共产党人重视对苏俄建设的关注与宣传，主要涉及国家与政权建设学说、新经济政策、教育文化事业建设等内容。在共产国际帮助下，组织翻译了一批著作，宣传列宁的国家与政权建设学说，包括《国家与革命》、《俄国共产党纲领》和《共产党底计划》等。《新青年》第8卷第2号转载了中俄通讯社《关于苏

---

　　① 朱枕薪编译：《俄罗斯之妇女》序，上海广智书局1923年11月版。参见吕延勤主编：《马克思主义在中国早期传播史料长编（1917—1927）》中卷，长江出版社2016年版，第483页。

　　② 田子渝、蔡丽、徐方平、李良明：《马克思主义在中国初期传播史（1918—1922）》，学习出版社2012年版，第301页。

　　③ 孙铎：《新俄罗斯》，《向导》第10期，1922年11月15日。

维埃俄罗斯的一个报告》，陆续对苏俄政府的职能部门进行介绍，如粮食委员会、教育经理部、劳动经理部等部门，及时介绍苏俄情况；《新青年》"俄罗斯研究"专栏发表了杨明斋译著的《苏维埃的公民教育》，介绍了苏俄政府的教育情况。《民国日报》亦发表文章宣传苏俄教育方针，介绍列宁政府的教育方针将"鼓吹和宣传社会主义做一种教育的目的"①，且陆军学校、普及学校等各类学校都教授"社会主义纲要"，对旧时教育、高等学校进行改革，以实行社会主义政策。杨明斋翻译的《俄国职工联合会发达史》、《劳农政府召集经过情形》等文章，着重介绍十月革命后俄国职工联合会的发展状况，帮助读者加强对俄国组织劳农议会及俄国政府的省、县、乡议会执行部组织状况的了解。除此之外，《新青年》和《先驱》等期刊发表有关苏俄政府的经济政策、苏俄实业、新经济政策等介绍性文章。譬如，在《苏维埃政府的经济政策》、《俄罗斯的实业问题》等文章中，介绍了苏俄新经济政策的情况，论述了发展经济对于无产阶级巩固政权的重要性，阐释了苏俄巩固社会主义的具体路径。新经济政策反映列宁对建设社会主义的思考，为中国共产党人探索社会主义描绘实景并提供借鉴。此外，《向导》周报刊发了《第三国际与远东民族问题》、《新俄罗斯》、《苏联对日赈济计划变迁的原因》等文章，全面介绍苏俄经济、外交等建设情况，帮助国人对苏俄建设情况有了更为细致的了解。

在教育文化事业方面，《共产党》、《新青年》等报刊发表《苏维埃的平民教育》等文章，向民众介绍苏俄全民义务教育，如"凡儿童无分男女应受九年教育，且免收学生学费，供应书籍衣物等"②，"设立平民大学，凡略识字及不识字者，皆可入平民大学"③，进而达到"人人自助和教育工业化"④之目的。此外，由沈雁冰主编的《小说月报》刊载《劳农俄国治下的文艺生活》等文章，宣传了马克思主义文艺思想，反映知识分子对马克思主义文艺理论的关注。在文化方面，曾赴俄留学的蒋光慈总结了无产阶级革命后俄国的状况，在他看来，"俄国无产阶级收集了许多由别阶级跑来的一切尊重人类文化的分子，正在一方面发展无产阶

① 《劳农政府治下之俄国——实行社会共产主义之俄国真相》，上海《民国日报》1919 年 4 月 12 日。参见上海社会科学院历史研究所编：《五四运动在上海史料选辑》，上海人民出版社 1980 年版，第 81 页。

② 《苏维埃的平民教育》，《新青年》第 8 卷第 2 号，1920 年 10 月 1 日。

③ P.生：《劳农俄国的教育》，《共产党》第 4 号，1921 年 5 月 7 日。

④ 震瀛：《过渡时代的经济》，《新青年》第 8 卷第 4 号，1920 年 12 月 1 日。

级文化,而另一方面同时开始全人类文化的途径呢!"①以上有关苏俄教育文化方面的介绍,为进步的思想界和民众提供了路径参考,且随着新文化运动的深入以及俄国革命的影响,先进分子对苏俄经济、外交、教育、文化等各方面建设的宣介鼓舞了中国民众对社会主义国家的向往以及对反帝反封建的斗争热情。

三、对列宁主义的大力宣介

作为"共产国际的领袖"②,列宁在帝国主义时代条件下继承、运用并发展了马克思主义,其思想中的东方革命理论、中间过渡理论、无产阶级专政等对中国的社会革命产生积极的启蒙和鼓舞作用,为半殖民地半封建国家的社会革命问题提供了基本回答。十月革命后的上海,列宁主义受到热烈欢迎并因此受到大力宣介,正如"列宁的帝国主义理论及其对西方世界的分析,不仅被接近共产党的知识分子所接受,甚至也为接近国民党的知识分子和政治活动家所接受"③,在推动马克思主义成为中国革命道路抉择中发挥了实质性作用。因此,列宁主义在上海的早期传播呈现出"渐次推进"④的传播效应,其传播内容主要包括东方革命理论、帝国主义理论、新经济政策等,后来成为毛泽东思想萌芽的直接理论来源之一。

在上海,列宁主义主要通过出版著述和开展悼念列宁活动等渠道传播。《民国日报》于1917年发表的《最近俄国内部纷扰之传闻》首次报道了列宁及其相关消息,开启了列宁主义在中国的传播旅程。上海《中华新报》、《申报》等报刊亦报道十月革命,一时间列宁以"里林"、"李宁"、"雷林"、"黎雷氏"等名字频繁见于报端⑤,使列宁成为热门人物。1920年9月编辑部移至上海的《解放与改造》,介绍了苏俄革命以及建设状况,对苏俄宪法、土地法、苏维埃教育制度、苏维埃俄罗斯之文化事业等均有报道,发表了列宁的《鲍尔雪佛克之排斥与要

---

① 蒋侠僧:《唯物史观对于人类社会发展的解释》,《新青年》季刊第3期,1924年8月1日。
② 瞿秋白:《列宁主义与中国的国民革命》,《向导》第143期,1926年1月17日。
③ [美]费正清:《剑桥中华民国史1912—1949》上卷,杨品泉等译,中国社会科学出版社1994年版,第435页。
④ 朱家梅、张乃什:《中国共产党成立前夕列宁学说在中国的传播论析——基于对1917—1920年中国主要政论报刊的研究》,《马克思主义与现实》2021年第1期。
⑤ 参见康文龙主编:《列宁主义在中国早期传播史料长编(1917—1927)》上册,武汉大学出版社2019年版,第1页。

求》，成为国内第一篇列宁著作中译文①，并刊登了《列宁与杜尔斯基之人物及其主义之实现》一文，可见时人对列宁主义的关注。《共产党》创刊号刊登了《列宁的著作一览表》，集中介绍 19 种列宁著作，增进国人对列宁主义的了解。

人民出版社在上海的辅德里成立以后，虽未完成列宁全书的出版计划，但实际出版了《列宁传》、《劳农会之建设》、《讨论进行计划书》、《劳农政府之成功与困难》和《共产党礼拜六》等著作，大力宣传列宁主义，尤其是有关殖民地民族解放理论为中国革命提供理论指引，其中《列宁传》系统介绍列宁从出生到领导俄国革命的生平事迹，成为国内出版的"第一个有关列宁生平的单行本"②。1922年 9 月，上海的"新青年社"出版《第三国际议案及宣言》，为进步民众学习运用列宁民族殖民地等理论提供文本参照。1923 年 6 月，《新青年》季刊设立"共产国际号"和"列宁号"专号，刊载列宁著述的代表性内容，帮助国人了解列宁思想以及苏俄情况。人民出版社、新青年社和上海书店等机构出版了《列宁经济学》、《帝国主义浅说》、《劳农政府之成功与困难》等一批经典著述，其中《共产主义的 ABC》、《列宁主义概论》等内容受到热烈欢迎。1925 年 1 月，中共四大通过《对于宣传工作之决议案》，就宣传马克思列宁主义作出明确规定。同年 2月，为了悼念列宁逝世一周年，《觉悟》发行"列宁号特刊"，登载了柯柏年译的《共产主义社会底进化》、《唯物史观与马克思》、《国家与革命》、《农税的意义》等文章。此后，瞿秋白、蒋光慈节译了斯大林著的《论列宁主义基础》，于 1924年在《新青年》季刊发表。瞿秋白翻译了斯大林著的《列宁主义概论》，论述了列宁主义的历史根源、理论视野、方法依据以及与无产阶级政党关系等内容，认为列宁主义执行了无产阶级革命的实践原理，即"无产阶级革命时的帝国主义时代的马克思主义"③；蒋光慈以《列宁主义之民族问题原理》为题翻译了著作第六章中"民族问题"部分内容，对列宁主义进行更为深入的介绍。

列宁东方革命理论是对马克思主义有关世界革命理论的创新与发展，其核心内容即为共产国际二大通过的《关于民族与殖民地问题决议》、《关于民族和殖民地问题的补充提纲》等有关内容，一度成为共产国际指导东方革命的纲领，为早期共产党人认识中国国情提供了有效的指导方法。具体而言，列宁东方革

---

① 今译为《俄国的政党和无产阶级的任务》。参见曾银慧、田子渝：《列宁主义在中国早期传播之研究》，《晋阳学刊》2016 年第 1 期。

② 参见吕延勤主编：《马克思主义在中国早期传播史料长编（1917—1927）》中卷，长江出版社 2016 年版，第 40 页。

③ 郑惠、瞿勃编：《瞿秋白译文集》下册，译林出版社 1999 年版，第 231 页。

命理论的内容主要包括无产阶级革命运动的"间接过渡"思想、正确区分世界上的压迫民族和被压迫民族、东方民族解放运动必须坚持无产阶级政党领导、殖民地半殖民地国家可跨越资本主义阶段，逐渐过渡到共产主义、无产阶级在落后国家取得政权后需借助私人资本主义和国家资本主义以发展生产力，从而为过渡到共产主义创造和积累物质条件等内容。在上海，陈独秀的《对于时局的我见》、李达的《马克思派社会主义》等文章论述了列宁东方革命理论内容，彰显了早期共产党人对革命问题的初步认识。譬如，陈独秀在《对于时局的我见》中认为，在开展民主革命时应联合资产阶级民主派共同斗争，待革命取得胜利时资产阶级民主派即为无产阶级敌人。列宁的"间接过渡"思想启发了早期共产党人对社会主义革命的思考，如施存统认为"拿现在底经济基础来行共产主义，当然是做不到的"①，"社会主义还没有完全实现的时期"②，彰显其对间接过渡思想的认识。1922 年 1 月 15 日，《先驱》刊载了《第三国际对民族问题和殖民地问题所采的原则》，对民族与殖民地问题理论进行了阐发。简而言之，列宁东方革命理论的传播深化了早期共产党人对中国社会和中国革命问题的认识，直接推动了中共二大民主革命纲领的制定，在中国产生深远影响，乃至日后成为毛泽东思想形成的理论来源之一。

　　帝国主义论是列宁主义的重要构成，在上海以文章与专著的方式予以宣传。1925 年，上海新文化社出版了柯柏年译的《帝国主义浅说》，节选于列宁著的《帝国主义是资本主义的最高阶段》的前六章内容，解读了帝国主义的含义，考察了帝国主义垄断性的根本特征以及由商品输出向资本输出的主要垄断形式等内容。李达在《现代社会学》中"帝国主义"的章节中介绍了列宁的帝国主义论，以帝国主义论为理论依据，结合中国实际剖析了帝国主义对中国经济、政治等方面的侵略，认为世界革命才是消灭帝国主义的唯一方法，提出"帝国主义不死，大盗不止，中国年来之国民革命运动，其殆为帝国主义侵略之反响也欤！"③，阐明中国革命目标亦是消除帝国主义的道理。应该说，列宁的帝国主义理论深刻剖析了帝国主义的本质，揭穿了帝国主义的罪行，使上海的民众意识到帝国主义与中华民族的矛盾，进而高举反对帝国主义的革命旗帜。就列宁施行新经济政策而言，上海的《新青年》、《先驱》、《中国青年》等报刊亦对之关注，依托《苏维埃

---

① C.T:《我们怎么样干社会革命》，《共产党》第 5 号，1921 年 6 月 7 日。

② C.T:《第四阶级独裁政治底研究》，上海《民国日报》副刊《觉悟》，1921 年 7 月 21 日。

③ 李达:《现代社会学》，武汉大学出版社 2007 年版，第 177 页。

政府的新经济政策》、《俄国的新经济政策》等文章介绍了新经济政策的内容,启发了早期共产党人为探寻过渡时期建设社会主义的方式路径的思索。譬如,李达在《俄国的新经济政策》的文章中剖析新经济政策所具备的马克思主义基础,比较了新经济政策与俄共执政时代预定政策,还"分析了俄国新经济政策实行以后的利害"[1],动员广大无产阶级以英勇的俄国同胞为榜样,联合起来推翻各国资产阶级,以取得社会革命的胜利,成为国内介绍新经济政策的第一篇评论文章。

无产阶级建党学说的引介是上海早期传播者宣扬列宁主义的重要内容,在介绍国际共产主义运动史时,亦介绍无产阶级建党理论及其历史。譬如,《哥达纲领批判》对无产阶级革命后所建立的未来社会作出科学预言,上海早期马克思主义者多次引用并阐释其中观点,如陈独秀认为从资本主义社会到社会主义社会之间须经历革命的变形时期,与此变形时期相适应的则是政治上的过渡期,即"无产阶级革命的独裁政治"[2],而无产阶级与资产阶级的斗争的核心即在于夺取政权。又如,1922年1月上海人民出版社以"康民尼斯特丛书"名义出版了希曼译的《俄国共产党党纲》,文中明确了俄国共产党性质与任务,阐发了列宁对马克思主义的发展与创新,表明中国社会对无产阶级政党的需求,介绍《共产党》月刊登载的《俄国共产党政府成立三周年纪念》、《俄国共产党的历史》等介绍俄国共产党情况的文章。以《俄国共产党的历史》为例,文中详细介绍了俄国共产党的创建及其形成发展过程,呈现了俄国共产党的发展历史。而对俄罗斯实业联合会共产党组织、铁路共产党组织、乡村共产党组织、合作社共产党组织以及军队共产党组织等宗旨、纲领、组织形式等内容的介绍在《共产党同他的组织》一文中有较为细致的描述,为中国建立共产党组织提供参照。

四、关注并介绍国际共产主义运动

国际共产主义运动是国际无产阶级在马克思、恩格斯领导下所开展的斗争,主要包括各国无产阶级在马克思主义理论指导下所开展的革命活动、各国无产阶级政党活动以及马克思主义同各国非马克思主义的斗争状况等。上海早期传播者积极宣传国际共产主义运动,提升了进步分子对共产主义才是劳动阶级取

---

① 李特:《俄国的新经济政策》,《先驱》第1、2号,1922年1月15日、2月5日。

② 《"一大"前后——中国共产党第一次代表大会前后资料选编(一)》,人民出版社1980年版,第35页。

得彻底解放的唯一道路等理论的理解与认同,以及对非无产阶级社会主义流派的鉴别力以及对科学社会主义的认识,引领受压迫民众进一步了解无产阶级斗争纲领、策略目标并鼓舞其参与革命斗争的意识与勇气。因此,国际共产主义运动及其历史的介绍成为马克思主义在上海传播的重要内容之一,极大鼓舞了深陷苦难的民众。

其一,早期马克思主义者自觉介绍共产国际革命理论。在上海,早期马克思主义者积极介绍国际共产主义运动状况,为中国革命提供更多经验参考。《新青年》等报刊发表李大钊撰写的《庶民的胜利》、《马克思与第一国际》等文章,成为最早盛赞苏俄革命以及国际共产主义的代表作。《共产党》月刊设立"世界消息"栏目,发表《英国共产党的成立》等文章,介绍欧美无产阶级革命斗争、远东民族解放斗争以及劳工运动和学生运动的情况,对美国、波兰、英国、日本、法国等世界多个国家的共产主义运动、革命运动、共产党党纲及宣言等进行介绍,扩展了早期共产党人的革命视野,鼓舞了受压迫民众的革命斗争士气。同时,刊发了《第三国际党(即国际共产党)大会的缘起》、《第三国际第二次会议宣言》等文章,介绍了国际共产党联盟的主旨在于实行马克思的共产主义,亦即革命的社会主义,而实现这一目标的手段,即"采用无产阶级专政"[1],向民众普及世界共产主义运动发展过程,助力中国共产主义运动发展。1926 年,上海区委发布关于英国大罢工的宣传大纲,大力宣传英国罢工将会"更有广大的改良派工人认清改良主义之无效而趋向革命的途径"[2],以英国工人的现身说法鼓励中国工人应表现出阶级的同情而"实行国际的互相帮助"[3]。应该说,上海地区对各国共产党以及共产国际相关内容的介绍,为在中国创建共产党组织营造了舆论氛围并提供了理论指导和组织帮助。

李汉俊就此问题的探讨尤为突出。他撰写了《劳动者与"国际运动"》一文分三次在上海《星期评论》发表,被认为是"国内第一篇比较系统和全面介绍国际共产主义运动史的文章"[4],介绍了日内瓦大会等历次大会情况以及第一、第

---

① 《李达文集》第 1 卷,人民出版社 1980 年版,第 29 页。

② 《上海区委宣传部关于英国大罢工的宣传大纲(1926 年 5 月 9 日)》,中央档案馆、上海市档案馆:《上海革命历史文件汇集:中共上海区委宣传部组织部等文件(1925.8—1927.4)》,1986 年 4 月,第 234 页。

③ 《上海区委宣传部关于英国大罢工的宣传大纲(1926 年 5 月 9 日)》,中央档案馆、上海市档案馆:《上海革命历史文件汇集:中共上海区委宣传部组织部等文件(1925.8—1927.4)》,1986 年 4 月,第 235 页。

④ 田子渝:《中国共产党创始人——李汉俊》,武汉出版社 2004 年版,第 40 页。

二、第三国际的政治纲领、组织原则等内容，比较了马克思主义与巴枯宁无政府主义的分歧，分析了马克思主义用社会革命夺取国家政权进而建立新型无产阶级专政国家的主张，而无政府主义者巴枯宁则主张取消国家和政府，认为"只要有绝对的统治权的东西，皆不准他存在"①。李达则发表了《什么叫社会主义》、《第三国际党大会的缘起》、《站前欧洲社会党运动的情形》等文章，并在《现代社会学》讲义中"社会运动"一章专门就国际共产主义运动部分内容进行介绍，论述了社会运动派别、机关和种类，阐释了国际共产主义运动历史，高度评价第三国际为"世界革命之总机关"②，称赞第三国际用武装斗争开启世界革命新局面，并旗帜鲜明、行动急进地实行无产阶级专政。

此外，中国共产党成立以后出版《国际劳动运动中之重要时事问题》等理论书籍，在《新青年》和《向导》刊发文章就共产国际所领导的共产主义运动发展态势等问题展开讨论。譬如，在《国际劳动运动中之重要时事问题》一书中，论述了国际共产党第二次会议及其问题、无产阶级革命共产党运动的主旨以及加入国际共产党的条件等内容③；又如，1923 年《新青年》季刊第 1 期"共产国际号"登载了《东方文化与世界革命》、《俄罗斯革命之五年》、《东方问题之题要》等文章，向国人介绍了《国际歌》和《赤潮曲》，为先进分子了解世界共产主义运动提供了资料，同时也引导了民众在具体的革命实践中认识中国共产党的纲领、方针、政策以及历史责任作用等。

其二，国民党人积极关注国际共产主义运动。除了早期马克思主义者的介绍，上海《民国日报》和《星期评论》等国民党人创办的期刊也成为宣传国际共产主义运动的重要阵地。就上海《民国日报》而言，发表了一批有关德奥匈无产阶级革命以及朝鲜独立运动的报道，刊载《德国革命之经过》、《革命告成之德国》、《德国革命党大活动》、《匈政府实行共产主义》、《匈国共产党之活动》和《朝鲜独立之活动》等近百篇文章④，向读者详细介绍世界各地共产主义运动状况。1919 年 8 月 10 日，《星期评论》第 10 号发表德国社会民主党的《爱尔福特纲领》，介绍了共产党革命的目标原则及政治要求，这一纲领是德国社会民主党在

---

① 汉俊：《劳动者与国际运动》，《星期评论》1920 年 5 月 23 日。

② 李达：《现代社会学》，武汉大学出版社 2007 年版，第 171 页。

③ 参见吕延勤主编：《马克思主义在中国早期传播史料长编(1917—1927)》中卷，长江出版社 2016 年版，第 40 页。

④ 参见上海社会科学院历史研究所编：《五四运动在上海史料选辑》，上海人民出版社 1980 年版，第 121—125 页。

恩格斯全力支持下制定的,在相当长一段时间成为第二国际各党制定党纲的范本,具有极其重要的示范性。《星期评论》连载《劳动者与"国际运动"》,介绍第一、第二、第三国际斗争发展历史,评论了德国、美国、意大利等国家共产主义运动状况,加深了中国人对欧美国家无产阶级斗争的了解;发表了介绍有关美国"世界产业劳动者同盟"I.W.W 的文章。鉴于日本与中国特殊的地理位置,戴季陶呼吁要重视对邻邦日本的关注,强调日本问题"更是我们不能不以十分的兴趣和热力去研究的问题"①,并且要"切切实实的下一个研究日本的功夫"②,强调研究日本问题的重要关切点在于军国主义和无产阶级革命,"日本社会革命的必要最切,与日本'革命的平民'提携的必要也最切"③。由此可见戴季陶对日本社会主义运动的重视态度。

　　国民党人创办的报刊中,除了《星期评论》外,《觉悟》亦对国际共产主义运动予以关注。譬如,1920 年 6 月发表《日本社会主义同盟会底创立》和《日本社会欢迎革命名词》等有关日本社会主义的文章,增进国人对日本社会主义运动的了解。又如,核心撰稿人朱执信在《德意志社会革命家列传》中介绍以马克思、拉萨尔等为代表的德国革命运动领袖,戴季陶则在《德国革命的因果》中介绍了李卜克内西和卢森堡等国际共产主义运动活动家的生平,在《英国的劳动组合》一文中专门对英国近代工人运动作细致描述,介绍英国的工会组织,为当时正纷纷成立工会组织上海工人阶级提供了借鉴与参考。总体而言,国民党人对有关各国共产主义运动的介绍,一定程度上亦鼓舞了民众的斗争士气。

　　其三,考察世界妇女运动史。上海早期传播者注重对妇女运动史的考察,为中国妇女解放问题找寻历史借鉴和经验遵循。创刊于 1921 年 8 月的上海《民国日报》副刊《妇女评论》关注妇女解放问题,刊载有关妇女运动和妇女解放的文章。早期马克思主义者李达对马克思主义妇女观颇有研究,于 1922 年 10 月在《妇女评论》发表长文《女权运动史》,历史性考察了法国、英国、德国、俄国等欧洲主要资本主义国家女权运动基本情况,为从事无产阶级妇女解放运动提供指导与借鉴。他强调了解女权运动历史的重要性,认为女权运动并非空穴来风,而是发端于经济组织变迁以及社会制度演进历程之中,而"假若不懂得女权运动的由来,就不能了然女权运动的目的和方法"④。由此看来,妇女问题关乎无产

---

① 戴季陶:《日本会发生革命吗?》,上海《民国日报》副刊《觉悟》,1920 年 3 月 19 日。
② 戴季陶:《我的日本观》,《建设》第 1 卷第 1 号,1919 年 8 月。
③ 戴季陶:《国家主义之破产与社会的革命》,《星期评论》第 47 号,1920 年 4 月 25 日。
④ 《李达文集》第 1 卷,人民出版社 1980 年版,第 146 页。

阶级解放事业,解放妇女问题的解决在于无产阶级发动社会革命以建立新的社会制度,并以俄国的实践号召民众开展女权运动。

综上,关于苏俄革命与建设、列宁主义、国际共产主义运动以及世界妇女运动史等内容在上海的系统介绍宣传,使得先进分子通过十月革命加深了对马克思列宁主义的认识,鼓舞了民众参与上海工人运动乃至中国革命斗争,启发了早期共产党人对革命的理论思考,并在革命实践问题上给予有效的理论指导和经验借鉴,直接影响了此后革命战略与新民主主义理论基本思想的形成。并且,随着上海工人运动以及革命实践的发展,早期共产党人从苏俄革命和建设的经验中汲取了不少有益经验,促进其将宣传苏俄革命和建设成就作为传播马克思主义的重要内容,将苏俄革命胜利和建设成就与马克思主义的科学性、革命性相结合,富有成效地促进了马克思主义更为广泛深入的传播。但是,早期共产党人在此过程中,也出现将苏俄革命经验神圣化的倾向,一度阻碍革命事业的发展,妨碍马克思主义与工农群众的贴近,从而使工农群众对马克思主义产生了怀疑。纵然如此,马克思主义、列宁主义与上海工人运动等无产阶级革命斗争实践的结合,在催化共产党组织在上海的诞生过程中发挥了重要作用。

第五节 中国革命路线方针及政策

在大革命的洪流中,处于幼年时期的中国共产党积极对中国革命的基本问题以及自身建设等方面进行探索,在此基础上制定的重要路线、方针、政策、文件的蓝本与上海早期传播者发表的有关马克思主义文章具有高度的关联性。1922年中共二大通过的党章、纲领中进一步明确中国共产党的性质,指出中国共产党乃是最富有革命精神的无产阶级的集合并致力于无产阶级的利益而奋斗,乃是"为无产阶级做革命运动的急先锋"[①],强调共产党组织与训练的严密性和纪律性,表明共产党为无产阶级而奋斗的本质及其不能脱离群众的特征。早期共产党人在明确共产党性质基础上,制定了中国革命斗争路线方针政策及其策略,这一时期的宣传内容主要涵盖了对国共合作的广泛宣传、对中国革命斗争路线方针政策以及策略的宣传、积极发布时局主张以及对国民革命的宣传等内容。在

---

① 《关于共产党的组织章程决议案》,中共中央组织部等编:《中国共产党组织史资料文件选编1921.7—1949.9》第8卷,中共党史出版社2000年版,第13页。

上海,陆续成立了国民运动、职工运动、妇女运动等委员会,为宣传组织各式运动并开展革命斗争做好准备。简言之,早期共产党人对国共合作、工农学运动方针政策、国民革命以及妇女运动等内容宣传,较好地体现了中国共产党人向社会表达自身态度的坚决以及对现阶段革命状况认识的深化。

一、国共合作的呼吁和倡议

中国共产党成立以后制定了有关国共合作的方针政策,宣传国共合作的必要性,为国共合作营造良好舆论氛围。这在上海的报刊中有着重要体现,如上海的《向导》周报、《新青年》季刊、《前锋》月刊等积极宣传国共合作的必要性与重要性,深入宣传和阐释国共合作目的,为民众疑虑的消除和革命的推动作出贡献,成为宣传国共合作的重要阵地。《向导》积极登载文章,宣传国共合作的必要性以及如何合作的问题,发表了有关国民党改组的宣言党纲、消息草案等内容,宣传国民党改组的意义,为国共合作营造了良好舆论氛围。比如在《向导》发表的《答独秀君〈造国论〉底疑问》一文中认为,帝国主义和封建军阀是资产阶级和无产阶级共同的敌人,资产阶级和无产阶级的单方尚未具备独立完成国民革命的能力,且国民党是当时中国革命中较为进步、较有影响的政党,就此剖析了国共合作的必要性,强调要分析中国社会实际政治和经济情况,分析两阶级的地位及其联合"究竟站在一种什么基础上面和到一种什么程度"[1],并进一步回答了如何合作的问题。正如瞿秋白在《向导》上发表的《国民党改造与中国革命运动》一文中所呼吁:"大家有共同的敌人,为什么不联合起来?"[2]此外,1924年上海《民国日报》出版了国民党改组纪念特刊,发表了陈独秀的《国民党与共产主义者》、瞿秋白的《中国革命史的第二篇》等文章,阐明了国共合作的重要性以及国民革命的目的,亦在国共合作的思想统一方面发挥积极作用。

中共中央于1922年发布《第一次对于时局的主张》,提出了中国共产党建立联合战线的主张,并向国民党当中的革命民主派以及具有革命的社会主义团体发出邀请,与其"共同建立一个民主主义的联合战线"[3]。1923年4月,李大钊受邀在上海大学和复旦大学发表演讲,其演讲稿《演化与进步》、《史学与哲学》在《民国日报》刊登,在民众中产生积极影响。在沪期间,李大钊还撰写了

---

① 君宇:《答独秀君〈造国论〉底疑问》,《向导》第4期,1922年10月。

② 瞿秋白:《国民党改造与中国革命运动》,《向导》第49期,1923年12月。

③ 《中国共产党对于时局的主张(1922年6月15日)》,中央档案馆编:《中共中央文件选集(1921—1925)》第1册,中共中央党校出版社1989年版,第45—46页。

《普遍全国的国民党》一文,热切呼吁并推动国共合作。陈独秀也为此作出表态,认为中国国民党当前的使命和正轨在于"统率革命的资产阶级,联合革命的无产阶级"①,进而实现资产阶级革命并希望国民党"对于社会主义者之加入,及一切社会主义者之加入国民党,都有一个明了正确的认识"②,为推动国共合作营造了有利的舆论氛围。国共合作之后,针对国共合作后国民党内部排斥共产党员等问题,恽代英积极撰文表明态度,客观分析了国民党在国民革命运动中地位,高呼"国民革命的国民党万岁"③,表达了对国民革命的热切期待。就此问题,陈独秀亦发表《我们的回答》等文章及时回应,一针见血地指出论争并非缘起于国民党和共产党两党间的主张不同,即"丝毫不是国民党和共产主义主张不同的冲突,仅仅是因为国民党内左右派的主张不同而冲突"④,认为必须明晰对问题的认识,为国共合作扫清障碍。

召开专题会议是大力宣传建立民主主义统一战线并有效促成国共合作的重要方式之一。中共中央多次召开会议并发表对于时局的主张,对内对外阐明自身态度,倡导建立民主联合战线。例如,1922 年 6 月,中共中央发表《中国共产党对于时局的主张》,规定了十一项反对帝国主义和封建军阀的奋斗目标,主张邀请国民党等革命的民主派以及革命的社会主义团体,共同建立民主主义联合战线。又如,中共二大制定了中国共产党最高和最低纲领,发布了《关于"民主的联合战线"的议决案》、《中国共产党第二次全国代表大会宣言》等内容,向工人、贫农与小资产阶级发出建立民主主义联合战线的号召。再如,1923 年 6 月中共三大和团的二大以"国共合作"为主题,动员党团员以个人名义加入国民党,早日实现民主联合战线的目标。1926 年 7 月,中共中央召开第三次扩大执委会,分析帝国主义对华政策以及中国的四种社会势力,提出当前要特别注重反对英国、日本和美国,尤其要反对他们的联合进攻,坚持"工农群众是革命的基本力量"⑤的观点,呼吁要极力巩固各阶级的联合战线。

总之,为了建成民主联合战线,早日促成国共合作,中共中央在上海多次召开会议落实推动,早期共产党人积极发表文章,阐释了建立民主联合战线、推动

---

① 独秀:《资产阶级的革命与革命的资产阶级》,《向导》第 22 期,1923 年 4 月 25 日。
② 陈独秀:《国民党左右派之真意义》,《向导》第 62 期,1924 年 4 月 23 日。
③ 但一:《国民党中的共产党问题》,《中国青年》第 41 期,1924 年 7 月 19 日。
④ 独秀:《我们的回答》,《向导》第 83 期,1924 年 9 月 17 日。
⑤ 《中共中央局向中央执行委员会扩大会议的政治报告》,中共中央文献研究室、中央档案馆编:《建党以来重要文献选编(1921—1949)》第 3 册,中央文献出版社 2011 年版,第 269 页。

国共合作的重要意义,着重宣传有关国民运动以及国共合作的决议案等精神,在消除部分人士的思想顾虑方面发挥了作用,营造了有利于国民革命的社会氛围,且广泛的宣传鼓动提升了马克思主义的影响力和共产党的知名度。

二、工农学运动的宣传与执行

随着马克思主义的广泛传播,上海工农运动亦因国共合作的实现日渐达到高潮,引起社会各界的强烈反应。《新青年》《向导》等报刊关注工农运动,宣传工农学运动方针政策,指导群众斗争并总结经验,保护并提升了群众参与斗争的积极性。譬如,《新青年》围绕工人运动主题,刊发《"二七"前后工会运动略史》和《国民革命运动之阶级分化》等文章;《向导》刊发《为"二七"纪念告国人》、《中国工人运动之转机》等文章,在文中及时总结了可供借鉴的工人运动经验教训。1923 年 1 月,孙中山在上海发布《中国国民党宣言》时表示,接受中国共产党的反帝主张,并在今后的革命中要注重依靠民众力量。针对孙中山发布的《和平统一宣言》,蔡和森以《四派势力与和平统一》为题发表评论性文章,认为在"打倒军阀"日渐成为群众性口号的形势下,作为国民运动的领袖提出军阀调和政策显得不合时宜,抑或国民革命前程将处于危险之中。为了推进国民党政策转变,蔡和森发表《统一、借债与国民党》为国民革命出谋划策,主张"与民众为亲切结合,与苏俄为不二同盟"①,主张为了消灭帝国主义和封建军阀,要与民众联合、与苏俄结为同盟,唯有如此方可集中精力对付和反抗帝国主义和封建势力。

在上海,早期共产党人重视工农学运动,及时发布有关文件、通告、章程等,为开展工农学运动提供政策保障并营造舆论氛围。1921 年,上海中华女界联合会在早期共产党人指导下改组,在其章程中规定了女性的"选举权、受教育权、政治权利、就业权"②等内容,明确提出了维护女工权利以及反帝反封建的要求。同年 11 月,时任中央书记局书记的陈独秀签发文件时要求各区实施青年运动、妇女运动的文件,并希望"依章从速进行"③。1921 年 11 月,中央局书记陈独秀

---

① 蔡和森:《统一、借债与国民党》,《向导》第 1 期,1922 年 9 月。

② 《上海中华女界联合会改造宣言及章程》,中华全国妇女联合会妇女运动历史研究室编:《中国妇女运动历史资料(1921—1927)》,人民出版社 1986 年版,第 11 页。

③ 《中国共产党中央局通告——关于建立与发展党、团、工会组织及宣传工作等(1921 年 11月)》,中国人民解放军政治学院党史教研室编:《中共党史参考资料》第 2 册,人民出版社 1979 年版,第 202 页。

发布《中国共产党中央局通告》，提出在上海、广东等地建立区一级执行委员会等要求，进一步发展壮大党、团、工会组织，开展劳动运动、青年运动和妇女运动，积极开展宣传工作。基于宣传工作不够到位、效果不够显著等问题，陈独秀在中共三大提出应尤其注意在上海的宣传工作，列举上海宣传工作中的不足，如"很少注意农民运动和青年运动"①等。1924 年 7 月 28 日，中国共产党在上海发起废除不平等条约运动的倡议，得到上海店员联合会等 30 个团体积极响应并发表宣言，号召开展广泛的民众运动。1925 年 1 月，在上海召开的中共四大通过各种革命运动以及组织宣传工作的决议案，对青年运动、妇女运动、农民运动等工作进行部署，积极为国民运动做准备，即"一切劳工运动、妇女运动、学生运动、商人及农民运动……惟有一个目标——国民运动"②。总之，上海地区的工农学运动展开了细致的动员和宣传，吸引诸多进步团体和个人积极行动，为国民革命积蓄了力量。

其一，宣传工人运动方针政策。中共同情工人阶级，重视工人运动，乃是追求无产阶级解放事业的工人政党，故而力量应"集中在工人宣传及组织上面"③。就工人运动而言，邓中夏撰文论述了中国工人及产业状况，梳理了近几年的中国工人运动，强调了工人的反抗意识强烈，且在新式教育与训练的影响下，其知识与技能水平已大幅提高，并在此基础上提出了"在反动政局没有推翻以前，不可放弃公开的工会运动"④等有关工人运动的建议。1925 年 6 月，为号召民众积极反抗帝国主义的野蛮屠杀，中共中央在告民众书中进一步明晰"五卅"上海事变的政治性本质，阐明了政治乃是解决其问题的根本之道，提出要废除不平等条约并推翻帝国主义在中国的所有特权，号召被压迫民众联合起来反抗血腥的屠杀。1925 年 7 月 30 日，中共中央、团中央联合发布《"五卅"二周月纪念告上海工人学生兵士商人》，提出了应该集中工人阶级的力量、筹备国民会议、组织真正的国民政府以及武装民众等四项要求，为国民革命提供指导。1925 年 9 月 23 日，中共中央、中国共产主义青年团在《向导》周报发表专文，介绍了"五卅"惨案后

---

① 《陈独秀在中国共产党第三次全国代表大会上的报告》，中央档案馆编：《中共中央文件选集（1921—1925）》第 1 册，中共中央党校出版社 1989 年版，第 171 页。

② 《上海地委兼区委第十五次会议记录——国民运动问题、改变小组及整顿纪律等问题》，中央档案馆、上海市档案馆：《上海革命历史文件汇集：上海区委会议记录（1923.7—1926.3）》，1989 年，第 29 页。

③ 《中国共产党对于目前实际问题之计划（1922 年 11 月）》，中央档案馆编：《中共中央文件选集（1921—1925）》第 1 册，中共中央党校出版社 1989 年版，第 122 页。

④ 邓中夏：《中国工人状况及我们运动之方针》，《中国青年》第 10 期，1923 年 12 月 26 日。

中国民众的反抗状况,以及民族解放运动被帝国主义和封建反动军阀暴力镇压的情形,呼吁上海工人积极联合起来,"准备自己的力量,对付他们的阴谋"①,严防屠杀政策,全力拥护工会,动员工人、学生、士兵以及民众加入共产党以及共青团,以在党的统一领导下取得反帝反军阀斗争的胜利。

随着马克思主义传播以及革命形势的发展,上海地区加强建立联合战线的宣传,号召扩大罢工运动,尽可能为革命动员更多力量。1927 年 1 月 20 日,为了号召上海社会各界的革命市民加入工人阶级奋斗队伍,中共上海区委发表《告市民书》明确奋斗目标,即消除"帝国主义与军阀"②,并要求开展政治宣传,营造革命联合战线的舆论氛围。1927 年 1 月 25 日,中共上海区委就总同盟罢工教训发表告同志书,要求加强与小资产阶级等群体建立联合战线,尽可能扩大武装组织,准备武装暴动。简言之,早期共产党人立足革命形势实际,有计划有目标地指导并宣传工人运动,为国民革命凝聚力量,其一系列有关建立联合战线的政策宣传,有利于统一思想、凝聚共识,为国民革命奠定了思想和队伍基础。

其二,宣传青年运动方针政策。上海地区积极利用报刊宣传有关青年运动政策主张,吸引进步青年加入革命行列。《先驱》作为关注青年运动发展的代表性杂志,设立"国际青年共产运动号",刊载国际青年共产党执行委员会给中国学生第一次大会书等内容;设立"国际少年纪念日号",用以号召深陷劳苦之中的中国少年"速组织在社会主义青年团革命的旗帜之下"③,设立"少年国际大会号",帮助青少年关心了解少年国际组织的相关主张。《先驱》第 5 号发表《今后中国的青年应当怎样的运动?》,总结之前青年运动存在的"忽略了政治、误听了零碎解决、迷信了绝对的自由"等误点,明确今后青年运动为共产主义运动性质,认为"革命的、铁的、武装的"等是今后青年运动的必备要素,号召"可敬的青年们运动起来"④。可见,以《先驱》为代表的进步报刊向广大青少年介绍世界共产主义青年运动组织及纲领,切实在一定程度上帮助青少年提升了觉悟和意识。

社会主义青年团成立后创办了《中国青年》,积极宣传青年工作方针,在引

---

① 《全国被压迫阶级在中国共产党旗帜底下联合起来呵!》,《向导》第 126 期,1925 年 8 月 23 日。

② 《中国共产党上海执行委员会为总同盟罢工告上海市民书(1927 年 2 月 20 日)》,上海市档案馆编:《上海工人三次武装起义》,上海人民出版社 1983 年版,第 127 页。

③ 《劳动法案大纲》,《先驱》第 11 号,1922 年 8 月 16 日。

④ 红彩:《今后中国的青年应当怎样的运动?》,《先驱》第 5 号,1922 年 4 月 1 日。

领和组织进步青年中发挥了作用。办刊宗旨鲜明的《中国青年》始终关注青年运动问题，设立"反帝国主义运动"、"世界青年运动"、"农村运动与平民教育"、"革命的青年界"、"青年问题"等多个有关青年运动密切相关的栏目，以满足进步青年所需。团上海地委专门对青年工人运动作出具体规定，"一是上海平教风行，我们同志必须努力参加，在平校中，尤宜注意青年工人；二是须设法与青年工人接近，相机向他宣传，并将有革命性的介绍入团；三是调查青年工人生活状况。"①1925 年 1 月 26 日，在上海召开的团的三大通过了宣言和《一般被压迫青年运动的决议案》，号召广大团员贯彻中共四大决议，积极投身青年运动，并将团的名称改为中国共产主义青年团。恽代英于 1925 年 5 月 27 日召集上海大学、大夏大学等进步学生代表开会，通过了揭露帝国主义暴行、募款救济工人、营救被捕学生等三项决议，引领广大学生投身青年运动。同年 9 月，团上海地委强调要"注意青年工人的苦痛与要求"②，围绕宣传与组织两个方面制定青年工人运动计划，具体则从工人学校、俱乐部、讲演会、讨论、工人自卫团等方面展开。同年 11 月，团上海地委报告第四号发布"关于领导青年工人经济斗争问题"，强调"青年工人经济斗争是本团的重要工作；能否取得劳苦青年群众即以此工作之努力与否为转移"③，并发布《告工人书》和《保护青年工人运动》，为青年运动明晰路线。1927 年初，上海团区委亦发布告上海青年书，动员社会各界青年积极行动，向着"建立革命的上海市民政府"④的目标而奋斗。应该说，随着宣传工作的深入，上海的青年运动日渐丰富有效，团员和团支部数量日渐上升，团组织日渐壮大，截至 1927 年 1 月，"上海的团员数量达至 1897 人，支部达 85 个"⑤。

其三，宣传学生运动的主张。随着马克思主义传播以及革命形势的发展，上

① 《团上海地委报告第三号——关于五月份代表大会情形（1924 年 5 月 24 日）》，中央档案馆、上海市档案馆：《上海革命历史文件汇集：青年团上海地委文件（1922.7—1927.1）》，1987 年 9 月，第 60 页。

② 《团上海地委关于青年工人运动计划（1925 年 9 月 29 日）》，中央档案馆、上海市档案馆：《上海革命历史文件汇集：青年团上海地委文件（1922.7—1927.1）》，1987 年 9 月，第 122 页。

③ 《团上海地委报告第四号——关于领导青年工人经济斗争问题（1925 年 11 月）》，中央档案馆、上海市档案馆：《上海革命历史文件汇集：青年团上海地委文件（1922.7—1927.1）》，1987 年 9 月，第 150 页。

④ 共青团上海市委青年运动史研究室编著：《上海学生运动大事记（1919.5—1949.9）》，上海学林出版社 1985 年版，第 96 页。

⑤ 《团上海地委关于一九二六年十一、十二两个月工作报告（1927 年 1 月）》，中央档案馆、上海市档案馆：《上海革命历史文件汇集：青年团上海地委文件（1922.7—1927.1）》，1987 年 9 月，第 413 页。

海的学生运动发展态势迅猛。1923 年 3 月 15 日，在上海举行的全国第四次学代会响亮提出打倒国际帝国主义及其军阀走狗的政治主张，引领更多学生加入学生运动行列。同年 6 月，国民党上海执行部召集了上海学生党员大会，通过了《国民党上海学生同志大会宣言》，鼓励有知识的学生群体应加强与农工商民众的联合，共同携起手来"向革命路上进行"①，邀请恽代英前去发表演讲，宣扬革命道理。1924 年团上海地委专门对学生运动特别提出要求，"一是号召在上海学生会组织小组，以便于对学生会各种活动进行讨论；二是鉴于上海教会学校林立，而学生多不反对帝国主义，因此要提高反对帝国主义口号；三是尚未成立学生会的学校，我们的同志在其中要设法促成学生会；四是鼓励学生在为自身利益运动外，注意工人和农民运动。"②同年 6 月，国民党上海执行部召开上海学生党员大会，通过了《国民党上海学生同志大会宣言》，且恽代英赴会演说，提出拥有知识的学生群体乃应做国民的表率，要"携着伙伴们农工商的手，向革命路上进行"③，共有四百余名大学生前来参加会议。

　　就上海学生运动而言，强化联合战线的宣传实施，引领学生为自由而奋斗，并强调学生运动的统一性，从而使之"不致发生破裂"④。1925 年 6 月 25 日，中华全国学联第七次代表大会在上海举行，高尔柏、蔡鸿干、张永和代表上海出席了会议，大会明确了学生的历史使命，即用实际行动反帝反封建以及废除一切不平等条约，恽代英在会上作"'五卅'后政治形势"的报告，进一步统一学生思想。创办于上海的《中国学生》积极关注学生运动，于 1925 年复刊时在《敬告读者》中明确提出要刊发两方面内容，一是及时发布各地学生会活动消息，讨论和研究有关学生运动，以便提供更好的指导；二是列举中国人民遭受帝国主义压迫状况，总结反对帝国主义策略经验等。截至 1925 年 9 月，上海的学生运动在客观环境和宣传的作用下，"已渐入于佳境，尤其是在各校学生会和学联会，占有相

------

①　中共上海市卢湾区党史研究室编：《中共上海市卢湾区党史大事记（1920 年 1 月—1998 年 12 月）》，上海远东出版社 2001 年版，第 21 页。

②　《团上海地委报告第三号——关于五月份代表大会情形（1924 年 5 月 24 日）》，中央档案馆、上海市档案馆：《上海革命历史文件汇集：青年团上海地委文件（1922.7—1927.1）》，1987 年 9 月，第 60 页。

③　《国民党上海学生同志大会宣言》，王健英：《中国共产党组织史大事纪实（1921.7—1937.7）》第 1 册，广东人民出版社 2003 年版，第 136 页。

④　中共上海市委党史资料征集委员会主编：《中共上海党史大事记（1919—1949）》，知识出版社 1988 年版，第 111 页。

当的势力,能使我们的计划多可以实现"①,强调这得益于宣传工作所取得的成效并可以推动历史的前进。1926 年,鉴于上海学生运动的发展,"到了一个严重紧急的关头"②,为此向广大学生发出号召,"多做地方政治工作,多为学生自身利益,改良学校教育"③等主张,凝聚学生力量登上政治舞台。

其四,宣传上海地方政治运动主张。中共上海区委、进步团体及个人积极宣传地方政治运动主张,形成良好的社会效应。1925 年 6 月,宋庆龄就五卅运动发表言论,认为五卅惨案是英日强权对中国革命精神的压迫,赞赏了人民团结一致在上海反抗英捕房暴行的英勇事迹,呼吁工商学各界联合起来投入反对帝国主义的群众性革命运动。当月 11 日,上海工商学联合会举行声势浩大的市民会议,以举行示威游行、发布反帝宣言决议等方式,表达民众呼声,对帝国主义强权起到了一定的震慑效果。1926 年 2 月 7 日,中共上海区委就"二七"流血纪念发布告民众书,号召受压迫的民众加强团结,进一步认清革命战线,吸取二七运动教训,积极拥护联合工人阶级与敌人的斗争。基于上海帝国主义侵略中国的经济大本营,亦是"中国第一个大产业区"④,中共中央于 1926 年 7 月在《上海工作计划决议案》中提出有关上海工人运动、学生运动、军事运动、组织工作等方面的主张,认为上海经历五卅运动之后已然成为革命的上海,对今后上海地方政治运动提出要求,要对上海革命运动强化领导,且争取中小资产阶级的群众对于推动革命上海的形成不可或缺,唯有如此方可避免沦为亡国的上海。

就上海工人运动而言,提出要发挥上海总工会在领导群众方面的作用,应形成"使各产业工人及手工业工人的组织群众化"⑤的局面,整顿已有的基础性工会组织,尤其注意发挥海员、铁路、邮务、码头等工人组织的功能。1926 年 9 月,中共上海区委在《告上海市民书》中深刻分析上海被少数外国人和中国大买办、

① 《团上海地委学生部工作报告——关于 1925 年三月至九月的学生运动情况》,中央档案馆、上海市档案馆:《上海革命历史文件汇集:青年团上海地委文件(1922.7—1927.1)》,1987 年 9 月,第 126 页。

② 《上海区委致各级同志信——关于学生运动问题(1926 年 3 月 14 日)》,中央档案馆、上海市档案馆:《上海革命历史文件汇集:中共上海区委文件(1925—1926)》,1986 年 4 月,第 60 页。

③ 《上海区委通告:关于发展上海民众运动(1926 年 10 月 19 日)》,中央档案馆、上海市档案馆:《上海革命历史文件汇集:中共上海区委文件(1925—1926)》,1986 年 4 月,第 60 页。

④ 《中央扩大会议关于上海工作计划决议案(1926 年 7 月)》,中央档案馆、上海市档案馆:《上海革命历史文件汇集:中共上海区委文件(1925—1926)》,1986 年 6 月,第 304 页。

⑤ 《中央扩大会议关于上海工作计划决议案(1926 年 7 月)》,中央档案馆、上海市档案馆:《上海革命历史文件汇集:中共上海区委文件(1925—1926)》,1986 年 6 月,第 308 页。

大官僚控制的形势,认为"受压迫而死"和"携手起来反抗而生"是现存条件下置于上海市民面前的两条路径,呼吁上海市民积极联动,共同"谋中国民族独立到自由解放之路"①。就上海农民运动而言,毛泽东于 1926 年 10 月在《向导》发表《江浙农民的痛苦及其反抗运动》,文中论及上海崇明和青浦等地的农民运动状况,为开展上海农民运动提供了一手资料。简言之,上海的党团组织在早期共产党人领导下有组织有计划地加强地方政治运动主张的宣传,关注上海地区的革命形势并积极撰文,在营造社会舆论氛围、凝聚思想基础方面发挥了积极作用。

就自治运动而言,大力宣扬上海实行自治,组织自治市政府。随着革命形势的发展,呼吁上海自治的声音愈发强烈。为反对直鲁联军南下,要求上海实行自治,上海总工会和学联于 1926 年 11 月组织了七百五十余个演讲队,走上街头大力宣传;同月 28 日,上海工商学界组织了五万民众高呼自治。同年 12 月 6 日,上海工商学联合会更名为上海特别市民公会,罗亦农在报告中强调:"特别市民公会,关系全上海自治运动,非常重要,且该会团体复杂,我们非有严密的党团组织不可。"②12 日,三百余个团体在上海特别市民公会的召集下就上海自治问题召开会议,通过了"上海不划成特别市、不实行市民自治,市民誓不纳税"③等决议。25 日,中共上海区委宣传部就上海自治问题发布政治宣传大纲,阐释了自治运动根本意义,即"发展民众势力,给军阀以打击",强调江浙的自治运动"以上海最为热烈",且"自治运动之根本意义只在发展民众势力,给当地军阀以打击"④,提醒要加以重视。1927 年 1 月,中共上海区委提出应对策略,强调"还是要做自治政府的运动"⑤,于同月 22 日发布通告,宣布成立上海市民临时革命委员会,将其作为"未来上海市民政府"⑥。25 日,中共专门就上海总同盟罢工发

① 中共上海市委党史资料征集委员会主编:《中共上海党史大事记(1919—1949)》,知识出版社 1988 年版,第 113 页。

② 中共上海市委党史资料征集委员会主编:《中共上海党史大事记(1919—1949)》,知识出版社 1988 年版,第 119 页。

③ 许玉芳、卞杏英编著:《上海工人三次武装起义研究》,知识出版社 1987 年版,第 121 页。

④ 《上海区委宣传部政治宣传大纲——关于群运工作和自治运动(1926 年 12 月 25 日)》,中央档案馆、上海市档案馆:《上海革命历史文件汇集:中共上海区委宣传部组织部等文件(1925.8—1927.4)》,1986 年 4 月,第 618 页。

⑤ 《上海区委秘书处通讯第 8 号——最近政治之变迁与我们的工作方针(1927 年 1 月 5 日)》,中央档案馆、上海市档案馆:《上海革命历史文件汇集:中共上海区委宣传部组织部等文件(1925.8—1927.4)》,1986 年 4 月,第 618 页。

⑥ 中共上海市委党史资料征集委员会主编:《中共上海党史大事记(1919—1949)》,知识出版社 1988 年版,第 127 页。

表民众书,宣传了上海总同盟罢工在中国革命史上的重要意义,向投身革命的上海民众倡导武装响应北伐军,明确上海市民代表大会拥有一切权力并由市民公会召集,进而确保国民政府取得市民会议的权利以实现北伐目的。综上,鉴于特殊的革命形势,上海地区在组织自治市政府方面的宣传营造了浓厚的氛围,吸引了进步民众积极参与革命事业,在国民革命中积极发挥作用。

革命的探索并未有现成的答案。中共中央、上海区委重视原因分析并在此基础上总结经验教训,为今后的革命开展提供参考和借鉴。1927 年 1 月 24 日,中共中央发布《告上海全体工友书》,总结上海总同盟罢工运动"工人的组织与团结还没有作到充分的程度"①等存在的不足。瞿秋白亦发表《上海"二·二二"暴动后之政策及工作计划意见书》,分析了党在暴动中准备不足以及中央政策疏忽摇摆的错误,并就新的政策策略以及政治的、宣传的、军事的、党的、团的工作提出具体计划。1927 年 3 月,中共上海区委宣传部发布了宣传大纲,组织市民代表会议、反对直鲁军及外国兵越出租界以及武装暴动准备等一系列问题。同日,罗亦农在上海活动分子大会指出了党"缺乏武装暴动的思想与准备"、"缺乏群众的政治宣传工作"等错误,表明深入群众宣传教育的不足。应该说,中共中央、中共上海区委以及早期共产党人代表对上海总同盟罢工的原因分析为今后的革命运动的开展积累了经验。

三、国民革命的倡导与鼓动

随着革命形势的发展,反帝反军阀的国民革命逐渐被提上议事日程。早期共产党人关注时局,通过发布通告、文章等方式宣传国民革命,尝试运用马克思主义对国民革命问题进行思考。1923 年 12 月,陈独秀在《前锋》第 2 期发表《中国国民革命与社会各阶级》一文,文章从数量和质量层面全面分析了中国工人阶级状况,认为工人阶级尚未具备独立的革命能力,其作为国民革命的重要分子须参加由各阶级共同合作的国民革命,向民众发出"解除列强及军阀之重重奴辱"②的号召。就国共合作问题,他撰文指出"中国国民党在中国革命运动总观察与估量国民革命运动全战斗力上,都知道劳动运动有最重大的意义,不应该为任何次重大的意义而牺牲他"③,可见对国民革命的重视。就中国国民革命领导

---

① 《中国共产党为上海总同盟罢工告上海全体工友（1927 年 2 月 24 日）》,《向导》第 189 期,1927 年 2 月 28 日。

② 独秀:《中国国民革命与社会各阶级》,《前锋》第 2 期,1923 年 12 月 1 日。

③ 独秀:《国民党与劳动运动》,《向导》第 71 期,1924 年 6 月 18 日。

者问题,早期共产党人彭述之在分析社会各阶级的基础上,深入分析了革命的物质基础、民众的革命觉悟、世界革命环境以及各社会阶级利益趋向等,确证工人阶级应"成为国民革命的领导者"①,亦为此问题提供了答案。

除了早期共产党人发表文章宣传国民革命,党组织亦通过发布各类决议、文件等加大宣传工作的推进。1924 年 9 月 10 日,中共中央发布通告,要求以反对江浙军阀战争问题来宣传国民革命,动员民众组织国民革命力量;发表《第三次对于时局的主张》,号召民众服从国民革命统一行动,携手共同推翻军阀武装以及帝国主义在华势力。此外,早期共产党人动员组织教师群体加入政治运动。1925 年 6 月,沈雁冰、董亦湘等人按照党的决定发起成立上海教职员救国同志会,积极从事救国运动,并加入了上海工商学联合会,辅助学生组织,团结联合全国教职员组织讲演团,就国民外交、五卅运动、群众运动等主题开展面向社会各界的演讲活动。1925 年底,中共中央发布乡村教师运动决议案,要求引导乡村教师积极参与地方政治运动,发挥乡村教师向青年农民、军队输入革命思想的优势。此外,上海地区各独支制订详细的国民革命宣传计划,如吴淞独支曾围绕如何进行国民革命宣传制定计划,要求"利用大的运动召集市民大会或组织演讲队作广大的宣传;平时在支部会议中报告宣传的材料,令同志们随时在厂中或校中宣传;拟出《吴淞周刊》登载吴淞各界的日常消息和简略的政治、劳动消息"②等。1923 年,上海大学支部联络校内同学在闸北一带,"旗帜鲜明地主张'国民革命'"③。上海大学安剑平等人创办了《孤星》杂志,发表了《亚细亚革命与世界改造》等文章,提出"联络已经革命成功的俄国"④等革命手段,成为运用马克思主义思考革命问题的典型代表。

中国共产党与国民党人积极促成国民会议,力争获取问题解决的钥匙。1923 年 7 月,中共中央发表有关时局的主张,建议国民党牵头组织召开国民会议,由全国商会、工会等多个组织和职业团体推选国民会议代表,进而在建立新政府之后消除军阀及其帝国主义势力。1924 年 11 月,中共认为国民会议是解

①　彭述之:《谁是中国国民革命之领导者》,《新青年》季刊第 4 期,1924 年 12 月 20 日。

②　《吴淞独支关于组织整顿及训练、宣传工作情况报告(1926 年 12 月 5 日)》,中央档案馆、上海市档案馆:《上海革命历史文件汇集:上海区委各部委文件(1925—1927)》,1987 年 6 月,第 580 页。

③　《团上海地委报告第二号——为执行中央第四号通告召开紧急会议筹商参加国民运动方法(1923 年)》,中央档案馆、上海市档案馆:《上海革命历史文件汇集:青年团上海地委文件(1922.7—1927.1)》,1987 年 9 月,第 15—16 页。

④　剑平:《亚细亚革命与世界改造》,《孤星》第 11 期,1924 年 6 月 25 日。

决中国政治问题的关键并热切希望"国民党领袖们努力号召全国人民的团体"①，提出"废除一切不平等条约"、"减低租税"、"八小时工作制"、"规定最低工资"、"妇女的平等权"等十三项具体要求。孙中山在上海以《国民会议为解决中共内乱之法》为题，公开发文向社会各界宣传国民会议的主张。上海店员联合会、机器工人俱乐部等近三十个团体就国民会议的议题集合开会，平民教育研究社的组织"国民会议促成会"提议受到与会代表的一致通过，反映了上海部分工人阶级的心声。中共支持孙中山北上并发布通告，要求各地组织国民会议促成会并开展各项活动。通告迅速得到积极响应，大夏大学女生团、上海大学女生团、南洋职工同志会女会员、杨树浦平民女校等十余个团体于1924年12月成立上海女界国民会议促成会，刘清扬、向警予、杨之华等妇女运动活跃分子担任委员。14日，上海国民会议促成会成立，吸引143个团体、四百余人参会，在成立宣言中明确了要求，包括废除不平等条约、保障人民言论自由、妇女享有平等权利、救济上海失业工人等十六条内容。1925年3月，上海女界国民会议促成会等十余个团体在上海大学召开会议，提出要修正段祺瑞政府发布的国民会议条例以及争取妇女平等地位的提议，有力推动上海女界积极投入国民会议促成会运动。

早期共产党人重视开展国民会议促成会运动，将其作为构建社会基础的重要契机，要求各地统一使用"国民会议促成会"名称，明确提出要发挥上海国民会议促成会召集人作用，加快推进全国促成会联合会的建成。1925年1月，在上海召开的中共四大肯定了国民会议运动已遍及全国，民众已具有执政以及国家独立的觉悟，高度重视农民问题，提出要组织农民从事经济和政治的斗争，提出了无产阶级要以自己独立的地位与目的参加民族革命运动，并确保取得领导地位以获取运动的胜利。总的说来，上海早期马克思主义者以及共产党人坚持马克思主义立场，结合马克思主义理论的政治宣传方法，宣传国民革命在中国的历史必然性和现实合理性，为国民革命营造良好的舆论氛围。

四、妇女解放思想的宣传与实践

妇女问题是马克思主义经典作家关注的重要问题，上海因其妇女解放问题的突出、妇女运动呼声的热烈等原因成为关注妇女问题、传播马克思主义妇女观

---

① 《中国共产党对于时局之主张（1924年11月19日）》，中共中央党史研究室、中央档案馆编：《中国共产党第四次全国代表大会档案文献选编》，中共党史出版社2022年版，第106页。

的先行者。首先,上海的无政府主义者较早对马克思主义妇女观进行零散介绍,发表《女子问题研究》等文章,引用并论述《家庭、私有制和国家的起源》和《共产党宣言》经典原著内容,然而无政府主义者对马克思主义妇女观持批评态度,且未能正确理解其思想精髓,故而在当时思想界影响甚微。其次,资产阶级维新派以男女平等作为目标,以兴办女学和禁缠足运动成为妇女运动的突破口,如经元善于1898年在上海创办中国女学堂,蔡元培于1902年在上海创办了爱国女学,开创了中国人自己创办女学的先河。除了兴办女学运动,资产阶级维新派首次尝试了禁缠足运动,颁布《试办不缠足会简明章程》,在上海率先成立戒脚会,其代表梁启超在《时务报》发表《戒缠足会叙》,批判了对无罪女子施以缠脚的残忍性行为。虽然资产阶级维新派有关妇女解放的行动并未取得完全胜利,并未从根本上打碎封建宗法家族制度,但是成为富国强兵政策、促进社会变革和进步的手段之一。最后,资产阶级革命派在维新派的基础上,推动妇女运动迈出新的步伐。辛亥革命打碎了旧的政治结构,传统的三纲五常等礼法难以适应新的社会生活,女权革命、恋爱自由、婚姻自由等口号一时传开,妇女解放运动伴随轰轰烈烈的革命运动取得重要进展。遗憾的是,辛亥革命并未使得妇女解放取得实质性进展,这在诸多事例中有所显现,如中华民国《临时约法》并未提及男女平等的政治权利、《参议院法》剥夺妇女的被选举权、孙中山对女子参政问题并非持明朗态度,其一面认为"女子将来之有参政权,盖事所必至"[1],一面提出女子是否应有参政权等问题,"皆当决诸公论,候咨送参议院决可也。"[2]袁世凯窃取辛亥革命胜利果实后更是规定凡孝行节妇"可为世风者",均颁发"匾额题字"[3],继而掀起封建复古主义潮流,使妇女失去自由与人格,一度使得妇女解放运动取得了退步。

　　然而,在五四运动的洗礼下,上海先进分子竭力声讨封建妇女观,谴责封建主义对妇女的压制,鞭笞毒害妇女的罪行,探寻解放妇女的路径,对婚姻自由、革命、贞操、继承权等问题进行深入探讨,使得关注妇女解放问题成为反对封建礼教的重要体现。尤其是十月革命后马克思主义广泛传入,上海早期马克思主义

　　① 《孙中山关于神州女界共和协进社的批复》(1912年2月6日),中华全国妇女联合会妇女研究所、中国第二历史档案馆编:《中国妇女运动历史资料·民国政府卷(1912—1949)》(上),中国妇女出版社2011年版,第7页。

　　② 上海社会科学院历史研究所:《辛亥革命在上海史料选辑》,上海人民出版社1982年版,第919页。

　　③ 龚书铎:《中国社会通史·民国卷》,山西教育出版社1996年版,第442页。

者在马克思主义理论视域下分析妇女受压迫的根源，考察妇女运动史，介绍苏俄革命后妇女解放情况，用马克思主义妇女解放思想指导上海女工运动，探讨中国妇女解放途径，使得马克思主义妇女观在上海得到迅速传播，推动上海妇女解放运动达到新的高潮。

其一，宣传妇女解放运动的途径和方法。妇女解放运动是无产阶级解放事业的有机组成部分。马克思主义妇女观是有关妇女地位演变、作用发挥、权利保障以及自身解放等问题的理论总结。马克思、恩格斯关于妇女问题的基本观点主要包括：私有制是妇女受压迫的根源、社会劳动是妇女解放先决条件、无产阶级解放是实现妇女解放的根本、实现全面而自由的发展是妇女解放的最终目标等。列宁在传承马克思主义妇女观基础上，认为女工运动的主要任务在于积极争取妇女的经济和社会的平等，且此处的平等不能仅仅满足于形式上的平等，而是着眼于"要求根本改造公共设施和社会风气的长期斗争"[①]。上海有关妇女解放理论的宣传亦走在全国前列，用马克思主义唯物史观分析中国女权问题，以阶级斗争理论探索妇女解放运动的途径和方法，推进了妇女解放运动的发展。1922年，上海商务印书馆出版日本学者堺利彦著的《女性中心说》一书，李达在译者序中号召女性同男性一道投身社会改造事业，"建设男女两性为本位的共同生活的社会"[②]，强调女性在社会改造中的作用。创刊于上海法租界贝勒路375号的《妇女声》半月刊，高呼妇女解放口号，团结号召广大妇女行动起来以"取得自由社会底生存权和劳动权"[③]，成为中共领导创办的首个妇女刊物，由时任中共中央宣传部负责人李达担任主编。在李达领导下，《妇女声》高举马克思主义旗帜，宣传妇女解放思想，发表以王会悟的《中国妇女运动的新趋向》为代表的一批宣传妇女解放思想的文章，为上海妇女运动营造舆论声势，积极支持上海浦东日纱三千女工罢工等斗争，一定意义上彰显了中共在上海妇女运动中的领导地位，亦宣扬了社会主义的实现是妇女解放的根本出路等道理。

马克思、恩格斯在《共产党宣言》中揭露了私有制是妇女被压迫的根源，在《家庭、私有制和国家的起源》、《反杜林论》和《神圣家族》等诸多著作中论述了妇女解放问题，剖析了妇女受压迫的根源，明晰了妇女解放的道路。为此，上海早期马克思主义者愈发认识到，建立社会主义制度是解决妇女问题的出路，并为

---

① 《列宁全集》第38卷，人民出版社1986年版，第204页。

② ［日］堺利彦：《女性中心说》，李达译，商务印书馆1921年版，第1页。

③ 中华全国妇女联合会妇女运动历史研究室编：《中国妇女运动历史资料（1921—1927）》，人民出版社1986年版，第28页。

此大力宣扬。李大钊作为提倡马克思主义指导妇女解放的先驱,率先剖析了妇女问题并指出彻底解决妇女问题的方法,在《妇女解放与 Democracy》等文章中运用唯物史观对妇女问题进行深入研究,还发表《战后之妇人问题》等文章,用阶级斗争理论系统阐释了妇女问题,提出了两条妇女解放的路径,即"要合妇人全体力量,打破男子专断的社会制度;合世界无产阶级妇人力量,打破有产阶级专断的社会制度"①,强调妇女联合斗争的重要性。陈独秀亦围绕妇女问题及妇女解放运动发表《妇女问题与社会主义》和《我的妇女解放观》等文章,立场鲜明地提出要将妇女运动与劳动运动、社会主义运动有机联系,认为"离了社会主义,女子问题断不会解决的"②,在此基础上强调"社会主义不止解决妇女的问题,且可以解决一切的问题"③等,可见其在马克思主义影响下运用阶级斗争、婚姻家庭等观点对妇女问题予以深入的剖析和思考。李汉俊在《新青年》和《妇女评论》等刊物发表《妇女问题的关键》、《妇女之过去与将来》以及《妇女问题的重要性》等文章,介绍苏俄妇女解放情形,积极倡导妇女解放,认为妇女丧失独立的根源在于"私有经济制度的发生和存在"④,向受压迫妇女发出推翻私有经济制度的号召,鼓舞妇女成为"自己底运命底支配者"⑤,承继了马克思主义妇女解放思想。在马克思主义洗礼下,瞿秋白逐步从阶级立场出发,认定社会制度的根本性改造是妇女获得彻底解放的出路,在《关于女人》一文中猛烈抨击私有制,认为私有制"把她(女人)挤成了各种各样的奴隶,还要把种种罪名加在她头上"⑥,在此基础上提出要实行激烈的革命斗争并达成社会的根本改造,实现消灭旧社会、建立新社会的目标,使得广大妇女摆脱被压迫被剥削的命运。

无产阶级革命是妇女解放的根本途径,消除妇女被压迫和痛苦需要全体被压迫者的联合努力,故而早期共产党人认为,"妇女是被压迫民众中最受痛苦的部分,为要解除压迫与痛苦,当然非与全体被压迫的民众共同努力打倒压迫者不

---

① 李大钊:《战后之妇人问题》,《新青年》第 6 卷第 2 号,1919 年 2 月 15 日。

② 中华全国妇女联合会编:《中国妇女运动百年大事记(1901—2000)》,中国妇女出版社 2003 年版,第 25 页。

③ 陈独秀:《三答区声白》,《陈独秀文章选编》中册,生活·读书·新知三联书店 1984 年版,第 153 页。

④ 李汉俊:《女子怎样才能得到经济独立》,上海《民国日报》副刊《妇女评论》,1921 年 8 月 17 日。

⑤ 汉俊:《女子将来的地位》,《新青年》第 8 卷第 1 号,1920 年 9 月 1 日。

⑥ 《关于女人》,《瞿秋白文集·文学编》第 2 卷,人民文学出版社 1986 年版,第 79 页。

可，当然非参加革命运动不可"①，因此妇女解放必须伴随着无产阶级的劳动解放进行，亦即"只有无产阶级获得了政权，妇女们才能得到真正解放"②。由上海务本女校的五位女教师创办的《新妇女》于1920年劳动节刊载了有关"妇女与劳动问题"、"马克思学说和妇女问题"等内容，动员有知识的妇女积极深入到工人群众中去，更好地实现妇女运动由资产阶级至无产阶级性质的转向。李达竭力倡导推动妇女解放运动，译撰了一批有关妇女问题的著作和文章，其《女子解放论》一文开启了五四时期用马克思主义唯物史观论述妇女问题的先河，将妇女解放与人类解放紧密联系，呼吁女子积极行动起来投身自身解放事业，男子应帮助女子一同追求妇女解放事业，即"赶快帮助女子解放才算得拥护人权"③，阐明了妇女解放的办法。翻译了《列宁的妇人解放论》、《劳农俄国的妇女解放》等著作，发表了《介绍几个女社会革命家》等文章，介绍列宁有关妇女解放思想以及苏俄妇女解放的具体做法，为中国妇女运动实践提供案例和指导。

十月革命胜利以后，列宁、斯大林等人从理论和实践的双重维度发展了马克思主义妇女解放问题理论，为早期共产党人开展妇女运动提供了示范。陈望道在上海的报刊发表了一批宣传妇女解放的文章，围绕妇女解放所面临的经济、劳动、生活、社交、婚姻、生育等多方面问题进行阐释，运用马克思主义观点和方法探讨解决的途径和方法，主张妇女运动重心应移到劳动阶级妇女运动中。1921年6月，上海社会主义青年团发起人张太雷和杨明斋在提交共产国际三大的报告中专门论述中国妇女问题，深刻剖析了封建主义、资本主义和帝国主义是压迫妇女的三座大山，主张中国妇女解放运动要融入无产阶级革命中方可取得胜利，正所谓"惟有中国无往而不胜的无产阶级革命才能做到"④。中共上海区委就劳动妇女如何参加革命工作提出细致方案，如"武装自卫、组织宣传队在女工友群众中说明劳动妇女参加革命工作的意义、组织侦探队以侦探传达各方消息、组织救护队以宣传激励战士勇气"⑤等内容，呼吁上海女工应"努力赶快参加一般工

---

① 《上海区委关于普通妇女的宣传大纲（1927年3月7日）》，中央档案馆、上海市档案馆：《上海革命历史文件汇集：中共上海区委文件（1926—1927）》，1986年6月，第292页。

② 《关于妇女运动的决议》，中央档案馆编：《中共中央文件选集（1921—1925）》第1册，中共中央党校出版社1989年版，第88页。

③ 李鹤鸣：《女子解放论》，《解放与改造》第1卷第3号，1919年10月。

④ 《张太雷文集》，人民出版社1981年版，第16—17页。

⑤ 《上海区委关于劳动妇女的宣传大纲（1927年3月5日）》，中央档案馆、上海市档案馆：《上海革命历史文件汇集：中共上海区委文件（1926—1927）》，1986年6月，第267—268页。

人阶级的革命运动,胜利终归是我们的"①。由此看来,在"以俄为师"的背景下,早期马克思主义者不仅介绍马克思、恩格斯的妇女解放理论,还积极宣传普及苏俄妇女解放做法以及列宁有关妇女解放事业的思想,为集结广大受压迫妇女群体投身妇女解放事业奠定思想基础和理论准备。

其二,宣传中共妇女工作政策主张。在马克思主义妇女观影响下,早期共产党人愈发认识资产阶级妇女运动以及基督教妇女运动的进步性和局限性,在马克思主义视域下制定并宣传妇女工作有关政策主张。譬如,早期共产党人认为在应对资产阶级妇女运动时,应在不同时期采取联合、指导、批评、利用的态度,指出女权运动不能止步于单一的选举权和参政权的实现,否则将不能带领妇女摆脱剥削和压迫。在面对基督教妇女运动方面,早期共产党人提出应采取抨击、批评以及反对中学习的态度,认为其开展的倡平等、戒缠足、办女学等有关妇女的社会改良运动虽为开辟传教道路,在客观上推动了民众妇女观念的转变以及妇女运动的开展,但其工作中心思想终究显现在"建设屈伏于帝国主义侵略下的所谓幸福小家庭和做一些不彻底的妇女慈善事业"②,表明未能致力于真正的妇女解放事业。上海妇女运动领导者杨之华认为教会是帝国主义的工具,教会妇女运动的指导思想受帝国主义者支配,女青年会、妇女节制会、教会学校及其慈善团体均为"帝国主义者的机关"③;发表《中国妇女运动罪言》一文对基督教式妇女观进行抨击,强调基督教妇女运动存在受帝国主义支配和成员阶级属性等局限性,指出其不可能在反帝反封建的斗争中实现广大妇女解放的目标。为此,中共妇女部于1924年6月发布报告,鼓励一面与基督教妇女运动群体加强合作,一面必须认清其本质,即"从根本上认识他们"④,由此看出早期共产党人对基督教妇女运动的正反两方面的态度。又如,团的二大通过了《关于青年妇女运动议决案》,强调要运用多种宣传方法,对青年妇女运动的理论依据加以马克思主义的批评,而在实际运动中则要"指出妇女运动与劳动运动的密

---

① 《上海区委关于劳动妇女的宣传大纲(1927年3月5日)》,中央档案馆、上海市档案馆:《上海革命历史文件汇集:中共上海区委文件(1926—1927)》,1986年6月,第271页。

② 《对于妇女运动之议决案(1925年1月)》,中共中央党史研究室,中央档案馆编:《中国共产党第四次全国代表大会档案文献选编》,中共党史出版社2022年版,第38—39页。

③ 中华全国妇女联合会妇女运动历史研究室编:《中国妇女运动历史资料(1921—1927)》,人民出版社1986年版,第309页。

④ 中华全国妇女联合会妇女运动历史研究室编:《中国妇女运动历史资料(1921—1927)》,人民出版社1986年版,第184页。

切关系。"①再如，在马克思主义唯物史观指导下，上海妇女运动领袖向警予对旺盛的资产阶级妇女运动持以批评态度，指出有意义的女权运动在于深入大多数妇女群众，强调了从事女权运动的个人和团体须考虑照顾妇女的权益，尤其是"要着眼到妇女的大多数，才不失去女权运动的意义"②。她立足《妇女周报》宣传中共妇女工作主张，强化对妇女的教育和引导，明确提出中国妇女运动"全视中国政治经济变化为转移"③，阐明了妇女运动与社会状况的关联性，并在实践中运用马克思主义指导妇女运动的开展，因此成长为"中国最早的女性马克思主义者之一"④。《妇女声》编辑王会悟也直言不讳地指出，第三阶级女权运动乃是"虚荣的表现"⑤，并未从根本上代表和维护被压迫妇女利益。

　　国民革命是中共在领导工人运动以及发动妇女为争取自身解放的实践中摸索出的作为妇女解放运动的重要途径。比如，《中国妇女》创刊之初便表明其立场，宣传工农妇女是"妇女解放的先锋队"⑥，可见其对妇女群体的重视。又如，蔡和森认为中国女工遭受严重的剥削和压迫，故而具有彻底的革命性，乃应成为"妇女中最革命的一部分"⑦。又如，向警予向上海女知识青年介绍马克思主义经典著作，讲解世界各国妇女运动情况以及中国妇女遭受压迫的根源，并以马克思主义理论为指导，在《前锋》和《妇女声》等刊物发表传播马克思主义的文章，分析和论述了中国妇女解放目的、意义和途径，认为中国妇女要走十月革命道路，通过组织参与国民革命实现自身解放，而不能"死板地刻定十八世纪欧美各国女权运动的旧程式"⑧。她还撰文论述了国民运动与妇女运动之间的关系，号

---

① 《青年妇女运动决议案（1923 年 8 月 25 日）》，中华全国妇女联合会妇女运动历史研究室编：《中国妇女运动历史资料（1921—1927）》，人民出版社 1986 年版，第 72 页。

② 中华全国妇女联合会妇女运动历史研究室编：《中国妇女运动历史资料（1921—1927）》，人民出版社 1986 年版，第 151 页。

③ 中华全国妇女联合会妇女运动历史研究室编：《中国妇女运动历史资料（1921—1927）》，人民出版社 1986 年版，第 108 页。

④ ［美］费正清：《剑桥中华民国史（1912—1949）》上卷，杨品泉等译，中国社会科学出版社 1994 年版，第 499 页。

⑤ 中华全国妇女联合会妇女运动历史研究室编：《中国妇女运动历史资料（1921—1927）》，人民出版社 1986 年版，第 183 页。

⑥ 中华全国妇女联合会妇女运动历史研究室编：《中国妇女运动历史资料（1921—1927）》，人民出版社 1986 年版，第 474 页。

⑦ 中华全国妇女联合会妇女运动历史研究室编：《中国妇女运动历史资料（1921—1927）》，人民出版社 1986 年版，第 523 页。

⑧ 《向警予文集》，湖南人民出版社 1985 年版，第 157 页。

召广大妇女在国民运动中应明确表达态度并展示自身力量,从而"使妇女成为每次国民运动中间的劲旅"①。又如,1924年3月,《妇女周报》刊发有关告知妇女团体的言论,阐述了妇女解放与国民革命的关系,动员受压迫妇女加入国民革命主力军队伍中,联合获取国民革命的胜利并推翻北洋军阀统治,进而"方才能保全全国女子的人格"②。再如,杨之华在《上海妇女运动》一文中肯定女工作用,指出妇女无产阶级觉悟乃是实现解放的思想武器,亦是"全中国解放的保证"③;她认为上海丝厂工人代表劳动妇女的罢工折射出"强烈的革命性以及强大的战斗力"④,在1926年4月发表的《中国妇女之状况与国民革命》一文中阐述了妇女与国民革命的关系,且鉴于帝国主义、封建军阀成为压迫中国妇女的主要力量,因此"妇女运动必须参加国民革命运动"⑤。简言之,随着马克思主义的传播,早期共产党人深化了对妇女在国民革命中作用的认识,初步探索马克思主义理论与妇女解放运动实践的结合,为马克思主义妇女观在上海的传播贡献了力量。事实表明,随着马克思主义传播以及革命道理的普及,上海地区的广大妇女觉悟日渐激发和提升。1925年6月,上海大学女同学会、大夏大学等八十余人参加的上海各界妇女联合会成立会便在宣言中提出保障公民自由等十余条要求,体现了妇女觉悟的提升。1925年10月,中共上海区委妇女部为了加强妇女工作,围绕各界妇女联合会、妇女工作等方面制订计划,如"努力调查农村妇女生活的痛苦"⑥等,将工农妇女作为中国妇女解放的主体力量是中国共产党在马克思主义指导下形成的有关妇女工作的重要主张,表征了马克思主义妇女解放理论的传播成效。

要而言之,从上海的早期无政府主义者对马克思主义妇女观的零星提及,到早期马克思主义者用马克思主义唯物史观、剩余价值理论、阶级斗争学说、无产

---

① 向警予:《妇女运动与国民运动》,上海《民国日报》副刊《觉悟》,1924年12月30日。

② 中华全国妇女联合会妇女运动历史研究室编:《中国妇女运动历史资料(1921—1927)》,人民出版社1986年版,第266页。

③ 中华全国妇女联合会妇女运动历史研究室编:《中国妇女运动历史资料(1921—1927)》,人民出版社1986年版,第312页。

④ 杨之华:《一九二六年上海丝厂女工罢工运动中的感想》,中华全国妇女联合会妇女运动历史研究室编:《中国妇女运动历史资料(1921—1927)》,人民出版社1986年版,第113页。

⑤ 中华全国妇女联合会妇女运动历史研究室编:《中国妇女运动历史资料(1921—1927)》,人民出版社1986年版,第541页。

⑥ 中共上海市委党史资料征集委员会主编:《中共上海党史大事记(1919—1949)》,知识出版社1988年版,第94页。

阶级专政等理论剖析中国妇女解放问题,再到早期共产党人用马克思主义理论指导上海妇女运动的实践,这一从理论到实践的升级推动上海广大劳动妇女日渐发展成为妇女运动的主体力量,富有成效地帮助妇女提高了对参加国民革命是妇女运动最现实的途径等问题的认识。在此过程中,上海早期马克思主义者研习了马克思主义经典作家有关妇女问题的观点,日渐形成并发展马克思主义妇女观,认识到通过无产阶级革命建立社会主义制度才是妇女解放的根本出路。这不仅为中国妇女运动确定了无产阶级性质,而且为此后中国妇女运动方针政策的制定指明了方向。

五、马克思主义经典作家生平的介绍

马克思、恩格斯、列宁等马克思主义经典作家的生平、传记、年表等内容的宣介主要集中在传播初期,帮助中国人初识了马克思列宁主义理论。中文书刊中最早介绍马克思的《万国公报》,在前面已有论述。资产阶级革命派较早介绍了马克思、恩格斯生平,如前面提及的朱执信在《德意志社会科学家列传》一文中有所介绍。陈公博在《政衡》第2号发表《〈马克斯的一生及其实业〉翻译附志》,介绍了所翻译书籍的大致内容即马克思的生平业绩,包括"马克思的父母、孩童时代及青年时代、记者事业、共产宣言、国内及政治的奋斗"①等内容。国民党理论家戴季陶翻译的《马克斯传》在1920年《星期评论》新年号发表,传记史料翔实且评述了马克思主义思想精髓。戴季陶在翻译时,详细加入注释并采用白话文,以便于读者阅读,且文章发表于马克思主义传播日趋激烈之际,吸引了不少激进青年的目光。正如同期文章《马克斯逸话一节》中所言,有关马克思的生平事迹可从戴季陶所译的《马克斯传》中"认识一个大体",强调不仅从中获得了价值说、剩余价值说、唯物史观、阶级斗争理论,最重要的是"由献身的精神显出的伟大人格"②。在马克思诞辰104周年纪念日时,早期共产党人将戴季陶翻译的《马克斯传》收录《马克思纪念册》中,并散发了2万本,可见读者受众面之大。除此之外,还有一些零散性马克思传记著述,比如《新青年》6卷5号发表了刘秉麟撰写的《马克思传略》,转载了渊泉于1919年4月在《晨报》发表的《马克思之奋斗生涯》的传记。《新青年》、《星期评论》等报刊登载了绍虞撰写的《马克思年表》、威廉·里布列希著的《马克思传》等。上海共产党早期组织成员李季出

---

① 陈公博:《〈马克斯的一生及其实业〉翻译附志》,《政衡》第2号,1920年4月1日。
② TTS:《马克思逸话一节》,《星期评论》新年号,1920年1月1日。

版了《马克思传：其生平其著作及其学说》三卷本，成为当时"篇幅最长、论述最全面的白话文马克思生平思想传记"①。

十月革命后，列宁生平业绩的介绍宣传成为早期传播者关注的重要内容。在布尔什维克被攻击为过激主义和洪水猛兽、列宁被一度妖魔化的语境下，传播者们搜集资料编辑列宁传记，尽可能向读者介绍真实的列宁。1918 年 3 月，《东方杂志》刊载了列宁的照片以及介绍列宁的文章。在《共产党》月刊创刊号上，登载了题为《列宁的历史》一文，简要介绍了列宁从出生到领导十月革命的历史，高度赞扬列宁在捍卫和发展马克思主义方面的杰出贡献。人民出版社出版了由山川均著、张亮译的第一个列宁生平单行本《列宁传》，全面介绍列宁生平，详细记录列宁在十月革命后的情况，评述列宁是如何将马克思主义运用于俄国并取得成功的历程。除了对马克思、列宁等马克思主义经典作家生平业绩的介绍外，早期传播者从整体上对马克思主义思想体系介绍和诠释亦投入一定的精力，如陈独秀的《马克思学说》、施存统的《马克思底共产主义》、李达的《马克思派社会主义》等文章肯定了马克思主义作为历史潮流的不可抗拒性，强调马克思主义是"一个系统完整的大组织"②，须明确马克思学说的系统性，应从整体上对之加以把握和理解，且传播者们即便对马克思主义的解读秉持同样的基本理念，而随着革命形势以及个人研究旨趣的发展，介绍和阐释的侧重点则存在一定的差异性。

综上所述，在中国面临的历史条件和救亡图存历史任务的双重影响下，马克思主义在上海早期传播的主要内容是与革命实践活动密切相关的唯物史观、阶级斗争学说、无产阶级专政学说、剩余价值学说、国家共产主义运动、妇女解放等内容，还包括马克思、恩格斯、列宁等马克思主义经典作家生平业绩等。就其理论来源或传入渠道而言，1920 年之前主要来源于日本语境下的马克思主义，而在 1920 年之后则大量传入苏俄语境下的马克思主义。诚然，由于时代和理论认知水平的限制，马克思主义在上海早期传播过程中难免出现名称杂乱、内容错误等状况。国民党人虽在名义上宣传马克思主义，但是以戴季陶、胡汉民为代表的国民党人并非全盘接受认同马克思主义。例如，他们虽赞同唯物史观，在一定意义上认同生产力决定生产关系等基本原理，但并非真正接受阶级斗争和无产阶

---

① 刘霞：《对李季所著中国首部长篇〈马克思传〉的研究》，《河南社会科学》2014 年第 1 期。

② 汉俊：《研究马克思学说的必要及我们现在入手的方法》，上海《民国日报》副刊《觉悟》，1922 年 6 月 6 日。

级专政等内容,所以他们只是部分认同马克思主义,未曾确立马克思主义为信仰。纵然如此,国民党人在传播中作出的贡献不可忽视。值得强调的是,上海早期传播者对马克思主义经典作家生平事迹的介绍以及对马克思列宁主义基本理论的译介研究和宣传普及,充分发挥了阐释新知和开启民智的作用;有关各种马克思主义与非马克思主义的辩驳与论争,通过马克思主义者与非马克思主义者的交锋和比较,发挥了厘清理论和明晰革命道路的作用,彰显了理论建设的意义;在传播过程中,既有对马克思主义体系的整体性介绍,也有针对一段时期革命实践和民众的需要而进行的重点内容宣传,便于推进更多民众了解和认同马克思主义,引导更多民众加入革命运动的行列。

第六章

马克思主义在上海早期传播的
总体评价及现实启示

马克思主义认为,历史的最终结果乃是"作为整体的、不自觉地和不自主地起着作用的力量的产物"①,恩格斯笔下论述的历史合力论在上海马克思主义早期传播进程中得到有力印证。近代中国沉痛的现实遭遇、先进分子对于救国救民的艰辛探索、受压迫民众不懈的进取抗争,建构了中国人必然选择马克思主义的历史逻辑。俄国十月革命给中国送来了马克思列宁主义的思想武器,而上海独特的地理区位优势为先进知识分子集聚以及马克思主义的传播创造了有利条件,蓬勃发展的工农学运动使得这一地区对先进理论的需求更为迫切,以上诸多因素的综合作用促使马克思主义的介绍传播成为上海先进知识分子的重要任务。马克思主义作为一种西方思想文化的存在,其在上海的传播历经了翻译性介绍、转述性介绍、大众化宣传以及本土化实践的多次形式转换,由此构成了思想层面由观念到主义、文本层面由宏观到具体、群体层面由精英到大众、方式层面由被动到主动的动态演进态势。质言之,在多种力量的作用下,马克思主义经由多种渠道传入上海并通过不同途径得以广泛传播,不仅深入到上海社会各界,还辐射至中国的其他省市,呈现出显著的地方特色并取得了显著的传播效果,推动了上海成为中国共产党的诞生地、初心使命的始发地和伟大建党精神的孕育地,亦为新时代马克思主义中国化时代化进程提供了难能可贵的经验与启示。

---

① 《马克思恩格斯选集》第4卷,人民出版社2012年版,第605页。

第一节　马克思主义在上海早期
传播的主要特征

事物的特征基于内在联系并普遍呈现于参照系之中，进而在比较中彰显优势，在矛盾中生发影响。马克思曾就比较方法强调："只有对不同历史环境中的历史现象分别进行深入细致的研究，然后再把它们加以比较，才能找到理解这种现象的钥匙"[①]。上海是马克思主义传入中国的落脚点，也是马克思主义传播至全国的起点，其独特的区域优势为马克思主义在中国提供了传播的庇护和生长的土壤。在马克思主义艰辛挫折、浩荡辉煌的早期传播进程中，形成了以北京为代表的北方传播中心和以上海为代表的南方传播中心，并以两个中心为圆心向四周扩散辐射，与湖北、湖南、山东、广东等省份乃至海外先进分子互动联系，推动了马克思主义在中国大地开花结果的宏大景象。马克思主义在上海早期传播的实践，经历了由浅入深、由片面到全面的动态过程，较为清晰地表明了在上海传播的基本脉络与发展历程，并在这一循序渐进的发展过程中，产生鲜明的外在表征及独特的内在特质，由此形成马克思主义在中国早期传播的上海特征，集中体现在传播主体的开创性与多元性并进、传入渠道的多面性与差异性并发、传播内容的实用性与选择性并举、传播途径的多样性与互动性并存、传播过程的演进性与辐射性并向等方面，继而绘制了马克思主义在上海早期传播的缤纷图景。

一、传播主体的开创性与多元性并进

作为早期传播的前沿与重镇，上海在中国的马克思主义传播史进程中处于开创性地位。就上海而言，马克思主义早期传播史上众多重要事件皆与其关联，众多"首次"都发生在上海，赋予上海在传播进程中的特殊地位。中国人首次从上海出版的《万国公报》阅读到《共产党宣言》片段并知晓马克思、恩格斯名字，拉开了先进知识分子初识马克思主义的帷幕，《万国公报》由此成为当前学界普遍认可的马克思主义在中国传播史上的最早记录。上海的《东方杂志》最早介绍了列宁生平，率先帮助国人了解列宁及其学说。1903 年创办的《国民日日报》

---

① 《马克思恩格斯选集》第 3 卷，人民出版社 2012 年版，第 1099 页。

刊载了《德国之社会民主党》，成为上海最早介绍马克思"共产主义"①的中文出版物。1903 年上海广智书局出版的《近世社会主义》，称马克思为"一代之伟人"，称赞马克思学说为"社会主义定立确固不拔之学说"②，成为第一本系统介绍社会主义学说的译著。上海沪西工人半日学校作为最早面向工人阶级传播马克思主义和共产党知识的学校，率先为北京长辛店劳动补习学校、武汉第一纱厂、汉阳兵工厂的工人识字班、广州机器工人补习学校等提供了宣传马克思主义的参考样板。1907 年上海的世界社发行《近世界六十名人》的画册，首次刊出马克思肖像，被用于首部中译本《共产党宣言》的封面。1920 年 8 月，上海社会主义研究社出版了陈望道翻译的《共产党宣言》首部汉译本，在当时产生了较大的社会影响，掀起了关注《共产党宣言》的热潮，在制定党的纲领中产生直接指导意义。1920 年 12 月，上海印刷工会的《友世画报》率先使用马克思画像，帮助民众了解马克思的形象。值得强调的是，上海共产党早期组织的"众多第一次"在马克思主义早期传播史上熠熠闪光，如第一所工人学校、领导了第一个新型工会组织、领导了第一次工人罢工、指导成立了上海社会主义青年团等，充分发挥了共产党早期组织的发起功能。此外，上海早期传播者尤其是早期马克思主义者群体以马克思主义唯物史观为指导，率先在哲学、政治学、经济学、法学、社会学、文学等众多领域进行探索，为构建中国马克思主义学术体系作出了开创性和奠基性的贡献。概言之，一系列的"首创"实践，充分彰显了上海在传播马克思主义进程中"一马当先"的传播特质，具有浓厚的开创性特征。

　　诚然，具有开创精神的上海早期传播主体包括传播个人和传播组织，就性质而言有改良与革命之分、激进与缓进之别，在马克思主义传播史上均有着重要地位。马克思主义在上海传播历程中传播主体的变化，经历了"资产阶级传播群体"到"新生代思想群体"的历史转换。尽管各个群体成员在传播理念、传播手段、传播目的、传播内容等方面有着一定的差异，但从客观效果方面看皆在不同程度上助力了马克思主义在中国的发扬光大，对于中国现代思想的新陈代谢及提升马克思主义在中国的影响力皆有非凡的意义。上海的马克思主义传播主体作为历史的客观存在，对于上海地区思想文化状况的发展有着积极的意义，在五四时期思想的整体进程中亦起着很大的作用。传播客体与传播主体是相联系对

---

　　①　上海通志编纂委员会编：《上海通志》第 9 册，上海人民出版社、上海社会科学院出版社 2005 年版，第 5841 页。

　　②　姜义华编：《社会主义学说在中国的初期传播》，复旦大学出版社 1984 年版，第 79 页。

应的范畴,其存在的方式、作用的形式、影响的范围等等,皆是与"传播受众"的存在及其变化有着交互作用的关系,并处于社会变迁、思想衍化的背景之中。就传播受众而言,资产阶级革命派及改良派的传播受众,主要是资产阶级知识分子和社会上的部分大众,早期马克思主义者和无政府主义者的传播受众则是在新文化运动影响下成长的现代新型知识分子、思想解放的青年学生以及范围更广的社会市民阶层,影响亦达到广大乡村中的不少城镇及新式学堂。

近代中国的思想传播活动依附于政治活动,从某种意义上来说马克思主义早期传播主体亦是近代中国社会变迁中的思想主体,且是相互联系、相互作用的主体,故而"传播主体"的不同成员之间存在互动共进的关系,这一关系有助于传播内容的新陈代谢、传播话语的构建及传播共识的形成,从而推进传播效果的提升。就上海的早期传播实践而言,一是"传播主体"具有变动性,即不同历史阶段有不同的传播主体,传播主体处于更新换代之中,这有着社会变动的主因;二是"传播主体"亦有其层次性,即从传播过程及其效果来看分为思想传播者、学术传播者以及文化传播者,有的传播者信仰马克思主义,亦有传播者仅限于传播新思想,其本身并不一定信仰。诚然,20世纪早期的上海,社会思想活跃、理论混沌,不同党派、不同信仰的人士均在传播马克思主义理论,不同传播主体背后折射出不同的传播目的。日本学者石川祯浩总结了戴季陶等国民党人传播社会主义的目的,乃是要"防止早晚必定发生在中国的阶级斗争,并把马克思主义学说当作孙中山民生主义学说的科学根据之一来定位的"①。从传播学理论框架下来看,"意见领袖"对于信息传播乃至大众将产生影响具有一定的主导性作用。总的来说,留学生、资产阶级革命派、资产阶级改良派、无政府主义者、早期马克思主义者以及共产党人等多个"意见领袖"群体表征了马克思主义在上海早期传播主体的多元性,而早期马克思主义者以及早期共产党人群体无疑在上海传播马克思主义过程中作出了卓越贡献。在上海,以孙中山为代表的资产阶级革命派在对社会主义的称赞和资本主义的批判中,宣传了马克思主义唯物史观、剩余价值学说等,为马克思主义的传播奠定了基础;新文化运动对民族主义和爱国主义的欢呼,激发了民众尤其是工人阶级的觉醒,进一步促进了马克思主义的传播;张东荪等人对基尔特社会主义以及胡适等人对实用主义的宣扬从侧面助力马克思主义社会影响力的提升。质言之,传播主体本身的多种构成导致对马克思主义理论的多元认知和多重表述,正是多元化的"意见领袖"群体方才

---

① ［日］石川祯浩:《中国共产党成立史》,袁广泉译,中国社会科学出版社2006年版,第31页。

在上海形成马克思主义传播以及舆论引导的强大合力。

二、传入渠道的多面性与差异性并发

就马克思主义传入上海的渠道而言,主要来源于日本渠道、苏俄渠道和欧美渠道等,充分体现了传入渠道的多面性。其一,从20世纪初至1920年前,日本渠道是马克思主义传入上海的主要渠道,这与中日两国密切的地缘政治不无关联。留日学生或旅日华人以上海港口为起点赴日,通过日文版的马克思主义著述接触了马克思主义,将日本宣传研究社会主义思想、马克思主义理论的著述类书籍介绍到中国,或通过转译日本学者的马克思主义论著向国内输入马克思主义,如《劳动问题概论》、《共产党宣言》、《马克斯资本论解说》、《科学的社会主义》、《马格斯资本论入门》、《马克斯经济学说》、《妇女之过去与将来》、《唯物史观解说》、《苏维埃研究》和《近世社会主义鼻祖马克思之奋斗生涯》①等,为上海的马克思主义早期传播提供了主要的文本来源。迄今为止,中国语境下的马克思主义理论中的社会主义、共产主义、生产力、生产关系、唯物史观、阶级斗争、剩余价值、无产阶级等基本概念术语是从日文转译过来且仍然沿用,可见"日本渠道"的影响之深。其二,俄国十月革命的胜利使科学社会主义从书本走向现实,并为中国带来指导革命实践的思想武器。马克思主义以其先进性、科学性和革命性吸引中国的早期先进知识分子,上海的《时事新报》、《民国日报》率先报道十月革命消息,拉开"苏俄渠道"传入的帷幕。1919年苏俄政府发表的对华宣言经由上海的《申报》、《星期评论》、《上海俄文生活报》等披露和宣传,为早期先进知识分子知晓并引起民众的振奋,引发马克思列宁主义更大范围的传播。维经斯基经由李大钊介绍来到上海后,苏俄渠道开始有组织、有秩序地在马克思主义传播中发挥积极作用。其三,欧美渠道亦是不可或缺的构成。首先就美国渠道而言,部分马克思主义在上海传播的原文本源自美国的出版物,如《共产党》月刊翻译的列宁的《国家与革命》便转译美国的社会主义期刊《阶级斗争》;其刊载的《美国共产党党纲》、《美国共产党宣言》、《加入第三国际大会》译自美国的 The Communist 等期刊。其次就欧洲渠道而言,主要经由赴欧勤工俭学的进步青年将马克思主义输入至上海。自1919年3月起,累计有20批共1600余人从上海的汇山码头乘坐"因幡丸"号邮轮赴法勤工俭学,包括周恩来、蔡和森、赵世

---

① 参见田子渝、蔡丽、徐方平、李良明:《马克思主义在中国初期传播史(1918—1922)》,学习出版社2012年版,第89—90页。

炎、向警予、李维汉、陈毅、邓小平、聂荣臻等。① 旅欧勤工俭学生接触到欧洲的社会发展情况、工人运动状况以及马克思恩格斯著作后，以创办期刊、与国内通信等方式向国内介绍马克思主义，所介绍内容具有较强的正统性，因此欧美尤其是法国亦成为马克思主义传入上海的渠道之一。

正是基于马克思主义传入上海经由日本、俄国和欧美渠道，以上地区所处历史阶段不同，导致日本社会主义者、俄国社会主义者、欧美社会主义者对马克思主义的认知情况、各自所处的环境及其社会实践活动皆有所区别，这就决定了不同渠道对马克思主义在上海传播所产生的影响各有千秋。就马克思主义在上海的传播内容而言，由于总体上是为了挽救民族危亡、探寻救国救民之策，故而唯物史观、剩余价值学说、阶级斗争学说、无产阶级专政、国际共产主义运动、列宁主义、苏俄革命与建设以及马克思主义经典作家生平等都成为传播的主要内容，但不同渠道、不同主体引进传入的马克思主义内容体现为一定的差异性。譬如，社会主义思想早在 19 世纪末、20 世纪初就已被介绍到上海，而有关社会主义问题的讨论在上海轰轰烈烈地展开，则成为中国思想界 20 世纪 20 年代影响巨大的事件，引起强烈的社会反映，一时间"谈到社会主义，内容极其复杂。种种异样的名词，都包在社会主义一名称之下，极其容易弄得人混杂不清"②，可谓时人对社会主义的认识体现为见仁见智、莫衷一是。然而，上海早期传播者在明晰社会主义概念后，将不同社会主义进行比较，在集体意识中阐释社会主义，有效推动马克思主义走进更多民众之中，如许新凯的《共产主义与基尔特社会主义》将共产主义与基尔特社会主义进行对比，认为共产主义者的目标在于打破资产阶级国家、破除资产阶级武装、没收资产阶级资产、破坏资产阶级帮手等，进而"转付于全体劳工阶级的公共管理之下"③，而基尔特社会主义对此则颇为不认同。诚然，受时代和认知水平的限制，早期传播者对马克思主义的认识还显得浅显、粗糙，且其介绍的内容并非原生态的马克思主义，尤其是来自日本语境、苏俄语境的马克思主义，带有浓厚的翻译、转述痕迹。随着革命形势发展以及不同革命阶段实际需求不同，早期传播者所传播的马克思主义内容存在着差别，正如学者

---

① 中共上海市委党史资料征集委员会主编：《中共上海党史大事记（1919—1949）》，知识出版社 1988 年版，第 19 页。

② 李汉俊演讲，李永绥记录：《社会主义底派别》，上海《民国日报》副刊《觉悟》"社会科学特刊"，1920 年 7 月第 5 版。

③ 新凯：《共产主义与基尔特社会主义》，《新青年》第 9 卷第 5 号，1921 年 9 月 1 日。

认为"不同路径传播到中国的马克思主义是经过不同语境过滤后的马克思主义"①,即传入中国的马克思主义乃是经过来源地的马克思主义者诠释后的理论,与原生态的马克思主义在客观上必然存在一定的差异性。

三、传播内容的实用性与选择性并举

毋庸置疑,传播内容是传播活动的重中之重,对传播效果产生决定性影响。任何思想的传播皆具有实用性和选择性,在政治传播尤其是在传播初期阶段更是如此。事实证明,上海早期传播者对马克思主义的接受与传播是出于对现实问题的考虑,针对受众的不同需求以及不同时间节点所需解决的不同问题而侧重不同传播内容,其在传播目的上具有极强的功利性与工具性色彩,这就使得马克思主义传播内容体现出明显的实用性和选择性特征。就实用性而言,譬如上海的早期传播者出于革命实践的需要,着重选择了马克思主义哲学视域下的唯物史观、政治经济学视域下的剩余价值学说以及科学社会主义视域下的阶级斗争学说等内容进行传播,并且以上三个要点并非同步传播,而是随着上海工人运动的开展以及早期共产党组织建立等实践的发展而进行传播,以唯物史观、剩余价值学说以及科学社会主义的顺序渐次展开。又如上海共产党早期组织依据《共产党宣言》首个中译本的内容制定了首个《中国共产党宣言》,成为对其运用的直接性尝试,以上例证均表明了早期传播内容的实用性特征。

正是基于实用性基础上,上海早期传播者在传播内容层面呈现出选择性特征。毋庸置疑,马克思主义的选择性传播并非简单的"随意选择",而是带有明确目的性和明显主体性的选择过程,表明早期传播者的传播行为并非盲目而行,而是遵循实用性即根据中国社会需要以及个人的思想特点以及认知水平所通盘考虑并选择。譬如,为了满足革命需要,马克思主义在上海地区的传播中尤其重视阶级斗争和科学社会主义理论的传播,帮助先进分子以及工人阶级等受压迫民众对中国革命的基本问题有了更加直观和深刻的了解。就其根本而言,即在唯物史观之中渗透阶级斗争理论的传播,借以为中国的社会变革提供指导理论和思想武器。大致在20世纪20年代中期之后,早期传播内容从唯物史观方面转而辩证唯物主义,使马克思主义整体性面貌得以全面地呈现。早期马克思主义者重视阶级斗争和科学社会主义理论的传播,不仅在当时有助于突出理论需求的重点,而且也有助于立即运用马克思主义,并尽快地发挥马克思主义的作

---

① 王刚:《马克思主义中国化的起源语境研究》,人民出版社2011年版,第51—52页。

用。以上充分说明,思想传播在不同的历史阶段皆有一定的实用性和选择性,这样才能逐步地提高人们的思想认知,并在比较短的时间内达到传播的效果,继而体现"传播者在一定语境下经过有目的选择的马克思主义理论的传播过程"①。

四、传播途径的多样性与互动性并存

就马克思主义在上海早期传播的途径而言,早期传播者通过创办报刊、组织进步团体、开办书店学校、领导并创立工会等途径,向进步知识分子和工农群众宣传马克思主义,为工人运动的展开和无产阶级政党的诞生奠定思想基础和理论准备。早期马克思主义者以及共产党人会聚上海,从马克思主义理论宣传研究上升至指导开展工农学运动以及建立党团组织的实践,使得传播马克思主义的途径呈现出明显的多样性特征,集中体现为:一是创办刊物、出版马克思主义小册子和书籍;二是组织社团、创办工会、开办工人夜校及工人刊物;三是召开会议、组织演讲、书信交流、深入工厂等方式。多元途径的呼应并进,使得马克思主义在上海得以广泛传播,有力推动上海党团组织的成立以及工农学运动的纵深发展。换言之,正是多样化途径的共同作用推动了马克思主义在上海的广泛传播以及上海革命运动的发展,对中国的民主革命产生了重要影响。一方面,马克思主义通过多种载体和途径的传播,在上海播撒了马克思主义火种,为民众找到了寻求解放的思想武器,为彷徨苦难的中国人民指引了革命方向,为革命斗争的发展作出思想和理论的铺垫。另一方面,马克思主义在上海的传播活动极大地支持推动了工人运动的发展以及中国民主革命的进程,启发了包括工人阶级在内的广大人民的斗争觉悟,推动人民群众为国家的前途而奔波思考。

马克思主义传播作为一种思想文化的宣传,乃是宣传者与受众者之间的合作互动过程,亦体现了传播学视域下理论传播的双向互动原则,即首先由传播者将信息传递给受众,其次由受众将相关信息反馈给传播者。马克思主义在上海的早期传播体现了较强的合作互动性,不仅将马克思主义输入至民众,还与民众保持互动,及时解答、检验民众对思想理论的认知态度以及接受程度,以便及时调整传播方法及策略。上海的早期传播者重视征求读者的建议和意见,在报刊设立"读者信箱"、"通信"等栏目,为读者释疑解惑并搭建作者与读者的交流互动平台,从而更好地助力思想与理论的传播。比如,《劳动界》开创先河,发布面向工人的征文启事,及时登载工人对自身生存状况及其思想的迷茫,刊发工人在

---

① 王刚:《论中国早期知识精英对马克思主义的选择性传播》,《中共党史研究》2009 年第 8 期。

学习了解马克思主义过程中遇到的困惑、问题及见解,加强了读者与作者的联系。又如,《新青年》开设"通信"专栏,以拉家常的语气与读者联系,力争使"大家都尚满意"①,便于期刊及作者了解读者的需求。又如,《中国青年》"通信"栏目刊登编辑回复读者的来信,密切了编者与读者之间的关系,有助于读者更加准确地理解和把握马克思主义思想要义,培养和巩固忠实的读者群体并引领更多读者确立马克思主义信仰。再如,《向导》设有"读者之声"栏目,所征集的读者对刊物的赞成或反对意见"一概在本报发表"②,与读者增进互动的同时亦联络了感情,故而在遭遇办刊经费困难等问题时得到读者的积极支持,进而从艰难困境中得以生存,甚至发行量实现了较大提升。

　　观念的社会化是由群体努力的结果。显见的事实是,马克思主义在上海的早期传播并非只是一小群精英个体的努力,中下层精英与民众群体也发挥了重要作用。马克思主义理论与上海工会实践活动以及工人运动的结合,在提升工人阶级意识与觉悟的同时,表征为一种理论与实践的互动。具体则表现为:首先,马克思主义传播为上海工人运动提供科学理论指导,使得工人阶级意识进一步觉醒、斗争觉悟进一步提升,推动了上海地区工人运动的发展;其次,早期马克思主义者指导创立的工人阶级工会有效冲破了长期在工人中存在的旧式地方性组织,如在上海的江北帮、广东帮、安徽帮、宁波帮以及哥老会等,实则冲淡了帝国主义以及封建主义势力在工人群体中的影响,亦引领工人将经济层面的工团意识升华至革命层面的无产阶级意识;最后,上海工人运动实践促进了马克思主义理论的传播,丰富了工人的马克思主义理论储备,有力壮大了新兴工会组织的阵容,掀起了工运浪潮,进一步为中国共产党组织的发展壮大提供阶级基础。

五、传播过程的演进性与辐射性并向

　　由于主体和客体的交互作用,上海早期先进分子在学习、研究、传播马克思主义过程中选择不同内容并突出不同内涵,从马克思主义经典作家生平业绩的一般性介绍,到唯物史观、剩余价值、阶级斗争、无产阶级专政等马克思主义理论的宣传,再到马克思主义基本原理与工人运动等革命实践的结合,使得马克思主义在上海的传播呈现出由点到面、渐次展开的多样形态,凸显了理论传播

---

　　① 稽直:《关于上海小沙渡沪西工友俱乐部成立经过的回忆》,上海社会科学院历史研究所编:《五卅运动史料》第1卷,上海人民出版社1981年版,第283页。

　　② 思顺问、君宇答:《读独秀君造国论底疑问》,《向导》第4期,1922年10月4日。

的演进逻辑。

传播过程的演进性体现在传播者的文本选择，即马克思主义在上海早期传播过程从整体介绍马克思恩格斯等经典作家生平、思想体系等，到唯物史观、剩余价值、阶级斗争等具体理论的展开宣传，从观点介绍的片段式引入到翻译出版书籍等系统呈现，历经了从观念到主义再到信仰层面的思想演进，以上由浅入深的过程体现了传播文本的演进。就传播主客群体的演进性而言，实现了由精英群体到大众群体的演进。辛亥革命之前，有关马克思主义的介绍是零星的，并且传播范围比较狭窄，限于一定的精英阶层。随着五四运动的开展以及革命运动的需要，马克思主义被更多先进分子与工人阶级认可接受。就传播主体对马克思主义理论的认知而言，也处于渐进升华的态势。譬如，1912 年 10 月，孙中山在上海中国社会党的演说中认为，共产主义作为"社会主义之派别"之一，乃是各尽所能、各取所需的社会，故而"共产主义本位社会主义之上乘"①。陈独秀在《青年杂志》第 1 卷第 1 号发表《法兰西人与近代文明》一文中提及社会主义并介绍近代三大文明，分别为"一曰人权说，一曰生物进化论，一曰社会主义，是也"②，但此处提及的社会主义属于空想社会主义范畴，而并非真正的马克思主义。从以上例证可以看出，传播初期对社会主义概念的混淆与模糊，而此种情况日后有了很大改善。随着马克思主义传播的深入，上海早期马克思主义者渐趋深化认知，认识了共产主义和社会主义的联系与区别。比如，1919 年 6 月，李达在《什么叫社会主义?》一文中将社会主义与共产主义概念作对比，认为社会主义在生产和支配上主张共同性，而共产主义则在生活层面主张共同性；社会主义主张废除私有资本，而共产主义主张废除私有财产等，强调社会主义主张"万人协同、劳动万能以及社会公有"③，而反对个人独占和资本万能，指明社会主义与共产主义、无政府主义的差别所在，由此明显可以看出早期马克思主义者的理论认知日渐深化的演进态势。

传播过程的演进性还体现在传播主客体群体的心理，即传播主客群体心理上也呈现出从自发到自主、由自主到自觉、从被动到主动的演进态势。十月革命前马克思主义在上海的传播，仅作为西方众多新思想的一种进行介绍，即作为学说的马克思主义的传播。五四运动以后，马克思主义日渐发展成为以一种意识

① 《在上海中国社会党的演说》，《孙中山全集》第 2 卷，中华书局 1982 年版，第 508 页。

② 陈独秀：《法兰西人与近代文明》，《青年杂志》第 1 卷第 1 号，1915 年 9 月 15 日。

③ 李达：《什么叫社会主义?》，上海《民国日报》副刊《觉悟》，1919 年 6 月 18 日。

形态指导思想得到广泛传播,即作为"主义"的马克思主义的传播,而作为意识形态指导思想的马克思主义广泛传播之时,马克思主义与实践的结合应用亦随之进行。总体而言,就历史进程而言,马克思主义在上海早期传播的"三个阶段"①逻辑连贯,层层递进,前一阶段是后一阶段的逻辑起点,后一阶段对前一阶段加以突破与发展,体现了由自发传播至自觉传播,进而发展为组织传播的与时俱进的特征,初步呈现了马克思主义"早期中国化"的历史演绎局面。

无以否定的是,在上海燃起的马克思主义早期传播之火,不仅使得中国共产党在上海的诞生成为一种历史必然,还对中国其他地区产生辐射和引领,正如"上海市民的热血要持续的沸腾着,并且空间上要用上海市民的热血,引起全国人的热血"②,以上论述凸显了上海在理论传播中的先锋带头作用及其在区域性实践向全国性实践中的引领作用。譬如,中国共产党的第一个出版机构"人民出版社"于1921年9月1日在上海成立,出版马列主义书籍后发行至全国各地,扩大了马克思主义传播范围。1923年11月,上海书店以中国共产党领导的第二个出版机构的名义成立,负责向全国各地发行经销马克思主义理论书籍,印行早期共产党人使用的宣传刊物,更好地满足了革命形势发展对理论的需求,同时为理论传播至中国其他地区提供了帮助。1925年,上海书店建立印刷所并在国内外建立发行网,将马克思主义书籍更为便捷地发行至全国。又如,罗章龙等人在北京举办劳动补习学校,教学内容选取于上海的《共产党》月刊、《向导》等报刊发表的资料,可见上海的马克思主义类刊物在宣传中的重要作用。又如,上海大学学生利用寒暑假期间,回到生源地开展党的工作,如"1924年夏,中共上海地执委派上海大学安徽籍学生胡允恭等人利用暑期回到家乡寿县开办补习社并发展党员,拟建立中共淮上中学补习社支部"③等,将马克思主义真理之花播撒至更为基层的家乡。再如,来自全国的进步知识分子云集在上海,又从上海将革命火种播撒到全国各地。聚集上海的早期马克思主义者进行诸多开创性探索,成立第一个中国共产党组织——上海共产党早期组织,起草了党纲草案、革命纲领等,并通过派人、写信等方式,推动并指导了全国其他地区早期组织的建立等,较好发挥了发起组的作用和上海地区的引领辐射作用。

概而言之,马克思主义在上海地区传播特点彰显了马克思主义早期中国化

① 此处三个阶段在第二章已作具体分段论述。

② 《发刊词》,《热血日报》第1号,1925年6月4日。

③ 周良书:《中共在高校中党的建设(1924—1927年)》,《北京党史》2006年第2期。

的正确方向,其开创性、多元性、差异性、多面性、实用性、选择性、多样性、互动
性、演进性和辐射性等特征成为马克思主义在上海早期传播史上的一张张独特
名片。

第二节　马克思主义在上海早期
传播的效果及局限

顾名思义,传播效果乃是指传播主体的信息对传播客体的态度、思想和行为
所产生的结果和影响。美国学者约瑟夫·列文森认为,外来思想对原有思想环
境影响的程度取决于其"在多大程度上使异质的母体社会脱离了原有的轨
道"①。在近代中国多元文化激荡的复杂背景下,马克思主义在遭遇激烈论争、
残酷"文化围剿"以及白色恐怖封杀的条件下,依然以其强大的理论优势和真理
魅力在上海得以广泛传播,在与非马克思主义的论战中极大提升影响力继而扩
散至全国并改变了中国革命的历史进程。值得强调的是,十月革命爆发前,马克
思主义仅作为一种普通思潮或学说被传入上海,内容相对零散、片面且不成体
系,传播效果十分有限,而十月革命的胜利强有力地推动了马克思列宁主义在上
海的传播和扎根。上海的先进知识分子通过出版书籍、创办期刊等方式主动译
介、宣传马克思主义,通过举办讲演、创办工人夜校等途径,深入浅出地向受压迫
民众传播马克思主义,并与上海工人运动等革命运动实践相结合,试图运用新的
武器解决现实问题,提升了马克思主义的社会影响力,取得了显著的传播效果,
使工人运动以及革命斗争具有深厚的群众基础。上海某纱厂的东洋人直言:
"共产党的组织宣传真厉害。"②马克思主义在上海的早期传播所取得的良好效
果,不仅得益于优越的地理区位、率先于全国成长壮大的工人阶级基础、完善的
传播媒介体系以及完备的马克思主义传播主客体等有利条件,更重要的是马克
思主义理论满足了上海地区革命运动实践发展的理论需要。就效果而言,应该
说马克思主义在上海的早期传播散发了这一致力于人类解放理论的真理魅力,
为探索救国救民和改造社会的进步人士提供了观察与改造社会的科学思想武

---

① ［美］约瑟夫·列文森:《儒教中国及其现代命运》,郑大华、任菁译,中国社会科学出版社
2000年版,第9页。
② 《上海区委关于散发宣传小册子情况的总结(1926年10月25日)》,中央档案馆、上海市
档案馆:《上海革命历史文件汇集:中共上海区委文件(1925—1926)》,1986年4月,第448页。

器,提升了马克思主义在中国的社会影响力,初步建立了马克思主义的话语体系,促进了工农学运动的蓬勃发展,集聚并培育了一大批马克思主义者,为党团组织的成立创造了条件,初步奠定马克思主义早期中国化的基本形态,在中国马克思主义传播史上占据显赫地位并留下宝贵的政治文化遗产。概括而言,总结马克思主义在上海早期传播的效果,主要体现在以下方面:

一、马克思主义影响力提升与话语体系初步建立

马克思、恩格斯在吸收以往人类思想的精华的基础上,结合当时的实践斗争,创立了有关阶级斗争、无产阶级革命、社会主义建设以及共产主义理想社会等一整套理论。在上海,早期传播者热衷于对社会主义的宣传,一时间形形色色的社会主义在思想界纷繁起舞,而随着马克思列宁主义的深入传播,时人大力宣传科学社会主义以及国际共产主义运动相关内容,鼓舞了上海广大民众的斗争意识。随着五四运动的开展,马克思主义在上海的传播主体不断扩充、传播方式更为多样、传播受众也不断扩大。在传播的过程中,与各种思想的激烈斗争后而被更多的人所认识和接受,从而成就了马克思主义运动,提升了马克思主义在上海乃至中国的影响力,发挥了马克思主义在凝聚思想、社会动员中的作用。在五四运动前,上海工人阶级业已作为资产阶级的跟随者参与了有关反帝反封建斗争,但未能作为独立的政治力量提出了纲领和口号,而马克思主义的广泛输入促进上海工人阶级日益表现出拒绝资产阶级和小资产阶级思想的束缚,并日渐涌现无产阶级的革命觉悟。正如《先驱》所报道,"因为先驱者的努力宣传,竟使马克思主义能在最短期间发达起来,信奉马克思主义的人日益增加起来"[1],可见马克思主义在较短时间内得以传播与发展与先驱者的努力密不可分。

其一,上海的先进分子将社会主义与其他思想流派进行比较,推动思想界以及民众对社会主义的认识,提升了马克思主义的影响力。经过新文化运动的洗礼,参与社会主义讨论的先进分子大多赞许社会主义,其分歧则主要集中于"能否实行社会主义、如何实行社会主义、实行什么样的社会主义"[2]等问题上。1923 年 5 月,上海商务印书馆以共学社"社会丛书"的名义出版《社会主义与近世科学》,阐述了达尔文主义与社会主义、进化论与社会主义、社会学与社会主

---

① 《中国社会主义青年团的建立与青年共产国际的关系——录自中国社会主义青年团第一次全国代表大会文件》,《先驱》第 8 号,1922 年 5 月 15 日。

② 张仲礼主编:《近代上海城市研究(1840—1949)》,上海人民出版社 2014 年版,第 792 页。

义的关系;同年 11 月,出版了《社会主义之思潮及运动》,记述社会主义学说思
潮以及各国社会主义运动;出版了山川菊荣著、祁森焕译的《妇人和社会主义》,
以唯物史观阐述了妇人与社会主义的关系、无产阶级妇女运动等问题,为开展妇
女运动提供参考,亦提升了社会主义影响力。1924 年 5 月,上海新青年社、平民
书社于发行了《陈独秀先生演讲录》,围绕"为什么要相信社会主义"、"要相信什
么样的社会主义"、"社会主义究竟如何在中国实行"等问题展开,为社会主义在
思想界理论地位的确立奠定基础。

其二,以《新青年》为代表的上海一批报刊,通过创立专号、纪念号、特刊等
形式,集中传播马克思主义思想,扩大了马克思主义的社会影响力。诸多专号特
刊以集中式报道宣传马克思主义等内容,成为进步人士学习了解马克思主义的
重要载体。譬如,《新青年》等报刊开辟"国民革命号"、"列宁号"、"劳动节纪念
号"等专号,围绕具体专题发表特刊文章,体现对马克思主义的重视。同时,特
刊专号邀请思想先驱阐释和解读马克思主义理论,帮助民众加深对理论的理解,
深化知识分子对中国社会以及社会各类力量的认知,提升马克思主义理论在民
众中的影响力。又如,为了达成纪念列宁活动的统一行动,《向导》出版"列宁逝
世一周年纪念"特刊,《新青年》设立"列宁号"特刊,有效发挥了报刊协同合作的
效应,产生良好的传播效果。再如,在介绍社会主义与马克思主义方面,《新青
年》、《星期评论》、《向导》、《解放与改造》等上海的一批报刊都予以关注并积极
配合行动,极大地提升了马克思主义的影响力,为马克思主义于日后在思想界主
流意识形态地位的确立奠定了重要基础,并在指导中国革命过程起了重要作用。

变革时代造就思想层面的竞争和学术层面的繁荣。无独有偶,马克思主义
在上海早期传播亦表现了思想竞争和话语建构的特色。一般说来,任何思想的
植入都有着竞争互动的特点,马克思主义在上海的早期传播在"传播范式"上亦
有此种现象。同样,任何思想的传播要达至比较好的效果,则需要在传播中结合
社会实际需要并充分利用既有的思想资源,建构具有特色的话语系统,从而使思
想传播在新的话语体系中不断向更高的层次推进。比如,上海早期马克思主义
者并非一开始就参与工人运动,也并非从工人队伍中直接成长起来的理论家,而
是将马克思主义与中国社会变革的需要结合起来,初步建构了适应革命需要的
"革命话语"体系,将"主义"、"政党"、"革命"、"阶级斗争"、"社会主义"、"人
民"等概念范畴纳入其中,并克服了理论的艰涩,以更加通俗易懂、深入浅出的
方式宣传马克思主义,使得马克思主义更易被工人阶级所接受,且其思想在话语
建构中呈现特色并彰显其生命力。中共一大发布的中国共产党第一个纲领对

"党的名称、工作纲领、吸收党员条件、接受党员手续"①等问题进行了规定,为早期共产党人制定路线政策奠定话语基础。又如,五四时期阶级意识增长,突出地表征为话语中出现"压迫者"和"被压迫者"的范畴。对此问题较为敏感的陈独秀,就对"压迫者"与"被压迫者"关系作出马克思主义角度的诠释,指出在人类社会不断进步的过程中压迫者与被压迫者的争斗乃是一种必然,而"每个争斗的结果,后者恒战胜前者,人类社会是依这样方式进步的"②。可以说,陈独秀正是以马克思主义来诠释社会阶级结构状况,展示出"压迫者"与"被压迫者"在中国所形成的严重对立情况,对进步读者具有思想引领和启发的作用,并为五四时期"社会改造"革命话语体系形成奠定理论基础。因此,作为异质文化的马克思主义在传入上海后,在传播进程中开始与中国传统文化、上海地方文化接触、碰撞和融合,其文本、表达方式、内涵等随着中国的思想文化概念框架发生相应变化,逐渐发展成马克思主义中国化表达的初期话语形式。

二、马克思主义者培育与工农学运动发展

上海因其优越的地理位置和特殊的政治文化吸引并集聚了一大批先进知识分子,而马克思主义得以上海率先传播与这一地区所云集的先进知识分子的文化自觉以及历史主动的价值追求密不可分。伴随着五四运动掀起的思想解放潮流,先进知识分子致力于学习吸收国外的先进文明,深刻批判旧思想旧文化,高举民主与科学的大旗,在布满荆棘的救亡图存和社会改造的道路上反复甄别、艰辛探索,其中不少人士在反复推求比较后确立了马克思主义信仰,并为之开启传播之路。尤其是他们当中具有初步共产主义思想的先进分子,在理论洗礼和革命实践的历练下,成为传播马克思主义的杰出代表。他们以《新青年》、《向导》、《先驱》、《共产党》月刊等为阵地,不断培育并集聚更多具有共产主义思想的知识分子和进步青年,如陈独秀、李达、李汉俊、施存统等一大批社会主义、马克思主义的积极宣传者因马克思主义真理集聚在上海老渔阳里,并为此坚定奔走。中国共产党成立以后,陈独秀等一批党内具有较高马克思主义理论修养的知识分子骨干,译介马克思主义经典著作,在报刊发表文章宣传马克思列宁主义基本原理、国际共产主义运动成功经验以及苏俄革命与建设等内容,初步用马克思主

① 《中国共产党第一个纲领》,中央档案馆编:《中共中央文件选集(1921—1925)》第1册,中共中央党校出版社1989年版,第3—4页。

② 《对于现在中国政治问题的我见(1922年8月)》,《陈独秀著作选》第2卷,上海人民出版社1993年版,第373页。

义理论指导上海工农学运动实践、分析和思考中国革命实际问题。简言之,马克思主义的传播促进了上海早期先进知识分子世界观的转变,形成了一批致力于传播的中坚力量,出版了一批在国内具有重要影响的马克思主义书籍,并由此培养和影响了一大批马克思主义者。

在中国传统文化、西方思想文化流派不断变化发展的复杂状况影响下,早期传播者的思想呈现出内容丰富、多重交融的特点,其思想在时代洪流的裹挟下不断发展。随着马克思主义在上海传播的深入与扩展,一大批激进的民主主义者在唯物史观指导下,对多种流行的社会思潮分析研究、推求比较,逐渐认同接受马克思主义,从而确立了共产主义信仰。早期传播者瞿秋白谈及自己转向马克思主义时就说道,二十一岁的他正值人生观形成的关键时期,其"理智方面是从托尔斯泰式的无政府主义很快就转到了马克思主义"①,以"略尽一份引导中国社会新生路的责任"②。在苏联期间,瞿秋白的世界观发生根本性转变,彻底转向了共产主义思想体系,于 1921 年 5 月经由张太雷介绍,顺利加入了俄国布尔什维克党。除此之外,在陈独秀、瞿秋白等一大批早期马克思主义者的引领帮助下,一大批进步青年走上革命道路,活跃在领导上海工人运动、妇女运动、青年运动等各类革命实践中。应该说,上海早期马克思主义者一方面向上海乃至全国传播了马克思主义,另一方面本身经受理论与实践的熏陶教育与实践,有力增强了以挽救中国命运为己任的主体意识和历史主动精神。

马克思主义的早期传播促进了上海地区群众运动的高涨和工农学运动的蓬勃发展。在上海,早期马克思主义者以及共产党人不仅从理论上传播马克思主义,还积极组织领导学生运动、工人运动、农民运动、妇女运动等群众运动,使马克思主义与革命实践相结合。随着上海在宣传马克思主义方面的积极推进,上海工人运动的发展势头迅猛,为近代中国的政治走向带来极大影响。无论是资产阶级革命派在上海创办的《民国日报》及其副刊《觉悟》,还是早期马克思主义者创办的《新青年》、《共产党》月刊等,在明晰马克思形象、宣传马克思主义内容等方面皆发挥作用,推动一种崭新的救亡理论日渐被进步青年所理解、接受乃至信仰。例如《民国日报》对世界工人运动状况的报道,为关注上海工人运动的先进分子提供比较丰富而切近的资料参照,有利于工人觉悟的提升以及工人运动的发展;其积极关注国内工人运动,并在纷繁复杂的舆论氛围中给予工人阶级以

---

① 《瞿秋白文集·政治理论编》第 7 卷,人民出版社 2013 年版,第 700 页。
② 《瞿秋白文集·文学编》第 2 卷,人民文学出版社 1986 年版,第 248 页。

充分肯定。概言之,上海早期马克思主义者不仅广泛宣传马克思主义,还积极投入革命实践,为中国共产党的成立以及革命斗争的开展准备了骨干力量并积累了一定的经验。

三、党团组织的创立及其对全国其他地区的引领

上海的共产主义党团组织从无到有、从小到大、从弱到强,肇始于马克思主义在上海地区早期传播的燎原之火。马克思主义在上海的早期传播,扩大了科学社会主义理论的影响,启发了工人等受压迫民众阶级意识和革命觉悟的提升,推动了先进知识分子与上海工人运动的联结,为无产阶级政党在上海的诞生准备了思想条件和骨干力量,推动了上海共产党早期组织、中国共产党、上海社会主义青年团等各类党团组织的成立与发展,并储备了一大批马克思主义青年骨干,引领更多进步人士从事党的革命事业。事实正是,在维经斯基等人的帮助下,陈独秀在上海马克思主义研究会的基础上加快建党的步伐;1920 年 6 月,陈独秀召集李汉俊、俞秀松、施存统等人就成立共产党组织问题进行商议,初步定名为社会共产党并起草了党的纲领;1920 年 8 月,经过前期酝酿和准备,上海共产党早期组织在陈独秀的主持下在老渔阳里 2 号《新青年》编辑部成立并取名为"中国共产党",并通过写信联系、派人指导等方式推动各地共产党早期组织的建立,其主要成员便为上海马克思主义研究会骨干;同年 8 月 22 日,上海社会主义青年团在上海共产党早期组织领导下成立;1921 年 7 月,中共一大在上海法租界望志路 106 号开幕,宣告了中国共产党的正式成立,由此诞生了完全崭新的无产阶级政党,即以马克思列宁主义为指导、以实现社会主义和共产主义为目标的新型政党,成为中国历史上开天辟地的大事变,预示着未来中国的光明和希望。

毋庸置疑,马克思主义的传播推动了先进分子集体意识的普遍增长,而集体意识的增长为具有共同理想的无产阶级政党的建立奠定思想基础。集体意识本质上是社会中人们的群体意识,即在社会生活之中以及在人的相互关系之中,个人因群体而存在,个人服从群体,故而个人之间必须相互协作、相互依赖,以谋求群体的存在及群体组织的发达。在五四时期,随着"社会改造"时代到来及社会主义思想的传播,上海的思想界对于集体意识问题引起更多关注,并将这种集体意识与社会主义联系起来,尽管起初对社会主义还处于认识的初步阶段。恽代英在 1920 年所著的《论社会主义》一文中,认为"个体为全人类存在的,全人类不是为个体存在的",所以要谋求世界的长治久安,要使得个体深刻认识到社会

福利的重要性，进而呼吁"每个人能抱着社会主义的精神，去做社会主义的运动。不然，便令资本家打倒了，人类各部分的利益，仍然得不着他的平衡，又要生出别的冲突来"①，意在即便资本主义被消灭，但是有关人类或世界的部分利益仍然不能实现平衡，终究会产生新的矛盾与冲突。故而，五四时期社会改造话语之中的"集体意识"与马克思主义视域下的社会主义紧密联系，"集体意识"的发展需要社会主义引领以及社会主义运动的支撑，这也预示着社会主义运动即将在后五四时期中国的兴起并建立其话语权势。因此五四运动后马克思主义日益广泛的传播及其与工人运动相结合的过程，乃是"酝酿、准备到建立中国共产党的过程"②。这在上海党组织的发展势头中亦有显现，根据上海工人运动领袖赵世炎在中共中央、中共上海区委联席会议上的报告，截至 1927 年 1 月 10 日，上海已发展为闸北、浦东、曹家渡、南市、法租界、杨树浦、小沙渡、引翔港等八个部委以及上海大学和吴淞两个独立党支部。可见，在马克思主义影响下上海党团组织发展态势之迅猛。

就上海对全国其他地区的引领而言，在多个方面均有表征，以下作简要梳理。譬如，上海的《共产党》月刊在介绍马克思主义理论和各国共产党实践时，发表批判无政府主义与非马克思主义的文章并秘密寄送至全国各地，成为各地党员必读材料。上海大学、南洋义务学校等各式学校的自编讲义，经由上海民智书局等机构出版并向全国发行，有效扩大马克思主义的影响范围。又如，上海的早期传播者经常赴武汉、广州等地发表讲演，宣传马克思主义思想理论，引领更多知识分子和民众认识并认同马克思主义。又如，上海的革命运动关乎全国的革命态势，如有记载："上海的工人运动，势形孤独，学生群众，更离开我们。反动派以学联名义直攻学总，则必减低学总在社会上的地位与学生群众中的信仰，影响到全国的革命运动。"③再如，共产国际代表维经斯基强调要采取派驻教官和组织者的方法将"上海的经验传播到其他大城市"④。以上例证可见，上海地区对于全国马克思主义传播的影响以及革命运动的辐射状况。

---

① 恽代英：《论社会主义》，《少年中国》第 2 卷第 5 期，1920 年 11 月 15 日。

② 中共中央党史研究室：《中国共产党历史第一卷》（1921—1949）上册，中共党史出版社 2011 年版，第 57 页。

③ 《上海区委致各级同志信——关于学生运动问题（1926 年 3 月 14 日）》，中央档案馆、上海市档案馆：《上海革命历史文件汇集：中共上海区委文件（1925—1926）》，1986 年 4 月，第 143 页。

④ 中共中央党史研究室第一研究部：《维经斯基的书面报告》，《联共（布）、共产国际与中国国民革命运动（1920—1925）》第 1 卷，北京图书馆出版社 1997 年版，第 655 页。

观念是行动的先行者，行动在观念的引导下方才发生，且"每种观念均是一种力量，这种力量愈加趋向实现其自身目的"①。马克思主义的传播使得"社会主义"、"社会改造"、"解放"、"阶级斗争"、"革命"、"唯物主义"、"剩余价值"等一系列观念更加深入人心，提升了先进分子以及工人阶级等劳苦大众的革命意识，推动更多进步人士关注、学习马克思主义，并由此推动工人运动以及其他革命实践的发展。应该说，马克思主义在上海的早期传播效果显著、影响深远，使得上海的革命斗争形势始终在全国处于前列，并对全国其他地区产生辐射和引领作用。

四、马克思主义在上海早期传播的历史局限

诚然，在时代与历史等综合因素的作用下，马克思主义在上海的早期传播存在一些无法避免的曲折性和历史局限性。就传播的曲折性来说，除了遭遇帝国主义和封建军阀的防遏打击外，还体现在"'主义文化'的交锋给马克思主义早期传播增加了阻力，使得马克思主义每前进一步都要经过战斗"②。历经了与胡适提倡的实验主义、研究系基尔特社会主义、合作主义、无政府主义等各种非马克思主义的斗争过程并不断在论战中取胜，印证了"马克思主义也是在斗争中发展起来"③的论述。由此更加断定，马克思主义是在斗争中传播、成长并壮大起来的。

就历史局限性来说，首先在传播内容上，早期传播者未能全面精准把握马克思主义原理，对马克思主义的认识和理解还比较肤浅，应该说理论准备有所不足。例如对马克思主义唯物史观的认知偏重从经济的角度出发，倾向作经济介质的决定性分析，而忽视了意识对其的反作用，以上在早期传播者所发表的文章中表现突出。又如，早期传播者尤其是共产党人对阶级斗争等理论的理解较为激进，且抱有盲目乐观的态度，单一地将阶级斗争理解为在大城市发起的突发运动，简单盲目地认为迅速激烈的阶级斗争将彻底解决中国根本问题，而对农村的阶级斗争运动缺乏深刻的认识，这为后来中共早期革命的失败埋下了伏笔。

其次在传播方式上，虽依托创办报刊、组织演讲集会、开办工人夜校等多种方式对马克思主义进行宣传，但通过以上渠道学习了解的毕竟是少部分的工农

---

① ［英］约翰·伯瑞：《进步的观念》，范祥涛译，生活·读书·新知三联书店2005年版，第1页。

② 王磊、王跃：《论五四时期的"主义文化"对马克思主义在中共早期传播的影响》，《中共党史研究》2011年第10期。

③ 《毛泽东文集》第7卷，人民出版社1999年版，第230页。

群众,有机会参加夜校的工人人数亦不多,且工人文化水平普遍较低,阅读报刊的效果并非十分明显。另外,早期更多倾向于理论传播,虽对中国社会的具体实际有一定了解但还不够深入,同时也未能与中国的国情深度结合,对无产阶级及其政党如何对待民主革命问题上掌握不透彻,直接导致了大革命失败等问题。此外,对俄国十月革命以及苏联的依赖性比较严重,并由此带来模仿俄国革命的路径依赖,导致在理论运用中更多寻找中俄的相似之处,而忽略了中国革命与俄国革命的差异性,以上为后来中国革命中的"左"倾错误以及神化苏联革命经验和共产国际指令等错误埋下了种子。

再次在传播话语上,虽早期报刊已注重理论的通俗化、口语化传播,但是还存在力度不够、尚未满足民众需求等状况。如《向导》读者就曾致信编辑部,反映农民看不懂《向导》文章的状况,有的读者认为"文字太深了"①,有的读者建议用"简明而涵义广大的标语,向民众去呼号"②,由此看出受众对思想理论传播中通俗化的需求。然而瑕不掩瑜的是,上海早期马克思主义者对马克思主义的传播作出的奠基性、开拓性贡献是不可磨灭的,开启了马克思主义与中国实际国情相结合乃至早期中国化的历史进程。

第三节　马克思主义在上海早期 传播的现实启示

近代以来,东海之滨上海乃是马克思学说传入中国的最早窗口,亦是中国早期马克思主义的传播中心。回顾马克思主义在上海的早期传播历程,马克思主义理论传播凝聚了先辈们的心血和智慧,为工人运动和无产阶级革命奠定了共同思想基础并凝聚了强大力量,为中华大地带来翻天覆地的变化,为中国人民带来翻身解放的福祉,较好地实现了理论传播的功能。马克思主义在上海的传播实践,肩负了崇高的历史使命,引领、辐射并影响了中国其他地区马克思主义的传播进程,为马克思主义涌向全国范围的传播以及马克思主义早期中国化奠定了基础,为新时代新征程马克思主义的传播及其大众化提供了殷鉴现实的"历史之镜"。鉴往知来,总结马克思主义在上海早期传播的历史经验,对于坚定不

---

① 冬原:《豆腐涨价与向导周报》,《向导》第166期"读者之声",1926年8月。
② L.M:《读者之声》,《向导》第26期"读者之声",1923年5月23日。

移地传播当代中国马克思主义、学习贯彻习近平新时代中国特色社会主义思想、深入推进马克思主义中国化时代化具有深远的历史意义和重要的价值启示。

一、恪守"主义"信仰并在实践斗争中确证理论

马克思主义基本原理提供了科学的思维方法、鲜明的政治立场和崇高的理想境界，使得马克思主义在上海得以广泛而深入的传播具备了意义确证与学理基础。五四时期的上海，各种主义思潮竞相演绎，令人眼花缭乱，诚如共产国际代表维经斯基所描述的，当时中国有关新思想的潮流澎湃复杂、五花八门，"没有一个主流，使思想界成为混乱局势"①。在上海，在经历工读互助主义、合作主义、新村主义失败的实践以及实用主义、基尔特社会主义和无政府主义论争之后，众多在思想界活跃一时的"主义"先后被先进知识分子逐一抛弃。马克思主义在解决灾难深重的中国社会根本问题上显示出巨大的理论魅力，尤其是以马克思主义为指导的苏俄革命取得成功之后，让先进知识分子充分感受到马克思主义理论改造世界的思想伟力。在正反两方面现实的鲜明对比以及早期传播者的努力下，马克思主义不再仅仅作为一种流派与学说，而是被视作解决中国实际问题的理论与方法，不断受到推崇与欢迎，并成为早期马克思主义者的坚定选择和精神支柱。上海先进知识分子在探寻社会改造路径的征途中，找到了马克思主义这一思想武器，在救亡图存语境下选择了科学社会主义的光辉道路，并"经历马克思主义的洗礼和考验而成为中国共产党早期组织的骨干力量"②。随着五四运动后马克思主义日渐广泛的传播，吸引"越来越多中国先进分子集合在马克思主义旗帜下"③。蔡和森旅法勤工俭学时致信毛泽东，在对各种主义综合比较之后，宣称"社会主义真为改造现世界对症之方，中国也不能外此"④，可见此时的蔡和森转向对科学社会主义的认同。应该说，无论在理论还是实践中，上海早期马克思主义者以及共产党人对"主义"的重视，为中国共产党马克思主义指导思想的确立发挥了重要作用。

其一，马克思主义在比较中被选择并扩大影响。传播马克思主义先驱李大

---

① 中国社会科学现代史研究室编：《维经斯基在中国的有关资料》，中国社会科学出版社1982年版，第455页。

② 王中平、吴汉全：《五四时期的"主义"语境与马克思主义在中国的传播》，《中国高校社会科学》2021年第6期。

③ 习近平：《在纪念五四运动100周年大会上的讲话》，人民出版社2019年版，第4页。

④ 《蔡和森文集》上册，人民出版社2013年版，第56页。

钊认为，任何主义涵括理想性和实用性两个方面，一个问题只有成为社会上多数人共同的问题之后，方才更易于解决，而如何才能使问题成为社会上多数人共同的问题呢？李大钊给出了答案，认为应该"先有一个共同趋向的理想主义"①。在各种主义思想传入上海的初期，马克思主义仅作为一种新学说，其影响力尚不及无政府主义、合作主义、新村主义等社会思潮，如上海的《新青年》在传播马克思主义之前，刊载了胡适著的《易卜生主义》、周作人著的《日本的新村》、蔚克水著的《巴枯宁传略》等文章，介绍了易卜生主义、日本的新村主义、无政府主义、实验主义等。1920 年 1 月，李大钊撰写《美利坚之宗教新村运动》一文在上海《星期评论》发表，介绍在美国一度流行的乌托邦派空想社会主义和历史派科学社会主义。俄国十月革命胜利之后，马克思主义经受实践的考验，促使马克思主义从理论成为现实，推动上海先进分子思想重心的转移。欧战的胜利更是让先进分子对资本主义充满失望转而趋向社会主义。在马克思主义旗帜集结下，1920 年 5 月，陈独秀、李汉俊、陈望道等人组织"上海马克思主义研究会"，开展学习研究马克思主义的专题座谈会，研究中国社会问题，为成立全国性共产党组织进一步创造条件。同年 8 月，在共产国际的帮助下，陈独秀、李达、李汉俊等人发起成立上海共产党早期组织，由此在中国开启了首个无产阶级政党组织投身马克思主义传播与应用实践。伴随着马克思主义传播，越来越多的进步人士经受理论熏陶，逐渐确立马克思主义信仰。1920 年秋，在《新青年》杂志的委托下，恽代英翻译了考茨基著的《阶级争斗》，此书的翻译过程对其思想的转变有着重要的促进作用。在翻译过程中，他全面学习唯物史观，开始质疑自己信仰已久的无政府主义。随着翻译结束，恽代英逐渐摆脱无政府主义、新村主义和工读主义的藩篱，逐渐转向赞同以"流血牺牲"为显著特征的阶级斗争。据武汉地区工人运动积极分子李书渠回忆："此书的翻译对恽代英同志的政治思想提高起了重大作用"②，对通过阶级斗争手段改变中国社会制度等观点有了更加深刻的认识。此外，各式社团、书店、出版社、工会、学校等团体在上海纷纷成立，成为组织化传播马克思主义的重要途径，将马克思主义宣传至更多的进步青年和民众中，培养更多理想信念坚定的马克思主义者，并使他们成为上海工农学运动、妇女运动等革命的中坚力量。质言之，从社会意识的整合角度来看，社会改造的普遍性需求强化了主义的规范性特征，即主义在凝聚社会共识中发挥了标准化作用，在

---

① 李大钊：《再论问题与主义》，《每周评论》第 35 号，1919 年 8 月 17 日。
② 田子渝、任武雄、李良明：《恽代英传记》，湖北人民出版社 1984 年版，第 47 页。

教育和组织民众中发挥了引领性作用。新时代条件下,要将马克思主义信仰和无产阶级党性原则贯穿至理论传播的全过程,自觉与以习近平同志为核心的党中央保持高度一致,增进人民群众对国情民情的掌握和了解,引导人民群众理解和认同马克思主义,积极推进马克思主义中国化时代化进程。

其二,马克思主义在论争中被确证并散发真理光芒。马克思主义作为进步阶级和先进力量的思想武器,一经诞生就面临各式各样的质疑,在传播过程中更是遭到各式落后势力的阻碍,不断同其他形形色色的社会思潮展开论争。以陈独秀为代表的早期传播者在与非马克思主义者的交锋中,捍卫并传播了马克思主义,使马克思主义在传播进程中散发出真理光芒。无独有偶,马克思主义传入上海后并非一帆风顺,其遭受各种反马克思主义思潮的围攻,伴随着各种各样的论争,如革命派与改良派之争、问题与主义之争、科学社会主义与无政府主义之争等①,为马克思主义的传播带来阻碍。自 1919 年至 1923 年为期四年的三次大规模论战,马克思主义先后战胜了实用主义和社会改良主义、资产阶级改良主义以及无政府主义等影响较大的思潮,有效扩大了马克思主义的影响。虽论争发生之时为传播初期,初步具有共产主义思想的先进分子自身处于马克思主义理论学习阶段,缺乏对理论的深入研究和深刻把握,但是其勇敢参与论争,使得马克思主义在屡次论争中彰显了科学性和真理性,散发了独特的理论光芒,进而获取更多知识分子与进步民众的拥护和信仰。李大钊在问题与主义之争中阐述了问题与主义的关系,认为主义需要与现实相结合,即将"把他的理想尽量应用于环绕着他的实境"②,为中国革命指明了方向,初步透出马克思主义中国化的迹象。面对非马克思主义者,李大钊提出"本着主义去作实际的行动"③,即要加强宣传马克思主义并就具体问题进行方法研究,表达了对待马克思主义时应秉持实事求是的立场与态度。在与无政府主义的论争中,对无产阶级专政思想系统阐发的基础上,揭露了无政府主义缥缈的空洞设想。而有关社会主义的讨论明晰了以张东荪为代表的研究系所倡导的资本主义道路的不合理性,明确了社会主义道路是中国革命的方向。以上论争得到了陈独秀、李达、李汉俊等一批早期马克思主义者积极响应和参与,《新青年》等杂志设立"论战专题"栏目,集中刊载论争双方的文章,彰显早期马克思主义者在非难面前不退却、论争面前勇敢

① 有关三次论争的具体经过,在前面已有论述,在此不作赘述。
② 《李大钊文集》第 3 卷,人民出版社 1999 年版,第 3 页。
③ 李大钊:《再论问题与主义》,《每周评论》第 35 号,1919 年 8 月 17 日。

回击的勇气以及对马克思主义理论的自信。科学与玄学的论争本是一场有关人生观的论争，早期马克思主义者发表以《〈科学与人生观〉序》《自由世界与必然世界》为代表的数篇文章加入辩驳与论争，如陈独秀、瞿秋白等重要代表作，坚持用马克思主义唯物史观分析问题，对玄学派唯心主义加以深刻批判，有力推动了唯物史观的传播，彰显唯物史观的理论力量。

在上海早期的思想论争中，既有遭受其他思想流派攻击后的被动应对，亦有了解和掌握马克思主义理论后的主动介入，但是在初步具有共产主义思想觉悟的知识分子勇于论争、捍卫理论的行动中，马克思主义焕发了真理光芒和理论魅力。不难看出，思想论争所产生的积极效应主要表征为以下方面：首先是扩大了马克思主义在上海乃至全国的影响，吸引了更多人士关注马克思主义，提升了民众对马克思主义的关心程度；其次是提升了先进分子学习研究马克思主义的热情，增进了民众对马克思主义的理解与认同；第三是有力提升了早期马克思主义者的逻辑思维和研究水平。论争过程本身需要参与者严密论证和缜密思考，而马克思主义理论正是基于极其细致严谨的论证与推理后方可得出的科学结论，故而理论本身的特质高度契合论争的逻辑思维，使得马克思主义在论争中散发真理之光。因此更加确定的是，上海早期马克思主义者选择马克思主义并非草率而冲动的选择，而是历经了思潮对比、理论分析、辩驳论争以及实践检验等丰富的过程，才最终走上马克思主义道路并确立马克思主义信仰。

历史证明，不同的阶级或利益集团在社会中的存在，将带来思想文化领域的较量与斗争。为此，马克思、恩格斯强调了"现存的现实关系出发"的极端重要性，认为"全部问题只在于现存的现实关系出发来说明这些理论词句"①，即改变或消除人们意识中的观念，这就需要改变现实环境而不是靠理论演绎来实现。当今中国，各种社会思潮空前活跃并交织多变，价值观念呈现多元，与各种非马克思主义思潮的交锋较量经常发生。针对当下思想引领以及对错误思潮的批判，不能"靠理论上的演绎"，而必须从"现存的现实关系出发"，即从基本的国情出发辨别理论是非，提升对各种非马克思主义的警惕并旗帜鲜明地加以批判。全球化的历史进程中，不同社会制度采取的意识形态相互碰撞和渗透，面对"自由主义"、"历史虚无主义"、"保守主义"、"民主社会主义"、"民族主义"、"民粹主义"等多种思潮入侵，须进一步澄清模糊认识，与各种形态的非马克思主义思潮展开对话和交锋，勇于亮剑批驳一些错误观点，使马克思主义在论辩和斗争中

① 《马克思恩格斯选集》第 1 卷，人民出版社 2012 年版，第 175 页。

提升对话能力并展示真理力量,确保马克思主义占据意识形态主导地位,提升其在缤纷的国际思潮中的竞争力和影响力,坚定中国特色社会主义道路的理论自信和实践自觉。

二、注重话语体系的多维建构与创新

话语乃是对事物的表达陈述,其作为言语交际的单位具有强烈的社会性和时代性,故而话语体系的建构深刻影响着社会关系及其社会实践,其在一定条件下可以产生改变社会现实和社会关系的作用。法国哲学家米歇尔·福柯就话语建构问题强调:"话语不是自然而就,而始终是某种建构的结果,而我们要了解的正是这种建构的规则,并对它做验证。"[①]在上海,由于不同早期传播主体接受的马克思主义文本来源不同、所秉持立场的差异以及理解方式的区别,传播马克思主义的内容也有所不同并进而形成了不同的话语体系。作为完整严密、丰富高深的理论体系,马克思主义实现武装群众、掌握群众的目标必将历经大众化的过程,而话语体系的建构与创新关乎马克思主义大众化的发展进程与成效。就此问题,《共产党宣言》德文版序言指出,对马克思主义基本原理的运用应"随时随地都要以当时的历史条件为转移"[②]。这里,所谓"随时",就是要求马克思主义必须时代化;所谓"随地",就是要求马克思主义须本土化,亦即民族化,以上要求在话语体系的建构中同样适用。简言之,马克思主义在上海早期传播过程中所建立的话语体系,包括话语符号确立、学术理论研究、关切社会现实等意蕴,为中国的社会主义话语体系建构奠定了基础,亦对新时代加强中国特色社会主义话语体系的建构具有重要的价值启示。推进新时代马克思主义大众化,就是要从实际出发,坚持马克思主义意识形态的主导地位,将其基本原理与中国特色社会主义道路的实践相结合,创建中国化的马克思主义话语体系,凸显话语建构与创新,构建话语转换机制,为社会主义现代化建设提供科学理论指导,提升理论对现实的阐释力;要注重实现政治话语、理论话语向大众话语的转换,要在贴近人民群众思想实际、全面深化改革进程以及经济社会发展要求的基础上,针对不同身份、不同职业、不同学历背景、不同年龄的群体"因材施教",发挥政治话语、学术话语、生活话语、网络话语的不同效用。此外,要注重马克思主义话语时

---

① [法]米歇尔·福柯:《知识考古学》,谢强、马月译,生活·读书·新知三联书店2003年版,第26页。

② 《马克思恩格斯选集》第1卷,人民出版社2012年版,第376页。

代化和国际化,凸显话语创新,构建具有时代特色的、贴近人民群众实际的马克思主义理论体系。

其一,对接日常生活,注重话语生活化。生活是人的存在方式以及个体生命的展现,而马克思主义理论的重要价值之一便体现在生活化。康德曾就学术讲述话题发表观点,认为"只有能够彻底讲述某物的人,才能以通俗方式讲述它"①,在此强调了学术讲述乃是通俗讲述的前提。马克思主义大众化正是在生活世界中展开的理论传播实践过程,且与大众的交往实践密切联系。上海早期马克思主义者在向工人传播马克思主义过程中,注重宣传方式和方法,善于使用通俗易懂的话语与工人们进行交流。譬如,在工人夜校等各类学校授课时,教员们深入浅出地使用工人们可以理解的话语,讲述革命道理,其亲切的语言易于受众的接受,取得了较好的传播效果。又如,中国共产党在上海成立以后,重视经典理论阐释的生活化和通俗化,如在《关于教育宣传问题议决案》中对《新青年》等报刊提出了"使用口语,求其通俗化"②等要求,还强调了每一名共产党员都是宣传者,要在"平常口语之中须时时留意宣传"③,为理论宣传的通俗化和生活化提供制度保障,切实提升传播效果。又如,《共产党》月刊向读者解释共产主义概念时,通俗地比喻成"人人一样地有饭吃,一样地有工做"④等,使读者对概念更易形成直观的理解。再如,中共上海区委发布《关于整顿上海工人出版物》的通告,要求出版物应注重在民众中的发行普及,"切实传播于上海区内工人群众";亦要注重提升其在工人读者群体的吸引力,如"加意改良,使文字平易,内容浅显,才能引起工人读者的兴趣"⑤。由此可见,在马克思主义在上海早期传播过程中,马克思主义不再是高深的理论体系,而是被老百姓所熟知的富有生活气息的话语,容易透过情感认同而获得理论认同,继而更好地实现理论武装目标。

毛泽东重视马克思主义在解决群众生活、斗争等现实问题中所发挥的鲜活

---

① [德]康德:《逻辑学讲义》,杨一之译,商务印书馆2010年版,第18页。

② 中国社会科学院近代史研究所编:《"二大"与"三大"——中国共产党第二、三次代表大会资料选编》,中国社会科学出版社1985年版,第247页。

③ 中国社会科学院近代史研究所编:《"二大"与"三大"——中国共产党第二、三次代表大会资料选编》,中国社会科学出版社1985年版,第248页。

④ 《告中国的农民》,《共产党》第3号,1920年12月23日。

⑤ 《上海区委通告——关于整顿上海工人出版物》,中央档案馆、上海市档案馆:《上海革命历史文件汇集:中共上海区委文件(1925—1926)》,1986年4月,第18页。

作用,强调马克思主义应成为"实际发生作用的活的马克思主义"①,亦强调群众语言在革命中的意义,"我们是革命党,是为群众办事的,如果也不学群众的语言,那就办不好"②。新时代推进马克思主义大众化要将马克思主义理论对接民众日常生活,在现实生活实践中增强民众对马克思主义理论的认同性和可接受性。邓小平亦强调学习马克思列宁主义要结合人民群众的实际,"学马列要精,要管用的。长篇的东西是少数搞专业的人读的,群众怎么读?"③认为长篇大论乃是为专业研究者所用,并非适用于人民群众,此处强调的"管用"乃是于人民群众而言,能立足人民群众生活实践,切实帮助解决实际问题。要积极推进政治性文件话语、学术性理论话语向生活性大众话语的转变,将书斋式话语逻辑转变为生活式话语逻辑。注重话语的生活化表达,树立生活在理论传播中本体性地位的理念,将文本语言转换成生活话语,生活化表述理论中的原理、概念、范畴等,使马克思主义理论贴近生活并融入生活,不断拓宽马克思主义理论与个人生活之间的对话语境,引导大众在社会热点和价值冲突中用马克思主义理论判断、思考、分析、解决现实问题,对人民群众的政治思想、道德水平和精神境界加以塑造和提升,引导民众在马克思主义的学习实践中实现全面而自由的发展。

其二,跟随时代脉动,注重话语时代化。准确把握时代之问和社会发展趋势,运用融通中外的理论框架和与时俱进的话语体系对中国道路和中国实践加以解释、支撑和引导,成为当前亟须应对的问题。新时代推进马克思主义大众化,要注重话语的时代化创新,提出符合时代潮流和时代特色的话语体系,指导并解释现实发展的新情况,赋予马克思主义时代特色。马克思主义早期传播过程经历了不同时期的概念引用和话语表达,如上海先进知识分子在不同时期的马克思主义传播中借用了日本、苏联的马克思主义术语的汉语表达。就日本而言,借用了社会主义、资本、阶级斗争、生产力、生产关系、意识形态、经济基础、上层建筑、无产阶级等一大批基本术语,以上借用词在传播运用在中国时被不断发展和创新,继而选取更符合中国实际以及时代特征的汉语词汇,如以"资产者"或"资产阶级"代替"有产者"、"剥削"取代"榨取"、"垄断"取代"独占"等。十月革命的胜利有力触动了日本和中国的社会主义运动,先进分子的研究对象由马克思、恩格斯扩展到列宁等人的思想,并由此产生新概念、新话语,如"无产阶

---

① 《毛泽东选集》第 3 卷,人民出版社 1991 年版,第 858 页。
② 《毛泽东选集》第 3 卷,人民出版社 1991 年版,第 837 页。
③ 《邓小平文选》第 3 卷,人民出版社 1993 年版,第 382 页。

级专政"、"布尔什维克"等。简言之，以陈独秀为代表的上海早期马克思主义传播者积极撰文，使一大批马克思主义专有词汇加入中国的马克思主义话语符号系统，迅速推动了马克思主义影响力的提升。

上海先进知识分子在马克思主义话语体系建构中作出了奠基性的贡献，初步建构了以马克思、恩格斯、列宁等经典作家的论述为基础，能回应和解答中国社会现实问题，且具备中国传统文化特质的表达方式的社会主义话语体系。产生于任何时代的理论都不同程度地体现其时代的特征，而这种时代性特征在历史发展进程中也就会转化为历史性的内涵。当前马克思主义在中国的传播境遇，已迥异于早期马克思主义传播场域，必须与时俱进地对理论进行话语创新，毕竟"每一个时代的理论思维，包括我们这个时代的理论思维都是一种历史的产物"①，并且不同时代的理论具有完全不同的形式与内容。换而言之，由于时代的发展，没有一成不变的理论，唯有紧抓时代脉搏，推动理论创新方可取得实践层面的进步。这就要求，应在把握时代精神来进行理论体系的创新中，在理论的"形式"与"内容"方面要有其独特性，要满足不断变化的时代需求。当前，随着中国乃至世界所发生的广泛而深刻的变革，社会转型期的矛盾凸显，由此带来人民群众的诸多疑惑与问题需要解答，而"马克思主义必定随着时代、实践和科学的发展而不断发展"②，因此需要紧紧把握时代主题变化，在继承历史积淀的基础上，汲取中外先进理论养分，不断更新完善中国化马克思主义话语符号系统，在中国特色社会主义实践中不断完善话语体系，进而实现理论发展以及话语创新。

其三，对话不同文明，注重话语国际化。中国作为古代文明的发祥地，拥有将中华优秀传统文化源源不断对外输送和传播的光辉历史。由古及今，新时代推进马克思主义大众化，亦要注重话语的国际化，建立融通中外的话语体系，对话和拥抱不同文明。互联网时代，国内外各种意识形态在网络上交流频繁，激烈争夺并影响全球网民。一方面，要从中国特色社会主义的实践中概括提炼新话语，精准阐释中国道路、中国精神和中国理论等，讲好中国故事，提升中国化马克思主义理论的可信度和影响力；另一方面，用国际化语言宣传马克思主义，尤其是运用国际社会易于接受和理解的语言系统来宣传中国特色社会主义以及中国化马克思主义，吸收人类文明一切优秀成果，增进与当代资本主义国家的对话交

---

① 《马克思恩格斯选集》第3卷，人民出版社2012年版，第873页。
② 《习近平谈治国理政》第1卷，外文出版社2018年版，第23页。

流,有助于社会主义意识形态在世界范围内的传播拓展;要注重打造融通中外话语的表述范畴,对外传播好中国声音和中国故事,拓宽外部世界了解中国的渠道,着力提升中国化马克思主义理论成果在世界舞台的话语权和影响力。

三、注重将理论置于"现实"需要并在实践中得以检验

马克思主义源于实践并指导实践,在满足社会需要中彰显理论魅力,在实践历程中经受检验进而不断发展和丰富。毛泽东认为,先进的思想必然与客观事物、实际需要以及人民群众掌握等要素紧密联系,若离开以上要素即失去了作用,甚至"即使是最好的东西,即使是马克思列宁主义,也是不起作用的"①。在马克思看来,理论本身能否满足社会需要,决定着理论能否被"实现",故而"理论在一个国家实现的程度,总是决定于理论满足于这个国家的需要的程度"②。因而,理论自身是否反映以及在多大程度上反映社会需要,乃是决定理论实现程度的关键。这就需要"理论"在形式和内容上得到创新和本土化,积极开展理论文本大众化的创制工作,由此将理论由"抽象"变"具体"、变"经典文本"为"大众文本",大力推进马克思主义本土化。马克思主义传入上海并在上海广泛传播的目的就是为了寻找救亡图存的方法和路径,其运用工人阶级的优势,能及时将理论与实践相结合,用理论指导革命,用革命实践反哺理论发展,因而其具有强烈的实践性。不仅如此,对俄国十月革命和苏俄社会主义建设实践的介绍亦彰显实践性特征。就思想输入特质而言,马克思主义对于中国来说是外来思想,亦即马克思主义在中国的传播是异质文化的植入,需要紧密联系社会需要,并有效应用到实践中去。

马克思主义早期传播的过程即是在实践中运用和发展的过程,亦即"本土化""初步中国化"的过程。以陈独秀为代表的早期马克思主义者虽未明确提出马克思主义中国化命题,但着眼于社会根本改造和救亡图存的实际需求,在传播进程中显示了马克思主义理论与上海工人运动以及中国革命相结合的特点,呈现出马克思主义中国化早期形态的表达。陈独秀多次激切地提出,一种学说是否具备输入中国社会的价值在于"社会有没有用他来救济弊害的需要"③,为此他发表了"论马克思的两大精神"演讲,提出马克思的学说包括学说和行为两大

---

① 《毛泽东选集》第 4 卷,人民出版社 1991 年版,第 1515 页。
② 《马克思恩格斯选集》第 1 卷,人民出版社 2012 年版,第 11 页。
③ 陈独秀:《学说与装饰品》,《新青年》第 8 卷第 2 号,1920 年 10 月。

精神,强调理论与实践相结合的重要性,呼吁广大青年"宁可少研究马克思学说,不可不多干马克思革命运动"①。就此问题,瞿秋白亦认为"革命的理论永远不能和革命的实践相离"②,由此可见早期马克思主义者对理论诉诸实践问题的重视。马克思主义在上海被先进分子所接受并取得如此大的社会效应,能被广泛传播和信仰,正是由于理论体系中唯物史观、阶级斗争学说、科学社会主义等契合中国救亡图存以及上海社会的需要,与工农学运动以及党团组织建设实践相结合,解决诸多现实问题,满足社会变迁需要,服务社会变革需求,故而能够"圆满解决我们底问题,能于我们有益处"③。概而言之,马克思主义在上海取得广泛而深刻的影响,其重要的缘由就在于适应了近代中国社会变革以及上海革命实际的需要,并与五四时期的"社会改造"思潮相契合。因此,马克思主义在中国的传播必须与既有的社会需要相结合,如此才可能扩大其传播的范围、增强其传播的力度,进而在更高层次、更广程度上扩大其传播影响。

其一,契合革命形势,服务社会需求。马克思主义在上海不仅满足了上海工人运动以及革命形势发展的需要,同时也满足了建立无产阶级政党的需求。作为最大工人集中地的上海,工人运动此起彼伏、极其活跃,但早期工人运动大多以自发或半自觉状态的罢工方式呈现,且大多数罢工仅仅在经济上得到适当补偿,工人政治权利的获得无从谈起。工人运动的发展需要科学理论的武装,而致力于无产阶级解放的马克思主义极大地满足了上海工人运动的理论需要以及早期马克思主义者在上海建立无产阶级政党的需要。随着工人觉悟的提升以及工人运动的发展,马克思主义为无产阶级政党的成立提供了理论准备和思想基础。

在上海,工人运动积极分子李启汉等人面向工人开办半日学校,筹备组织上海机器工会、印刷工会、工人游艺会等新型工会组织,在马克思主义指导下开展了各式深入工厂、贴近劳工的活动并取得了实效。据1920年底《劳动界》的统计,上海发生了40多次罢工运动,参加工人高达近万人。上海共产党早期组织建立之初,根据工人运动实际,联合工人阶级,大力宣传马克思列宁主义,为中国共产党的诞生以及之后蔓延全国的革命形势奠定了基础。中国共产党在上海成立之后,加大宣传马克思主义理论以及中共的政策纲领,宣传其他国家无产阶级斗争经验,鼓舞劳苦大众获取斗争经验和智慧,推动了马克思主义与上海的工农

---

① 任建树等编:《陈独秀著作选》第2卷,上海人民出版社1993年版,第365页。

② 《〈瞿秋白论文集〉自序》,《瞿秋白文集·政治理论编》第4卷,人民出版社1993年版,第414页。

③ 施存统:《我们底大敌,究竟是谁呢》,上海《民国日报》副刊《觉悟》,1920年9月28日。

学运动以及与地方社会实际的结合,马克思主义也因此被更多民众接受与认可,在上海掀起了一波又一波工人运动的高潮。"二七"惨案在一定程度上打击了上海工人运动,但国共合作的局面迅速推进工人运动掀起了新的高潮。因此,马克思主义在上海的早期传播,能及时服务社会革命需求,反映社会发展变化,正如马克思主义在中国发挥了巨大作用,正是由于"中国的社会条件有了这种需要,是因为同中国人民革命的实践发生了联系,是因为被中国人民所掌握了"①。

其二,有效关切现实,理论结合实践。马克思主义作为关切现实并指导实践的理论,能充分反映社会生活条件的剧烈变化,恰如列宁所描述的:"马克思主义不是死的教条,不是什么一成不变的学说,而是活的行动指南"②。列宁的论述在马克思主义传播中得到了印证。马克思主义传入上海后,能有效应对现实问题,深入社会生活,与工人运动等革命实践相结合。上海的早期传播者从各自政治需要和阶级立场出发,有选择地译介剥离马克思列宁主义,选择为己服务的理论篇章进行传播,尤其是早期马克思主义者初步运用马克思主义分析中国革命运动、指导上海工人运动,将马克思主义理论与现实相结合,推动早期共产党组织的成立,取得了良好的传播效果。譬如,《新青年》率先要求青年学生走进工农群众,早期马克思主义者陈独秀等人深入上海工厂进行调研,了解一线工人生存状况,掌握上海中华工业协会等团体情况。在他们的指导下,上海的工人高呼"劳工万岁",并举行游行集会,觉悟明显得以提升。又如,在上海成立的中国劳动组合书记部深入工人当中领导罢工运动,有组织地开展马克思主义理论宣传,有效提升了工人阶级的斗争觉悟。再如,为了深入调研工人运动,俞秀松深入工厂做工,号召组建"工人俱乐部",向工人灌输新知识新理论。《新青年》第6卷第5号"劳动节纪念号"发表《上海厚生纱厂湖南女工问题》一文,登载反映工人生存境遇的文章;第7卷第6号刊登《南京劳动状况》、《山西劳动状况》、《上海劳动状况》等反映中国各地区劳动状况的文章;第8卷第1号设立社会调查专栏,刊登了《汉口苦力状况》、《武昌五局工人状况表》等调研报告,为革命运动提供一手调研资料。可见,时人的马克思主义理论宣传在一定的社会调查研究基础上,积极与社会实践相结合,并随着实践的变化调整传播内容,在推动马克思主义理论深入工农群众并被群众所掌握方面取得一定的实效。

---

① 《毛泽东选集》第4卷,人民出版社1991年版,第1514页。
② 《列宁选集》,人民出版社1995年版,第281页。

　　"正确的理论必须结合具体情况并根据现存条件加以阐明和发挥"①,上海早期马克思主义者在传播马克思主义过程中,就如何传播应用马克思主义等话题发表了诸多真知灼见,认为马克思主义理论的传播要与社会实际相结合,充分彰显了先进分子用马克思主义关切现实的主体意识。譬如,李季在《新青年》发表文章,建议在学习研究马克思主义时应避免"孔趋亦孔,孔步亦步"的状况,这是由于马克思恩格斯在著书立说之时难免"为当时环境所限"②。陈独秀就此问题也表示,一种学说在中国社会是否具有传播的价值,取决于"有没有用他来救济弊害的需要"③。无独有偶,李达对此亦持同样的态度,认为中国的社会革命采用何种范畴的社会主义,"大概也是要按照国情和国民性决定的。"④恽代英则强调了"寻求一个适合国情,而又合于共产主义的方针来"⑤的重要性。随着革命实践的发展,早期共产党人日渐意识到马克思主义与中国革命相结合的重要性,因此在中共二大明确指出了最高纲领及最低纲领,要求团结无产阶级以阶级斗争手段建立劳农专政,从根本上铲除私有制,推翻帝国主义压迫以实现中华民族的独立,进而"渐次达到一个共产主义的社会"⑥,字里行间显示出早期共产党人对理论与实践结合重要性的把握。理论乃是上层建筑的范畴,不能将理论神秘化、教条化,而破除对理论的神秘性及推进理论在正常轨迹上的发展,既要通过社会实践这个根本途径,同时又要加强对实践的理解和认知,亦即在认识领域加以努力。

　　实践性作为马克思主义理论的鲜明特色,乃是其"区别于其他理论的显著特征"⑦,亦是马克思主义哲学革命的逻辑起点。马克思主义之所以被上海的先进分子所选择,正是因为其实践性品格,为从根本上改造中国社会提供了先进的世界观和方法论,为中国革命指引了光明大道。在上海,早期马克思主义者强化与工农群众的联系,领导工会活动、组织演讲团、实施平民教育、开展劳工状况调研等多种方式,深入工人中间传播马克思主义唯物史观、阶级斗争以及科学社会主义理论,促进理论与实践的结合,正所谓"革命的理论必须和革命的实践相密

　　① 《马克思恩格斯全集》第 47 卷,人民出版社 2004 年版,第 35 页。
　　② 李季:《社会主义与中国》,《新青年》第 8 卷第 6 号,1921 年 4 月 1 日。
　　③ 陈独秀:《学说与装饰品》,《新青年》第 8 卷第 2 号,1920 年 10 月 1 日。
　　④ 李达:《马克思派社会主义》,《新青年》第 9 卷第 2 号,1921 年 6 月 1 日。
　　⑤ 《恽代英文集》上卷,人民出版社 1984 年版,第 258 页。
　　⑥ 《中国共产党第二次全国代表大会宣言(1922 年 7 月)》,中央档案馆编:《中共中央文件选集(1921—1925)》第 1 册,中共中央党校出版社 1982 年版,第 77 页。
　　⑦ 《习近平谈治国理政》第 3 卷,外文出版社 2020 年版,第 120 页。

切联结起来"①,否则理论将沦为空谈。具有代表性的事件有:1920 年 11 月中国工人阶级第一个工会组织——上海机器工会成立,吸纳会员 370 余名,随之又成立了上海印刷工会等 30 余个工会组织,开办了小沙渡劳工半日学校等,向工人宣传剩余价值学说、无产阶级政党等革命理论,指导工人罢工,讲解工人阶级解放道理。在马克思主义唯物史观指导下,中共一大、二大、三大对中国革命的性质、方向和道路等问题进行了探索,提出了有关中国革命的系列重要观点。早期共产党人选择了契合现实需要和民众需求的唯物史观,作为开展革命斗争的思想武器。上海率先在全国拥有坚实的工人阶级队伍并且这支队伍于五四时期就已独立登上了政治舞台,也正是这种独特的优势使得马克思主义理论与工人运动的实践结合成为上海地区马克思主义传播的特色。早期马克思主义者运用马克思主义基本观点分析考察当时社会问题,深入基层了解并体会工人、农民等劳苦大众的疾苦,用浅显易懂的语言向工人大众宣传马克思主义,推动了马克思主义与工人运动结合的实践。恰如李泽厚所言,马克思主义来到中国的伊始,便作为行动的指南被认同和利用的,所展现的"便是这种革命实践性格"②。由此可见,新时代推进马克思主义传播,需加强其与中国特色社会主义实践以及中华优秀传统文化的结合,从而更好实现理论对实践的指导、实践对理论的反哺。

四、精准把握理论传播中的主客群体

主客体关系问题是马克思主义传播活动中的重要问题。马克思主义创始人指出,"理论只要说服人,就能掌握群众;而理论只要彻底,就能说服人。"③可见,理论作为批判的武器,其发挥作用的重要前提便是为群众所掌握和运用,随后方可将理论转化为变革社会的物质力量;同时,理论还需要彻底,能够抓住事物的根本,即理论在本质上必须具有科学性而成为正确的理论,这就表明"掌握群众"且具有彻底性乃是理论发挥作用的基本条件。马克思主义之所以"在世界的一切文明语言中都找到了拥护者"④,且在上海地区取得卓有成效的传播成果,究其根源在于马克思主义学说的出发点和归宿均在于锁定"现实的人",密切关注人民群众的生存及发展需求。换言之,这一理论传播的过程中紧扣客体特质,实现主客互动,推动马克思主义由精英扩散至大众,进而推动党组织日益

①　瞿秋白:《列宁主义概论》,《新青年》季刊第 11 卷第 1 号,1925 年 4 月。
②　李泽厚:《中国现代思想史论》,生活·读书·新知三联书店 2009 年版,第 151 页。
③　《马克思恩格斯选集》第 1 卷,人民出版社 2012 年版,第 9—10 页。
④　《马克思恩格斯选集》第 4 卷,人民出版社 2012 年版,第 218 页。

壮大并使之群众化的唯一路径在于"把我们的主义与思想影响深入到群众里面去,惟有尽量做我们宣传的工作"①。历史与实践证明,马克思主义只有深入大众、指导大众,为大众所用、为大众谋福祉,才能葆有蓬勃发展的生机与活力。当前,受经济利益分化、外来思潮冲击等时代因素影响,新时代马克思主义的传播主体、传播载体、接受客体等均发生了变化,强制性灌输、不平等的传播手段、传统的传播载体或不能适应时代要求,也难以使得客体从心理上根本接受和认同。因此,应在把握传播主体、加强传播者队伍建设方面着重发力;注重对象分类传播,建构传播主体与客体之间良性互动、沟通交流、平等对话的传播范式,切实提升传播实效;还要注重把握青年群体,培养青年马克思主义者。

其一,把握传播主体,夯实队伍建设。人的实践活动对于思想的实现及意义的呈现有着根本性的意义,"思想要得到实现,就要有使用实践力量的人"②。按照马克思的说法,理论得以实现并付诸实践,必须具备使用实践力量的人即通过传播主体发挥其主观能动性,并使理论与具体状况相结合。基于"知识分子是首先觉悟的成分"③,上海集聚的大批先进分子经由十月革命的影响,率先"用无产阶级宇宙观作为观察国家命运的工具,重新考虑自己的问题"④,思索救亡图存的出路。马克思主义作为西方学说在上海的早期传播并被工人阶级和劳动群众理解与接受,得益于传播主体的积极努力。资产阶级、无政府主义、早期马克思主义群体等传播主体而言,各自从不同政治立场出发对马克思主义加以不同程度地介绍宣传,而不同传播者因其政治派别、政治立场的不同对马列主义有不同的理解与阐释。但是,由于十月革命和五四运动的洗礼,上海马克思主义传播主体迅速分化,从此改变了以往热闹纷繁的景象,而继续推进马克思主义传播事业的任务落在以陈独秀为代表的早期马克思主义者身上。

作为历史性过程的存在,马克思主义在上海的早期传播是人的活动及实践的结果。上海早期马克思主义者正是对不同思潮、不同流派的推求比较,赞同俄国十月革命开创的道路,愈发倾向于马克思主义,进而致力于传播马克思主义,成为马克思主义在上海传播的重要主体,并引领了马克思主义在中国传播及其

---

① 《上海区委组织部通告——关于推销党刊的具体条约(1926 年 6 月 21 日)》,中央档案馆、上海市档案馆:《上海革命历史文件汇集:中共上海区委宣传部组织部等文件(1925.8—1927.4)》,1986 年 4 月,第 246 页。

② 《马克思恩格斯文集》第 1 卷,人民出版社 2009 年版,第 320 页。

③ 《毛泽东选集》第 2 卷,人民出版社 1991 年版,第 559 页。

④ 《毛泽东选集》第 4 卷,人民出版社 1991 年版,第 1471 页。

中国化的进程。他们一面担任思想的播种者，创办报刊、出版著作，吸引凝聚进步青年成为马克思主义者；一面担任思想的践行者，结合具体革命实际，运用和发展马克思主义。不难看出，马克思主义从一种学说和社会思潮发展成为指导上海工人运动实践的理论，离不开早期马克思主义者的开创之功和持续努力。换言之，马克思主义政党的打造，离不开优秀坚实的理论人才队伍，以保持理论研究与创造的活力。新时代推动习近平新时代中国特色社会主义思想的传播需重视对政治过硬、本领高强的高素质理论宣传队伍的培养，为着力推动理论创新、为坚持和发展马克思主义提供人才队伍保障。党员干部要率先学习传播马克思主义理论，起到示范带头作用，成为自觉传播马克思主义的"意见领袖"，激发党员个体对马克思主义宣传与应用的思想自觉和行动自觉，"发动与指导全党一切干部、党员、党委积极分子去进行他们所能够的又需要的宣传教育工作"①，将之锻造成为理想信念坚定、理论素养过硬的理论传播队伍，以适应新形势下宣传思想工作的实际需要。

其二，注重分众传播，提升传播实效。任何政治团体要实现自身的阶级利益，须由其少部分精英向大众传播占据统治地位的意识形态。历经十月革命、五四运动以及中国共产党成立等一系列重大事件，马克思主义理论在上海的传播不再局限于精英阶层，转而面向更多工农大众，形成精英化与大众化并行的态势。尤其是中共二大召开之后，对党必须走进群众提出了规定，早期共产党人深入到工人和农民中创办平民学校、工人夜校，通俗讲解革命道理，动员更多工人、农民认同接受马克思主义，确立跟党走、建设社会主义新社会的信念，如上海《共产党》月刊在《告中国的农民》中，号召革命者"走进田间以提升农民觉悟"，号召农民"集合起来参加斗争"②。而针对社会不同阶层的境况和需求，中共四大有关决议案针对宣传工作的不足，分门别类提出加强党内政治教育、深入工人群众推进政治宣传等工作要求，并提出《向导》等宣传内容趋于浅显形象等具体对策，有针对性地引导民众从理论传播中看到出路与希望。由此可见，传播者在传播实践中考虑了不同群体的特点，并结合实际情况进行分众传播，取得了良好效果。

新时代条件下，加强马克思主义理论及其中国化理论成果在人民大众中的传播，一方面要注重马克思主义理论的宣传、教育、普及，并精确寻找理论传播的

---

① 《建国以来刘少奇文稿》第 3 册，中央文献出版社 2005 年版，第 373 页。
② 《告中国的农民》，《共产党》第 3 号，1920 年 12 月 23 日。

切入点，敢于并善于用马克思主义理论对全面深化改革进程中出现的复杂社会问题加以解释，促进马克思主义走进人民群众并释放其理论价值；另一方面要引导人民群众运用马克思主义立场、观点和方法指导自身的实践并解决人民群众生产生活中遇到的实际问题，尤其是人民群众所普遍关切的问题。在推进马克思主义大众化过程中，注重发挥人民大众的主体作用，引导人民群众将先进理论作为解决实际问题的工具，提升人民群众在运用理论的过程中获得感，增强马克思主义对现实问题的解释力，注重人民大众的反馈互动，着力提升大众化效果。同时，要准确分析受众，正确认识当前中国社会各个阶层的特征差异及其相互间关系。要根据不同人群、不同需求，采取多渠道、多领域的分类传播的方式，提升传播的针对性。具体而言，针对党员群体，重在理论提升，以进一步坚定理想信念并提高党性修养；针对知识分子群体，重在学习研究，加深理解世情、国情、党情，提升理论宣传和讲好中国故事能力；针对国家公职人员群体，重在运用理论，增强"四个意识"，提升服务群众水平和能力；针对青年学生群体重在学习理论，提升综合素质，提高服务祖国和人民的本领；针对普通民众群体，重在理论知识普及，引导正确树立世界观、人生观和价值观，学会运用先进理论作为方法和工具。简言之，分众传播即要求坚持从不同群体的实际出发，聚焦不同群体自身的认知和需求，强化马克思主义在不同群体中作用的发挥。

其三，把握青年群体，培养时代新人。青年群体是实现中华民族伟大复兴中国梦的过程参与者和成果享有者，青年的素质与成长关乎党的事业是否后继有人等宏大命题，因而要将"培养担当民族复兴大任的时代新人作为重要职责"[1]。在20世纪初期上海思想解放的氛围中，具有求新求变心理的进步青年冲锋陷阵，热衷于新思想的传播，经过反复比较后义无反顾地投身在马克思主义的传播征程中，率先成为早期接受和传播马克思主义的主体。马克思主义正是通过留学生青年引入上海，并通过同样为青年群体的先进知识分子作为传播主体进行传播。马克思主义在青年中的传播，历经了从无到有、由小至大的过程，尤其是中国共产党成立以后，早期共产党人重视青年群体，将马克思主义在青年中的传播作为重要革命任务，将理论传播与培养青年相结合。陈独秀就曾撰文表达呼吁寄青年以救国救民的希望，"惟属望于新鲜活泼之青年，有以自觉而奋斗耳！"[2]1920年8月，上海共产党早期组织领导建立了上海社会主义青年团，使得

① 习近平：《论党的青年工作》，中央文献出版社 2022 年版，第 166 页。
② 陈独秀：《敬告青年》，《青年杂志》第 1 卷第 1 号，1915 年 9 月 15 日。

马克思主义为更多青年所熟知，与青年运动联系更为紧密，其依托《先驱》杂志向进步青年传播马克思主义理论，探讨中国革命和团的建设问题。陈独秀、瞿秋白等上海早期马克思主义者，以学校课堂为阵地，以青年为受众，在宣传马克思主义、教育培养青年、培育革命力量等方面作出了贡献。由此可见，青年是民族复兴的生力军和中坚力量，应将青年作为马克思主义的重点传播和武装对象，引导其树立"对马克思主义的信仰、对中国特色社会主义的信念、对中华民族伟大复兴中国梦的信心"①，教育青年立志成为马克思主义的信仰者、传播者和践行者，为建设社会主义现代化强国培养有信仰有担当的主力军。

五、注重契合理论传播的文化语境

马克思主义在近代上海的早期传播处于"西学东渐"的语境之中，并在"社会改造"话语语境中扩大其传播范围的，这不仅适应了近代中国"尊西崇新"的思想潮流，而且也契合了思想启蒙的需要。马克思主义在五四时期的传播，伴随着新文化运动兴起的"新思想"浪潮，此种情形表明马克思主义"新"的面貌及其所具有"西方渊源"的底色。就事实来说，马克思主义在上海的最初传播，无论其传播速度还是传播内容都是较为有限的，直至在五四时期"社会改造"话语中才得到广泛的传播，这源自五四时期"社会改造"话语语境的需要。"社会改造"思潮作为社会改造的思想反映，是以近代中国社会变革为目标的，本然地要求任何新思想的输入都要契合这种思潮，从而为中国"社会改造"实践提供新的思路。马克思主义在上海早期传播中的范式表明，任何思想的传播都必须在一定的语境之中，即以一定的语境作为条件和前提，离开了具体的语境也就难以达到传播的效果。换言之，推进某种"主义"的传播，皆需要依托既有的语境，并在语境之中铸造其传播历史，而先进性乃是文化得以广泛传播的重要前提，即先进发达的文化易被人们优先选择传播和扩散。因此，作为外来文化的马克思主义，其先进性则集中体现在它适应中国特殊的国情，并给救亡图存背景下的中国社会提供解决问题的方案。

其一，中华优秀传统文化创设生根发芽语境。马克思主义与中国传统文化虽属于异质文化，但两者之间具有内在的价值契合性。中国哲学家张岱年认为，中国人接受认同外来的马克思主义与中国传统文化所具有的特质有关，如"中国文化中有悠久的唯物论、无神论、辩证法的传统，有民主主义、人道主义思想的

---

① 习近平：《在纪念五四运动 100 周年大会上的讲话》，人民出版社 2019 年版，第 7 页。

传统,有历史唯物主义的思想因素、有大同社会理想等"①。故而,作为异质文化的马克思主义在上海得以传播并在广阔的中国大地生根发芽,离不开适宜的文化土壤。根据伽达默尔的观点,人的认识开始于前理解,即理解者在理解前所存在的状态,而人的理解与认识之间存在一定的时间间隔,故而传统不仅是存在和理解的前提,还是历史在未来中的打开,且这种历史性体现在传统对理解的制约。上海早期的先进分子在接受、认同、宣传马克思主义的初期,受到自身的知识积淀、思维能力、理论素养等多重因素的影响,此种"前理解"使他们在传播马克思主义的同时自觉或不自觉地以中国传统文化作为思想资源,即便在新文化运动中坚决反孔批儒的知识分子亦会在潜意识下"承续着关心国事民瘼积极入世以天下为己任的儒学传统"②。

在上海,早期传播者大多转型于旧知识分子且具有留学经历,既熟悉中国传统文化,又对西方文明有一定了解,因此他们将中国传统文化运用到阐释、传播马克思主义过程中,使马克思主义具有一定的本土色彩,有助于民众更好地理解与接受。中国传统文化当中的大同思想、重民思想、"天下为公"的社会构想与马克思主义所主张的人类理想社会具有共同之处,使得马克思主义较易得到先进知识分子的心理认同。孙中山在比较中西思想文化时强调,中国人在考察历史时一直主张社会主义,将井田制作为均产主义的发端,即"井田之制,即均产主义的滥觞,而蕴蓄社会主义之精神"③。就此问题,陈独秀在《答陶孟和》中认为,大同社会必将未来世界的逐渐趋于现实。李大钊介绍俄国十月革命道路时,向人们描绘了世界大同的场景,并在《劳动者底觉悟》的一文中引用了孟子所提出的"劳力者治人,劳心者治于人"④等观点,用耳熟能详的语言启发工人觉悟,便于工人理解和接受。五四时期救亡图存的社会现实和历史需要,促使上海早期马克思主义者接受并选择阶级斗争学说,并深刻认识到只有通过革命取得自身解放的道理,为此李达认为就改造中国社会而言,阶级斗争乃是"最普遍最猛烈最有效力"⑤的手段。中国传统文化中重民思想得到先进知识分子的厚爱与传承,虽然其与马克思主义视人民群众为历史创造者思想存有一定的差距,亦成

---

①　张岱年、程宜山:《中国文化与文化论争》,中国人民大学出版社 1990 年版,第 190 页。

②　李泽厚:《中国现代思想史》,安徽文艺出版社 1994 年版,第 17 页。

③　冯契:《中国近代哲学史》上册,上海人民出版社 1989 年版,第 313 页。

④　陈独秀:《劳动者底觉悟——在上海船务、上海栈房工界联合会演说》,《新青年》第 7 卷第 6 号,1920 年 5 月 1 日。

⑤　李达:《论社会主义并质问梁公》,《新青年》第 9 卷第 1 号,1921 年 4 月。

为马克思主义早期传播的土壤。马克思主义有关实现人的解放思想与重民思想的核心要义、集体主义的价值观与传统文化中以家庭为基本单位、家国同构的社会结构形式等具有共通之处,有利于提升马克思主义"向广向深"的传播。简言之,十月革命的胜利使得上海早期马克思主义者看到了"大同社会"的曙光;马克思主义"现实的人"的逻辑旨归为其在上海的传播奠定坚实的群众基础;而阶级斗争、无产阶级专政等为上海工人运动以及中国革命提供了手段与路径参考。基于此,马克思主义在上海多元的思潮中脱颖而出并日渐崛起成为指导革命的主流意识形态。新时代条件下,中国化马克思主义理论成果的传播,要在马克思主义立场观点的指导下,辩证处理好马克思主义理论与中华优秀传统文化的关系,推进中华优秀传统文化资源的创造性转化和现代性发展,强化马克思主义理论与中华优秀传统文化的对话融合,要从中华优秀传统文化中汲取养分,使得马克思主义理论在中国的土壤中更好地生根、开花、结果。

其二,开放的海派文化创设了包容多元语境。上海这一独特的地区具有相对开放的言论政策、包容的海派文化,为马克思主义传入和扎根提供了合适的条件。上海"租界"背景下的多元政治和文化格局,减轻了先进分子以及进步社团、出版机构的压力,书店、社团、沙龙等丰富的公共场所为知识分子提供便利的活动地点。新式教育的发达和开放的社会风气,以及大批具有留学背景的知识分子的积聚,使得马克思主义传播日渐成为一种"社会改造"语境下的文化自觉。相比之下,同时期北京的形势则较为艰难,李大钊在北京组建的马克思主义研究会基本处于秘密行动的状态,以松散的集会形式对马克思主义、列宁主义和十月革命进行研究,秘密从事工人运动的实践。陈独秀在提及北京的斗争经历时得到不少感悟和教训,"北方的新文化运动虽然开展的轰轰烈烈,但仅仅以学界为先驱,普通民众尚未觉醒,缺少后发力量,并且北洋政府的压迫日趋激烈,运动的力量太过于薄弱"①。张国焘也为此发表感慨,"上海的社会主义思潮似乎比北京还要发达些"②,由此可见,包容开放的理念是文化传播的必要条件,上海秉承江南文化并借鉴西方工业文明而形成的"海纳百川、兼容并蓄"的海派文化为马克思主义传播提供合适的土壤,亦推动了中国共产党的诞生和伟大建党精神的形成。新时代推动习近平新时代中国特色社会主义思想的有效传播以及中国的对外文化传播,需融汇并吸纳一切外来先进文化成果,将包容开放的理念融

---

① 张远航:《不忘初心——马克思主义在中国的早期传播》,文物出版社2019年版,第202页。
② 张国焘:《我的回忆》第1册,现代史料编刊社1980年版,第82页。

入传播过程,使得中国化马克思主义理论成果在与外来文化的互动交流中实现更好的丰富和发展。

其三,红色城市文化创设革命精神底色。上海作为党的诞生地,其城市文脉与马克思主义理论以及中国共产党人的红色血脉相融相合。马克思主义理论的传播以及中国共产党早期革命活动为上海地区文化铺就了红色基调并奠定了革命精神底色,建设初心始发地以及共产党员精神家园成为新时代上海的重要使命。当前,要依托马克思主义在上海传播的百年进程和实践经验,挖掘和弘扬早期共产党人的初心和使命,深刻诠释"为什么选择了马克思主义"、"为什么诞生中国共产党"、"中国共产党为什么能"、"中国特色社会主义为什么好"等一系列问题。要继续凸显上海的红色底色,保护并发掘上海的红色历史资源,推动各式纪念地、纪念馆、博物馆数字化建设,建设主题鲜明的党性教育现场教学基地,推进信息资源开放共享,使红色历史资源在新时代激励和鼓舞更多人民群众。要构建立体宣传格局,打造多层次红色教育矩阵。立足上海城市文化特征,用老百姓喜闻乐见的方式传播主旋律,结合红色文化主题,围绕国庆、纪念日等重大时间节点,依托文艺创作组织,推进红色题材作品的创制与出品,用精品力作感染人、凝聚人、鼓舞人。依托赛事、主题展览等宣传渠道,推进各式红色档案、红色收藏、红色展览等,将线上与线下相结合,引导人民群众以沉浸式体验的方式了解红色故事、传承红色理念、感受伟大成就,赓续和弘扬伟大建党精神,为人民城市建设凝心聚力。

六、强化多重媒介的协同功用

美国学者施拉姆认为,媒介可以在社会变革时代打破隔绝的传统状态,成为"一股解放力量帮助人们走向现代社会"①。媒介作为马克思主义早期传播的重要载体,在马克思主义理论普及、社会公众价值观念塑造等方面发挥了重要作用。作为外来理论的马克思主义,其体系宏大、内容艰涩,思维方式与话语风格与中国的文化与习惯差异较大,唯在其传播中运用民众喜闻乐见的语言和思维方式,借助一定的传播媒介或载体,方可取得一定的传播效果。综合来看,报刊等多种形式和途径配合传播是马克思主义在上海传播的鲜明特点,形象化、通俗化的宣传方式使得马克思主义传播取得较好的效果。在运用期刊宣传马克思主义的方式上,并非单个期刊孤军奋战,而是诸多期刊共同发力、相互支持,且在多

---

① Schramn.*Mass media and national delelopment*,US:Stanford University Press,1964,p.56.

数情况下,刊物之间联系较为密切,在互动配合中推动马克思主义在上海的传播。譬如,中共早期报刊秉承明确的价值取向,各自有其特定的读者与宣传对象,动员民众参与社会革命和个人解放的实践中来。具体而言,如《新青年》积极参与论战,捍卫马克思主义真理;《共产党》月刊用通俗语言阐释马克思主义的经典概念和理论;《中国青年》引导青年用奋斗实现社会主义理想;《劳动周刊》则大力宣扬劳动运动及劳动解放等,可谓各司其职,"群集化"传播效应显著。综观马克思主义在上海早期传播过程,传播者翻译经典著作或者撰写新闻报道等大众传媒工具,期刊刊载广告,参与思潮论争,先后登载同一篇有关马克思主义的文章等,有效发挥了媒介功用,形成传播合力,取得良好的传播效果。

当前,在经济社会不断发展以及多元文化影响下,人们的思想观念、生活理念等趋于多元,马克思主义传播及其大众化进程面临着诸多现实挑战。早期传统的马克思主义传播方式固然取得较好效果,但也存在一定的形式化、针对性差和灵活性不足等问题,且时代已发生翻天覆地的变化,因此需与时俱进,进一步创新传播方式,提升传播效果,将马克思主义理论具体化、形象化的前提下,发挥传统媒体与新兴媒体的融合功能,整合报纸、广播、电视等传统媒体和手机、微信等新兴媒体的功用,进一步扩大理论覆盖面,丰富人民群众获取和接受理论的途径,着力提升传播时效性、趣味性和吸引力,构建传播快捷、覆盖广泛的马克思主义理论传播体系。快速发展的网络技术使得民众群体在网络空间集结,马克思主义理论传播也随之进入互联网语境之下,因而"必须科学认识网络传播规律,提高用网治网水平,使互联网这个最大变量变成事业发展的最大增量。"①互联网时代增强马克思主义理论的传播效果,要深刻认识数字化、网络化、信息化所带来的社会变革,发挥新媒体与传统媒体的协同作用,尊重网络规律、贴合网民需求,把握网络特征、依靠网络技术,以适应互联网时代马克思主义传播新形势。要牢牢把握主旋律以及正确舆论导向,高度重视网络舆情;要将群众路线落实在互联网世界,及时了解并掌握人民群众的想法及愿望,即"通过网络走群众路线"、"了解群众所思所愿"、"积极回应网民关切"②等;要发挥新媒体快捷高效的优势,运用新媒体高速数据功能引领主流舆论,构建传统媒体与新媒体深度协同融合的宣传平台,营造良好媒介环境,进而在建构中国特色社会主义主流意识形态中发挥积极作用。

---

① 习近平:《论党的宣传思想工作》,中央文献出版社 2020 年版,第 339 页。
② 《习近平谈治国理政》第 2 卷,外文出版社 2017 年版,第 336 页。

结　语

历史、理论与实践逻辑的辩证统一

　　上海是承载着历史与光荣的城市,是名副其实的"初心之地"和"红色之城"。在近代中国"挑战与应战"历史境遇下,马克思主义传入上海并辐射中国,从普通社会思潮发展成为占据社会主导地位的科学理论是历史的必然选择,在理论传播、主义衍化、实践演进的历程中为确立"马克思主义中国化"行进方向以及"马克思主义大众化"实践路径作出卓越贡献,表征了历史与现实贯通、国际与国内关联、理论与实际结合的特点,彰显了历史、理论与实践逻辑的辩证统一。就历史逻辑而言,19世纪末20世纪初,无数海内外仁人志士涌向上海这片具有深厚红色底蕴和现代气息的热土,心怀救国救民的宏大愿景开启了马克思主义学习、研究和传播事业,用满腔热血在中国马克思主义传播史上描绘了一幅敢为人先、跌宕起伏、波澜壮阔的历史画卷,成为近代以来中国人民求索民族复兴的历史延续;就理论逻辑而言,体现为马克思主义在上海工人运动以及中国革命实践中的初步运用;就实践逻辑而言,则是对"救亡图存"语境下社会改造、救国救民等现实问题的回应和解答。综观马克思主义在上海早期传播的浩瀚图景,从历史、理论、实践的三重视角归纳探究马克思主义在上海早期传播实践的逻辑建构和内在机理,有助于进一步理解其历史本源、精神特质和实践特征,有助于从历史基源把握早期共产党人的初心使命,从传播起点把握伟大建党精神的发生学意蕴,从而更好地指导新时代马克思主义中国化、时代化和大众化的实践。

一、历史逻辑:改造需求和路径必然

　　历史逻辑乃是在唯物史观视域下所形成的有关社会历史成因、动力、运动及其规律等问题的必然性认识,亦是对历史经验、原则的概括和总结。研究马克思主义在上海的早期传播,须在近代中国社会变迁历史的大视野中展开,在中国社会发展内在规律性的基础上予以把握。近代以来，中华民族饱经沧桑，中国人民饱受苦难，实现中华民族伟大复兴和人民解放成为无数仁人志士和先进分子孜孜以求的愿望。从历史维度分析，马克思主义得以上海传播并非偶然，而是近代中国社会发展的必然产物，是历经了辛亥革命、新文化运动、第一次世界大战和十月革命等国内外一系列重要历史节点、事件后的逻辑必然。近代中国沦为半殖民地半封建社会后，来自五湖四海的先进分子选择上海集聚，踏上追寻救国救民真理的崎岖道路。新文化运动尤其推动上海地区的"主义"盛起，实用主义、合作主义、实验主义、改良主义、新村主义和无政府主义等众多新学说、新思潮琳琅满目，被知识分子引入中国并进行宣传和实践，掀起了破土而出式的思想革新，均不能满足实现中国社会"根本改造"之需求，更未能担负起救国救民的历史重任。正值先进分子苦闷彷徨之时，十月革命送来马克思列宁主义思想武器，为中国人民送来希望和曙光，思想界也因此意识到俄国社会主义道路重要性和可行性，从此转向了"以俄为师"之路。集结在上海的早期马克思主义者，把握历史事件的规律性，经过比较、论战、实践等多重历练从纷繁复杂的新思潮中坚定选择了马克思主义，实现了救亡图存道路从"改良"到"革命"的历史性转向。

从历史视角观之，上海的先进知识分子接受和传播马克思主义历经了复杂艰辛的过程。早期留学知识分子从上海出发，奔向日本、俄国、法国等地，在国外接触到马克思主义，学习研究了唯物史观、剩余价值、阶级斗争等学说，意识到唯物史观可以用于考察中国社会的政治历史变迁，亦可作为改造中国社会的武器，剩余价值学说则可以使思想界以及民众对中国的经济基础有着更加清晰深刻的认识，而阶级斗争、无产阶级革命等理论则可对中国革命基本问题有着更加深刻地阐述并提供方法论指导。开埠较早的上海得风气之先，养成了海纳百川的文化胸怀，亦承载着西方先进文化思想在中国的传入地和第一站的功能，其工人阶级集中的特点有利于革命思想的传播和革命力量的组织，为马克思主义早期传播提供有利的土壤和条件。恰逢其时，合适的政治空间、优越的经济基础、云集的知识分子、集中程度高的工人阶级以及遭受多重压迫之下所产生的抗争式社会民众心理等诸多有利资源和条件为马克思主义在上海早期传播提供独特的区域优势。因此，马克思主义在上海得到深入广泛的传播并未偶然，而是久经磨难的中国人民在寻找救国道路历史进程中的逻辑必然。

二、理论逻辑：初心使命的涵养和伟大建党精神的生成

理论逻辑是"理论特质和内在发展规律的具体体现"①，彰显了事物本身的内在规定性以及内在要素间的必然联系。从理论维度分析，没有革命的理论，革命的运动则无从谈起；理论的实现程度在于其被需要的程度。马克思主义得以在上海传播，归功于民族复兴、人民本位、社会改造以及新社会理想等一系列理论单元的思想铺垫，为其被理解和认同铺垫了深厚的理论渊源。马克思主义本身乃是谋求无产阶级解放的学说，经由先进分子的外部灌输，促进了无产阶级意识的普遍觉醒，为中国共产党的诞生奠定了理论基础，其理论体系形成的"初心"和"使命"在于对工人和劳苦大众等无产阶级利益的关注以及立足人民群众的实践而发展。马克思主义唯物史观秉持"人民是历史创造者"的立场，为彷徨苦闷的先进知识分子点亮了救国救民的前行灯塔，为"以人民为中心"理念的形成奠定了理论基础，进而使得为人民谋幸福、为民族谋复兴的初心使命成为中国共产党成立伊始便树立的信念和目标，即"从石库门到天安门，从兴业路到复兴路，党近百年来所付出的一切努力、进行的一切斗争、作出的一切牺牲，都是为了人民幸福和民族复兴"②。马克思主义早期传播进程暗含早期先进分子包括文化探索、政治危机、社会革命等在内的初心意涵，而文化探索、政治危机以及社会革命三者之间并非后者否定前者，而是层层解剖、不断深入升华的过程。由此可见，马克思主义在上海早期传播成为中国共产党初心使命孕育的历史起步，亦是伟大建党精神孕育和生成的逻辑前提，且满足了民族复兴的历史需求，具有自洽的理论逻辑。探寻马克思主义在上海早期传播的历史原貌，有利于深入剖析马克思主义在上海的传播与中国共产党初心使命的深切关联，有助于剖析其在伟大建党精神孕育过程中发挥作用的内在机理，增进人民群众对初心使命和伟大建党精神的理论认同，以更好满足新时代中国共产党凝聚民心、指引党心的实际需要。

精神凝结着理论的根本性质，表征了理论的核心内涵。习近平指出，"人无精神则不立，国无精神则不强"③，精神是一个人的立身之本，亦是党和国家的财富。事实证明，马克思主义与近代中国民族复兴、人民解放的历史命题建立本质

---

① 肖贵清：《习近平新时代中国特色社会主义思想体系的建构逻辑》，《求索》2021 年第 1 期。
② 《习近平著作选读》第 2 卷，人民出版社 2023 年版，第 298 页。
③ 《习近平著作选读》第 2 卷，人民出版社 2023 年版，第 347 页。

联系,其深入而广泛的传播引领早期共产党人心路历程的发展衍化并使其在思想认识、行为策略、道德品格和精神特质等层面与无产阶级政党"质的规定性"相契合。早期马克思主义者心系民族和国家命运,发扬披荆斩棘、勇往直前、奋勇争先舍身求法、坚守不渝、开疆拓土等精神特质,尝试将马克思主义理论与上海工人运动实践的结合,为中国共产党、青年团的创建发展及其演进趋向产生深刻影响并作出重要贡献,开启了中国革命进程的探索之路,并由此孕育了伟大建党精神。习近平强调:"马克思主义在中国的广泛传播催生了中国共产党,马克思主义使我们党拥有了科学的世界观和方法论,拥有了认识世界、改造世界的强大思想武器"①;"一百年前,中国共产党的先驱们创建了中国共产党,形成了坚持真理、坚守理想,践行初心、担当使命,不怕牺牲、英勇斗争,对党忠诚、不负人民的伟大建党精神"②。以上重要论述深刻阐发了马克思主义传播与伟大建党精神的逻辑关联,表明伟大建党精神是马克思主义早期传播的历史产物,而马克思主义则规制了伟大建党精神核心内涵和价值旨归。换言之,伟大建党精神作为马克思主义早期传播的历史产物,其内涵生发于马克思主义与中国具体实际、中华优秀传统文化的结合,承载共产党人的初心使命,"呈现出从理论传播、变革实践至精神样态的衍化路线和'传播—诠释—接受—发生'的生成图景"③。在理论层面,马克思主义早期传播确立建党指导思想和奋斗方向,奠定伟大建党精神价值坐标;在实践层面,马克思主义早期传播推动革命态势转向理论运用和实践探索,在指引多重变革实践中培育伟大建党精神核心要素;在文化层面,马克思主义早期传播形塑中华民族精神并与中华优秀传统文化融通,厚植伟大建党精神文化基因。简言之,马克思主义早期传播孕育并规制了伟大建党精神的核心要义和丰富内涵,从马克思主义早期传播起点探析伟大建党精神出场逻辑和生成图景,并对其具体要素进行提炼和诠释,有助于更好传承红色基因,弘扬革命传统,有助于探索中国共产党精神谱系之源头,"赓续共产党人精神血脉,始终保持革命者的大无畏奋斗精神"④,有助于建设好新时代中国共产党人"不忘初心、牢记使命"的精神家园。在实现第二个百年奋斗目标的新征程,回溯马

---

① 《用好红色资源　赓续红色血脉　努力创造无愧于历史和人民的新业绩》,《求是》2021年第19期。

② 《习近平著作选读》第2卷,人民出版社2023年版,第480页。

③ 孙珊:《马克思主义早期传播与伟大建党精神起源的整体性逻辑》,《思想理论教育》2023年第7期。

④ 《习近平著作选读》第2卷,人民出版社2023年版,第424页。

克思主义早期传播历史基源，重新思考"为什么出发"等历史之问，审视先驱者们在选择、传播、实践马克思主义过程中散发的"信仰之光"和"理想之火"，进而从以伟大建党精神为源头的中国共产党人精神谱系中汲取在新时代新征程中奋斗的具有丰厚滋养的"精神伟力"。

三、实践逻辑：无产阶级政党奠基和社会主义道路抉择

实践逻辑以实践的唯物主义为根本，基于实践来考察自然、社会和思维的一种模式，乃是对时代问题实际而科学的解答。马克思主义正是在汲取人类一切思想精华基础上，在实践中经受检验并发展，凭借其科学性和人民性指引着人类解放和人的全面发展的实践活动。从实践维度分析，马克思主义早期传播终究归属于"社会改造"的命题，其必须诉诸实践并在实践中得以检验和发展。事实证明，马克思主义源于欧洲，作为异质的主义学说能很快吸引上海众多先进知识分子，并能在中国得到深入广泛的传播，除了其具有经久不衰的特质即持续的影响力和穿透力之外，还在于填补了旧学说的空白，激发了中国知识分子经世致用的内在感情，契合中国人民和中华民族的现实关切，满足中国人民进行革命斗争的实际需求。

马克思主义在上海的早期传播高度契合中华民族救亡图存的客观需要，符合先进分子的理论选择，表征出普遍原理与具体实践相结合的特色，一方面，马克思主义理论指导革命实践的发展；另一方面，革命实践推动理论传播的全面和深入，并在此基础上引发中国共产党组织的诞生和社会主义道路的抉择。在中国共产党在上海成立之前，形形色色的政党在中国政治舞台纷争角逐、兴衰沉浮。在马克思主义指导下，中国共产党诞生于民族危难之际，发端于上海工人运动之中，在政党林立的博弈中闪露光芒并最终脱颖而出。马克思主义的传播激发了上海工人阶级以及劳苦大众的革命斗志，深化了知识分子对中国革命问题的认识，尤其是促进了无产阶级政治上的成熟，继而为无产阶级政党的诞生提供"物质承担者"。共产国际代表在上海的系列举措，推进了中国共产主义运动日渐兴起，助力了无产阶级政党组织在上海的孕育。此后，上海共产党早期组织一经诞生，就引领并辐射了其他地区党团组织的成立，推动了马克思主义与上海工人运动以及其他地区工农学运动的结合，催化了中共一大在上海的召开。因此，马克思主义在上海早期跨语境传播，不只体现为新主义学说的输入，更是轰轰烈烈的上海工农学运动的实践展开，使马克思主义理论在中国得以检验和发展，为中国共产党在上海的诞生奠定了思想根基和阶级基础，并提供了理论准备和骨

干力量。这彰显了马克思主义的重要观点,人类社会历史发展过程在遵循一定客观规律性的同时,还反映作为主体的人在社会历史发展过程中所体现的能动性和选择性。

实践逻辑乃是马克思主义早期传播的逻辑旨归。马克思恩格斯强调实践在社会生活及其矛盾运动中的变革作用,即"对实践的唯物主义者即共产主义者来说,全部问题都在于使现存世界革命化,实际地反对并改变现存的事物"①。于马克思主义传播而言,"解释世界"的理论传播固然重要,"改造世界"的实践传播必不可少,二者的结合是实现社会根本改造的重要步骤。在上海,早期马克思主义者加强对传播活动的组织引导和整体把握,进而在特殊条件下使其描绘的目标图景得以转化为现实场景,此乃实践逻辑得以展开的体现。就马克思主义早期传播实践而言,其实质是传播主体在尊重客观规律的基础上发挥主观能动性的产物,表征为客观规律与主体选择的辩证统一。早期马克思主义者在"主义"的指向下,围绕社会根本改造目标,在上海率先建立了无产阶级政党,选择了社会主义道路,衍化了由主义传播引发的"政党诞生"和"道路抉择"的内在逻辑,这正如恩格斯所强调,"社会主义则是在现世里,在社会改造中寻求"②。综上,马克思主义早期传播不仅助力了马克思主义新型政党的诞生,其先进的阶级基础和思想基础还赋予中国共产党先进的政党品质。正所谓有主义才有政党,有主义和政党才会有道路,正是在马克思主义这一立足人民的理论广泛而深入的传播实践支撑下,传播进程要素被不断激活,方才推动"立足人民"的无产阶级政党的诞生,进而引发社会主义道路的抉择与确立。

知所从来,方明所去,回望来路是为了更好地擘画前行的蓝图。在中华民族复兴和社会改造的语境下,历史逻辑、理论逻辑、实践逻辑三者辩证统一地存在于马克思主义在上海早期传播辉煌又曲折的进程之中,表征了由点及面在全国范围"星火燎原"③的过程。就马克思主义早期传播而言:指向必然性的历史逻辑乃是前提,开启了理论和实践逻辑的征程;指向广大民众根本利益的理论逻辑是核心,奠定了历史逻辑和实践逻辑的民众本位基础;指向社会改造、救国救民的实践逻辑是根本,促进了历史逻辑和理论逻辑的实现。就人类思想的影响力和传播面来说,"没有一种思想理论能达到马克思主义的高度,也没有一种学说

---

① 《马克思恩格斯选集》第 1 卷,人民出版社 2012 年版,第 155 页。
② 《马克思恩格斯选集》第 4 卷,人民出版社 2012 年版,第 327 页。
③ 刘晓玲:《区域化与马克思主义中国化的动力——以新民主主义革命时期的湖南为讨论中心》,《湖南大学学报(社会科学版)》2023 年第 5 期。

能像马克思主义那样对世界产生了如此巨大的影响。"①事实亦如此，马克思主义犹如一粒种子，传入中国后率先播撒在上海地区并生根、开花和结果，历经千险万难后崭露头角于诸多社会思潮，逐渐确立话语权继而占据意识形态主导地位，最终发展成为中国共产党的指导思想。马克思主义在上海的早期传播实践是在中国传播的重要构成，其区域化的探索有力推动了马克思主义早期中国化。对照马克思主义在当代中国的传播及其大众化进程，深入探究马克思主义在上海早期传播的经验与规律，关乎从学理上追寻中国国家意识形态的起源问题，对于学习早期先驱的精神风范，对于深刻把握共产党人的初心使命、弘扬伟大建党精神、开创马克思主义中国化时代化新局面等具有重要的理论与现实意义。鉴往知来，在新时代条件下推进马克思主义中国化时代化的伟大征程中，要正确把握时代主题和世界发展大势，深刻认识马克思主义理论的时代性和创新性，巩固马克思主义在意识形态领域的指导地位，创新传播形式，构建话语体系，学懂弄通马克思主义最新理论成果，深入学习贯彻习近平新时代中国特色社会主义思想，着力开启当代中国马克思主义传播新征程。

---

① 《习近平谈治国理政》第 2 卷，外文出版社 2017 年版，第 65 页。

主要参考文献

一、经典理论著作

[1]马克思恩格斯选集(第1—4卷)[M].北京:人民出版社,2012.

[2]马克思恩格斯文集(第1—10卷)[M].北京:人民出版社,2009.

[3]列宁专题文集(第1—5卷)[M].北京:人民出版社,2009.

[4]列宁选集(第1—4卷)[M].北京:人民出版社,2012.

[5]孙中山全集(全11册)[M].北京:中华书局,2014.

[6]毛泽东选集(第1—4卷)[M].北京:人民出版社,1991.

[7]毛泽东文集(第1—8卷)[M].北京:人民出版社,1996.

[8]周恩来选集(第1—3卷)[M].北京:中央文献出版社,1997.

[9]邓小平文选(第1—3卷)[M].北京:人民出版社,1993.

[10]习近平谈治国理政(第1卷)[M].北京:外文出版社,2018.

[11]习近平谈治国理政(第2卷)[M].北京:外文出版社,2017.

[12]习近平谈治国理政(第3卷)[M].北京:外文出版社,2020.

[13]习近平谈治国理政(第4卷)[M].北京:外文出版社,2022.

[14]习近平著作选读(第1—2卷)[M].北京:人民出版社,2023.

二、档案、志书及资料汇编

[1]工人出版社《劳动界》(第1—19册合订本)[Z].上海市档案馆,1921,D2-0-272.

[2]上海金龙街美伦里工商友谊会《上海伙友》(合订本)[Z].上海市档案馆,1921,D2-0-273.

[3]时事新报《社会主义研究》(第1、2、5、9、12、18、25号)[Z].上海市档案馆,1921-1922,D3-0-709.

[4]中国劳动组合书记部《劳动周刊》(第15、16、18号)[Z].上海市档案馆,1921-1922,D3-0-710.

[5]上海中华妇女界联合会《妇女声》[Z].上海市档案馆,1922,D3-0-716.

[6]时事新报馆《学灯》[Z].上海市档案馆,1922,D3-0-808.

[7]上海劳工杂志社《劳工杂志》[Z].上海市档案馆,1923,D2-0-1862.

[8]上海杨树浦平民学校《平民声》[Z].上海市档案馆,1923,D2-0-602.

[9]《生活》(合订本)[Z].上海市档案馆,1925,D2-0-491.

[10]上海总工会消息[Z].上海市档案馆,1925,D2-0-1837.

[11]中国共产党五年来之政治主张[Z].上海市档案馆,1926,D4-0-912.

[12]高尔松.《工会概要》[Z].上海市档案馆,1927,D4-0-212.

[13]上海建设社《建设》[Z].上海市档案馆,1927,D2-0-1390.

[14]图书年鉴:第四编全国新出版家一览[Z].上海市档案馆,1935,Y15-1-42-1331.

[15]中共中央马克思、恩格斯、列宁、斯大林著作编译局研究室.五四时期期刊介绍[M].北京:生活·读书·新知三联书店,1959.

[16]中共中央党校党史教研室选编.中共党史参考资料(第1卷)[M].北京:人民出版社,1979.

[17]张允侯、殷叙彝、洪清祥、王云开.五四时期的社团(第1—4册)[M].北京:生活·读书·新知三联书店,1979.

[18]中国社科院现代史研究室选编."一大"前后—中国共产党第一次代表大会前后资料选编(一)[M].北京:人民出版社,1980.

[19]上海社会科学院历史研究所编.五四运动在上海史料选辑[M].上海:上海人民出版社,1980.

[20]上海社会科学院历史研究所编.五卅运动史料(第1卷)[M].上海:上海人民出版社,1981.

[21]中国社会科学院现代史研究室编译.维经斯基在中国的有关资料[M].北京:中国社会科学出版社,1982.

[22]中央档案馆编.中国共产党第一次代表大会档案资料(增订本)[M].北京:人民出版社,1982.

[23]中央档案馆编.中共党史报告选编[M].北京:中共中央党校出版社,1982.

[24]上海社会科学院历史研究所.辛亥革命在上海史料选辑[M].上海:上海人民出版社,1982.

[25]黄美真、石源华、张云编.上海大学史料[M].上海:复旦大学出版社,1984.

[26]中国社会科学院近代史研究所编."二大"和"三大"——中国共产党第二、三次代表大会资料选编[M].北京:中国社会科学出版社,1985.

［27］上海革命历史文件汇集:中共上海区委文件(1925—1926)［M］.中央档案馆、上海市档案馆,1986年4月.

［28］上海革命历史文件汇集:中共上海区委宣传部组织部等文件(1925.8—1927.4)［M］.中央档案馆、上海市档案馆,1986年4月.

［29］上海革命历史文件汇集:中共上海区委文件(1926—1927)［M］.中央档案馆、上海市档案馆,1986年6月.

［30］中共中央党史资料征集委员会编.共产主义小组(上、下册)［M］.北京:中共党史资料出版社,1987.

［31］上海革命历史文件汇集:青年团上海地委文件(1922.7—1927.1)［M］.中央档案馆、上海市档案馆,1987.

［32］共青团中央青运史研究室、中央档案馆编.中共中央青年运动文件选编［M］.北京:中国青年出版社,1988.

［33］中央档案馆编.中共中央青年运动文件选编(1921.7—1949.9)［M］.北京:中国青年出版社,1988.

［34］上海革命历史文件汇集.上海各群众团体文件(1924—1927)［M］.中央档案馆、上海市档案馆,1988.

［35］中共上海市委党史资料征集委员会主编.中共上海党史大事记(1919.5—1949.5)［M］.北京:知识出版社,1988.

［36］中央档案馆编.中共中央文件选集第1册(1921—1925)［M］.北京:中共中央党校出版社,1989.

［37］中央档案馆编.中共中央文件选集第2册(1926)［M］.北京:中共中央党校出版社,1989.

［38］中央档案馆编.中共中央文件选集第3册(1927)［M］.北京:中共中央党校出版社,1989.

［39］上海市妇女联合会.上海妇女运动史(1919—1949)［M］.上海:上海人民出版社,1989.

［40］上海革命历史文件汇集:上海区委会议记录(1923.7—1926.3)［M］.中央档案馆、上海市档案馆,1989.

［41］上海革命历史文件汇集:上海区委会议记录(1926.12—1927.2)［M］.中央档案馆、上海市档案馆,1990.

［42］上海革命历史博物馆(筹)编.上海革命史研究资料［M］.上海:生活·读书·新知三联书店上海分店,1991.

［43］中共上海市委组织部、上海市档案馆等编.中国共产党上海市组织史资料

（1920.8—1987.10）[M].上海：上海人民出版社,1991.

[44]中国第二历史档案馆编.中华民国史档案资料汇编第五辑第一编（文化）[M].南京：江苏古籍出版社,1994.

[45]中共中央宣传部办公厅、中央档案馆编研部编.中国共产党宣传工作文献选编（第1册）[M].北京：学习出版社,1996.

[46]中共中央党史研究室第一研究部.联共（布）、共产国际与中国国民革命运动1920—1925（第1卷）[M].北京：北京图书馆出版社,1997.

[47]中共中央党史研究室第一研究部.共产国际、联共（布）与中国革命文献资料选辑1917—1925（第2卷）[M].北京：北京图书馆出版社,1997.

[48]《上海工运志》编纂委员会编.上海工运志[M].上海：上海社会科学院出版社,1997.

[49]中共中央党史研究室第一研究部.联共（布）、共产国际与中国国民革命运动1926—1927（第3卷）,北京：北京图书馆出版社,1998.

[50]中国共产党组织史资料1921—1997（第1—9卷）[M].北京：中央党史出版社,2000.

[51]《上海出版志》编纂委员会编.上海出版志[M].上海：上海社会科学院出版社,2000.

[52]《上海租界志》编纂委员会编.上海租界志[M].上海：上海社会科学院出版社,2001.

[53]中共上海市委党史研究室编.中国共产党在上海85年图志[M].上海人民出版社,2006.

[54]中国中共党史人物研究会.中共党史人物传（先驱卷）[M].北京：中共党史出版社,2010.

[55]中共中央文献研究室、中央档案馆编.建党以来重要文献选编1921—1949（第1—4册）[M].北京：中央文献出版社,2011.

[56]中共中央党史研究室.中国共产党历史1921—1949（第一卷上册）[M].北京：中共党史出版社,2011.

[57]李强主编.五四时期重要期刊汇编[M].北京：国家图书馆出版社,2012.

[58]葛懋春.无政府主义思想资料选[M].北京：北京大学出版社,2014.

[59]孙晓梅主编.中国妇女运动文献资料汇编（第28册）[M].北京：线装书局,2015.

[60]吕延勤主编.马克思主义在中国早期传播史料长编1917—1927（上、中、下卷）[M].武汉：长江出版社,2016.

［61］上海社会科学院"中国现代史"创新型学科团队、上海社会科学院历史研究所现代史研究室整理.上海工人运动历史资料［M］.上海：上海书店出版社,2016.

［62］北京大学《马藏》编纂与研究中心.马藏（第1—5卷）［M］.北京：科学出版社,2018.

［63］张浩然主编.五四新文化运动研究资料汇编［M］.扬州：广陵书社,2019.

［64］共青团中央青运史档案馆编.中国青年运动纪事长编1919—1949（第1卷）［M］.北京：中国青年出版社,2019.

［65］上海社会科学院历史研究所现代史研究室.上海工人运动史大事记两种（上册）,上海：上海书店出版社,2019.

［66］康文龙主编.列宁主义在中国早期传播史料长编1917—1927（上册）［M］.武汉：武汉大学出版社,2019.

［67］上海市静安区文物史料馆、上海社会科学院历史研究所现代史研究室编.上海工运历史研究第一辑：红映浦江［M］.上海：上海书店出版社,2020.

三、人物文集书信、传记年谱、日记回忆录类资料

（一）文集书信

［1］陈独秀.独秀文存［M］.上海：亚东书局,1922.

［2］江亢虎.新俄游记［M］.上海：商务印书馆,1923.

［3］瞿秋白.赤都心史［M］.上海：商务印书馆,1924.

［4］胡汉民先生演讲集［M］.上海：民智书局,1928.

［5］中国革命博物馆.周恩来旅欧文集［M］.北京：文物出版社,1982.

［6］陈独秀文章选编（上、中、下册）［M］.北京：生活・读书・新知三联书店,1984.

［7］戴绪恭、姚维斗.向警予文集［M］.长沙：湖南人民出版社,1985.

［8］瞿秋白文集.文学编（第2卷）［M］.北京：人民文学出版社,1986.

［9］刘少奇选集（上卷）［M］.北京：人民出版社,1991.

［10］中共中央文献研究室、中共中央党校编.刘少奇论党的建设［M］.北京：中央文献出版社,1991.

［11］中共中央文献研究室编.毛泽东书信选集［M］.北京：中央文献出版社,2003.

［12］中共中央文献研究室、中共湖南省委《毛泽东早期文稿》编辑组编.毛泽东早期文稿（1912.6—1920.11）［M］.长沙：湖南人民出版社,2008.

［13］陈望道编著.陈望道译文集［M］.上海：复旦大学出版社,2009.

［14］李大钊全集（第1—5卷）［M］.北京：人民出版社,2013.

［15］陈独秀文集（第1—4卷）［M］.北京：人民出版社,2013.

[16]朱执信集（上、下册）[M].北京：中华书局,2013.

[17]瞿秋白文集.政治理论编（第1—8卷）[M].北京：人民出版社,2013.

[18]蔡和森文集（上、下册）[M].北京：人民出版社,2013.

[19]恽代英全集（第1—9卷）[M].北京：人民出版社,2014.

[20]桑兵、朱凤林.戴季陶卷[M].北京：中国人民大学出版社,2014.

[21]陈红民、方勇.胡汉民卷[M].北京：中国人民大学出版社,2014.

[22]汪信砚主编.李达全集（第1—20卷）[M].北京：人民出版社,2017.

（二）传记年谱

[1]广东省哲学社会科学研究所历史研究室编.孙中山年谱[M].北京：中华书局,1980.

[2]丁文江、赵丰田.梁启超年谱长编[M].上海：上海人民出版社,1983.

[3]田子渝、任武雄、李良明.恽代英传记[M].武汉：湖北人民出版社,1984.

[4]宋镜明.李达传记[M].武汉：湖北人民出版社,1986.

[5]唐宝林、林茂生编.陈独秀年谱[M].上海：上海人民出版社,1988.

[6]田子渝.李汉俊[M].石家庄：河北人民出版社,1997.

[7]周恩来年谱（1949—1976）[M].北京：中央文献出版社,1998.

[8]逄先知、金冲及主编.毛泽东传1949—1976（上下册）[M].北京：中央文献出版社,2003.

[9]李良明、钟德涛主编.恽代英年谱（1895—1931）[M].武汉：华中师范大学出版社,2006.

[10]金冲及主编.毛泽东传（1893—1949）[M].北京：中央文献出版社,2006.

[11]陈奇.刘师培年谱长编[M].贵阳：贵州人民出版社,2007.

[12]中共中央文献研究室.毛泽东年谱（1949—1976）[M].北京：中央文献出版社,2013.

（三）回忆录及日记

[1]何香凝.回忆孙中山和廖仲恺[M].北京：中国青年出版社,1957.

[2]中国社会科学院近代史研究所编.五四运动回忆录（上、下、续）[M].北京：中国社会科学出版社,1979.

[3]萧三等.青年运动回忆录——五四运动专集（第2册）[M].北京：中国青年出版社,1979.

[4]知识出版社编.一大回忆录[M].北京：知识出版社,1980.

[5]本社编.回忆蔡和森[M].北京：人民出版社,1980.

[6]张国焘.我的回忆（第1册）[M].北京：现代史料编刊社,1980.

［7］中央档案馆编.恽代英日记［M］.北京:中共中央党校出版社,1981.

［8］包惠僧回忆录［M］.北京:人民出版社,1983.

［9］马纯古、章蕴等.回忆杨之华［M］.合肥:安徽人民出版社,1983.

［10］张祺.上海工运纪事［M］.上海:中国大百科全书出版社上海分社,1991.

［11］中共上海市委党史研究室编.毛泽东在上海［M］.北京:中共党史出版社,1993.

四、报刊资料

［1］《申报》(1872 年 4 月—1927 年 7 月)

［2］《东方杂志》(1904 年 3 月—1927 年 7 月)

［3］《时事新报》副刊《学灯》(1918 年 3 月—1928 年 4 月)

［4］上海《民国日报》(1919 年 6 月—1925 年 6 月)

［5］上海《民国日报》副刊《觉悟》(1919 年 6 月—1931 年末)

［6］《星期评论》(1919 年 6 月—1920 年 6 月)

［7］《建设》(1919 年 8 月—1920 年 12 月)

［8］《解放与改造》(1919 年 9 月—1922 年 9 月)

［9］《劳动界》(1920 年 8 月—1921 年 1 月)

［10］《新青年》(1920 年 9 月—1926 年 7 月)

［11］《向导》(1920 年 9 月—1927 年 7 月)

［12］《共产党》(1920 年 11 月—1921 年 7 月)

［13］《上海伙友》(1920 年 11 月—1921 年 1 月)

［14］《先驱》(1921 年 1 月—1923 年 8 月)

［15］《劳动周刊》(1921 年 8 月—1922 年 6 月)

［16］上海《民国日报》副刊《妇女评论》(1921 年 8 月—1923 年 8 月)

［17］《妇女声》(1921 年 12 月—1922 年 6 月)

［18］《中国青年》(1923 年 10 月—1927 年 10 月)

［19］《妇女周报》(1923 年 8 月—1925 年 8 月)

五、著作

［1］黎澍.马克思主义与中国革命［M］.北京:人民出版社,1963.

［2］丁守和、殷叙彝.从五四启蒙运动到马克思主义的传播［M］.北京:生活·读书·新知三联书店,1979.

［3］丁守和.中国现代史论［M］.北京:中国社会科学出版社,1980.

[4]胡绳.从鸦片战争到五四运动[M].北京：人民出版社,1981.

[5]李新、陈铁健主编.伟大的开端[M].北京,中国社会科学出版社,1983.

[6]林代昭、潘国华编.马克思主义在中国：从影响的传入到传播[M].北京：清华大学出版社,1983.

[7]彭明.五四运动史[M].北京：人民出版社,1984.

[8]陈汉楚主编.社会主义在中国的传播和实践[M].北京：中国青年出版社,1984.

[9]姜义华编.社会主义学说在中国的初期传播[M].上海：复旦大学出版社,1984.

[10]林茂生.马克思主义在中国的传播[M].北京：书目文献出版社,1984.

[11]《社会主义思想在中国的传播》编写组.社会主义思想在中国的传播[M].北京：中共中央党校科研办公室,1985.

[12]高军、王桧林、杨树标.五四运动前马克思主义在中国的介绍与传播[M].长沙：湖南人民出版社,1986.

[13]刘惠吾主编.上海近代史(上、下册)[M].上海：华东师范大学出版社,1987.

[14]陈绍康编著.上海共产主义小组[M].北京：知识出版社,1988.

[15]庄福龄主编.中国马克思主义哲学传播史[M].北京：中国人民大学出版社,1988.

[16]利兴民主编.马克思主义哲学在中国的传播和发展[M].广州：广东高等教育出版社,1988.

[17]丁晓强、徐梓.五四与现代中国[M].太原：山西人民出版社,1989.

[18]中央天津市委党史资料征集委员会编.马克思主义在天津早期传播(1917—1924)[M].天津：天津人民出版社,1989.

[19]卞杏英.上海革命简史[M].上海：学林出版社,1990.

[20]中共上海市委党史研究室编.中国共产党在上海(1921—1991)[M].上海：上海人民出版社,1991.

[21]胡绳.中国共产党70年[M].北京：中共中央党史出版社,1991.

[22]皮明麻.近代中国社会主义思潮觅踪[M].长春：吉林文史出版社,1991.

[23]杨奎松、董士伟.海市蜃楼与大漠绿洲——中国近代社会主义思潮研究[M].上海：上海人民出版社,1991.

[24]沈以行、姜沛南、郑庆声.上海工人运动史(上卷)[M].沈阳：辽宁人民出版社,1991.

[25]李其驹、王炯华、张耀先主编.马克思主义哲学在中国[M].上海：上海人民出版社,1991.

[26]王奇生.中国留学生的历史轨迹[M].武汉：湖北教育出版社,1992.

［27］方汉奇.中国新闻事业通史(第 1 卷)［M］.北京:中国人民大学出版社,1992.

［28］郑邦兴.中国早期共产主义知识分子研究——科学社会主义在中国的传播［M］.武汉:华中师范大学出版社,1993.

［29］杨奎松.马克思主义中国化的历史进程［M］.郑州:河南人民出版社,1994.

［30］郑名桢.留法勤工俭学运动［M］.太原:山西高校联合出版社,1994.

［31］周子东、傅绍昌、杨雪芳、都培炎.马克思主义在上海的传播(1898—1949)［M］.上海:上海社会科学出版社,1994.

［32］程伟礼、张生泉、吴小龙.先知的足迹:中国早期马克思主义者的心路历程［M］.郑州:河南人民出版社,1996.

［33］唐宝林主编.马克思主义在中国 100 年［M］.合肥:安徽人民出版社,1997.

［34］李玉贞.联共、共产国际与中国 1920—1925 年(第 1 卷)［M］.台湾:东大图书股份有限公司,1997.

［35］钟家栋、王世根主编.20 世纪:马克思主义在中国［M］.上海:上海人民出版社,1998.

［36］忻平.从上海发现历史——现代化进程中的上海人及其社会生活［M］.上海:上海人民出版社,1999.

［37］中共上海市委党史资料征集委员会等.上海店员和职员运动史(1919—1949)［M］.上海:上海社会科学院出版社,1999.

［38］熊月之.上海通史(第 11—13 卷)［M］.上海:上海人民出版社,1999.

［39］李振宏.历史学的理论与方法［M］.开封:河南大学出版社,1999.

［40］《胡乔木传》编写组编.胡乔木谈中共党史［M］.北京:人民出版社,1999.

［41］张光明.布尔什维克和社会民主主义的历史分野［M］.北京:中央编译局出版社,1999.

［42］许纪霖.二十世纪中国思想史论［M］.上海:东方出版中心,2000.

［43］陈伯海.上海文化通史［M］.上海:上海文艺出版社,2001.

［44］彭继红.传播与选择——马克思主义中国化的历程(1899—1921 年)［M］.长沙:湖南师范大学出版社,2001.

［45］洪汉鼎.理解与解释——诠释学经典文选［M］.上海:东方出版社,2001.

［46］刘宋斌、姚金果.中国共产党创建史［M］.福州:福建人民出版社,2002.

［47］徐素华.马克思主义哲学在中国传播、应用、形态、前景［M］.北京:北京出版社,2002.

［48］杨寿堪、王成兵.实用主义在中国［M］.北京:首都师范大学出版社,2002.

［49］张昆.大众媒介的政治社会化功能［M］.武汉:武汉大学出版社,2003.

[50]汪青松.马克思主义中国化与中国化的马克思主义[M].北京:中国社会科学出版社,2004.

[51]袁刚、孙家祥、任丙强编.中国到自由之路——罗素在华讲演集[M].北京:北京大学出版社,2004.

[52]倪兴祥.中国共产党创建史词典[M].上海:上海人民出版社,2006.

[53]高放、李景治、蒲国良主编.科学社会主义理论与实践[M].北京:中国人民大学出版社,2006.

[54]王新华、李保东.马克思主义中国化的历史命运[M].北京:人民日报出版社,2006.

[55]谈敏.回溯历史——马克思主义经济学在中国的传播前史[M].上海:上海财经大学出版社,2008.

[56]葛兆光.中国思想史(上册)[M].上海:复旦大学出版社,2009.

[57]李泽厚.中国现代思想史论[M].北京:生活·读书·新知三联书店,2009.

[58]曹景文.大众化视阈下的思想政治工作史研究[M].北京:光明日报出版社,2010.

[59]童小彪.中国共产党纪念活动与马克思主义中国化[M].北京:中国社会科学出版社,2010.

[60]郭刚.中国早期马克思主义的传播——梁启超与西学东渐[M].北京:人民出版社,2010.

[61]元清等.中国留学通史(民国卷)[M].广州:广东教育出版社,2010.

[62]王刚.马克思主义中国化的起源语境研究[M].北京:人民出版社,2011.

[63]郗卫东.解放前珍贵红色报刊发行词[M].北京:中央编译局出版社,2011.

[64]李君如.中国共产党建设史[M].福州:福建人民出版社,2011.

[65]张静如.中国共产党思想通史(第4卷)[M].青岛:青岛出版社,2011.

[66]苏智良.上海:城市变迁、文明演进与现代性[M].上海:上海人民出版社,2011.

[67]田子渝、蔡丽、徐方平、李良明.马克思主义在中国的初期传播史[M].北京:学习出版社,2012.

[68]黄进华.马克思主义在中国东北的传播(1900—1930)[M].北京:中国社会科学出版社,2012.

[69]方汉奇.中国近代报刊史[M].太原:山西教育出版社,2012.

[70]宋镜明、吴向伟.党的重要历史人物与早期马克思主义中国化[M].北京:中国社会科学出版社,2012.

[71]李军林.马克思主义在中国的早期传播及其话语体系的初步建构[M].北京:学习出版社,2013.

[72]徐素华.马克思恩格斯著作在中国的传播——MEGA^{2}视野下的文本、文献、语义学研究[M].北京:中国社会科学出版社,2013.

[73]倪邦文.马克思主义在青年中的传播:历史视野与哲学思考[M].北京:中国社会科学出版社,2014.

[74]张仲礼主编.近代上海城市研究(1840—1949年)[M].上海:上海人民出版社,2014.

[75]胡为雄.马克思主义哲学在中国传播与发展的百年历史(上、下册)[M].南昌:百花洲文艺出版社,2015.

[76]杨卫民.摩登上海的红色革命传播[M].上海:上海大学出版社,2015.

[77]方红.马克思主义在中国的早期翻译与传播[M].上海:上海三联书店,2016.

[78]黄进华.场域视野与马克思主义在东北的传播(1872—1948)[M].哈尔滨:黑龙江人民出版社,2016.

[79]张国伟.马克思主义著作在中国的出版与传播(1899—1945)[M].上海:华东师范大学出版社,2017.

[80]郭彦军.近代上海社团发展及其社会管理意义研究[M].上海:上海交通大学出版社,2017.

[81]陈金龙.中国共产党纪念活动史[M].北京:社会科学文献出版社,2017.

[82]闫化川.马克思主义是怎样生根中国的:马克思主义在山东早期传播研究[M].北京:方志出版社,2017.

[83]陈旭麓.近代中国社会的新陈代谢[M].北京:生活·读书·新知三联书店,2017.

[84]田子渝.马克思主义在中国早期传播著作选集(1920—1927)[M].武汉:湖北人民出版社,2018.

[85]罗荣渠.现代化新论——中国的现代化之路[M].上海:华东师范大学出版社,2018.

[86]行龙.区域社会史研究导论[M].北京:中国社会科学出版社,2018.

[87]张远航.不忘初心——马克思主义在中国的早期传播[M].北京:文物出版社,2019.

[88]吴汉全.中国马克思主义学术史(第1—5卷)[M].北京:人民出版社,2019.

[89][美]埃德加·斯诺.西行漫记[M].董乐山译,北京:生活·读书·新知三联书店,1979.

［90］［美］伯纳尔.1907 年以前中国的社会主义思潮［M］.丘权政、符致兴、范道丰、陈昌光译,福州:福建人民出版社,1985.

［91］［英］墨菲.上海——现代中国的钥匙［M］.上海社会科学院历史研究所编译,上海:上海人民出版社,1986.

［92］［美］莫里斯·迈斯纳.李大钊与中国马克思主义的起源［M］.中共北京市委党史研究室编译组译,北京:中共党史资料出版社,1989.

［93］［法］马克·布洛赫.历史学家的技艺［M］.张和声、程郁译,上海:上海社会科学院出版社,1992.

［94］［美］费正清.剑桥中华民国史 1912—1949（上卷）［M］.杨品泉等译,北京:中国社会科学出版社,1994.

［95］［美］周策纵.五四运动:现代中国的思想革命［M］.周子平等译,南京:江苏人民出版社,1996.

［96］［美］石约翰.中国革命的历史透视［M］.王国良译,上海:上海东方出版中心,1998.

［97］［德］汉斯-格奥尔格·伽达默尔.真理与方法（上卷）［M］.洪汉鼎译,上海:上海译文出版社,1999.

［98］［英］彼得·伯克.历史与社会理论［M］.姚朋等译,上海:上海人民出版社,2001.

［99］［德］李博.汉语中的马克思主义术语的起源与作用:从词汇——概念角度看日本和中国对马克思主义的接受［M］.赵倩等译,北京:中国社会科学出版社,2003.

［100］［日］石川祯浩.中国共产党成立史［M］.袁广泉译,北京:中国社会科学出版社,2006.

［101］［美］阿里夫·德里克.中国革命中的无政府主义［M］.孙宜学译,桂林:广西师范大学出版社,2006.

［102］［英］玛丽亚·露西娅·帕拉蕾丝-伯克编.新史学——自白与对话［M］.彭刚译,北京:北京大学出版社,2006.

［103］［美］傅高义.共产主义下的广州:一个省会的规划与政治（1949—1968）［M］.高申鹏译,广州:广东人民出版社,2008.

［104］［美］李侃如.治理中国——从革命到改革［M］.胡国成、赵梅译,北京:中国社会科学出版社,2010.

［105］［美］沈大伟.中国共产党——收缩与调适［M］.吕增奎、王新颖译,北京:中央编译出版社,2011.

［106］［美］裴宜理.上海罢工——中国工人政治研究［M］.刘平译,南京:江苏人民

出版社,2011.

　　[107][美]莫里斯·迈斯纳.马克思主义、毛泽东主义与乌托邦主义[M].张宁、陈赫康等译,北京:中国人民大学出版社,2013.

　　[108][美]本杰明·史华慈.中国共产主义与毛泽东的崛起[M].陈玮译,北京:中国人民大学出版社,2013.

　　[109][美]斯图尔特·R.施拉姆.毛泽东的思想[M].田松年、杨德译,北京:中国人民大学出版社,2013.

　　[110][法]白吉尔.上海史——走向现代化之路[M].王菊、赵念国译,上海:上海社会科学院出版社,2014.

　　[111][美]西达·斯考切波.国家与社会革命:对法国、俄国和中国的比较分析[M].何俊志、王学东译,上海:上海人民出版社,2015.

　　[112][美]阿里夫·德里克.革命与历史:中国马克思主义历史学的起源(1919—1937),翁贺凯译,南京:江苏人民出版社,2018.

　　[113][美]刘力妍.红色起源——湖南第一师范学校与中国共产主义的创建[M].王毅译,郑州:河南大学出版社,2019.

　　[114][英]库寿龄.上海史(第1—2卷)[M].朱华译,上海:上海书店出版社,2020.

　　[115] Wilbur Schramm, *Mass media and national delelopment*, Stanford University Press,1964.

　　[116] Arif Dirlik, *The Origin of Chinese Communism*, Oxford University Press,1989.

　　[117] Benjamin I.Schwartz, *Reflections on the May Fourth Movement: A Symposium*, Harvard University Press,1972.

　　[118] Lee－hsia Hsu Ting, *Government Control of the Press in Modern China, 1900-1949*, Harvard University Press,1974.

　　[119] Lloyd E.Eastman, *Family, Fields and ancestors: Constancy and Change in China's Social and Economic History, 1550-1949*, Oxford University Press,1988.

　　[120] Christopher Alexander Reed, *Gutenberg in Shanghai: Chinese print capitalism, 1876-1937*.UBC Press,2004.

　　[121] Cynthia Joanne Brokaw, Christopher A Reed, *From woodblocks to the Internet: Chinese Publishing and Print Culture in Transition, circa 1800 to 2008*, Brill,2010.

六、期刊论文

　　[1]熊月之.论上海租界的双重影响[J].史林,1987(3).

［2］蔡乐苏.西方文化危机的影响与马克思主义传入中国［J］.清华大学学报（哲学社会科学版），1988（2）.

［3］陈旭麓.关于中国近代史线索的思考［J］.历史研究，1988（3）.

［4］凯声.马克思主义在中国的传播及中国化的文化阐释——兼论文化传播与接受的一般规律［J］.中州学刊，1992（4）.

［5］田子渝.马克思列宁主义在中国早期传播研究综述［J］.马克思主义研究，2001（3）.

［6］田子渝.马克思列宁主义在中国早期传播研究的若干启示［J］.湖北大学学报（哲学社会科学版），2001（4）.

［7］沈传亮.五四时期国民党人与马克思主义传播［J］.党史教学，2002（8）.

［8］李田贵、赵学琳.二十年代国民党人对马克思主义的传播［J］.当代世界社会主义问题，2003（4）.

［9］张洪波、葛善泽.五四前后马克思为什么能在中国迅速传播［J］.当代世界与社会主义，2004（4）.

［10］王先明.“区域化”取向与近代史研究［J］.学术月刊，2006（3）.

［11］李军林.从“5W”模式看马克思主义在中国早期传播的特点［J］.湖南师范大学社会科学学报，2007（1）.

［12］梁严冰.马克思主义在陕北的早期传播及其党团组织的建立［J］.延安大学学报（社会科学版），2007（3）.

［13］郭渊.19世纪末—20世纪初布尔什维克与马克思主义在哈尔滨的传播［J］.北方文物，2007（4）.

［14］熊月之.论近代上海城市文化的异质性［J］.中国名城，2008（1）.

［15］冯天瑜.唯物史观在中国的早期传播及其遭遇［J］.中国社会科学，2008（1）.

［16］周一平、林祖华.瞿秋白传播马克思主义的两大特色［J］.毛泽东邓小平理论研究，2008（4）.

［17］张静如.个体的独特作用和群体的合力作用［J］.党史研究与教学，2008（4）.

［18］吴艳东、李强.马克思主义在中国的早期传播与大众化［J］.湖北大学学报（哲学社会科学版），2008（5）.

［19］贺艳秋.马克思主义中国化理论成果传播的历史经验［J］.郑州大学学报（哲学社会科学版），2008（5）.

［20］李百玲.马克思主义在中国的早期翻译及传播［J］.江苏行政学院学报，2008（5）.

［21］陈文联.留学生与马克思主义妇女观在中国的传播［J］.湖南大学学报（社会

科学版),2008(6).

[22]陶德麟.对马克思主义中国化研究中两个问题的理解[J].中国社会科学,2009(1).

[23]窦春芳.中共成立前后瞿秋白与马克思主义在中国的传播[J].广西社会科学,2009(4).

[24]张琳.马克思主义在中国早期传播过程中的文本问题[J].毛泽东邓小平理论研究,2009(5).

[25]周行、田子渝.马克思主义在武汉地区的早期传播[J].湖北大学学报(哲学社会科学版),2009(6).

[26]王刚.论中国早期知识精英对马克思主义的选择性传播[J].中共党史研究,2009(8).

[27]蔺淑英."五四"前后中国先进分子选择唯物史观探源[J].中共党史研究,2009(11).

[28]孙建华.论马克思主义在中国的早期传播及其中国化的基础——从进化论"道"之裂变到唯物史观的确立[J].河南社会科学,2010(1).

[29].周棉.留学生与马克思主义文艺理论在中国的传播[J].江苏社会科学,2010(3).

[30]张静如.精英史观和民众史观两个都讲全[J].党史研究与教学,2010(4).

[31]许门友.19世纪末20世纪初:马克思主义在中国的介绍、传播及其特点[J].西北大学学报(哲学社会科学版),2010(5).

[32]胡为雄.瞿秋白传播马克思主义哲学的贡献[J].中共中央党校学报,2010(6).

[33]陈明吾.资产阶级革命派对马克思主义在中国早期传播的历史作用[J].湖北社会科学,2010(8).

[34]郭燕来.当代中国马克思主义大众化传播方式新探——基于《共产党宣言》早期传播特点的历史启示[J].理论月刊,2010(8).

[35]黄进华.中东铁路与马克思主义在黑龙江的传播[J].学术交流,2010(9).

[36]林霞.论马克思主义在中国早期的选择性传播[J].学术论坛,2010(10).

[37]武端利.《民国日报》与早期的马克思主义传播[J].兰台世界,2010(17).

[38]丁俊萍、徐信华.中国共产党早期中央报刊在马克思主义大众化中的角色分析及启示[J].学校党建与思想教育,2010(19).

[39]张忠山、费迅.《星期评论》与五四时期的马克思主义传播[J].扬州大学学报(人文社会科学版),2011(1).

［40］胡为雄.马克思主义及其哲学在中国最初传播的特点［J］.当代马克思主义研究,2011(2).

［41］郭丽兰.朱执信对马克思主义著述的翻译与传播——以〈共产党宣言〉〈资本论〉为例［J］.中共中央党校学报,2011(2).

［42］岳远尊.东方杂志传播马克思主义的特点及影响［J］.党的文献,2011(3).

［43］葛振国、邢云文."五四"前后学生社团传播马克思主义的经验与启示［J］.理论探索,2011(3).

［44］田子渝、于丽.陈独秀对马克思主义在我国早期传播的杰出贡献［J］.湖北大学学报(哲学社会科学版),2011(4).

［45］王宪明、杨琥.五四时期李大钊传播马克思主义的第二阵地——《晨报副刊》传播马克思主义的贡献与意义［J］.安徽大学学报(哲学社会科学版),2011(4).

［46］杨建新、文晓明.国外学者马克思主义中国化研究的多重维度与话语特点［J］.马克思主义与现实,2011(6).

［47］付春.王右木:四川早期马克思主义传播和研究的先驱者［J］.毛泽东思想研究,2011(6).

［48］李玉敏.近代知识分子群体与马克思主义在中国的早期传播［J］.理论学刊,2011(11).

［49］周良书.高等学校与中国早期马克思主义大众化——以北京大学、上海大学和广州大学为例［J］.马克思主义研究,2012(2).

［50］张春丽.五四青年传播马克思主义的原因、特点及影响［J］.中国青年政治学院学报,2012(3).

［51］薛志清.恽代英与马克思主义在中国的早期传播［J］.湖北社会科学,2012(5).

［52］闫艳红、段治文.《新青年》对马克思主义传播及其启示［J］.中国出版,2012(24).

［53］王磊、王跃.深化马克思主义在中国早期传播研究的若干思考——基于精英与民众互动研究的视角［J］.马克思主义与现实,2013(1).

［54］程勤华.马克思主义在中国的早期传播——基于"接受群体"之成因及导向的探析［J］.云南大学学报(社会科学版),2013(2).

［55］赵付科、季正聚.中共早期报刊视域下马克思主义的传播路径及启示［J］.社会主义研究,2013(2).

［56］陈胜、武建奎、李国昌.早期中国共产党人对马克思主义的学习与传播——以李大钊为例［J］.南京政治学院学报,2013(3).

[57]黄广友.华岗与马克思主义在中国的传播[J].当代世界社会主义问题,2013(3).

[58]周凯.马克思主义在中国早期传播的主要特点——以〈新青年〉月刊为主的文本分析[J].中共党史研究,2013(4).

[59]王君峰.1920年代上海大学的马克思主义传播阵地——以平民学校与工人夜校为视角[J].黑龙江史志,2013(4).

[60]崔春雪.《少年》与马克思主义在中国的传播[J].中共党史研究,2013(5).

[61]张顺洪.马克思主义在中国的传播和发展:中国历史上最伟大的启蒙运动[J].马克思主义研究,2013(11).

[62]刘宁、王新旺、白森文.十月革命前马克思主义著作在中国的传播状态[J].出版发行研究,2014(1).

[63]周向军、闫化川.马克思主义早期的传播实践及其现实启示——以山东为例[J].理论月刊,2014(2).

[64]金蕾蕾、董贵成.遮蔽与祛魅——瞿秋白传播马克思主义之双重话语现象探究[J].学术论坛,2014(2).

[65]王学明.陈独秀推进马克思主义在中国早期传播的路径探析[J].湖北社会科学,2014(4).

[66]申海龙.论中国共产党人早期传播马克思主义理论的历史局限——以陈独秀为例[J].学校党建与思想教育,2014(7).

[67]杨扬.中共早期报刊对马克思主义传播和大众化的推进[J].中国出版,2014(16).

[68]古丽孜拉、胡阿提、欧阳山.马克思主义在新疆的早期传播[J].西域研究,2015(1).

[69]张江芬.杨明斋对马克思主义在中国传播的历史贡献[J].中共党史研究,2015(7).

[70]王海军.民主革命时期中共经典著作编译与传播对马克思主义中国化影响探析[J].理论学刊,2015(12).

[71]江巍.中共创建时期传播马克思主义主要刊物的比较——以《新青年》和《星期评论》为中心[J].现代哲学,2016(3).

[72]郑秀芝、侯建明.中国早期介绍和传播马克思主义学说路径及特征分析[J].中共福建省委党校学报,2016(3).

[73]邹谨.恽代英的办刊实践与马克思主义在中国的传播[J].重庆邮电大学学报(社会科学版),2016(5).

［74］刘芹.魏野畴对马克思主义的体认——以其著述为例［J］.党史研究与教学，2016（5）.

［75］杨荣、程甜.精神的"日出"——《新青年》与马克思主义早期传播渠道研究［J］.湖北大学学报（哲学社会科学版），2016（6）.

［76］刘小红、马启民.马克思主义知识分子对中国社会主义话语体系早期传播的贡献［J］.毛泽东邓小平理论研究，2016（7）.

［77］曹景文.海外视阈下的中国模式及其世界影响［J］.南京政治学院学报，2017（1）.

［78］姜喜咏.马克思主义在中国早期传播中"反转"现象研究［J］.安徽师范大学学报（人文社会科学版），2017（4）.

［79］蒋海文.革命信仰的书写与文学价值的重塑——《创造月刊》传播马克思主义文艺理论的历史透视与特点阐释［J］.湘潭大学学报（哲学社会科学版），2017（6）.

［80］吕延勤.马克思主义在中国早期传播的方式及其启示［J］.学校党建与思想教育，2017（22）.

［81］邢科.左翼人际传播网与马克思主义史学的扩散——以二十世纪二三十年代的上海为中心［J］.北京师范大学学报（社会科学版），2018（1）.

［82］杨芳、邝奕轩.中国化马克思主义对外传播的现实困境和路径探索［J］.马克思主义研究，2018（1）.

［83］全家悦、杨志和.马克思主义在陕西的早期传播研究［J］.中国延安干部学院学报，2018（2）.

［84］陈峰."唯物史观"在近代中国的流变［J］.近代史研究，2018（5）.

［85］沈志刚.杨匏安在马克思主义传播史上的地位再探讨［J］.党史研究与教学，2018（6）.

［86］王毅.近十年来马克思主义在中国早期传播的研究与展望［J］.教学与研究，2018（8）.

［87］曾庆桃.陈潭秋对马克思主义早期传播的探索与实践［J］.理论月刊，2018（12）.

［88］黄正林.《共进》、共进社与马克思主义在陕西的传播［J］.中共党史研究，2019（2）.

［89］杨鹏.留日学生与马克思主义在中国的早期传播［J］.社会科学家，2019（3）.

［90］沈江平.马克思主义在中国青年中的早期传播及其启示［J］.湖南社会科学，2019（3）.

［91］殷文.扩散与反转：马克思主义在市民阶层的传播——以《申报》为中心的内

容分析(1919-1937)[J].新闻与传播评论,2019(3).

[92]蔡凯文、王刚.五四时期马克思主义在中国的传播理路[J].思想理论研究,2019(6).

[93]魏法谱.马克思主义早期传播的地方性样本研究——《广东群报》与马克思主义在广东的早期传播[J].贵州社会科学,2019(6).

[94]刘雨亭.阅读与革命:二十世纪二十年代中共马克思主义著作经典化的发生[J].中共党史研究,2019(10).

[95]高福进.红船精神与建党精神的内在逻辑关联[J].人民论坛,2019(36).

[96]丁红岩、李庆霞.中国共产党创建时期马克思主义传播与研究的四个结合[J].思想理论教育导刊,2020(3).

[97]邓绍根、丁丽琼.列宁主义在华初步传播及中国共产党新闻事业兴起[J].国际新闻界,2020(4).

[98]杨金海.马克思主义传播史研究的对象、内容和方法[J].中国高校社会科学,2020(4).

[99]周瑞瑞.马克思主义初入中国若干问题新探——对《北华捷报》新史料的考察[J].东南学术,2020(6).

[100]裴植.1903年的汉译日文社会主义著作及其马克思主义中国传播[J].理论学刊,2020(6).

[101]张傅.论马克思主义在中国传播的实践特征[J].现代传播,2020(7).

[102]胡为雄.俄国—苏联的马克思列宁主义著作传入中国的历史回顾[J].毛泽东邓小平理论研究,2020(8).

[103]李琭."星火此间著":上海老渔阳里2号与马克思主义的传播[J].毛泽东邓小平理论研究,2020(10).

[104]高杨文.马克思主义传播观理论体系构建的思考[J].传媒,2020(14).

[105]陈金龙、章静.早期中国共产党人阅读《共产党宣言》的三维考察[J].陕西师范大学学报(哲学社会科学版),2021(1).

[106]王刚、范琳.正面与负面:民本思想对中国早期知识分子接受马克思主义的影响[J].马克思主义与现实,2021(1).

[107]朱家梅、张乃什.中国共产党成立前夕列宁学说在中国的传播论析——基于对1917-1920年中国主要政论报刊的研究[J].马克思主义与现实,2021(1).

[108]黄伟力.中共二大对党的政治建设的历史贡献[J].上海交通大学学报(哲学社会科学版),2021(1).

[109]刘晓宝、邵维正.马克思主义在北京的早期传播[J].前线,2021(2).

后　记

这部《马克思主义在上海的早期传播研究（1899—1927）》是笔者在博士学位论文基础上修改补充而成的。本书的出版得到了上海工程技术大学马克思主义学院、科研处的支持，受到上海工程技术大学著作出版专项资助。

在导师曹景文教授的悉心指导下，笔者探索了马克思主义在上海早期传播的波澜历程，研究了一批投身救国救民的仁人志士，感受了早期马克思主义者的初心之纯、主义之真、信仰之坚和精神之美，从一而终经受这一选题带来的历史厚度、思想深度和人物温度。早期仁人志士的青春热血与时代脉搏相碰，奋斗足迹与救国救民使命相遇，用信仰和生命描绘出一幅幅树立远大理想、直面责任担当的壮丽画卷。早期共产党人无我般奋斗的青春底色、救国救民的牺牲精神，鞭策、激励着我接受挑战，勇毅前行。这一趟探索的旅程，不仅受到了系统扎实的学术训练，更是经历了思想的洗礼和精神的升华，可谓收获满满，荣幸之至。

笔者于2019年开始搜集整理相关研究资料，进行较为系统的文献研究；在论文开题、提纲拟定、预答辩、评阅等环节，有幸得到了上海大学忻平教授、上海交通大学高福进教授、华东理工大学杜仕菊教授、上海社会科学院程伟礼教授、华东政法大学徐家林教授、华东师范大学安俭教授、华东师范大学吴原元教授、华东师范大学张仰亮副教授等专家的指导。他们给予了我极大的启发和鼓励，在此表示深深的感谢。

还要感谢家人尤其是宝贝嘉澍。因为有他，自己才能更加努力地修身律己，身先示范，拥抱热爱多姿多彩的生活，在为人母的角色中诚惶诚恐、如履薄冰，乐观积极、乐此不彼，未曾有丝毫懈怠，被赋予了无尽的动力，充分体会到爱与被爱的执着和坚韧。

由于自身水平有限，以及所占有材料的限制，书中难免有疏漏和错讹之处，敬请学界同人批评指正。期待遇见更好的自己！

是为后记。

孙　珊

2024 年 5 月于上海工程技术大学

责任编辑：马长虹
封面设计：伊木桃

图书在版编目（CIP）数据

马克思主义在上海的早期传播研究：1899－1927／
孙珊著. －－北京：人民出版社，2024.10. －－ISBN 978－7
－01－026664－0

Ⅰ. D61

中国国家版本馆 CIP 数据核字第 2024Q01L15 号

马克思主义在上海的早期传播研究（1899—1927）
MAKESI ZHUYI ZAI SHANGHAI DE ZAOQI CHUANBO YANJIU（1899—1927）

孙 珊 著

人民出版社 出版发行
（100706 北京市东城区隆福寺街 99 号）

中煤（北京）印务有限公司印刷 新华书店经销

2024 年 10 月第 1 版 2024 年 10 月北京第 1 次印刷
开本：710 毫米×1000 毫米 1/16 印张：25.5
字数：460 千字

ISBN 978－7－01－026664－0 定价：78.00 元

邮购地址 100706 北京市东城区隆福寺街 99 号
人民东方图书销售中心 电话 （010）65250042 65289539